湖南特色新型工业化研究

湖南省咨询业协会

人民出版社

《湖南特色新型工业化研究》课题组

课题组组长：刘玉娥　省人大常委会原副主任
　　　　　　　　　　省咨询业协会会长

课题副组长：陈晓红　中南大学商学院院长、教授
　　　　　　　　　　省咨询业协会副会长

　　　　　　廖家凯　中南水电勘测设计研究院原院长
　　　　　　　　　　教授级高工
　　　　　　　　　　省咨询业协会专家委员会副主任

执行副组长：姚正其　省咨询业协会秘书长

课题主要研究人员：王新坚　周上游　苗俊明　俞建华
　　　　　　　　　谢忠辉　梁成军　姚　华　张近芳
　　　　　　　　　李　倩　杨益军　骆　超　刘　云
　　　　　　　　　曾强明　姚正其　李自力　易芳羽
　　　　　　　　　苗　蕾　李　超　姚铁娥

目　录

湖南省咨询业协会关于实现湖南省新型工业化的建议 ············· *1*

工业化的基本理论和国际比较 ·················· 1

一、工业化的理论 ·························· 1

　(一)马克思主义的工业化思想 ··············· 1

　(二)西方经济学中的工业化理论 ············· 11

　(三)工业化理论的思考和启示 ··············· 18

二、工业化的国际比较 ······················ 19

　(一)工业化的先行者 ·················· 19

　(二)工业化的赶超者 ·················· 21

　(三)后起国(地区)的工业化 ··············· 23

　(四)发达国家(地区)工业化道路的启示 ··········· 24

湖南工业化的省情依据 ····················· 28

一、湖南基本省情与特征 ···················· 28

　(一)湖南基本省情 ··················· 28

　(二)省情特征 ····················· 30

二、湖南省产业结构的演变 ···················· 37

　(一)湖南省产业结构的演变 ··············· 37

　(二)湖南省工业发展的回顾 ··············· 46

　(三)湖南与周边及发达省份产业结构现状的比较 ······· 53

三、湖南工业化的条件分析 ···················· 57

　(一)湖南省推进工业化的基本条件 ············· 57

　(二)湖南省工业化存在的主要问题 ············· 58

　(三)湖南省工业化的比较优势 ··············· 61

　(四)湖南省新型工业化道路优化选择的必要性 ········· 64

湖南特色新型工业化的评价体系 ·········· 66

一、新型工业化概念的界定 ·········· 66

（一）几个相关概念的界定 ·········· 66

（二）中国新型工业化的意义 ·········· 70

（三）中国新型工业化的内涵 ·········· 72

（四）湖南特色新型工业化的内涵 ·········· 76

二、新型工业化的基本特征 ·········· 80

（一）中国新型工业化特征 ·········· 80

（二）湖南特色新型工业化特征 ·········· 81

三、新型工业化的评价指标 ·········· 86

（一）新型工业化标准要求 ·········· 86

（二）指标设计意义 ·········· 87

（三）指标体系设计原则和基本结构 ·········· 87

（四）湖南特色新型工业化指标设计原则 ·········· 89

四、湖南特色新型工业化指标体系 ·········· 90

湖南特色新型工业化的发展战略研究 ·········· 95

一、战略思想 ·········· 95

（一）指导思想 ·········· 95

（二）发展原则 ·········· 95

二、战略目标 ·········· 97

（一）经济发展目标 ·········· 98

（二）产业结构目标 ·········· 101

（三）人民生活水平 ·········· 102

（四）环境保护水平 ·········· 102

三、战略任务 ·········· 103

（一）经济结构调整 ·········· 103

（二）产业结构调整 ·········· 106

（三）发展方式调整 ·········· 108

（四）投入结构调整 ·········· 109

（五）技术结构调整 ·········· 110

四、战略对策 ·········· 113

（一）制度创新 ·········· 113

（二）管理创新 ·· 114

（三）政策创新 ·· 115

（四）方法创新 ·· 116

（五）开放创新 ·· 118

湖南新型工业化的结构创新 ···································· 120

一、何谓新型工业化的结构创新 ································ 120

（一）结构是个十分广泛的概念 ···························· 120

（二）工业化与新型工业化共同之点强调"化"字 ·········· 121

（三）新型工业化注重"新型" ···························· 125

（四）新型工业化结构创新的新解读 ······················ 127

二、湖南工业结构创新取得积极进展 ·························· 127

（一）兼并重组，企业组织结构进一步调整优化 ············ 129

（二）技术进步与创新，产品结构和技术结构得到提升 ······ 129

（三）所有制结构调整，多种所有制工业共同发展 ·········· 131

（四）调整重点与方式的改变，工业行业结构逐步合理 ······ 132

（五）工业结构调整优化、升级和创新的外部环境趋于改善 ·· 134

三、湖南工业结构仍存在的主要问题 ·························· 135

（一）信息产业发展相对比较滞后，适应不了工业结构升级和创新的需要 ·· 136

（二）工业产品结构层次较低，高附加值产品少 ············ 139

（三）技术水平较低，创新能力不足 ······················ 141

（四）工业地区发展不平衡，发展差距仍在拉大 ············ 142

（五）资源、生态环境等条件约束，制约了可持续发展 ······ 143

四、湖南新型工业化结构创新的对策 ·························· 145

（一）大力扶持和发展信息产业与新兴产业，培育新的经济增长点 ···· 145

（二）采用高新技术和先进适用技术改造传统工业，促进工业技术和产品的

升级换代 ·· 146

（三）加大人力资源投资力度，变人力资源优势为人力资本优势 ······ 148

（四）发挥比较优势，突出支柱性产业和增长极核，加快新型城市化进程，

促进区域经济协调发展 ································ 149

（五）树立循环经济理念，提高工业结构的绿色化、低碳化程度 ······ 151

（六）以市场为导向，着力调整企业组织结构 ·············· 153

（七）发挥政府作用，提供政策支持和体制保证 ·········· 154

湖南特色新型工业化的技术创新 ……………………………………… 157
 一、技术创新是新型工业化的关键 ………………………………… 157
  (一)技术创新的概念和内涵 …………………………………… 157
  (二)技术创新的作用 …………………………………………… 160
 二、新型工业化的特征——信息化带动工业化 …………………… 164
  (一)信息化的概念与内涵 ……………………………………… 164
  (二)信息化对当今世界产业革命和社会结构的影响 ………… 164
  (三)信息化与工业化的关系 …………………………………… 165
  (四)信息化带动新型工业化 …………………………………… 167
  (五)信息化带动新型工业化的具体途径 ……………………… 169
  (六)政府在信息化带动工业化中的作用 ……………………… 171
 三、湖南技术创新发展现状 ………………………………………… 171
  (一)传统产业的创新不足 ……………………………………… 173
  (二)技术创新的科技资源配置存在结构性矛盾 ……………… 173
  (三)消化吸收能力不足 ………………………………………… 174
 四、湖南技术创新的战略思路 ……………………………………… 174
  (一)技术创新原则 ……………………………………………… 174
  (二)技术创新路径的选择 ……………………………………… 176
  (三)湖南技术创新的主要方向 ………………………………… 177
 五、湖南实施信息化带动工业化的战略选择 ……………………… 181
  (一)湖南省信息化发展的现状 ………………………………… 181
  (二)湖南信息化带动工业化的任务 …………………………… 182
  (三)湖南推进信息化的对策 …………………………………… 184
 六、完善新技术成长机制 …………………………………………… 186
  (一)科技资源的市场配置 ……………………………………… 186
  (二)构建企业为主的创新体系 ………………………………… 186
  (三)技术创新的政策环境 ……………………………………… 187

湖南特色新型工业化的制度创新 ……………………………………… 190
 一、制度创新与经济发展 …………………………………………… 190
  (一)制度的含义及功能 ………………………………………… 190
  (二)制度的变迁与创新 ………………………………………… 192

（三）制度创新是经济发展的内在动力 ················· 193

二、产权制度创新 ··· 195

（一）产权制度的内涵 ·································· 195

（二）现代产权制度是市场经济的内在要求 ··········· 197

（三）建立与完善现代产权制度 ······················ 198

三、政府制度创新 ··· 201

（一）政府制度创新的内涵 ···························· 201

（二）新型工业化中的政府制度创新 ·················· 202

四、组织创新 ··· 211

（一）组织创新的内涵与意义 ························· 211

（二）新型工业化中的组织创新 ······················ 212

（附）湖南经济发展的"弯道超车" ························· 216

"弯道超车"的理论 ·································· 217

"弯道超车"的案例 ·································· 217

"弯道超车"的挑战和机遇 ··························· 218

湖南特色新型工业化的资源创新 ···························· 221

一、循环经济理论的萌生与发展 ···························· 221

二、国外循环经济的理论与实践 ···························· 223

（一）微观的循环经济理论与实践 ···················· 224

（二）中观的循环经济理论与实践 ···················· 225

（三）宏观的循环经济理论与实践 ···················· 226

（四）国外发展循环经济的基本经验 ·················· 228

三、湖南循环经济的评价指标体系设计 ···················· 229

（一）构建循环经济评价指标体系的原则 ·············· 230

（二）循环经济评价指标体系的建立 ·················· 230

四、湖南循环经济发展现状分析 ···························· 237

（一）资源状况 ······································ 237

（二）发展循环经济的基础 ···························· 240

（三）存在的主要问题 ································ 241

五、湖南循环经济发展战略 ································· 242

（一）指导思想 ······································ 242

（二）战略目标 ······································ 243

（三）重点任务 ……………………………… 243

（四）大力发展能源战略 ……………………… 247

（五）保障措施 ………………………………… 253

湖南新型工业化的服务业创新 …………………………… 256

一、新型工业化与现代服务业的关系 ……………………… 256

（一）新型工业化 ……………………………… 256

（二）现代服务业 ……………………………… 258

（三）国外现代服务业发展趋势 ……………… 262

（四）我国现代服务业 ………………………… 266

（五）新型工业化与现代服务业的关系 ……… 274

二、湖南现代服务业综合能力分析 ………………………… 277

（一）湖南现代服务业 ………………………… 277

（二）湖南现代服务业综合能力分析 ………… 280

三、湖南现代服务业的创新抉择 …………………………… 288

（一）现代服务业创新是推进新型工业化进程的必然选择 … 288

（二）现代服务业发展的组织、环境创新 …… 289

（三）现代服务业发展的市场创新 …………… 291

四、现代服务业发展的产品创新 …………………………… 292

（一）打造现代物流湘军 ……………………… 292

（二）开放资本市场，创新金融服务产品，完善金融服务体系 ……… 297

（三）发展现代信息服务业，为信息化和工业化的融合提供有力的支撑 … 302

（四）发展科技服务业，提高创新能力 ……… 306

（五）协调商务服务产业，提高服务水平 …… 309

湖南新型工业化的就业创新 …………………………… 314

一、工业化国家劳动就业政策形势比较 …………………… 314

（一）近期国际就业形势概述 ………………… 314

（二）发达的工业化国家的劳动就业政策 …… 315

二、我国劳动就业现状 ……………………………………… 318

（一）中国劳动就业现状分析 ………………… 318

（二）我国劳动力就业的特征 ………………… 323

三、湖南劳动力的现状分析 ………………………………… 325

（一）湖南劳动力就业现状 ·· 325

（二）湖南省劳动力就业存在的问题 ······················· 328

四、新型工业化与就业的关系 ··· 329

（一）扩大就业是工业化发展的要求和条件·············· 329

（二）新型工业化道路蕴藏着扩大就业的巨大潜力 ······· 331

五、湖南新型工业化道路的就业创新 ····························· 332

（一）转变观念，发展、增加非正规就业，实现充分就业 ····· 333

（二）建立健全体系，促进非正规就业 ·················· 337

（三）大力发展教育，提高劳动者就业能力 ············ 340

（四）注重传统产业和劳动密集型产业的发展 ·········· 343

（五）转变经济增长方式，增加就业机会 ·············· 345

（六）加快城市化发展，拓展就业空间 ·················· 347

（七）减少人才外流，实现湖南人才各尽其才 ·········· 349

六、结论 ·· 352

湖南特色新型工业化的载体创新·································· 357

一、新型城市化与新型工业化的关系 ····························· 358

（一）城市是工业化的载体 ··································· 358

（二）工业化是城市化的基本动力 ························· 358

（三）城市化是工业化的推动力 ···························· 359

二、发达国家和地区城市化与工业化的主要模式 ·············· 360

（一）世界主要工业化模式 ··································· 360

（二）国外城市化典型模式 ··································· 362

三、湖南省城市化发展的进程、特征及差距 ···················· 364

（一）湖南省城市化发展的进程 ···························· 364

（二）湖南省城市化发展的特征 ···························· 368

（三）湖南省城市化发展的差距与成因 ·················· 370

四、湖南省新型城市化发展的战略 ································· 374

（一）指导思想 ·· 374

（二）基本原则 ·· 375

（三）战略目标 ·· 375

（四）战略任务 ·· 380

（五）保障措施 ·· 384

湖南新型工业化的金融创新 ································· 390

　　一、金融与新型工业化的关联性分析 ··············· 390

　　　　(一)金融的职能及对发展新型工业化的作用 ········ 390

　　　　(二)金融创新促进新型工业化的内在机理分析 ········ 393

　　二、湖南金融发展历程及趋势分析 ··············· 395

　　　　(一)湖南金融发展历程 ··············· 395

　　　　(二)湖南金融业发展的主要特点及问题 ········ 397

　　　　(三)区域金融发展水平的评价指数 ··········· 399

　　　　(四)湖南金融发展水平的横向对比分析 ········ 400

　　三、湖南新型工业化对金融需求的预测分析 ········· 402

　　　　(一)湖南新型工业化的特征分析 ··········· 402

　　　　(二)促进湖南新型工业化的金融因素分析 ······· 403

　　　　(三)金融需求量的预测模型的构建 ··········· 408

　　四、湖南新型工业化的金融创新 ··············· 414

　　　　(一)金融创新的内涵 ··············· 414

　　　　(二)金融创新的途径、方法及举措 ··········· 414

　　　　(三)金融创新过程中的风险防范 ··········· 423

湖南部分统计年鉴数据（1949—2008 年） ··········· 427

湖南省咨询业协会
关于实现湖南省新型工业化的建议

（2010 年 4 月 19 日）

为了探索湖南新型工业化发展进程,推进农业大省向工业强省转变,实现富民强省的目标,我会以围绕大局为宗旨,服务中心为己任,在省新型工业化领导小组的大力支持下,于 2009 年初开始组织国防科技大学战略研究中心、省社会科学院、湖南高新创业投资公司、省科技发展中心、省科技信息研究所、中南林业科技大学经济学院、湖南交通职业技术学院、长沙三划企业管理咨询公司、长沙远博企业管理咨询公司等单位集中力量和时间开展了"湖南特色新型工业化研究"。借鉴国外和兄弟省市区的经验,结合湖南的省情,运用最新比较分析和经济模型的方法,研究湖南新型工业化的特色、路径及其政策选择,目前已完成了湖南特色新型工业化的理论基础、省情依据、评价体系、发展战略、结构创新、技术创新、制度创新、资源创新、服务创新、就业创新、载体创新、金融创新等十二个专题研究报告,总计四十多万字,以期为省委省政府对湖南未来 30 年发展战略、宏观调控和政策取向提供模型选择及决策参考。

2006 年,省九次党代会确定了以新型工业化为"第一推动力",带动新型城市化和农业现代化,实现湖南经济社会的科学跨越。三年来,湖南工业经济出现了连续快速增长的局面。2009 年,全省工业对经济增长的贡献率达到 50.3%,高于 2008 年 47.3% 的水平,拉动湖南 GDP 增长 6.7 个百分点,是改革开放以来的新高。全省人均地区生产总值达到 20226 元,接近 3000 美元水平,财政收入达到 1504.58 亿元。湖南以其独具特色的新型工业化变革,在全球经济危机中,挺立时代潮头,正朝着工业大省迈进,成为科学发展的成功范例。我们认为湖南特色新型工业化建设的主要经验是:

首先,走新型工业化道路,始终坚持解放思想,实事求是,选择符合时代要求和区域特点的发展战略。世纪之初,湖南工业发展低于全国平均速度。2001 年,湖南的工业总产值对全省 GDP 增长的贡献率只有 30.8%,低于全国平均水平 12.7

个百分点。省委、省政府在推进新型工业化的决策之前,组织发动了一场解放思想的大讨论。全省上下认识到:湖南经济发展的差距在工业、潜力在工业、希望在工业。发展工业不能走过去工业化的老路,而必须符合"科技含量高、经济效益好、资源消耗低、环境污染少、人力资源得到充分发挥"的要求,应该说,新型工业的发展战略凝集了全省人民的智慧和意志。

其次,走新型工业化道路,坚持了全方位扩大对内对外开放,不断创新工业发展的体制和运作机制。在经济全球化和产业大转移的背景下,要发展工业就必须整合全球资源,形成结构优化、优势突出、特色明显的产业集群和园区经济。近年来,湖南举全省之力,实施"十大标志性工程"、"双百工程"、"四千工程"等推动产业集聚发展的重点工程,迅速培植了一批优秀产业和龙头企业。钢铁、有色、工程机械、石化、食品等行业朝着千亿规模迈进。

第三,走新型工业化道路,坚持工业化与农业、第三产业统筹兼顾,工业化与节能减排、建设"两型"社会同步互动。湖南在推进新型工业化进程中,省委省政府以壮士断腕的勇气,关停了洞庭湖流域400多家小造纸企业,投入了170多亿治理湘江,在长沙、株洲、湘潭城市群构造资源节约型、环境友好型社会改革试验中,重点实施了511个项目,实现节能量450万吨标准煤,万元GDP二氧化碳排量年降低9%。

第四,走新型工业化道路,组建了一支具有国际视野和战略思维、把握当代科技与产业发展趋势的高素质干部队伍和企业家群体。在推进新型工业化进程中,省委省政府从全国理工科高校中挑选了一批博士、博士后,从中央部委机关以及沿海发达地区交流引进了一批德才兼备的优秀干部,充实到各市县领导班子,同时制定并实施一整套的新型工业化考核指标体系,每年都举办新型工业化的干部培训和领军人物评选活动,造就了一批优秀干部和企业家。

现在,湖南经济发展进入"快车道",正处在一个传统落后的农业省向着现代先进的工业省转变的重要时期,农村人口要向城镇转变,农业劳动力要向二、三产业转移,工业产值超过农业产值,成为国民经济的主体,这必然引发一系列发展不平衡的矛盾。如城乡之间、地区之间、行业之间的发展不平衡,利益分配不平衡,社会资源配置不平衡,经济结构不平衡,凸显出群众心理不平衡。尽管平衡是相对的,但我们必需在认识平衡——失衡——再平衡规律的基础上,在不断的发展变化中寻找平衡。新型工业化是一个以工业发展为主导的社会形态发育过程,政府要在着眼宏观全局的规划下,不断进行制度创新、管理创新、政策创新、方法创新、开放创新,采取不同的调节手段进行引导和支持,促进落后地区发展能力的增长和发达地区创新能力的提升,二者良性互动,要素流通畅通,实现均衡发展,为此,特向省委省政府提出如下建议：

一、加快结构矛盾调整，促进发展方式转变

新中国成立以来，特别是党的十一届三中全会以来，湖南投入大量资金，进行经济建设，为湖南国民经济和社会事业的发展提供了雄厚的物质基础，具备了调整结构，转变发展方式的有利条件。

（一）制定湖南综合性的结构调整规划。在当前，湖南经济不断迈向发展新高地之时，更要看到今后一个时期，相关结构矛盾会更加突出。适时调整经济结构、需求结构、收入分配结构、三次产业结构、产业内部结构、城乡结构、区域结构、国土开发空间结构和外贸结构以及社会组织结构、社会阶层结构等。在调整诸多失衡的结构矛盾中，必须抓住主要的结构矛盾，要把缩小城乡差距、地区差距作为着力点，把资源节约和环境友好作为调整经济结构的突破口，把自主创新作为转变发展方式的中心环节，实行投资和政策的倾斜，为此，政府需要制定湖南综合性的结构调整规划，指导结构调整。

（二）编制湖南中长期综合发展规划纲要。坚持全面、协调、可持续的科学发展观，走中国特色社会主义道路不动摇，努力避免发达国家和发达地区已走过的弯路，使湖南的"后发"道路走得更稳健、更符合经济社会发展规律。因此，要从大局和长久利益出发，编制湖南中长期综合发展规划纲要，统算人口、生态、经济、资源、环境以及城乡、平湖山丘等各方面的协调与效益，确保最佳发展目标和最佳发展周期，少走弯路，减少浪费，把各种不协调的问题预先防范在综合规划中，实现湖南全面协调可持续的高效益发展。

（三）打造湖南战略性新兴产业。战略性新兴产业具有全局性、长远性、导向性和动态性特征，其培育和发展关系到国民经济社会发展和产业结构优化升级，关系到抢占经济发展的制高点和促进湖南发展方式转变的大问题。要制定湖南战略性新兴产业发展规划，明确战略性新兴产业的战略目标、发展重点、时间表和路线图，作为湖南战略性新兴产业的纲领性文件，指导产业发展。

（四）优化区域经济结构。长株潭城市群在湖南区域经济发展中起着重要的极核辐射、超前引领作用。坚持圈层推移的区域发展战略，着力支持辐射源的培育壮大，在发展方式转变的过程中先引先试，带动和促进全省区域比较优势的充分发挥，优化区域经济结构。

二、依靠科技创新，实现可持续发展

科技是实现科学发展，转变发展方式的"钥匙"。进一步释放科技潜力，促进科技与经济紧密结合，就能提高湖南经济发展质量和水平。全省有百所高等学校、160多个科研院所、368个企业科研机构、15.12万科技人员聚集在湖南，这是湖南经济社会发展的战略性资源。

（一）重点在科技成果"转化"上下功夫。改革开放以来，全省科技成果登记数量已达3000多项，789项获得国家科技奖励，获奖成果中达到国内首创和国际领先水平的成果占40%以上，授权专利5万多件。当前最重要的是要以产品为纽带整合全省科技力量，围绕产业转化成果，筛选一批技术成果，改造提升传统产业，确定适合的自主科技成果，打造湖南战略性新兴产业。一是依托园区转化成果，吸引技术和人才入园区、进企业，加快技术应用和扩散。二是依靠企业转化成果，支持国有企业牵头实施转化，引导中小企业积极承接转化，鼓励民营科技企业参与转化。三是把政府推动与市场配置结合起来，加大政府支持力度，吸纳民间资本，用好资本市场。通过战略合作，兼并重组等形式，推动资本密集型企业与技术密集型企业的嫁接融合，发展混合所有制经济实体，培育占领产业制高点的骨干企业。这样就能最大限度地使实验室里的科研成果转化为市场上的现实产品、隐性的科技潜力转化为显性的发展实力、丰富的科技资源转化为强大的发展动力。

（二）大幅度集中增加科技资金投入。由于新兴产业发展具有高风险性和创新周期长的特征，需要建立新兴产业培育发展的投入机制，确保全省研发经费占GDP的比重达到国家规定标准。首先，要确保政府科技引导性资金投入，按财政经常性收入增长速度稳定增长。其次，要确保社会多元化资金投入的大幅度增长。再次，要确保企业主体性资金投入的持续增长。高新技术企业、重点企业每年的研发费要达到年销售收入的5%以上，一般大中企业要达到3%以上。

（三）强化目标导向，实施高端跨越。要立足国内外资源，瞄准科技前沿，加大开发力度，加强产学研合作，组织由政府、上下游企业、科研院所、金融机构、行业协会等组成的产业联盟。加快建立以企业为主体、市场为导向的创新体系建设，完善创新支撑体系建设，努力在关键技术、高端共性技术的研发上取得重要突破。

（四）优化产业创新布局，加快特色创新园区建设。突出新型产业发展的特色优势，以高新园区为先导，形成新兴产业集聚发展和率先示范。以特色产业基地为依托，形成新兴产业发展的集约化和特色优势。以各类科技创业园区为基础，形成新兴产业的企业群体，孵化产业发展。同时，要按照产业集聚的发展方向和新型科技服务载体的要求,整合各方面的资源,集聚科技精英,大力推进现代服务业发展,创建湖南咨询产业园区。要依托272厂、南华大学和核工业研究所组成联盟,建立衡阳核工业产业园,形成核工业生产基地。要按湖南中西部地区的特色,逐步组建若干省级创新园区,推进科技进步。

三、优化产业结构,发展低碳经济

发展低碳经济涉及到经济、社会、人口、资源、环境等各个领域,需要建立相应的政策机制、市场机制、创新机制、激励机制、人才机制等,形成良好的低碳经济发展环境,现阶段,湖南发展低碳经济还不能抛弃"高碳"产业,而是要在低碳化过程中推进工业化,优化产业结构,降低排放量,我们建议:

(一)优化产业结构,构建低碳产业化。制定低碳经济发展规划。明确低碳经济发展总体目标,将其纳入"十二五"全省国民经济和社会发展的总体规划之中。同时,要制定节能环保产业、新能源产业等行业发展规划。加强引导,分阶段、有重点、循序渐进地推进低碳生产方式和生活方式。强化电力、交通、建筑、有色、冶金、化工、石化等重点行业的重点企业节能减排,推行低碳生产。积极构建"低碳经济发展区",逐步建立低碳产业支撑体系。坚持用低碳理念统筹城乡建设,走出一条具有湖南特色的新型工业化和新型城市化的道路,大力促进发展低碳经济。

(二)建立低碳领域的技术创新机制。要加快低碳技术开发与应用,强化低碳技术创新机制和清洁发展机制。要加强低碳技术领域的信息交流。着眼于中长期战略技术的储备,加快现有低碳技术推广和应用以及关键低碳技术的自主创新。加强国际低碳方面的技术交流,积极参与国际能源技术和碳交易市场,加强低碳技术、低碳产品的贸易,充分有效利用发达国家对我国的技术转让,促进湖南低碳经济发展。

(三)加大财政对低碳经济的支持力度,积极发展碳金融。建立省政府低碳经济发展基金,用于支持低碳产业项目、环境保护项目、低碳技术的研究、开发和推广与应用,推动低碳技术市场的发展。同时,在减排过程中制定一些激励措施,鼓励企业寻求更好的节省能源的技术和方法。金融部门应消除低碳发展的融资障碍,加强对低碳技术、产品和产业的评价分析,加大碳金融力度。加快碳金融产品创新,积极争取建立碳交易所。发达国家围绕碳减排权,已经形成了碳交易货币,形成了包括直接投资融资、银行贷款、碳基金、碳指标交易、碳期权期货等一系列金融工具。湖南要积极谋划碳交易平台,在发展碳金融方面走在全国前列。

(四)加快发展碳汇产业,优化能源消费结构。碳汇主要是指绿色植物吸收并贮存二氧化碳的能力。研究表明,每增加1%的森林覆盖率,可以从大气中吸收固定0.6亿—7.1亿吨碳。发挥碳汇潜力,就是要通过土地利用调整和林业措施将大气温室气体贮存于生物碳库。湖南要加强林业生态建设和管理,扩大造林面积,提高单位面积森林蓄积量。积极发展生态农业,增加农田土壤碳贮存,减少农业碳排放。充分利用湖南农业和森林的碳汇潜力,获得国家和国际清洁机构的支持。与此同时,推进洁净煤技术创新,加大相关基础设施建设,大力发展水电、微水电、太阳能、沼气、地热能和生物质能的开发和利用,优化能源消费结构,提高能源效率。

（五）加强低碳领域人才培养和机构建设。发展低碳经济是个全新的理念和发展模式,需要加强低碳领域人才培养和机构建设,特别要提高企业决策者的低碳意识和理念。积极引进相关技术和管理人才,培养和建立一支高水平的低碳研究队伍。努力加强与国内外低碳领域先进区、先进单位、国际相关组织、研究机构在清洁发展机制中的合作。

（六）开展低碳城市和低碳园区试点。加强对低碳经济的示范引导,建立政府、媒体、企业与公众相结合的宣传机制,倡导有助于建设低碳经济发展的生产和生活方式。目前,北京、上海、广州、南昌、保定、无锡等城市已开始低碳城市试点。湖南可以在株洲、湘潭、衡阳、娄底、岳阳、常德等重点城市进行试验试点,争取国家资金支持以及国际资金资助,积累低碳发展经验,探索低碳发展道路。

四、工业反哺农业，推进农业工业化

发达国家的经验告诉我们,工业化中后期的农业现代化必须走农业工业化道路。为此,我们对湖南农业工业化的战略模式、路径、重点和目标提出如下建议:

（一）发展农业工业化应在市场化和信息化的条件下实施"优质—特色—转化—加工—营销"的战略。从农业生产技术、农业经营方式、农业比较效益和农业产业联系四方面来改造传统农业生产方式,实现农业现代化。以工业"加工"为核心环节和战略重点,延伸农业产业链条,既实现农业产业链与工业产业链的对接,也实现自然农业同现代市场的产业联结,形成专门化农业、工厂化农业、标准化农业、机械化农业和品牌化农业。

（二）农业工业化的关键工程是专业化基地农业、标准化品牌农业和工厂化制成品农业。围绕优势产业发展设施农业和精深加工,建设湖南专业化优势农产品产业基地。把现代工业的技术装备和生产经营管理方式应用于农业生产全过程,打造以农副产品为加工对象的、具有工业定制性质的新型工业制造产业。

（三）明确主攻方向，转变技术创新模式。改变以鲜食型农产品研发为主体的传统农业技术创新模式，建立以加工型农产品技术研发为主体的农业技术和产品创新系统。湖南农业工业化技术创新，应以工业加工型农产品技术研发为主体，围绕专业化基地农业、标准化品牌农业、工厂化制成品农业的生产与经营，以建设好农业工业化科技示范园为抓手，在主攻生物农业的基础上，向农产品生产、加工、销售的综合方向发展。在长株潭三市地区建设湖南农业高新技术示范区，在湘北洞庭湖区和湘东、湘中的丘陵地区建高效农产品生产技术集成区，在大湘西山区建设森林资源开发与生态环境整合区，进而带动全省农业工业化科技的创新和应用。

（四）建立公共农业财政政策体系。推进农业工业化，应建立国家公共农业财政政策体系，即国家农业保护与现代农业推进的政策体系，包括全面实行城乡平等的公共财政政策、建立工业反哺农业的财政政策体系和多工具组合的农业财政投资体系等。农村应享受同全国城镇水平一致的公共产品供给。建议中央财政加大对农村的转移支付，以农村社会保障体系和公共卫生体系为重点，建立公平的农村公共财政政策体系。如增加对农村的公共卫生投入、社会保障投入、科技研发与推广投入、教育投入和扶贫投入，豁免农业主产地区公益性国债项目和贫困地区国债项目的转贷资金，赋予农民经济政治的主权地位，特别是改革土地和户籍制度，使农民拥有土地的永佃权并可以由自身全权支配（包括使用支配、转让支配和抵押支配等），而且还要从政策上消除对农村劳动力的身份歧视，取消农民进入城镇发展的种种限制和各种不公平待遇。

五、实施新型工业化，同步推进新型城市化

众所周知，工业化要以城市为基础，城市化则要靠工业化来推动。工业化的过程也是城市化的过程，经济的现代化就是依托这两个过程完成的。在经济现代化的过程中，工业化创造供给，城市化创造需求。只有城市化才能长期扩大内需，也是应对全球外部需求萎缩的唯一出路。城市创造需求的能力主要表现在：一是引发大规模的投资（生产投资、基础设施投资、房地产投资），据初步计算，每增加一个城市人口大约需要引发 50 万元的城镇固定资产投资；二是引发更多的消费需求，带来消费总量的扩张；三是促进服务产业的发展。如劳动力市场与交易体系、流通与通讯体系、金融与法律体系、娱乐服务产业等。从国际经验看，当在人均收入 3000 美元发展阶段，平均城市化率在 55% 左右，服务产业比重在 50%，而湖南城市化率只有 40% 左右，服务产业比重不到 38%，如果湖南把城市人口提升到 2/3 即 4600 万，使服务业比重提升到 50%，就可以为经济增长创造出长期的内需释放

过程。如果工业化超前,城市化滞后,必然会导致内需压抑,造成产能过剩之忧。

城市化要以规划为龙头,按照先规划后建设的原则,因地制宜,合理筹划城市发展。要根据自身发展潜力和区域经济社会发展态势,把城市建设目标与地区可持续发展目标统一起来,本着合理布局、节约用地、严格控制占用耕地、有利生产、方便生活等原则,对土地和空间资源的利用以及各种基础设施建设,要进行科学部署,科学规划。

(一)把县城建成具有一定规模效应和集聚效应的中小城市。当前的城镇化发展,重点要通过大中城市产业转移,在百万以上人口的大县,把现在的县城发展为30万至50万人的中等城市。在50万至100万人口的中等县,以县城为依托建立20万至30万人的中小城市。在50万人口以下的小县,把县城做大。

(二)加快建立公租房制度,抑制城市房产泡沫。目前,在城市购买经济型保障住房政策实施中,已出现的弃购问题、腐败问题、社会资源分配不公问题、国有资产流失及管理成本过高等问题,说明了现有住房保障制度存在较大缺陷。实行政府公租房制度是解决中低收入住房问题的根本途径。因为,公租住房不牵扯到产权的转让、分享、移交,行政与市场的边界分得清清楚楚,不存在寻租空间,不需过高的监管成本,还可抑制腐败滋生,有利于解决中低收入住房问题,有利于扩大内需、拉动消费市场,有利于打破市场垄断、抑制高房价,有利于增长方式的转变,促进经济增长。为此,建议省委省政府商请中央同意作公租房制度的试点:一是取消市场经济适用房、限价房。二是建立以公租房为主的住房保障体系,确保最低收入者、农民工、高校毕业生享受政府住房保障,让百姓安居乐业。三是在行政机关、学校、大中型企业的办公区、生产区内建"白宫"式的公寓,出租给在职员工(离职时搬出租用公寓),既可以就近步行上班,缓解城市交通压力,还可以节能减排,有利于加强对员工的管理。

(三)提高城市建设质量,降低城市建设成本。城市基础设施建设要实行统一规划、统一施工、统一管理,一次建成使用。在建设工程中,要保护和修复城市生态环境,特别是要保护好湿地,减少挖山平地,维系地貌形态。要依靠科学技术改造旧城区,建筑物不要一律推倒重建。要提高建筑质量,将目前30年的建筑平均寿命延长到100年。城市绿化要多样性,经济林、果林亦可种植,增加社会财富。

六、实现新型工业化,增加劳动力就业岗位

劳动力就业是民生之本,是增加收入、改善人民生活的基本途径。现在湖南劳动力总量已达5200万人,每年新增劳动力近百万人。扩大就业,增加收入是改善

民生的现实途径。"奥肯定律"是经济每增长 1 个百分点,失业减少 3 个百分点。目前,湖南经济增长与就业增长很不对称,湖南 13.6% 的经济增长仅带来近 1% 的就业水平。而当年日本、韩国和亚洲四小龙,用 10% 的经济增长换来了 6% 的就业。据 2008 年统计资料显示,湖南全省城镇登记失业人数为 47.01 万人,失业率达 4.20%。如果按联合国规定劳动力年龄16 岁至 18 岁的标准统计失业人员数量将会上升,为此,建议:

(一)调整收入分配结构,扩大劳动就业人数。当前的突出问题在于收入分配严重不合理,对就业产生了不利影响。在国民收入中用于雇用劳动力的工资比重大幅度下降,严重影响就业总量。因此,提高劳动报酬在 GDP 中的比重,可以扩大就业人数。通过缩小分配差距,促进工资合理,还可以吸纳更多的劳动力就业。

(二)调整三次产业结构,提高服务业的就业比重。大力发展第三产业(特别是生产性服务业)。目前,湖南第三产业占 GDP 比重还不到40%,与发达省市区相比,还有 20%—30% 的空间潜力,大力发展第三产业,可以增加五六百万人就业。

(三)加速小城镇建设,增加非农就业岗位。一是通过基础设施从城镇向农村的延伸,增加非农产业劳动力数量;二是通过加强小城镇和农村的社会发展事业(教育、医疗卫生、文化事业),增加劳动力的非农业部门的就业机会;三是从各地自然资源条件出发,在小城镇发展各具特色的农产品深度加工业,可以增加非农就业岗位。这既有利于提高农民的收入,又有利于农村产业结构调整。

(四)面向绿色方向,开发就业岗位。要大力发展对环境影响小的产业。如:生态旅游、有机食品、可再生能源、服务业、高新技术、生态农业、环境保护与治理、生态修复、植树造林等。

(五)提高劳动力素质,拓宽劳动力就业出路。提高劳动力的素质是解决劳动力就业的根本途径。政府要加大对教育经费的投入,深化教育改革,逐步普及高中阶段的义务教育,大力发展职业教育,努力提高适龄青年高校入学率,这既可以为湖南的经济社会发展提供高素质人才,又可以提高劳动力就业的能力,拓宽劳动力就业的渠道。

工业化的基本理论和国际比较

一、工业化的理论

工业化的本意是产业化,本质是专业化或生产组织方式的变化。工业化的英文表达是 industrialize 或 industrialization,即产业化的意思,并不仅仅是指发展工业,因为工业只是产业之一。工业化是经济增长、社会发展的一个过程,也是工业化生产方式和社会化生产方式替代传统手工业和小农经济生产方式,并逐步成为主要生产方式的过程。工业化主要是指工业份额不断提高,还包括与之相伴随的诸如生产方式、生活方式、生活水平、城市化等社会经济特征。

18 世纪中叶以蒸汽机的使用为代表的第一次产业革命,使得工业化成为了各国经济增长的主要内容;19 世纪 70 年代以电力的发明和使用为代表的第二次产业革命,为工业的现代化奠定了牢固的动力基础;20 世纪中叶以电子计算机应用为代表的第三次产业革命,进一步推动了工业化步伐。纵观全球各国经济社会发展的历程,摆在我们面前有一条十分明晰的历史轨迹:任何一个国家,从传统农业社会走向现代工业社会,工业化是其必经之路。虽然没有专门学科研究工业发展学,但发展经济学中的工业化理论,已形成了一个庞杂的理论体系,可以从不同方面对其进行描述。这里我们按东西两大体系的时间维度,对其主要观点进行审视,为湖南新型工业化发展寻求理论依据。

(一) 马克思主义的工业化思想

1. 马克思的工业化思想

工业化理论是马克思主义理论的重要组成部分,马克思和恩格斯所处的地域和时代,正是工业化最早的诞生地和最早显示其伟大力量的时代,与此相伴,则是资本主义在世界范围的迅速扩张和资本主义矛盾的充分暴露。正是在这种背景下,他们运用辩证唯物主义和历史唯物主义的分析方法,创立了科学社会主义理论体系。在这个理论体系中,无论是他们的实证研究还是逻辑论证,都得出工业化是资本主义发展必不可少的内容,而社会主义是在资本主义已经不能容纳的高度发达的生产力基础上诞生的更高的社会形态,因此无产阶级取得政权后,就不存在工业化的问题了。从整个理论体系来说,马克思和恩格斯对工业化的论述,主要是针对工业化的出现以及工业化与资本主义的关系,也有一些论述还分析了东方社会实现工业化的道路和对策。

马克思和恩格斯对工业化的论述主要集中在以下几个方面:一是分析工业化(当时称为"工业革命")产生的动力,提出市场化是工业化的必要前提和条件。马克思和恩格斯在《共产党宣言》中写道:"以前那种封建的或行会的工业经营方式已经不能满足随着新市场的出现增加的需求了。工场手工业代替了这种经营方式";"市场总是在扩大,需求总是在增加。甚至工场手工业也不再能满足需要了。于是,蒸汽机和机器引起了工业生产的革命。"①二是分析工业化所带来的生产力飞速发展和经济结构变化。对于工业化带来经济结构的变化,马克思和恩格斯指出:"资产阶级使农村屈服于城市的统治。它创立了巨大的城市,使城市人口比农村人口大大增加起来,因而使很大一部分居民脱离了农村生活的愚昧状态。"②三是通过分析工业化与资本主义关系的矛盾,推导出工业化必然导致资本主义被社会主义所取代。从恩格斯在1847年的《共产主义原理》的论述中可看出,工业化(或大工业)与社会制度的变迁存在紧密的联系,由于资本主义无法克服生产的社会化与生产资料私人占有之间的矛盾,必然导致社会主义取代资本主义。四是根据东方社会的发展特点,提出东方社会的工业化的特殊性,可采用生产力移植的方式来实现。在马克思的晚年,谈到像俄国这样落后的农奴制公社的国家实现现代化时,指出由于这些国家处于封闭的自然经济和以农业为主的经济结构,工业化发展的道路有着特殊的规律,不能将西方工业化的模式完全地照搬过来。但是,东方社会的工业化是在工业化已经成为了一种国际范围内的现实背景下提出来的,就可以直接吸收西方工业化的成果而不必重蹈覆辙。通过生产力移植的方式,东方社会可以实现跨越式发展的工业化。

2. 列宁的工业化思想

在列宁的著作中只有"大工业"、"现代化"、"电气化"的概念,没有"工业化"这个词,但这并不是说列宁没有工业思想,否认列宁的工业化理论。相反,有足够的事实证明,列宁是社会主义工业化理论的奠基人。

① 《马克思恩格斯文集》第2卷,人民出版社2009年版,第32页。
② 同上书,第36页。

十月社会主义革命前的俄国,基本上是一个落后的农业国家。1913年,列宁在"怎样提高俄罗斯的每人平均消费量?"一文中曾指出,俄国是一个不可思议的空前贫困和未开化的落后国家。在分析这个状况时,列宁指出这一落后状态还在不断地加速着。由于第一次世界大战,俄国的技术经济更落后了,在国内战争和外国干涉时期,年青苏维埃国家的经济遭到了严重的破坏。1920年工业产值仅及战前1913年的13.8%,农业的产量约为战前的半数。因此,为了保证社会主义经济的建立,就必须建设强大的工业,使国民经济的一切部门获得先进的现代技术。列宁还在1917年9月就曾指出:"革命所已做到了的,是俄国按其政治制度说来,在几个月以内便赶上了先进国家了。可是这还不够。战争是铁面无情的,它用毫不容情的严厉方式提出问题:或是灭亡,或是在经济方面也赶上并超过先进国家。……或是灭亡,或是开足马力向前猛进。历史就是这样提出问题的。"①列宁认为:"社会主义的唯一物质基础,就是同时也能改造农业的大机器工业。但是不能局限于这个一般的原理。必须把这一原理具体化。适合最新技术并能改造农业的大工业就是全国电气化。"②

苏维埃政权建立以后,列宁即已提出了社会主义工业化的基本任务。列宁指出:在伟大的十月社会主义革命胜利之后,无产阶级就必须利用自己政治上的统治地位,来解决社会主义的经济任务,即克服本国的技术经济的落后性。要做到这一点,就必须首先建设大规模的工业。大工业,首先是它的中心——大机器工业,乃是"社会主义的唯一物质基础"。在共产国际第四次代表大会上,列宁曾说:"不挽救重工业,不恢复重工业,我们就不能建成任何工业,而没有工业,我们就根本不能维持我们称之为独立国家的地位。……要挽救俄国,单靠农民经济收成丰盛还不够,而且单靠供给农民消费品的轻工业情况兴旺也还不够,——我们还要有重工业。"③只有建立大工业及其中心——大机器工业,才能从技术上重新装备和改造一切经济:工业、运输业、农业,才能把它们转到现代技术的基础上。列宁曾特别强调大工业对于改造农业的作用。

列宁指出,工人阶级必须与农民共同建设社会主义社会。列宁曾坚决反对那种主张不要农民而单独前进的所谓"超工业化"观点。列宁又着重地指出了大工业的发展是改造农业的必要前提。列宁说:"建立大工业是把农民从贫困与饥饿

---

① 《列宁选集》第2卷,人民出版社1995年版,第134页。
② 《列宁选集》第4卷,人民出版社1995年版,第549页。
③ 《列宁全集》第43卷,人民出版社中文第2版,第282页。

中拯救出来的唯一办法。"①并说:"只有物质的基础,只有技术,只有在农业中大规模地运用拖拉机与机器,只有大规模地实行电气化,才能够解决这个对小农关系的问题"。② 在俄国共产党(布)第八次代表大会上关于农村工作的报告中,列宁这样地指出:"如果我们明天就能够拿出十万架头等拖拉机,给以汽油,给以驾驶员(你们十分知道,这在目前还是一种梦想),那么中农就会说:'我赞成康姆尼'(即赞成共产主义)。"③工业和农业的恢复和改造,应该建立在先进的电气化技术基础上。列宁曾对共产主义下过这样一个著名的定义:"共产主义就是苏维埃政权加上全国电气化"④。根据列宁的指示,于一九二〇年三月成立了俄罗斯国家电气化委员会。这个委员会制定了俄罗斯国家电气化计划。这个计划预定在十年到十五年之间,修建三十所电站,它们的发电能力应较俄国资本主义有史以来所修建的电厂电力高出十倍。并预定在同一时期内要较一九一三年增加工业生产一点八倍到二倍,煤——二倍以上,铁矿——二倍以上,钢——一倍半等等。列宁在第八次全俄苏维埃代表大会上说:全国电气化计划是党的第二个纲领,它应该成为经济建设的纲领,它应该是恢复全部国民经济的工作计划,没有电气化计划是不可能走向真正的建设的。

实际生活无可辩驳地证实了列宁这一预见。自一九一七年至一九三六年,苏联工业产品,每年平均增加百分之十五点五;而在同一时期,美国每年平均只增加了百分之一。这就表现了社会主义国家工业发展的速率,比起一向称道的"美国速率"不知要快多少倍。

列宁关于社会主义工业化理论主要有这样几个方面:一是社会主义国家的跨越发展思想。为此,列宁提出了"新经济政策"的理论。二是大工业是社会主义的物质技术基础。列宁认为社会主义的唯一物质基础,就是与农业同时发展的大机器工业。三是社会主义工业化的根本任务就是提高劳动生产率。列宁认为"劳动生产率,归根到底是保证新社会制度胜利的最重要最主要的东西"⑤。四是社会主义工业的制度基础是国家所有制和计划经济制度,通过国家干预来推动工业大生产。五是利用资本主义建设社会主义。列宁认为要乐于吸引外国的好东西,其公式为"苏维埃政权+普鲁士的铁路管理制度+英国技术和托拉斯组织+美国的国民

---

① 《列宁全集》第 32 卷,人民出版社中文第 2 版,第 479 页。
② 同上书,第 205 页。
③ 《列宁选集》第 3 卷,人民出版社 1995 年版,第 806 页。
④ 《列宁选集》第 4 卷,人民出版社 1995 年版,第 399 页。
⑤ 《列宁选集》第 4 卷,人民出版社 1995 年版,第 16 页。

教育+……=社会主义"①。

3. 斯大林的工业化思想

斯大林社会主义工业化思想是在特殊的历史背景下形成的,有其合理的一面,它使苏联的工业在短时间内跃居世界前列,并增强了苏联的国力。但也使苏联形成了带有强烈的斯大林印记的社会主义工业化模式。而且还把这一模式看成是固定了的、一成不变的理想的社会主义工业化模式,长期推行,并强加给其他社会主义国家,给苏联和其他社会主义国家带来了极大的危害。

关于工业化战略,斯大林在 1925 年 12 月联共(布)第十四次代表大会的政治报告中明确地说:"把我国从农业国变成能自力生产必须的装备的工业国,——这就是我们总路线的实质和基础。"②以后,斯大林在不同时期、不同场合反复论述了与工业化有关的许多理论问题和政策问题,从而形成了斯大林的社会主义工业化思想。1926 年 4 月,斯大林明确指出:"工业化首先应当了解为发展我国的重工业,特别是我国自己的机器制造业这一整个工业的神经中枢。"③1933 年在总结第一个五年计划时,斯大林又说:"五年计划的基本环节就是重工业及其心脏——机器制造业。……实现五年计划必须从重工业着手。只有重工业才能改造并振兴全部工业、运输业和农业。"④1946 年 2 月,斯大林在回顾苏联的国家工业化时,总结了国家工业化的方法,他明确地指出:"苏维埃的国家工业化方法,与资本主义的工业化方法根本不同,在资本主义国家,工业化通常都是从轻工业开始的。……但这是一个需要数十年之久的长期过程,在这一时期内只得等待轻工业发展并在没有重工业的情形下勉强过活。共产党当然不能走这条道路。党知道战争日益逼近,没有重工业就无法保卫国家,所以必须着手发展重工业,如果这种事做迟了,那就要失败。"⑤

关于工业化的发展速度,斯大林强调必须高速度地发展社会主义工业化。起初,斯大林对苏联工业化速度问题还是比较冷静客观的。他认为速度要适中,不能损害农业的发展。但是到了 1926 年秋天召开党的十五大时,就提出了号召苏联人民在极短的历史时期内赶上并超过资本主义世界的口号。斯大林提出:"我们当前的基本任务就是加快我国工业的发展速度。利用现有的资源来全力推进我国工

---

① 《列宁选集》第 3 卷,人民出版社 1995 年版,第 94 页。

② 《联共(党)史简明教程》,人民出版社 1979 年版,第 305 页。

③ 《斯大林选集》上卷,人民出版社 1979 年版,第 461 页。

④ 《斯大林选集》第 13 卷,人民出版社 1956 年版,第 60 页。

⑤ 《斯大林选集》下卷,人民出版社 1979 年版,第 496 页。

业,从而加速整个经济的发展。"①1928年11月,斯大林在联共(布)中央全会上又专门说到速度问题。他指出:"高速度发展整个工业特别是发展生产资料的生产。是国家工业化的主要基础和关键,是在社会主义发展的基础上改造我国整个国民经济的主要基础和关键。……为了在我国取得社会主义的最终胜利,还必须在技术和经济方面赶上并超过这些国家。或者我们达到这个目的,或者我们被压倒。"②根据这些指导思想,苏联在制定第一个五年计划时,就把如何提高工业发展的速度、特别是重工业的发展速度作为核心内容,并且强调要提前完成第一个五年计划,把重工业和轻工业的发展速度变成1.35∶1。

在经济体制方面,苏联为适应上述工业化战略,建立了高度集中的以单一公有制和行政命令为特征的计划经济体制。斯大林提出:在私有制的小农基础上是不能实现社会主义工业化的。在1925年斯大林提出工业化路线和1928年开始实施第一个五年计划之前,苏联已经解决了城市中的所有制问题,只是农村还是个体经济,因此苏联在30年代开展的农业集体化运动,实际上就是建立单一公有制的运动。关于计划管理,斯大林在1927年召开的联共十五大上明确提出:"我们的计划不是臆测的计划,不是想当然的计划,而是指令性的计划,这种计划各领导机关必须执行,这种计划能决定我国经济在全国范围内将来发展的方向。"③

斯大林主张依靠自己内部力量来积累工业化的资金,并提出了"贡款论"。面对1927年末到1928年春的粮食收购危机,以及工业化资金来源的困难,在1928年7月苏共党中央全会上斯大林提出:"农民不仅向国家交纳一般的税,即直接税和间接税。而且他们在购买工业品时还要因为价格高而多付一些钱,这是第一;而在出卖农产品时多少要少得一些钱,这是第二。这是为了发展全国(包括农民在内)服务的工业而向农民征收的一种额外税。这是一种类似'贡款'的东西,是一种类似超额税的东西;……我们不得不暂时征收这种税。"④"贡款论"实际上就是实行工农业产品的"剪刀差"政策。由于斯大林的"贡款论",推行了工农业产品的"剪刀差"政策,使农民被剥夺得越来越厉害。加之这一政策长期推行,使苏联的农业发展长期徘徊不前。

斯大林关于社会主义工业化的理论,概括起来,主要有四个内容:一是优先发展重工业;二是工业高速增长;三是工业化以社会主义改造为条件,即工业化是以

---

① 《斯大林选集》上卷,人民出版社1979年版,第462页。
② 《斯大林选集》下卷,人民出版社1979年版,第76、78页。
③ 《斯大林选集》第10卷,人民出版社1979年版,第280页。
④ 《斯大林选集》第11卷,人民出版社1956年版,第139—140页。

建立单一公有制和计划经济为保障的;四是农业应该为工业化积累资金。

4. 毛泽东的社会主义工业化思想

在 1949 年 3 月中共七届二中全会上毛泽东根据中国经济的实际情况提出"由落后的农业国变成先进的工业国"的经济发展目标,首次正式提出中国社会主义工业理论。毛泽东工业化思想主要有两个来源,一是马克思主义理论和苏联的经验;二是紧密联系中国的实际。表现出与斯大林的工业化模式的不同:一是从中国的实际出发,充分认识到中国工业的长期性和艰巨性。二是对私人资本采取"利用、限制"的政策,而不采取一律没收和国有化。三是对个体农业经济和手工业经济逐步积极地引导向现代化和集体化的方向发展,不采用苏联简单、粗暴的方式。

毛泽东的工业化思想有三个主要特点,一是在单一公有制和计划经济基础上推进工业化;二是对中国经济发展的速度始终抱有过于乐观的设想,实行赶超世界发达国家的发展战略;三是毛泽东出于对国家安全和未来战争以及世界革命的准备,将备战作为工业化战略和计划。毛泽东结合中国的国情和经验教训,在社会主义工业化理论方面提出了很好的创造性的思想和政策建议,对推进中国的工业化发挥了重要作用。

怎样实现中国的工业化? 这是中国共产党在民主革命时期就开始考虑的重要问题。1944 年 4 月,毛泽东强调:"共产党是要努力于中国的工业化的"①。次年,他在党的"七大"上,深刻论述了工业化与民主革命、与资本主义经济的关系。1949 年在党的七届二中全会上又提出中国工业化的实现必须以"节制资本"和"统制对外贸易"为前提。同年 6 月,刘少奇在论述新中国的财政经济政策时指出:"中国要工业化,路只有两条:一是帝国主义;一是社会主义。历史证明,很多工业化的国家走上帝国主义的路。如果在没有工业化的时候,专门想工业化,而不往以后想,那是很危险的,过去日本和德国就是个例子。"②可以说,在建国以前,党主要考虑的问题是如何为工业化扫清道路。

新中国成立之后,中国共产党和人民政府一方面要求加速工业化,以实现国家富强;另一方面,为避免资本主义工业化过程中出现的农民破产和工人阶级贫困化,希望走一条非资本主义的工业化道路。而此时苏联正好提供了这样一条道路,并且在当时被认为是成功的。于是,经过 3 年国民经济恢复,以 1953 年"一五"计划的实施为标志,中国开始了社会主义工业化的启动和社会主义工业化建设理论的建构。

① 《斯大林选集》第 3 卷,人民出版社 1996 年版,第 146 页。
② 《刘少奇论新中国经济建设》,中央文献出版社 1999 年,第 139 页。

从 1956 年到 1978 年,以毛泽东为核心的中央领导集体觉察到苏联模式的弊端,积极探索了中国自己的工业化道路,并提出了以下思想:一是针对苏联优先发展重工业的弊端,强调农、轻、重协调发展。毛泽东在《论十大关系》中提出:"我们现在的问题,就是还要适当地调整重工业和农业、轻工业的投资比例,更多地发展农业、轻工业。"1957 年,毛泽东在《关于正确处理人民内部矛盾的问题》讲话中专门论述了中国工业化的道路:"这里所讲的工业化道路的问题,主要是指重工业、轻工业和农业的发展关系问题。我国的经济建设是以重工业为中心,这一点必须肯定。但是同时必须充分注意发展农业和轻工业。""农业和轻工业发展了,重工业有了市场,有了资金,它就会更快地发展。这样,看起来工业化的速度似乎慢一些,但实际上不会慢,或者反而可能快一些。"二是根据我国人口多、底子薄的国情特点,提出大中小企业并举、城市和乡村工业共同发展。关于大中小企业共同发展的思想,是在"一五"计划期间针对有些人忽视沿海那些技术落后的中小企业现象提出的。1957 年,毛泽东在《关于正确处理人民内部矛盾的问题》讲话中指出:"我们必须逐步地建设一批规模大的现代化的企业以为骨干,没有这个骨干就不能使我国在几十年内变为现代化的工业强国。但是多数企业不应当这样做,应当更多地建立中小型企业,并且应当充分利用旧社会遗留下来的工业基础,力求节省,用较少的钱办较多的事。"大型企业和中小型企业同时并举的工业化方法,是毛泽东根据我国财力有限、人口众多、资源技术配置多层次的特点而设计的。但是在工业化的制度方面,这个时期基本没有突破单一公有制和计划经济的大框架。

毛泽东的工业化思想主要有如下内容:

①社会主义工业化必须进行制度创新。毛泽东在 1953 年代表党中央提出了社会主义过渡时期的总路线:在一个相当长的时期内,逐步实现国家的社会主义工业化和对农业、手工业和资本主义工商业的社会主义改造。他强调:"我们现在不但正在进行关于社会主义制度方面的由私有制到公有制的变革,而且正在进行技术方面的由手工业生产到大规模现代化机器生产的变革,而这两种革命是结合在一起的。"①

②中国社会主义工业化的道路是在优先发展重工业的前提下,注意发展轻工业,处理好农、轻、重的关系。毛泽东在《关于正确处理人民内部矛盾》和《论十大关系》等文章中论述了中国的工业化道路,对发展重工业进行比较分析说:"一种少发展一些农业轻工业,一种多发展一些农业轻工业。从长远观点来看,前一种办

---

① 《毛泽东文集》第 6 卷,人民出版社 1999 年版,第 432 页。

法会使重工业发展得少一些和慢一些,至少基础不那么稳固,几十年后算总账是划不来的。后一种办法会使重工业发展得多些和快些,而且保障了人民生活的需要,会使它发展的基础更加稳固。"

③中国社会主义工业化的过程需要几十年的艰苦努力。毛泽东认为:"在我们这样一个大国里面,情况是很复杂的,国民经济原来又很落后,要建成社会主义,并不是轻而易举的事。我们可能经过三个五年计划建成社会主义社会,但要建成一个强大的高度社会主义工业化的国家,就需要几十年的艰苦努力,比如说,要有五十年的时间,即本世纪的整个下半世纪"。

④科学技术是实现国家工业化的关键。毛泽东是新中国科技事业的伟大奠基者。早在抗日战争时期,毛泽东发起成立了陕甘宁边区自然科学研究会,他说:"自然科学是很好的东西,它解决衣、食、住、行等生活问题,每一个人都要赞成它,每一个人都要研究自然科学"[①]。在 1956 年全国知识分子工作会议上,他号召:"全党努力学习科学知识,同党外知识分子团结一致,为迅速赶上世界科学先进水平而奋斗。"[②]解放后,他亲自为中国科学院成立颁发了纲领印信,亲自组织制定了我国《十二年科技发展规划》,成立了"两弹一星"的专门研究机构,自主成功研制发射了原子弹、氢弹、导弹、人造卫星、运载火箭,培育推广杂交水稻新技术,为解决我国和世界粮食问题作出了贡献。

毛泽东为新中国建立起一个独立的、比较完整的工业体系、国防体系、经济体系以及教育、科技、卫生体系,从 1953 年到 1978 年 GDP 年均增速达 6.5%,构建了铁路、公路、内河航运、航空运输的交通网络,尽管当时国家还很穷,基本保证了中国 10 亿人口吃饭、穿衣的需求,所有的城乡人口都有某种医疗保障,人均寿命从解放前的 35 岁增加到 1978 年的 68 岁。中国的卫生服务的公平性和可及性,受到当时世界卫生组织的高度赞誉。毛泽东时代为我国改革开放的发展打下了坚固的基础。

5. 邓小平的工业化理论

1979 年后,中国进入改革开放的新时期,逐步形成了邓小平建设有中国特色社会主义理论。并以此为基础,在国家产业政策和社会经济发展战略层面,社会主义工业化理论取得重大发展。邓小平社会主义工业化思想主要体现在以下几个方面:

(1)把改革的起点放在农村,全面振兴农村经济和发展乡镇企业是中国工业

---

① 《毛泽东文集》第 2 卷,人民出版社 1999 年版,第 269 页。
② 《建国以来毛泽东文稿》第 6 册,中央文献出版社 1997 年版,第 12 页。

化的必由之路。中国原有的经济体制是以苏联的体制为模式建立起来的。这一体制在发挥了一段时期的历史作用之后,便暴露出发展缓慢,起伏波动,缺乏应变,僵化不前的弊端,调动不起人民群众建设社会主义的积极性,使本来应该生机盎然的社会主义制度丧失了活力。因为当时中国人口的80%在农村,只有解放了农村的生产力,才能推动其他改革的进行。邓小平强调:"农业搞不好,工业就没有希望,吃、穿、用的问题也解决不了"①。为此,十一届三中全会以来,中央采取了一系列重要措施来调动农民的生产积极性,大力发展农村生产力,使农作物大幅度增产,农民收入迅速增加,农村市场相应扩大,农村大量剩余劳动力向工业转移,有力地推动了工业的发展。而且,乡镇企业异军突起,其发展速度之快,容纳劳动力之多,是世界上罕见的。乡镇企业发展的伟大意义正如邓小平指出的:乡镇企业的迅速崛起和发展不仅为实现农业现代化提供了大量的资金和物质技术,更为重要的是为农业劳动力向工商业转移,为实现乡村工业化和城镇化找到了路子。

(2)"对内搞活"和"对外开放"都是社会主义工业化的重要手段,两者互相联系,开启了中国工业化的新阶段。"对内搞活",主要是搞活国有工业企业。在1984年以前的6年试点的基础上,在经营方式、产供销活动、资金使用、领导任免、职工聘任、工资奖金发放、产品价格等方面进一步扩大国有工业企业的经营管理自主权。调动了企业生产的积极性,增加了国有工业企业的产出,创造了市场生成和发育的条件,也为以后国有工业企业的进一步改革创造了条件。与此同时,非公有工业经济的快速发展,也推动着工业化进程的不断发展。与"对内搞活"相适应的就是"对外开放"。在1982年十二大的开幕词中,邓小平向全世界郑重宣布:中国将"坚定不移地实行对外开放政策,在平等互利的基础上积极扩大对外交流"②。1982年,有关对外开放、改革的基本内容,写入了我国新宪法,通过国家根本大法的形式加以固定化和法律化。

(3)建立社会主义市场经济体制,这是实现社会主义工业化的重要条件。随着中国改革开放的深入,原有的计划经济体制的弊端也越来越突出。不建立新的市场经济体制,就会严重阻碍中国工业化和现代化的进程。1992年初,邓小平在南方谈话中明确指出:"计划和市场都是经济手段。"③同年召开的党的十四大则确立了我国经济体制改革的目标是建立社会主义市场经济体制。因此,以1992年邓小平南方谈话和党的十四大为标志,我国的经济体制改革进入了自觉地以市场经

---

① 《邓小平文选》第1卷,人民出版社1994年版,第322页。
② 《邓小平文选》第3卷,人民出版社1993年版,第3页。
③ 同上书,第373页。

济体制为目标的改革阶段。建立社会主义市场经济体制目标的确立,在中国的工业化、现代化历史上开辟了一条崭新的道路,具有划时代的意义。这不仅是对1978年改革开放以来历史经验的总结,也是对1949年建国以来社会主义建设历史经验的总结。

(4)提出了"科学技术是第一生产力",指明了中国的社会主义工业化必须建立在科学技术现代化的基础上。"科学技术是生产力"是马克思主义历来的观点。随着现代科学技术的发展,仅仅说"科学技术是生产力",显然已不足以描述新技术革命引起的社会生产力巨大飞跃的事实。1988年,邓小平以创造性的思维第一次明确提出"科学技术是第一生产力"这一当今马克思主义的重大科学命题。邓小平指出:"马克思讲过科学技术是生产力,这是非常正确的,现在看来这样说可能不够,恐怕是第一生产力。"[1]因为"现代科学技术的发展日新月异,生产设备的更新,生产工艺的变革,都非常迅速。许多产品,往往不要几年时间就有新一代的产品来代替。劳动者只有具备较高的科学文化水平,丰富的生产经验,先进的劳动技能,才能在现代化的生产中发挥更大的作用。"[2]改革开放以来,我国先后从各工业发达国家引进了数千项先进技术和大批专业人才,同时还派出大批青年到发达国家进修学习,有许多青年人才学成回国,这些措施有效地支撑了经济发展、社会进步对科学技术的需求,提高了我国经济和科学技术发展的起点。许多产业部门通过技术引进和消化吸收,提高了自主创新的能力,使产品和技术的竞争能力有了很大的提高。在占有国内市场的基础上,一些企业已经具有了在国际市场上与外国企业竞争的实力,我国某些科学领域的水平已经或正在接近世界先进水平。

(二) 西方经济学中的工业化理论

古典经济学时期,严格地说,没有完整的工业化理论,但这一时期的经济学家对工业化的动因和规律进行了研究,这里就不作介绍。现就新古典经济学时期的工业化理论作如下简述。

1. 经济增长分析理论

(1)霍夫曼定理

霍夫曼定理又被称作"霍夫曼经验定理",是德国经济学家 W. C. 霍夫曼 1931年在《工业化的阶段和类型》中提出,把工业化某些阶段产业结构变化趋势外推到工业化后期。通过设定霍夫曼比例或霍夫曼系数,对各国工业化过程中消费品和

---

① 《邓小平文选》第3卷,人民出版社1993年版,第274页。

② 《邓小平文选》第2卷,人民出版社1994年版,第85页。

资本品工业(即重工业)的相对地位变化作了统计分析。得到的结论是,各国工业化无论开始于何时,一般都具有相同的趋势,即随着一国工业化的进展,消费品部门与资本品部门的净产值之比是逐渐趋于下降,霍夫曼比例呈现出不断下降的趋势,这就是著名的"霍夫曼定理"

霍夫曼通过分析制造业中消费资料工业生产与资本资料工业生产的比例关系,得出了霍夫曼比例:

霍夫曼比例=消费资料工业的净产值/资本资料工业的净产值

根据霍夫曼比例,工业化进程包括四个发展阶段:第一阶段,消费资料工业发展迅速,在制造业中占有统治地位,资本资料工业则不发达,在制造业中所占比重较小。消费品净产值平均为资本品工业净产值的5倍。第二阶段,资本资料工业发展较快,消费资料工业虽也有发展,但速度减缓,而资本资料工业的规模仍远不及消费资料工业的规模,后者的产值仍是2.5倍于前者的净产值。第三阶段,消费资料工业与资本资料工业在规模上大致相当。第四阶段,资本资料工业在制造业中的比重超过消费资料工业并继续上升。整个工业化过程,就是资本资料工业在制造业中所占比重不断上升的过程。随着工业品的升级,其比率是逐步下降的(见表1)。

表1　霍夫曼工业化阶段指标和特征

阶段	消费品工业净产值与资本品工业净产值之比	阶段特征
第一阶段	5(±1)	消费品工业占优势
第二阶段	2.5(±1)	资本品工业迅速发展
第三阶段	1(±0.5)	消费品工业与资本品工业达到平衡
第四阶段	1以下	资本品工业占主要地位

资料来源:刘世锦等著:《传统与现代之间》,中国人民大学出版社2006年版,第25页。

近年来,有不少人引用霍夫曼定理来分析中国工业化,并承认其解释的有效性,但也有人指出了霍夫曼定理的局限性。认为在现代经济中霍夫曼定理不能得到印证的主要原因是:第一,"霍夫曼定理"是建立在先行工业化国家早期增长模式之上的,忽视了技术进步的作用。第二,霍夫曼对工业化进程中经济结构变化的研究,是在国民经济只存在工业和农业两个部门的理论框架下进行的,因此,他把资本品工业在工业中的比重的上升和居于主导地位,等同于它在整个国民经济中的比重上升和成为国民经济的主导产业。没有看到服务业,特别是其中的生产性服务业的发展,对于先行工业化国家生产成本、特别是交易成本的降低和效率的提高,起了重要的作用。

（2）刘易斯的二元经济结构理论

美国经济学家刘易斯的二元经济理论,是关于发展中国家工业化非均衡分析和发展战略研究方面的具有代表性的理论。1954年,刘易斯著的《劳动无限供给条件下的经济发展》一文,建立了具有很高分析价值的二元经济结构模型。刘易斯因此而荣膺1979年的诺贝尔经济学奖。这一理论被西方许多经济学家认为是第三世界劳动剩余国家发展过程的"普遍真理"。

刘易斯的理论模型侧重以亚洲的经济落后、人口过剩的国家为研究对象。这些国家的基本经济形态就是二元经济,即城市中新兴的资本主义工业部门与农村中庞大的传统农业部门并存。刘易斯根据落后国家的情况,提出了二元经济模型的三个假设前提:一是不发达经济分为两个部门,即城市以制造业为中心的现代部门和农村以农业、手工业为主的传统部门;二是劳动无限供给;三是工资水平不变。

刘易斯划分了资本主义部门和自给农业部门,这就是所谓二元结构问题。资本越多,就可以将更多的劳动者从自给农业部门吸收到城市工业部门中来。当剩余劳动完全吸收到现代工业部门中去,这时二元结构变成了一元结构,也就完成了不发达经济的发展问题。刘易斯认为资本积累和技术进步是同一方向的,二者密切相关,经济发展的关键就是资本积累。在刘易斯的二元结构模型中,很显然地将农业视为一个被动的过程。在模型的整个运行过程中看不到农业劳动生产率的提高,收入的增加。

在刘易斯看来,二元经济发展的核心问题,是传统部门的剩余劳动力向现代工业部门和其他部门转移。现代部门扩张,通过提供就业机会、分享物质设施、传播现代思想和制度、相互贸易等途径,既使传统部门剩余劳动力转移,又使传统部门获益并且得以改造更新而转化为现代部门,也使现代部门促成再生产性资本的进一步增长、生产规模的进一步扩大、生产率和收入水平的进一步提高。以现代部门扩张为主,现代部门和传统部门互联互动并且循环往复,不仅推动和促进了二元经济转变为一元经济,而且推动和促进了不发达经济转变为发达经济。在他之后的费景汉和拉尼斯就针对这一点提出了修正意见。他们认为刘易斯的模型存在着两点缺陷:第一,不重视农业在工业生产中的重要性,这会造成农业的停滞。第二,忽视农业生产率的提高而出现剩余产品,应该是农业中的劳动力向工业流动的先决条件。

（3）钱纳里的产业结构转变理论

美国经济学家、世界银行经济顾问H.钱纳里,调查研究了101个发达国家和发展中国家或地区的二元经济结构问题,提出了产业结构转变论。他认为经济发展就是经济结构的成功转变。经济结构成功转变的基本内容就是传统农业主导的经济结构,由于市场需要的变化,在城市工业化和农村工业化的工业化过程中,发生资金投入、生产技术、资源配置的变化,从而转变为现代工业主导的经济结构。

钱纳里借助多国模型,将经济结构转换过程划分为7个时期3个阶段(见表2),其中2、3、4三个时期是传统工业化阶段,细分为工业化初期、工业化中期与工业化成熟期三个阶段。在经济结构转变启动的第一阶段,由于人们最终需求中食物消费的需要最多和最大,整个社会主要依赖农业提供初级产品。就国际贸易的需要来说,也是这样,比较优势在初级产品的生产方面。随着经济的发展、收入的增加、生活的改善,总消费中食物消费份额下降的恩格尔定律显现出来。无论国内消费需要,还是国际贸易需要,都转向了工业制成品。现代城市工业应运兴起,传统农村农业处于发展缓慢乃至停滞的状态。在经济结构迅速转变的第二阶段,由于工业制成品市场需要的激励,资金、劳力等生产要素资源从生产率较低的传统农业部门和其他部门,迅速流向生产率较高的现代工业部门和其他部门,现代生产技术也在现代工业部门和其他部门迅速发展起来。现代工业部门和其他部门不仅获得了资源重新配置的直接增长效应,而且获得了资源在整体经济中重新配置的总体再配置增长效应。在经济结构转变完成的第三阶段,传统农村农业实现了现代化的改造和发展,现代农业部门从生产率低速增长部门转变为生产率增长速度较高部门,缩小了同现代工业部门和其他部门的生产率差距,二元经济结构转变为一元经济结构,经济不发达状态转变为经济发达状态。在钱纳里看来,发展中国家的资源转移和再配置,同发达国家相比是更加重要的增长因素。因为发展中国家二元经济结构更加突出,市场需要和要素市场的变化幅度更大,产业结构和经济结构的转变余地也就更大。

表2 钱纳里等划分的结构转换的时期与阶段

时期	人均收入变动范围(美元)		发展阶段	
	1964年	1970年		
0	70—100	100—140	初级产品阶段	
1	100—200	140—280		
2	200—400	280—560	工业化阶段	初期
3	400—800	560—1120		中期
4	800—1500	1120—2100		后期
5	1500—2400	2100—3360	发达经济阶段	
6	2400—3600	3360—5040		

2. 经济增长阶段分析理论

美国经济学家、经济史学家罗斯托（Rostow, W. W.）著有《经济增长的阶段》（1960年），《从起飞进入持续增长的经济学》（中译本，1988年）等有关著作。罗斯托依据现代经济理论，从经济发展的角度，用历史的、动态的方法研究了各个国家，尤其是发展中国家经济发展的过程、阶段和问题，提出了一个国家经济发展要经过六个阶段的理论。

一是传统社会阶段。所谓传统社会是指这样一种社会，它的结构是在有限的生产函数内发展起来的。罗斯托认为，世界范围内，传统社会虽然多种多样并且经济变化，但它们都有一个共同特点：即经济技术生产率的进步是有限的。

二是为起飞创造条件的阶段。罗斯托认为，这一阶段的经济和社会的主要特征仍然是传统的低效率生产方式，旧的社会结构和价值观念以及与这两者相联系而发展起来的以地方为基础的政治制度，使以上一切活动都进行得很缓慢。但是，在政治方面，建立一个有效的中央政权的民族国家是这个阶段的决定性因素，也是起飞的一个必要条件。

三是起飞阶段。罗斯托分析认为起飞时期新兴工业迅速扩张，其带来的利润有很大一部分被再投资于新工厂，有效的投资率和储蓄率可能从大约占国民收入的5%提高到10%以上。新技术不仅在工业也在农业中扩散，农业生产率的革命性变化是成功起飞的必要条件。在10年或者20年后，经济的基本结构和社会、政治结构都发生了转变，从而使稳定的增长率能够正常地维持下去。

四是走向成熟阶段。起飞之后，大约40年达到成熟阶段，是一段长时间的持续增长。国民收入的10%—20%被稳定地用于投资，产品产量超过人口增长。罗斯托认为，在成熟阶段有两种现象发生了：一是人均实际收入上升到一个较高水平，使得大多数人能获得超过基本食物、住房和穿着的消费；二是劳动力结构发生了变化，不仅城市人口在总人口中的百分比上升了，而且在办公室或在工厂技术岗位上工作的人口比例也上升了。

五是大众高消费阶段。罗斯托认为，到了大众高消费阶段，除了这些经济上的变化之外，社会不再把现代技术的进一步扩展作为压倒一切的目标。正是在这个成熟以后的阶段，西方社会通过政治程序选择把更多的资源用于社会福利和社会保障。福利国家的出现就是社会超越技术成熟的表现。

六是追求生活质量阶段。在这一阶段主导部门已经不是以汽车为主的耐用消费品工业，而是以服务业为代表的提高居民"生活质量"的有关部门，生活质量指标的含义相当广泛，诸如教育文化的普及，住房面积和舒适程度，医疗保健，社会福利和社会保障体制，环境保护，饮食结构，文艺旅游等。这些部门的特点是提供劳务,而不是生产物质产品。人类社会将不再以物质产品制造的多少来衡量社会的成就,而以劳务形式所反映的"生活质量"的高低程度,作为衡量社会发展的标志。人们追求的也不仅仅是获得小汽车之类的耐用消费品,而是追求环境的优美,生活的舒适,以及较高的精神享受。

罗斯托认为,起飞阶段和追求生活质量阶段是社会发展过程中的两次重大突破。对发展中国家来说,起飞是关键性的,一个国家一旦超越了传统社会实现了起飞,经济就可以持续增长。因此,充分认识起飞所需的条件、困难,采取相应的对策,是极其必要的。

3. 经济增长因素分析理论

经济增长是综合的经济和社会现象,影响经济增长的因素很多,正确地认识和估计这些因素对经济增长的贡献,对于正确制定政策,促进现代经济增长是至关重要的。美国经济学家库兹涅茨、索罗和丹尼森是经济增长因素分析的先驱者。

(1)库兹涅茨理论的经济增长分析

美国经济学家库兹涅茨通过对众多国家长时期的国民收入增长和国民生产总值的部门构成进行统计分析、比较来对经济增长的内涵和产生增长的贡献因素进行分析认为,促进经济增长的因素主要包括三个方面:知识存量的增加、劳动生产率的提高和经济结构的转换。

(2)索罗的经济增长分析

索罗对美国1909—1949年的经济增长统计资料的分析结果表明,在全部经济增长中,大约有1/8是来自劳动力和资本量的增加,余下7/8来自技术进步。因此,他指出,技术进步的作用必须通过投资来实现,没有新资本的投资,技术进步就不可能参与到生产增长中去,只要能维持进步,就可以获得长期经济增长的动力。索罗的这一分析理论,对西方国家科学技术和教育政策的实践产生了巨大的积极影响。

(3)丹尼森的经济增长分析

美国经济学家丹尼森认为长期增长发生作用并且能影响增长率变动的主要因素有七类:就业人口和其年龄、性别构成;工时数;就业人员的受教育年限;资本存量的大小;资源配置,主要是劳动力从低效率部门向高效率部门转移;规模经济;知识进步。前三种因素属于劳动投入,第四种是资本投入,后三种因素合起来称全要素生产率。

丹尼森的计算方法是,假定总投入量增加某一个百分比,例如1%,则产量也增加相同的百分比,也应增加1%。但是,实际上产量的增加率要超过1%,超过部分,丹尼森认为来源于单位投入量的产出量变化,这种单位投入量的产出量变化,丹尼森称为"全部要素生产率"。决定单位投入量的产出量变化的因素,主要包括资源再配置、规模经济和知识进步。

根据丹尼森的计算,从 1929 年到 1969 年的 40 年间,美国总的年均增长率为 3.33%。其中,1.81 个百分点是由要素投入量提供的,1.52 个百分点是单位投入量的产出量变化提供的。也就是说,总投入量的贡献占总的平均增长率的 54.4%,全要素生产率的贡献是 45.6%。就总投入量的贡献看,其中劳动又占 72% 以上,全要素生产率的贡献中,知识进步占的比例超过 60%。

4. 内生经济增长因素分析理论

内生经济增长理论,是在 20 世纪 80 年代,以罗默和小卢卡斯为代表的一批经济学家,在对索罗等新古典增长模型重新思考的基础上,将经济增长的主要源泉——技术进步看作是经济内生的力量,建立新的经济模型来解释经济的长期增长而形成的。

1988 年,小卢卡斯将生产部门分为物质生产部门和知识生产的教育部门两部分,通过对生产者用于从事生产和用于人力资本建设的不同用途的时间分配方式来体现人力资本在经济增长中的作用。小卢卡斯假定,每一个生产者用一定比例的时间 β 来从事生产,还用 1 − β 比例的时间从事人力资本投资,建立了包含独立的人力资本变量的生产函数。小卢卡斯证明,引入了人力资本后,即使劳动力增长率为 0 或小于 0,经济仍可均衡增长。

罗默在 1990 年建立了一个包含人力资本的经济增长模型。他认为,知识可以从两个方面对生产活动起作用:一是导致新设计和新产品的产生;二是增加了知识存量,提高劳动者的生产效率。

罗默模型中人力资本发挥作用的过程和原理将经济生产过程分为三个部门:R&D 部门、中间产品生产部门和最终产品生产部门。R&D 部门使用人力资本和现有知识存量生产新的知识,其产品形式是用于生产过程的资本品和新的最终产品的设计,并把这种设计出售给中间生产部门或最终生产部门;中间产品部门利用这些新设计生产出新的资本品,再卖给最终产品生产部门;最终产品生产部门使用劳动力、人力资本和一组新资本品用新的生产方式生产原有最终产品或新的最终产品,其产出用于消费或生产新的资本品。他证明了:经济增长率与人力资本存量成正比,与 R&D 部门的生产率成正比,而与人口规模没关系。

5. 制度与经济增长关系分析理论

在内生增长理论形成的同时,新制度经济学又将制度纳入经济增长的分析因素,提出了新制度经济学的制度与经济增长关系的理论。新制度学派认为,新增长理论和新古典增长理论一样,只是揭示了增长的过程或增长本身,并没有说明发生经济增长现象的本原动因。在新制度学派中经济增长理论的代表人物是道格拉斯·诺斯(North,D. C.)。

对制度与经济增长关系进行较早研究的还有舒尔茨。1979 年诺贝尔经济学奖得主舒尔茨认为，制度是一种行为规则，这些规则涉及社会、政治行为。他认为，经济增长与经济制度结构之间存在着内在的联系，经济制度不仅会发生变迁，而且事实上正在不断地发生变迁，人们做出制度变迁的选择和组织制度的创新不过是为了增进经济效率和经济福利。反过来说，如果制度提供的是规则，那么这些规则就是应经济增长的需求而产生的。这样，作为对经济增长的动态反映的制度变迁，就可以用制度需求的均衡分析来处理。

（三）工业化理论的思考和启示

通过上述工业化理论基础的综述，使我们对工业化理论得到如下的思考和启示。

社会主义工业化理论与西方工业化理论之间有三大相似之处：一是对工业化理论的研究视角，沿袭新古典经济学的传统，侧重于技术经济关系方面的分析，而忽视社会历史文化的分析；二是把工业化看成由农业国向工业国转变的过程和追赶先进工业国的经济发展战略，未把它看作是人类社会发展的必然之路；三是把工业化看成是工业发展的过程，而没有把工业化看成是社会经济发展的普遍问题。

社会主义工业化理论具有三大特点：一是社会主义工业化理论把实现工业化作为全民族利益的国家行为，工业化由国家提出战略目标和规划，由国家组织发动和管理。西方工业化理论很少有国家主义色彩。二是社会主义工业化理论比较注重研究所有制变革问题，把国有化和农业集体化列入研究范围，西方工业化理论在经济制度方面问题涉及较少。三是社会主义工业化理论侧重从工业发展道路及战略研究工业化，西方工业化理论侧重从产业结构的变化研究工业化。

马列主义工业化思想告诉人们，工业化作为人类发展的一个历史阶段，决不是一个简单的经济现象，而是有着复杂而深刻内涵的范畴，不应将其简单化。我们通过理论研究认为：工业化最少要包括以下几层含义：第一，工业化是生产方式的转变。判断工业化最直接的指标就是在生产方式上的机械化、自动化程度。第二，工业化是生活方式的改变。社会商品经济高度发达、工业制品利用率高、人们生活节奏加快、高质量生活水平。第三，工业化是一个综合的指标体系。产出和就业从农业为主向工业为主转变，实现机械化和自动化，还包括农业生产现代化和管理科学化。第四，工业化是社会经济关系、生产关系、经济制度以及文化上的变革过程，是人类文明不断演进的过程。

因此，我们认为，新型工业应该是技术进步、信息化带动、资源集成、产业协同、城乡互动、区域协调、全面发展的工业化。

二、工业化的国际比较

由于各国的历史条件、资源禀赋、文化传统等方面不同,世界各国的工业化并无统一模式,不同的研究者基于分析的需要,从不同的维度对各国的工业化模式进行了分类。英国学者汤姆·肯普主要以工业化起始的时间为标准,将工业化国家分为三类:第一类包括那些与英国同时或稍后进行工业化的国家或地区;第二类包括第一批"后来者",它们在19世纪或20世纪初开始工业化,包括美国、德国、日本和俄国等;第三类是由一批"追随者"所组成,它们在20世纪30年代或第二次世界大战之后才开始工业化,工业化起步晚,主要是一些原殖民地和半殖民地国家。我国著名的发展经济学家张培刚先生则依据制度因素将工业化分为三类:一是由私人发动;二是由政府发动;三是由政府和私人共同发动。按照这一划分标准,英国、美国可归入第一类型,苏联可归入第二类型,日本和德国可归入第三类型。本文将以工业化的起始时间作为划分不同国家工业化的基本维度(见表3),并进一步对同一时期的工业化国家中的典型模式做出分析。

表3 主要发达国家工业化的基本历程

国别	工业化起步时期	工业化基本完成时期
英国	18世纪60年代	19世纪80年代
法国	18世纪末	19世纪末20世纪初
美国	19世纪初	19世纪末
德国	19世纪40年代	19世纪末20世纪初
日本	19世纪60年代	20世纪60—70年代
苏联	19世纪60年代	20世纪60年代

资料来源:陈冬著:《新型工业化理论与实证分析》,社会科学文献出版社2006年版,第40页。

(一)工业化的先行者

1. 早期工业化特点

西方世界早期工业化的兴起是18世纪下半叶和19世纪的技术进步及生产组织形式的持续变化的结果。是社会发展到一定阶段、生产力发展到一定水平时发生的。早期的工业化在效果上可以称之为一场意义深远的革命,因此,早期工业化的过程也往往被称之为"工业革命"。就其发展轨迹而言,基本上是一个由众多内外部条件所促成的渐进变化的自然历史过程。机械化和工厂制的建立经历了一个相当长的历史时期,家庭作坊和手工生产方式长期与机器大工业并存。机械化的工厂取代手工作坊一般都用了半个世纪至100年的时间。以英国为例,纺纱机和织布机在18世纪下半叶已逐渐完善,但花了近半个世纪才得到普遍推广。因此,早期工业化具有过程的渐进性与结果的突变性的特点。

2. 英国的工业化模式

工业革命最早发生在英国,起讫年代为1760—1881年,迄今已有200多年的历史,作为第一个实现工业化的国家,其特征具有典型意义,是现代经济增长的第一个示范。英国的工业化主要由其社会自身不断产生出有利于工业化的因素推动实现的,英国的工业革命在既无外来压力,也无政府指引的条件下,自发地产生和进行,是市场经济作用的结果。其社会政治制度也在工业化不断深入发展的过程中逐步进行改革,调节不适应经济发展的种种因素,以达社会生活中的民主化,促进经济的进一步发展。英国的这种工业化模式可称为内生型的工业化模式,这是世界工业化进程中的一种特殊模式。英国工业化的主要特点有:一是工业化从农业和农村起步;二是工业化始终伴随着商业化和市场化;三是工业化与城市化协调推进;四是工业化与技术进步紧密相随;五是工业化从轻纺工业开始,然后逐步升级。英国工业化的达成,又使它成为其他国家经济发展的推动力,通过其示范作用和人力资本的输出及贸易刺激了其他国家的发展。

英国的工业化是在已经相当发达的市场经济前提下发展起来的。圈地运动为英国工业发展创造了有利的先决条件,改变了英国的土地所有权及农业经营方式和生产组织形式,率先在农业实现了商品化生产:农业的率先发展带动人口持续增长,为工业提供了有利的国内市场和充足又廉价的劳动力。资本的原始积累和劳动力市场的形成,以及殖民统治为它开辟的宽阔的世界市场,为工业化的发展创造了一系列的有利条件。蒸汽机的发明,正式揭开了工业革命序幕。技术革新不断提高生产率,以纺织业为先导部门,采矿业和冶金业与其并行发展,带动了其他部门的产生和发展,工业化逐渐扩散到各工业生产部门和交通运输业中。利润的驱使,使英国经济结构发生了变化,农业不再占优势地位,工业和贸易及交通运输业开始在经济中占据主导地位。英国工业化进程是在量的逐步积累基础上达到质的飞跃。作为第一个工业化国家,有着特殊的背景与经历,其他国家的背景与基础各不相同,对于英国的内生型工业化模式的模仿是不可能的。而英国的工业化进程基本上是自发的,导致了英国的工业化时间较长,又被更多的后来者赶超。

（二）工业化的赶超者

1. 美国的工业化模式

美国工业化起讫年代为 1815—1895 年,动因主要来自内部压力,可以看作是英国工业化模式的延伸。因为美国有灵活的经济体系和政府强有力的指导政策,对工业快速发展起了很大的作用。而且,美国在英国的基础上进行了工业化内部创新,建立了更先进的生产模式。首先,美国人创立了新的工厂体制。美国工业化时人力匮乏,但土地广大,水利资源丰富。于是,他们把原来一些分散的制作过程加以合并,实行新的分工,而后将制造某一商品的所有工序集中于一个工厂,并置于统一的管理之下。这种工厂制需要巨额资金,于是,组织有限公司成为解决资金的主要渠道,某一公司根据法律取得营业执照后,便可以从许多较小的投资者手里筹集资本,股东们只负"有限责任",他们对公司的债务只按其所占有的股份比例承担责任。这种股份公司成为美国工业化的基础。通用制是美国的另一项重要的技术创新。通用制使大规模的生产成为可能,产生"规模生产制"。在此之前产品是由工匠一件件制作的,而通用制的出现则使得产品可以批量生产和大量投放市场,有力地促进了经济发展。此外,美国远离欧洲大陆,不易受战乱的影响,而且还可在欧洲列强混战时获得若干订货的好处。结果,两次世界大战后,美国不仅迅速地成为彻底的工业化国家,而且成为了世界主要的超级大国。

2. 德国、日本工业化模式

德国的工业化起讫年代为 1848—1900 年,其经济起飞时间相对较迟,德国通常被称为工业化第一集团的追随者,比美法等国工业化晚了整整一代人的时间,它们吸取了法国摇摆不定的教训,利用有效的社会军事组织形式,创立了一种成功的模式。德国的工业化有着鲜明的国家资本主义色彩,建立了干预性很强的政府和一个主动积极的官僚体系,部分企业和产业实行"国有化政策",工业与金融垄断突出。重视科技创新及其产业化,大力发展新兴工业和军事工业,工业化战略要服从军国主义化战略。德国政府在其工业发展过程中发挥了积极作用,通过德意志政府的努力,德国在 19 世纪末终于成为一个实力强劲的新兴工业化国家。

日本的工业化起讫年代为 1868—1920 年,模式仿效德国,通过明治政府的强力引导,在很短的时期内实现了现代经济的转轨。一方面引进西方先进科技、加速本国工业建设,一方面对外扩张、掠夺他国财富,通过一种血淋淋的方式也挤进了列强的行列。

德日两国工业化都快速进行并取得了显著成绩,而且它们的工业化过程有许多共同点。德日两国都是工业化第二集团中的主要国家,在发展的模式上,选择政府主导型的工业化发展模式,其发展势头却超过了几乎所有的第一集团国家。这中间有很多因素,除了政府的作用和对教育的重视外,德日两国的企业卡特尔化也是一个重要因素。两国在工业化过程中,企业卡特尔化成为工业化的一种主要趋势,表现出工业化发展对规模经济的要求,没有规模,就无法有效地参与国际竞争。德日两国在社会和政治方面的彻底现代化,也都是在二战以后借助于外力完成的,并都由最初强权推行的赶超模式最终回到了民主体制下和平发展的道路。

3. 苏联工业化模式

所谓苏联模式,即是政府发动的工业化。就是由政府指定规定,运用行政力量筹措资金和兴办企业而推动的工业化。它的一个显著特征就是表现为一种突变性或革命性。在不太长的时间内较迅速地建立了国内的现代工业化体系,而这种突变特征,是由这些国家所处的历史背景所决定的。苏联开始工业化时,世界上已经有了一大批国家先行完成了工业化。这样,一方面,工业化国家的存在给后起国造成了迅速实现工业化的迫切性,后起国为了追赶先进国而不得不求助于政府的力量。另一方面,工业化国家又为后起国利用先进的生产技术和工业化经验提供了可能性。后起国可以借助政府的力量来学习、引进和模仿先进国的生产技术和工业组织。

苏联的工业化起讫年代为 1928—1960 年,模式为:工厂和资源主要归政府所有,由政府经管;农业以合作社方式经营;国家垄断对外贸易;建立控制经济的集权机构实施计划经济;按计划实施生产。在产业结构方面,采取重工业优先发展的战略,用高积累率和高投资率,以及农业产品"剪刀差"政策,加速工业的发展。其特点是:强调国家计划的权威性,重工业发展速度快,对巩固国防有利,但投入多,又忽视农业、轻工业,使经济发展不够协调,影响了人民生活的提高和改善。首先,苏联工业化是用排斥市场、一统到底的中央指令性计划来实现的,这是苏联工业化最基本的特点。1928 年 10 月,苏联实施第一个五年计划建立了计划指标体系。从1931 年起,苏联把年度控制数字变成年度计划,至此,苏联形成了一统到底的指令性计划体系,这种体制对国民经济各部门的运行和发展具有极大的约束力。其次,片面强调重工业的发展,而置轻工业、农业于从属、次要地位。在斯大林优先发展重工业是工业化核心的思想指导下,苏联把发展重工业强调到无以复加的地位。这首先表现在工业投资分配上。例如,在"一五"至"五五"计划期间,重工业投资平均达到30%以上。与此形成鲜明对比的是,轻工业、农业投资比例的不断降低,轻工业在工业投资中的比重由"一五"期间的 16.6% 下降到"五五"期间的

10.9%;农业在国民经济的投资比重在"一五"时为的15.5%,而在1941~1945年仅为9.3%。最后,用压缩人民群众消费的办法强行提高积累率,以筹集工业化所需资金。采取的主要办法有:一是通过税收、公债、增发货币等办法筹集资金。二是用减少农业投入和剥夺农民剩余产品的办法,加速农业资源向工业的转移。

(三) 后起国 (地区) 的工业化

1. 巴西、墨西哥、阿根廷三国工业化的模式

拉丁美洲在16世纪初即沦为葡萄牙和西班牙等国家的殖民地。300年后,阿根廷于1816年,墨西哥于1821年,巴西于1822年先后独立。独立后的100多年又为英美等列强所控制,实际上处于半殖民地的地位。直到20世纪,主要是第二次世界大战后才真正走上工业化道路,实现了工业化目标。这三个国家的国情和条件有许多不同,但从面积、人口、经济总量和发展水平上看均属拉美前三位,是名副其实的大国,而且社会制度、历史制度、政治体制、发展模式和过程亦有许多相似之处(见表4)。其一,都属于资源丰富、人口众多或较多的大国,都是资本主义市场经济体制的国家;其二,实行进口替代型工业化战略,较多效仿美国工业化的做法,对重要产业和企业推行国有化,注重产品国产化;其三,在强有力的政权和铁腕人物的主持下强化工业化进程,如阿根廷的庇隆、墨西哥的卡德纳斯、巴西的布朗库等;其四,注重对外开放和利用外资,但运用质量不佳,加上若干金融决策的失误,农业发展资金短缺,工业内部结构失衡,高能耗工业发展过快,装备制造业比较落后,带给国民经济许多负效应。

表4　巴西、墨西哥、阿根廷工业化情况比较

国家	人口 (1987) (百万)	面积 (万平方公里)	人均国民生产总值(美元)		国内生产总值构成百分比						城市化率 (1970年)
					农业		工业		服务业		
			1981年	1987年	1965年	1987年	1965年	1987年	1965年	1987年	
巴　西	141.4	851.2	2220	2020	19	11	33	38	48	51	56
墨西哥	81.9	197.3	2250	1830	14	9	27	34	59	57	59
阿根廷	31.1	276.7	2560	2390	17	13	42	43	41	44	78

资料来源:张一民著:《论中国的新型工业化与城市化》,东北财经大学出版社2004年版,第34页。

2. 亚洲"四小龙"工业化的模式

亚洲新兴的工业国家(地区)在历史上都曾是列强的殖民地和半殖民地,在第二次世界大战后获得独立。到20世纪末,在中东、东亚的一些国家(地区)也完成

或基本完成了工业化的历史任务。这些国家(地区)或因有独特的战略资源而迅速致富(如中东各国),或因有独特的区位优势并能充分利用特殊的历史条件而迅速发展起来(如新加坡、中国香港)。其中具有代表性并广为世人所称道的是亚洲"四小龙"中,即新加坡、韩国以及中国的台湾和香港地区(见表5)。

表5　亚洲"四小龙"工业化情况比较

国家或地区	人口(1987年)(百万)	面积(万平方公里)	人均国民生产值(美元)		国(地区)内生产总值构成百分比						城市化率(1970年)
					农业		工业		服务业		
			1981年	1987年	1965年	1987年	1965年	1987年	1965年	1987年	
台湾地区	19.7	3.6	2560	5550	27	6	29	48	44	46	
香港地区	5.6	0.1	5100	8070	2	0	40	29	58	70	100
韩国	42.1	9.8	1700	2690	38	11	25	43	37	46	41
新加坡	2.6	0.1	5240	7940	3	1	24	38	74	61	100

资料来源:张一民著:《论中国的新型工业化与城市化》,东北财经大学出版社2004年版,第34页。

　　与前述稍早发展起来的拉美三大工业新兴国不同,亚洲"四小龙"的工业化道路具有明显特征:其一,都搞资本主义和市场经济;其二,资源少、市场狭小,都实行出口导向型工业化战略,较多地模仿日本模式;其三,都有东方文化的背景,储蓄率高,"四小龙"中至少有"三小龙"具有华商经营灵活的特色并获益匪浅;其四,有赖于健全的法制环境(如中国香港)和铁腕人物(如李光耀、蒋经国、朴正熙)的主持;其五,注重对外开放,善于根据各自的需要引进、模仿和自行研制、开发先进技术,并使产业结构及时得到合理调整和升级。

(四) 发达国家(地区)工业化道路的启示

　　英国是第一个开始工业化的国家,如果说1760年的产业革命拉开了英国工业化的序幕,那么到1960年英国完成工业化用了整整200年的时间;而日本从1868年开始工业化,到1970年完成工业化用了整整100年的时间;以最能反映居民实际消费水平的人均GNP来衡量两国的差别,可以看到1970年英国人均GNP为2217美元,也仅比同年的日本的1947美元高270美元;一个有着东方文化传统的国家,用100年时间走完了一个典型的西方文化传统国家200年走完的路,并且在日本追上英国30年之后的2000年,日本的人均GNP达到35620美元,超过英国11190美元(见表6),从中可以获得许多的启迪。

表6 典型发达国家完成工业化时的五项指标

指 标	标准值	美国	英国	德国	日本
人均GNP(美元)	1280(1960)	1582	1373	1302	1947
农业增加值比重	15%以下	7%	3%	6%	6%
服务业增加值比重	45%以上	55%	54%	41%	47%
农业劳动力比重	30%以下	12%	4%	14%	20%
城市人口比例	50%以上	64%	86%	80%	71%

美国、德国、日本和苏联于19世纪或20世纪初开始进行工业化,由于不同的历史条件,它们选择了不同的工业化模式,但都获得了成功,它们的工业化进程对后起国的路径选择起着典型的示范作用。美国对拉美工业化进程产生了影响,日本则对东亚诸国产生了影响,苏联的工业化模式也深深地影响着东欧及中国等社会主义国家。纵观历史,国外工业化模式对我们有诸多启示和借鉴:

1. 市场经济对促进工业化具有重要意义。从英美模式我们可以看出,市场经济对实现工业化的重要性,英国自16世纪开始的一系列政治和社会变革几乎都是围绕建立一个适度的市场经济而展开。当适度的市场经济体制一旦建立后,工业化的进程就几乎是无法阻挡的了。后起的一些发达国家,如美、德、法等国家,也都是在各种不同的程度和形式上建立起了适合本国国情的市场机制,才先后走上了工业化道路。即使是日本,在完全以国家为主体建立起一些现代企业后,最终也不得不投入市场的运营之中。

2. 政府干预在工业化中有重要作用。法国模式启示我们,在工业化过程中,政府作用是十分必要的,甚至政府的干预本身就是发展的一个重要因素,关键在于政府干预的方式是否有益和明智。发展中国家市场的不完备性,使其更加强调政府在发展过程中所起的作用。恰当的国家干预,有利于克服市场失灵,可以更有效地集中资源,加速工业化进程。

3. 科技、教育是促进工业化的重要动因。它对工业化和技术进步的关系十分密切。发达国家在200多年的工业化进程中,创造了无数的科技奇迹,其主要功劳还是在于科学技术的进步和创新,而科技的进步归根结底源于教育。德日两国在工业化过程中所显示出来的长期的经济活力,与其重视教育有极大关系。无论是德国还是日本,使教育制度化是世界其他国家所罕见。重视教育,不是政府一时的决策,而是一种长久的国策,并真正做到了以科技教育立国。在这两个国家,对教育、科技,都显示出了一种近乎宗教般的虔诚。而这种对教育的重视,最终得到了远比它的投入更多的回报。

4. 制造业的强大是工业化的重要源泉。发达国家工业化的历史表明,制造业是实现工业化的主力军。据统计,美国服务业对国民经济的贡献虽然很高,但制造业对国民生产总值的直接贡献率始终大于20%。因此,制造业也应是我们今后实现工业化的源头和主力军。

5. 工业化进程中应重视产业结构的均衡性和协调性。产业结构作为一个整体,其功能的大小,取决于各构成部分之间的均衡性和协调性。从已完成工业化的国家的发展道路看,无论各国工业化进程如何曲折、复杂,三次产业之间、轻、重工业之间都是相互依存,互为补充的。各产业部门之间的关联度也是随着工业化的进程不断提高的。在不同国家的产业结构中,凡是各部门关联程度高的,其工业化速度就快,经济增长势头就猛,如美国、德国;凡是关联程度较差,有个别或关键部门落后形成"瓶颈"的,其工业化程度就低,经济增长就比较缓慢,如法国。

6. 扩大对外开放有利于加速工业化进程。在工业化过程中,国外市场是推动经济增长不可或缺的因素。这是工业化进程的要求,也是经济发展的必然趋势。西方发达国家的工业革命能够顺利进行,日本、亚洲"四小龙"等新兴工业国或地区的兴起与拥有广阔的市场,尤其是国外市场有着不可否认的紧密关系,这对湖南的工业化无疑具有借鉴意义。

从不同国家的工业化模式的分析中我们可以看出,不同的国家其工业化并不是按照一个统一的模式进行的。鉴于湖南当前工业化进程所面临的机遇和挑战,注定了工业化模式不能沿袭发达国家(地区)的模式,而应该探索新的符合湖南省情的工业化模式。党的十六大强调指出,"实现工业化仍然是我国现代化过程中艰巨的历史性任务",并提出要"走新型工业化道路",这就为湖南经济的发展指明了方向和基本途径。湖南就是要坚持以信息化带动工业化,以工业化促信息化,走出一条科技含量高、经济效益好、资源消耗低、环境污染少、人力资源优势得到充分发挥的新型工业化道路。

(姚　华　执笔)

主要参考文献:

[1]张一民:《论中国的新型工业化与城市化》,东北财经大学出版社2004年版

[2]李传平:《中国与英、美两国工业化模式之比较》,载于《科学与管理》2007年第2期

[3]《英美等国工业化模式》,载于《经贸导刊》2001年第8期

[4]陈冬:《新型工业化理论与实证分析》,社会科学文献出版社2006年版

[5]《邓小平文选》第1、2、3卷,人民出版社1993年版

[6]《列宁选集》第 2、3、4 卷，人民出版社 1995 年版

[7]中共中央文献研究室:《十五大以来重要文献选编》(上)，人民出版社 2000 年版

[8]《毛泽东文集》第 3 卷，人民出版社 1996 年版

[9]《毛泽东选集》第 3 卷，人民出版社 1991 年版

[10]《毛泽东在"七大"讲话集》，中央文献出版社 1994 年版

[11]《刘少奇论新中国经济建设》，中央文献出版社 1999 年版

[12]钱纳里等:《工业化和经济增长的比较研究》，上海三联书店 1989 年版

[13]刘世锦等:《传统与现代之间——增长模式转型与新型工业化道路的选择》，中国人民
大学出版社 2006 年版

[14]《马克思恩格斯选集》第 1 卷，人民出版社 1972 年版

[15]谭祖飞等:《马克思主义工业化思想的理论与现实》，2005 年第 5 期

[16]武力、高伯文:《试论马克思主义工业化理论的实践与发展》，载于《马克思主义研究》
2003 年第 4 期

[17]《列宁全集》第 32 卷、第 43 卷，第人民出版社 1963 年版

[18]曹顺霞:《试析斯大林的社会主义工业化思想》，载于《肇庆学院学报》第 25 卷第 3 期

[19]斯大林:《列宁主义问题全集》，人民出版社 1953 年版

[20]《斯大林选集》，人民出版社 1979 年版

[21]张培刚:《发展经济学教程》，经济科学出版社 2001 年版

[22]冯兵、郑玲莉:《工业化理论和我国新型工业化道路》，载于《时代经贸》2007 年 1 月

[23]王敏正:《国内外工业化理论:回顾与评价》，载于《经济问题探索》2007 年第 11 期

[24]王均奇、施国庆:《工业化理论与实践研究综述及存在问题分析》，载于《生产力研究》
2007 年第 14 期

[25]叶连松、董云鹏、罗勇:《中国特色工业化》，河北人民出版社 2005 年版

[26]卢武强:《论罗斯托的经济发展阶段论及其影响》，载于《高等函授学报》1994 年第 1 期

[27]《斯大林选集》上、下卷，人民出版社 1979 年版

[28]《斯大林全集》第 10、11、13 卷，人民出版社 1956 年版

湖南工业化的省情依据

工业化是社会经济发展中由农业经济为主过渡到以工业经济为主的特定历史阶段和发展过程。尽管不同的历史时期、不同的社会制度、不同的发展基础使世界各国实现工业化的模式和方法具有很大差异,但是,经历工业化的历史阶段是任何一个国家或地区经济发展和社会进步的必由之路。推进新型工业化进程是当前湖南省经济建设的核心任务。建国以后特别是改革开放以来,湖南人民在省委、省政府领导下,发奋图强、开拓进取,工业化建设取得了伟大成就。本部分将从湖南基本省情与特征、解放以来产业结构演变过程、湖南工业化的有利条件等方面对湖南工业化的进程开展研究,为推进湖南新型工业化,制定具有湖南特色的新型工业化发展战略提供基础分析结论和决策参考。

一、湖南基本省情与特征

(一)湖南基本省情

湖南幅员辽阔,东西宽 667 公里,南北长 774 公里,土地面积 21.18 万平方公里,占全国国土面积的 2.2%,在各省市区面积中居第 11 位。地处东经 108°47′—114°15′,北纬 24°39′—30°08′,东邻江西,南接广东、广西,西连贵州、重庆,北与湖北接壤。湖南辖 13 个市、1 个自治州、136 个县(市、区)以上行政单位,省会设长沙市。辖区内生活着汉、土家、苗、侗、回等 50 余个民族,6806 万湖湘儿女。

湖南地貌以山地、丘陵为主,山地面积占湖南总面积的 51.2%,丘陵及岗地占 29.3%,平原占 13.1%,水面占 6.4%。湖南三面环山,形成从东南西三面向北倾斜开口的马蹄形盆地。东有幕阜山、罗霄山脉;南有南岭山脉;西有武陵山、雪峰山脉,海拔从 500 米至 1500 米不等。湘北为洞庭湖平原,海拔多在 50 米以下。湘中则丘陵与河谷相间。省内河网密布,水系发达,淡水面积达 1.35 万平方公里。湘北有洞庭湖,为全国第二大淡水湖。有湘江、资水、沅水和澧水等 4 大水系,分别从西南向东北流入洞庭湖,经城陵矶注入长江。

湖南气候温和,光热充足,雨量丰沛,土壤肥沃,适宜动物的繁衍和农作物、林木的生长,享有"湖广熟,天下足"和"鱼米之乡"的美誉。湖南现有耕地 330 万公顷,粮食产量居全国第五位,其中稻谷产量居全国第一位。其他农作物中,苎麻产量居全国第一位,茶叶产量居全国第二位,柑桔产量居全国第三位。著名土特产有黄花、湘莲、生姜、冬菇、苡米、辣椒等。畜牧业以养猪为主,宁乡猪、滨湖水牛、湘西黄牛与马头羊、武冈铜鹅、临武鸭等久负盛名。

湖南是矿产资源大省,素有"有色金属矿之乡"、"非金属矿之乡"的美称。湖南现已发现的矿种 120 种,其中已探明储量的有 83 种。锑、钨储量居世界第一位。锑出口量占全国的二分之一。铋、铷、石煤、雄黄、萤石、海泡石、重晶石、独居石等储量居全国第一位,锰、钒、铼、芒硝、砷、高岭土等储量居全国第二位,锌、铝、锡、钽、石墨、金刚石、水泥配料等储量居全国第三位。郴州市柿竹园矿区被誉为"世界有色金属博物馆"。新化锡矿山为百年老矿,一直保持"世界锑都"的地位。浏阳市海泡石的发现,填补了中国矿产资源的一项空白。矿产资源多,为工业发展创造了有利条件。湖南铝、锌、锑、硬质合金、氟化盐的产量居全国第一位,钨精矿、电铝、电锌、汞的产量居全国第二位,苎麻纺织品产量居全国第一位,陶瓷产量居全国第二位。近年以来,湖南工业通过转换企业经营机制,调整产品结构,加快技术改造,保持着较快的发展速度。湖南发电量增加到 814 亿千瓦时,煤炭产量增加到4852 万吨,钢产量增加到 1332 万吨。

湖南基础设施日趋完善,形成了以长沙为中心,沟通省内外,辐射 14 个市、州的交通、通信、电力网络。湖南交通便利,已形成水、陆、空立体交通运输体系。京广、湘黔、湘桂、枝柳、浙赣、石长等 7 条铁路干线和 77 条国家级和省级公路,高速公路里程已突破 1700 公里,11968 公里内河航道,40 多条空中航线,构成了水陆空互相衔接纵横交错、通江达海的综合性立体运输网络。省内株洲市和衡阳市有特大型铁路货运编组站。岳阳市城陵矶两个 5000 吨级外贸码头,是长江内河航运的重要对外开放港口。湖南通信事业跨入了全国先进行列,所有乡镇都开通了程控电话。

湖南还是个旅游大省,旅游资源十分丰富,素有"旅游胜地"之称。湖南有 15大名胜旅游区,100 多处旅游点。张家界市武陵源,以千峰耸立、万木争荣的奇特自然景观,于 1992 年被联合国教科文组织世界遗产委员会列入《世界遗产名录》。湖南历史悠久,人文荟萃,英才辈出。"惟楚有材,于斯为盛",在近代中国革命的历史上,三湘大地涌现出了一大批彪炳青史、光照寰宇的历史伟人。

新中国成立以来,特别是党的十一届三中全会以来,湖南人民同心协力,开拓进取,湖南经济建设不断发展、社会事业突飞猛进、综合实力显著增强、人民生活水平稳步提高。2008年湖南地区生产总值11156亿元,位居全国第11位;湖南农民人均纯收入4512元,城镇居民人均可支配收入13821元。湖南实施科教兴湘战略,科技教育和其他各项社会事业迅速发展。拥有众多的科技人才是湖南一大优势。湖南现有县以上独立的自然科学研究机构177个,技术贸易机构3000多个,民营科学研究机构1200多个。湖南拥有各类专业技术人员103万人,其中自然科学技术人员89.89万人,有高级职称的7.45万多人,科学技术综合实力不断增强,杂交水稻研究与应用居世界领先地位,铝箔轧机单辊驱动理论与应用、人类高分辨染色体技术、"试管婴儿"、银河计算机、地洼学说、齐次可列马尔可夫过程研究等均达国际先进水平。近几年来,湖南在农作物新品种培育、计算机研制与开发、超硬材料、精细化工、资源深度开发、节约能源领域的基础理论研究等方面,取得了丰硕的成果。湖南现有100所普通高等院校,在校生总规模125万人,小学学龄儿童入学率达到99.89%。

由于对外开放带动湖南经济腾飞战略的实施,全方位多层次宽领域的对外开放格局基本形成。湖南实行市场多元化的对外经贸战略,已与135个国家和地区有经济技术合作与贸易往来。目前湖南省出口商品有24大类、1100多种,如大米、茶叶、苎麻、牲猪、钨矿、锑矿、硬质合金、烟花、陶瓷、湘绣、羽绒制品、菊花石雕等,其中苎麻纺织品出口占全国的1/3、陶瓷出口量占全国的1/7。近两年来,湖南切实加强了能源、交通、水电、邮电通讯等基础设施建设,加强了信息咨询服务,努力完善各项政策、法规和制度。实施教育强省战略,人才强省战略,信息化带动战略,可持续发展战略,以人为本,统筹兼顾,努力推进着新型工业化、城市化、新农村建设的步伐。

(二)省情特征

1. 二元经济结构突出

城乡二元经济结构一般是指以社会化生产为主要特点的城市经济和以小生产为主要特点的农村经济并存的经济结构。我国城乡二元经济结构主要表现为:城市经济以现代化的大工业生产为主,而农村经济以典型的小农经济为主;城市的道路、通信、卫生和教育等基础设施发达,而农村的基础设施落后;城市的人均消费水平远远高于农村;相对于城市,农村人口众多等。这种状态既是发展中国家的经济结构存在的突出矛盾,也是这些国家相对贫困和落后的重要原因。

从我国的工业化进程看,我国的工业化是在一个经济落后,基础薄弱的基础上推进的,进行工业化建设的原始积累主要来自农业和农民。根据中国社会科学院工业经济研究所的研究表明,1952—1978 年,国家通过工农业产品"剪刀差"积累了几千亿元;农民每年向国家交纳的农业税在 27 亿—32 亿元之间;通过农民储蓄这条渠道,国家积累了约 155 亿元。把这三项加起来,国家依靠农业积累的资金,1952—1978 年累计达到了 4452 亿元,年均约 171 亿元,占国民收入积累额的比重,除 1978 年外,都在 30%以上。如果扣除国家对农业的投资,1952—1978 年,国家依靠农业积累的资金约 4413 亿元。同时,国家实行了限制农民进城的政策,把城市居民和农村居民完全分割开来。农民只从事单一的农业劳动,大量农村人口被束缚在土地上,流动和择业受到严格限制。所以,尽管工农业产值的比例已由1952 年的 3∶7 变为 1978 年 7∶3,但城乡人口的比例仍为 2∶8。虽然工业化水平从不足 17%上升到 44%,增加了 27 个百分点,而城市化水平仅从 11%增加到18%,增加 7 个百分点。中国的经济结构不仅具有发展中国家二元结构的典型特征,而且是特殊的"双层刚性二元经济结构",而每一元中又分为两层:从城市来看是现代工业与传统工业并存;从农村来看是传统农业与以乡镇企业为代表的乡村工业并存。

湖南省是一个传统的农业大省,农业开发较早,农业人口比重大。新中国成立后才开始大规模的工业化建设,工业起步晚,基础非常薄弱。这就是当代发展经济学家所描述的典型的二元经济结构,即传统的农业与现代工业同时并存,这也是发展中国家独特的经济结构和普遍存在的共性。

湖南省的二元经济结构主要表现在:

(1)农业比重明显偏高。2008 年湖南产业结构中,第一产业的比重偏高,在国民经济总量中占 17.99%,高于全国平均水平 6.69 个百分点(全国 11.3%);第三产业比重偏低,只有 37.79%,低于全国平均水平 2.31 个百分点(全国 40.1%)。2008 年,湖南省第一产业的就业比重为 44%,高于全国平均水平 4.4 个百分点(全国 39.6%),第二产业的就业比重为 22.41%,低于全国平均水平 4.8 个百分点(全国 27.2%)。

(2)工业主导作用难以发挥。2007 年湖南省工业增加值占 GDP 的比重31.2%,比全国 47.5%的水平低 16 个百分点。工业直接影响财政收入,1978—2008 年,湖南财政收入年均增长 11.45%,比全国 14.23%低 2.78 个百分点。2008年湖南工业总产值 11250.53 亿元,比全国平均水平低 31%。湖南省 GDP 增长不快,主要原因是工业比重偏低,工业增长速度相对缓慢,在国民经济增长中难以发挥主导作用,这也制约湖南省经济发展速度和水平。

（3）工业化进程滞后。全国工业增加值大于农业增加值出现在 1970 年,而湖南省出现在 1993 年,落后 23 年。2008 年,湖南省城镇化水平为 42.15%,比全国平均水平低 3.5 个百分点。总体上看,湖南省工业化水平至少落后全国水平五年以上,与东部地区的差距更大。根据著名发展经济学家钱纳里的理论,他把工业化过程分为初级产品生产、工业化、高度发达等三个阶段,由此而提出标准增长模式,依据他的标准,可以得出结论:湖南省工业化水平总体上还处于工业化中期的初始阶段。

这种二元经济结构的现状,与湖南省作为一个人口大省特别是农业大省的省情密切相关,也与湖南省所走过的工业化道路有关。中国在社会主义经济建设初期阶段是采取的"以农补工"发展战略,这就意味着对工业放手的同时,必须要对农业进行相应的束缚。这不仅表现在对农业投资少、索取多,还表现在对农业自由发展的限制,如对非农产业的限制,对农业资源的限制,对农业改革的漠视等等,尤其是对农村劳动力转移的限制,严重制约了农村经济的发展。湖南工业化发展道路同全国一样,以国家为主体,以重工业为核心,以计划配置资源,以牺牲农业甚至轻工业为代价来支持重工业的优先发展,依靠行政权力,把巨额资金投入发展重工业,导致资源分配和利用的低效率,使农业长期处于落后的手工业操作状态;采取压低农产品价格,提高工业品价格,利用价格剪刀差这种不等价交换的形式从农业获取工业化原始积累资金;并且政府还采取了一系列政策,人为限制城乡生产要素的市场化流动,形成了一套城乡分割的社会福利和社会保障制度,使农村和农民长期处于贫困状态。这种急剧推进的工业化不但没有缓解生产力内部的矛盾,反而大大强化了原已形成的二元经济结构,使二元经济结构矛盾趋于激化。

2. 城乡发展差距较大

湖南省作为农业大省,城乡差距非常明显。湖南城乡居民差距主要表现在收入、消费、教育、医疗卫生和社会保障等方面,这些差距的存在,导致湖南城乡发展的不协调。

（1）城乡居民收入差距。改革开放以来,特别是进入 90 年代以来,湖南省城乡经济综合实力不断增强,居民收入水平稳步提高,但是随着工业化进程的加快,城镇居民收入有了更多的来源,湖南城乡居民收入的差距也在不断扩大,2000—2008 年,城镇居民人均收入年均增长 10.50%,农村居民人均纯收入年均增长仅 9.4%。到 2008 年城乡居民收入比达到了 3.15∶1(见表 1)。

表1　湖南省城乡居民收入差距变化

	2000	2006	2007	2008
城市居民人均可支配收入(元)	6219	10505	12294	13821
农村居民人均纯收入(元)	2197	3390	3904	4512
城乡居民收入比	2.83：1	3.09：1	3.15：1	3.06：1

(2)城乡居民消费差距。湖南省城乡消费结构不断改善,2008年城镇居民恩格尔系数为39.9%,农村居民拥有耐用消费品数量也有很大改善。但是农村居民恩格尔系数仍然有51.2%。从农村的消费水平来看,1990年以前农村消费品零售额占社会消费品零售总额的一半以上,此后逐年下降,到2008年,尽管农村人口占湖南人口的约60%,但县以下消费品零售额占社会消费品零售额的比重为25%不到。城乡消费差距比由1980年的2.20上升到了2008年的2.61,而且差距一直在拉大(见表2),城乡消费水平严重失衡。

表2　湖南城乡居民消费水平变化趋势

时间	城镇人均消费性支出(元)	城镇恩格尔系数(%)	农村人均生活消费支出(元)	农村恩格尔系数(%)	城乡消费比(以农村为1)
1980	425.52	57.4	192.95	66.2	2.20：1
1990	1294.00	55.6	504.60	57.1	2.56：1
1995	3886.00	48.8	1367.30	59.8	2.84：1
2000	5218.80	37.2	1942.94	54.2	2.68：1
2003	6082.62	35.8	2139.15	52.0	2.84：1
2007	8990.72	36.1	3377.38	49.6	2.66：1
2008	9945.50	39.9	3805.00	51.2	2.61：1

(3)城乡居民教育差距。农村的社会事业发展问题,特别是教育的状况与城市相比,差距很大。如2002年,我国全社会的教育开支是5840亿元,包括中央和地方政府的,其中用于城市的教育开支占76.9%,用于农村的教育开支占23.1%;全国大约有1.6亿名孩子接受义务教育,其中60%是在农村,农村占有的教育资源仅从资金方面讲非常少。2003年,我国财政预算内经费用于义务教育的,在小学生中,城里生均95元,农村生均28元,比例是3.4：1;在初中生中,城里生均146元,农村生均45元,比例是3.2：1。由此可想而知农村的教育是怎样的状况。

湖南是教育大省,但也存在教育事业城乡差别显著的问题。城乡教育事业差距主要包括两个方面,一是从小学到大学的各教育阶段升学率的差距,它是城乡教育机会是否均等的最为直观的反映;二是作为教育资源的汲取与分配之结果的在校生人均教育经费的差距,它在相当程度上影响着城乡教育设施、办学条件的优劣和教育质量的高低,并进而影响到城乡学生在更高阶段的升学竞争中的"胜负"。

农村教育的落后具体表现在如下方面:农村教育经费投入不足;农村适龄儿童入学率低,相当部分农村青少年读完小学或初中后因为交不起学费不能继续升学;农村优秀教师外流和不合格教师清退困难的现象同时存在,教师队伍的整体素质有待提高;农村教育由于缺少足够的财政支持,办学条件不能达到所需要的教学标准,一些新的课程往往跟不上时代的步伐,尤其突出的是计算机课以及实验课硬件设施明显不足,与城市相比存在着较大的差距:部分乡村中学片面追求升学率,填鸭式的教育方式在一定程度上挫伤了学生的创新性,造成了乡村大学生学习方式、心理素质、学习潜力以及综合素质与城市大学生存在的差别。由于长期以来对农村教育重视程度不够,农民整体素质偏低。据全国第五次人口普查显示,湖南文盲、半文盲人口294.96万,文盲率为5.99%,其中绝大部分是农村人口。

(4)城乡居民医疗卫生与社会保障差距。卫生事业的发达是一个地方进步的重要标志,是促进经济和社会协调发展的重要方面。湖南省城乡卫生事业存在着较大的差距,主要体现在:一是卫生资源分布不均匀。乡村的千人医生数和千人病床数都低于湖南平均水平,高新医疗设备和医技人员主要集中在城市,城市各种福利性医疗费用占湖南总费用的80%左右,而农村仅有10%左右。二是城乡医疗支出也不同。2003年湖南省医疗保健支出中,城镇居民人均为391.29元,而农村居民人均仅有105.23,城镇居民医疗保健支出是农村居民的2.72倍。城乡卫生事业的差距带来了严重的城乡卫生不公平。这表现在农村居民因疾病而死亡的人数比例大大超过了城市居民。

3. 人均占有资源贫乏

湖南是一个资源总量较丰富、人口众多、人均资源相对贫乏的省份。2008年,湖南省土地面积31774.35万亩,其中耕地面积为5684.10万亩,有林地14620.46万亩,境内水资源较为丰富,有湘江、资水、沅水、澧水等河流和国内第二淡水湖的洞庭湖,湖泊容积160多亿立方米。湖南省已发现矿产120种,占全国已发现矿产171种的70.18%,素有"有色金属之乡"之称。但随着人口的不断增加和经济的快速发展,湖南的资源供给形势日益严峻,人均资源指标呈递减趋势。

湖南省一方面耕地在减少,一方面人口却在增加。从2000年到2003年,抵扣土地开发整理复垦新增加的耕地后,四年间湖南省净减少耕地139万亩,平均每年减少34.5万亩。2008年,湖南省人均耕地0.83亩,不到全国人均水平的61%(全国 1.38 亩/人）。而预计到 2020 年,湖南人口将达 7500 万,比现在增加 1000 万左右。这一增一减,湖南省人均耕地将为 0.7 亩左右,大大低于联合国粮农组织确定的 0.8 亩的"警戒线"。

湖南省缺电少煤、无油无气,属于能源输入省份,各种能源生产占全国的比重较低;传统能源依然一统天下,风能、太阳能、生物质能、核能供应相对缺乏。湖南煤炭资源已探明的保有资源储量为 30.52 亿吨,经济可采储量为 17.23 亿吨,人均煤炭可采储量只有全国平均水平的 28.8%。烟煤和无烟煤占了煤炭产量的 98% 以上,而且煤质较差,发热量一般在 2500—5000 大卡之间,灰分大,发热效率低,污染严重;湖南水力资源比较丰富,湖南水力理论蕴藏量为 1532.45 万千瓦,其中可开发利用的仅占 70.7%。省境内多年平均水资源为 2539 亿立方米。地表水年际间变化较大,富水年的水量为枯水年水量的 2—2.5 倍。且年度内受大气降水的影响较大,具有明显的季节性,每年的 8 月至来年 3 月这 8 个月份属枯水季节,水资源相对不足,水能出力受限;湖南省无油无气,所有原油和天然气均需进口或从省外调入,对外部资源的依赖程度较高。2007 年,湖南省从省外调入原油 451.72 万吨,进口原油 201.78 万吨;从外省输入天然气 5.84 亿立方米;湖南省生物质能潜力很大,但由于受技术、土地、成本等各方面条件的制约,利用还远远不够充分;太阳能、风能、核能等新型能源开发刚刚起步。2007 年,湖南从省外净调入各类能源 5638.65 万吨标准煤,比上年增长 21.13%。随着湖南省社会经济的快速发展,能源消费不断增加,能源供应日趋紧张,形势不容乐观。

4. 自然生态环境良好,但系统脆弱,稳定性较差

湖南气候温和,雨量充沛,四季分明,土地肥沃,地理环境优越,地貌类型齐全,自然景观多样,天赋湖南良好的自然生态环境。

旧社会,连年兵燹战火,留给三湘大地的已是满目疮痍。新中国成立之初,人们为了尽快恢复生产,无奈地将开发活动建筑在了牺牲资源的基础之上,生态环境恶化的趋势有增无减。解放初期洞庭湖水面 4350km²,1958 年减少到 3141km²,到 1978 年仅为 2691km²,比 1949 年减少了 38.12%,库容量由 1949 年的 293 亿 m³ 减少到 174 亿 m³;湖南 16 座大型水库,严重淤积的有 5 座,淤积量达 1114 亿 m³,相当于一座水库报废;中型水库 210 座,严重淤积的 35 座。与新中国初相比,湘、资、沅、澧四水系的通航里程也大为缩短,1965 年湖南有通航里程 1166 万 km,1983 年缩减到 1102 万 km;水旱灾害加剧,进入 20 世纪 90 年代以来,几乎每年都有发生,当时十年统计,湖南因水旱灾害造成的直接经济损失在 1000 亿元以上,仅 1998 年损失就达 329 亿元;荒漠化面积不断扩大,水土流失日趋严重。20 世纪 50 年代湖南湖南水土流失面积为 1.87 万 km²,至 20 世纪 80 年代初水土流失面积已扩展到

4.7 万 km²;伴随着矿业的蓬勃发展,长期积累的矿山生态环境问题日趋严重,以 SO_2、烟尘、粉尘、NO、CO、CO_2 等为主的废气,含有 Hg、Cd、Cr、Pb、As、氨氮(CN)、化学耗氧量(COD)、生物耗氧量(BOD)、挥发酚、悬浮物、硫化物和石油类等污染物的废水,包括煤矸石、尾矿和冶炼废渣等固体废弃物严重危害了自然生态的平衡。

近年来,环境问题越来越引起人们的高度关注,湖南自然生态逐步得到恢复。据国家水利部利用卫星遥感开展水土流失调查的结果,湖南省水土流失治理成效显著,现有水土流失面积40393 平方公里,比 20 世纪 80 年代末减少了 6700 平方公里;矿山土地的复垦还绿、三废治理工作有效开展;林业生态建设近年成效斐然。湖南省政府新闻办举行的发布会透露,2004 年至 2008 年五年内,湖南退耕还林682 万亩,工程覆盖112 个县市区,工程区水土流失面积减少30%,湘、资、沅、澧四水流入洞庭湖泥沙量减少 40.7%。长株潭资源节约型和环境友好型社会综合配套改革试验区正在建设之中,城市环境整治,社会主义新农村建设都为优化自然生态环境作出了或正在作出积极的贡献。

尽管如此,湖南的自然生态系统仍然十分脆弱,稳定性较差。在新型工业化迅速推进的今天,保护环境维护生态平衡是坚持科学发展观、保障可持续发展的重要原则,是各级领导和湖南人民必须十分注重的问题。

5. 人力资源丰富,人才优势不足

2008 年末湖南人口 6845.2 万人,其中农村人口占 57.85%。湖南是农业大省,又是人口大省,也是农村劳动力输出大省,农村富余劳动力转移就业的任务非常艰巨。湖南有 3000 多万农村劳动力,劳动力富余 1600 万左右,目前从事非农产业和外出就业的尚不到 900 万人,且每年还要新增 50 多万农村劳动力,农村隐性失业十分严重。近几年来,农民从事非农产业的收入已成为农民增收的主渠道。但由于农村劳动力素质不高,缺乏劳动技能,极大地影响了向非农产业和城镇转移,有的虽然转移了,由于未进行转移前培训,大都也只能从事劳动力强度大、收入低的工种,更难以在城镇实现稳定就业。目前,湖南农村劳动力的文化结构为:小学文化程度的占36%,初中文化程度的占52%,高中以上文化程度的只有8%。随着粗放型劳动力市场的饱和及高科技产业的不断发展,缺乏转岗就业技能的农村富余劳动力的就业难度越来越大。因此,要实现有效转移,必须注重农民工素质的提高,其有效途径就是有组织、有针对性地实行对农民转移前的职业技能培训。

由于人口基数太大,导致劳动力总量相对于经济总体所能吸收的数量供过于求,劳动力供需矛盾十分尖锐。湖南等量规模的经济增长能吸纳的劳动力数量不断下降,就业弹性系数下降且保持在较低水平,城镇登记失业率持续上升且高于全国水平,必然加大就业岗位的供需缺口,恶化湖南的就业状况。湖南省庞大的劳动力供给以超过千万的农业剩余劳动力为基础,依靠湖南自身的力量、按常规发展方式解决它是极为困难的。调查资料显示,湖南省下岗职工半数是初中以下文化程度,这影响了下岗职工的再就业。湖南农村劳动力文化结构学历偏低,并且缺乏新技能、新技术的培训机会,必然降低对一些较高技术、知识含量的就业岗位适应能力,既不能适应产业结构升级的需要,也影响城乡劳动力向新兴行业转移。

湖南省经济总体对就业的吸纳量不足与巨大的劳动力供给之间的矛盾,是由错综复杂的各方面矛盾交织、重叠形成的。只有充分认识其长期性和复杂性,从宏观、中观、微观层面,包括就业政策、就业环境、就业渠道等领域制定和完善就业的政策和措施,切实做好教育、培训,变劳动力就业压力为人才资源优势,才可以缓解和解决这一矛盾。

二、湖南省产业结构的演变

新中国成立60年来,特别是经过30年的改革开放,湖南的产业结构发生了很大的变化。三次产业结构实现了由"一、二、三"到"二、三、一"的大跨越。在整个国民经济中,工业长期落后的局面已基本扭转,成为湖南国民经济的主导产业;农业作为国民经济的基础产业,继续得到相应的发展;第三产业异军突起,促进湖南产业结构向高级化方向迈进。

(一) 湖南省产业结构的演变

新中国成立前,受帝国主义、封建主义和官僚资本主义的残酷掠夺和剥削,加之长期的战争创伤,旧中国的湖南百业凋零,民不聊生,生产力水平十分低下。1949年,湖南40%以上的土地荒芜,农业歉收;工业基础薄弱,1949年湖南只有24家官营企业和1376家私营企业及19万户个体手工业,在全部社会劳动者人数中工业职工只占4.5%左右,国内生产总值仅17.65亿元,人均国内生产总值仅59元,工业总产值仅3.18亿元,农业总产值仅15.84亿元。公路通车里程仅3142公里。

1.60年产业结构变迁

新中国成立60年来,在党和政府的不断引导和扶持下,湖南的产业结构发生了根本性变化,不仅初步形成了富有湖南特色的现代化工业体系,而且一、二、三产业发展日趋协调。湖南省的产业结构正适应生产力发展的要求不断调整,以促进经济持续、稳定、健康发展。

1949—2008年,湖南省经济主要指标见表3。建国以来湖南省人均GDP增长情况、三次产业产值变化及从业人员变化情况如图 1、2、3 所示。

表3　1949—2008 年湖南省经济主要指标

年份	人均GDP（元/人）	第一产业（亿元）	第二产业（亿元）	第三产业（亿元）	全部从业人员（万人）	工业地区生产总值（亿元）	全社会固定资产投资（亿元）
1949	59	12.65	1.31	3.69			
1950	70	15.20	1.65	4.25	1108		1
1951	78	17.23	2.30	4.89	1147		1
1952	86	18.72	3.43	5.66	1189	3	2
1953	91	18.48	4.28	7.53	1213	4	4
1954	90	17.03	5.13	8.35	1224	4	4
1955	104	21.13	5.76	8.94	1250	4	3
1956	109	20.56	6.57	10.80	1271	5	4
1957	127	26.41	7.45	11.34	1354	6	4
1958	154	26.65	16.63	12.57	1461	12	11
1959	168	23.60	21.57	16.78	1466	17	14
1960	176	20.58	25.47	18.02	1508	19	15
1961	132	20.78	11.69	14.17	1302	10	5
1962	144	27.17	10.59	13.43	1401	9	3
1963	131	25.11	11.37	11.60	1443	10	4
1964	153	30.41	15.60	11.35	1508	14	5
1965	170	34.00	19.17	12.15	1552	17	7
1966	184	37.30	22.16	13.27	1607	20	9
1967	181	40.07	19.89	13.55	1668	17	7
1968	181	44.85	17.31	13.51	1728	15	4
1969	189	44.08	21.98	15.20	1795	19	8
1970	211	44.62	31.98	16.45	1881	29	18
1971	218	46.31	35.33	17.46	1976	30	21
1972	230	47.73	39.91	19.37	2056	34	16
1973	244	51.91	43.35	20.54	2089	38	17
1974	223	53.17	34.87	20.13	2117	29	16
1975	239	54.97	41.96	21.47	2152	35	18
1976	236	55.07	41.47	21.99	2183	35	17
1977	254	55.95	49.59	23.63	2216	43	15

续表

年份	人均GDP（元/人）	第一产业（亿元）	第二产业（亿元）	第三产业（亿元）	全部从业人员（万人）	工业地区生产总值（亿元）	全社会固定资产投资（亿元）
1978	286	59.83	59.82	27.34	2280	52	20
1979	343	79.40	68.42	30.19	2328	59	25
1980	365	81.14	76.99	33.59	2400	65	32
1981	394	93.29	77.78	38.61	2449	67	33
1982	430	107.99	82.51	42.02	2541	71	40
1983	470	117.79	93.37	46.27	2594	79	56
1984	519	128.28	104.34	54.67	2673	91	60
1985	626	147.72	127.08	75.15	2729	110	84
1986	703	165.28	143.31	89.09	2809	124	99
1987	818	187.09	172.45	109.90	2904	150	116
1988	999	217.03	221.28	145.76	2999	190	140
1989	1074	234.31	238.15	168.34	3091	212	114
1990	1228	279.09	249.98	215.37	3158	221	124
1991	1357	301.02	281.95	250.37	3222	243	157
1992	1595	323.91	337.17	325.90	3279	285	233
1993	1997	383.68	470.05	390.98	3346	400	320
1994	2630	532.89	589.72	527.41	3400	500	421
1995	3359	685.30	770.67	676.16	3467	659	524
1996	3963	793.98	920.06	826.09	3514	790	678
1997	4420	855.75	1041.79	951.73	3560	904	701
1998	4667	828.31	1123.08	1074.14	3603	961	847
1999	4933	778.25	1192.99	1243.30	3601	1011	943
2000	5425	784.92	1293.08	1473.39	3578	1095	1066
2001	6120	825.73	1412.82	1593.35	3608	1180	1211
2002	6734	847.25	1523.50	1780.79	3645	1266	1356
2003	7589	886.47	1777.74	1995.78	3695	1485	1557
2004	9165	1156.80	2190.54	2294.60	3747	1824	1981
2005	10426	1255.08	2596.71	2659.55	3658	2190	2629
2006	11950	1332.23	3151.70	3084.96	3842	2694	3176
2007	14492	1626.52	3916.44	3657.04	3883	3376	4294
2008	17521	2007.40	4933.08	4216.16	3910	4280	5650

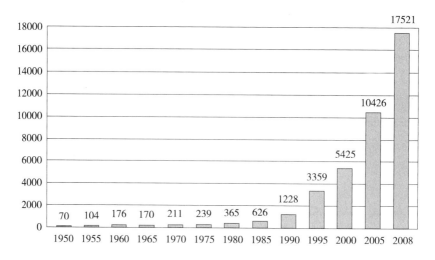

图1 建国以来湖南省人均GDP增长情况(单位:元)

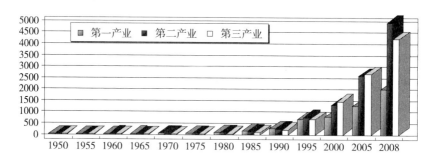

图2 建国以来湖南省三次产业产值(单位:亿元)

2.1949—1978年湖南省产业结构的特点

1949—1978年间,湖南产业结构中第一产业占据较大份额,第二产业比重不大,第三产业发展明显不足,呈现明显的"一、二、三"特征。经过新中国成立初期的国民经济恢复建设,湖南农业生产得以迅速发展,工业基础初步建立,各项社会服务事业日益发展。1952年,在国内生产总值中,第一产业占67.3%,第二产业占12.3%,第三产业占20.4%。到1956年,随着湖南社会主义公有制国民经济体系的建立,湖南三次产业在国内生产总值中的比重分别为第一产业占54.2%,第二产业占17.3%,第三产业占28.5%。在随后开始的大规模经济建设中,湖南着重加强了对基础薄弱的工业建设的资金投入,产业结构不断调整,第二产业在国内生产总值中的比重不断上升。1978年,第一产业在国内生产总值中占40.7%,第二产业占40.7%,第三产业只占18.6%。1949—1978年湖南产业结构变动情况如表4所示。

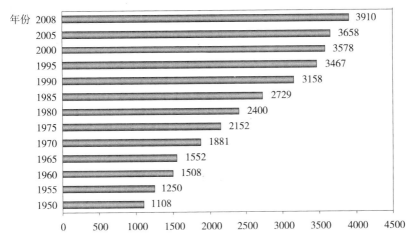

图3 建国以来湖南省从业人员数（单位：万）

表4　1949—1978 年湖南产业结构变动情况　　　　　（单位：%）

年份	1949	1952	1956	1959	1965	1969	1975	1976	1977	1978
第一产业	71.7	67.3	54.2	38.1	52.1	54.3	46.4	46.5	43.3	40.7
第二产业	7.4	12.3	17.3	34.8	29.4	27.0	35.4	35.0	38.4	40.7
第三产业	20.9	20.4	28.5	27.1	18.5	18.7	18.2	18.5	18.3	18.6

　　第一产业：1949—1978 年间，为了解决人民的温饱问题，在农业生产中实行的是以粮为纲的指导思想，农作物种植业在第一产业中占绝大部分比重，养殖业比重很小。1952 年，种植业在第一产业中的比重为 70.4%，包括牧业与渔业在内的养殖业的比重仅 12%，这种状况一直延续到 1978 年。1978 年，农作物种植业在第一产业中的比重仍高达 75.1%，养殖业的比重为 16.6%。这段时期，由于体制和政策的原因，农业生产主要是为了解决"吃饭"问题，产业结构单调。

　　第二产业：新中国成立初期，湖南工业基础相当薄弱，以一般性的加工工业为主的轻工业占了工业总产值的大部分。1949 年，湖南工业总产值中轻工业占83%，重工业只占 17%。为了适应大规模经济建设的需要，增强国民经济的实力，湖南对基础工业，主要是重工业进行了大量投资，新建、改建和扩建了一大批骨干企业，实现了工业结构由"轻型"向"重型"的转变。在"一五"期间重点建设了冶金、机械、电力、煤炭等重点工业；"二五"时期，主要发展钢铁工业，"文化大革命"十年，主要围绕大办农业兴办了一大批"五小工业"和一批"三线企业"，工业化基础初步奠定。1978 年,湖南全部工业总产值中,重工业占了 60.9%,而轻工业只占 39.1%。由于轻工业比重过低,以原料和原材料为主的重工业比重过重,工业经济效益不高。

第三产业:1949—1978 年间,湖南的第三产业发展较慢,不仅总量很小,而且其内部结构也比较单调,主要是由运输业、商业和文教卫事业组成。在现代经济社会中起重要作用的社会服务业、金融业、科技事业、旅游业所占比重小,信息咨询科技服务业、广告新兴行业几乎没有。1978 年,在第三产业增加值中,商业占 35.5%,运输邮电业占 21.6%,文教卫事业占 15.6%,其他行业所占比重很小。

改革开放 30 年来,湖南紧紧围绕以发展为主题、以结构调整为主线,在发展中促进结构调整,以结构调整促进经济发展,实现了经济增长与结构调整良性互动。三次产业结构不断优化,工业和农业结构明显升级,所有制结构发生重大变革,城乡和区域结构逐步趋向协调,收入分配结构打破了平均主义的传统格局,经济结构调整取得了明显的成效,实现了在不断优化升级中的重大调整。

3. 改革开放以来湖南省产业结构在不断优化升级中实现了重大调整

(1)三次产业结构不断优化升级,基本实现了由农业为主向一、二、三次产业协同发展的转变。

30 年来,湖南坚持巩固和加强第一产业、提高和改造第二产业、积极发展第三产业,促进了三次产业结构的不断优化升级。三次产业中,1979—2008 年第一产业年均增长 12.4%,第二产业年均增长 15.8%,第三产业年均增长 18.3%。从构成看,第一产业所占比重明显下降,第二产业所占比重基本持平,第三产业所占比重大幅上升。其中,第一产业所占的比重从 1979 年的 44.6% 下降到 2008 年的 18%,下降了 26.6 个百分点;第二产业所占比重由 38.4% 上升为 44.2%,上升 5.8 个百分点;第三产业所占比重由 16.9% 上升为 37.8%,上升 20.9 个百分点。现代经济的结构性特征越来越明显(见图 4)。

三次产业就业结构也发生了明显的变化。伴随着经济结构的大调整,77% 的就业人口从事农业的局面有了很大的改观,相当比例的人口转而从事工业和服务业。其中,第一产业就业人数占总就业人数的比重由 1979 年的 77.2% 下降到 2008 年的 44%,下降了 33.2 个百分点;第二产业就业人数所占比重由 14% 上升至 22.4%,上升了 8.4 个百分点;第三产业就业人数所占比重由 8.8% 上升至 33.6%,上升了 24.8 个百分点。

(2)工业经济结构明显升级,基本实现由技术含量低、门类单一的结构向技术密集、优势突出的高新技术产业发展格局转变。

改革开放以来,湖南省制定和实施了一系列产业政策和专项规划,鼓励用新技

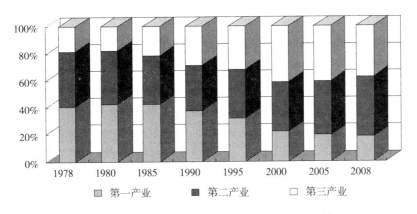

图4 1978—2008 年湖南省三次产业结构变化情况

术和先进的适用技术改造传统产业,大力培育发展高新技术产业,同时,加强对工业组织结构调整的引导和促进,工业经济结构调整取得明显成效,整体工业逐渐变大变强,"湖南制造"的国际竞争力和影响力显著提高。

高新技术产业是国民经济的战略性先导产业,对产业结构调整和经济增长方式转变发挥着重要作用。改革开放以来,尤其是进入新世纪以来,为适应全国高新技术产业竞争发展的大局和趋势,湖南坚持体制创新与技术创新相结合,着力发展对经济增长有突破性重大带动作用的高新技术产业,有力地促进了产业结构调整。2007 年,湖南省实现高新技术产品总产值 3529.86 亿元,实现高新技术产品增加值 1098.84 亿元,占 GDP 的比重达 9.8%,实现利税 334.52 亿元。

新材料、先进制造、生物医药、电子信息等高新技术产业蓬勃发展。2008 年,四大领域实现产值 2739.55 亿元、增加值 853.78 亿元,其中,以中联重科和三一重工为龙头的先进制造领域实现产值增长 48.8%,显示出强劲的发展实力。四大领域共完成销售收入 2673.56 亿元,盈亏相抵后实现利润 160.54 亿元,分别占高新技术产业的 77.9% 和 87.4%,优势企业经济规模快速扩大。2007 年湖南省高新技术产品产值过 5000 万元的企业 646 家,实现产值 2497.03 亿元,占湖南高新技术产品总产值的 92.5%。其中,过亿元企业 409 家,实现产值 2332.73 亿元,占湖南高新技术产品总产值的 86.4%。工程机械产业中,中联、三一分别实现产值 130.3 亿元、102.8 亿元,进入全球工程机械制造商 50 强。

(3)农业产业化步伐加快,农业内部结构明显改善,基本实现了由种植业为主的单一型结构向种植业与养殖业并驾齐驱的农业生产结构。

2008 年,湖南农业总产值 3325 亿元,比 1978 年的 82 亿元增长 39 倍;湖南农产品加工企业 4.6 万家,实现销售收入 2000 多亿元,其中 220 家国家级、省级龙头企业销售收入830亿元,实现利润30.5亿元;湖南开始从传统农业大省向现代农业强省迈进。主要农产品产量显著增长,农业生产能力继续增强。2008年,湖南粮食总产量2970万吨,比1978年的2088万吨增长42%,用占全国3%的耕地生产出了占全国6%的粮食,其中稻谷产量居全国第一位;湖南出栏生猪7630.86万头,生猪产量居全国第二位;湖南农村固定资产投资654.08亿元,年末农业机械总动力达4021.14万千瓦。

改革开放前,农村实行高度集中统一的管理体制,农民无权决定种什么、怎么种、种多少,农业产业结构长期处于"农业以种植业为主、种植业以粮食生产为主"的"以粮为纲"的状况。随着中央方针政策的调整,由"以粮为纲"转为"决不放松粮食生产,积极发展多种经营",农民根据当地实际和市场需求开展多种经营的积极性得到了充分发挥。这段时期,由于体制和政策的原因,农业生产主要是为了解决"吃饭"问题,产业结构单一。

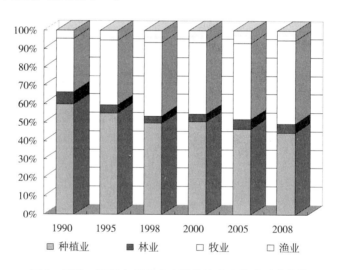

图5　1990—2008年湖南省农林牧渔业产值比重变化情况

改革开放后,广大农村焕发了生机,农业生产发展很快,不但解决了人们"吃饭""吃好"问题,而且还为湖南的经济良性发展提供了强大的物质基础。农林牧渔业总产值中,种植业比重明显下降,包括牧业和渔业的养殖业比重显著提高。种植业由1990年的55.1%下降为2008年的45.3%,下降了9.8个百分点;养殖业(包括牧业和渔业)由1990年的33.8%提高到2008年的49.1%,提高了15.3个百分点(见图5)。

在粮食生产稳定发展的情况下,棉、油、果等经济作物生产获得较大发展。1990年至2007年,棉花产量增长1.01倍,油料产量增长0.98倍,水果产量增长

10.50 倍。经济作物种植量明显提高。

(4)城镇化步伐明显加快,城乡分割现象有所转变,以中心城市为依托的城镇体系基本形成。

提高城镇化水平,是优化城乡经济结构、推进产业结构调整的重要因素。30 年来,随着农业生产力水平的提高和工业化的快速推进,湖南城镇化步伐明显加快。

城镇化水平持续提高。改革开放 30 年来,大量的乡村人口由农村向城市转移,城镇总人口增长了 3.64 倍,乡村总人口减少了 11.3%。城镇人口占总人口比重由 1978 年的 11.49% 上升到 2008 年的 42.15%,提高了 30.66 个百分点。乡村人口所占比重由 88.50% 下降到 57.85%。

城镇吸纳就业的能力不断增强。城市化和工业化的加快推进,大大增强了城镇吸纳就业的能力。1978—2008 年,湖南省城镇就业人员从 364.13 万人增加到 1148.21 万人,年均增加 26.14 万人;城镇就业人员占湖南就业总量的比重从 1978 年的 16.0% 上升到 2008 年的 29.37%。城镇就业岗位的快速增加,带动了乡村劳动力不断向城镇转移,使乡村就业人员占湖南就业总量的比重从 1978 年的 84% 下降到 2008 年的 70.6%。

以中心城市为依托的城镇体系已基本形成,各级各类城镇基础设施和公共设施不断完善,综合承载能力持续提高。2008 年末,湖南共有 29 个设市城市,包括省会长沙特大城市 1 个,衡阳、株洲、湘潭等大城市 5 个,以及中小城市 23 个,还有 72 个县城和 1095 个县以下建制镇;湖南城市建成区面积 1112 平方公里;人均城市道路面积 11.4 平方米;城市公共交通运营线路网长度 5072 公里;建成区绿化覆盖率 35.6%;生活垃圾无害化处理率 52.8%,污水处理率 46.3%。

(5)区域经济结构调整初显成效,区域发展趋向协调。

区域协调发展是社会和谐、政治稳定和经济可持续发展的重要保障。改革开放前,湖南的区域经济结构地方特色不明显,基本趋同的经济结构,严重影响了湖南国民经济结构升级的进程和整体经济素质的提高。改革开放以后,湖南省注重调整区域经济结构,提高经济整体素质,强调发展省域经济必须注重因地制宜,扬长避短,实行本地经济与外部经济之间的优势互补。主要做了两个方面的工作。

一是重新建立湖南在大经济区域中的位置。随着对外开放的扩大,湖南突破了原有按行政区划把湖南放在中南六省的思维定势,重新建立了湖南在大经济区域中的位置。首先根据湖南位于内陆省份的特点,确立放开南北两口,拓宽三条通道,加强与周边省的经济交往发展的思路。并根据湘粤经济之间的密切联系,实施依托广东,扩大开放的战略。国家确定开放长江沿岸城市后,湖南又确定了"呼应两东、开放带动"的战略。湖南由于找准了在大经济区域中的位置,对外开放度不断提高,进出口总额由 1978 年的 1.59 亿美元上升到 2007 年的 125.66 亿美元,提高了近 80 倍。

二是在省域经济中实施重点地区优先发展战略。改革开放不久,湖南根据湘东经济在湖南中的突出地位,提出了优先发展"长株潭"经济区,并专门制定了"长株潭"经济发展计划。尔后随着岳阳对外开放力度的加大和衡阳的发展,又提出了"五区一廊"的重点发展战略。近些年来,随着湖南"呼应两东、开放带动"战略的实施,进一步提出了"一线一点"的发展战略。通过该战略的实施,使得这一重点地带的经济实力明显提高。1998 年"一线一点"六个地市完成国内生产总值 1823 亿元,占湖南比重达 56.8%,比 1978 年提高 10.5 个百分点。

2007 年 12 月,长株潭城市群获批为全国建设"两型社会"综合配套改革试验区,这是基于中部崛起的大背景下,湖南实现又好又快发展和富民强省的重大历史机遇。加速长株潭"两型社会"试验区建设,做大做强"3+5"城市群,对在高起点上实现富民强省、科学跨越发展,具有十分重要的意义。"3+5"城市群是以长沙、株洲、湘潭三市为中心,1.5 小时通勤为半径,包括岳阳、常德、益阳、娄底、衡阳 5 个省辖市在内的城市聚集区。几年来,"3+5"城市群经济、科技、文化等优势凸显,已成为湖南经济发展的核心区和实现中部崛起的支撑力量。"3+5"城市群经济基础好。2007 年,"3+5"城市群生产总值 6923.58 亿元,增长 15.3%,比湖南平均水平快 0.9 个百分点;经济总量占湖南的 75.7%,比 2000 年的 71.2% 提高 4.5 个百分点。其中第一产业增加值 1093.93 亿元,第二产业增加值 3119.68 亿元,第三产业增加值 2710.51 亿元,分别占湖南的 67.9%、80.0% 和 74.6%。2007 年,完成全社会固定资产投资 3127.03 亿元,占湖南的 72.8%;实现地方财政收入 503.24 亿元,占湖南的 83.4%;社会消费品零售总额 2563.69 亿元,占湖南的 76.4%;外贸进出口总额 85.15 亿美元,占湖南的 87.9%;实际利用外商直接投资 26.2 亿美元,占湖南 80.1%。"3+5"城市群产业结构优。2007 年,"3+5"城市群生产总值中,三次产业结构为 15.8∶45.1∶39.1。与湖南比较,第一产业增加值比重比湖南低 1.8 个百分点,第二产业比湖南高 2.4 个百分点,产业结构优于湖南。与 2000 年比较,"3+5"城市群第一产业增加值比重下降 6 个百分点,第二产业提高 7.1 个百分点;而湖南第一产业增加值只下降 4.5 个百分点,第二产业仅提高 6.2 个百分点,产业结构优化进程快于湖南。

(二)湖南省工业发展的回顾

1. 湖南制造业的发展史源远流长

湖南制造业在历史发展中一直扮演着重要的角色,上溯至秦汉时期,当时的

"湖南制造"，主要以印染、刺绣、造瓷、造船等手工业为主，某些手工业已达到全国领先的水平。如马王堆出土的轻薄素纱禅衣重49克，其经纬丝纤度已达到与近代缫出的最精细的纤度相当的程度。东汉时期湖南耒阳人蔡伦发明的造纸术，也为世界文明作出了重要贡献。

秦汉以来将近400年时间里，分裂战乱不断。湖南由于地处江南，受战祸兵灾的影响相对比北方少，经济仍得以持续发展。当时的湖南开始成为全国大米的重要产地和供应地。三国时期，"长沙好米"已是名声在外。以粮食为原料的酿酒业在湖南特别兴盛发达。独具特色的青瓷制造业和麻纺织业、造纸业、造船业以及金属制造业也都有长足的进步。

清朝时期，出现了所谓"同治中兴"的局面。长沙的手工业和矿业开始向商品经济发展，行业分工逐渐细密。出现了角盒花簪行、戥秤行、京刀行、明瓦行、棕绳行、锡器行、翠器行、铜器行，并逐步向专业化发展；生产规模也得以日渐扩大，周边地区冶铁业发达，长沙在同治年间出现了大型铸锅作坊；产品种类也大大扩大，当时被称之为"西洋货"的某些商品，长沙人也能自己制造，还可生产肥皂、玻璃瓶、棉纱袜等商品。

19世纪90年代，湖南先后开办了履和裕锑矿和湘裕炼锑厂，标志着工矿业正式产生。1895年，成立了"善记和丰火柴股份公司"，亦为湖南最早的近代工厂，几乎在火柴厂创立的同时，湖南第一个近代机械工业企业——湖南宝善成机器制造公司成立，开创了湖南电力工业的先河。到戊戌前后（1898年前后）民营机械制造企业大量出现，如1896年朱昌琳等人开办的湘裕炼锑厂，成为湖南近代冶炼业之始。

20世纪30年代初（1937年前后），湖南实业中发展较快的仍是工矿与交通运输业，得益于矿产资源丰富，湖南煤田遍布湖南，锑矿产量为世界之冠。纺织业中，1931年省建设厅将原湖南第一纱厂更名为湖南纺织厂，扩充营业；机械业方面，1934年湖南机械厂与公路局修理总厂合并，成为湖南规模最大的机械工厂；造纸业与酒精制造业方面，1934年省建设厅在南门外猴子石建立湖南造纸厂，同年成立湖南酒精厂筹委会。

在这一时期，手工业出现萎缩甚至倒闭的现象，其表现：一是陶瓷业由盛而衰，驰名中外的釉下五彩瓷器随之停产。二是鞭炮业也急剧下降。1933年湖南海关出口的浏阳、醴陵的鞭炮、烟花由1926年的11.3万担减少到只有5.3万担。三是火柴制革、卷烟等行业生产下降甚至歇业。湖南第一家民营卷烟厂长沙华昌烟草公司在1930年被迫停业。创办于1897年的和丰火柴公司不堪竞争于1935年倒闭；在20年代兴盛一时，有过年产牛皮6万张记录的湖南制革业，到1934年下降到 3 万张。

近百年来,三湘大地诞生了范旭东、李烛尘这样的著名实业家、民族化学工业的开拓者,诞生了梁焕奎、梁焕彝这样的著名矿业主、民族矿冶工业的先驱。

2. 新中国成立后的 29 年里,湖南工业迅猛发展

湖南的工业化进程始于 19 世纪 60 年代,但新中国成立前的湖南工业发展极其缓慢,直到 1949 年,湖南工业总产值仅 3.18 亿元,其中手工业产值 2.42 亿元;湖南国民收入中工业净产值仅占 6.9%,湖南仍是个十分落后的农业省。

新中国成立后,湖南人民在中国共产党的领导下,经过三年的国民经济恢复工作,从 1953 年开始湖南立即转入大规模工业建设时期,到 1957 年工业有了很大的发展。国家重点工程对湖南工业的发展起到了十分重要的作用。除此之外,湖南自身的工业建设也取得了较大的进步。按 1952 年不变价格计算,1957 年湖南工业总产值达 18.19 亿元,超过"一五"计划的 16.83%,比 1952 年增长 136.23%,比 1949 年增长 4.7 倍,年均递增 18.8%。发电量、原煤等 20 种主要工业品产量,有 17 种超额完成了"一五"计划。汞、棉纱、火柴等虽未完成计划,但仍比 1952 年有很大增长。1957 年湖南国营工业企业由 1952 年的 734 个增加到 1027 个,职工人数由 48 万增加到 81 万,工业总产值由 3.33 亿元增加到 13.95 亿元。

一批新型工业城市在三湘大地崛起。早在 1936 年,一些有识之士就曾多次作过"工业株洲"的规划。但直到解放时,株洲仅有两家残缺不全的修理工厂和几户零散的手工作坊,城镇也只有两条麻石小街,居民仅 7000 多人,1949 年的工业总产值折合人民币不过 85 万元。1951 年 5 月,株洲从湘潭县划出,设为专署辖市,1953 年被列为全国八大工业重点建设城市之一,国家将苏联援建的 156 个重点项目中的 4 项建在株洲,并把全国 694 个限额以上建设项目中的 9 个安排在株洲,经过 5 年建设,株洲由一个小镇发展成令人瞩目的新兴工业城市,被定为省辖市。湘潭的下摄司,国民党政府 1937 年就宣布要在这里建立"工业区"。但经过了五六年,仅建成 1 个电灯泡厂,生产一年多便停工了;1 个发电厂仅盖了 3 栋厂房,连发电机也没有安装。抗日战争胜利后,国民党政府又在这里搞工业建设,也只办起 1 个小小的电工厂和发电所。1950 年 7 月经中央人民政府批准成立湘潭市,1953 年 6 月成为省辖市。从新中国成立至"一五"时期,国家和省先后在湘潭市新建和扩建湖南农药厂、湘潭电缆厂、湘潭棉纺织厂、江南机器厂、湘潭印染厂(后与纺织厂合并)、湘潭电机厂、湘潭电厂、湘潭锰矿等一批大中型厂矿,使该市一跃而成为新兴的工业城市。人们称下摄司为"电工之城"。1957 年,湘潭市人口由解放初期的 14 万增加到 26 万。

在短短的 29 年中,经过三个"五年计划"时期的发展和三年的调整,湖南各工

业部门迅猛发展,行业之间的比例关系较为协调,特别是钢铁、有色、食品、煤炭、石油加工、化工、机械、建材、轻纺、医药等工业部门发展迅速,形成了规模。1978 年与 1952 年相比,冶金增长 40.8 倍,电力增长 62.3 倍,煤炭及炼焦增长 17.5 倍,石油增长 2.4 倍,化学增长 134 倍,机械增长 70.9 倍,建材增长 26.1 倍,木材增长 5.6 倍,纺织增长 5.2 倍,造纸增长 5.9 倍,文教艺术用品工业增长 13.9 倍。其中冶金、电力、化学、机械和石油的产值比重已上升到 58.3%,一些新兴的工业部门如航天工业、汽车工业、电子工业、有机合成工业等从无到有,从小到大,迅速发展起来。到 1978 年,湖南工业已有 15 个行业,为湖南工业的进一步发展打下了良好的基础。

3. 改革开放以来,湖南工业经济在调整优化中实现了跨越式发展

改革开放以来,湖南工业经济快速发展,经济实力空前增强,工业结构基本实现了由技术含量低、劳动密集程度高、门类单一的结构向劳动密集、技术密集、门类齐全的发展格局转变,工业化水平明显提高,实现了由工业化初期向工业化中期的历史性跨越,实现了由工业基础薄弱、技术落后、门类单一向工业基础显著加强、技术水平稳步提高、门类逐渐齐全的重大转变。

(1)工业规模不断壮大

经过 30 年的改革开放,工业经济迅猛发展。1995 年工业总产值突破 1000 亿元大关,2002 年突破 2000 亿元。2003 年以来更是一年一个新台阶。2008 年工业总产值突破 11000 亿元,达到 11250.53 亿元,比 1978 年增长 86 倍,年均增长 16.06%。其中 2008 年一年实现的工业总产值超过 1994 年以前 17 年工业总产值的累计,2004—2008 年五年完成工业总产值超过改革开放前二十五年工业总产值的总和。

(2)生产能力显著增强

经过 30 年的改革开放发展,湖南在能源、冶金、化工、建材、机械设备、电子通讯设备制造和交通运输设备制造及各种消费品等工业主要领域,已形成了庞大的生产能力。与 1978 年相比,主要产品生产能力成倍增长。发电能力由 1978 年的 93.54 亿千瓦时增加到 2008 年的 829.56 亿千瓦时,增长 8 倍;原煤生产能力由 1978 年的 2671.98 万吨增加到 2008 年的 5119.49 万吨,增长 0.9;化肥生产能力由 1978 年的 54.98 万吨增加到 2008 年的 291.60 万吨,增长 4.30 倍;钢生产能力由 1978 年的 62.44 万吨增加到 2008 年的 1293.01 万吨,增长 19.7 倍;水泥生产能力由 1978 年的 344.75 万吨增加到 2008 年的 6043.88 万吨,增长 16.53 倍;化学纤维由 1978 年的 0.53 万吨增加到 2008 年的 3.34 万吨,增长 5.3 倍。

(3)省内地市工业特色逐渐凸现

湖南工业结构区域布局在非均衡发展的前提下,各地市立足自身的客观实际,发挥比较优势,捕捉机遇,迎接挑战,逐渐凸现出地市特色。

长沙市的工业以电子、食品、机械为支柱产业,化工、建材、轻纺、医药、汽车、冶金等工业也有较好的基础。卷烟、彩色显像管、膨化食品、直燃式空调机、电冰箱、汽车电器、机床、水泵、风机、汽车及内燃机配件等产品在全国同类产品中占有重要位置。长沙还是中国著名的传统工艺品产地,湘绣为中国四大名绣之一,铜官陶瓷、浏阳花炮久负盛名,一批传统出口产品如羽绒制品、花岗石制品、竹编棕编制品,在国际市场有较高的信誉。

岳阳是沿江首批对外开放城市,全市有工业企业 2000 多家,其中大型企业 90 多家,已形成石化、饲料、医药、机械、建材、轻纺等支柱产业。在市区沿长江和京广线的 30 公里地段,分布着巴陵石化公司所属的长岭炼油厂、洞庭氮肥厂、岳阳化工总厂、鹰山石化厂等一大批石化企业,是中南地区最大的石化工业基地。饲料工业迅速成为第二大支柱,是全国最大的浓缩料生产基地。还有全国最大的大客空调生产厂家恒立公司、全国十大纸厂之一的岳阳造纸厂、湖南最大的火力发电厂华能岳阳电厂、东南亚最大的农药生产基地临湘氨基化学品厂、亚洲最大的洞庭苎麻纺织厂等优势企业。

湘潭是湖南重要的工业基地。湘潭钢铁公司、韶峰水泥集团、湖南电线电缆集团、湘潭电化集团、南天股份有限公司、湘潭新电厂、金迪公司、湖南玻璃厂、省建筑陶瓷总公司等一批重点基建技改项目相继投产。企业产品技术含量提高,市场竞争能力增强。高速线材、优质水泥、电解二氧化锰、塔吊、冰晶石、硅锰合金、裸铜线、迅达牌燃气灶、龟鹿驴三胶冲剂、中国虎牌衬衣、聚酯切片等一批产品成为湘潭工业的拳头产品。形成了以冶金、建材、机电、化工、纺织五大支柱产业为主体,食品加工、电子、轻工为补充的工业体系。湘潭成为了全国重要的机电、锰矿、氟化盐、电解二氧化锰、精细化工基地。啤酒、焦炭、卫生陶瓷、玻璃制品、铁合金、电线电缆、交流电动机的产量已居湖南第 1 位;布、生铁、钢、钢材、塑料制品的产量居湖南第 2 位。

衡阳市先后培植了原煤、化肥、钢管、卷烟、汽车配件、变压器、电缆、盐化工、古汉养生精、季戊四醇、油泵、防爆叉车、大型冶金设备等一批拳头产品。其中水口山铅锌矿的铍铜合金产量、质量为国内独有,居世界前列。衡阳钢管厂是华南最大的钢管生产基地,生产的汽车轴套管荣获国内同类产品质量金奖。南岳油泵油嘴有限公司形成了年产 20 万台油泵的生产能力,在全国同行业名列前茅。此外,古汉养生精、大型节能变压器、季戊四醇、市话电缆等一批高科技含量的名牌产品正走向全国和世界。

　　株洲50年代被列为全国八大重点建设工业城市之一。经过40多年的建设,今日株洲,已发展成为一个以机械、冶金、化工、建材等重工业为主导,拥有电力电气、煤炭采选、麻棉纺织、轻工、陶瓷、电子、仪表、塑料、皮革、医药、橡胶制品等工业门类的新兴工业城市。这里拥有中国电力机车的摇篮株洲电力机车厂,世界第二大硬质合金生产厂家株洲硬质合金厂,中国航空工业科研生产基地南方动力机械公司等一批重点骨干企业。新中国的第一台航空发动机,第一台电力机车,第一个硬质合金顶锤,第一辆大型落门孔车等等,50多个全国第一相继诞生在株洲。株洲的工业总值居湖南14个地市的第二位。全市共拥有工业企业1800多家,其中,国有及500万元以上的工业企业529家。拥有各类出口商品生产基地130余家,有粮油食品、茶叶、土畜、轻工纺织、五金矿产、化工医药、工艺美术、机械设备、有色金属、烟花鞭炮九大系列180余种产品销往世界100多个国家和地区。机械、冶金、化工、建材是株洲的四大支柱工业。全市工业体系门类齐全,拥有机械制造、有色冶金、化学工业、建筑材料、煤炭采选、电力电器、电子仪表、麻棉纺织、塑料皮革、陶瓷搪瓷、食品包装、烟花鞭炮等30多个门类、4000余种产品。主要工业产品共有219种,其中,"火炬"牌铅锌锭、"钻石"牌硬质合金、"韶山"牌电力机车、"国光"牌日用瓷、"火炬"牌火花塞等产品在国际市场上享有盛誉,长期畅销于世界许多国家和地区。同时,"千金"牌妇科千金片、"日出"牌太子奶、"湘江"牌电焊条、"骆驼"牌饲料等产品在国内市场也颇负盛名。

　　益阳工业技术装备水平不断提高。全市已形成纺织、电力、化工、机械、电子、建材、冶金、造纸、食品等34个工业行业。建成了一批大中型企业如:柘溪水电站、益阳苎麻纺织印染厂、大通湖农场糖厂、滨湖柴油机总厂、鑫海集团、油中王集团。

　　常德为湘西北的工业基地,形成了以食品、纺织、机电、化工、建材为支柱的工业体系。其中纱、布、酒、水、泥、卷烟产量居于湖南省前列。程控电话交换机、可视电话、条形码打印机、监视器、大坝水泥、芙蓉王烟、武陵王酒、长生露、东山峰茶、武陵汽车吊、烟草机械、纺织机械、电脑雕刻机、湘绣等产品代表了常德工业的发展水平。

　　邵阳全市现有各种类型的工业企业5.3万家,其中国有和销售收入500万元以上非国有企业498家。全市已形成以煤炭、纺织、仪器、化学、机械为支柱产业的现代工业体系,能生产原煤、汽车、印刷机械、纺织机械、卷烟、罐头等上千种工业产品。

　　1988年12月,湖南省政府批准建立娄底能源原材料开发区。经过多年的开发与建设,逐步形成了以煤炭、冶金、电力、建材、化工、机械为主,具有娄底特色的工业体系。目前全市已拥有一大批中央、省属能源、原材料、重化工、重机械骨干企业,拥有在湖南范围内较有影响的有色金属企业、钢铁企业和煤炭企业。主要产品大部分是能源材料产品。年产量居湖南第一位的有生铁、钢、钢材、锑、纯碱、焦岩、耐火材料,居第2位的有原煤,居第3位的有化肥,居第4位的有水泥和发电量,居第5位的日用陶瓷等。冶金行业,有湖南第一大钢铁集团、国家大一型企业涟钢集团公司,有集生铁、钢、焦炭等生产为一体的大二型综合企业冷水江钢铁总厂,有世界"锑都"之称的锡矿山矿务局;在能源电力行业,拥有湖南最大的煤炭生产企业涟邵矿务局,湖南第一家大型火力发电厂金竹山电厂;建材行业,拥有以大一型企业新化雪峰水泥集团为龙头,冷水江耐火材料厂、双峰石膏矿、娄底彩色水泥厂、冷水江玻璃厂、涟源白水泥厂、娄底白水泥厂为骨干的一大批大中型企业,成为湖南建材产品的主产区;化工行业,逐步建成以化肥生产为龙头,基础化工、精细化工和染料迅速崛起的化学产品基地。并拥有大乘资氮集团、冷水江碱厂、双峰氮肥厂、双峰磷肥厂、涟源磷肥厂等7家大中型骨干企业;机械行业,拥有中南最大的锻造企业华达机械总厂,双峰机械股份有限公司的农用三轮车也居湖南首位。

永州工业生产规模迅速扩大,工业素质明显提高,工业布局渐趋合理。初步形成了仪器、机械、建材、化工、轻纺、煤炭、电子、医药、冶金等门类较齐全的地方工业体系。以卷烟、果蔬、饮料为主体的加工工业,以汽车、发电设备、轻机为主体的机械工业,以锰制品为主体的冶金工业在湖南都占有一定的位置。

郴州工业方面已形成了以冶金、电力、煤炭、建材、化工、机械、仪器、烟草、纺织、造纸等十大行业为主,其他新兴行业和新技术产业不断崛起的地方工业格局。目前,全市有年产金属量10万吨的有色金属采选工业,40万大箱的卷烟工业,年产煤1300万吨以上的能源工业,年产水泥500万吨,玻璃210万重量箱的建材工业,国有企业经济效益连年位居湖南省前茅。

湘西自治州初步形成了以卷烟、食品、冶金、化工、建材、纺织、机械、电子、医药、电力等为主的门类较为齐全的地方工业体系,并涌现出了一大批名牌产品,如湘泉集团的"酒鬼酒"系列产品、龙山卷烟厂的"老大哥"卷烟、花垣三立集团的锌业、东方锰业集团的电解锰、喜阳集团的松花皮蛋、古丈的毛尖茶、吉首的乾州板鸭、河溪香醋、万宝山牌奶粉等。

张家界市逐步形成了医药、能源、机械、建材、食品5大支柱产业。充分利用丰富的水能资源,陆续建成了花岩、茅溪、鱼潭、贺龙、慈利城关等众多的中小型水电站、110KV电网和变电站。

(4)科技创新能力显著提高

2008年,湖南大中型工业企业拥有科技活动人员6.84万人,当年大中型工业企业共投入科技活动经费111亿元。2008年,湖南专利申请量为14016件,其中发明专利申请量为5335件,占专利申请量的38.1%。

2008年,湖南承担国家"863"计划项目84项,高新技术产业化示范工程项目31项,湖南取得各类科技成果990项,有19项获得国家科技进步奖励。争取国家科技经费7亿元。中南大学钟掘院士牵头的铝资源高效利用与高性能铝材制备的理论与技术项目荣获2007年国家科技进步一等奖。

（5）高新技术产业飞速发展

"十一五"以来,湖南把发展高新技术产业作为推进新型工业化的重要举措,通过大力培育先进制造和新材料等优势产业、加强新兴产业的培育和用高新技术提升传统产业、壮大龙头企业、加大重大项目的引进力度等途径,涌现出一批过20亿元、50亿元甚至过百亿的大中型高新技术企业,带动了湖南高新技术产业的跨越发展。2007年,湖南省的长沙高新区、株洲高新区、湘潭高新区、衡阳高新区、益阳高新区等5个高新区实现高新技术产品总产值1346.9亿元,同比增长28.86%;实现利税167.4亿元,同比增长69%;出口创汇26.1亿美元,同比增长78%。四个省级科技园区实现总产值179.4亿元,其中隆平高科技园实现产值过百亿元。

（三）湖南与周边及发达省份产业结构现状的比较

虽然湖南工业化取得重大进展,经济总体进入工业化中期的初始阶段,但与全国工业化进程相比,仍相差3—5年,与沿海发达省市比,差距更大。与周边省、发达省比较,现阶段湖南工业化发展具有如下的特征:

1. 人均 GDP 水平在全国的排位后移, 处于中等偏下水平

2000年,湖南省人均GDP为5639元,在全国排位为第17位,比全国平均水平低1439元,在中部6省中排第2位,仅低于湖北省;与经济发达的浙江、广东、江苏省相比,分别低7822元、7246元、6134元。2008年,湖南省人均GDP为17521元,在全国的排位由2000年的第17位下降到第21位,比全国平均水平低5177元,在中部6省中排位降到第4位,低于山西、河南、湖北3个省;与经济发达的浙江、广东、江苏省相比,分别低24693元、20068元、22101元,差距进一步拉大(见表5)。

表5 全国各省、市、区人均 GDP 及其排位

排位	地区	2000 年人均 GDP（元）	地区	2008 年人均 GDP（元）
1	上海	34547	上海	73124
2	北京	22460	北京	63029
3	天津	17993	天津	55473
4	浙江	13461	浙江	42214

续表

排位	地区	2000 年人均 GDP（元）	地区	2008 年人均 GDP（元）
5	广东	12885	江苏	39622
6	江苏	11773	广东	37589
7	福建	11601	山东	33083
8	辽宁	11226	内蒙古	32214
9	山东	9555	辽宁	31259
10	黑龙江	8562	福建	30123
11	河北	7663	吉林	23514
12	新疆	7470	河北	23239
13	湖北	7188	黑龙江	21727
14	海南	6894	山西	20398
15	吉林	6847	新疆	19893
16	内蒙古	5872	湖北	19860
17	湖南	5639	河南	19593
18	河南	5444	陕西	18246
19	重庆	5157	重庆	18025
20	山西	5137	宁夏	17892
21	青海	5087	湖南	17521
22	安徽	4867	青海	17389
23	江西	4851	海南	17175
24	宁夏	4839	四川	15378
25	四川	4784	广西	14966
26	云南	4637	江西	14781
27	西藏	4559	安徽	14485
28	陕西	4549	西藏	13861
29	广西	4319	云南	12587
30	甘肃	3838	甘肃	12110
31	贵州	2662	贵州	8824
	全国	7078	全国	22698

2. 湖南三次产业结构的演进总体趋势同全国保持一致，但是水平落后较多

根据配第—克拉克定律和库兹涅茨法则，随着经济的发展和人均收入水平的

提高,产业结构会依次更迭,一次产业比重逐渐下降,二、三次产业依次上升。改革
开放以来,湖南三次产业产值结构变动趋势基本符合经济发展的要求。

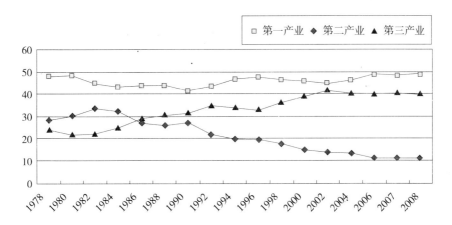

图6   1978—2008年全国三次产业产值比重变化

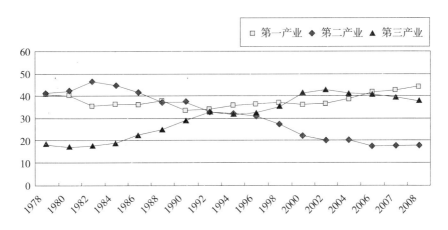

图7   1978—2008年湖南省三次产业产值比重变化

1978年,湖南第一、二产业各占湖南GDP的40.7%,但第三产业发展严重滞
后。1978年以来,随着个体经济和民营经济等非公有制经济的发展,湖南传统服
务业迅速恢复发展,湖南第三产业呈现不断上升的历史趋势。1999年,湖南第三
产业超过第二产业,跃居第一,达到38.7%。2007年,湖南的三次产业产值结构为
17.7:42.6:39.7,以第一产业为基础、第二产业为主导、第三产业蓬勃发展的产
业结构初步形成。

同全国三次产业产值结构的演变比较而言,湖南三次产业结构的演进总体趋
势同全国保持一致,但是水平落后较多(见图6、图7)。在第一产业方面,湖南和全

国的第一产业变化趋势是一致的,经历了一个短暂上升后持续下降的过程。尽管趋势一致,但湖南和全国平均水平的差距明显。1978—1998 年间第一产业比重比全国水平高 10 个百分点左右,1998—2008 年间一直比全国水平高 7 个百分点左右,绝对比重仍维持在约 18% 的高位。在第二产业方面,湖南和全国第二产业都经历了一个从高往低再往高的过程。但在最能体现经济发展水平的第二产业上,湖南的比重一直到 2005 年都在 40% 以下,落后全国平均水平 10 个百分点左右。第二产业,特别是工业长时期发展不充分,是改革开放以来制约湖南产业和经济发展的根本原因。

在第三产业方面,湖南和全国的变化都是持续上升,这也符合产业结构演变的基本规律。比较而言,全国第三产业比重上升是一个逐渐攀升的过程,湖南则是持续快速上升的过程,但这是在第一产业产值比重不断下降,工业化发展不完全的情况下进行的,和湖南的经济发展水平变化并不一致,也不符合产业结构演化的规律。在经济发展到工业化后期时,第三产业应居主导地位,但在工业化初级和中级阶段第二产业应居主导地位。自 1999 年开始,湖南第三产业总量首次超过第二产业,三次产业呈现出“三二一”结构,并一直保持这一态势。湖南产业结构呈现“三二一”结构并不表明湖南经济进入后工业化阶段,而是工业发展不充分带来的产业结构“虚高度化”。

3. 工业增加值占全国的比重低于 GDP 和人口占全国的比重

2007 年,湖南工业增加值占全国工业增加值的比重仅为 2.44%,而 GDP 和人口占全国的比重分别为 3.72% 和 4.81%,工业增加值占全国的比重比 GDP 占全国的比重低 1.28 个百分点,比人口占全国的比重低 2.37 个百分点。

与发达省份相比,湖南的工业规模明显偏小。2007 年湖南工业增加值占全国的比重分别比广东、江苏、浙江低 9.61、8.60 和 4.03 个百分点,而这些省人口占全国的比重与湖南相差不多。

与中部六省比较,湖南工业增加值所占份额也偏低。除山西、江西、安徽工业增加值占全国的比重比湖南低外,河南、湖北两省分别比湖南高 3.85、0.35 个百分点。

从各省工业增加值、GDP、人口占全国比重的数据看,东部的广东、浙江、江苏和中部的河南都呈现出工业增加值占全国的比重大于 GDP 占全国的比重,而 GDP 比重又大于人口比重的现象。湖南与安徽、江西、湖北则正好相反。这说明中部六省中除河南工业相对较发达外,湖南与其余四省工业仍有较大的发展空间(见表 6)。

表6　2007年部分省市工业增加值、GDP、人口占全国的比重

省份	工业增加值占全国比重%	GDP占全国比重%	人口占全国比重%
湖南	2.44	3.72	4.81
山西	2.40	2.31	2.57
河南	6.29	6.11	7.08
安徽	2.19	2.98	4.63
江西	1.56	2.22	3.31
湖北	2.79	3.71	4.31
江苏	11.04	10.36	5.77
浙江	6.47	7.56	3.83
广东	12.05	12.44	7.15

三、湖南工业化的条件分析

（一）湖南省推进工业化的基本条件

顺利推进工业化,首要条件是保持好改革、发展、稳定的大局,从认识我国工业化道路的特点看,重点需要了解经济方面的有关条件,主要是需求和供给方面的条件。

1. 工业化的需求条件分析

前面指出,从国际比较看,相对于我国工业化水平,我国人均收入水平偏低。由于收入是决定需求的主要因素,因此相对于工业化水平,我国的需求水平也是偏低的。应该注意的是,我国工业化的规模相对人口就业规模也是偏小的,很大一部分人口和劳动力被排除在工业化过程以外。湖南的情况和全国一样,第一对工业化总体规模和工业产品需求总量拓展的空间非常大。随着工业化规模扩大,就业增加和收入增加,需求也不断扩大,特别是层面较低的一般工业品需求还会扩大。第二是需求结构非常丰富。进入工业化过程的人口和劳动力,不同收入水平的群体支持着不同层面的需求,例如城市人口,收入水平相对较高,需求水平也较高。随着收入差距的扩大,多层面的需求组合起来,使需求结构非常丰富。在以上情况下,把握需求条件对工业化的影响,关键是处理好工业化过程中的就业增长、收入增长和防止收入分配差距过度扩大的问题。

2. 工业化的供给条件分析

主要包括劳动力、资本、技术等要素供给的情况,从更宽泛的角度看,还包括制

度带来的供给效率。

我国的劳动力资源非常丰富,就业压力成为推动工业化进程的重要动力。储蓄率水平较高,资本的源泉比较充裕。由于与国际经济更深程度接轨,可以更多地利用国际先进技术,因此技术供给能力也较高。湖南推进新型工业化的供给在要素条件方面能源紧缺是瓶颈,资本不足也是比较明显的制约;劳动力的供给则存在着劳动者素质、技能不能满足需方要求的问题。最主要的约束来自经济体制方面。由于体制规则不能适应全面竞争的市场环境,风险创业投资受到抑制,中小企业融资困难,供给要素不能得到充分的利用。

(二) 湖南省工业化存在的主要问题

1. 工业规模偏小、比重偏低,工业结构升级缓慢

2007 年湖南工业增加值居全国第 15 位,低于 GDP 在全国的排位,工业增加值占 GDP 的比重比全国水平低 16 个百分点。全国工业增加值超过农业增加值出现在 1970 年,湖南出现在 1993 年,落后 23 年;农业从业人员比重相当于全国 1992 年末的水平,也要落后 10 年。特别是 2003 年湖南工业增加值占 GDP 的比重为 31.3%,比 1978 年的比重还降低了 4 个百分点。从企业规模看,虽然形成了一批大中型骨干企业,但规模相对偏小,国际竞争力尚待培育。同时湖南工业结构升级缓慢。20 世纪八十年代中后期以原材料工业为重心的重加工业和以消费品工业高速扩张为重心的高加工度化进程已具有较高水平。在这种条件下,工业结构应逐渐向以装备工业为重心的重工业和高加工度化阶段转变,即由消费工业为重心和原材料工业为重心向重加工业尤其是装备工业为重心发展的阶段转变,为工业结构向技术集约化阶段提升奠定基础。但是九十年代初期以后,消费品工业继续扩张,重加工业尤其是装备工业不仅没有得到应有的发展,规模反而相对缩小。

2. 城镇化水平滞后,农业人口比重偏高

由于湖南工业化是在人均收入水平很低的条件下片面推进的,尤其是长期以来形成的"二元经济"结构,使得城镇化与工业化脱节,出现了工业比重大幅度上升与农业比重依旧很高的并存局面。2007 年末湖南 6845.2 万人口中仍有近 60% 生活在农村,属于自给自足型的生产和消费,造成消费市场范围相对缩小,影响"扩大内需"和社会经济发展,进而加大了产业重组的难度,限制了第三产业的发展,极大地削弱了湖南产业在其结构转变过程中吸收农业剩余劳动力的能力,使农民的就业领域没有得到充分扩展,制约了农民收入水平的提高。

3. 市场化程度低,工业化中的交易成本过高

市场化是工业化的前提,也是工业化演进的基础。目前湖南市场化远远滞后

于工业化进程,严重制约着消费需求的扩大。一般地说,需求结构变动中物质产品需求比重下降而服务产品需求比重上升具有内在规律的趋势,特别是随着人均收入水平提高和恩格尔系数的下降,消费结构中服务消费比重上升较快,但由于消费性服务的规模、种类和质量不适应社会消费水平的提高和消费结构变化的需要,服务供给不发达,服务需求就难以体现出来。工业经济的发展失去了应有的市场环境,制约了经济的增长。①劳动力市场发展严重滞后,使城市工业企业及其相关的服务业成本过高。主要问题有企业职工规模仍然过大和对当地职工的各种保护及对外地就业者特别是农民的各种显性或隐性的歧视,这些都抬高了工资水平,增加了企业成本。②存量资本流动性的严重缺乏,使得企业通过兼并重组来扩张,获取规模效益的捷径严重受阻,造成大量的工业资本沉淀,并不断贬值,最终降低了整个社会的资本效率。③过高的城镇化成本,增加了工业化成本,使城镇化与工业化不够协调。这些因素的共同影响,使得产业的合理分工难以形成。

4. 区域发展不平衡,经济差异呈拉大趋势

湖南省按照地理位置,划分为湘东经济区、湘西经济区和湘中经济区三大区域。湘东地区包括长沙、株洲、湘潭、衡阳、岳阳和郴州,该区域除了拥有湖南省的省会长沙以外,还有湖南经济最为活跃的几个城市,据 2008 年的统计资料,湖南GDP 前七名的城市中有五个是属于这个区域,经济活动特别活跃。湘西地区包括怀化、张家界和湘西自治州,该区拥有丰富的旅游资源,但是它们的经济发展水平排在湖南的最后几位,尤其是怀化和湘西州两个城市与湖南其他地区经济差距很大,2008 年长沙市的 GDP 是湘西州的 13 倍。湘中地区包括常德、益阳、娄底、邵阳和永州,除了常德经济发展水平可以位列湖南省第三以外,其他城市的经济发展水平都处于湖南的中下游。区域间存在较明显的经济差异,反映出区域发展的不平衡。随着湖南向东部倾斜的战略取向,"一点一线"、"长株潭两型社会建设"、"3+5 城市群建设"等战略的实施,区间经济差异逐渐扩大,据湖南学者陈国生先生研究,湖南区间经济差异在逐步扩大,锡尔指数从 1997 年的 0.15 增加到 2006 年的0.24,增长了大概60%。将经济差异分解为区域内差异和区域间差异,可以明显看出,湖南经济差异的关键在于三大区域间的差异,它对区域发展不平衡的贡献率一直在 62%—64% 之间,即湘东、湘中和湘西地区的不均衡发展是湖南省经济差异存在的主要原因。同时,主要带动力量为区域间的差异,它的变动曲线与湖南省总体的差异变动曲线基本吻合,而区域内部差异对总体差异的影响一直变化很小,保持极度缓慢的增长趋势,但是我们也不能忽视区域内的差异也一直在 37% 左右。湖南区域经济的不平衡发展现象越来越明显。

当然,要实现各区域平衡性发展,就必须经历区域的非均衡发展,就必须由一

部分先发展的地区带动欠发达的地区,但是各区域的差距也不能过大,过大的经济差距将影响社会和谐,降低区域间经济合作的层次,既阻碍发达地区经济的进一步发展,也不利于欠发达地区经济的起飞。非均衡发展的目的就是为了最终达到平衡发展,这也是我国一项基本的政策。

5. 能源结构不合理,能源供需矛盾日益突出

目前,湖南省正处于经济高速发展时期,对能源需求急速增长,而国际国内能源价格仍是走高态势,煤、电、油供应紧张;同时湖南省人口众多,资源相对不足,因此能源的供需矛盾日益突出。

湖南省能源生产和供应的主要特点是:一次能源生产品种单一、自给率低、人均产量少。湖南省一次能源的生产主要只有原煤和水电。如 2007 年,湖南省一次能源自给率为 57.24%,比上年下降 2.27 个百分点,也就是说,湖南省经济发展和居民消费所需能源中有 4 成以上要靠外调。2007 年,湖南省人均拥有一次能源产量 0.9081 吨标准煤,只相当全国平均水平 1.8023 吨标准煤的 50.39%。其次,能源供应主要依赖煤炭。2007 年,在可供湖南省消费的能源总量中,煤占 67.38%,油品燃料占 13.63%,水电占 9.89%,其他能源占 7.94%,能源供应过度依赖煤炭,这加重了湖南省的环境、运输和安全生产的压力。

经济快速增长必然会带动能源消费的快速增长,因此正确把握能源消费现状,在不断变化的国际国内能源市场中运筹帷幄,对保证湖南省社会经济的稳定快速发展具有重要的战略意义。各产业能源消费情况是:第一产业能耗增幅上升,但总量小且比重下降。第二产业能耗总量最大,多年来一直是湖南省能耗最多的产业部门,但近年随着产业结构调整力度加大和节能降耗工作的推进,第二产业的能耗增幅回落较大且比重有所下降。第三产业能耗增长较快,比重有所上升。近年来,湖南省第三产业发展迅猛,能耗也随之快速增长,成为拉动湖南能耗增长的主要力量。

湖南省正处于工业化进程中,随着城市化步伐的加快,基础设施建设的不断扩大和人民生活生产的高速增长,必然产生能源紧缺,增加供应的单边努力已经无法满足经济社会快速发展的需要。当前,湖南省能源供需矛盾中存在的突出问题是:

(1)经济高速增长及产业结构布局不合理造成能源供需矛盾日益突出

煤炭生产持续增长困难。湖南省电力主要来自燃煤发电,电力需求增长直接带动煤炭消费快速增长。由于近 10 年来湖南省煤炭勘探工作几近"中断",缺少建矿必不可少的精查报告,煤炭产能建设增长缓慢。特别是近两年来,湖南省原煤生产持续下降,至 2006 年底,湖南已探明的煤炭保有资源储量同比仅增长 1.36%,经济可采储量同比仅增长 0.58%,分别低于湖南煤品燃料消费增速 6.97 个和

7.75 个百分点。2007 年,湖南省生产汽油、煤油、柴油和燃料油分别为 129.86、8.44、228.74、25.04 万吨,而消费量却分别为 271.67、24.50、395.04、40.20 万吨,缺口量分别占到了生产量的 109.20%、190.28%、72.70% 和 60.54%。

产业结构不合理导致能源需求旺盛。从 20 世纪 90 年代开始,湖南省经济发展出现"重化工业热",导致能源需求过快增长,目前情况虽然有很大好转,但余温犹在。当前,第二产业能源消耗占湖南省能源消耗总量的 71% 以上,其中钢铁、有色、化工、建材、石油石化和电力等高耗能行业的能源消费又占了整个工业能源消费的 80.13%,占了湖南能源消费总量的 56.44%,是导致湖南省能源需求加速上升的主要动力。

(2)能源消费品种单一,层次低下

总体来看,当前湖南省能源结构存在的主要问题是:煤炭比重过大,一次能源转换成电能比例和天然气使用占能源消费比重较低,能源产业结构不合理。2007 年,湖南工业企业能源消费中,工业煤耗占湖南煤炭总消费量的 88.33%,而高效清洁的能源如天然气和液化石油气的工业消耗分别只占湖南天然气和液化石油气总消费量的 60.10% 和 40.81%。煤炭的大量直接消费,使能源利用效率低下,也造成了环境污染,增加了企业和当地政府环保投入的成本。

(三)湖南省工业化的比较优势

1. 较好的区位

湖南北枕长江,南邻两广,西连贵州、重庆,东接江西,处于中国东部沿海与西部腹地的过渡地带,是中国沿海开放带和长江流域开放带的结合部,是内地的前沿,沿海的内地。在东南沿海地区产业向内陆腹地转移的过程中,起着承东启西、贯通南北的重要作用。从长沙、株洲、湘潭、衡阳、岳阳等主要城市到港澳及广州、上海等沿海大城市,陆路均可朝发夕至或夕发朝至。

2. 丰富的资源

湖南物华天宝、资源丰富。自古以来有鱼米之乡、有色金属之乡、非金属矿产之乡、旅游胜地之美称。湖南蕴藏着丰富的矿产资源,矿藏多、矿种齐、品质优,世界已知的 200 多种矿藏中,湖南已发现矿产 120 种,已探明储量的有 91 种。锑、钨、铋、雄黄、海泡石、重晶石、独居石储量居全国第 1 位,其中锑、钨居世界首位;锰、钒、铼、芒硝、砷、高岭土储量居全国第 2 位;锌、铅、钽、石墨、金刚石、水泥配料等储量居全国第 3 位。

3. 悠久的历史

湖南古属楚国,楚设"黔中郡",秦始皇统一中国后,设"黔中郡"、"长沙郡",

唐朝设"湖南观察使"衙署,宋朝设"湖南路",元、明朝设"湖广行省",清朝设"湖南省",名称及疆域至今未变。通过考古发现,湖南境内有 30 多处旧石器时期遗址,900 多处新石器时期的遗址。湖南南部道县寿雁镇玉蟾岩出土的四粒稻谷,是迄今为止世界上已发现的最早的古栽培稻,距今已有一万年。常德市澄县城头山原始社会古城址的发现,把中华文明史向上推进了近两千年。

4. 灿烂的文化

悠久的历史造就了灿烂的文化,湖南在华夏文明史上有着重要的位置。中华民族两大始祖之一的神农氏炎帝、中国人文始祖舜帝的陵墓分别在株洲市的炎陵县和永州市的宁远县。湖南是中华农耕文化的发源地、中国端午文化的发源地、世界龙舟文化的发源地和我国釉下彩陶瓷技艺的发源地。长沙马王堆西汉古墓出土的 210 多年前的女尸,出土时保存完好,肌肤还有弹性,堪称世界考古发掘的一大奇迹。"千年学府"岳麓书院,是世界上最古老的大学之一。历史上湖南文化的代表是湖湘文化,湖湘文化具有忧国忧民、实事求是、通变求新、敢为人先的优秀精神和独特魅力。

5. 辈出的人才

湖南自古人才辈出,历史上有"唯楚有才,于斯为盛"的赞誉。对湖南的人才现象,可用 16 个字概括:"古今中外、大江南北、海峡两岸、世界各地"。200 多年前,伟大的诗人屈原在湖南留下了《离骚》、《九歌》、《天问》等不朽诗篇,被尊为世界古代四大文化名人之一;中国古代有四大发明,湖南占居其一。在中国近现代史上,湖南涌现了一大批杰出的政治家,如被称为"近代睁眼看世界第一人"的魏源;洋务运动的最早倡导者曾国藩;"戊戌六君子"之首的谭嗣同;辛亥革命时期的黄兴、宋教仁、蔡锷等。在新中国的创建过程中,湖南涌现了一大批领袖人物和开国元勋,如毛泽东、刘少奇、任弼时、彭德怀、贺龙、罗荣桓、胡耀邦等;人民军队首次授衔,十大元帅中,湖南有三位;十员大将中,湖南有六位。涌现了一大批文学、艺术、教育、科技优秀人才,如大文学家沈从文、画坛宗师齐白石、"杂交水稻之父"袁隆平等,"两院"院士中,湖南有 41 位。在台湾,宋楚瑜、马英九等都是湖南人。

6. 日益完善的基础设施

湖南已基本形成了水陆空立体大交通网络,境内有 6 条铁路干线,居全国第 7,其中电气化线路 1424km。公路营运里程 8 万多 km,居全国第 4,其中高速公路 1403km,进入全国十强。有长沙黄花机场、张家界荷花机场两个国际机场,开通了数条国内航线的常德机场、永州机场、怀化芷江机场,航空年旅客吞吐量达 180 万人次。有内河航道 1 万多公里,居全国第 4 位。湖南电信走在全国前列,已建成了湖南现代化电信网络,电信通信能力达到了发达国家水平,2005 年固定电话用户达 94 万户,移动电话用户达 840 万户,国际互联网络用户 21 万户,每百人电话普及率达 28%。

7. 不断优化的投资环境

经过多年治理,湖南以政务、法制、治安、诚信等为主要内容的投资软环境不断得到改善。努力转变政府职能,深化行政审批制度改革,减少了办事环节,提高了办事效率;对乱收费、乱摊派、乱罚款等违法乱纪行为也加大了治理整顿的力度。目前,湖南各级各部门正在大力营造一个与市场经济规则内在要求和 WTO 规则相适应的高效优质的服务环境、稳定安全的治安环境、公平竞争的市场环境和规范严明的法治环境,努力做到"亲商、安商、富商",切实保护投资者的合法利益。

国民经济快速增长,总体实力明显增强。自 20 世纪 80 年代以来,湖南经济以年均 9% 以上的速度增长,传统的农业正在向产业化迈进,特色农业、现代农业正在兴起;工业已形成门类齐全的体系,国家规定的 40 个工业大类 197 个中类中,湖南有 39 个大类和 188 个中类,形成了有色冶金、工程机械、食品医药、建材化工、轻工纺织、电子信息等支柱产业。

外向型经济蓬勃发展。目前,湖南已与 100 多个国家和地区建立了经贸往来,出口商品 3000 余种。2008 年,湖南进出口总额为 125.66 亿美元,比 1978 年的 1.6 亿美元增长近 80 倍,年均增长 15.66%,其中出口 84.1 亿美元,比 1978 年的 1.3 亿美元增长 64 倍,年均增长 14.9%。1983 年湖南开始批准第一家外商投资企业,当年实际利用外资 26 万美元,1992 年湖南实际利用外资突破 1 亿美元,2002 年突破 10 亿美元,2005 年突破 20 亿美元,2008 年达到 40.05 亿美元,利用外资整体规模在中西部地区居于前列。

8. 强大的后发优势

"后发优势"指的是后起国家或地区通过引进、模仿、学习等,直接利用世界文明发展的优秀成果,从而避免先发风险,减少创新成本,缩短探索时间,实现经济的跨越式发展。我国电子工业、通讯业、信息产业等的发展,就是充分利用后发优势的结果。具体到湖南,可以利用的"后发优势"主要有:

一是科技革命迅猛发展,以知识资本和信息技术为特征的新经济时代的到来,为发展湖南的科技事业和信息产业提供了更多、更先进的成果;

二是国际经济结构加速调整,分工模式和分工机制正在发生重大变化,为湖南加快产业结构升级,优化资源配置,并最终融入全球生产体系提供了机遇和可能;

三是经济全球化趋势的增强和国内统一市场的形成,为湖南开拓"两个市场"、利用"两个资源",发展开放型经济,提供了更有利的条件和更广阔的前景;

四是发达国家经济增长速度回落,市场相对饱和,投资空间逐渐萎缩,加之我

国经济实力提升,对外开放步伐加快,为湖南在更大范围内引进资金、技术、人才和管理经验,提供了难得的有利时机;

五是以发达国家为模式的市场经济正在全球范围推广,按照市场经济要求进行政治、经济体制改革已经成为发展中国家的共识。另一方面,我国已经走过的三十年的改革开放历程和 WTO 的加入,必然形成一种"倒逼机制",为湖南加速政府职能转换,打破传统的路径依赖,提供了前所未有的新契机。

(四) 湖南省新型工业化道路优化选择的必要性

1. 新型工业化道路是可持续发展的要求

湖南是资源大省,但就人均资源占有量而言湖南却是资源贫省。如湖南省人均耕地 0.84 亩,不到全国人均水平的 61%。由于技术水平低下,又缺乏保护和永续利用意识,资源掠夺性开采、粗放式利用十分普遍。显然,走传统工业化道路,以资源的过量消耗和环境生态的破坏为代价推进工业化,湖南的长期可持续发展能力将大打折扣,湖南难以承受这种沉重的资源压力。这就决定了走"资源消耗低、环境污染少"的新型工业化道路已刻不容缓。

2. 新型工业化道路是解决湖南城乡二元经济结构性矛盾的需要

农业在湖南国民经济中占有基础性地位,但同时也是湖南最脆弱的产业。湖南农产品流通体制、生产服务体系和市场建设不健全,农业产业化程度低,农产品加工业不发达。工业化离不开农业产业化,农业产业化是传统农业融入现代市场经济进程的必然选择。新型工业化道路有利于信息化、工业化和农业产业化的融合互动,有利于开放的社会化大生产经营方式改造传统农业,实现农业的企业化生产、现代化管理和市场化运作,提升农业整体素质,使城乡经济协调发展,逐步缩小城乡差距。

3. 新型工业化道路是湖南消费升级和提升竞争力的需要

近年来,湖南社会经济领域出现了几个层面的变化。一是人民群众消费需求不断升级,部分消费者特别是城镇居民对高附加值、高技术含量消费品的需求不断增加;二是经济建设对高技术含量、高档次投资品的需求不断增加,但湖南提供这些产品的能力明显不足;三是国际市场对高技术含量的出口产品需求也不断增加,湖南产品的比较优势需要向更高水平和更广领域扩展,而不能仅仅停留在劳动力成本优势上。走新型工业化道路,发展"科技含量高、经济效益好"的产业,不但能满足不断升级的消费需求,而且能促使湖南商品的出口建立在商品结构不断优化且附加值和技术含量不断提高的基础之上,提升湖南在国际分工中的地位。

4. 新型工业化道路是扩大就业、改善就业结构、解决人口经济社会发展矛盾的需要

众多人口给湖南就业造成巨大压力。随着改革深化,大量隐性失业显性化,劳动力供给大大超过需求;另一方面,高素质劳动力供给不足,而低素质劳动力供给绝对过剩,劳动力市场供求结构性矛盾突出。走新型工业化道路,可以通过三条途径增加就业:一是高新技术产业发展本身可以创造就业机会;二是工业化所带动的城镇化发展将会推动农业劳动力向城镇转移;三是劳动技术密集型产业和第三产业的迅速发展可以吸纳较多剩余劳动力。未来 20 年,湖南将把 1/3 农业人口转移到第二、三产业就业,不走"人力资源优势得到充分发挥"的新型工业化道路,就难以顺利完成劳动力大转移的艰巨任务。

(张近芳 执笔)

主要参考文献:

[1]《湖南统计年鉴——2009》,中国统计出版社

[2]《中国统计年鉴——2009》,中国统计出版社

[3]《湖南经济 50 年》,湖南人民出版社

[4]湖南省高新技术产业发展领导小组办公室:《2007 年度湖南省高新技术产业发展报告》

[5]陈冬:《新型工业化理论与实证分析》,社会科学文献出版社 2006 年版

[6]贺仁雨、贝兴亚、郭辉东:《加快湖南工业化进程研究》,湖南大学出版社 2002 年版

[7]龙方、潘峰:《缩小城乡差距,构建和谐湖南》,维普资讯 http://www.cqvip.com.

[8]张志彬:《改革开放以来湖南产业结构的演变及调整对策》,维普资讯

[9]罗文、陈国生、杨丽萍:《新型工业化与湖南产业结构调整》,维普资讯

[10]刘昭云:《"中部崛起"背景下湖南工业发展的对策研究》,维普资讯

[11]覃虹:《湖南走新型工业化道路的战略选择》,维普资讯

[12]王书华、李群、周志强:《湖南省能源供需现状及安全战略构想》,维普资讯

[13]王志刚、薛向岭:《我国新型工业化道路选择的必然性分析》,维普资讯

[14]《经济结构在不断优化升级中实现了重大调整——改革开放 30 年我国经济社会发展成就系列报告之三》,中华人民共和国统计局网

[15]李华明:《湖南省国有企业下岗职工失业状况分析》,载于《湖南经济》2000 年第 7 期

[16]常可:《1990 年以来湖南省就业形势分析》,载于《湖南文理学院学报》(社会科学版) 2006 年第 31 卷第 4 期

湖南特色新型工业化的评价体系

党的十六大报告首次提出"新型工业化"概念之后,十七大报告又对新型工业化赋予了更深的内涵,提出了更高的要求。这就要求我们在探索推进湖南特色新型工业化道路过程中,进一步理解三个方面的问题:什么是新型工业化? 新型工业化的内涵和特征是什么? 如何设计湖南特色新型工业化的评价指标?

一、新型工业化概念的界定

"新型工业化"是党的十六大报告首次提出的一项重大的理论创新。十六大报告指出:"坚持以信息化带动工业化,以工业化促进信息化,走出一条科技含量高、经济效益好、资源消耗低、环境污染少、人力资源优势得到充分发挥的新型工业化路子。"

党的十七大报告进一步指出:"要坚持走中国特色新型工业化道路,坚持扩大国内需求特别是消费需求的方针,促进经济增长由主要依靠投资、出口拉动向依靠消费、投资、出口协调拉动转变,由主要依靠第二产业带动向依靠第一、第二、第三产业协同带动转变,由主要依靠增加物质资源消耗向主要依靠科技进步、劳动者素质提高、管理创新转变。"

因此,新型工业化作为中国 21 世纪经济社会发展战略和社会主义现代化路径的新选择,我们需要从更高的层次、更广的范围把握这一全新的概念和重大的战略。

(一) 几个相关概念的界定

1. 现代化概念的界定

现代化是一个历史的动态的概念,不同的历史阶段现代化的内涵和模式是不尽相同的,现代化研究历程(见图 1)。一般而言,现代化是指 18 世纪工业革命以来人类社会所发生的深刻变化,这种变化包括从传统经济向现代经济、传统社会向现代社会、传统政治向现代政治、传统文明向现代文明等各个方面的转变。世界现代化研究是从 20 世纪 50 年代开始的,历经经典现代化、后现代和新现代化研究,理论创新成果非常丰硕。

图1　现代化研究历程

经典现代化理论。在 20 世纪 50—60 年代,一批美国科学家相继开展了现代化研究,并出版了一些著作,现代化理论基本形成。经典现代化理论认为,现代化既是一个从传统农业社会向现代工业社会转变的历史过程,也是一种发展状态,指完成现代化过程的工业化国家的发展状态。

后现代化理论。到了 20 世纪 70—80 年代,许多学者对早期的经典现代化理论进行了批判和反思,出现了后现代理论。60 年代,发达工业国家已经完成经典现代化,开始经典现代化以后的发展阶段,称其为"后现代"。如果说经典现代化理论向我们描述了一个工业化世界,那么,后现代化理论探索了工业化以后的发展。后现代化理论认为,从农业社会向工业社会的转变是现代化,从工业社会向后工业社会的转变是后现代化。

新现代化理论。20 世纪 80—90 年代,现代化研究孕育了许多新思想。比较有影响的新思想包括德国学者胡伯教授(1985 年)提出的生态现代化理论、德国学者贝克教授(1986 年)提出的再现代化理论和中国学者何传启研究员(1998 年)提出的第二次现代化理论。

几种现代化理论的比较如表1所示。综上所述,现代化是一个具有广泛涵盖性的"目标集"概念。它是人类对社会、经济、政治、生态等目标的理想追求,在现代化概念上的集中体现。正如美国学者亨廷顿指出的那样:"现代化是一个多方面的进程,它涉及人类思想和活动的所有领域的变化",现代化是"带有方向性的变革过程"。

2. 工业化概念的界定

自工业革命以来,理论界对工业化的研究就一直进行着,并有多种不同的解释。

表 1 　几种现代化理论的比较

类别	经典现代化理论	后现代化理论	新现代化理论
研究背景	西方社会正处于从传统农业社会向现代工业社会转变的历史过程中。	发达国家经济发展已经从工业化转入非工业化,工业经济比重持续下降,服务经济比重持续上升,社会发展开始从城市化转入非城市化轨道,城市人口向郊区和乡镇迁移。	工业社会向生态社会、风险社会、文明社会、知识社会转变过程中。
理论	现代化是一个从传统农业社会向现代工业社会转变的历史过程,其核心目标是经济增长。	从现代社会向后现代社会(工业社会向后工业社会)转变是后现代化,包括政治、经济、性和家庭、宗教观念的转变,其核心目标是使个人幸福最大化。	现代化不仅是经济的现代化,还包括政治的现代化、文化的现代化、社会的现代化、生态的现代化、人的现代化等,是一个具有广泛涵盖性的“目标集”。
缺点	1. 理论自身存在缺陷,如现代化概念时间不确定、内涵的宽泛、理论笼统和滞后等; 2. 无法解释和分析发展中国家的现代化。	1. 后现代具有“时间不自洽”嫌疑,与经典现代化时间交叉重叠; 2. 没有包涵知识经济、网络社会等新发展,具有局限性。	偏重于现代化发展阶段量的分析与判断,缺乏对现代化的本质和现代化过程在发达国家与发展中国家之间差异的分析。

西方最具权威的《新帕尔格雷夫经济学大辞典》对工业化的定义为“一种过程”,是工业在国民收入和劳动人口中的份额连续上升的过程,其基本特征是“首先,一般来说,国民收入(或地区收入)中制造业活动和第二产业所占比例提高了。其次,在制造业和第二产业就业的比例一般也有增加的趋势。在这两种比例增加的同时,除了暂时的中断以外,整个人口的人均收入也增加了”。

归纳起来,理论界对工业化主要是从生产手段变化、产业结构变化和社会形态变化三个层面进行定义的,详见图2,其中从生产手段和产业结构变化进行定义的工业化概念是狭义的工业化,从社会形态变化定义的工业化概念是广义的工业化。

3. 信息化概念的界定

信息化是衡量一个国家和地区的国际竞争力、现代化程度、综合国力和经济成长性的重要标志。当前,无论发达国家还是发展中国家,为了保持并加强持续而长久的竞争力,都在抢占信息化这一“制高点”。

我国《国民经济和社会发展第十个五年计划信息化重点专项规划》中把信息化定义为:信息化是以信息技术广泛应用为主导,信息资源为核心,信息网络为基础,信息产业为支撑,信息人才为依托,法规、政策、标准为保障的综合体系。这一定义概括了信息化中信息资源、信息网络、信息技术、信息产业、信息化人才和信息化发展环境大要素及其相互关系。各要素相互联系、相互依托,构成“中国信息化

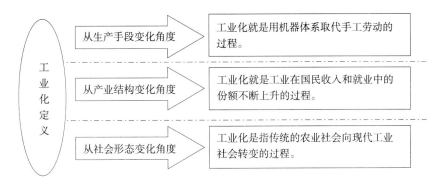

图2　三个方面对工业化的不同定义

基础结构"（CNI）。

4. 城镇化概念的界定

根据人口数量,一般把城镇划分为特大城市、大城市、中等城市、小城市和建制镇。所谓城镇化,就是农村人口进入城市的过程。城镇化是世界各个国家和地区经济社会发展的必然趋势和必由之路,是一个国家或地区现代化程度的重要标志。党的十七大报告中明确提出,"全面认识工业化、信息化、城镇化、市场化、国际化深入发展的新形势新任务","走中国特色城镇化道路,按照统筹城乡、布局合理、节约土地、功能完善、以大带小的原则,促进大中小城市和小城镇协调发展"。这一论述确立了未来我国城镇发展新模式,指明了城镇化的方向。

中国特色城镇化道路,就是符合中国实际、符合各个地区实际的城镇化道路。由于我国人口众多,国土面积广大,我们既不可能把绝大多数居民都迁移到大城市,也不可能让所有的居民都居住在小城市和小城镇。这就需要根据不同的情况,积极地发展大城市,鼓励中小城市和小城镇的发展,把大城市的优势与中小城市和小城镇的优势结合起来,取长补短,协调发展的中国特色城镇化道路。

5. 现代化、工业化、信息化和城镇化之间的关系

这四个概念是随着人类社会的发展而相应出现的,是指人类社会中,由社会、经济、技术、观念、文化等引起的变革过程,是历史进程中某一特定阶段。简单点说,它是指达到人类现代社会这样一种新的文明水平的发展过程。

首先,工业化、信息化和城镇化是现代化的三个基本内核。现代化是一个总概念、总目标,而工业化、信息化和城镇化等是在现代化进程中出现的分概念、分目标。在当代发展中国家的现代化进程中,工业化、信息化和城镇化是现代化的三个基本内核。（见图3）

不同的历史阶段,现代化的内核是不同的。就当前发展中国家而言,随着信息

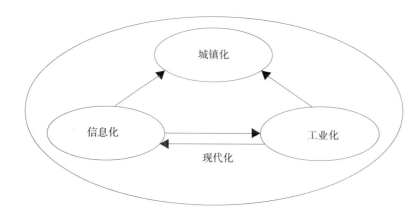

图 3 现代化、工业化、信息化和城镇化的关系

技术的新出现,正在探索和实践着以信息化为重要内核的现代化,这与历史上发达国家所走过的循序渐进的现代化发展之路有着本质的区别,因此,我国的现代化之路是具有中国特色的现代化之路。

其次,工业化和信息化是实现城镇化的基础,城镇化又为工业化和信息化发展提供新的平台。如前所述,城镇化就是农村人口进入城市的过程,是世界各个国家和地区经济社会发展的必然趋势和必由之路,是一个国家或地区现代化程度的重要标志。我国城镇化进程,需要通过工业化和信息化的带动,是城镇化发展的动力。同时,城镇化又为工业化、信息化提供新的发展平台,如果城镇化跟不上工业化、信息化发展步伐就会阻滞工业化、信息化发展速度。由于城市聚集了人口、经济、商品、信息、文化、科技、金融和交通,不仅为人们创造财富提供了市场和方便,也向人们提供了分工效益和规模效益。城市的发展,不仅可以推动工业经济发展,同时也是工业化、信息化赖以加速推进的平台。

(二) 中国新型工业化的意义

十六大报告提出的新型工业化,是在总结发达国家和中国传统工业化经验的基础上,从中国的现实情况出发,针对世界工业化发展的趋势而做出的战略转型,体现了我国社会经济发展模式和经济增长方式两个战略性转变:

1. 走新型工业化道路是中国经济发展方式的转型

中国的工业化是在传统的计划经济体制下,通过国家集中财力、物力和人力兴办工业企业的方式推动了工业化进程。这种工业化在短时期内加速了中国工业化体系的建立,但是也带来了工业技术水平低,工业发展对劳动力的吸纳能力小,资源的过度消耗,生态环境的严重破坏等弊端。因此,必须走新型工业化道路,从中国经济发展的现实情况出发,对中国经济发展的路径进行新的设计,实现中国经济发展方式的转型。

一是从渐进式发展转向跨越式发展。传统工业化道路是机械化、电气化、自动化、信息化等一步步走过来的,走的是渐进式发展的路子,而新型工业化则要走信息化带动工业化、以工业化促进信息化的跨越式发展的路子。只有这样,我国作为发展中国家才有可能在工业化和现代化的进程中摆脱亦步亦趋的陷阱,实现从落后到先进的超越。二是从不可持续发展转向可持续发展。传统的工业化是以大量消耗资源、牺牲破坏环境为代价的,走的是"先污染、后治理"的路子,而目前世界工业化发展的趋势之一是以可持续发展为基础,坚持保护环境和保护资源,把控制人口增长、提高人口质量和追求经济增长放在同等重要位置,在工业化发展战略上要做到人与环境、资源的协调发展,新型工业化道路就是要走可持续发展的道路。

2. 走新型工业化道路是中国工业经济增长方式的转型

按照西方发展经济学家钱纳里对工业化进程的划分来看,人均收入水平560—1120 美元进入工业化中期阶段。从我国 2002 年国民经济发展的主要指标来看,我国人均国内生产总值为 7971.63 元(约折合为 970 美元)。从这些指标来看,目前我国已具有各国工业化中期阶段的典型特征,总体上达到了工业化的中期阶段,但是这种粗放型的工业经济增长方式形成了与发达国家的巨大差距:一是企业规模偏小,"2002 年,中国企业 500 强的平均生产规模只有世界 500 强的 6.5%,平均的营业收入只有 500 强的 5.3%。"二是工业生产效率较低,工业的生产设备、产品质量、研发能力与国际水平相比较差距较大,这在技术密集型产业和高新技术产业中表现得特别突出。三是在研究和开发能力方面,技术开发投入不足,"我国大型工业企业技术开发经费支出占产品销售收入的比重近年来一直在 1.2% 左右徘徊,而发达国家和新型工业化国家技术研发经费的支出一般在 3% 以上,世界 500 强中工业企业的投入比重为 5%—10%,技术密集型和高新技术产业的投入比重达到 10%—20%"。由于研发投入不足,制约了我国工业技术水平的提高,影响了我国工业的国际竞争能力。

因此,走新型工业化道路是中国工业经济增长方式的转型,从粗放型增长方式转向集约型增长方式,由简单通过扩大工业规模实现工业化向通过利用科技进步提高经济效益的方式转变,强调既要实现快速增长,又要提高工业化的质量。走新型工业化道路,就是要依靠科技进步和提高劳动者素质,广泛运用最新科学技术,提高经济效益和市场竞争力,做到既高速增长又不大量消耗资源,既优化结构又能扩大就业,实现速度与效益的统一。

(三) 中国新型工业化的内涵

把握湖南新型工业化的内涵,我们首先要从深刻领会中国新型工业化内涵开始,以中国新型工业化的理论与实践为指导,特别是十七大报告中对新型工业化的新要求、新思路,以利于我们进一步分析湖南新型工业化的内涵。

目前,学术界对新型工业化的内涵的表述偏重点不同。我们认为,党的十六大对新型工业化内涵的表述最为全面和准确。党的十六大报告指出:"坚持以信息化带动工业化,以工业化促进信息化,走出一条科技含量高、经济效益好、资源消耗低、环境污染少、人力资源优势得到充分发挥的新型工业化路子。"十七大报告进一步指出:"要坚持走中国特色新型工业化道路,坚持扩大国内需求特别是消费需求的方针,促进经济增长由主要依靠投资、出口拉动向依靠消费、投资、出口协调拉动转变,由主要依靠第二产业带动向依靠第一、第二、第三产业协同带动转变,由主要依靠增加物质资源消耗向主要依靠科技进步、劳动者素质提高、管理创新转变。"

因此,可以认为,新型工业化是信息化与工业化互动发展的工业化,是可持续发展的工业化,是优势资源配置效率最大化的工业化,是区域协调的工业化。与传统工业化相比较,新型工业化具有以下四个基本内涵:

1. 新型工业化是信息化和工业化互动发展的工业化

以信息化带动工业化,以工业化促进信息化,是新型工业化最根本、最重要的内容。

传统工业化道路把工业化和信息化看成是现代化发展过程中两个不同的阶段,认为信息化是在工业化完成后,或者在后工业时代才普遍出现。而新型工业化道路是将工业化和后工业时代的信息化并举,以信息化带动工业化,以工业化促进信息化,实现信息化和工业化的互动发展,从而发挥发展中国家后发优势,以超越传统发展阶段。这既是我国对工业化道路的创新,又是发展中国家实现跨越式发展的必然选择。

在信息化的浪潮下,信息化对工业化的影响几乎无所不在。由于信息化的作用,工业形态正在发生一些积极变化:行业变化越来越快,行业边界越来越模糊,信息产业成为主导产业,生产与服务越来越紧密,信息和信息技术广泛应用于工业中。信息化对工业化的带动作用主要表现在三个方面:

一是信息产业本身的发展壮大加快了工业化进程。根据国家统计局最新统计资料显示,当前,中国信息产业产出、销售总规模以及对国民经济增长的贡献均居全国各行业之首,已成为中国国民经济的第一支柱产业,是国民经济增长中一支最重要的力量。

二是信息技术的广泛应用加快了传统产业的改造和产业结构的升级。信息技术在中国传统产业改造升级的应用,提高了劳动生产率,加快了产品的升级换代,增强了企业的竞争力,促进了产业结构向知识密集型和高质量服务业转变。因此,信息产业在促进中国产业结构优化、经济增长方式转变的同时,也为国民经济带来了巨大的经济效益。

三是信息化带来了生活方式、交易方式和管理方式的变革。信息化作为一种生活和工作形态,促进了社会的多样化发展,从工作到生产,从产品到服务,从教育到休闲都正在发生极大的变化。信息化改变了社会交易方式,不仅使交易快速化和便捷化,而且极大地降低了交易成本,从而提高社会经济效益。信息化引发了管理的革命。各个行业和组织机构都正在发生管理流程的重组,引发了 ERP 和电子政务等新的管理和运作形态,增强了管理的可知性、可调性和有序性,全社会管理能力普遍得到提高。

2. 新型工业化是可持续发展的工业化

十六大报告和十七大报告全面解释了中国的新型工业化道路是一条可持续发展的工业化道路,这其中包括四方面的内容,一是资源消耗低、环境污染少的可持续发展;二是拉动内需的可持续发展;三是产业协同的可持续发展;四是科技进步、劳动者素质提高、管理创新的可持续发展。

(1)资源消耗低、环境污染少的可持续发展

发达国家所走过的传统工业化道路,尽管实现了经济增长,但增长是建立在对人类共同拥有的稀缺资源过度使用的基础之上的,而且在发展的过程中采取粗放式经营和掠夺式开发手段,使人类所共同拥有的稀缺资源变得更为稀缺,一些不可再生性资源已接近枯竭。所以,传统工业化道路抹杀了"代内平等"和"代际平等"。

新型工业化道路强调以可持续发展的视角来审视工业化进程,彻底改变工业化高能耗、高污染的旧模式,使之真正转到依靠信息化和能源结构优化与资源环境协调持续发展的轨道上来,在发展过程中不断提高工业化的科技含量,降低资源消耗,减少环境污染,在实现工业化的过程中将经济效益、社会效益和生态效益放在同等重要的位置,不仅考虑当代人的幸福,同时也不损害后代人的生存条件和福利水平,建立起适合中国国情的资源节约、环境友好型的工业化发展道路,从而增强我国的可持续发展能力和经济后劲。

(2)拉动内需的可持续发展

改革开放以来,我国经济持续快速增长,综合国力明显增强,人民生活水平大

幅度提高,社会主义现代化建设取得举世公认的伟大成就。但是,较长时期以来,我国经济增长主要依靠投资和出口两大力量拉动,对国际市场依赖度较高,不利于我国经济自身的可持续发展。因此,党的十七大明确指出,"要坚持走中国特色新型工业化道路,坚持扩大国内需求特别是消费需求的方针,促进经济增长由主要依靠投资、出口拉动向依靠消费、投资、出口协调拉动转变"。

我国新型工业化发展,需要依靠拉动内需,形成内驱型可持续经济增长方式,把扩大内需作为保增长的根本途径。只有把经济发展由主要依靠投资和出口拉动,切实转向以居民消费需求增长为重的内需驱动,把改善民生作为保增长的出发点和落脚点,调整经济结构,深化重点领域和关键环节的改革,同时提高对外开放水平,才能有效应对国际金融危机冲击,保障经济社会可持续发展。

(3)产业协同的可持续发展

十七大报告指出,"由主要依靠第二产业带动向依靠第一、第二、第三产业协同带动转变",产业协同发展以及由此带来的产业结构优化升级是可持续发展中的重要课题。新型工业化进程中的产业协同,要求产业结构朝着合理化、高度化和提高整体竞争力的方向发展,当前就是要重点处理好三次产业的协同发展关系。

新型工业化道路与传统工业化道路一个显著区别是,在第一、第二和第三产业间的协调发展完成工业化任务,即农业、工业和服务业三者间协调可持续发展,主要包括三方面的内容:第一,无论社会经济怎样高速发展,都需要农业这一本来的支柱产业发挥前提、基础和支持作用,农业是人类生存之本、衣食之源,正如马尔科媄·吉利斯等认为,"几乎没有哪一个发展中国家能忽视农业发展,其主要原因是农业在经济发展中起着核心作用,无论在供给还是需求方面都是如此"。第二,工业化是农业现代化和加快现代服务业发展的基础和动力,是促进农业生产率增长和农业现代化的必要条件。张培刚认为,"工业化不仅包括工业本身的机械化和现代化,而且还包括农业的机械化和现代化"。第三,工业经济的高速发展,必然要求服务业与工业相配套,协调发展。新型工业化道路,强调推进产业结构优化升级,在继续发挥农业基础性作用的同时,形成以高新技术产业为先导、基础产业和制造业为支撑、服务业全面发展的产业格局,使我国经济保持高速可持续发展。

(4)科技进步、劳动者素质提高和管理创新的可持续发展

十七大报告指出,"由主要依靠增加物质资源消耗向主要依靠科技进步、劳动者素质提高、管理创新转变。"这是保证我国经济可持续增长的重要举措,确定了要素投入结构调整的基本方向。

长期以来,我国经济增长过于依赖物质资源投入的增加和简单劳动,而科技进步、劳动者素质提高、管理创新等要素对经济增长的贡献不大,这直接影响了我国

经济的可持续发展,导致了物质资源消耗大、综合利用率低和环境成本高、生态保护差等问题。随着资源紧缺程度的加深、生态环境压力的加大、国际竞争和人才争夺形势的日趋严峻,我们必须更加重视依靠科技进步、提高劳动者素质、管理创新来带动经济增长。正如党的十七大报告所指出的,必须把提高自主创新能力、建设创新型国家作为国家发展战略的核心和提高综合国力的关键。

3. 新型工业化是优势资源配置效率最大化的工业化

传统工业化道路是以机械化和自动化程度作为衡量工业化程度的指标,结果往往忽视了一个国家或地区资源禀赋的状况。新型工业化道路强调在工业化进程中尽管要考虑到工业化的一般规律,但是不以机械化和自动化程度作为衡量工业化程度的唯一尺度,充分发挥一个国家和地区所具有的优势资源。

我国在工业化的进程中重点考虑两方面的资源配置效率最大化:一是人力资源效率最大化。应当充分考虑到人口多、劳动力成本比较低的国情,充分发挥劳动力这一具有比较优势的资源,实现优势资源配置效率的最大化;二是国内外市场资源利用率最大化。随着经济全球化趋势的出现,各国的生产过程变成了全球的平行过程,使得各国和企业必须面向世界。发达国家在全球范围内配置资源的实力、能力和效率都处在有利的地位,发展中国家必须适应这种新的变化,在加速自己改革开放的同时,首先组合好自己的资源,保护好自己的利益,并学会利用国际资源和国际市场,走出在全球范围内优化配置资源的新路子。我国走新型工业化道路完全可以利用国内国际两个市场、两种资源,在全球范围内配置资源。改革开放以来,我国高新技术产业投资的50%以上、技术的60%以上都是从国外引进的,正是合理运用了外部资源,高新技术产业的发展才如此迅猛,对产业结构调整的作用才显现得较为充分。

4. 新型工业化是区域协调的工业化

区域协调的工业化,是新型工业化在经济布局方面对区域发展的体现和要求。工业化过程中的区域协调发展,是指在宏观调控作用下,充分利用不同区域各自的特点和优势,最大限度的发挥区域之间互补的整体优势和综合比较优势,形成参与国际分工和竞争的合力,促进社会整体的健康发展,同时逐步缩小区域间的差距。实现区域协调发展,是推动中国生产力布局合理化,促进资源的有效开发和资金、技术、人才的合理流动,改善产业结构、产品结构和产业组织结构的重要措施,是减缓地区差距扩大的速度和逐步缩小地区发展差距的有效途径。

新型工业化的内涵决定了走新型工业化道路既是加快我国工业化进程的需要,又是超越传统经济发展阶段实现发展中国家跨越式发展的需要;既是实现经济、社会、生态的可持续发展的需要,又是充分发挥我国具有比较优势的劳动力资源的需要。

（四）湖南特色新型工业化的内涵

湖南新型工业化的内涵，就是坚持因地制宜、自主创新，以可持续发展为核心，实现产业支撑，"两型"互动，在经济结构优化、高新技术引领、组织制度激励、生态资源循环利用、现代服务业专业化完善、劳动力充分就业、城市载体多元化以及新金融建设等方面加强创新，加快推动湖南特色新型工业化进程。

1. 坚持因地制宜，发挥湖南特色和优势，做大做强传统和优势产业

湖南是中部六省之一，是我国的资源大省、人才大省、教育大省。在推进新型工业化的过程中，一定要充分发挥比较优势，坚持有所为有所不为，因地制宜的形成自己的特色和优势，实现产业支撑。

一是充分发挥资源大省的优势，着力抓好农产品的精深加工和矿产品的集约开发，进一步提升现代农业和有色资源产业。湖南素有"天下粮仓"的美誉，水稻、苎麻、茶油、桐油产量居全国第一，生猪出栏居全国第二，烤烟产量居全国第四，许多农产品产量均居全国前列。加速推进新型工业化，就要依托丰富的农业资源，按照新型工业化的理念和要求，大力推进农业产业化，提高农产品的附加值，尤其发展农产品加工企业，建设大基地，扶持大集团，狠抓精深加工，拉长产业链条，形成规模效应，促进农业增效，农民增收。湖南同时也是全国矿产资源较多的省份之一，在世界已知的 160 多种矿藏中，湖南已发现 141 种，其中保有储量居全国前 5 位的有 41 种，素有"有色金属之乡"和"非金属矿之乡"的美誉。湖南加速推进新型工业化，还要依托矿产资源优势，坚持"品种、科技、质量、效益"的发展理念和集约型增长方式，引进大公司，采取规模开发，淘汰落后工艺，关闭小矿和分散冶炼，提高资源利用效率，降低能耗和环境污染；积极促进矿产资源向优势企业和专门工业园区集中，加速资源优势向经济优势的转化。

二是立足现有工业基础，做大做强工程机械、轨道交通、钢铁有色、卷烟制造等优势产业，形成在国内有影响力的产业集群。湖南工业门类较全，但大都不强，企业数量较多，但都不大。重要原因是缺乏有国际竞争力的大企业、大集团，忽视产业集群的培育和发展。湖南加快推进新型工业化，要立足现有基础，发挥比较优势，集中扶持华菱、有色、中烟、中联、长丰、三一、长炼等一批骨干龙头企业。突出发展装备制造、钢铁有色、卷烟制造三大优势产业，特别要加快工程机械、轨道交通、汽车等产业集群的发展；大力扶持电子信息、生物医药、新材料三大新兴产业，形成一批科技含量高、市场占有率高的知名品牌；积极运用信息技术、高新技术改造提升钢铁、有色、建材、食品、石化、林纸、陶瓷等传统产业，着力培育出一批优势产业和产业集群。

三是充分发挥教育和人才资源优势,着力把特色产业做"精"做"强"。湖南教育相对发达,人才济济。普通高校、在校大学生和研究生数均列中部第二;各类专业技术人才 179 万名,居全国第七;在湘院士 46 人,居全国第八。职业教育成绩显著,形成了"建筑湘军"、"铸造湘军"等一批知名品牌。湖南推进新型工业化,要把文化产业、创意产业和依托人才优势的新型产业作为重点,注重研发核心技术,组织精品生产,打造特色品牌,不断提高科教资源、人力资源对经济发展的贡献率。此外,湖南紧邻粤港澳,还要充分发挥便于承接沿海产业梯度转移的天然地理区位优势,紧紧抓住泛珠三角区域合作,深入推进和沿海产业不断内移的重要机遇,敞开大门,主动对接,多途径招商,全方位合作,以项目为抓手,全力推动新型工业化加速发展。

2. 坚持自主创新,高度重视机制创新、科技创新和管理创新,不断提高工业核心竞争力,实现高端市场占领,高新产业支撑

以自主创新为支撑的工业核心竞争力事关企业的存亡。湖南在新起点上加速推进的新型工业化,就是要加快推进自主创新步伐,大力提高工业核心竞争力。

一是要高度重视体制和机制创新,深化国有企业改革,推动企业兼并重组,实施低成本扩张,培育大集团、大企业,进一步增强国有经济的实力、活力和控制力。要加大工作力度,确保国企改革任务顺利完成,将重点移到转制搞活和企业发展壮大上来,鼓励企业采取股权转让、增资扩股、资产置换等多种方式进行重组。大力发展混合所有制经济,实现投资主体多元化,激发企业的体制活力。积极支持中央企业参与湖南国企改革和资产重组,促进企业联大做强。要尽快出台工业园区体制创新的试行办法,推动园区建设步入规范化制度化轨道。

二是要高度重视科技创新和品牌建设,始终把核心技术、自主知识产权、知名品牌作为自主创新的方向,加快建设以政府为主导、企业为主体、市场为导向、产学研销相结合的技术创新体系。要进一步强化企业自主创新的主体地位,推动企业主动与大专院校、科研单位联合开发新技术、新工艺、新产品,支持有条件的企业组建研发中心和产品设计中心,重点抓好中联等首批 27 家省创新型企业试点工作。通过政府参股、财政贴息、政府采购等多种方式,扶持一批具有自主知识产权、市场前景广阔的高新技术企业,促其尽快做大做强。要大力推动生产力促进中心、大学科技园、火炬创业中心、留学生创业园等孵化基地建设,加速科研成果向现实生产力的转化。

三是要高度重视管理创新,通过加强管理,降低生产成本,提高产品质量,确保安全生产,增强企业活力。要积极推动企业按照现代企业管理制度和管理理念,切实加强成本、财务、质量、现场管理,不断提高运行效益。建立健全企业经营管理者期权期股等内部激励机制,充分调动企业员工促进企业发展的积极性、主动性和创造性。

3. 坚持统筹协调,两型互动,大力推进全面协调可持续发展

2007 年 12 月,湖南长株潭城市群被国务院批准认定为"全国资源节约型和环境友好型社会建设综合配套改革试验区",因此,湖南特色新型工业化必须把建设两型社会,实现两型互动放到重要位置,以建设节约能源资源和保护生态环境的产业结构、增长方式、消费模式为核心,坚持统筹协调,实现科学发展。

一要注重投资消费出口的统筹发展,扩大国内消费需求。目前,我国需求结构中投资率偏高、消费率偏低。2006 年居民消费率降至 36%。由于投资与消费比例失衡,使得居民生活不能随着经济快速增长而同步提高,导致国内市场规模受限,生产能力相对过剩。消费率的持续下降,也对扩大内需造成严重制约,使得经济增长对出口的依赖程度不断提高。而外贸顺差过大和国际收支盈余过多,还会造成国内资金流动性过剩,反过来又助长了投资的高增长。因此,无论是着眼于改善民生,还是着眼于产业结构调整和国际收支平衡,都要坚持扩大国内需求,鼓励合理消费,把经济发展建立在开拓国内市场上,形成消费、投资、出口协调拉动经济增长的局面,促进国民经济良性循环和人民生活水平不断提高。瑞士信贷银行 2007 年 3 月 24 日发表的一项研究报告称:中国 2006 年的消费额仅占全球消费总额的 5.4%,只与意大利消费额相当,大大低于美国(占 42%),也低于日本、德国和英国(分别占 11.1%、7.3% 和 6.6%)。但到 2015 年中国消费额在全球的比重预计将上升到 14.1%,将超过意、英、德、日等国,成为仅次于美国的世界第二大消费市场。未来十几年,我国将坚持扩大国内需求特别是消费需求的方针。湖南要加大工作力度,调整出口商品结构,促进居民增收、不断提高消费水平和改善消费结构,增强省内消费对经济增长的拉动力。

二要注重第一、二、三产业的协调发展,推动产业结构的优化升级。近年来,湖南产业结构有了较大变化,但与全国平均水平相比存在较大差距:2006 年,湖南第一产业占 GDP 的比重为 17.8%,全国是 11.8%,高于全国 6 个百分点;第二产业的比重为 41.7%,全国是 48.7%,其中,工业增加值占 GDP 的比重为 35.6%,比全国 43.1% 低了 7.5%;第三产业的比重是 40.5%,全国是 39.5%,第一、三产业比重高于全国,并非由于产值高,而是工业不发达所致,这第一产业高、第二产业低就是湖南发展的差距。大力推进新型工业化,要将第一产业做强,第二产业做优,第三产业做大,推动三次产业结构优化升级。要充分发挥农业对工业化的资源支撑和服务业对工业化的配套、推动作用,工业化对农业和服务业的带动与基础作用,推动第一、二、三产业协调发展。还要注意抓好产业政策引导、落后产能淘汰和产品结构优化工作,推动第一、二、三产业内部结构优化升级。

三要注重人与自然的和谐发展,提高经济增长质量和综合效益。新型工业化是一种永续发展的模式,不能只顾当前,不计长远;只求速度,不讲质量;只要经济效益,不论社会和资源效益。必须处理好产业发展与保护环境的关系,继续守住"四条底线"。特别要树立"环境有价,资源有价,生态功能有价"的观念,大力抓好节能减排工作。下决心关停淘汰"小火电"、"小造纸"、"小水泥"、"小煤矿"等落后产能,积极推进百家企业重点节能技改项目。通过严格项目审批和市场准入制度、建立能源消耗成本约束机制,全程控制能耗的增长,推进能源结构调整,大力发展可再生能源和替代能源。同时,要大力发展循环经济,推行清洁生产,以国家和湖南循环经济试点工作为重点,促进企业加强技术改造,循环利用废渣、废水、废气和余热,减少污染物排放和资源浪费,积极推进资源节约型和环境友好型社会建设。

4. 新型工业化就是要建立符合湖南省情的多层次、全方位的各种社会体系

新型工业化是一项任重道远的工作,是覆盖全社会的系统工程,需要各方面的共同努力,尤其在经济结构优化、高新技术引领、组织制度激励、生态资源循环利用、现代服务业专业化完善、劳动力充分就业、城市载体多元化以及新金融建设等方面加强创新,加快推动湖南特色新型工业化进程。

经济结构优化就是要调整产业结构、城乡结构、区域结构等各方面经济结构,尤其在工业产业结构方面优化,形成即符合湖南农业大省的实情,又能推动工业快速发展的格局;高新技术引领就是要立足自主创新,在现有优势技术和研发实力的基础上,以前瞻性眼光进行科技创新,研发高端产品,占领高端市场;组织制度激励就是建立社会激励机制,包括组织结构创新和产权制度创新,从体制上激励全社会共同进步,保障新型工业化快速推进;生态资源循环利用就是要以两型社会的要求,发展两型产业,尤其通过以信息技术和生物技术为代表的高新技术提升传统和优势产业,使资源循环利用最大化;现代服务业专业化完善就是根据湖南新型工业化的发展要求,在金融、物流、教育、高技术服务和商业性咨询等方面进行专业化划分,使湖南现代服务业更完善、专业分工更精细到位;劳动力充分就业就是在充分考虑湖南既是人才大省,又是劳动力相对剩余较多的实情,通过提高劳动力素质、发展第三产业和劳动力输出等方式,调整就业结构,保障劳动力充分就业;城市载体多元化就是要深度挖掘城市载体的功能,通过网络、通讯等现代技术,发挥城市对城郊、农村的辐射带动作用,特别是积极发挥园区载体的支撑作用,使工业化与城市化互动推进;新金融建设就是按照湖南新型工业化对金融服务的新要求,在金融服务的形式和方法上创新,满足湖南新型工业化对新金融的需求,完善湖南金融环境。

二、新型工业化的基本特征

新型工业化是一个全新的概念,它几乎触及到我们社会经济生活的方方面面。认识中国新型工业化的特征,特别是湖南的新型工业化特征,需要我们从工业化和现代化的客观规律和国际国内社会经济科技发展的新趋势、新形势中去理解和把握。

(一)中国新型工业化特征

党的十六大指出:"坚持以信息化带动工业化,以工业化促进信息化,走出一条科技含量高、经济效益好、资源消耗低、环境污染少、人力资源优势得到充分发挥的新型工业化路子。"中共十六大提出的新型工业化道路,从战略、目标、方法、效果等方面具有以下几方面的特征:

1. **国家发展战略协同与延伸**

我国的国家发展战略经历了时代的变迁,由1990年的科教兴国战略,1996年的技术创新战略到1998年的可持续发展战略,而战略之间的持续性和目标协同对一个国家发展稳定性和建设效果、效率极为重要,新型工业化道路恰恰充分体现了国家发展战略协同和继承的思想。我国的新型工业化是工业化与城市化并举,以城市化推进工业化,以工业化促进城市化,城市与乡村一体化发展,走一条工业与农业、城市与农村协调发展的道路,以市场化推动工业化进程,以工业化支持市场化改革等。

2. **跨越式发展目标下的工业化**

发达国家的工业化依次经历了机械化、电气化、深加工化、信息化几个阶段。新型工业化道路研究不能拘泥于传统工业化路径,而应该充分发挥后发优势,通过跨越式发展,在更高起点上加快工业化进程,实现在工业化不同阶段的各个产业层次上齐头并进,在尊重工业化一般演进规律的前提下,实现超常规发展,直接达到发达国家现有的产业层次和发展水平,实现跨越式发展的目标。

3. **新技术变革带动下的工业化**

从世界工业化历程可见,新技术的产生必然对工业产生重大影响,实现工业革命性变化。蒸汽机的发明带来了第一次产业革命,工业领域实现机械化生产,英国迅速崛起,人类进入"蒸汽时代";随着发电机、内燃机的发明,人类进入了第二次产业革命,电力代替了蒸汽,人类进入电力时代,美国、德国迅速崛起。

现在,世界正处于以信息技术、生物工程技术为代表的新技术变革阶段,第三次产业革命正在进行中。我国的新型工业化正是在这种新技术涌现的环境下提出来,需要充分利用当前信息技术、生物技术、原子能等新技术,提升自主创新能力,实现跨越式发展。

4. 积极参与国际竞争和国际分工下的工业化

2000—2002 年我国进出口总值分别为:4724.9、5097.7、5002.6 亿美元,对外贸易高速增长,对拉动我国经济的增长做出了很大贡献。据国内外专家估计,物质资本的投入对中国经济增长的贡献率为 50% ,因此,市场导向型直接投资(FDI)对GDP 增长的直接贡献率在 7% 左右,而同期 GDP 中制造业增加值的比重为 38% ,照此推算,FDI 对我国工业化的直接贡献约为 3% 左右,我国的工业化与国际化之间存在着互动关系。我国的新型工业化决不可能是独立个体,而是积极参与国际竞争,积极承担国际分工的结果,与世界工业化发展紧密联系。

5. 强调生态建设和环境保护下的工业化

过去发达国家实现工业化,大多是以消耗能源、牺牲环境为代价的,可以说是"先发展,后治理",工业化过程一直伴随着较为突出的环境污染,直到欧美主要发达国家的工业化接近完成或完成之后,治理环境污染的问题才被真正提到议事日程上来。我国不能再走发达国家的老路,要把人口、资源、环境和经济发展视为一个整体,从全局和长远的角度来考虑工业化问题。

6. "以人为本"的工业化

我国是人口大国,"以人为本"是我国政府一贯的政策和主张,我国特色新型工业化,也是"以人为本"的新型工业化,简单来讲就是指以尽可能多的人为主体,满足尽可能多的人的需求的工业化。在新型工业化推进中,应从发展劳动力资源优势角度出发,注意把握经济增长和就业、资金技术密集型产业和劳动密集型产业、大企业和中小企业、国有企业和非公有制企业、第三产业与工业化协调等方面的关系。

(二)湖南特色新型工业化特征

从中国新型工业化的特征中,我们不难发现,新型工业化的提出是国家发展战略的协同与延伸,以跨越式发展为目标,充分利用当前不断涌现的新技术,积极参与国际分工与协作,实现环境与经济可持续发展,建立以人为本的现代化和谐社会。

以信息技术改造和提升传统优势产业,发展壮大新兴产业是各省市区新型工业化产业发展的统一命题。各省市区由于区位不同,基础条件各异,工业化的水平差距较大。在全国同一内容要求和评价标准的前提下,推进新型工业化进程中需要体现怎样的地方特色,这是实现新型工业化过程中进行路径和模式选择时必须认真对待的问题。

从省情、基础、战略、决策乃至效果看,湖南新型工业化的特点是:

1. 典型农业社会基础上推进的工业化

湖南是农业大省,中亚热带季风湿润气候,光热充足,雨量丰沛,土壤肥沃,生物繁茂,素称鱼米之乡,"湖广熟天下足",可知湖南农业对全国的作用。直至当前,湖南农业在地方经济结构中仍然占有较高的份额。

湖南二元经济结构特征明显。随着工业化的推进,城乡差别越来越大,不但呈现出典型的二元经济结构特征,同时是"双层刚性二元经济结构",而每一元中又分为两层:从城市来看是现代工业与传统工业并存;从农村来看是传统农业与以乡镇企业为代表的乡村工业并存。

湖南省是一个资源总量较丰富、人口众多、人均资源相对贫乏的省份。矿产资源种类较全但无油缺煤,多数矿产储量少品位低;生物资源品种多且立地条件良好但自然生态遭受了较严重的破坏;水能储量丰厚但开发难度大;劳动力资源丰富但人力资源不足特别是人才优势欠缺。由于城市扩张交通基础设施建设,工业和农业在土地资源占用问题上一直存在着矛盾。耕地锐减加之人口迅速增长,预计2020年人均耕地将降到0.7亩左右,大大低于联合国粮农组织确定的0.8亩的"警戒线"。资源有限和能源紧缺是湖南新型工业化必须破解的一大难题。

在这样一个典型农业社会与资源不足的基础上,工业化的推进已经历了一个艰苦卓绝的攀登过程。

2. 重化工业为主的工业结构

从三年恢复,到"一五"计划,湖南工业在艰难中起步。经过60年的不懈努力,形成了以烟草、钢铁、电力、化工、有色、建材、交通运输设备、农副食品加工、专用设备制造、石油加工行业为龙头的地方工业体系。2007年,工业经济增势强劲,工业增加值3360.59亿元,比上年增长20.2%。规模以上工业增加值2655.97亿元,增长24.3%。德国经济学家霍夫曼认为,当生产资料工业领先增长,比例小于1,标志着进入重化工业阶段。湖南轻重工业之比2001年为41.52∶58.48,2005年为35.33∶64.67,2007年轻工业增加值862.88亿元,增长20.5%;重工业增加值1793.09亿元,增长26.4%,增幅继续高于轻工业。从工业内部结构看,湖南工业质量较差。根据霍夫曼理论判断,湖南业已进入重化工业阶段,也就是钱纳里模型的工业化中级阶段。但是,与沿海发达地区不同,湖南仍处于这一阶段的初始期。一方面以农产品加工业为代表的消费资料工业发展很不充分。另一方面,在中期初始阶段,湖南重化工业中原材料工业产值比重大,加工、装配工业比重小,湖南高耗能行业企业占规模工业企业总数超过50%,重化工业的精加工度还很低。

从地域结构上,长株潭、大湘南、大湘北、大湘西几个各具特色的工业经济发展区域基本形成。区域工业虽各具特色但发展不均衡,区间差异较大。

经过近年来工业结构的优化和调整,湖南工业结构渐趋合理,以市场为导向,以满足有效需求为目标实现工业内部结构优化升级仍然是湖南工业结构调整的主要任务。

3. "弯道超车"跨越式发展

国际金融危机将全球经济逼入"弯道",湖南的经济发展在受到严重影响的同时,也迎来了科学跨越的机遇。湖南审时度势,明确提出了应对危机、进而利用危机中的"机遇"加快发展的目标——"弯道超车"。

湖南在推进新型工业化进程中的跨越式发展,具有良好的基础,特别是近三年以来通过大力实施"一化三基"(新型工业化、基础设施、基础产业、基础工作)战略,已形成钢铁、有色、工程机械、电力机车、生物医药等诸多优势产业,不仅在国内占领了广大市场,而且在国际上也占有很大的份额;从整个社会发展看,作为农业大省,在农业产业化方面潜力巨大;文化产业,包括影视、动漫、文化出版等独领风骚,名扬中外;长株潭"两型社会"综合配套改革实验区和"3+5"城市群的建设,吸引了众多海内外客商来湘投资,对湖南的经济增长发挥着重大的推动作用。

湖南具备跨越式发展实力。2008年,湖南在许多地区经济增长大幅回落之时一路走高逆势上扬,以经济总量11156亿元人民币、增速12.8%的成绩,跻身中国GDP增速前"十强",成为"万亿俱乐部"新科明星。2009年初,湖南规模工业增加值增速达到20.5%。2009年4月,发展改革委批准了华菱钢铁集团收购世界第四大铁矿石供应商澳大利亚FMG17.34%的股权,成为迄今湖南最大的境外投资项目。2009年5月,长丰集团与广汽集团在长沙签订了战略重组协议,成为国家十大产业调整振兴规划出台后首个重组案例。与此同时,菲亚特决定将中国总部和新车型落户长沙。我国家纺行业的龙头企业湖南梦洁家纺有限公司与德国一家有着众多商业渠道的销售联盟企业已经签署收购协议,梦洁公司控股53%。德国一个家纺企业专门为梦洁贴牌生产一种超细纤维的毛毯,此举打破了长期以来中国企业给国外贴牌生产的局面。

国家政策和重大决策为湖南提供了良好的机遇。国家积极的财政政策、适度宽松的货币政策、向重点领域倾斜的投资政策等,对于具备一定基础、"铁公鸡"(铁路、公路、机场等)项目没有饱和的湖南来说,拓展空间无疑是巨大的。背靠中央、国务院的强大支持,引导沿海地区产业内移,支持规模企业转战境外,强化自主创新,培育本土经济,"抄底"储备人才,重视节能减排,坚持可持续发展,保障和改善民生,"弯道超车"跨越式发展正在和必将成为湖南推进新型工业化的明显特色。

4. 三次产业结构比重调整中的理性回归

工业化进程滞后。全国工业增加值大于农业增加值出现在 1970 年,而湖南省出现在 1993 年,落后 23 年。2007 年,湖南省城镇化水平为 40.45%,比全国平均水平低 4.5 个百分点。总体上看,湖南省工业化水平至少落后全国水平五年以上,与东部地区的差距更大。工业化水平相对落后的湖南经过近几年调整经济结构和工业内部结构优化升级,不但加快了跨越式发展的速度,同时显示出结构调整中理性的特征。2006 年,湖南省三次产业比例由上年的 19.6∶39.9∶40.5,变为 17.8∶41.7∶40.5,此前已持续 6 年的三次产业结构"三二一"排序,调整为"二三一"排序。依据世界发达国家或地区的经验,以及国内外认可的产业结构演进理论,"三二一"排序是最优或最终的优化路径。由于湖南产业结构曾过早地表现出高级化,或者准确地说是呈现出虚高度。产业结构从"三二一"排序回调至"二三一"排序,是具有特殊意义的结构变化。与此同时,第三产业对湖南的贡献率仍然保持超过其他产业。以"3+5"地区为例,2006 年第一产业完成增加值 882.22 亿元,增长 5.5%,对湖南的贡献率为 74.8%;第二产业完成增加值 2481.43 亿元,增长 15.5%,对湖南的贡献率为 79.6%;第三产业完成增加值 2281.33 亿元,增长 13.9%,对湖南的贡献率由上年的 74.7% 上升到 84.5%,提高 9.8 个百分点,高于第一、二产业对湖南的贡献率。这次产业结构回调应该是一次理性回归,结构演进过程表现了中国省级区域经济增长的特殊性,也是全国其他省区所不多见的。

5. 构建"两型社会",发展"两型产业",实现良性互动

党的十七大报告强调:"必须把建设资源节约型、环境友好型社会放在工业化、现代化发展战略的突出位置"。2007 年 12 月 14 日,国家发展和改革委员会批准中部地区的武汉城市圈和长沙、株洲、湘潭城市群为全国资源节约型和环境友好型社会建设综合配套改革实验区,要求通过改革与创新形成新的体制机制,为推动全国改革、实现科学发展与社会和谐发挥示范和带动作用。长株潭地区经济一体化是湖南在 20 世纪 80 年代就提出来的发展思路,"两型社会"建设实验区规划方案的实施为湖南新型工业化的推进增添了一大亮点,这也是全国大部分省区所没有的。

长株潭城市群位于湖南省东北部、湘江下游,包括长沙、株洲、湘潭 3 个地级市

及所辖区域,区域总面积2.81万平方公里,人口1320万。"两型社会"建设实施以来,成效非常显著,经济总量4565.31亿元。地区生产总值占湖南比重由2007年的37.8%上升为2008年的40.9%,增长14.5%,比湖南平均增速高1.7个百分点,对湖南经济增长贡献率为46%,拉动湖南经济增长5.9个百分点,成为湖南省经济发展的核心增长极。2009年上半年,长株潭城市群经济继续保持强劲的发展态势,据初步统计,实现地区生产总值2216.96亿元,占湖南的41.4%、增长13.6%,高于湖南平均增速0.8个百分点。新型工业化主导作用增强,高新技术产业发展迅速,消费引领经济发展,产业结构更趋优化。财政收入增长迅速,投资保持高位运行。与武汉城市圈比较,长株潭城市群经济总量偏小,居首位的长沙市在城市群中带动发展的能力远远落后于武汉市。但长株潭城市群经济互补性较强,经济发展更稳健,经济整体增长速度更胜一筹。

长株潭城市群"两型社会"建设实验区乃至湖南,着力发展先进装备制造业、高新技术产业、生产性服务业、文化产业等"两型"产业,大力发展低碳经济,是湖南新型工业化创新发展的主要特征。一是集中力量突破重点技术,支持两型技术领域关键技术的研究开发,支持节能环保新设备、新工艺、新技术的采购、研发和应用,在低碳产业的发展以及低碳技术的研发、推广和运用上,起到规模化的示范效应,构建长株潭城市群节能型产业体系。二是引导和支持创新要素向生态企业、工业园区集聚,重点扶持绿色产业和资源节约、环境友好的生态企业发展。三是建立高新技术企业的创业和成长促进机制,支持高新技术企业成长壮大,为"两型"产业发展提供良好载体。构建以"两型"产业为核心,高新技术产业、优势产业和传统产业互补共生、良性互动发展的新型产业体系,实现良性互动发展。

6. 倾斜支持,圈层辐射,逐步达到省域地区工业化水平均衡

以工业园区为载体,产业集群发展已成为湖南园区经济的一大特色,园区通过外引内培、培新育小,促进了产业集群的发展,延伸了产业链,各园区发展已逐渐形成了自己的优势和特色。地域分布上,对湖南省着力培育的10大具有比较优势的产业集群进行统筹规划、合理布局,做大做强工业园区,培育壮大集群产业。如装备制造业中的汽车、工程机械以长沙为主要基地,城轨交通车辆制造在株洲;钢铁以娄底、湘潭、衡阳为主,有色冶金放在株洲、衡阳等地;烟草产业集中在长沙、常德两地;电子信息产业以长沙为主,郴州占一定份额;新材料产业主要集中在长沙、湘潭两地;生物医药产业以长沙、常德为主要基地;食品产业岳阳、常德要做成两大块,等等。经过合理布局,形成省、市、县三级联动,各类产业竞相发展的新格局。对处于成熟期的产业集群,要着重引导其发展循环经济和共创知名地域品牌,提升本集群在国际国内两个市场的竞争力。

不难看出,长株潭城市群是湖南推进新型工业化的核心区,加快"3+5"(以长沙、株洲、湘潭三市为中心,1.5小时通勤为半径,包括岳阳、常德、益阳、娄底、衡阳5个省辖市在内的城市聚集区)城市群建设,进而辐射湖南的大区域协调分工是湖南新型工业化区域发展的特征。

三、新型工业化的评价指标

(一)新型工业化标准要求

1. 新型工业化标准

"科技含量高、经济效益好、资源消耗低、环境污染少、人力资源优势得到充分发挥",在此基础上,实现三大转变,需求结构向"消费、投资、出口协调拉动转变",产业结构向"第一、第二、第三产业协同带动转变",要素结构向"科技进步、劳动者素质提高、管理创新转变"。这正是我国是否由传统工业化走向新型工业化的主要标准。

长期以来,我国的传统工业化在以上这些方面均做得很差,不重视科技进步的粗放式发展模式,资源消耗高、环境污染重、效益不突出、自主创新能力不强,这种模式已经使我国付出了沉重代价,而我国人口多、资源稀缺的特殊国情以及国际竞争的新态势、全面建设小康社会的新任务,使不重视科技进步,以资源过度消耗和环境污染为代价的传统工业化道路再也难以为继。面对我国日趋严峻的就业压力,我国的新型工业化道路还要使人力资源优势得到充分发挥,否则使这种优势变为包袱,从而严重影响社会的稳定。

我们以为,以上几个方面的标准是建立新型工业化指标评价体系的基本依据,也是反映新型工业化指标评价体系设计是否科学、合理的基本尺度,并且以这些方面的标准为基本依据来设计新型工业化指标评价体系,反映了新型工业化道路的基本要求,层次清楚、内容全面、科学实用、便于量化。

如前所述,新型工业化的主要标准强调更加重视科技进步、讲求经济增长质量和效益、节约资源、保护环境、人力资源优势得到充分发挥。我国提出的新型工业化更多的是从本国国情需要出发的,例如把人力资源优势得到充分发挥作为新型工业化的重要特征,就充分发挥了我国人口众多、就业矛盾突出的基本国情,而其他国家尤其是人口稀少、劳动力资源不足的国家就不一定看重这一条。另外"新型"工业化这种说法也只有在我国才有,国外一般只说"工业化"。

2. 新型工业化与传统工业化标准的关系

新型工业化与传统工业化标准的关系，我们认为是前者包含后者的。因为推进新型工业化的过程也必然发生人均经济总量的增加和经济结构与就业结构的转换，也必然发生农业产值、就业人数的下降和第二三产业的上升。只不过新型工业化的标准更加严格，除反映人均经济总量和经济结构、就业结构变动之外，更要反映信息化程度、科技进步、经济效益、资源节约、保护环境、人力资源利用状况。这样，新型工业化的标准的指标评价体系就可由两部分构成，一部分是反映一般意义上工业化特征的指标体系，一部分是反映工业化是"新型"的指标体系。

（二）指标设计意义

首先，建立新型工业化统计指标体系是认识新型工业化发展状况的需要。与传统工业化相比，新型工业化有着十分丰富的新的内涵，这是我国工业统计现行的指标体系所无法全面反映的。这就亟须建立一套与新型工业化相匹配的统计指标体系，对新型工业化的具体状况进行反映和监测。

其次，建立新型工业化统计指标体系及其在此基础上所得到的核算结果，还可以进行新型工业化发展水平的动态分析和横向对比，反映新型工业化的进程、实现程度及发展趋势，并进一步对新型工业化发展进行评价、分析，为相关部门进行决策提供科学依据，更好地指导新型工业化的发展。

最后，将新型工业化指标体系与经济、社会、资源环境等指标体系联系起来，还可对新型工业化与整个经济、社会、资源、环境的相互作用进行深入、全面的分析，这对我国全面建设小康社会的整个历史进程有着重要意义。

（三）指标体系设计原则和基本结构

首先，我们将新型工业化作为一个社会发展阶段，则必须评价社会进步。其次，评价新型工业化有别于一般传统工业化。国内外学者对于工业化和新型工业化都有一定的研究，但这些评价体系，并不完全适合湖南实际情况，因此，需要提出衡量湖南和地区新型工业化进程的指标体系。

国内外通常使用的方法有三种，分别是联合国工业化指标体系、英克尔斯现代化指标体系和《中国产业发展报告》给出的新型工业化评价标准等。

1. 联合国工业化指标体系

衡量一个国家和地区的工业化进程，国际上常用的结构性变化指标，主要包括产业结构、就业结构和城乡结构三个方面，见表2。

表 2　联合国工业化指标体系

指　标	评价标准
1. 产业结构:农业增加值占 GDP 比重	10% 以下
2. 就业结构:农业就业人数占全部就业人数比重	20% 以下
3. 城乡结构:城镇人口占总人口的比重	60% 以上

2. 英克尔斯现代化指标体系

20 世纪 70 年代,美国社会学家阿·英克尔斯提出现代化 11 条标准,形成了英克尔斯现代化指标体系(见表 3)。尽管该体系现在看来存在一定不足,但他基本反映了 20 世纪 60—70 年代世界发达国家的发展水平,且抓住了以工业化为代表的现代化的主要特征,简明易操作,被后来的专家学者所重视。

表 3　英克尔斯现代化指标体系

指　标	评价标准
1. 人均国民生产总值(GNP)	3000 美元以上
2. 农业产值占国内生产总值比例	15% 以下
3. 服务业产值占国内生产总值比例	45% 以上
4. 农业劳动力占总劳动力比例	30% 以下
5. 成人识字率	80% 以上
6. 在校大学生占适龄人口比例	10%—15%
7. 每名医生服务的人数	1000 人以下
8. 婴儿死亡率	3% 以下
9. 人口自然增长率	1% 以下
10. 平均预期寿命	70 岁以上
11. 城市人口占总人口的比例	50% 以上

3.《中国产业发展报告》中提出的评价指标体系

随着现代化含义的不断发展和深化,英克尔斯提出的现代化指标体系显露出明显的局限性。我国学者根据现代化理论研究的最新成果和现代化实践的最新进展,提出了有所区别的意见,其中《中国产业发展报告》中提出的评价指标最具影响力,受到很多国内学者的认可(见表 4)。

表4 《中国产业发展报告》中的工业化指标体系

项 目	新型工业化标准
1. 人均GDP	2000—5000 美元
2. 产业结构	一、二、三为 10∶45∶45
3. 劳动力结构	一、二、三为 20∶35∶45
4. 消费结构	恩格尔系数在 30% 以下
5. 外贸结构	制成品占出口总额 80% 以上
6. 技术贡献率	50% 以上

（四）湖南特色新型工业化指标设计原则

指标体系既要有相当的完整性，又要有不同的权重体现其差异性，要反映新型工业化的目标和基本要求，即除要反映一般工业化的指标外，更要反映工业化是"新型"的指标。新型工业化进程指标体系设置应遵循以下原则：

1. 科学性原则

科学性是指所设计的指标体系要科学、准确地反映新型工业化的内涵与主要特征，应在指标体系设计中充分体现"新"字，力戒将现行统计指标作简单汇集和重复组合。要在科学理解和把握新型工业化内涵和主要特征的基础上，组建能客观、准确反映新型工业化特征的指标体系。

2. 系统性原则

系统性是指统计指标体系不能是一些指标的简单堆积，而应是一个统一的有机整体。指标体系内部各指标之间要有一定的逻辑关系，不但要涵盖新型工业化的主要特征。反映其现状和发展，还要体现新型工业化内涵中各个方面的内在联系，并具有清晰的层次。

3. 可行性原则

可行性是指指标体系要在尽可能科学、客观、合理的基础上，兼顾指标的实用性和可操作性。新型工业化的测度与评价是一项实践性很强的工作，因此，在指标的选取上，要立足现状，减少繁琐性，增大可操作性，便于数据的采集和计算。

4. 可比性原则

可比性是指指标体系中的各项指标在设计时应尽量考虑到其数值可以进行纵向比较（与历史状况相比）和横向比较（与国外、全国平均水平比较或国内各省、市、区之间的相互比较），以便对新型工业化的发展进程和横向差异进行深入的分析和评价。

5. "新型"性原则

新型工业化进程统计测度指标体系应着重体现"新型"二字,以区别传统工业化测度指标体系。"新型"应从科技含量高、经济效益好、资源消耗低、环境污染少、人力资源优势得到充分发挥几个方面加以体现。

四、湖南特色新型工业化指标体系

依据国内外对工业化进程的评价体系,结合湖南实际情况,我们提出衡量湖南和地区新型工业化进程的指标体系,初步设定为三级,一级为 4 项、二级为 17 项、三级为 65 项指标(见表 5)。

表 5　湖南省新型工业化评价指标体系

一级指标	二级指标	序号	三级指标
一　综合经济	经济总量	1	国内生产总值
		2	人均 GDP
		3	财政收入指数
		4	全社会固定资产投资总额
	产业结构	5	三次产业(增加值)结构比例
		6	农业增加值占国内生产总值的比重
		7	工业增加值占国内生产总值的比重
		8	服务业增加值占国内生产总值的比重
	市场化	9	市场化指数
	外　贸	10	商品进出口总额
	外　资	11	外资实际总额
二　工业化水平、质量	工业结构指标	12	二次产业中装备制造业比重
		13	基础工业比重
		14	劳动密集型产业比重
		15	高新技术型产业比重
	工业经济效益指标	16	工业增加值指数
		17	总资产贡献率
		18	资产负债率
		19	产品销售率
		20	省以上工业园区销售收入占工业销售收入比重
		21	流动资产周转次数
		22	工业成本费用利润率
		23	工业平均劳动生产率

一级指标	二级指标	序号	三级指标
二 工业化水平、质量	资源消耗指标	24	万元 GDP 综合消耗(吨标准煤)
		25	能源消费弹性系数(即反映能源消费增长速度与国民经济增长速度之比)
		26	能源加工转换效率(即一定时期内能源经过加工、转换后产出的各种能源产品的数量与同期内投入加工转换的各种能源数量的比率
	工业科技含量指标	27	工业科技进步对经济增长的贡献率
		28	工业企业研究开发人员占职工总数的比重
		29	工业企业研究开发机构占企业总数比例
		30	企业研究与开发投入占销售收入比重
		31	R&D 支出占工业总产值比重
		32	高新技术产业产值占工业总产值比重
		33	新产品产值比重
		34	发明专利批准数量
		35	专利成果转化率
	工业信息化程度指标	36	信息工业总产值占工业总产值比重
		37	信息产品产值占工业增加值比重
		38	工业领域信息产业固定资产投资占工业固定资产投资的比重
		39	工业企业生产管理信息化占企业总数比重
三 生态环境	三废治理	40	工业废水排放达标率
		41	工业废气排放达标率
		42	工业粉烟尘排放达标率
		43	工业固体废物综合利用率
		44	"三废"综合利用产品产值
	自然生态	45	水土流失治理面积
		46	自然生态保护区面积
		47	城市绿地覆盖率

一级指标	二级指标	序号	三级指标
四　社会可持续发展	城市化水平	48	城市化率
		49	社会主义新农村建设水平
	人民生活	50	城乡居民人均纯收入比例
		51	城乡基尼系数比例
		52	恩格尔系数
		53	医疗保险覆盖率
		54	养老保险覆盖率
		55	人均预期寿命
	劳动力结构	56	三次产业从业人员比重
		57	二次产业从业人员增长率
		58	服务业从业人员增长率
		59	劳动失业率
	教育	60	教育经费占 GDP 比例
		61	人均受教育年限
		62	高等教育毛入学率
	科技	63	科技投入占 GDP 比例
		64	科技进步贡献率
		65	科技成果转化率

1. 综合经济反应区域经济发展的总体情况,包括经济总量、产业结构、市场化水平、对外贸易和外资利用 5 方面共 11 项指标。经济总量反映区域经济实力总体强度,其中人均 GDP 是反映一个国家发展水平的综合性指标,目前划分一个国家和地区发展水平的主要标志就是人均国内生产总值,它是评价工业化水平的综合性基础指标。

产业结构是评价区域经济结构变动的指标。市场化水平反映经济体制改革进展,外贸、外资反映地区开放、开发水平。

2. 工业化水平、质量是工业发展自身反映区域新型工业化进程的指标,包括工业结构、工业经济效益、资源消耗、工业科技含量和工业信息化程度 5 个方面共28 项指标。工业结构反映工业内部结构档次提升和合理优化的指标;工业经济效益用以衡量工业生产水平;资源消耗、工业科技含量和工业信息化程度反映工业化"新型"指标。

3. 生态环境指标由三废污染治理和生态环境保护两方面组成共选 8 项指标。

三废污染治理主要是工业生产中三废污染、治理和"三废"综合利用情况,生态环境保护反映区域自然生态状况和整治保护水平。

4. 社会可持续发展指标用以判断区域工业化发展阶段和健康程度,包括城市化水平、人民生活、劳动力结构、教育事业和科技进步 5 方面共 17 项指标。

5. 新型工业化水平评价

上述指标分别从不同侧面反映了工业化的进程和增长质量,一般说来,用上述单项指标评价,虽然可反映出各项指标的客观状态,但是,各单项指标的变化又不会保持同步,为了尽可能反映工业化进程的全貌,需建立综合指标——新型工业化综合指数。

具体方法是首先确定各单项指标的基准值,以基准值为基数计算个体指数,再按各个指标的重要性,给各单项指标赋权重系数,最后计算新型工业化综合指数。

新型工业化综合指数计算公式:

$$Z = (\sum B_{W_{it}}) / W$$

为避免单项指标对综合指标产生过大影响,单项指标实际得分 B 应介于 0—2 之间。

当 b_{it} 与对应单项指标为正相关时:$B_{it} = b_{it} / b_{io}$,$B_{it \in [0,2]}$;

当 b_{it} 与对应单项指标负相关时:$B_{it} = (2b_{io} - b_{it}) / B_{io}$,$B_{it \in [0,2]}$。

b_{it}——第 i 项指标的实测值;

b_{io}——第 i 项指标的基准值,设定 2007 年为基期,作为第 i 项的基准值;

W_i——第 i 项指标权重,根据指标的重要性,用专家评判法测定;

W_i——总权数。

按照上述方法定期计算一定范围内(全国、分地区、分行业等)的新型工业化综合指数,根据综合指数水平并结合各个单项指数进行分析和监测工业化进程。

(李倩　执笔)

主要参考文献:

[1]陈冬:《新型工业化理论与实证分析》,社会科学文献出版社 2006 年版

[2]谢德禄、李琼、王小明:《试析新型工业化的指标体系与评价标准》,载于《改革》2004 年

[3]江泽民:《全面建设小康社会,开创中国特色社会主义事业新局面——在中国共产党第十六次全国代表大会上的报告》,人民出版社 2002 年版

[4]胡锦涛:《高举中国特色社会主义伟大旗帜　为夺取全面建设小康社会新胜利而奋斗——在中国共产党第十七次全国代表大会上的报告》,人民出版社 2007 年版

［5］梅克保：《落实科学发展观推进湖南特色新型工业化》，载于《新湘评论》2007 年第 12 期

［6］向晓梅：《广东新型工业化发展道路研究》，广东人民出版社 2006 年版

［7］《湖南统计年鉴（2008）》，中国统计出版社

［8］巨建国、汤万金：《科技评价理论与方法——基于技术增加值》，中国计量出版社 2008 年版

［9］何国勇、徐长生：《比较优势、后发优势与中国新型工业化道路》，载于《经济学家》2004 年第 5 期

湖南特色新型工业化的发展战略研究
（2010—2030 年）

　　面对经济全球化深入发展、区域竞争日益激烈,湖南要着眼于全球范围内的经济结构调整,抢抓新的发展机遇,提升湖南工业在国内外市场竞争中的地位,实现富民强省的发展目标,就必须坚持走新型工业化的发展道路,以新型工业化引领和带动湖南经济社会又好又快发展。

一、战略思想

（一）指导思想

　　从现在起到本世纪 30 年代,湖南新型工业化发展的指导思想是:以邓小平理论、"三个代表"重要思想和科学发展观为指导,从人民群众的根本利益出发,坚持发展与保护并重的原则,以加快湖南在中部地区崛起、全面实现工业化和建设和谐社会为目标,以人为本,统筹兼顾,继续大力推进新型工业化、城市化、新农村建设;实施科教兴湘战略、人才强省战略、信息化带动战略、可持续发展战略,大力发展生态经济,促进科技教育与经济社会紧密结合,从根本上改变经济发展方式;全面推进各项改革,加快经济结构、产业结构、发展方式、投入结构、技术结构的调整;通过制度创新、管理创新、政策创新和方法创新,以最小的资源和环境成本,取得最大的经济、社会效益,在加快发展中实现全社会的协调、可持续发展。

（二）发展原则

1. 信息化与工业化互动原则
信息化是新型工业化最基本的特征,其先进程度决定着工业化的水平和竞争力。信息化与工业化相互依存、相互促进——信息化是工业化的加速器,高度的信

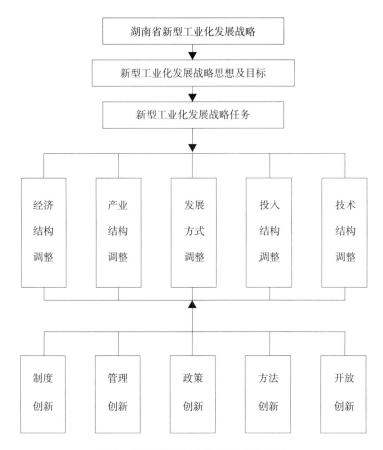

图1 湖南新型工业发展战略体系图

息化将使工业朝着现代化、高附加值化发展;工业化是信息化的基础,只有用信息化武装起来的自主和发达的工业体系,才能为信息化的发展提供产品、能源、资金、人才以及市场等坚实的物质基础。因此,湖南要遵循"信息化与工业化互动"的根本原则,以信息化带动工业化,推动产业结构的高度化,以工业化促进信息化,推动信息制造业和信息服务业的快速发展,从而实现信息化与工业化的良性互动、共同发展,实现信息化和工业化对湖南经济发展的双重推动。

2. 城市化与工业化互动的原则

在新时期和经济发展新阶段,城市化对结构调整与升级的战略作用主要体现在:一是城市化为新型工业化构筑了新载体。二是城市化为加快信息化提供了新契机。三是城市化为提升国际竞争力创建了新平台。因此,应进一步深化对城市化的认识,通过城市化来推进产业结构的战略性升级。具体而言,应从如下方面入手:第一,大力改善城市基础设施,增强集聚功能。第二,以工业集聚、产业扩张与产业结构升级为核心,提升工业化。通过整合提升各类工业、科技园区,不断提高园区的经济密度和产业水平,带动地区特色经济和产业群的发展壮大,形成若干个有国际影响力的特色产业基地。第三,以建设数字城市和网络应用为平台,加快信息化步伐。

3. 可持续发展原则

资源节约利用和环境保护是实现可持续发展的重要内容,已成为促进经济增长方式转变、提高企业竞争力的迫切要求和重要途径。为此,要充分考虑湖南实际情况,特别强调生态建设和环境保护,重视处理好经济发展与人口、资源、环境之间的关系,实现发展、保护、治理的同步,不断提高工业化的科技含量、降低资源消耗和环境污染,建立起适合湖南省情的资源节约、环境友好型工业化发展道路。

4. 以人为本原则

要将人力资源视为最重要的战略资源,将高水平高素质的人才队伍视为新型工业化发展中最活跃的因素,并将之作为湖南工业发展的战略支撑。突出以人为本,形成尊重知识、尊重人才的氛围,着重挖掘人的潜力,合理配置和使用人才,充分发挥人才的核心作用;营造创新创业环境,形成有效的人才激励机制,优化人才流动机制,激发人的创新精神和创业潜能;建立健全社会教育培训体系,在关键性的行业中建立起知识结构合理、技术分工合理的高素质人才队伍。同时,各种类型的人才和产业工人是新型工业化的建设者,也是受益者,应该在实现充分劳动就业的基本保障下,实现人才经济价值和社会价值的最大化。

二、战略目标

新型工业化的发展不仅仅是单纯的经济增长,而应拓展为包括经济发展、社会发展、环境发展、人的发展等在内的综合发展。因此,新型工业化的进程,应当是一个国家和地区经济、社会、环境和人等各方面综合发展的过程。

制定湖南新型工业化的发展目标,应该体现新型工业化科学内涵,目标能够涵盖新型工业化科技含量高、经济效益好、资源消耗低、环境污染少、人力资源优势得到充分发挥等基本内容;能够反映先进制造业与现代服务业有机融合、互动发展情况,引导加快振兴装备制造业、培育壮大新兴产业、改造提升传统产业、大力发展生产性服务业;能够反映规模经济、节约发展、清洁生产状况,特别是节能减排目标措施完成情况和实施效果。

本文参考国内各专家所提出的目标,综合提出包括经济发展、产业结构、人民生活、环境保护 4 个方面共 17 项指标(见表 1)。

表 1　湖南新型工化发展目标

		2020 年	2030 年
经济发展	地区生产总值	33000 亿元	66000 亿元
	人均地区生产总值	50000	100000
	城镇化率	60%	70%
	非公有制经济比重	70%	75%
	工业固定资产投资	7500 亿元	16000 亿元
产业结构	三次产业结构	14∶45∶41	10∶45∶45
	工业增加值	15000 亿元	30000 亿元
	高新技术产业产值	10000 亿元	20000 亿元
人民生活	城镇居民人均可支配收入	36000	100000
	农村居民人均纯收入	12000	40000
	基尼系数	0.4	0.3
	恩格尔系数	35%	30%
	城镇登记失业率	4.5%	4%
环境保护	万元 GDP 综合能耗	1.0 吨标准煤/万元	0.6 吨标准煤/万元
	工业废水排放达标率	95%	100%
	工业固体废物综合利用率	90%	100%
	SO_2 排放削减率	15%	25%

(一) 经济发展目标

　　经济发展结构是国民经济各部门、各地区、各企业之间,社会再生产各环节之间以及产业层次和技术水平的构成及其相互关系。根据湖南省的实际情况,本文主要从地区生产总值、城镇化率、产业结构、所有制结构、投资结构等方面提出发展目标。

　　1. 地区生产总值

　　2008 年湖南地区生产总值突破万亿元,达到 11156.64 亿元,三次产业的比重为 18.0∶44.2∶37.8,其中第一、二产业比重比上年分别提高 0.3 个和 1.6 个百分点。高新技术产业增加值占地区生产总值的比重为 9.8%。节能降耗完成年度目标。高耗能行业增幅下降,电力、有色等 6 大高耗能行业实现增加值 1426.46 亿元,增长 10.8%,增速比上年回落 11 个百分点;占规模以上工业增加值的比重为

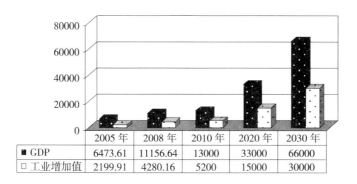

	2005 年	2008 年	2010 年	2020 年	2030 年
■ GDP	6473.61	11156.64	13000	33000	66000
□ 工业增加值	2199.91	4280.16	5200	15000	30000

图 2　GDP 与工业增加值发展目标(单位:亿元)

39.9%,比上年下降 1.8 个百分点。生产性服务业支撑作用加大,实现增加值
1625.49 亿元,增长 14.5%,拉动湖南经济增长 2 个百分点,对经济增长的贡献率
为 17.8%。

根据目前的实际情况,我们初步预测,到 2030 年,湖南实现地区生产总值
66000 亿元,(见图2)。

2. 人均 GDP

人均 GDP 是一个地区人均新创造的价值,是代表一个地区经济水平的人均指
标。如果说 GDP 反映的是国家经济实力和市场规模,那么人均 GDP 反映的就是
国民的富裕程度和生活水平。2008 年,湖南省按常住人口计算,人均生产总值
17521 元,增长 12.5%,(见表2)。

表 2　人均 GDP 发展目标　　　　　　　　　　　　　　　　　　(单位:元)

年份	2005 年	2008 年	2010 年	2020 年	2030 年
人均 GDP	10366	17521	20000	50000	100000

3. 城镇化率

工业化与城市化是经济现代化的两个车轮。缺少城市化,工业化没有后续支
撑和发展载体;缺少工业化,城市化就没有造血功能和发展动力。推进新型城市
化,必须突出产业支持,走新型城市化与新型工业化协调发展之路。2008 年,湖南
城镇化率为 42.15%,比上年提高 1.7 个百分点。其中,长株潭地区城镇化率
55.04%,比湖南平均水平高 12.89 个百分点。根据省委、省政府确定的湖南新型
城市化发展思路,我们预测,到 2030 年,湖南城镇化率应该达到 70%以上,为新型
工业化提供强有力的支撑。

4. 所有制结构

2008 年湖南非公有制经济实现增加值 6252.27 亿元,占地区生产总值的比重为 56.0%,比上年提高 1.5 个百分点。非公有制规模以上工业实现增加值 1965.44 亿元,增长 25.9%,占规模以上工业增加值的比重为 55.0%。非国有经济投资 3664.29 亿元,增长 33.2%,占全社会固定资产投资的比重达 64.9%,比上年提高 0.8 个百分点。私营企业进出口总额 52.41 亿美元,比国有企业多 1.10 亿美元,增长 45.5%,比国有企业增速高 23.2 个百分点。私营企业进出口总额和增幅,均首次超过国有企业。

根据目前的实际情况,我们初步预测,到 2030 年,湖南新型工业化非公有制经济将实现增加值 5000 亿元,占地区生产总值的比重达到 75% 以上,(见图 3)。

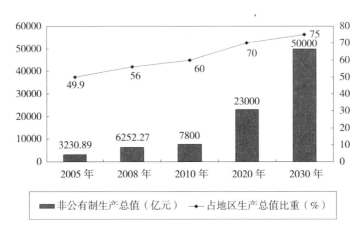

图 3 非公有制经济发展目标

5. 投资结构

2008 年湖南城镇以上工业固定资产投资 1994.62 亿元,增长 38.7%,占城镇以上固定资产投资的 39.9%。其中,工业技改投资 1382.43 亿元,增长 37.1%;原材料工业投资 610.24 亿元,增长 20.8%;装备制造业投资 437.72 亿元,增长 49.5%。高新技术产业投资 112.8 亿元,增长 44.0%。高耗能工业投资 861.99 亿元,增长 28.8%,增速比上年回落 11.2 个百分点。节能环保投资 18.02 亿元,增长 29.5%。

根据目前的实际情况,我们初步预测,到 2030 年,湖南新型工业化工业固定资产投资达到 16000 亿元,(见图 4)。

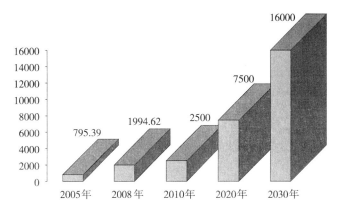

图4 工业固定资产投资发展目标(单位:亿元)

(二)产业结构目标

1. 三次产业结构

产业结构,亦称国民经济的部门结构。国民经济各产业部门之间以及各产业部门内部的构成。社会生产的产业结构或部门结构是在一般分工和特殊分工的基础上产生和发展起来的。一般认为,实现工业化时,农业增加值占 GDP 比重应在15%—20% 以下,工业比重为 40%—50% 以上,服务业比重应在 40%—50% 以上。

表3 三次产业结构发展目标   (单位:%)

	2005 年	2008 年	2010 年	2020 年	2030 年
第一产业	19.4	18	17	14	10
第二产业	40.2	44.2	45	45	45
第三产业	40.4	37.8	38	41	45

劳动力结构。该指标反映一国或地区工业化进程中,劳动力在农业、工业、服务业之间的演变规律。一般认为,实现工业化时,农业劳动力占全部从业人数的比重 20% 以下,工业劳动力比重为 20%—30% 之间,服务业比重在 50%—60% 以上,(见表3)。

2. 工业增加值

2008 年,湖南全部工业增加值占地区生产总值的比重为 38.4%,对湖南经济增长的贡献率为 47.1%;省级及以上园区工业增加值 1180.14 亿元,增长 22.0%;

占规模以上工业增加值的比重为33.0%,比上年提高1.5个百分点。根据目前的实际情况,我们初步预测,到2030年,工业增加值实现30000亿元,占地区生产总值的比重为45%。

3. 高新技术产业产值及比重

高新技术产业已经成为当今全球推动经济发展的动力,成为世界大国争夺的战略制高点。湖南省高新技术产业规模持续扩大,活力不断增强,集群化趋势日益明显,有力地促进了湖南省产业结构的优化和升级,成为推动新型工业化、富民强省的生力军。2008年,湖南省高新技术产业实现产值3529.86亿元,同比增长30.7%。实现增加值1098.84亿元,同比增长30.7%,占湖南地区生产总值的9.8%,比上年提高0.7个百分点,对经济增长的贡献率为13.2%,拉动经济增长1.7个百分点。我们初步预测,到2030年,湖南高新技术产业实现增加值20000亿元,占湖南地区生产总值的30%以上。

(三)人民生活水平

1. 城乡消费结构

该指标反映社会消费水平和对工业经济的依赖程度。但由于数据难以采集,一般用食品消费占家庭消费的比重进行评价,即采用能够综合反映在恩格尔定律下的城乡居民生活消费水平,它可以综合反映新型工业化进程中社会产品的价值实现程度。一般认为这一指标应在30%以下。

2. 社会发展和人的发展

实行新型工业化道路归根到底是满足人民利益,因此,我们从反映贫富差距的基尼系数、从反映人口就业问题的城镇登记失业率来考察。

表4　湖南新型工业化人民生活水平目标

指标	目标数值
基尼系数	0.3以下
恩格尔系数	30%以下
失业率	4%以下

(四)环境保护水平

资源与环境状况。用万元GDP综合能耗、工业废水排放达标率、工业固体废物综合利用率、SO_2排放削减率等指标来表示。

三、战略任务

要实现湖南新型工业化发展的目标,需要通过体制机制的创新,加快经济结构、产业结构、发展方式、投入结构、技术结构的调整。

(一) 经济结构调整

新世纪新阶段,推进经济结构调整,不是一般意义上的适应性调整,而是通过创新带动的、对经济全局和长远发展具有重大影响的战略性调整;不是局部的调整,而是包括产业结构、需求结构、要素结构、地区结构、城乡结构等在内的,以提高经济整体素质和竞争能力、实现全面协调可持续发展为目标的全面调整。这种经济结构调整必须把握方向,结合实际,要有新的思路、新的突破。湖南工业经济结构调整的思路是:以提高国民经济整体素质为目标,以经济效益为中心,以市场需求为导向,依据国家产业政策和湖南省工业经济的现状,着眼于增强企业活力,增强产品市场竞争力,突出优化产品结构和行业结构两个重点,把发展多种经济成分和促进产业升级、产品换代放在结构调整的优先地位,逐步形成行业之间协调发展,能够充分发挥自身比较优势,具有湖南特色的工业经济体系。

1. 充分发挥市场配置资源作用

市场化进程对于经济发展的影响不仅限于要素配置效率,而且更广泛地影响经济生活的各个方面。因此,要加快湖南新型工业化进程,就必须深化体制改革,加快市场化进程。第一、进一步加快社会信用体系建设,树立诚信意识,形成"你投资,我服务"和"亲商、安商和富商"的良好氛围,使湖南成为全国各种生产要素流入的中心和洼地之一。第二、深化产权制度改革,加大国有企业股份化改组改造力度,加快投融资体制改革,提高湖南上市公司在全国资本市场中的比重。第三、建立公平竞争的发展环境,积极发展非公有制经济,提高非公有制经济在经济总量中的比重。第四、加大市场的硬环境建设力度,构筑先进的物流体系;进一步规范和完善产权交易市场和各种中介市场。第五、维护良好的市场秩序,消除行政壁垒,遏制地方保护主义,打击假冒伪劣商品,确保信息对称和自由竞争的市场环境。

2. 强化政府的引导作用

突出政府引导。一是强化思想引导。要进一步提高加快推进新型工业化的认识,充分认识推进新型工业化是落实科学发展观的根本要求,是推进经济增长方式转变的重要内容和环节。在加快工业发展速度的同时,要注重防治污染,节约资源,循环利用,走科技含量高、经济效益好、环境污染少、资源消耗低、人力资源优势得到充分发挥的新型工业化道路。二是强化政策引导。制定加快新型工业化的措施政策,工业发展、产业引导、贷款贴息、高新技术引导等资金要向科技型企业、高新技术产业和精深加工项目倾斜,大力扶持符合新型工业化要求的优势产业发展和优势项目建设。三是强化产业引导。要对符合国家产业发展政策的行业和项目,制定科学发展规划,出台相应的政策支持体系,加快优势产业建设。

3. 加快新型城市化进程

城市化是经济、社会发展客观形态的综合体现,它不仅是人口的城市化,而是整个社会基本形态由农业型向更高一级城市型社会的转型。综合分析湖南经济发展和城市化状况,在发展思路上宜把握好三个重点:

(1)在扩大城镇规模的前提下提升质量。湖南还有近60%的人口生活在农村,还处于低收入水平,渴望向非农产业转移,城市居民的消费需求正在由温饱型向小康型升级,这决定了湖南工业化和城市化的规模扩张仍有较大的空间和强烈需求。从反映城市规模的几个指标来看,2006年,湖南城镇人口居全国第10位,城市人口密度居第9位,城市建成区面积居第13位,也应进一步扩大城镇规模。但要避免传统城市化那种单纯的规模扩张、面积增加和人口增长,要更多地注重品质提升、人文关怀,走集约发展、内涵拓展和功能提升的新型城市化之路。

(2)在完善城镇体系的努力中因地制宜。目前湖南的城镇体系脱胎于农业时代,过分追求"大而全、小而全",对推进新型工业化和新型城市化有一定的约束性。从社会生活来看,虽然每一个城市都是周边地域的中心,但不同城市由于其位置、规模、资源禀赋、产业结构等不同,它在区域经济中发挥的作用和地位是不同的。在当今经济一体化、信息化、全球化的情况下,要牢固树立全面、协调发展观念,根据区域产业布局、资源承载能力来完善城镇体系,推进湖南城乡协调发展。如有的小城镇缺乏产业支撑,可定位为一个社区居民点来规划;市州中心城市要注重完善功能、改善环境、提高质量,并适度扩大规模。长株潭城市群区位优势显著,经济基础较好,科技发展水平较高,是湖南城市化水平最高的地区,要重点发展,并大力提高长沙的首位度。郴州资源丰富,且紧邻粤港澳经济圈,可以承接来自珠江三角洲向北转移的经济流;岳阳有沿江临湖优势,便于承接长江三角洲的产业转移,都可以重点发展。张家界要重点发展旅游业,着重打造成为有国际影响的旅游城市。

(3)在落实国家政策的基础上加快创新。城市化的动力是工业化和经济发展,但政府并非无可作为,有效的引导是城市化健康发展、加快发展的保证。湖南要充分利用长株潭城市群"两型社会"建设综合配套改革试验区的先试先行权,在落实国家有关政策的同时,加快制度创新。如可通过体制上的大胆创新,率先破解体制的瓶颈制约,形成实质上的一体化合力与优势,在更大范围内整合国内外、省内外的生产要素,为推进新型工业化和新型城市化注入强大的动力。

4. **以"两型社会"建设为契机引领新型工业化**

长株潭城市群的发展定位是:全国"两型社会"建设示范区,湖南省新型工业化、新型城市化的引导区,中部经济发展的核心增长极,具有国际品质的现代化生态型城市群。试验区的特色是"两型",核心任务是"两新",载体是城市群,根本措施是综合配套改革,着重点是重点领域和关键环节,总体要求是资源节约和环境友好。作为"两型社会"试验区,长株潭的主要任务包括:探索实现由以传统制造业为重点向以现代制造业和现代服务业为龙头、以信息化带动工业化、三次产业协调发展的产业升级的新路子;探索实现由粗放型扩张向集约型增长方式转变的新路子;探索实现由单体城市化向注重城市之间的协调分工,形成功能分区、经济一体化的城市群的新路子;探索实现由城乡分割向城乡一体化发展的新路子;探索实现由注重经济增长向注重经济社会协调发展的新路子。长株潭的土地利用规划修编和城市规划修编,要与城市群"两型社会"建设紧密结合起来。在一定时期内,长株潭的建设用地指标和城市发展空间都是有限的,需要酌情合理安排,确保土地利用效益最大化。在三市进行全面的户籍制度改革,可考虑三市统一户口,并取消农业户口与非农业户口的差别,以推动新农村建设和城乡统筹发展。长株潭区域应作为湖南省新农村建设和城乡一体化的示范区域,工作重点包括户籍制度改革、人口合理流动、基础设施建设、农村卫生建设、农产品深加工、农村土地整理、撤村并村建镇等。为了促进城乡统筹发展,城市的基础设施和公共服务要向广大农村有效延伸,在中心城区狠抓"退二进三",在卫星城镇发展特色产业。

5. **坚持区域协调发展原则,扩大横向联合**

一是培育出口优势产业和优势产品,提升产品的竞争力和附加值;要优化经济结构,充分利用本地的资源优势与产业基础来包装项目,主动对接国内外产业的转移,大力引进国外资本。二是扶持一批具有规模、品牌和市场优势的大中型企业集团到境外投资,引导优势企业"走出去",积极开拓国际市场。三是积极主动加强与沿海地区的经济融合,特别要主动融入泛珠三角经济区,增强本地生产要素的配置范围和效率;四是积极做好资金、技术、人才的引进工作。在引进大公司、大财团资金的同时,重视对先进实用技术的引进,把引进技术与自主创新结合起来,切实做好技术引进的消化吸收工作,使技术引进成为湖南省加快工业化的助推器。

6. **发展多种所有制经济,优化所有制结构**

单一所有制的经济是缺少竞争、缺乏活力的经济。只有混合经济发展了,调整产业结构的政策导向变为企业的迫切愿望和自觉行动,优化结构才能走出困境。

湖南加快发展非公有制经济,需要帮助解决融资困难问题。建立政府协调引导、银行重点支持、担保积极合作、企业主动参与的融资服务新模式,切实解决个体工商户和中小企业融资困难;帮助解决用地困难问题。本着一视同仁、平等对待的原则,非公有制企业申请使用国有集体土地,与公有制企业同等对待;切实加大财政支持力度。根据财政收入增长情况,加大中小企业的发展专项资金的增幅,各部门掌握的各项专项资金,要逐步提高扶持非公有制经济发展的比例;放宽市场准入。凡是法律法规没有限制的行业和领域,凡是能够实现多元化投资的行业和领域,原则上都鼓励非公有资本进入;加大对中介服务机构的支持力度,坚持社会化、专业化、市场化原则,不断完善非公有制经济的社会化服务体系。

(二)产业结构调整

产业结构的提升与优化,是推进新型工业化的直接手段,也是新型工业化的具体体现。推进湖南的新型工业化进程,关键在于促进湖南产业结构的全面升级与优化。近年来,湖南产业结构有了较大变化,但与全国平均水平相比还存在较大差距:以2006年为例,湖南第一产业占GDP的比重为17.8%,全国是11.8%,高于全国6个百分点;第二产业的比重为41.7%,全国是48.7%,其中,工业增加值占GDP的比重为35.6%,比全国43.1%低了7.5%;第三产业的比重是40.5%,全国是39.5%,第一、三产业比重高于全国,并非由于产值高,而是工业不发达所致,这第一产业高、第二产业低就是湖南发展的差距。大力推进新型工业化,要将第一产业做强,第二产业做优,第三产业做大,推动三次产业结构优化升级。要充分发挥农业对工业化的资源支撑和服务业对工业化的配套、推动作用,工业化对农业和服务业的带动与基础作用,推动第一、二、三产业协调发展。

1. 着力提升传统优势产业。

一是促进传统优势产业高端化。引导钢铁、有色、石油化工等行业根据产业链、价值链和技术链的现状,瞄准产业价值链高端,整合资源,引进技术、联合攻关、扩张规模,做大做强,打造成湖南的超级产业,形成一批占据产业发展前沿阵地、引领产业发展方向的高端技术和高端产品,抢占产业竞争高地。二是促进传统产业"两型化"。以长株潭试验区建设为契机,大力推动传统产业的"两型"改造,不断降低资源和能源消耗,减少"三废"排放。三是促进传统优势产业高新化。广泛采用国际国内高新技术成果改造传统产业,提升产品和工艺水平,促进传统产业向高新化发展。

2. 培育壮大高新技术产业

一是加快发展新兴产业。要重点扶持做大做强电子信息、新材料、新能源、生物工程等高新技术产业。积极引进高新技术产业中处于产业链高端的国内外龙头企业,鼓励、引导省内成长性好的高新技术企业联大联强,促进高新技术产业规模快速扩张。二是促进产学研结合。创新产学研结合机制和模式,引导企业与各类专业科研机构和高校围绕关键技术和重大技术瓶颈开展联合攻关,促进高新技术成果产品化、产业化。支持引导科技人员带着新技术成果创办企业,使之成为加快高新技术产业化的中坚力量。三是加快创新平台建设。要大力支持企业建设一批高新技术研发平台,引导、扶持有条件的企业和高校建设一批国家级工程技术研究中心或技术中心、重点实验室、博士后工作站等创新平台。发挥好国家级和省级高新技术园区的集聚作用和承载功能,使之成为具有国际水准的创新孵化基地,促进和加快高新技术产业集聚化、规模化发展。

3. 着力振兴装备制造业

一是做强做大骨干企业。依托正在建设的一批重大装备制造业项目,推进企业以资本为纽带加强整合;大力引进战略投资者,推动企业做大做强,力争把工程机械率先打造成湖南的超级产业,实现跨越式发展。二是整合提升现有配套园区的功能。引导长丰、中联、三一、湘电、福田、山河等骨干企业的配套园区扩大规模,提升能力,形成社会化配套。三是组织好关键零部件攻关。加快在工程机械液压元器件技术、新型柴油机及零部件技术、汽车自动变速器技术和超高压交直流输变电元器件技术等方面取得突破,缓解产业发展的零部件瓶颈制约。四是加快产品结构调整。大力发展高端产品,打造具有国际竞争力的工程机械制造业、具有国内领先优势的轨道交通制造业、带动联动效应巨大的汽车制造业、极具发展潜力的新能源装备制造业。

4. 加快发展生产性服务业

(1)发展现代物流业,提高运行效率。整合现有资源,统筹建设湖南物流运输、公共信息、存储配送三大平台。加快建设长株潭、岳阳、衡阳、常德、怀化、郴州、益阳 7 大物流枢纽,把长株潭建成国家级区域现代物流中心。依托产业优势,规划建设一批现代物流园区和专业物流中心、配送中心,培育一批大型现代物流企业和企业集团,逐步建立与湖南经济社会发展相适应的现代物流服务体系。力争 2010年全社会物流总费用与 GDP 的比率在现有基础上明显下降。

(2)发展商务服务业,降低营商成本。按照专业分工和国际标准,规范发展法律、会计、评估代理、工商咨询等专业服务机构,培育一批大型会展、广告、策划、创意设计等服务企业。鼓励发展与优势产业配套的专业服务、特色会展和具有自主知识产权的创意产业,加快培育形成一批商务服务知名品牌和企业集团,提高专业化水平。

（3）发展信息服务业,以信息化带动工业化。积极稳妥推进电子商务、电子政务,加快建设电子认证体系和企业信用信息平台,完善人口、法人单位和空间地理三大数据库。积极开发互联网增值服务,拓展多媒体服务领域。推进信息技术与传统产业嫁接,加快实施重点地区、优势产业和龙头企业的信息化改造。大力扶持有自主知识产权的软件应用和品牌扩张,发展壮大湖南嵌入式软件、多媒体数字软件、管理软件三大产业群,形成一批骨干软件企业集团。到2010年湖南规模以上企业基本实现计算机辅助设计、集成制造和数字化管理。

（4）发展科技服务业,提高创新能力。立足建设"创新型湖南",推进科技进步与创新,加快科技成果转化。积极推动高等院校、科研院所与企业联合,加快建设以优势产业、骨干企业和重点园区为主体的技术创新体系、企业化运作的专业生产技术支撑机构,培育一批国家级、省级技术中心和工程研究中心。加快建设湖南技术产权交易平台、科技成果与专利信息平台、检验检测体系、认证体系和标准服务体系,大力推行项目代建制和国际通行的工程投资、经营及项目管理方式,推广应用勘察设计自主创新成果,提高技术含量。力争科技对经济增长的贡献率达到较高水平。

（5）发展现代金融业,增强金融企业实力。推进金融创新,大力发展各种新型金融机构,加快推行融资、租赁、理财、创业投资等综合类金融服务。加快城市商业银行联合重组,组建区域性或湖南性商业银行。深化农村信用社产权制度改革,加快农村商业银行和农村合作银行组建步伐,推进以县为单位的统一法人社改革,有效利用农村地区银行机构准入政策,促进和支持村镇银行、贷款公司和农村资金互助社的发展。支持证券企业积极防范和化解市场风险,培育形成湖南证券公司的行业竞争优势。大力开发面向企业的责任保险、农业保险、企业年金和团体健康保险等新产品,加快推动保险资金投入基础设施领域,拓展保险服务功能。

（三）发展方式调整

经济发展方式是实现经济发展的方法和发展模式,既包括经济增长方式的内容,也包括产业结构、收入分配、城乡结构、资源利用和生态环境等方面的内容。转变发展方式的鲜明特征在于实现可持续发展,从粗放增长转变为集约增长,从总量增长转变为可持续发展。转变发展方式不仅是衡量新型工业化水平的重要标志和促进传统工业向现代工业转变的关键要素,而且是建设"两型社会"的必由之路。

湖南走新型工业化道路,推进科技创新促进经济发展方式的转变,需要牢固树立四个"第一"的发展理念:

一是把"自主创新"作为经济发展方式转变的第一动力。把增强自主创新能力作为湖南产业发展的战略基点和调整产业结构、转变增长方式的中心环节，加强原始创新、集成创新和引进消化再创新，使产业发展从规模型向效益型转变，从外延式扩张向内生型发展转变，从投资驱动向创新驱动转变，实现区域经济又好又快发展。

二是把"价值链高端产业"作为经济发展方式转变的第一支柱产业。把城市发展的整体功能定位在高端品位，把产业发展的价值追求锁定在高端产业，把要素与资源聚合在大力发展高新技术产业和传统产业领域中的高端产品，大力发展创意产业等新兴产业、现代服务业和现代农业，提升产业发展的整体水平，实现从"湖南制造"向"湖南创造"的转变。

三是把"创新型人才"作为经济发展方式转变的第一资源。人才是发展的保障、是创新的源泉、是最可宝贵的资源。要努力造就一支规模宏大、结构合理、素质优良、能够适应经济社会发展需要的人才队伍，要不断培养创新人才的国际视野、创新精神和创业本领，形成创新领军人才、专业技术人才、经营管理人才脱颖而出、万马奔腾的良好局面，让一切创新人才在湖南都有用武之地。

四是把"可持续发展"作为经济发展方式转变的第一目标。认真落实湖南节能降耗指标体系，突出抓好石油化工、钢铁、建材、电力、有色、机械、汽车等重点耗能行业的节能降耗。通过管住增量、调整存量、上大压小、扶优汰劣等措施，加快构建节能型产业体系。创新高新技术发展机制，优先发展高技术、高效益、低能耗、低污染的节能环保型产业，逐步提高高新技术产业在国民经济中的比重。大力发展金融保险业、信息业和现代物流产业，积极扶持文化产业、旅游业、中介服务业和社区居民服务业。

（四）投入结构调整

1. 投入来源结构调整

随着投资体制改革的深化，投资主体和储蓄主体向多元化方向发展，湖南投资的来源结构也呈现出多元化。投资的来源结构包括政府预算内资金、国内贷款、利用外资、自筹资金、其他资金五个方面。从有关数据上看，湖南投入资金来源结构已开始逐渐优化，但仍不是理想的结构模式，存在调整的空间。

首先要提高金融机构的运行效率，优化储蓄向投资转化的渠道。由于金融体制改革滞后，金融市场起步较晚，体系还不健全，同时企业普遍存在的高负债使银行普遍"惜贷"，而企业普遍"慎贷"，这些都大大削弱了金融市场将储蓄转化投资的功能。因此要按照现代银行制度重新构建国有商业银行，同时大力扶持非国有商业银行的发展，形成多元化、多层次的金融机构，提高银行的竞争力；进一步发展和规范金融市场,强化证券市场将存储转化为投资的能力。

第二,要完善和优化投资环境,加大对外商投资的吸引力。有研究表明,影响外商投资的主要因素是投资地对外资的欢迎程度、法律完善程度和企业运行的便利性,而不是税率的高低。为此,要改革审批制度,减少审批内容,简化审批程序,缩短审批时间,提高政策法规的透明度,涉外法律法规、地方和部门规章以及政策性文件要逐步公开。加强知识产权和法律环境的建设,维护正常的市场秩序,给外商制造一个可以按国际惯例投资和经营的良好环境;保持利用外资政策的连续性,构筑必要的产业保护和经济安全体系,提高对国外跨国公司的吸引力。

2. 投资项目性质结构调整

正确处理基础设施建设与产业升级的关系,加大对产业升级的投入力度。在继续扩大基础设施建设的同时,应加大对能拉动产业升级的领域的投资。要通过对基础设施建设所需要的原材料生产和设备工艺的改造,积极采用新材料,提高现代化水平,使基础设施建设成为拉动产业升级的重要力量。对重点投资项目,投入一定比例资本金,对有关科研开发项目给予适当资助,优先安排政策性贷款,通过对引进技术的消化、加快设备自主制造的进程,不断提高装备制造水平。要把科技作为一项重要内容纳入基础设施建设。从每年的基础设施专项建设资金中划出一部分,重点用于与科技发展有关的基础领域。

3. 投入产业结构调整

要积极引导资金投向,优化投资产业结构。投入必须同经济结构调整、促进产业优化升级相结合。第一产业中,在加大政府对其投资的同时,积极利用财政、金融、税收等优惠政策吸引社会资金对农业的科技投入,促进农业的现代化;第二产业中,按照国家及湖南产业结构调整的要求,引导资金投资于资本密集型和资本产出效率比较高的行业,提高工业部门整体的技术装备水平;吸引资金投资于改造和提升传统产业部门的技术水平、产品质量;第三产业中,要放宽市场准入限制,允许民营资金进入一些目前还不被允许进入的行业,这样可以充分利用社会发展基础产业和社会基础设施,提高产业和经济发展的配套和服务能力。

(五) 技术结构调整

1. 技术结构调整策略

湖南应根据产业发展的阶段和技术特性,实行差别化的产业技术升级策略。如在对产业结构调整和未来发展具有战略意义的领域,须集中力量在若干重点项目上形成突破,以保持相对的技术独立与技术领先;在湖南有一定优势的高新技术领域,要集中必要的资源,力争尽快形成若干关键技术的自主发展能力;在技术和市场已高度国际化的高技术领域,应加强与跨国公司的合作,通过提高技术学习能力,促进国内产业技术水平提升和产业迅速发展;在湖南具有动态比较优势的领域,鼓励系统集成国内外技术,实现国内外资源的优化配置,占领国际市场;在技术创新活跃、投资规模较小的技术领域,采取有效措施,营造良好的创新创业环境,以形成高技术创新小企业创业群体;在传统产业升级改造所需要的共性技术领域,瞄准规模市场需求,通过先进技术的运用实现产业素质的提升和市场占有率的扩大。要认真分析技术类型,大力支持有利于就业的技术升级,如新产品开发创新,新市场开拓创新,通过材料、工艺改进提高产品质量和性能的技术创新等。

(1)较低层次的技术引进

较低层次的技术应该强调技术的适用性。要考虑与原有生产系统的适应、与人口资源的适应和与自身的承受能力的适应。应该挑选能够在现有的技术条件下发挥作用的技术,不能盲目追求先进技术,以免产生引进后用不起来的损失。具体来说,这一层次的技术引进应以形成和扩大生产能力为主要目的,以成熟期技术、关键技术为主要引进对象;以购置成套技术设备或二手设备、合资、合作、三来一补等为主要引进方式;以劳动密集型技术为主要引进技术类型;其结果应是填补某些技术空白,扩大生产能力,替代部分商品的进口。

(2)中等层次的技术引进

对于技术结构发展到一定水平、有一定的技术和产业基础的地区和产业,应该实行中等层次的技术引进策略。这一层次的技术引进应以提高技术创新能力为主要目的,以市场前期技术为主要引进对象,以许可贸易、合作研发为主要引进方式。其目的是根据变化的需求不断地改进现有设备和技术,降低成本、提高质量、创造差异化的产品优势,促进产业结构进一步高度化;其结果是能够较快实现技术创新和进步,并在较长时间内保持在国际与国内市场上的竞争优势。

(3)较高层次的技术引进

高层次技术的特点是生命周期短,更新快,竞争激烈,因而对这一层次技术的引进应该以处于研究开发期的技术为主要对象。这样的目的是趁着创新尚未有明确的发展轨迹和技术标准,尽早介入,通过自身的消化、吸收、早日投入生产、通过进一步创新形成规模生产和自己的技术标准,从而占领市场,构建竞争优势地位。所以,需要改变单一企业作为技术引进主体的引进模式,可以由具有高度技术识别能力的科研机构牵头,各相关产业的企业参与,组建研发战略联盟,以整个技术联盟为整体参与技术引进过程。

2. 技术结构调整的方向

跨行业的共性技术:重点发展零部件的可靠性、耐用性技术;环境保护和资源综合利用技术;节水、节油技术;光机电一体化技术;精密、超细微加工、分离技术;纳米材料的制造和应用技术;生物工程技术;信息网络应用技术;仿生技术的应用技术;高分子材料的应用技术;推广计算机辅助设计(CAD)、计算机辅助制造(CAM)、计算机辅助工艺管理(CAPP)及计算机集成制造系统(CIMS)等。

在电子信息领域:重点发展第三代移动通信系统关键技术、光传输和交换技术、波分复用技术、卫星定位技术、宽带接入技术、支持网际协议数据业务的全球通信系统技术;高性能数据存储技术、数字编码技术、数据库技术、软件开发环境技术、操作系统结构及软硬件适配技术、嵌入式操作系统技术、网络计算机技术、中文信息处理技术、新型外部设备技术;集成电路设计技术与生产工艺技术、高清晰度CRT技术、彩色液晶显示技术、新型光电子器件的关键生产技术、新型片式元器件的关键生产技术;微细加工技术、高效环保电池技术、高密度多层印刷板制作技术、电子专用设备和电子信息材料的生产技术;数字化视听产品整机的关键件和软件的开发技术、家庭信息网络平台技术、环保在线监测技术,等等。

在先进制造领域,突出交通运输制造技术发展重点,实施极端制造技术等重大专项,重点发展智能化工程机械技术、混合动力型汽车技术、现代轨道交通装备制造技术、数控机床设备制造技术、超高压智能型输变电成套设备制造技术、现代仪器仪表技术以及制造业信息化成套技术等领域的科技攻关和技术开发。通过关键技术的集成创新,形成高成长性、高关联度的技术集群,形成提升湖南制造业发展水平的技术支撑体系。

在新材料领域,促进材料与器件、材料与装备协同发展,新材料技术开发与传统材料技术高端化并进,保障新材料领域关键技术能够得到有效供给。在先进电池材料及应用领域,加强高性能电池工程化和产业化关键技术攻关;在先进硬质材料领域,开展高品质原料和低成本制备等关键技术的攻关,形成深度加工能力和低成本制备能力;在复合材料技术领域,加强原辅材料及低成本制备技术的攻关,拓宽应用领域、提高制品性能;在新型化工材料领域,加强规模化、低毒化、环保化的关键技术攻关;在有色金属加工、陶瓷、造纸等传统大宗材料领域,重点发展高性能新品种制造技术、深加工和低成本制造技术等关键技术,为解决传统材料低附加值、高污染、高能耗等问题提供技术支撑。

在生物技术领域,突出农业和医学领域基因工程的原始性创新研究,围绕现代农业、现代中药和生物医药产业的技术需求,重点开展功能基因组、生物信息学以及生物工程药物、生物遗传育种等方面的研究开发,力争在国际生物技术前沿和生物医药产业占领一席之地。

加强矿产资源、生物资源等优势资源深度开发与综合利用的科技创新。加强高性能金属材料与金属资源高效利用研究,攻克铁、有色金属等低品位矿和铝土矿及复杂难选冶矿高效开发利用技术;实施新能源和再生能源开发重大专项,加强秸秆汽化、生物酒精、生物柴油、淀粉发酵等关键技术的开发,发展和推广新能源的开发利用技术,开展湖南发展核电的前期技术调研,开展发展核电的配套技术研究;发展农业、工业和城市节水和水资源高效利用技术;加大生物资源,特别是农林生物资源深加工技术和综合利用技术研究开发。

大力发展生态环境保护与治理技术。实施循环经济科技示范重大专项,在湖南株洲、湘潭、岳阳等地建立3—5 个循环经济科技示范基地,开展循环经济的示范和实践。以湖南生态与经济的协调发展为目标,以湖南生态环境建设的需求为动力,建立区域生态监测预测技术体系,在生态防治、生态农业、城市生态等方面有较大突破和创新。重点开展防洪抗旱与减灾技术、退化生态系统的恢复与重建技术、生态环境信息监测与预警技术、区域综合整治及重点流域生态系统管理技术的研究,为建立资源节约型和环境友好型社会提供科技支撑。

四、战略对策

创新是民族进步的灵魂,也是民族和国家发展的动力和源泉。创新与思想解放有着直接的因果关系,思想解放是因,创新是果。创新的源泉和本质是独立思维、解放思想。离开解放思想就不可能创新。坚持以改革创新为动力,是推进新型工业化的关键一环。湖南实施新型工业化战略必须充分发挥湖南在区位、自然资源、科教文化、低成本等方面的比较优势及后发优势,通过制度创新、管理创新、政策创新和方法创新,加快工业结构调整和改革开放步伐,走科技含量高、经济效益好、资源消耗低、环境污染少、人力资源优势得到充分发挥的新型工业化道路。

(一) 制度创新

制度创新是新型工业化的灵魂。经济学家们把制度的基本建设看得比技术的基础设施建设更为重要。为此,湖南走新型工业化道路,必须进一步清除体制性障碍,着力构建走新型工业化道路的制度基础。

1. 深化国有企业改革。以增强企业竞争力为重点,深化国有企业改革,完善相关配套措施,全面完成省属国有企业改革。坚持以产权多元化为核心,加快国有企业重组,发挥大企业、大集团的放大效应和叠加效应,整合提升,做大做强。坚持不求所有,但求所在,加大外引内联力度,与国际战略投资者、与中央大企业、与民营企业对接合作,大力发展各种混合所有制经济。通过产权转让、股权转让、增资扩股等多种形式,实现投资主体多元化、分配方式多样化、企业经营者选聘市场化。推进国有大中型企业实现规范的公司制改革,建立现代企业制度,推进法人治理结构规范化与治理水平提高。完善企业经营业绩考核和薪酬分配制度,逐步建立业绩考核和薪酬分配与国内行业先进企业达标管理的评价机制。进一步健全国有资产监管组织体系和政策法规体系。

2. 进一步完善市场经济体制,充分发挥市场配置资源的基础性作用。新型工业化,从制度安排的角度讲就是资源配置的市场化。只有努力进行制度创新与变革,建立一个高效率的市场经济新体制,湖南的工业化道路才会有规范的制度基础。加快市场化取向的经济体制改革,注意政府适当干预和介入的原则和范围,为有关新型工业化政策的实施确定相对合适的制度边界。

3. 大力发展混合所有制经济和非公有制经济,塑造良好的市场微观基础。从制度、政策方面鼓励、支持和引导非公有经济发展,打破和消除对非公有经济的歧视与限制,赋予非公有经济以国民待遇;打破非公有经济的市场准入制度障碍,放宽对民间资本的产业准入限制,拓展非公有经济投资领域和空间;加大产权保护力度,切实保障非公有经济的合法权益等。通过制度安排充分发挥非公有经济的主力军作用,让民间资本在新型工业化进程中唱主角。

4. 安排好与国际市场的制度衔接。进入并利用国际市场的重要条件之一是"制度衔接",采用比较接近或一致的交易规则(包括会计方法、公司制度、市场准则、服务与贸易体系等),才能够减少与国际上其他国家间的制度性摩擦,大大降低进入国际市场的交易成本,享受世界经济一体化所带来的利益。因而,建立起与国际市场相衔接的会计制度、产权制度、关税制度、金融制度等,显然是工业化进程中制度创新的一项重要任务。

(二) 管理创新

管理创新是指管理者借助系统的观点,利用新思维、新技术、新方法,创造一种新的更有效的资源整合模式。管理创新具有复杂性、动态性和风险性,是科学管理的根本,是组织资源整合、社会系统运行和社会发展的需要。管理创新是经济发展的产物,同时,管理必须顺应经济发展的不断需要,不断变革,不断创新。

1. 转变政府职能,加强创新管理。一是要做到"四个分开"和"两个退出",即做到政企分开、政资分开、政事分开、政府与市场中介组织分开;政府从各种形式的市场参与者角色中退出,从替代市场的各种功能中退出。也就是说,政府部门要在"市场参与者"与"市场监督者"之间找准自己的定位,将政府的经济管理职能转到创造良好的市场环境上来,把配置资源的功能交给市场,从制度上更好地发挥市场在资源配置中的基础性作用,强化政府的市场监控职能,理顺工作渠道和流程,做到不缺位、不越位、不落空。二是创新管理手段,加强对行业发展的积极引导。要认真研究市场经济条件下政府管理经济的范围、手段、方式和方法,增强宏观分析能力,进一步加强宏观研究和指导,建立工业和通信业日常监测,及时通报相关信息,把握重点行业动态,保障行业平稳运行等。

2. 积极推进大中型企业管理技术的创新。随着大中型企业的发展,市场规模的扩大,一方面企业内部管理日益复杂化,同时另一方面市场需求的快速变化和竞争形势的变化又要求管理者提高反应速度。要解决这两者间的冲突和矛盾,只有积极引进先进的管理技术,尤其是动用现代信息技术来提高管理的效率和质量。管理信息是管理中的基本要素和中介。管理过程实际上也是对管理信息的处理过程。运用现代的信息处理技术,对于提高管理效率和水平具有重要的促进作用。如在我国企业推行 CIMS 的实践就证明了这一点。CIMS 是建立在现代管理模式基础上的企业管理系统。它带来的典型管理模式包括:企业资源计划(ERP)、制造资源计划(MRPII)、准时生产模式(JIT)、按类个别生产模式(OKP)、优化生产技术(OPT)、精良生产方式(LP)、基于并行工程的产品开发与生产管理模式等。尤其近 10 年来,在我国 20 多个省市、10 多个行业的 200 多家企业开展了 CIMS 应用示范工程。CIMS 应用示范工程 10 多年的实践证明,它不仅给新产品、新技术的开发提供了有效的技术手段,而且改变了传统生产、经营模式和经营思想,促进了企业管理的高度集约化和信息的共享。

(三) 政策创新

新型工业化的过程,也是政府政策的制定和实施的过程。政府政策应在推进新型工业化的进程中,不断进行创新,以适应不断变化的经济社会环境。

1. 提高政府组织的政策创新能力。政策创新的关键在于提高政策主体的创新能力,必须在推进新型工业化的过程中,不断提高政策主体的创新能力。首先,要不断优化决策者的知识结构。政策主体拥有知识总量的多少和知识结构的合理性,不仅对其发现既有政策的缺陷和提高认知政策的能力有重要影响,而且也直接影响了对政策安排的选择集合。不断增加各级政府政策主体的知识存量,特别是行政管理和政策知识的存量,优化政策主体个人和整体的知识结构,是政府政策能力提升的一个重要条件。其次,要不断提升决策者的思维能力与创新能力。一方面要提高决策者的综合能力,即与新型工业化密切相关的反应能力、适应能力和研究能力等;另一方面要发展与强化决策者的质疑心理与创造性思维,不断培养决策者的创新精神。具备了知识基础和各种创新能力,还必须培养其勇于创新的勇气、不被习惯势力和环境压力所束缚的坚韧不拔的意志。此外,还要大力培养与提高各产业企业、教育科研、公共管理与服务等方面人员的创新能力。

2. 不断创造与完善政策形式。从实质上来说,政策创新既是政策的改革与发展,又是政策的主体——政府的改革与发展。首先,政策创新是政策改革与政策发展的统一。在这里政策改革泛指政策的废改立,而政策发展乃是政策的进步是先进的政策取代落后的政策,正确的政策取代不正确的政策,完善的政策取代不完善的政策,高品质、高水准的政策取代低品质、低水准的政策的过程。任何事物的形式总是应当与其内容相适应,在政策改革创新的过程中,政策的形式也必然要进行创新与发展。事实上,在推进新型工业化的过程中,在各类政策形式的创新上,在立法行政决策、司法决策、执政党政策等政策形式的创新上,都已经取得大量的成果。应在认真总结与验证的基础上,使各种政策的新形式逐渐成熟与完善,从而使政策具有丰富多彩的政策形式。

3. 在政策的制定及运行中不断创新与完善。由政策制定、执行、评估、调整、终结和监督等环节组成的政策过程,表现为一个连续的政治系统的“输入——转换——输出”的完整过程,其中每个环节都具有其重要的意义,在新型工业化进程中,必须推进并保障政策在其制定及运行过程中都得到不断创新与完善。第一,在政策的制定环节,要及时发现新型工业化过程中出现的问题,解决好利益关系各方之间的博弈,推进政策的制定与修订,同时对政策制定的各个程序、步骤进行相应的改革与创新;第二,不断改进与完善政策实施与执行方式,加大政策执行的力度,使创新的政策在执行中充分发挥创新的活力;第三,推进政策在其监督、评价与调整环节的创新与发展,使其不断强化与完善,使创新的政策能切实推动新型工业化的发展。政策的创新,不仅是以完全崭新的政策方案与行动去取代原有的政策,而且也包括对原有政策的调整与改进,任何一项政策都必须在实施贯彻执行过程中不断丰富与完善。

(四)方法创新

方法是主体把握客体的手段、方式与途径的总和,是主客体相关联、相结合、相统一的中介与条件。方法创新是以方法为对象的创新,根据对象的自身特性,可以采取多种手段对方法做出创造或改造,主要的表现形式有:(1)方法发明。这是方法创新的基本途径,属于开发式的创新。(2)方法移植。不同领域的各种方法的集合构成了一个方法群,方法具有开放性,不同的方法可以相互吸收、借鉴以致移植,在方法群中表现出相互渗透、相互包含的趋势。(3)方法借鉴。方法借鉴就是在不能完全移植的情况下,从其他领域的方法中学习某些有用的、能用的成分。在

21世纪的今天,科技的迅猛发展,知识的不断更新,人们要想与时俱进,按照原来的思路、观念、习惯、定势去认识和解决问题,必将遭到淘汰。而方法创新则是最实际、最见效、最能影响观念改变的有效途径和必要手段,推进新型工业化建设更是如此。

1. 做好定位,明确方法创新的方向和目标。决策定位、创新定位是实现方法创新的重要一环,定位的优质决定创新的成效,定位的合理性影响着方法创新的效能。湖南新型工业化的发展战略,各级政府和领导既要客观上超前把握,又要在具体操作上精确指导,善始善终握准创新的"罗盘"。如何科学合理定位,关系到建设什么样的新型工业化和怎样建设新型工业化的问题。领导要认真把握湖南新型工业化的基础和优势,坚持湖南特色,但也要注重世界经济社会形势的变化,从而科学定位,走多样化个性化发展的道路。要根据时代和地域特点,湖南社会政治、经济、文化发展需求和资源分布情况,做出符合实际的恰当定位,明确自己的类型、层次、专业结构和规模要素等。只有为自身定好位,才能够使其发展有了最为重要的基础。俗话说:一流的事业一定要有一流的定位。只要领导明确了创新的方向和指导思想,明确了创新的时限,明确了创新的长远和近期应对措施,明确了不同阶段的目标,并有效组织实施,合理的定位就会显现优势,就会由想法和形式转化为生产力和决策效能。

2. 注重结合,让方法创新从实践中得到提升。方法创新对于湖南推进新型工业化的是十分重要的。我们要在大胆借鉴国内外工业化发展道路先进经验的基础上,全方位地学习和利用社会科学、自然科学和人文科学的理论,来构建具有自身特色的方法创新概念体系。同时,学习和借鉴社会学、经济学、管理学、解释学、现象学、历史学等的方法,从这些发展着的现代学科中汲取营养,以提高其理论的开放性程度,开辟更加广阔的研究领域。并做到定性研究与定量研究的结合,基础研究和应用研究的结合,系统研究和专题研究的结合。同时,实证分析的方法,让普通的事实有了更大的说服力,也让人们从抽象的理论走向具体的实践。同时,领导者要重视挖掘创新的积极因素,不断发现和表彰方法创新的先进典型,让组织认可他们的创新劳动,宣传他们的创新精神,在自己带头创新的基础上,努力为践行创新的人和事主持正义,在一个单位、一个集体形成创新光荣的氛围。

3. 继续培训,为方法创新注入不竭动力。方法创新是一个动态运行的过程,旧的矛盾解决了,新的问题就会随着工作的发展而出现,这就需要领导者不断提升方法创新能力,培育方法创新人才。首先,领导者一定要从繁忙的事务中解脱出来,适时参加职业素质培训,聆听专家讲课,自觉吸纳一切有利于发展文明的创新成果,以最短的时间、最简捷的方法把自己从"外行"变成创新的"内行"。其次,领导者要抓好创新队伍建设,着实抓好专业人才培训,为人才营造良好的提升能力的环境。同时,还要把"一班人"教育培训抓好,采取"请进来"和"走出去"的方法,让班子成员学习创新知识,锻炼创新本领。要通过交创新任务、压创新担子、破解创新难题等形式,使"一班人"长见识,提高能力,要进一步深化帮带工作,运用课题研究、典型剖析、行业交流等方法,使其学到真功夫。运用这种方式,打造一个领导带头、委员参与、人才带动的创新生动局面,使方法创新成为工作强力"推动器"。

(五) 开放创新

对外开放度是指一个国家或地区融入国际经济的程度或对国际经济的依赖程度。因此,经济对外开放度的内涵至少有两层意思:一是本国或地区以何种方式、何种程度、何种代价进入世界;二是允许别国经济渗透本国或本地区经济的方式和程度。它既是衡量经济竞争力的重要指标,也是体现经济发展水平的重要特征。改革开放以来,湖南省对外开放水平不断提高,大力地促进了湖南经济的发展。然而,与发达地区比较,目前湖南的对外开放水平依然较低,经济竞争实力依然较弱。因此,在经济全球化的进程中,湖南要勇于走出去,招商引资,才能发展开放型、外向型经济,扩展对外开放的广度与深度,推进湖南经济新开放,并通过发展开放型经济提升湖南经济竞争实力,加快湖南经济的发展。

首先,走科技兴贸的道路,实施出口商品结构分层次升级战略。努力培育湖南具有较强竞争力的主导产业,形成出口产品的竞争优势,要充分利用产业扶持、优惠政策,加快高新技术产业和资金密集型机电产业的发展,为出口提供更多高附加值产品,以相对较少的出口量创造较多的外贸收益;提高传统的有色金属、钢铁、工具、陶瓷、花炮、农副产品的质量和技术水平,由初加工、粗加工向精加工、深加工转变,提高单位出口产品的附加值;继续巩固和发展劳动密集型产品。

其次,进口先进技术和设备,发挥后发优势,提高国际竞争力。在发展湖南新兴产业,培育新的出口优势商品的时候,一要靠我们的自主知识产权,另一方面,则要靠引进技术和设备,发挥湖南的后发优势。要大力吸引外资,进口先进技术和设备对湖南传统产业进行技术改造和结构升级,增强其活力。

第三,大力实施跨国公司扶持工程。企业是实施"走出去"战略、发展跨国经营事业的中坚力量。今后要根据本省特色优势产业及其国际化程度,尽快制定打造本土跨国公司发展的规划和支持办法,以全面提升湖南生产要素跨境流动水平,加强海外能源、资源合作开发,推动湖南的"走出去"由生产制造向研发和市场营销环节延伸、由制造业出口向境外服务业拓展的转变为目标,择优选择行业龙头和优势企业予以重点扶持,特别是要在鼓励和支持企业的兼并重组,大企业和企业集团的合并纳税,以及参与重大国际并购项目给予特别支持、分担跨国经营中的探索性成本等方面,为其"走出去"提供个性化政策和服务。要注意培植"走出去"梯队群体,努力探索跨国经营企业的资源分享途径和方式,增强"走出去"先进企业和重点培育的本土跨国经营企业"航母"的示范带动作用,促进更多企业和外经事业单位实施全球化战略。

（杨益军　苗俊明　李自力　姚正其　执笔）

主要参考文献:

[1] 覃虹:《湖南走新型工业化道路的战略选择》,载于《湖南经济管理干部学院学报》2004年第4期

[2] 程志光、左玉辉:《江苏省新型工业化发展战略研究》,载于《前沿论坛》2004年第6期

[3] 张英姣:《论新型工业化道路的创新》,载于《山东理工大学学报》(社会科学版)2005年第7期

[4] 赵树宽、景承蔚、陈秀丽:《区域新型工业化发展战略和有效制度安排的理论研究》,载于《工业技术经济》2005年第10期

[5] 张春贤:《在新的起点上加速推进湖南特色的新型工业化》,载于《新湘评论》2008年第8期

[6] 王赟新:《新型工业化与湖南发展战略创新》,载于《湖南行政学院学报》2008年第3期

[7] 王荣科、段华洽:《建设创新型城市要重视公共政策创新》,载于《安徽大学学报》(哲学社会科学版)2009年第3期

[8] 戴月、陈丽娟:《管理创新是走新型工业化道路的关键》,载于《沈阳教育学院学报》2004年第3期

[9] 李明、付景涛、王敬宇:《"两型社会"建设与长株潭城市群公共管理制度创新》,载于《湖南社会科学》2009年第1期

[10] 颜晓峰:《论方法创新》,载于《科学技术与辩证法》2002年第2期

[11] 《湖南统计年鉴2008》,中国统计出版社

湖南新型工业化的结构创新

现代系统科学已阐明,结构变化是任何事物发展过程中的一种显著特征。著名经济学家 H. 钱纳里指出:"从历史上看,工业化一直是发展的中心内容。"①因此,在工业化过程中,同样会显现出这样的结构变化,包括生产结构、分配结构、流通结构、消费结构和所有制结构等各方面或层次上的变化。其中,尤其生产结构特别以工业结构的变化最为显著。从广义的变化来看,由于工业结构的变化将导致一系列连锁反应,引起与工业结构直接有关的社会结构的变化,如城乡结构、城市结构、社会阶层结构、教育文化结构和区域结构等方面的变化。

区域工业结构是区域工业特征的重要组成部分。按照区域工业特征组织区域分工合作,能够获得巨大的经济、社会和生态效益。正如马克思所说:"由于分工和合作产生的生产力,不费资本分文。"②这种"不费资本分文"而又能提高经济、社会和生态效益的途径,正是我们研究湖南新型工业化结构创新的目的所在。

一、何谓新型工业化的结构创新

常言道,"差之毫厘,谬之千里"。就是说,对概念的理解开始若有毫厘之差错,将来将会可能发生相差千里的谬误。可见正确理解概念之内涵,对于科学研究是何等重要。笔者为了方便解读"新型工业化的结构创新"起见,不妨先从"结构"讲起。

(一) 结构是个十分广泛的概念

何谓"结构"!中国统计出版社出版的《中国统计年鉴》解释告诉我们,结构即

---

① H. 钱纳里等:《工业化与经济增长的比较研究》,上海人民出版社 1989 年版,序言。
② 《马克思恩格斯全集》第 23 卷,人民出版社中文第 1 版,第 423 页。

构成①。《辞海》界定是:结构即"各部分的配合;组织。如物质结构,工程结构;文章结构。"②其实"结构"是一个十分广泛的概念。

从经济层面来看,大致包括四个方面:一是生产结构,又可分为产业结构、产品结构、技术结构、就业结构、经济组织结构、经济区域结构等。产业结构,又可分为农业结构,工业结构,建筑、运输、邮电业结构和服务业结构等;二是分配结构,又有积累结构、投资结构等;三是流通结构,又有价格结构、市场结构等;四是消费结构,以生活消费而言,又有个人消费结构、公共消费结构等。

从工业经济层面来看,一是经济组织结构,包括独资企业、合作及合伙企业、股份有限公司、有限责任公司等;二是轻重工业结构,包括轻工业、重工业;三是企业规模结构,包括大型企业、中型企业和小型企业;四是行业结构,湖南工业目前共由38个工业行业构成。③

工业结构不是简单的各个组成部分的比例关系,即量的规定性,还包括"组织"内部各个构成要素之间的有机联系,即质的规定性。工业结构的合理与否是有客观标准的,这个标准又受时间、地点、条件的影响而变化,是动态的,没有一成不变的模式。不同的国家或地区、不同行政单元、不同的历史发展阶段和不同的资源条件,工业结构的合理性的具体内容有很大区别。所以,结构调整优化、升级和创新,特别要重视特色。特色即地区差异性,特色也就是比较优势,在引进项目中,要从本地区的实际情况出发,在参与国际市场竞争中,要充分发挥本地区的优势,"走出一条科技含量高、经济效益好、资源消耗低、环境污染少、人力资源优势得到充分发挥的新型工业化路子。"④了解结构内涵后,再进一步了解工业化与新型工业化的"化"字。

(二) 工业化与新型工业化共同之点强调"化"字

如果从字面上理解,不论是工业化还是新型工业化,他们共同之点都是强调"化"字。何谓"化",《辞海》的界定是:"变;改。表示转变成某种性质或状态。如电气化;大众化"。⑤一般而言,所谓"化",这里既可以是指某一种趋势或一种进程,也可以是指由一种或几种特定的力量(包括技术、观念、文化等等)引起的持续的、动态的改变状态,还可以理解为一种自发演化的趋向或标准。

① 《中国统计年鉴》,中国统计出版社2009年版,第13、38页。
② 《辞海》,上海辞书出版社1979年版,第1168页。
③ 《湖南统计年鉴》,中国统计出版社2009年版,第220—221页。
④ 《江泽民文选》第3卷,人民出版社2006年版,第545页。
⑤ 《辞海》,上海辞书出版社1979年版,第208页。

1. 国内外学者对"工业化"概念的界定。工业化肇端于18世纪中叶的英国工业革命,也称为产业革命,可是在经济文献中"工业化"一词的出现,却是在20世纪初以后的事了。① 由于工业化所涉及的范围有大有小,有宽有窄,国内外学者对"工业化"概念的界定各不相同。有人②曾对国内外学者有关"工业化"概念的不同界定进行了列表统计(见表1、表2)。

表1 国内学者对工业化概念的不同观点

序号	内　　容	资料来源
1	工业化指的是一个国家由落后的农业国向现代工业国转化的一种过程。	姜爱林(2003)
2	工业化是指一系列基要生产函数连续发生变化的过程。	张培刚(1984)
3	工业化一般是指工业(或者制造业,第二产业)在国家收入和劳动人口中所占的比重持续上升的过程。	简新焦(2001)
4	工业化一般是指一个国家由生产技术落后和生产力水平低下的农业国过渡到具有先进的生产技术和高度发达的社会生产力的先进工业国的过程。	方　甲(1996)
5	工业化是指一个国家或地区工业活动持续增长及其中一系列基本的生产函数(或生产要素组合方式)连续发生由低级到高级的突破性变化(或变革)的过程。	苗长虹(1997)
6	工业化就是机器大工业在国民经济中发展成为占统治地位的过程。	辞海经济分册(1980)
7	工业化就是在经济发展过程中机器大工业占据统治地位的发展过程。	于达顺(1989)
8	工业化就是使大工业在国民经济中取得优势地位的过程。	许涤新(1980)
9	工业化是指一国通过发展制造业,并用在去影响和装备国民经济其他部门,使国民经济由农业国转变为工业国的过程。	吴敏一(1991)
10	工业化是近代工业通过自身的变革在经济中占据主导地位并使国民经济乃至整个社会都得到改造的过程。	吴天然(1997)
11	狭义的工业化是指一个国家由农业国向工业国转化的过程,广义的工业化则是发展和现代化。	蔡思复(1992)
12	工业化就是借人才资源和资本货物之助,将原料变成消费品、新资本货物及一般社会资本等各项新货物和服务的过程。	杨敏年(1988)
13	在市场经济体制下,所谓工业化,就是以市场交换为基础的,以工厂或企业为组织形式的,以机器大规模生产为特征的生产过程。	丁焰辉(1999)

① 龚唯平:《工业化范畴论》,经济管理出版社2001年版,第38页。
② 姜爱林:《工业化的含义及中国工业化发展的特征》,载于《河南师范大学学报》(哲学社会学版)2003年第2期。

表2　国外学者对工业化概念的不同观点

序号	内　　容	资料来源
1	工业化是经济中各行业企业的生产组织,按专业化和劳动分工、运用技术、机械、电力来补充和代替人的劳动的过程。	科帕垂克(1983)
2	工业化是指以各种不同的要素供给组合去满足人类不断增长的物质需求的一种途径。	H.钱纳里(1996)
3	工业化就是以机器生产取代手工操作的现代工业发展过程。	吕贝尔特(1983)
4	一种明确的工程化过程的一些基本特征是:首先,一般说来,国民收入(或地区收入)中制造业活动和第二产业所占比例提高了,或许因经济周期造成的中断除外。其次,在制造业和第二产业就业的劳动人口的比例也有增加的趋势,这两种比率增加的同时,除了暂时的中断以外,整个人口的人均收入也增加了。	新帕尔格雷夫(1992)
5	工业化是产品的来源和资源的去处,从农业活动转向非农业生产活动的一种过程。	西蒙·库兹涅茨(1992)
6	工业化是脱离农业的结构转变,即农业在国民收入和就业中的份额下降,制造业和服务业的份额上升。	撒　克(1985)

事实上,有关工业化概念的界定远不止这些。比如,马克思虽然没有明确给出工业化的界定,但他关于资本主义机器大工业发展的论述,应该就是对资本主义工业化发展及其特征的系统阐述;而斯大林的观点则认为,只要一国的工业产值占到国民经济总产值的70%以上,就应算是完成了工业化。

2. 国内外学者对"新型工业化"概念的界定。何谓新型工业化,在中共十五届五中全会上,党中央第一次明确做出"以信息化带动工业化",发挥后发优势,实现跨越式发展的战略部署之后,中国共产党又在十六大会议上,进一步明确提出:"坚持以信息化带动工业化,以工业化促进信息化,走出一条科技含量高、经济效益好、资源消耗低、环境污染少、人力资源优势得到充分发挥的新型工业化路子。"①

"坚持以信息化带动工业化,以工业化促进信息化",是我国新型工业化道路的科学内涵。但是,随着时间的推移,新型工业化概念在学术界也出现不同的表述:

有的学者认为:新型工业化是指从20世纪90年代起,早已实现工业化的发达国家步入信息社会后,正处在工业化过程中的发展中国家所面临的工业化的新任

① 江泽民:《全面建设小康社会,开创中国特色社会主义事业新局面》(2002年11月8日),《江泽民文选》第3卷,人民出版社2006年版,第545页。

务和所出现的新特征。如果简单表述就是:将发达国家走过的传统工业化、后工业化、信息化三个阶段的任务三步并作一步走。①

有的学者认为:工业化是指机器制造代替手工劳动的发展过程,新型工业化是相对于传统工业化进程而言的。②

有的学者认为:新型工业化是指发展中国家在信息化的背景下实现工业化的过程,或指国民经济中一系列重要的生产函数在信息化的带动下,发生由低级到高级的突破性变化的过程。③

有的学者认为:新型工业化是以信息化带动的,在消耗较少资源,带来较少环境污染条件下取得良好经济效益,并能充分发挥人力资本优势的工业化。④

有的学者认为:凡成功实现工业化的国家,都有各自的创新,完全按照别国的技术模式去跟进和模仿注定不能成功,就此意义上讲,成功实现了工业化的国家都可以说是一种新型工业化。⑤

有的学者认为:新型工业化有狭义和广义的解释。狭义的新型工业化是指以可持续发展为基础、由信息化带动的、信息化与工业化有机结合的经济发展过程。广义的新型工业化定义,是指一个国家或地区以可持续发展方式向以信息化为基础的社会的转化过程,这一转变不仅限于技术层面、工具的改变,还包括了人们的分工、管理体制、工作方式、生活方式,直到思想观念的全面变革。这一转变过程的结果不仅实现了传统工业化的目标,而且给其添加了信息化的内容。⑥

国外学术界普遍认为:以信息技术为代表的高新技术推动经济发展的新阶段称做新型工业化。⑦

3. 工业化与新型工业化的"化"指过程、阶段和标准。综上所述,无论是工业化还是新型工业化的"化"字,都与"过程"、"途径"、"趋势"、"路子"、"三步并作一步走"、"发展过程"和"转变过程"等等联系在一起,"化"具有阶段性的特征,标准的内涵。我国工业化正处在中期阶段。⑧

---

① 史清琪:《中国产业发展与新型工业化》,经济科技出版社 2003 年版,第 123 页。
② 任才方:《新型工业化指标体系》,经济科学出版社 2003 年版,第 127 页。
③ 夏永祥:《新型工业化与小康社会》,苏州大学出版社 2003 年版,第 34 页。
④ 胡鞍钢:《新型工业化与发展》,经济科学出版社 2003 年版,第 141 页。
⑤ 张一民:《论中国新型工业化与城市化》,东北财经大学出版社 2004 年版,第 158 页。
⑥ 赵国鸿:《论中国新型工业化道路》,人民出版社 2005 年版,第 35 页。
⑦ 国家经贸委行业规划司:《我国走新型工业化道路研究》,机械工业出版社 2003 年版,第 3 页。
⑧ 白云伟:《中国新型工业化历史与现实的选择》,山西经济出版社 2008 年版,第 144 页。

传统意义上的工业化与新型工业化是工业化不同的历史阶段的不同标准。工业化先出现,新型工业化是在新技术革命背景下,以信息化为基础的赋予了新内涵和新标准的工业化。新型工业化的阶段更高,内涵更丰富,标准也更高。实现了新型工业化,肯定也完成了传统意义上的工业化,而实现了传统意义上的工业化,并未达到新型工业化的目标。从另一角度看,作为一个经济学概念,工业化的内涵是在不断丰富和发展,新型工业化也是工业化,是工业化的子概念,是信息化时代的工业化。

如何理解新型工业化的结构创新呢!笔者从"新型"层面入手剖析。

(三) 新型工业化注重"新型"

自20世纪90年代以来,世界经济出现了两大新动向:一个是经济信息化、知识化趋势;另一个是经济全球化发展趋势。受前者的影响,发达国家在完成了工业化任务后,为了摆脱在工业化进程中加剧了资源紧张和环境恶化等问题对经济持续增长的约束,积极投入大量研发经费,加快信息技术的开发和应用,加速经济结构由"刚性"向"柔性"转化,其工业产值占国民生产总值的比重和劳动力在工业部门的就业比重正呈现一种"逆工业化"的发展趋势,学术界把这种经济称"后工业化"或"知识经济"和"信息经济"。随着对"知识经济"研究和认识的加深,人们已越来越认识到由农业经济到工业经济再到知识经济,正是生产力发展的一般规律。

一个不可否认的事实是,当今世界经济正在发达国家主导下向全球化、一体化方向迈进。全球化与信息化相互支持,不仅推动世界经济进入一个新的经济增长周期,而且加剧了世界各国之间的经济竞争。科学技术特别是信息技术毫不例外地成为国际经济角力的发力点,致使广大发展中国家在这种异常激烈的竞争中处于被动和不利的地位上。要根本摆脱这种被动局面,就必须迎头追赶,致力实现现代化。同其他发展中国家一样,我国也是在工业化过程中赶上了知识化、信息化浪潮。为了实现经济发展的追赶目标,我们不可能像发达国家那样,先完成工业化,然后在工业化基础上再进行经济的信息化。要赶上发达国家或缩小同发达国家的差距,除了将工业化与信息化同时并举,把生产力发展的两个不同阶段并作一个阶段,"以信息化带动工业化,以工业化促进信息化,走出一条……新型工业化路子"。之外,我们别无选择。所以,新型工业化注重"新型"。

1. 相对我国原有的工业化道路而言是"新型"。新中国成立以来,尤其是改革开放以来,我国工业化取得很大进展,举世公认。但原有进行的工业化总体上是走传统的工业化道路:经济增长方式粗放,劳动生产率较低,工业化快速发展很大程度上还是靠高投入、高消耗来支撑;资源和环境成为实现工业化不可克服的硬约束;生态环境恶化;结构性矛盾凸显;城乡差距、地区差距拉大。21 世纪中国新型工业化道路应该是在继承过去的成功经验、总结过去教训的基础上,根据外部环境的变化对工业化的路径进行调整走的"新型"的工业化之路。

2. 相对西方发达国家和新兴工业化国家走过的工业化道路而言是"新型"。现在那些发达资本主义国家的工业化,大都是在 19 世纪完成的,走的是殖民掠夺、大量消耗能源和原材料、严重破坏环境、贫富悬殊的工业化路子,对自然界和社会造成的负面影响长期难以医治。现在,人们不能也不应该再走这些工业化老路。我国新型工业化发生的背景不同于西方发达国家和新兴工业化国家,工业化的内涵和目标不相同,工业化战略和实现手段也不尽相同。具体来说,中国新型工业化是在知识经济时代的工业化,知识(含信息、科技、教育)作为最重要的生产要素,对推动工业乃至现代经济增长的作用越来越突出。

3. 新资源、新生产力、产业结构的新调整。一是经济资源的新发展。任何经济时代,经济增长都离不开对各种资源的开发利用。在知识经济时代,整个社会都着力于开展利用信息、教育和知识资源,对信息、教育和知识资源的开发利用已成为区分知识经济时期与工业经济时期的重要标志。"信息、教育、知识已是知识经济时期支撑经济发展的三大新的资源"。① 他们的开发利用水平将从根本上决定新型工业化的发展水平。二是生产力要素内容的新拓展。在知识经济时期,生产力的发展主要集中在两个方面:即原有生产力的各构成要素在内涵上、质量上都发生重大变化。劳动者的智力或脑力将占据主导地位,智力型或脑力型劳动力将构成劳动者的主体;生产工具和劳动对象的科技含量将大幅度增加。即促进生产力发展的新要素被广泛开发出来,丰富了生产力的构成内容,信息、教育、知识等生产力渗透性要素成为推动经济发展最重要的要素。在这一时期,知识将是决定或促进生产力的关键要素。"知识就是力量"。② 三是产业结构的新调整。在知识经济时期,伴随人类知识的不断积累,人类在越来越厚实的知识传统上进行知识创新的能力大为增强。科技、教育和信息知识创新呈现出愈来愈快的势头,教育和研发等以知识创造知识的活动逐渐从生产中独立出来,不仅成为一个日益活跃的新兴产业部门,而且成为带动整个经济增长的主导部门,从而引起产业结构尤其工业结构的新调整。

---

① 彭坤明:《知识经济与教育》,南京师范大学出版社 1989 年版,第 35、37 页。

② 同上。

（四）新型工业化结构创新的新解读

所谓新型工业化的结构创新,我们的理解是指新型工业化过程中产生结构的柔性化、绿色化和低碳化以及管理的数字化和网络化。柔性化是指国民经济的各种产业构成中所蕴含的知识比重大大增加,从而使产业整体结构向知识型产业占主导的方向发展。

1. 新兴产业迅速崛起,带动国民经济结构尤其工业结构的"柔性化"。从产业结构的整体来看,在新型工业化过程中,不仅农业占整个国民经济的比重急剧下降,而且传统工业制造业的比重也在下降。与此相反,知识密集型产业和以新知识的应用为特征的新兴产业,如网络、电子通讯、软件、生物技术、新材料技术、新能源技术等新兴产业则迅速崛起,成为现代经济中的主导产业,并带动整个国民经济的持续、快速增长和国民经济结构尤其工业结构的转换升级。

2. 依靠信息技术和科技进步改造传统工业,促进工业结构"绿色化"。依靠信息技术和科技进步改造传统工业是走新型工业化道路的一项重要路径,从而使传统工业中的各行业构成中知识、技术含量得以大幅度提高。工业的发展将从主要依靠劳动数量的增加、资本的投入、资源的消耗等传统的"刚性"手段转向主要依靠信息、教育、知识,以及与高新技术革命相伴随的观念更新等"柔性"手段来支撑,从而提高工业生产过程和产品结构的绿色化程度。

3. 知识的研发(R&D)活动成为支撑经济增长的重要产业,通过节能减碳和资源高效利用实现工业结构"低碳化"。在知识经济时期,由于知识取代传统的土地、资本等成为经济增长的第一要素,因此从事知识产品生产、交换和推广应用的各种产业,如教育、研发、信息咨询、智力服务等会大量兴起,并成为知识经济时期新型工业化的标志性特征,它们的成果在工业生产过程中的应用必然产生节能减碳和资源高效利用的效果从而实现工业结构的"低碳化"。

4. 经济运行和管理方式的革新,实现数字传输和网络化管理。由于知识型产业将在市场竞争中获得优势地位,并引导经济社会的投资政策和资本使用方向的调整,进而引起整个经济运行和管理方式的革新,即信息技术在经济运行和管理中的广泛使用,实现数字化传输和网络化管理。

二、湖南工业结构创新取得积极进展

一般来说,工业化进程的直接表现就是第二产业在三次产业结构中的比重上升,这是衡量工业化阶段的一个重要标志。

三产业的划分是世界上较为常用的产业结构分类,但各国的划分不尽一致。我国的三次产业划分是:

A——第一产业,对自然界存在的劳动对象进行加工,如农业、矿业。我国把矿业划入第二产业部门。

B——第二产业,对第一产业产品进行加工,又称制造业,我国把建筑业划入第二产业部门。

C——第三产业,一般不直接创造物质资料。第三产业指为第一产业部门和第二产业部门提供生产性服务,或者为人们生活提供多种服务。

随着技术的发展,三次产业的地位不断发生变化。工业发达国家大体上经历以下五个阶段。

1. A>C>B

2. A>B>C

3. B>A>C

4. B>C>A

5. C>B>A

从 1990 年起,我国三次产业结构处于第四阶段,即第二产业大于第三产业,第三产业又大于第一产业[1]。工业发达国家普遍进入第五阶段。美国在 20 世纪 20 年代已进入第五阶段。

改革开放 30 年来,湖南国民经济克服了自然灾害、亚洲金融危机、特别是 2008 年历史罕见的雨雪冰冻灾害、能源和电力供应持续紧张以及百年不遇的国际金融危机。湖南在中央、省委和省政府的坚强领导下,湖南上下深入贯彻科学发展观和中央各项重大决策部署,坚持推进"一化三基"战略,着力创新发展思路,抢抓发展机遇使湖南经济保持平稳较快发展,赢得了"经济增长、结构优化、民生改善、社会和谐"的良好局面。2008 年,湖南地区生产总值突破万亿元,达到 11156.64 亿元,增长 12.8%。其中,第一产业增加值 2007.40 亿元,增长 5.3%;第二产业增加值 4933.08 亿元,增长 14.9%;第三产业增加值 4216.16 亿元,增长 13.3%。三大产业结构是:B>C>A,与我国三大产业结构所处的阶段相同。工业经济增势强劲,新型工业化的主导作用增强。2008 年,湖南规模以上工业增加值 3570.85 亿元[2],比上年增长 18.4%,高新技术产业增加值占地区生产总值的 9.8%。工业经济增势强劲的动力来自改革,主要来自工业结构不断调整优化、升级和创新。

---

① 《中国统计年鉴》,中国统计出版社 2008 年版,第 12 页。

② 《湖南统计年鉴》,中国统计出版社 2009 年版,第 219 页。

（一）兼并重组，企业组织结构进一步调整优化

1. 实施中央"抓大放小"的调整战略，积极推进企业兼并重组。20 世纪 90 年代以来，针对湖南企业组织结构存在的企业规模过小、产业集中度低、无法发挥规模经济优势等突出矛盾和问题，遵照中央实施"抓大放小"的战略，积极推进企业兼并和重组，提高重点产业的集中度。对一批企业集团进行改革试点，重组了一批主业突出、管理水平高、竞争力强的大公司和企业集团，通过改革重组，企业实力与竞争力明显增强。2008 年，湖南独立核算工业企业数共有 10982 个。其中，大型企业 56 个[①]，仅占湖南工业企业总数的 0.51%，但工业总产值却占湖南工业总产值的 27.1%，工业增加值的 30.37%，利润总额的 28.22%，利税总额的 44.89%，企业组织结构进一步优化。

2. 采取"放小"、"扶小"政策，鼓励非公有制企业积极参与公有制企业的兼并重组。政府采取了"放小"、"扶小"政策，打破传统工业化时期单一公有制的所有制结构，鼓励非公有制企业积极参与公有制企业的兼并重组，通过改组、联合、兼并、租贷、承包经营和股份制、出售等形式，放开搞活小企业，逐步由粗放经营向"专、精、特、新"方向发展，初步形成了大中小企业配套协作的格局，使小企业在活跃市场、增加财政收入、扩大就业等方面的作用充分发挥出来。到 2008 年，湖南共有小企业 10299 个，工业总产值 5968.61 亿元，工业增加值 1814.52 亿元，利润总额 211.02 亿元，利税总额 425.14 亿元，从业人员 121.07 万人，分别占湖南工业企业总数的 93.78%、湖南工业总产值的 53.05%、工业增加值的 50.81%、利润总额的 53.43%，利税总额的 39.67% 和从业人员的 54.84%[②]。由于企业组织结构进一步优化，使得中小企业尤其小型企业获得迅速发展。

（二）技术进步与创新，产品结构和技术结构得到提升

湖南工业结构矛盾的焦点就是一般性加工工业数量大，而深加工度的产品短缺。为解决这一矛盾，必然要紧紧依靠信息化和强化技术进步与创新工作的力度，紧紧围绕增加新品种，改善质量、节能降耗、防治污染和提高劳动生产率，有重点地改造一批骨干企业，大幅度提高工艺技术和装备水平，积极发展需求弹性高，能源消耗低而效益好的产业和产品，尽量延长产业链和产品链。近几年来，湖南做了以下工作：

---

① 《湖南统计年鉴》，中国统计出版社 2009 年版，第 220—228 页。
② 同上。

1. 加大了对传统工业的技改力度,工业技术改造投资大幅度增长。1994 年开始,按照扶优扶强的原则,实施了"加大改造力度,加快改革步伐"的"双加工程",集中力量对湖南重点行业的排头兵企业进行改造。2008 年,湖南工业技术改造投资达 1382.43 亿元,占湖南全社会固定资产投资的 24.47%,占湖南城镇以上工业固定资产投资的 69.31%①,可见湖南工业技术改造投入力度在加大。

2. 加快了推进企业技术创新,加强了以企业为中心的技术创新体系建设。由于企业的研究开发能力显著增强,企业技术创新服务体系建设和产学研联合进一步加强,有力地促进了科技成果的转化和企业竞争能力的提高。2008 年,湖南高新技术产业增加值达 1098.84 亿元②,比 2007 年增长 30.7%。

3. 加快了信息化进程,增强企业的竞争力。信息技术的进步和信息化的发展,为工业化创造了更好的发展环境,促进了工业经济增长。信息化带来的社会分工和生产生活方式的变化创造了巨大发展空间,信息化使技术扩散效应更快更强地促进工业化进程,电子政务为工业化提供更好的服务,知识传播的加快便于为工业化更多更快地培养人才。各类公共信息系统的建设和运行为科技产业化、教育普及化以及精神文明建设等提供了物质基础。据统计,我国在电信方面每投入 1 元,就会给其他行业带来 18 元的经济效益。据原国家科委的一项报告称:1989 年,国家科委信息投入 3.5 亿元,产出约 50 亿元,其科技信息服务的投入产出比为 1∶14.3;信息产业的发展推动了工业结构调整优化、升级和创新,促进了工业化,即"信息产业化"。从信息产业发展的角度讲,信息化表现为信息产业本身的发展,信息产业作为现代工业的重要组成部分,其高速发展势必加快工业化的进程速度。如果从增加工业在整个国民经济中比重份额的意义上理解工业化,那么发展信息产业就可以加快工业化的进程。2008 年,湖南信息产业③总产值占 GDP 的比重由 1997 年的 1.08% 提高到 4.44%④。通信设备、计算机及其他电子设备制造业总产值年均增长 38.98%,信息产业将成为湖南国民经济结构中的支柱性产业;同时,信息技术对传统工业的改造可以大大提高工业生产效率,降低成本。据统计,一台运算速度为 10 万亿次/秒的计算机,每秒的工作量相当于一个人连续工作 25 年的工作量。我国信息技术应用的典型调查表明:信息技术在改造传统工业方面的投入产出比,一般都是 1∶4 以上的倍数,有些领域甚至达到 1∶20 以上,信息化

---

① 《湖南统计年鉴》,中国统计出版社 2009 年版,第 4 页。
② 同上书,第 10 页。
③ 本文信息产业仅指通信设备、计算机及其他电子设备制造业与邮电业务总量。
④ 《湖南统计年鉴》,中国统计出版社,1998、2009 年版,第 253、305 页和 221、292 页。

是当代最先进的生产力,它能增强企业的竞争能力。①

(三) 所有制结构调整, 多种所有制工业共同发展

"根据解放和发展生产力的要求,坚持和完善公有制为主体,多种所有制经济共同发展的基本经济制度"②的精神,湖南加快了所有制结构的调整。

1. 加快了国有经济布局的战略性调整,国有企业全员劳动生产率显著提高。根据"有所为有所不为"的原则,在战略性调整中做到进而有为,退而有序。在冶金、机械、公用事业等关键领域和行业组建了一批大型企业集团。到 2008 年,湖南共有国有工业企业 514 家,占湖南工业内资企业单位数的 4.94%,占湖南工业企业单位数的 4.68%。但国有工业企业经过改革和调整,企业的积累能力、自我发展能力和技术创新能力明显增强,国有工业企业全员劳动生产率显著提高(见表 3)。

表 3　湖南独立核算国有工业企业全员劳动生产率　(单位:元/人)

项　目	1993 年	1995 年	1996 年	1997 年	2007 年	2008 年
国有企业	31043	33067	34157	39048	215313	241892
中央企业	46665	51806	57660	63800	476108	715880
地方企业	26146	27264	27115	30652	111831	30888

资料来源:《湖南统计年鉴》,中国统计出版社 1998、2008、2009 年版。

在鼓励优势企业发展的同时,加大了劣势企业兼并破产的力度,使一批长期亏损、资不抵债、扭亏无望、资源枯竭的劣势企业退出市场,彻底消除亏损源。

2. 大力发展私营企业,非公有经济成为湖南工业构成的重要组成部分。根据党的十五大关于"非公有制经济是我国社会主义市场经济的重要组成部分。"③的精神,湖南对个体、私营等非公有制经济采取鼓励、引导,使之健康发展的方针,大力发展私营企业,非公有经济已成为湖南工业构成的重要组成部分(见表 4)。

---

① 周叔莲、王伟光:《论信息化与工业化的关系》,中国社会科学院研究生院学报,2001 年第 2 期。

② 江泽民:《全面建设小康社会,开创中国特色社会主义事业新局面》,《江泽民文选》第 3 卷,人民出版社 2006 年版,第 547 页。

③ 江泽民:《高举邓小平理论伟大旗帜,把建设有中国特色社会主义事业全面推向二十一世纪》,人民出版社 1997 年版,第 22—23 页。

表4 湖南省私营工业企业的发展及其在湖南地位

	私营企业		工业总产值		工业增加值		职工人数		利税总额	
	单位数（个）	占湖南（％）	亿元	占湖南（％）	亿元	占湖南（％）	万人	占湖南（％）	亿元	占湖南（％）
1997 年	820	3.58	38.81	2.23	14.70	2.57	2.22	0.74	4.44	2.96
2008 年	6860	62.47	4077.95	36.25	1229.25	34.42	83.42	41.55	301.23	28.11
2008年比1997年增长倍数	8.37		105.07		83.62		37.58		67.84	

资料来源：《湖南统计年鉴》，中国统计出版社 1998、2009 年版。

3. 港、澳、台及外商投资经济快速发展，几乎可以与私营工业企业相媲美。改革开放以来，尤其近十余年来，港、澳、台投资经济及外商投资经济快速发展，其发展速度几乎可以与私营工业企业相媲美（见表5）。

表5 湖南省港、澳、台投资经济及外商投资经济发展速度（独立核算工业企业）

	企业单位数（个）			工业总产值（亿元）			工业增加值（亿元）			从业人员（万人）		
	1997	2008	增长倍数	1997	2008	增长倍数	1997	2008	增长倍数	1997	2008	增长倍数
港、澳、台投资经济	254	328	1.29	31.66	443.12	13.99	7.22	137.06	18.98	3.22	8.03	2.49
外商投资经济	229	255	1.11	57.96	382.74	6.60	16.24	110.74	6.82	3.94	6.42	1.63

资料来源：《湖南统计年鉴》（1997 年、2007 年），中国统计出版社 1998、2009 年版。

2008 年，港、澳、台投资经济企业数及外商投资经济企业数之和，已占湖南工业企业总数的 5.31%，工业总产值占湖南工业总产值的 7.34%，工业增加值占 6.94%，从业人员占 7.19%。同样，已成为湖南工业构成的重要组成部分。

（四）调整重点与方式的改变，工业行业结构逐步合理

从 20 世纪 90 年代中期以来，湖南工业的供给能力逐步由长期短缺转向相对过剩。能源工业、基础工业已基本能满足国民经济发展的需要，不再是制约国民经济发展的瓶颈；原材料工业也由原来的数量制约转变成质量和结构制约；高新技术和新兴产业对国民经济的推动作用不断增强，电子及通讯设备制造业 1997—2008 年年均增长率达 51.93%，医药制造业年均增长 102.10%。面对这样的新形势，工业结构调整的重点已经由过去的消除短缺为主转向优化供给结构为主，调整的方式也由过去的以增量投入为主转向存量调整为主，通过政策调控和市场竞争，淘汰落后生产力，加快劣势企业的退出步伐，为生产力的"解放和发展"创造良好条件，

并已经成为实现新型工业化必须完成的任务。

1. 对于产能过剩较为严重的行业,实施总量调控和淘汰落后政策。为改善供求关系,政府对煤炭、冶金、电力、建材、纺织、轻工等行业实施了总量调控,关停了一批浪费资源、污染环境、工艺落后的小煤矿、小钢厂、小造纸厂、小火电、小水泥厂等。1997—2008 年,煤炭行业累计取缔和关闭非法及布局不合理的一批小矿;钢铁行业累计关停一批小钢厂;湖南关闭中小造纸企业 583 家,关停小火电机组 126 台84.8 万千瓦;淘汰水泥落后产能 600 万吨;纺织行业也压缩了一批落后棉纺锭。通过总量调控和淘汰落后,这些行业供求关系和生态环境明显改善,经济效益稳步提高。

2. 根据市场需求,培育壮大支柱产业。为了加快工业化进程,增强整体实力,提高发展水平,近年来,湖南以装备制造业为重点,坚持自主创新和技术引进相结合,突出发展装备制造、钢铁有色、农副食品加工制造和卷烟制造四大产业。1997—2008 年,通用设备制造业、专用设备制造业、交通运输设备制造业、电气机械及器材制造业等工业增加值年均均以 31% 以上增长;黑色金属冶炼及压延加工业和有色金属冶炼及压延加工业等年均均以 29% 以上增长;农副食品加工业和食品制造业等年均均以 30% 以上增长;卷烟制造业增加值率达 84%。

3. 政府出台鼓励政策,大力支持高新技术新兴产业的发展,新型工业化的主导作用日益增强。政府出台了鼓励电子信息、生物医药、新材料、新能源等高新技术产业化的政策,推动产学研的联合,加大了利用外资促进高新技术新兴产业发展的力度。通过采取多种政策措施,加快了新兴产业发展速度。2008 年,省级以上园区工业增加值 1180.14 亿元,占规模以上工业增加值的 33.0%。湖南高新技术产业增加值占地区生产总值的比重为 9.8%。节能降耗完成年度目标,比上年有明显下降。生产性服务业支撑作用加大,实现增加值 1625.49 亿元,比上年增长14.5%,拉动湖南经济增长 2.0 个百分点,贡献率为 17.8%。①

在高新技术产业的 5 个子类中,以黑色金属冶炼及压延加工业和有色金属冶炼及压延加工业为基础的先进装备制造业增长最快。2008 年,通用设备制造业总产值从 1997 年的 11.65 亿元增长到 2008 年的 440.60 亿元,增长 37.82 倍,增加值从 3.04 亿元增长到 133.05 亿元,增长 43.77 倍,发展速度位居湖南工业 38 个行业之首;专用设备制造业总产值从 39.54 亿元增长到 662.99 亿元,增长 16.77 倍,增加值从 12.84 亿元增长到 210.00 亿元,增长 16.36 倍,发展速度位居第二。②

① 《湖南统计年鉴》,中国统计出版社 2009 年版,第 1 页。

② 《湖南统计年鉴》,中国统计出版社 1998 年版,第 253 页;2009 年版,第 211 页。

(五) 工业结构调整优化、升级和创新的外部环境趋于改善

随着我国社会主义市场经济体制的建立,坚持多种所有制经济共同发展的基本经济制度,经济发展的结构性矛盾和体制性障碍逐步消除,国有企业改革逐步深化,大力整顿和规范市场经济秩序,努力改善市场环境,加入世贸组织(WTO),标志着我国进入对外开放新阶段,为地处内陆前沿、东南沿海后方湖南的国民经济的健康增长拓展了无限的空间,为湖南工业结构的调整优化、升级和创新创造了良好环境。

1. 在国民经济又好又快发展中,促进了结构调整优化。20世纪90年代以来,湖南GDP保持了9%以上的增长速度,2008年,湖南地区生产总值达到11156.64亿元,比上年增长12.8%。其中,第一产业增加值2007.40亿元,增长5.3%;第二产业增加值4933.08亿元,增长14.9%;第三产业增加值4216.16亿元,增长13.3%。在湖南生产总值中,三次产业结构由上年的17.6:42.7:39.7调整为18.0:44.2:37.8。

由于国债资金支持技术改造的结果,使得湖南一大批重点工业行业的技术装备水平有了新的提升,工业经济增势强劲,新型工业化的主导作用增强。湖南全部工业增加值4280.16亿元,比上年增长16.0%。规模以上工业增加值3570.85亿元,增长18.4%。其中,轻工业增加值1144.54亿元,增长21.5%;重工业增加值2426.31亿元,增长17.0%,优势产业稳步增长,实现增加值2730.44亿元,增长19.0%,拉动湖南规模以上工业增加值增长14.4个百分点。其中,装备制造业增长31.1%,生物医药业增长32.4%,电子信息业也增长26.8%,食品加工业增长23.3%,高加工度行业持续快速发展,增长28.9%,增长速度比湖南平均水平高10.5个百分点。工业产值结构与产品结构得到调整,增强了省际分工,乃至国际分工增加了有效供给和外贸出口,使一大批重点企业的国际国内市场竞争力显著提高,对调结构拉内需,扩大出口,促进国民经济持续增长起到了积极作用。

2. 大力整顿和规范市场经济秩序,统一、开放、竞争有序的大市场初步建立。近年来,政府坚持标本兼治的原则,加强了规范和整顿市场经济秩序,集中开展了建筑市场、房地产市场、矿山开采等领域的专项整治斗争,严厉打击的制假售假、走私贩私、骗汇套汇、乱采乱挖等违法违纪行为,严厉查处各种破坏市场经济秩序的行为,努力打破地方保护和行业垄断,加强了重点行业和重点商品的规范管理。治理各种乱收费、乱罚款和各种摊派,减轻企业的不合理负担。加强市场法制建设,积极推进依法行政,服务大局,初步建立统一、开放、竞争有序的大市场。

3. 大力推进配套改革,减轻国有企业三大负担。一方面,努力改善资产负债

结构,减轻企业债务负担。1999年,国家实施债转股政策,对部分企业产品有市场、发展有前景、由于负债过重而陷入困境的重点国有企业实行债转股,从而帮助这些企业扭亏为盈。同时,拓宽融资渠道,扩大国有企业直接融资比重,支持符合条件的国有企业在境内外上市融资。2008年,湖南上市公司数量达54家。其中,境内上市公司49家,境外上市公司5家,全年从资本市场直接融资271.75亿元。①另一方面,积极稳妥推进国有企业富余职工下岗分流,建立能出能进的弹性就业体制。国有企业职工新的就业观和择业观开始形成。用人机制和经营转换步伐加快,劳动生产率和经济效益明显提高,竞争力有所增强(见表6)。

表6 湖南国有独立核算工业企业各种分组的主要经济效益指标

项目 年份	工业 增加值率 (%)	每百元 销售收入 实现利税 (元)	流动资金 周转天数 (天)	全部资金 利税率 (%)	产值利税率 (%)	全员劳动 生产率 (元/人年)
1997	29.04	-1.40	280	6.81	11.57	39048
2008	42.35	21.53	140.63	15.80	21.16	241892

资料来源:《湖南统计年鉴》,中国统计出版社1998年、2009年版。

2008年,湖南国有企业全员劳动生产率为241892元/人年②与1997年比增长6.19倍,利税增长15.38倍,效益增长速度明显高于其他所有制企业。从1997年以来,国有企业主营业务收入增长5.49倍,但企业单位数减少11,937个,从业人员减少99.25万人。另外,从1995年开始,采取措施逐步分离企业办社会职能和非主营业务,精干企业主体。通过几年的工作,国有及国有控股企业所办的医院、学校、保安、服务等社会职能已基本分离出去,一部分非主营业务转为独立经营的经济实体,实行独立核算、自负盈亏,使国有及国有控股企业精干主体,轻装上阵,集中精力从事生产经营活动。

三、湖南工业结构仍存在的主要问题

尽管湖南工业结构调整优化,升级和创新取得积极成果,但随着信息时代的到来和加入世贸组织(WTO)后国内外市场的一体化,以及世界新型工业化的严重挑

---

① 《2008年湖南省国民经济和社会发展统计公报》,湖南省统计局,2009年3月10日。
② 《湖南统计年鉴》,中国统计出版社1998年版,第227页;2009年版,第239页。

战,湖南工业结构不合理的矛盾依然突出,供给结构不适应需求结构的变化、矿产资源供应不足、生态环境承受能力下降,加上信息产业发展比较迟后,缺乏自主知识产权和核心技术。因此,工业结构亟待进一步升级和创新,这主要表现在以下几个方面:

(一) 信息产业发展相对比较滞后,适应不了工业结构升级和创新的需要

人类社会的生存和发展,不仅离不开物质和能量也离不开信息。从根本上讲,自然与社会之间不断进行的物质、能量和信息的交流或交换,统一构成了人类社会的生产和生活活动的全过程。既没有无能量和信息交流的单纯物质交换,也不可能存在没有物质和信息交流的纯能量变换,更不会有无物质和能量交换的片面信息交流。从形态上看,物质总是具体的,能够被看见、摸得着的客观存在;而信息虽然是客观的,但又是无形的,既看不见,又摸不着;能量则介于两者之间,由一种能量状态转换为另一种能量状态的理化反应过程是无形的,而其功效成果却又是看得见,感觉得到的。由于人类认识事物总是从具体到抽象,服从于由物质到能量再到信息的规律性,所以人类利用资源的侧重点也经历了与认识规律相一致的过程。

1. 工业结构升级离不开信息产业,信息经济就是信息产业的经济。从利用物质资源(自然或土地)开始,发展农业经济;继而以自然能源的转换和利用为主要推动力,发展工业经济;最后以信息为手段整合、协调物质资料的生产和再生产,发展信息经济,即"绿色经济"。可见,信息经济不是以经济运行中要不要或有没有信息服务为标准来划分的,而是依据在整个经济运行中信息资源所起作用的不同,从而在经济地位的不同来划分的。一句话,信息经济依赖于信息产业的形成和发展。新型工业化离不开信息产业。学术界认为:"创造和使用信息,以提高各种生产的效率,并创造新的财富。这时的制约因素是所掌握的知识。"①所以,信息经济也就是知识经济。

众所周知,一个产业的形成和发展,直接是由社会分工发展水平所决定的,而社会分工又是一定生产力发展的结果。信息产业作为工业化发展的产物,是在现代信息技术革命推动下,从发达工业经济中分离出来的一种新型产业形态。按学术界普遍的看法,信息产业是指:"与信息生产、出版、传递、处理以及信息设备制

---

① 汤姆·斯托尼尔:《信息财富——简论后工业经济》,中国对外翻译出版公司1986年版,第13页。

造、信息系统建设等活动有关的产业部门的总称"。① 从信息技术的发展趋势来看,信息产业的外延是不断扩大的,目前大体包括以下几方面的内容:

第一,电子信息产业。包括电子技术、计算机技术以及伴随电子信息技术的发展而形成和发展起来的信息设备制造业。

第二,软件产业。包括程序编制业、数据库业、信息系统开发业等所有有效地利用电子计算机而编制程序的行业。软件是人与电子计算机之间的接口界面,是人与计算机交往的信息工具——即借助于计算机汇编语言编号的语言程序系统。

第三,信息传播媒介业。包括电话、电报、广播电视和卫星通信等。

第四,信息服务业。包括新闻报道业、出版业、咨询业、教育业、图书情报业等。

2. 湖南信息产业发展相对较迟后,尚适应不了工业产业结构升级和创新的需要。湖南信息产业以通信设备、计算机及其他电子设备制造业来讲,目前发展规模尚小,研发和推广应用力量还很薄弱。2008 年,湖南通信设备、计算机及其他电子设备制造业虽然企业单位数达 145 个,但工业总产值仅 154.49 亿元,工业增加值仅 37.26 亿元。与 1997 年比,其工业总产值增长速度和工业增加值增长速度基本上低于或相当湖南工业总产值与工业增加值增长速度的平均水平,尤其大大低于通用设备制造业、专用设备制造业以及有色金属冶炼及压延加工业、黑色金属冶炼及压延加工业等增长速度(见表 7)。

表 7　湖南省通信设备、计算机及其他电子设备制造业发展情况（单位:%）

	湖南工业		通信设备、计算机及其他电子设备制造业		通用设备制造业	
	总产值	增加值	总产值	增加值	总产值	增加值
2008 年比 1997 年均增长倍数	6.46	6.25	5.71	6.50	37.82	43.77

资料来源:《湖南统计年鉴》,中国统计出版社 1998 年、2009 年版。

专用设备制造业		有色金属冶炼及压延加工业		黑色金属冶炼及压延加工业	
总产值	增加值	总产值	增加值	总产值	增加值
16.76	16.36	12.52	14.85	12.58	13.85

根据发达国家的经验,通信设备、计算机及其他电子设备制造业的发展速度必

---

① 樊钢、张晓晶:《全球视野下的中国信息经济:发展与挑战》,中国人民大学出版社 2003 年版,第 26 页。

须高于国民经济的发展速度(一般应为国民经济发展速度的 1.2—1.6 倍)①,尤其
要高于工业发展的平均速度,才能为国民经济的发展和产业结构的升级创造一个
良好的条件。

湖南工业由 38 个行业构成。其中,通信设备、计算机及其他电子设备制造业
2008 年总产值名排 21 位,增加值名排 23 位。因此,湖南电子信息产业尚适应不了
国民经济发展及工业结构升级和创新的需要。

3. 湖南信息产业发展投入不足,固定资产投资构成偏低。造成湖南信息产业
发展相对滞后的原因,其一信息传输、计算机服务和软件业以及科学研究、技术服
务等固定资产投入不足,二者之和仅 110.15 亿元,仅为采矿业的 57%,制造业的
6.9%(见表 8);其二固定资产投资构成偏低,二者之和仅占总计的 1.95%(见表
9)。特别要指出的是绝对量虽有些增加但相对量呈递减趋势。人们并没有认识
到信息产业在实现湖南特色新型工业化中的地位和作用。

表 8　2006—2008 年湖南省按行业全社会固定资产投资　(单位:亿元)

年　份	2006	2007	2008	2008 比上年±%
总　计	3242.39	4294.36	5649.69	31.6
采矿业	93.73	141.05	193.10	36.9
制造业	760.33	1118.71	1607.27	43.7
交通运输仓储和邮政业	337.34	486.69	688.89	41.5
信息传输、计算机服务和软件业	59.56	65.00	87.03	33.9
科学研究、技术服务和地质勘查	21.24	14.61	23.12	58.2
其他	…	…	…	…

资料来源:《湖南统计年鉴》,中国统计出版社 2009 年版。

表 9　2006—2008 年湖南省按行业全社会固定资产投资构成　(单位:%)

年　份	2006	2007	2008	2008 比上年±%
总　计	100	100	100	
采矿业	2.89	3.28	3.42	1.04
制造业	23.45	26.05	28.45	1.09

---

　　① 宋朝华等:《湖南邮电通信发展历史现状报告》,湖南科学技术出版社 1990 年版,第 133
页。

年　份	2006	2007	2008	2008 比上年±%
交通运输仓储和邮政业	10.40	11.33	12.19	1.08
信息传输、计算机服务和软件业	1.84	1.51	1.54	1.02
科学研究、技术服务和地质勘查	0.66	0.34	0.41	1.20
其他	…	…	…	…

资料来源:《湖南统计年鉴》,中国统计出版社 2009 年版。

(二) 工业产品结构层次较低,高附加值产品少

湖南工业产品结构不够合理的矛盾比较突出,层次较低,高附加值产品少。

1. 一般工业产品相对过剩与技术含量高、附加值大的产品短缺同时并存(见表 10)。

表 10　2008 年湖南省工业主要产品产量与中南地区各省区比较

	全国	中南地区	湖南	河南	湖北	广东	广西	海南
原煤(亿吨)	27.88	2.87	0.61	2.09	0.12		0.05	
原油(万吨)	19001.24	1949.16		475.81	83.92	1374.52	2.86	12.05
天然气(亿立方米)	789.32	82.19	2.64	14.40	2.85	59.97	0.01	2.32
原盐(万吨)	5952.78	919.56	150.78	247.56	476.20	29.74	4.02	11.26
发电量(亿千瓦小时)	34668.82	8342.29	880.64	1960.60	1751.94	2771.76	859.74	117.61
啤酒(万千升)	4103.09	1099.43	75.64	381.89	212.22	300.15	114.16	15.37
卷烟(亿支)	22198.78	6432.91	1648.02	1586.08	1245.66	1222.24	651.75	77.16
化学纤维(万吨)	2415.00	108.00	3.34	46.47	11.92	41.60		4.67
纱(万吨)	2123.33	530.11	51.64	305.20	126.11	37.34	9.82	
布(亿米)	710.00	93.98	4.38	23.00	36.37	29.94	0.29	
机制纸及纸板(万吨)	8390.94	2723.09	280.46	989.02	132.22	1153.97	149.70	17.72
硫酸(万吨)	5132.70	756.71	204.36	177.03	5.27	182.96	186.98	0.11
烧碱(万吨)	1852.14	260.28	43.59	118.03	47.57	25.39	25.70	
纯碱(万吨)	1881.33	394.26	39.02	226.51	90.27	34.62	3.84	
农用氮、磷、钾肥(万吨)	6012.69	1596.12	290.94	520.41	584.98	50.38	84.27	65.14
化学农药原药(万吨)	190.24	36.32	17.65	6.97	8.77	0.75	2.18	
乙烯(万吨)	998.26	219.03		17.48		201.55		
初级形态的塑料(万吨)	3129.59	575.61	34.63	108.24	50.42	350.89	10.01	21.42
水泥(万吨)	140000.00	37660.38	6043.88	10227.04	6169.31	5484.35	5110.80	619.16
平板玻璃(万重量箱)	55184.63	14748.50	1411.29	3208.94	2601.62	6392.21	533.09	601.35
生铁(万吨)	47067.41	6266.20	1211.80	1715.98	1893.36	704.42	689.91	15.09
粗钢(万吨)	50091.50	7334.89	1299.37	2187.85	1991.47	1066.73	785.76	3.71

续表

	全国	中南地区	湖南	河南	湖北	广东	广西	海南
钢材(万吨)	58488.10	9005.67	1293.01	2570.78	2150.84	2040.34	941.45	9.25
金属切削机床(万台)	61.7	3.4	0.3	0.7	0.4	1.7	0.3	
大中型拖拉机(万辆)	21.71	5.5		5.23	0.23		0.04	
汽车(万辆)	934.55	258.20	7.57	8.16	75.62	88.18	70.16	8.51
其中:轿车(万辆)	503.74	115.15	3.77		25.58	81.57	4.23	8.28
家用洗衣机(万台)	4231.16	425.83	55.73	6.15	46.73	317.22		
家用电冰箱(万台)	4756.90	1160.29	37.02	290.85	29.03	803.39		
家用空气调节器(万台)	8230.93	4429.82	4.41	13.41	493.74	3918.26		
移动通信手机(万部)	55964	14557	1		368	14174	14	
微型电子计算机(万台)	13666.56	1134.70		1.42		1133.28		
集成电路(亿块)	417.14	114.32			0.01	114.31		
彩色电视机(万台)	9033.08	4210.02	7.84	101.32		4085.77	15.09	

资料来源:《中国统计年鉴》,中国统计出版社 2009 年版。

2. 多数产品生产能力利用率不高,生产差别化不足与档次不够高同时并存。湖南每年还要花大量外汇进口省内短缺新产品。比如,机电产品是湖南仅次于一般贸易的出口产品,占出口额的 30.15%。却同时,机电产品又是湖南仅次于一般贸易的进口产品,占进口额的 32.31%。高新技术产品在湖南出口中的比重仅为 3.33%,而在进口中的比重为 5.33%(见表 11)。

表 11　2008 年湖南省进出口主要分类情况

指　　标	绝对数(亿美元)	占进出口额(%)
进出口额	125.66	
出口额	84.10	占出口额(%)
其中:一般贸易	75.55	89.83
加工贸易	8.21	9.76
其中:机电产品	25.36	30.15
其中:高新技术产品	2.80	3.33
进口额	51.56	占进口额(%)
其中:一般贸易	36.82	71.41
加工贸易	3.16	6.13
其中:机电产品	16.66	32.31
其中:高新技术产品	2.75	5.33

资料来源:《湖南统计年鉴》,中国统计出版社 2009 年版。

（三）技术水平较低，创新能力不足

湖南工业产品竞争能力不强，竞争能力不强的根源在于技术水平较低，创新能力不足。

1. 企业技改投入依然不足，不少企业设备陈旧。企业的落后设备不能得到及时改造或更新，不少企业设备陈旧、老化，甚至一些 20 世纪 50—60 年代的设备还在超期服役。从湖南煤炭、建材、农副食品加工、纺织业等传统工业来看，这些行业使用国际先进技术装备的为数甚少。湖南单位能源每千克油当量的使用所产生的国内生产总值仅为 0.7 美元左右。而美国为 3.4 美元、德国为 7 美元、日本为 10.5 美元。湖南主要工业品能耗远高于发达国家。其中，冶金重点企业吨钢可比能耗达 0.9 吨以上标准煤，比发达国家高 20%—40%，原煤入选率仅为 25%，而发达国家达 50%—100%。湖南单位规模工业增加值能耗 1.98 吨标准煤/万元，大大高于发达国家。湖南独立核算工业企业全员劳动生产率仅 177875 元/人年，只相当于发达国家的 3% 左右。即使是高新技术工业的设备也较落后，折旧率低。

2. 企业创新能力低，科研开发经费（R&D）投入依然不足。企业创新能力低，主要的原因之一是湖南企业科研开发经费投入依然不足。2008 年，湖南大中型工业企业科技活动经费支出总额 115.82 亿元[1]，仅占湖南 GDP 比重的 1.04%，只相当于美国、日本、德国等发达国家 20 世纪 50 年代水平。2008 年，湖南大中型工业企业的新产品开发经费 77.04 亿元[2]仅占大中型工业企业增加值的 4.39%，而世界 500 强企业一般都占 5%—10%。其中，电信、医药等高新技术行业的研发支出甚至达到销售收入的 20%。湖南还没有形成自主知识产权的技术体系，多数工业行业的关键核心技术与装备基本上依赖进口。

3. 高新技术产业发展缓慢，高新技术产业增加值比重低，经济效益差。从反映产业核心竞争力的高新技术产业的发展状况来看，湖南尚处起步阶段，技术基础薄弱，产业规模小，经济效益。比如，作为高新技术产业代表的通信设备、计算机及其他电子设备制造业，2008 年，湖南仅有 145 家，工业总产值仅 154.49 亿元，工业增加值仅 37.26 亿元，平均每个企业工业增加值仅 2569 万元。同时，亏损企业达 20 家，占企业总数的 13.79%，利润总额为 -0.32 亿元[3]。就是专用设备制造

---

[1] 《湖南统计年鉴》，中国统计出版社 2009 年版，第 326、326、229 页。

[2] 同上。

[3] 同上。

业,湖南企业单位数也仅有 322 家,工业总产值 662.59 亿元,工业增加值 210.00 亿元①,平均每个企业也仅有 0.65 亿元。同时,亏损企业也达 28 家,占企业总数的 8.6%。湖南高新技术产业增加值占湖南 GDP 的比重也仅为 9.8%②,这种比重远远低于发达国家和新兴工业化国家的水平,美国仅信息技术产业的产值就占美国 GDP 的 8%。

4. 人才结构不合理,高级工程技术人员少。湖南大多数工业企业特别是国有企业的非生产性辅助人员、服务人员和一般管理人员的比重普遍过大,富余人员一般占企业员工总数的 30% 左右,而高级技术人员短缺,特别是高素质的管理人员严重缺乏。湖南工业企业的高级工程技术人员仅占职工人数的 5% 左右,与发达国家占 40% 的比例相差甚远。人才结构的不合理,有碍于新型工业化的进程。

(四) 工业地区发展不平衡,发展差距仍在拉大

由于信息、科技、教育、管理和政策以及交通与历史等原因,湖南工业地区发展很不平衡,并呈拉大趋势。

1. 区域东强西弱、北强南弱。湘东地区(长沙、株洲、湘潭即长株潭地区)工业总产值和占湖南工业总产值的比例以及人均工业总产值都大大超过湘西地区,而湘北地区又强过湘南地区(见表 12)。

表12 2008 年湖南省各地区工业发展状况

	湘东地区	湘北地区	湘南地区	湘中地区	湘西地区
工业总产值(亿元)	2049.03	1097.19	863.78	404.25	279.88
占湖南工业总产值(%)	47.87	25.63	20.18	9.44	6.54
人均工业总产值(元)	15519.66	6753.64	4838.13	3447.79	2969.52

资料来源:《湖南统计年鉴》,中国统计出版社 2009 年版。

2. 落后地区工业虽然也在发展,但差距仍在拉大。1997 年,湘东地区(长沙、株洲、湘潭即长株潭地区)工业总产值 632.57 亿元,占湖南工业总产值的 36.34%,而湘西地区(张家界、怀化、湘西州)工业总产值仅有 129.85 亿元,仅占湖南工业总产值的 7.46%。湘东地区工业总产值是湘西地区工业总产值的 4.87 倍;按人均工业总产值计算,1997 年,湘东地区人均工业总产值 5211.74 元,湘西地区

① 《湖南统计年鉴》,中国统计出版社 2009 年版,第 221、1 页。
② 同上。

人均工业总产值仅 1468.53 元,湘东地区人均工业总产值是湘西地区人均工业总产值的 3.55 倍(见表 13)。

表 13　1997—2008 年湖南省各地区工业发展状况

	湘东地区		湘北地区		湘南地区		湘中地区		湘西地区	
	1997	2008	1997	2008	1997	2008	1997	2008	1997	2008
工业总产值(亿元)	632.57	2049.03	471.24	1097.19	330.90	863.78	176.02	404.25	129.85	279.88
占湖南工业总产值(%)	36.34	47.87	27.07	25.63	19.01	20.18	10.11	9.44	7.46	6.54
人均工业总产值(元)	5211.74	15519.66	3039.19	6753.64	1961.18	4838.13	1577.21	3447.79	1468.53	2969.52

资料来源:《湖南统计年鉴》,中国统计出版社 1998、2009 年版。

十年后的 2008 年,湘东地区工业总产值发展到 2049.03 亿元,占湖南工业总产值的 47.87%,湘西地区工业虽然也在发展,工业总产值为 279.88 亿元,但也只占湖南工业总产值的 6.54%,在湖南的比重比 1997 年还下降了 0.92 个百分点。湘东地区工业总产值比湘西地区工业总产值差距从 1997 年的 4.87 倍拉大到 2008 年的 7.32 倍;按人均工业总产值计算,2008 年,湘东地区人均工业总产值提高到 15519.66 元,湘西地区人均工业总产值虽然有所提高,也仅有 2969.52 元,湘东地区人均工业总产值比湘西地区人均工业总产值差距从 1997 年的 3.55 倍拉大到 2008 年的 5.23 倍。湘北地区与湘南地区比较其差距亦有拉大的趋势。

(五) 资源、生态环境等条件约束,制约了可持续发展

湖南工业化尤其新型工业化进程日益受到资源、原料、特殊材料以及生态环境、投资结构和人才、智力结构等客观条件的约束,制约了可持续发展。

1. 资源、原料、特殊材料供给不足,制约可持续发展。湖南工业化虽然具有部分自然资源优势,但是一些基本自然资源缺乏;而且,即使拥有优势的部分自然资源又大都转换难度大,难以实现产品和市场优势。例如,部分用量很大的矿产资源储量不足,保证程度低。如煤,湖南煤炭储量位居江南九省之首,但分布分散,煤质较差,埋藏较深,开采难度大,因而每年都需从外省调进上千万吨煤炭;铁矿同样存在分布分散,又多属赤铁矿,品位低,开发提纯难度大,因而每年都需从国内外购进 200 多万吨铁矿石;还有锡、铝、锌、铅、铜等,虽有一定储量,但储量不足,且伴生矿石比重高,开采提炼难度大,实际保证程度低,某些急需的矿产如钾盐、铬等尚属空白,石油、天然气尚未探明工业储量;电子工业生产所需的大量原料尤其特殊材料,

因国内缺少专业的生产厂家,不能按时保证供应;湖南水资源虽然比较丰富,但时空分布不均,人均水资源拥有量仅3936立方米,仅相当于世界人均拥有量的1/4,湖南13个省辖市中,约有2/3城市在干旱季节缺水,其中个别城市工业发展已受到水资源短缺的严重威胁。

2. 生态环境污染严重,阻碍可持续发展。湖南能源结构以煤为主,导致大气以降尘、二氧化硫为代表的煤烟型污染和普遍出现酸雨。湖南各地降水pH值平均值为4.7—5.9,酸雨频率大多在50%以上。湘江流域长沙段酸雨频率高达84%;江河与湖区水质受有机物和重金属污染突出;湘江流域有色金属矿山和冶金企业较多,这对局部江段的水质和底泥影响较大,衡阳松柏江段铜和镉分别超标2—4倍。株洲霞湾江段汞和铅分别超标1—10倍。湘江干流底泥重金属含量超出基数数千倍;工业"三废"排放量大,据统计,湖南每年废水排放超过22亿吨,其中工业废水近20亿吨,万元产值排放量为全国平均水平的2倍以上。工业废气年排放量达2500亿立方米以上。工业废渣年生产量超过2000万吨,大量废渣排入江河湖塘,生态环境污染严重。

3. 重物质财富增长,轻非物质因素作用,影响可持续发展。湖南在工业化进程中,尽管信息、科技、教育等知识因素的作用越来越显现出来,但由于受工业经济重物质财富增长的局限性,轻信息、科技、教育等非物质因素的作用,在全社会固定资产投资结构中已经明显地显现出来。2008年,湖南全社会固定资产投资结构中采矿业、制造业、交通运输、仓储和邮业占44.09%,而信息传输、计算机服务和软件业仅占1.54%,科学研究、技术服务和地质勘查比重仅占0.41%。更有甚者,2008年与2006年比较,采矿业固定资产投资增长2.06倍,制造业增长2.11倍,交通运输、仓储和邮政业增长2.04倍,而信息传输、计算机服务和软件业的固定资产投资仅增长1.46倍,科学研究、技术服务和地质勘查仅增长1.08倍[1]。须知,知识软资源具有无穷的扩张性和可持续性,知识生产与其他物质产品生产一样,总体上看,投入越多,产出越高,扩张性和可持续性越强。

4. 人才、智力结构不合理,难以适应可持续发展。湖南是我国人口大省,具有人力资源优势。2008年度,湖南人口总数达6845.20万人,从业人员为3910.06万人,占总人口的57.12%。其中,职工人数460.31万人,占从业人员的11.77%[2],说明在从业人员中主要是农业劳动力。抽样调查表明在职工构成中生产工人占职工总数的50%以上,一般管理人员和服务人员占30%左右,工程技术人员只占

---

① 《湖南统计年鉴》,中国统计出版社2009年版,第132、100、105页。

② 《湖南统计年鉴》,中国统计出版社2009年版,第132、100、105页。

10%左右,高级管理人员和从事工程技术工作的高级工程技术人员只占5%,从事科研和新产品研发的带头人更少。这种人才、智力结构,很难适应可持续发展。

四、湖南新型工业化结构创新的对策

改革开放以来,湖南工业经济增长总体上乃是靠现有产能的数量扩张,弥补一个又一个缺口来实现的。在目前信息化和全球经济一体化带来需求高级化趋势日益明显和国际金融危机冲击发达国家贸易保护主义日益加强的情况下,如果工业结构不能与之相适应,经济增长定会随之受到影响。因此,对工业结构进行升级和创新为主要内容的战略性调整已成为当务之急。

湖南工业结构战略性调整,必须从本省工业结构存在的主要问题的实际出发,适应湖南新型工业化进程的要求;必须抢抓去冬今春国家为抵御国际金融危机出台的政策措施和国家发改委十大产业振兴规划的发展机遇,以人为本,学习实践科学发展观,坚持推进"一化三基"战略,着力创新发展思路,以信息化带动工业化,工业化促进信息化,努力实现湖南工业经济增长的速度与结构、质量与效益的统一,带动湖南经济社会又好又快发展。

(一) 大力扶持和发展信息产业与新兴产业,培育新的经济增长点

信息技术为代表的高新技术产业化是21世纪企业技术进步的方向和市场竞争的制高点,同时也是湖南工业结构升级和创新的重要途径。湖南"十一五"发展纲要要求:以电子信息为重点,大力扶持电子信息、新材料、生物医药等新兴产业,尽快形成对未来竞争的战略性产业①。

1. 加快电子信息产业发展,尽快使其成为战略性产业。包括加快电子信息产品制造业规模扩张,加快信息技术研究开发和推广应用,在特定领域形成产业优势;加快通信及信息服务业配套发展。重点是:建设湖南电子信息产业(长沙)、国家软件产业(长沙)、湖南数字视讯产业(郴州)3大基地。主攻网络软件,嵌入式软件、大型关键应用软件开发,增强操作系统、中间件、网络安全、信息系统集成等软件研发能力。实现关键设备、关键软件和高性能计算机产业化。发展夹板显示器件、数字视讯、新型电子材料、新型元器件、计算机应用与通信等5大产品系列,培育几个知名品牌,提高系统集成能力。加强与国际知名工厂企业的合作。着力

---

① 《湖南省国化经济和社会发展第十一个五年规划纲要》(2006年1月22日),省人大第四次会议批准。

发展动漫、网络游戏等产业,加快发展邮电、广电、互联网增值服务。

2. 加快发展新材料高新技术产业,培育具有国际竞争力的企业集团。利用湖南新材料技术研发和产业优势,加快成果转化,形成一批有自主知识产权和核心技术竞争力的新材料产品。重点是:建设信息、生物、航空航天等行业急需的各类高性能新型材料产业化示范工程,发展先进电池材料、硬质材料、复合材料、化工新材料和新金属材料等 5 大类高科技材料。依托博云新材、力元新材、时代集团、湘潭电化等高科技企业,建设 3—4 个国家级产业基地,培育 1—2 个具有国际竞争力的企业集团。

3. 加快发展生物医药高新技术产业,打造产业链条。推动医药企业和研究机构向园区集聚,构筑医药技术创新平台,形成现代中药和基因制药两大高新技术产业链。重点是:建立以岳麓山大学科技带、浏阳生物医药园为核心,辐射株洲、湘潭、常德、怀化、永州等地的长沙国家生物产业链体系,提高新药创制能力。扩大药用资源活性成分提取与应用。加快制药装备、医疗器械等医疗设备制造。

(二) 采用高新技术和先进适用技术改造传统工业,促进工业技术和产品的升级换代

目前,传统工业在湖南工业经济中乃占较大比重,仍然是湖南工业经济的主体,也是湖南参与国内外市场竞争的比较优势所在。但必须用高新技术和先进适用技术进行改造,促进工业技术和产品的升级换代,这是湖南工业结构升级的主要途径,也是保持湖南经济持续快速发展的重要基础。要抓住机遇,围绕优化工业产品结构、改进质量、提高附加值,加大技术改造的力度,淘汰落后的工艺和设备,压缩过剩生产能力,逐步实现主要行业关键技术以模仿和引进为主转向自主开发为主,优化技术结构和产品结构,降低生产成本,以国家发改委十大产业振兴规划为依据,使传统工业得到提升和振兴,成为今后一段期间湖南经济持续快速健康发展的重要支撑。

1. 坚持自主创新和技术引进相结合,以自主创新为主,突出发展装备制造业。湖南要抓住国家振兴装备制造业和提高装备国产化水平的机遇,围绕有优势的装备制造行业,努力突破核心技术,积极引进战略投资者,研制一批对工业升级有明显带动作用的重大技术装备,培育一批集研发制造于一体,具有国际竞争力的大企业、大集团。重点是:依托株洲电力机车、时代集团、湘潭电机等企业,着力发展地铁、轻轨、高速机车等轨道交通设备产品,掌握时速 300 公里以上高速铁路列车、新型地铁车辆等装备核心技术。依托"中联"、"三一"、"江麓"、"山河智能"等企业,发展混凝土机械、路面机械、起重机械等产品,提高规模化、自动化水平。依托"长

丰"、"江南"、"北汽福田"、"湘火炬"、"湖南车桥"等企业,加快发展有自主知识产权的汽车整车,关键总成及零部件,增强配套能力。据悉①:广汽和菲亚特今年九月在长沙为它筑爱巢。他们将力争 5 年内投资 100 亿元形成约 50 万辆汽车的产能规模,400 亿元销售收入和 50 亿元的利税总额。这将为湖南加速推进新型工业化,实现湖南汽车产业跨越式发展产生深远影响。依托"衡阳特变电工"、"长沙高压开关"等企业,加快输变电成套设备研制开发,全面掌握超高压输变电关键设备制造技术。依托"中天科技"、"新滨湖"、"宗南"等企业,加快发展收割机、抽水机、农用运输车等农用机械。大力发展风力发电设备、环保设备、采矿机械、纺织机械、橡胶机械、航空发动机等专用设备制造业。

2. 发展高附加值、高新技术含量的钢铁与有色金属冶炼及压延加工业。按照国家产业导向,根据市场需求,突出技术引进和自主开发相结合,发展高附加值,高技术含量的钢铁与有色金属精加工产品和国内短缺产品。重点是:依托"华菱集团"、"冷钢"等企业,大力引进先进技术装备和生产工艺,加快建设湘钢宽厚板、链钢薄板、衡阳无缝钢管、光远铜管等重大项目,集中发展板、管、线等优质精品钢材。依托"有色控股集团"等优势企业,加快株硬高档硬质合金材料扩建、株冶铅锌技术改造、晟通科技铝板带箔等项目建设,推动有色资源精深加工,壮大核心竞争力。鼓励稀土应用和开发。

3. 抓住机遇,发展烟草制品业。湖南具有卷烟制造品牌效益优势,我们必须充分发挥优势,抓住国家培育具有国际竞争力的烟草集团的机遇,努力把湖南建成全国三大卷烟生产基地之一。重点是:整合烟草行业资源,加快实施长沙卷烟厂联合工房二期、常德卷烟厂"芙蓉王"生产线扩建工程,做大做强"白沙"、"芙蓉王"两大知名品牌,提高市场占有率。积极谋求跨省战略重组,努力培育具有国际竞争力的烟草巨头。

4. 根据市场不同层次的需求,发展轻纺食品加工业。加快新材料、新工艺的推广应用,提高产品设计水平,提高质量档次,缩短新产品开发周期,促进产品升级换代。重点是:围绕粮、油、果、蔬、茶、畜、禽、水产等 8 大农产品,发挥金健米业、金浩植物油、湘西老爹、南岭茶业、舜华鸭业、洞庭水殖以及新五丰等龙头企业的资金、技术和市场优势,形成 10 个左右国家级名牌产品、20 家产值过 10 亿的大型食品加工企业集团。

5. 重视发展石油化工炼焦及核燃料加工业,实现能源可持续发展。湖南有一

---

① 《长沙造的"混血"轿车名叫领雅》,见《三湘都市报》2009 年 7 月 17 日。

批石油化工炼焦及核燃料加工业,一方面要立足现有基础,引导行业布局,提高集中度,延伸加工链,加快现有企业的技术改造。重点是:结合国家仪征至长炼原油管道建设布局,加快长炼、巴陵炼油加工装置扩建、石油化工延伸产品开发与产业化等重大项目建设,打造岳阳石化产业城。发挥株化、智诚、海利、建滔等企业的潜力,发展基础化工、精细化工、农用化工、绿色化工和仿生催化等产品;另一方面要加快洞庭湖区油气资源勘探与开采加工准备工作;发展核电工业,推广洁净煤技术、节能降耗技术、环保技术、实现能源的可持续发展。

6. 发挥资源优势,运用环保节能等技术,发展建筑材料和林纸加工业。湖南具有石材、陶土、竹木、芦苇等资源优势,运用环保、节能和生物等新技术,加强传统大宗建材技术升级,发展干法水泥、浮法玻璃、节能砖材,以及发展装饰材料、高档石材、建筑陶瓷等产品。依托大型企业现有基础和潜力,发展改性沥青、整体建材、塑钢铝材等复合建材。重点是:培育一批在同行业中具有规模和技术优势的企业集团。在林纸加工方面,推进林纸一体化,依托泰格林纸、恒安纸业等骨干企业,发展高档胶印书刊纸、白卡纸、高档包装纸和纸制品等深加工产品。实施怀化木浆、永州包装纸及常德、益阳林浆纸等项目,构建国内一流的林浆,林浆纸一体化和纸制品产业链。

(三) 加大人力资源投资力度，变人力资源优势为人力资本优势

人力资源投资是指用于培养、开发、保护人的智力和能力的开支。除用于教育、科技、文化等方面的智力投资外,还包括体育、医疗、保健等提高劳动者体力的投资,以及用以建立人力资源流动服务体系,促进劳动力国内流动和移民入境等方面的支出。其中,最重要的是教育和保健的投资。教育是人力资本形成和发展的最主要途径。① 正如国务院总理温家宝指出的一样:国家兴盛,人才为本;人才培养,教育为本。开发人力资源必须优先发展教育。

1. 更新观念,加大教育投资。随着知识经济时代的到来和经济全球化的趋势的日益凸显,教育对一个国家或地区综合实力的增强所起的作用将越来越重要。必须树立教育优先发展观念,把教育发展置于经济、文化发展的先导和基础地位来看待。同时,必须认识到教育投资并非单纯消费性、福利性投资,而是与物质资料投资类似,甚至其投资效益更大的生产性和建设性投资。教育的多重(社会、经济、文化等)功能(作用、职能、功效、效用等),形成了教育的多重效益,包括精神上

---

① 范先佐:《论教育与人力资源形成》,《江汉大学学报》1998 年 15(4),第 57—62 页。

的效益,即在人类精神文明建设中的作用、功能;物质上的效益,即在人类物质文明建设中的作用、功能;教育的经济效益,包括社会经济效益,即经学习训练的劳动者在社会生产中发挥更大的作用,提高劳动生产率,为社会创造更多的物质财富,提升产业结构,增加国民收入;个人经济效益,即受过教育的劳动者个人能得到更多的劳动报酬。因此,对教育必须加大投资力度。目前,必须调整财政支出结构,建立与社会主义市场经济体制和政府公共财政体制相适应的教育投入保障机制,依法落实教育经费的"三个增长",逐步实现财政性教育支出占 GDP 总量 4% 的目标,财政支出中教育经费所占比例逐年提高到 23% 左右。鼓励私人投资办学,政府给予政策支持。

建立专项启动资金,支持、推动和引导基础教育、职业教育、高等教育、成人教育和社区教育等领域涉及全局性的重点建设项目的实施。

切实抓好教育费附加的征、管、用工作。保证教育税费全额用于教育等等。

2. 调整教育结构,大力发展职业教育。所谓教育结构,是指教育系统内各个组成部分的构成状态和相互关系。教育结构的依据和归宿,一是社会对知识和人才的需求;二是教育自身的本质和规律。目前,湖南教育结构还存在许多扭曲的方面,造成了教育畸形发展,脱离了社会经济发展的实际需求,既不能与经济发展作出应有贡献,又不能高效地为增加就业做出贡献,其主要原因就是职业教育比例失调(包括中等职业教育和高等职业教育)。据有关部门抽样调查显示,我国失业人口中真正掌握一定技术、技能的还不到总人数的 5%。文化和技术水平的低下,会限制劳动者的就业领域和就业层次,降低劳动者的就业能力,成为制约劳动者就业和再就业的一大严重障碍。在现代经济发展条件下,要妥善地解决劳动就业问题,大力发展职业教育是必不可少的。

3. 建设师德高尚、业务精湛、甘于奉献、充满活力的教师队伍。一所学校,可能拥有各种设备,但是如果没有教师,这所学校就会成为积存设备的仓库。一所学校,可能缺少许多设备,但是如果有了教师,就有可能创造出比设备更显威力的奇迹,教师是实施教育计划的主将,在学校教育中教师始终发挥主导的作用,他是学校成为学校的第一要素。为了能把湖南人力资源优势转化为人力资本优势,为工业结构升级创新提供人才支撑,就必须建设一支师德高尚、业务精湛、甘于奉献、充满活力的教师队伍,才能顺应时代要求,不辱神圣使命,做让人民满意的教师,办人民满意的教育。

(四) 发挥比较优势,突出支柱性产业和增长极核,加快新型城市化进程,促进区域经济协调发展

湖南区域工业结构的调整,主要是发挥比较优势,突出支柱性产业和增长极核,形成地区之间合理分工合作、协调发展的生产力布局,以新型城市化为载体,促进区域经济协调发展。

1. 湘东地区。突出支柱产业,培育增长极核。本地区工业基础比较雄厚,城市化水平较高,高等院校和科研院所密集,科技人才聚集,交通发达,外向型经济比重较大,资金、技术密集型企业较多等有利条件,一方面,突出支柱型产业发挥钢铁有色、装备制造、机电设备、卷烟轻纺等支柱性产业优势。并通过整合、重组、技改,培育成为用高新技术和先进实用技术武装起来的以先进装备制造为特色的加工工业基地;另一方面,培育增长极核。通过军地联合,产学研联合。加快发展以信息技术为代表的高新技术产业集群,使其成为国家级高新技术产业基地和具有国际竞争力的企业集团,成为新的增长极核。

加快新型城市化进程,着力长株潭城市群两型社会实验区建设,使新型城市化与新型工业化相互适应、相互促进、大体上同步进行;通过"3+5"城市群梯度推进扩散与聚集,实现地区互动、城乡互动、共同发展,促进区域经济协调发展。

2. 湘北地区和湘南地区。发挥资源与区位优势,形成一批优势企业和名牌产品。湘北地区农产品资源丰富,农副食品加工、食品制造、饮料制造、烟草制品、纺织轻工以及石化工业已成为支柱性产业;具有通江达海区位优势,北邻武汉,东进长江三角洲。湘南地区煤炭、有色、核能资源丰富,采选业、冶炼及压延加工业和制造业亦成为支柱性产业;毗邻两广,连接珠江三角洲,是湖南走出国门进入东南亚的南大门。湘北和湘南地区在继续发展劳动密集型工业的同时,应更多地利用区位优势,创造良好投资环境,加强与长江三角洲及珠江三角洲的联合,主动接受来自东部地区和粤港台地区资金,技术和产业转移,提高本地区产品加工深度,形成一批优势企业和名牌产品。

岳阳、益阳、常德、津市是环洞庭城市带。要按新型城市化标准规划建设;城市功能要合理分工,各显特色,避免雷同;要以人为本,注重生态和环境建设,发展宜居城市;新型城市化与农村现代化、城乡一体化要相结合,逐步解决"三农"问题,实现城乡共同发展;要走大、中、小城镇协调发展的多样化的城市化道路,注重因地制宜。按统一规划治理与保护湖区生态环境,带动农村走可持续发展道路。加强港口码头建设,发展水陆联运,充分发挥通江达海湘北门户作用,促进区域经济协调发展。

衡阳、郴州、永州是湘南地区"金三角"。在城市功能合理分工比较明确的基础上,要使新型城市化与新型工业化相互适应、相互促进、大体上同步进行;要以人为本,充分利用湘南地区气候与地貌等有利条件,把城市建设成森林城市、花园城市、绿色城市,使城市更显魅力;要建立新型城乡关系,将城市经济牢固建立在现代化的农业基础上,使新型城市化与农村现代化、城乡一体化相结合,逐步解决"三农"问题;实现城乡共同发展;要充分发挥衡阳大城市优势,也要强调提升中小城市功能,同时也要注重小城镇特别是工矿城镇的发展和繁荣。加强湖南"母亲河"中上游地区生态环境保护,带动农村走可持续发展道路。努力拓宽西南通道,充分发挥通向东南亚的湘南门户作用,促进区域经济协调发展。

3. 湘中地区和湘西地区。发挥资源优势,发展优势产业和特色经济,改善和维护生态环境。湘中地区煤炭、有色金属资源丰富,是湖南涟钢、冷钢和世界锑都所在地,重化工业基础比较雄厚。湘西地区有丰富的锰矿资源、多样的生物资源、丰富的水电资源和旅游资源,但工业基础比较薄弱。湘中地区和湘西地区要从各自的资源与工业基础出发,发展优势产业和特色经济尤其旅游业,更多地利用区外资金、技术包括外资,加强与湘东地区以及湘北、湘南地区的联合,提高产品加工深度,形成一批优势企业和名牌产品。在发展优势产业、特色经济和旅游业同时要加强生态环境保护,改善和维护生态环境。

娄底、邵阳、冷水江是湘中地区"金三角",也有人称她为"银三角"、"黑(金)三角"、湖南的"鲁尔区"。要改变过去工业建设超前,城市建设滞后状况,努力使新型城市化与新型工业化相互适应、相互促进、大体上同步进行;要强调以人为本,更加注重生态和环境建设,特别是努力节能减排,加强流域治理,确保城乡居民用水安全;要带动农村共同实施国家的可持续发展战略,使"人口、经济、社会、环境和资源相互协调的,既能满足当代人的需求又不对满足后代人需求的能力构成危害"。要因地制宜逐步形成与经济发展水平和市场发育程度相适应的城镇体系,为城乡共同发展创造条件,促进区域经济发展。

张家界、吉首、怀化、洪江是沿枝柳铁路构成的湘西地区城市带。由于湘西地区经济发展水平和市场发育程度相对较低,因此新型城市化更要与新型工业化相互适应、相互促进、大体上同步进行;城市功能要合理分工,各显特色,避免雷同;要以人为本,在加强城市基础建设同时也要注重生态和环境建设;改善人居环境,保护少数民族起居习俗;新型城市化要与农村现代化、城乡一体化想结合,为逐步解决"三农"问题,实现城乡共同发展创造条件;要强调提升中小城市功能,同时也要注重小城镇尤其历史名镇发展繁荣和保护,因地制宜逐步形成与经济发展水平和市场发育程度相适应的城镇体系,促进区域经济协调发展。

(五) 树立循环经济理念,提高工业结构的绿色化、低碳化程度

工业化不能以拼资源、拼能源、恶化环境和破坏生态为代价,而是要处处考虑可持续发展,应用信息化和高新技术节约资源、保护资源和环境,提倡循环经济,采

用新技术特别是清洁生产技术,提高工业结构的绿色化、低碳化程度。

1. 树立循环经济理念,对自然资源实施节约和永续利用。地球上的自然资源是有限的,分布又极不平衡。我国由于人口众多,绝大多数自然资源的人均占有量都低于世界平均水平,湖南情况也不例外。如何从资源约束解脱出来,办法只有一条,树立循环经济理念,开源节流并使资源得到永续利用。通过清洁生产技术将资源利用与开发的结构模式从传统单向的"资源——生产产品——废弃物排放"模式转变为"资源消费——产品——再生资源"的闭环型物质流动模式,实现污染排放最小化、速度与效益并重、当前发展与长远发展兼顾,经济、社会、环境的协调发展。

2. 充分认知"资源"、"资本"内涵的新发展,不断提高工业绿色化、低碳化程度。不论在任何经济时代,经济增长都离不开对各种资源的开发和利用。在农业经济时期,经济增长主要是依靠劳动力资源和土地资源的开发和利用;在工业经济时期,人类对劳动力和土地等资源的开发、利用水平有了较大的提高,尤其是在机器大工业的发展过程中,人类通过开发和利用技术、市场和管理这三大新资源,实现了经济的迅猛发展;现在,世界已经进入知识经济时代,资源的开发和利用已显示出崭新的内涵。一方面,工业经济时期开发的资源会得到更有效的利用。另一方面,整个社会将着力开发利用信息、教育和知识资源。对信息、教育和知识资源的开发利用,已是区别知识经济与工业经济的重要标志。"信息、教育、知识已是知识经济时期支撑经济发展的三大新资源"。①

按照马克思主义经济学理论的观点来看,在知识经济时期,资本范畴及其运行又将出现一系列重大变化,一方面,知识性要素发挥着越来越重要的作用。知识要素通过渗透或者附着其他有形资本,能极大地改变各种有形资本的运行效率,大大提高资本价值的增殖幅度,在知识经济的运行中,由于财富的增值已经不再主要依赖于机器、设备、厂房、原料、劳动力等有形资本要素的增加,而是主要依赖于知识性资本的不断追加、创新。因此,知识成为财富增值的主要"源泉"。另一方面,在资本运行中可变资本将发生质的变化。随着劳动者接受教育程度的提高,劳动者的科学文化知识水平素质将得到极大的提高,这就出现了真正意义上的知识劳动力或脑力劳动力。知识劳动力成为资本增殖能力不断提高的"源泉"。②

伴随人类知识的不断累积,人类在越来越厚实的知识传统上进行知识创新的能力大为增强,信息和科技知识创新呈现出愈来愈快的势头,教育和研发等以知识

---

① 彭坤明:《知识经济与教育》,南京师范大学出版社 1998 年版,第 35 页。

② 白云伟:《中国新型工业化历史与现实的选择》,山西经济出版社 2008 年版,第 214 页。

创造知识的活动逐渐从生产中独立出来,不仅成为一个日益活跃的新兴产业部门,而且成为带动整个经济增长的主导部门,引起了工业结构的新调整,不断提高绿色化、低碳化程度。

3. 坚持不懈改善和维护生态环境,实现中华民族伟大复兴。在 20 世纪 60 年代中期,经济学家西蒙·库兹涅茨在实证研究中提出一个假设,即在个人收入分配差距随现代经济增长过程出现倒"U"型发展趋势。这种假说的逻辑给人以这样一个启示:"事情在变好以前,可能不得不经历一个更糟糕的过程。这一逻辑推论也一直是关于经济增长与环境保护的争论焦点。"①顺着这一思路,许多学者对不同国家经济发展与环境之间的关系进行了实证研究,似乎得到一条类似于收入分配差距发展趋势的倒"U"型环境库兹涅茨曲线。但是,在概念上接受了"倒 U 型"假说,并不意味着发展中国家或地区的环境恶化只是经济发展过程中一种暂时现象。事实上,由于有些资源是不可再生的,环境破坏也具有不可逆转性。所以,改善和维护生态环境,以避免造成环境吸收和净化能力的过度下降是功在当代、惠及子孙的伟大事业和宏伟工程。坚持不懈地搞好生态环境保护是保证经济社会健康发展,实现中华民族伟大复兴的长远大计,也是区域经济崛起的关键。

(六) 以市场为导向,着力调整企业组织结构

企业组织结构的调整,要以市场为导向,以获得规模经济效益为目标,加大工业内部重组力度,按照培育产业集群、打造产业链条、壮大核心企业、建设重大项目的思路,形成大中小企业协调发展,高效率的企业组织结构。

1. 继续关闭破产一批企业,建立退出市场的机制和通道。主要是解决三类劣势企业的问题:第一类是要依法关闭那些产品质量低劣、浪费资源、污染严重、不具备安全生产条件的小厂小矿,主要是小煤炭、小水泥厂、小造纸厂等。第二类是资源枯竭性矿山,主要是煤矿、有色金属矿和核工业的铀矿,以及其他金属和非金属矿。第三类是长期亏损、资不抵债、扭亏无望的企业。对这三类劣势企业,要在继续实现政策性破产的同时,逐步运用市场机制,建立退出市场的机制和通道,加快退出步伐。

2. 做大做强一批企业,使其成为大企业和企业集团。对于那些符合国家产业政策,有发展前景的重点企业,要通过重点技术改造等措施,提高整体素质。要以市场为导向,以资本为纽带,以优势企业为龙头,推进强强联合,培育产业集群,打

① 潘家华:《持续发展途径的经济学分析》,山西经济出版社 2008 年版,第 164 页。

造产业链条,形成若干拥有名牌产品、先进技术、竞争力强的大型企业和企业集团,具备条件的要向跨国公司发展。例如,装备制造、钢铁有色和卷烟制造等。

3. 搞专搞精一批企业,提高生产的社会化水平。积极扶持中小企业特别是要大力扶持新兴产业,使他们向"专、精、特、新"的方向发展;建立小企业同大中型企业合理的分工协作关系,形成小企业对大中型企业的专业化配套和服务,提高生产的社会化水平,对电子信息、新材料、生物医药等新兴产业,尽快形成应对未来竞争的战略性产业;加快建立为中小企业提供信息咨询、市场开拓、筹资融资、贷款担保、技术支持、人才培训的社会服务体系,改善中小企业发展环境,发挥中小企业满足多层次社会需求,活跃城乡经济、吸纳劳动力就业,蓄积高层次人才等方面的作用。

(七) 发挥政府作用,提供政策支持和体制保证

充分认识政府在推进新型工业化的结构创新中具有的重要作用。正如世界银行指出的:"历史反复地表明,良好的政府不是奢侈品,而是非常必要的。没有一个有效的政府,不论是经济的还是社会的可持续发展都是不可能实现的"。① 新型工业化的结构创新,同样需要政府的参与和作用的发挥,包括政府的宏观调控、出台并落实相关政策、提供体制保证等。

1. 政府的宏观调控、经济调节、市场监管、社会管理和公共服务。第一,经济调节。政府通过经济调节为新型工业化的结构创新提供一个良好的外部环境,因为工业结构创新在一个跌宕起伏的宏观经济环境中是难以健康进行的。改革开放后,由于政府比较有效的调节、削峰平谷、宏观经济运行比较平稳,营造了良好的环境,为新型工业化的结构调整创新起到了积极作用;第二,市场监管。政府在市场监管方面对新型工业化的结构创新提供统一、开放、竞争、有序的市场体系。这样,市场手段可以对工业结构创新所需的资源进行优化配置,为推进工业结构创新提供良好条件;第三,社会管理。政府在社会管理方面对新型工业化的结构创新的作用,主要表现:控制人口增长,开发人力资源,为工业结构创新提供人才和智力支撑;城乡差距、区域差距对新型工业化的结构创新构成严重制约,政府可以通过制定和实施新农村建设规划和地区发展规划,促进城乡经济、区域经济的协调发展,进而推进新型工业化的结构创新;第四,公共服务。包括加强社会保障,有效调节收入分配,加强基础教育、公共医疗、文化、基础科学研究和技术开发,加大基础设

---

① 世界银行:《1997 年世界发展报告——变革中的政府》,中国财经出版社 1997 年版,第 1 页。

施的建设和供给,加强生态环境保护等内容为新型工业化的结构创新提供服务。

2. 出台并落实相关政策,加快工业结构调整。新型工业化结构创新,需要有效的政策支持。要制定综合配套的结构调整政策,对国家必须支持的重点行业、关键领域和重点企业,可通过财政贴息,支持重点企业进行技术改造;通过核销银行呆坏账准备金,对应该退出市场的企业实施关闭破产。对国家鼓励的高新技术产业、环保产业、成长型企业新产品开发等,可在一定时期内采取减免税收等方式,给予必要的支持。对于污染环境、重复建设和严重供大于求的行业,应通过定期公布淘汰落后工艺、装备、技术、产品的目录和限制长线产品,制止重复建设的目录,加大执法力度,引导企业的生产经营和银行的资金投向等产业政策限制其发展。

加快建立和完善社会保障体系。切实落实好鼓励就业和再就业政策,使关闭破产企业的分流人员得到妥善安置,保证企业破产重组的顺利实施。要创造公平竞争的政策环境,实施公平的税收政策,统一的技术质量标准,规范的反垄断和反不正当竞争法规,对各种所有制企业一视同仁。

3,制定规划,提供体制保证。工业结构的战略性调整,矛盾较多,牵动面广,而且涉及到现有管理体制的改革和利益格局的调整,难度很大,是一项十分复杂的系统工程。要制定好湖南统一规划,以此为基础制定分行业和分地区的规划,针对结构调整的难点和重点,做出必要的专项规划,用规划指导调整的有序进行,减少盲目重复建设。按照建立社会主义市场经济体制的要求,继续深化经济体制改革和企业改革,建立产权清晰,权利、义务、责任相统一,管资产和管人相结合的国有资产管理体制,加快建立现代企业制度步伐。还要进一步深化财税金融体制改革,为结构调整创新提供体制保证。

(王新坚　执笔)

主要参考文献:

[1]《马克思恩格斯全集》第 3 卷,人民出版社版

[2]江泽民:《高举邓小平理论伟大旗帜,把建设有中国特色社会主义事业全面推向二十一世纪》(1997 年 9 月 12 日),人民出版社 1997 年版

[3]江泽民:《全面建设小康社会,开创中国特色社会主义事业新局面》(2002 年 11 月 8 日),人民出版社 2002 年版

[4]《辞海》,上海辞书出版社 1979 年版

[5]龚唯平:《工业化范畴论》,经济管理出版社 2001 年版

[6]史清洪:《中国产业发展与新型工业化》,经济科技出版社 2003 年版

［7］任才方:《新型工业化指标体系》,经济科学出版社2003年版

［8］夏永祥:《新型工业化与小康社会》,苏州大学出版社2003年版

［9］胡鞍钢:《新型工业化与发展》,经济科学出版社2003年版

［10］赵国鸿:《论中国新型工业化道路》,人民出版社2005年版

［11］国家经贸委行业规划司:《我国走新型工业化道路研究》,机械工业出版社2003年版

［12］白云伟:《中国新型工业化历史与现实的选择》,山西经济出版社2008年版

［13］彭坤明:《知识经济与教育》,南京师范大学出版社1989年版

［14］汤姆·斯托尼尔:《信息财富——简论后工业经济》,中国对外翻译出版公司1986年版

［15］樊钢、张晓晶:《全球视野下的中国信息经济,发展与挑战》,中国人民大学出版社2003年版

［16］宋朝华:《湖南邮电通讯发展历史现状报告》,湖南科学技术出版社1990年版

［17］范先佐:《论教育与人力资源形成》,载于《江汉大学学报》1998.15(4)

［18］姜爱林:《工业化的含义及中国工业化发展的特征》,载于《河南师范大学学报》(哲学社会学版)2003年第2期

［19］周叔莲、王伟光:《论信息化与工业化的关系》,载于《中国社会科学院研究生院学报》2001年第2期

［20］世界银行:《1997年世界发展报告——变革中的政府》,中国财经出版社1997年版

［21］潘家华:《持续发展途径的经济学分析》,山西经济出版社2008年版

［22］《中国统计年鉴》,中国统计出版社2008年版、2009年版

［23］《湖南统计年鉴》,中国统计出版社2008年版、2009年版

湖南特色新型工业化的技术创新

一、技术创新是新型工业化的关键

（一）技术创新的概念和内涵

技术创新概念的提出至今已有 80 多年的时间,国内外的研究与实践成果表明,技术创新是科学技术与经济相结合的活动,是一项复杂的系统工程。综合国内外学者的理论,一般倾向于采用以下的定义:技术创新是一个从新产品或新工艺设想的产生到市场应用的完整过程,它包括新设想产生、研究、开发、商品化生产到推广等一系列的活动。这个定义比较全面地说明了技术创新的含义,即技术创新是一个以从创造性技术构想出发到新产品市场成功实现为基本特征的层次性经济活动的全过程,强调了技术创新的最终目的是技术的商品化应用和新产品的市场成功。

20 世纪初叶,资本主义列强加速了在全球的扩张和争夺,他们掠夺殖民地国家的原材料加工制造成产品打入世界市场,发现产品在国际市场竞争中的优劣并非取决于原材料的成本价格,而是取决于技术质量的成本价格,要提高产品在国际市场的竞争力,就必须重视产品的技术创新。这是西方经济学家最早形成技术创新理论的客观依据。

技术创新这一概念最早源于创新经济学的创始人美籍奥地利经济学家熊彼特（J. A. Schumpeter）的"创新理论",熊彼特在 20 世纪上半叶第一个对技术创新进行了研究,他把创新作为社会前进的动力,把创新定义为"新的生产函数的建立",是"企业家对生产要素的新的组合",即把一种从来没有过的生产要素和生产条件的新组合引入生产体系,从而形成一种新的生产能力,以获取潜在利润。具体来说,创新包括:引进新产品;引用新技术;开辟新市场;控制原材料新的供应来源;实现工业的新组织。另外,熊彼特还认为,创新是一个经济学范畴而非技术范畴。发明是新工具或新方法的发现,创新则是新工具或新方法的实施。发明往往是创新的一个环节,创新并不一定需要发明,发明只有应用到经济之中并带来利润才算是创新。按照熊彼特的理论,技术创新包括五个方面含义:一是产品创新;二是工艺创新;三是市场创新;四是资源开发利用创新;五是体制创新、管理创新。总之,技术创新就是提高资源配置效率而进行的创新活动。

国内外对于技术创新的概念和内涵有较全面的研究,英国经济学家弗里曼认为技术创新在经济学上的意义只是包括新产品、新过程、新系统和新装备等在内的技术向商业化实现的首次转化,他把技术创新定义为"新产品、新过程、新系统和新服务的首次商业性转化"。美国经济学家爱德温·曼斯菲尔德将技术创新定义为"第一次引进一个新产品或新过程所包含的技术、设计、生产、财务、管理和市场诸步骤"。美国国家科学基金会从 20 世纪 60 年代上半期开始组织对技术变革和技术创新的研究,他们将技术创新定义为"技术创新是将新的或改进的产品、过程或服务引入市场",并明确将模仿和不需要引入新技术知识的改进作为最低层次上的两类创新归入技术创新定义范畴中。经济合作与发展组织(OECD)把技术创新界定为包括新产品和新工艺以及产品和工艺的显著技术变化。从国内来看,技术创新的概念在近些年来更引起了人们的关注,技术创新理论研究和实践活动已得到蓬勃发展,许多学者和专家也就技术创新概念进行界定。清华大学经济管理学院傅家骥教授在《技术创新学》著作中将技术创新定义为:技术创新是企业家抓住市场的潜在盈利机会,以获取商业利益为目标,重新组织生产条件和要素,建立起效能更强、效率更高和费用更低的生产经营系统,从而推出新的产品、新的生产工艺、开辟新的市场、获得新的原材料或半成品供给来源或建立企业的新组织,它是包括科技、组织、商业和金融等一系列活动的综合过程。华中科技大学张培刚教授认为:"技术创新是研究生产力的发展和变化。"简单概括就是:"使新技术应用于生产,就是技术创新。技术创新就是以新技术代替旧技术,并应用于生产,推向市场,这是一个无限循环反复而又逐步提高的过程。"西安交通大学系统科学家汪应洛教授认为,"技术创新就是建立新的生产体系,使生产要素和生产条件重新组合,以获得潜在的经济效益。即从新概念的建立、到形成现实的生产力,并成功地使创新产品批量化进入市场的整个过程"。

1999 年 8 月 20 日公布的《中共中央、国务院关于加强技术创新、发展高科技、实现产业化的决定》精辟地指出,"技术创新,是指企业应用创新的知识和新技术、新工艺,采用新的生产方式和经营管理模式,提高产品质量,开发生产新的产品,提供新的服务,占据市场并实现市场价值。企业是技术创新的主体。技术创新是发展高科技、实现产业化的重要前提。"

1. 新技术革命促进传统产业改造和高新技术产业发展

随着经济全球化趋势深入发展,科技进步日新月异,产业技术的重要性日益显现。以信息和网络技术为重点,包括生物、新能源、新材料、航天技术等在内的新技术革命,正在改变整个世界经济的面貌。新技术革命的发展在迅速形成新型产业的同时,也对传统产业带来重大变革,导致了经济结构调整、经济增长方式转变以及国际分工格局调整。在发达国家,高新技术产业的比重不断提高。美国的经济面貌革新,正是以信息产业为主要增长动力。而在发展中国家,新技术革命为加快发展新兴产业提供了机遇,更多地体现于以新技术改造和提升传统产业以及积极发展高新技术产业。

世界范围的新技术革命浪潮要求我们既要有重点地发展高技术产业,又要注意用先进适用技术改造和提升传统产业,发展高新技术与改造传统产业相辅相成。高新技术作为技术密集型产业已成为世界新经济的一个重要增长点,可以使一些国家和地区以后发优势在高起点上抓住机遇实现跨越发展。当前形势下,大力培育和发展自己的高新技术产业,实现局部领域的突破和跨越式发展,逐步形成我国高新技术产业的群体优势是顺应世界潮流的必要举措。

2. 农业技术创新

农业技术创新是指将农业技术发明应用到农业经济活动中所引起的农业生产要素的重新组合,主要包括新技术或新品种的研究开发、试验推广、生产应用和扩散等一系列涉及科技、组织、商业和金融活动等相互关联的综合过程。[1] 由于农业生产和农业技术的特殊性,与工业部门的技术创新相比较,农业技术创新具有如下几个显著特点:一是创新周期较长。农业技术还要受到自然条件和生物本身生长规律的制约,因而其创新所需花费的时间将会更长;二是转移推广缓慢。工业部门的新技术产品,其转移对象都是企业,因而具有较高的集中性,转移所费时间相对较少。但目前农业技术成果的转移推广所面对的主要是传统的小农户,他们分散,文化水平又相对较低,因而推广转移难度极大,速度十分缓慢;三是研究开发风险大。农业技术创新大都处于科技前沿,具有超前研究的不确定性,因而从构思、研制到实施,成功与否难以预料。不仅如此,还由于农业生物技术及其产业投资的周期长,效益回收慢,许多成果难以形成专利,易被他人分享,这就更增加了这种风险性;四是技术应用受地域环境的制约。一般来说,各种农作物对外界条件都有其特殊要求,而自然条件又具有地区的分布规律和特点,致使农业生产具有明显的地域

---

① 潘文华、胡胜德:《我国农业技术创新问题及对策》,《东北农业大学学报》(社会科学版)2008 年第 2 期。

性。因而农业生物技术成果在大面积生产上的推广和应用,则往往要考虑到自然环境和气候条件的制约。

农业是国民经济的基础,农业技术创新是我国农业持续、稳定、协调发展的必由之路,它对我国农业乃至国民经济的发展具有重要的意义和作用。我国的基本国情决定了必须把农业技术创新作为解决"三农"问题的一项根本措施,大力提高农业科技水平,加大先进适用技术推广力度,突破资源约束,持续提高农业综合生产能力,加快建设现代农业的步伐。

(二) 技术创新的作用

1. 为新型工业化提供可能

工业化是现代化的基础和前提,走新型工业化道路,是在新的历史条件和时代背景下,贯彻落实科学发展观,提高经济增长的质量和效益,加快实现现代化的必然选择。湖南是农业大省,工业总量在全国处于中间水平。湖南新型工业化进程比全国落后 3 至 4 年,工业化程度低成为制约湖南发展的瓶颈。借鉴世界发达国家工业化的经验,顺应世界科技发展潮流,充分发挥后发优势,重视技术创新,加快推进新型工业化是湖南发展的关键。

新型工业化道路包含了"科技含量高、经济效益好、能源消耗低、环境污染少、人力资源优势得到充分发挥"五个要素。科技含量高,就是要充分发挥科技进步的作用,加快先进科技成果的推广应用,提高科学技术在经济增长中的贡献率,特别要大力推进信息化,通过广泛应用信息技术带动工业化在高起点上迅速发展;经济效益好,就是要注重产品的质量,提高资金投入产出率,优化资源配置,降低生产成本;资源消耗低,就是要大力提高能源、原材料的利用效率,减少资源占用与消耗;环境污染少,就是要广泛推行清洁生产、文明生产方式,发展绿色产业和环保产业,加强环境和生态保护,使经济建设与生态环境建设协调起来;人力资源优势得到充分发挥,就是要提高劳动者素质,妥善处理好工业化过程中提高生产率与扩大就业的关系,不断增加就业。在这五个要素中,科技含量高统帅其他四个要素,是实现我国经济增长方式根本转变的要件。要使经济效益提高,必须应用高新技术和先进适用技术改造传统产业,使生产效率不断提高;要降低资源的消耗量,必须改造原有生产工艺和技术,这也必须依赖技术进步作用的发挥;要减少环境污染,不仅要靠治理污水、废气、废物的高技术和新工艺的发明和创造,而且要通过技术改造传统生产工艺和流程,减少生产过程中的"三废"的产生量和排放量;要充分发挥人力资源的优势,离不开用高科技知识来武装人才。因此,新型工业化的实现必须依靠技术创新。一项成功的技术创新,经过大面积的技术扩散,必然会导致产业结构、市场结构等一系列变化,同时又牵动新一轮更高层次的技术创新。如此循环反复,就会推动经济的不断增长。所以,技术创新是实现新型工业化的重要因素,是新型工业化的动力之源。

2. 为跨越式发展提供可能

跨越式发展是自工业革命以来生产力发展的一种重要方式,从本质上讲是经济后发国家或地区在追赶先进国家和地区的过程中,借助科学技术的助推力,实现超常规发展,从而缩短与发达国家和发达地区的差距,甚至达到或超越当时中等发达国家和地区发展水平。利用后发优势,实现生产力跨越式发展一直是后发国家追求的目标。从世界经济现代发展史来看,先后出现现代化后起国追赶先行国的成功范例:19—20世纪之交,美国经济起飞花了43年时间追赶英国;德国追赶英国,20世纪初成为世界第二大国;二战之后日本经济起飞用了40年的时间追赶美国;60年代以来亚洲"四小龙"花了30年时间追赶欧洲国家;印度抓住了信息技术革命契机,90年代以来成为世界上年均经济增长速度前5名的国家。我国是在第三次科技革命迅猛发展、知识经济初见端倪和经济全球化进程加快的历史条件下推进生产力跨越式发展的,其实质是充分利用后发优势和其他比较优势,充分吸收、利用世界科技进步的成果和先进生产力,大力推进理论创新、体制创新、科技创新。十六大报告中明确提出:"坚持以信息化带动工业化,以工业化促进信息化,走出一条科技含量高、经济效益好、资源消耗低、环境污染少、人力资源优势得到充分发挥的新型工业化路子。"

通过推进技术创新,以技术创新带动信息化,信息化推动工业化,实现新型工业化道路,为湖南缩小与发达省份的差距,实现生产力跨越式发展提供了可能。在21世纪初期湖南要实施跨越式发展战略,不能再靠消耗自然资源来支撑经济发展,也不可能像传统的跨越式发展那样强调某些产品技术或行业上的突破,必须从战略模式上进行突破。因此湖南的选择应该是依靠科技创新,充分发挥人力资源优势,信息化、工业化、城镇化相辅相成,充分利用国内外两个市场、两种资源,走可持续发展的有湖南特色的新型工业化道路。这既是时代的要求,也是湖南经济发展阶段所决定的。

3. 为可持续发展提供可能

随着新技术革命迅猛发展,不断引发新的技术创新浪潮,科技成果转化和产业更新换代的周期越来越短,技术创新在当今世界经济发展中的地位和作用越来越重要。特别是进入21世纪后,技术创新在推进区域经济结构调整优化、实现资源的可持续利用、推动区域经济增长方式的根本性转变、促进人与自然的和谐发展等方面的作用越来越突出,成为区域经济可持续发展的重要力量。

技术创新能积极推动区域产业结构优化。各国的工业化进程表明,任何一个国家和地区经济的持续、稳定、协调发展,都依赖于产业结构的升级。而产业结构的升级,即以技术创新为前提和动因。同时,推行以技术创新为主导的发展模式,能推动区域经济增长方式由粗放型向集约型转变,从而使区域经济发展能以最少的生产要素投入获取最大的产出效益。技术创新是区域资源高效利用的重要途径。中国的人口增长和资源供应短缺这一对矛盾在一定程度上也可以通过技术创新提高资源环境的承载力来解决。其次,通过技术创新,提高资源的利用效率,可相对提高自然界的资源供给能力,增强资源的可持续利用程度。技术创新能积极促进区域经济竞争力的提高。在当今社会,区域经济的核心竞争力主要表现为科技创新能力和区域文化、创新精神和区域内的制度状况等方面。技术创新是一个国家或地区在全球经济竞争中取得优势的重要保证。技术创新能够推动区域文化与制度建设,为区域经济竞争力的提高提供根本的保障。

综上所述,技术创新为区域经济实现可持续发展发挥了重要作用,以技术创新提升区域经济竞争力,支撑和实现区域经济的可持续发展,符合科学发展观的要求。

4. 应对国际竞争

全球化改变了国际竞争的方式,但没有改变国际竞争的本质,科学技术和自主创新能力建设,已经成为国际竞争的主要手段。科技竞争在综合国力竞争中的地位和作用日益突出,新技术革命不断为生产制造业的发展创造新空间,促使世界竞争格局发生重大变化。

随着国际竞争日趋激烈,中国企业面临的突出问题是缺乏核心技术,导致在国际竞争中处于劣势。大多数企业引进发达国家技术的同时也被锁定在由发达国家引领的技术轨道上,导致无论是核心技术还是技术标准都受制于外国企业。当前,自主创新能力已经成为国家间科技竞争成败的分水岭。从国际产业分工来看,发达国家凭借强大的技术优势在国际产业分工中占据着价值链的高端。21世纪的制造中心已不再是国家综合竞争能力的决定性因素,目前全球的技术创新中心正在与制造中心分离。美国作为世界上最大的知识经济国家,几乎在所有的技术领域都处于领先地位。但美国没有谋求恢复它曾经拥有的全球制造中心地位,而是利用全球技术创新中心的地位和综合国力来控制全球制造业中心,获取比物质生产多得多的利润。

历史罕见的国际金融危机正给我国经济带来严重冲击,一百多年来,世界先后发生过多次经济危机,深刻影响了全球经济格局变化。危机前后实践证明,凡是善于迎难而上、依靠科技锐意创新的国家和企业,都能很快摆脱危机并实现新一轮的快速发展,技术创新是推动经济在波动中实现稳定增长的强大杠杆。技术创新的活跃带来经济繁荣;而技术创新低迷,则往往成为经济危机的重要诱因。全面开展技术创新,提高自身的国际竞争力,是一个国家和地区在激烈的市场竞争中立于不败之地的重要的选择。我们应该趁势而为大力推进技术创新,在新一轮国际竞争中,夺取创新"话语权"。

5. 重塑企业竞争优势

企业竞争优势是企业在竞争性市场中生存与发展的核心,竞争优势归根结底产生于企业为客户所能创造的价值。竞争优势来源于产品的技术优势、成本优势和销售优势,这些优势的取得根本在于企业技术创新。

技术创新是技术与经济的有机结合,它是利用竞争优势提升企业竞争力的一项重要的活动。首先,技术创新可以降低成本。

一是因为技术创新可以提高效率;二是因为技术创新可以节约某些环节中的支出;三是可以形成规模经济。成本领先战略是企业在竞争中经常使用的一种策略。其次,技术创新可以形成差异优势。信息化时代,企业能以比较快的速度获取新技术、新工艺与新思路,根据消费者需求进行研究与开发活动,及时改变与调整经营战略,不断向市场提供差别化的产品或服务。现代企业的竞争已从成本竞争转向了产品竞争,在这一阶段技术创新就更显其重要性。再次,技术创新可以抢先占领市场,形成顾客的忠诚度。

当一项技术还未被竞争对手意识到其潜在优势时,抢先占领市场的效果尤为明显。这就要求企业能预见到技术的市场前景,并率先进行创新与实施。最后,技术创新可以降低学习曲线。学习曲线说明了成本的下降,原因是由于工人们改进了工作方法并提高了效率。随着技术创新速度的加快技术应用速度的加快,产生了一系列高效率的生产方法,从而降低了生产时间,提高了生产率,降低了其间的一些费用,因此造成了学习曲线的下降。这最终导致了产品成本的下降。

著名经济学家罗伯特·艾略说:"技术是企业参与全球竞争的一个强有力的武器"。当企业拥有的资源具有价值、稀缺、不可完全模仿和不可完全替代等特征时,就能够表现出持久的竞争优势。在企业所拥有的资源中技术创新资源最为符合这四项标准。企业通过不断地推出新产品、新技术使企业的竞争优势具有动态性。在世界500强企业中,奔驰、通用等老牌企业,都是通过不断的技术创新为其重塑自身竞争优势的。许多企业的发展证明了在市场竞争日趋激烈的条件下技术创新资源已成为企业核心竞争优势更好更可靠的来源,企业的技术创新能力是企业获得竞争优势的关键。

二、新型工业化的特征——信息化带动工业化

(一) 信息化的概念与内涵

信息化是指信息作为一种新的生产、服务要素投入国民经济各个领域并对整个社会全面渗透的过程,也是指信息技术产业成为国民经济新的主导产业的过程。信息化不仅是信息产业的成长和发展,更是信息资源的开发和利用,并不断地扩大信息技术在社会、经济、文化等一切领域的应用,以促进社会对信息的产生、交流、释放和传递的有序化、高效化,从而提高整个社会经济活动的综合能力。

信息化又被称为第二次现代化。现代化是一个历史过程,因而是一个动态的概念。第一次现代化指从农业时代向工业时代、农业经济向工业经济、农业社会向工业社会、农业文明向工业文明的转变过程。第二次现代化指从工业时代向知识时代,工业经济向知识经济,工业社会向知识社会,工业文明向知识文明的转变过程。20世纪70年代以来,随着信息技术的发展,世界范围内传统工业逐步走向衰落,计算机、软件、微电子等知识密集产业已成为当今世界所有产业中增长最快、产值最高的产业,信息化水平已成为衡量一个国家现代化的最重要标志之一。知识经济(信息经济)迅速崛起,使人类社会经济生活发生着深刻的变化。

(二) 信息化对当今世界产业革命和社会结构的影响

信息化对世界和社会已经造成并且还将带来更加广泛和深刻的影响。信息化正在全球范围内引发一场深刻的产业革命和社会结构的变革。信息化不仅是信息产业的革命,而且将引起社会结构的深刻变革。信息时代,科学技术快速推移。网络经济成为未来世界经济基本增长极,具有高度扩张的特点。信息网络经济的出现在如下方面的重大影响值得高度关注:一是引起产业结构的变化。近年来,在发达国家和新兴工业化国家,普遍出现国民经济中信息部门比重增大,物质部门比重减小,产业机构出现"由硬变软"的趋势,这实质上是传统的物质生产为主的经济发展模式向新兴的信息生产为主的经济发展模式的转换。这个转换深刻地改变着世界经济的总格局,反映了不同国家和地区的经济发展的总水平;二是对整个增长方式的影响。过去经济增长主要依靠劳动、转化劳动、资本等,今后对技术、知识的依赖越来越大,在发达国家国内生产总值(GDP)增长50%来自信息产业。据统计,发达国家信息部门占国民生产总值(GNP)的比例为45%—60%,而发展中国家则低于25%;三是对各个国家分工格局的影响。各个国家和地区通过互联网所

得到利益不均等,要素比较优势相对淡化,这将对一个国家比较利益和竞争优势产生重大影响;五是对社会收入的影响。在世界上,20%的人占有80%的社会财富。随着互联网技术的发展,一批有知识、有创意的企业家和技术骨干将占有更多的社会财富,发达国家与发展中国家的差距将进一步拉大。

(三)信息化与工业化的关系

1. 信息化是在工业化充分发展基础上产生的

首先,信息化是工业化过程中生产力不断发展的结果。工业化经历了产业革命、重工业化、轻工业化、高加工化之后,便进入后工业化(高技术化)时代。在这个时代中,产品知识、技术含量不断提高。尤其是20世纪70年代以后,计算机通信和网络等技术渐次出现,以电子信息技术为代表的高科技产业群蓬勃兴起,生产特征由以物质生产为主转向生产信息为主。目前信息产业先行国家的信息技术、信息产业和信息网络在社会经济和各个领域发挥的作用日益突出,并已主导了国民经济和社会发展。而这一切都是工业化过程中生产力不断发展的结果。其次,工业化发展到一定程度后,对信息的需求日益增加,成为信息化发展的内在动力。随着经济全球化带来了全球范围内的经济融合,使世界各国经济在生产、分配、消费环节逐步走向全球一体化;另一方面,继工业化中后期大批量生产体制之后,市场需求出现了多样化、个性化的趋势,而瞬息万变的市场需求和个性化的需求则要求企业必须保持相当的灵活性和适应性,工业化后期出现的以上两种新变化要求企业能够在全球范围内高效快捷地获取、加工、传递和利用信息资源,以此提高企业的全球反应速度和反应能力。因此,进行信息化建设,借助于有效的信息技术手段,如先进的技术、高容量的通讯设备与网络,提高企业对市场的快速反应能力,提高管理决策的正确性成为提升企业竞争能力的有力武器。而信息化本身反过来又进一步推进了全球经济一体化和市场需求多样化、个性化程度的加深。二者相互影响,相互促进,加快了信息化的进程。再次,只有工业化发展到一定程度,才具备发展信息业的条件。信息化是在发达国家的后工业化(高技术化)阶段的基础之上产生的。信息产品的生产、传播、接收等都需要各类高技术的信息装备为载体和信息服务为辅助条件。如计算机光纤通信、感测仪器、网络、软件、多媒体、微电子等。这些装备和技术如果离开了高技术的制造业是没有办法生产出来的。因此说,工业化的高度发展为信息化的生产和发展提供了可靠条件。

2. 工业化的充分发展为信息化提供了广阔市场

首先,信息化所必备的物质基础,都是由传统的工业部门来提供。生产信息材料和元器件的半导体工业、集成电路工业、制造生产和消费用电子产品的电子工业,以及生产信息处理机器和信息传输装置的计算机工业、通信设备制造工业等,都要由钢铁、机械、化工、仪器、仪表以及能源等传统产业供应原材料、技术装备、动力和运输服务。其次,工业化为信息化及信息产业提供了广阔的市场。信息产业不可能搞封闭式发展,必须以农业、采掘业、建筑业及其他信息的制造业和服务业作为自己的销售对象,向传统产业找市场。没有工业化,信息化就失去了大部分市场。再次,工业化为信息化提供了最基本的技术积累和资本累积。

信息化需要信息技术及信息产业的发展,信息产业是技术、知识密集型产业,但也需要大量的资金,新产业的兴起投入不能没有资金,尤其是建设信息基础设施等需要大量的资金支持,而这些资金在很大程度上来自于传统的工业部门。

3. 信息化可以带动工业化的发展,从而大大缩短工业化的进程

一是信息化以其倍速于其他产业的发展势头对国民经济增长和稳定起到了非常重要的贡献。美国的信息产业对经济增长所做的贡献已超过了 13% ,比过去美国经济的三大支柱产业(钢铁、汽车和建筑业)加在一起的贡献率还要大。二是信息化催生了大批高新技术产业,诱发了全球经济和产业结构的大调整,自 80 年代以来,发达国家正是在以信息产业为核心的新经济体系下不断发展。集成电路产业、计算机及其外部设备产业、卫星通讯业、光通讯业、软件业、数据库、信息服务业等一批信息产业迅速崛起发展壮大,已成为世界经济增长热点和推动产业结构调整、升级的基本力量。三是带动相关工业部门的发展。信息产业具有产业关联的特点,它的发展对其他产业发展的影响主要体现在带动了一大批其他相关产业的大发展,体现出很强的带动效应。比如在信息产业内部,以电子计算机各通信技术为龙头,带动了微电子、半导体、激光、超导等技术的发展。同时,在信息产业外部,又带动了一批其他产业如新材料、新能源、机器制造、仪器仪表、生物技术、海洋技术、航空航天技术。信息技术制造业、通信业、信息服务业及其他相关产业的高速发展,形成了巨大的市场需求,反过来又促进了信息产业的发展,使其新经济增长点的作用日趋增强。四是通过对传统产业的信息化改造,使传统产业的产品中知识含量、信息含量和技术含量将大大增加,进而提高工作效率和经济效益,有资料表明,用信息技术改造传统产业,发达国家投入产出比可达 1∶100,在我国平均也达到了 1∶5。五是信息化可以优化工业化进程中的各种资源,使生产要素进行合理的配置。如 20 年来我国通过推进企业信息化,形成每年约 2000 万吨煤节能能力;全国 60% 以上的中等城市采用计算机在管网上进行自来水的自动监测和调度,每年可减少约 20 亿吨自来水的损失;全国电厂普遍采用优化调度管理系统。每年可节电 1.6 亿度—1.8 亿度。

（四）信息化带动新型工业化

1. 信息化带动工业化发展战略的意义

信息化与工业化互动发展战略是在新的发展条件和时代背景下提出的。20世纪90年代以来，世界经济科技发展出现了巨大变化。高新技术特别是信息技术的广泛应用，不但成为经济社会发展的强大推动力，而且使人类生产活动和社会生活开始进入信息化和智能自动化时代。同时经济全球化的深入发展，世界范围经济贸易发展和资金技术流动加快，促使各个国家和地区经济和市场进一步相互开放、相互依存。信息科技的发展和全球经济一体化的深化为利用后发优势、实现生产力跨越式发展提供了一个千载难逢的历史机遇。中国可以不必再遵循发达国家"先工业化再信息化"的路径，而选择工业化信息化并举的发展战略，可以享受工业化和信息化对经济增长的双重推动，利用后发优势实现经济赶超目标，实现跨越式发展。

2. 美国以信息化带动工业化发展的实践

美国是世界上信息化发展最成功的国家，资料表明，美国在20世纪60年代就基本进入了信息化社会，1965年的综合指标就达到了120%。到2001年，美国信息产业对经济增长的贡献率远远超过制造业、钢铁业与汽车业等三大产业贡献率的总和，成为国民经济持续增长的"火车头"。研究美国信息化与经济发展的关系，对走"新型工业化"道路具有十分重要的理论意义与实践意义。

首先，信息技术成为美国经济增长的动力与源泉。信息技术的发展大大提高了知识创新和技术创新的能力，加快了信息传播的速度，带动了美国经济的持续增长，成为推动国民经济增长的动力和源泉。一是信息技术促进了劳动生产率的提高，增强了国际竞争能力。由于信息技术及其产业化的迅猛发展，自1995—2002年，美国劳动生产率每年均上升2.8%，是1973—1995年年均增长率的2倍，其中信息技术提供了一半以上的贡献。伴随着劳动生产率的迅速提高和经济的持续增长，美国国际竞争力也得到了快速提升。二是信息技术的发展推动了产业结构的高度化。信息产业已经取代了汽车、建筑业、钢铁等传统行业成为美国新的最大的支柱产业，并成为美国经济新的增长点，尤其是计算机软件业。三是随着信息技术的不断创新与发展，信息技术被广泛地应用到经济生活和社会生产领域，改变了制造、加工、运输、信息获取和传递过程，也使经营方式彻底革新，经济活力增强，生产效率提高，整个国民经济焕发出勃勃生机。

其次，信息化改造是美国传统工业重焕生机的重要途径。第二次世界大战后，美国传统工业开始步入衰退，表现为主要传统工业产品产量总体下降，所占份额同步降低,逐步丧失了领先地位;传统产业内部技术出现老化,企业科研经费减少,产品销售额中科研经费所占比例减少。尽管传统工业出现了生产萎缩,就业人数减少,国际竞争力下降的情况,但传统工业仍是国民经济的基础,是世界工业化和一体化的杠杆,是国民经济发展的基础。从 20 世纪 70 年代开始,美国对传统产业进行了信息化改造。改造的目的在于应用战后新技术革命的成果,将信息技术推广到各个部门和领域,使传统工业部门再度工业化,升级为技术密集型产业,恢复传统产业的生机与活力,促进国民经济向更高的技术层次转化。美国传统产业信息化的改造过程,在于以信息技术为核心的高新技术的广泛采用,特别是信息技术高度的渗透性、创新性、增值性、竞争性,为传统产业改造创造了条件。

再次,信息产业成为美国劳动力就业的主要领域。在 80 年代开始的新一轮产业结构调整中,美国加大科技投入,提升信息化水平,产业结构逐步升级,信息产业一跃成为经济发展的第一支柱产业。由于信息产业与其他产业的关联度高,因而拓宽了产业领域,增加了出口,扩大了就业范围,创造了许多新的工作岗位。从就业结构的角度看,随着信息化的进一步发展,社会就业结构进一步"软化",表现为从事农业、制造业的就业人数占劳动人数的比重越来越小,而从事管理、研究、技术开发、咨询、服务等工作的就业比重不断提高。伴随着信息化发展,尽管在产业结构转换过程中释放出大量的劳动力,但由于美国 IT 产业的飞跃发展,在 IT 产业的"软"、"硬"两个领域,如软件开发、信息服务业和电气机械、通信机械制造等行业的就业,都有显著的增加,新兴服务行业更成为吸纳新增就业的主要渠道,从而使失业率逐年下降。

3. 信息化带动工业化的根本原因

首先,以信息化带动工业化是信息时代的迫切需要。从世界工业化过程看,每个成功的工业化国家都是吸收和利用当时最先进的技术。在全球信息化已经到来的大背景下,已不允许再按照传统发展顺序,先工业化后信息化,必须把工业化与信息化有机地结合起来,在工业化的过程中,积极推进信息化。坚持工业化与信息化有机结合,实现工业化和信息化的双重目标。其次,以信息化带动工业化是实现经济跨越式发展的需要。在激烈的国际竞争和日新月异的科技革命背景下,每一个国家和地区都必须站在新的起点上,发挥后发优势。从世界经济发展的历史来看,工业化按顺序进行,主要是受到知识技术创新与扩散的限制。当今科学技术,尤其是信息技术的发展速度极快,技术创新与扩散的时滞在不断缩小,再加上经济合作交流的加强,使经济"跨越式"发展成为可能。第三,以信息化带动工业化是加速完成工业化任务的需要。我国处于工业化中期阶段,但工业化任务尚未完成,继续完成工业化是我国现代化进程中艰巨的历史任务。必须用信息技术改造传统工业,提高传统工业密集度,加速完成我国的工业化。第四,以信息化带动工业化是增强工业国际竞争力的需要。我国加入 WTO 后,企业直接面对国内竞争国际化、国际竞争国内化的双重挑战。但我国的工业国际竞争力亟待提高,除科技投入不足与创新能力不强外,另一个关键原因就是我国工业化水平低,信息产业等高技术产业不发达。由此可见,以信息化带动工业化,加快传统产业改造和升级既关系到我国工业化自身实力的提高,也关系到我国在世界竞争中的地位。这就要求信息化带动工业化,提高工业国际竞争力。

(五) 信息化带动新型工业化的具体途径

1. 用高新技术和先进适用技术改造传统工业

新型工业化是以信息化和技术进步来推动的工业化,我国工业领域中制造业的技术水平普遍落后,难以形成核心竞争力。因此,新型工业化坚持用信息技术、高新技术和先进适用技术改造传统产业,用信息化带动工业化,提高工业的现代化水平和竞争能力。首先,以技术进步提高工业的生产能力。通过技术进步,使工业化在生产能力和规模方面上档次,不仅要在总量上保持优势,而且要使一些行业进入世界前列,使一批企业的生产能力和技术水平也走到世界的前列。其次,通过技术改造使传统的工业企业实现现代化,提高高新技术产业的比重,在继续保持我国劳动密集型产业比较优势的基础上,用科学技术提高劳动密集型产业的现代化水平,不断提高劳动密集型产业的劳动生产率。第三,提高工业的研发能力。研发能力的提高可以提高技术创新水平和技术的产业化能力,在新型工业化过程中,通过提高研发能力使大型龙头企业的研发能力达到世界先进水平。不断增加研发费用,使部分工业领域的研发能力达到世界先进水平。

2. 加快经济结构调整,推动产业结构转化和升级

目前,我国产业结构不甚合理,地区经济发展不协调,城镇化水平低等现象严重存在。加快经济结构调整的步伐,促进经济结构的升级。新型工业化必须通过结构调整来实现。一是要用工业化的生产方式改造传统农业。在新型工业化的实现过程中,要把传统农业的根本改造放在重要位置,提高工业对农业的带动能力。在农业产量稳步增长和农村市场经济进一步发展的基础上,用工业技术设备对农产品进行深加工,加快传统农业向现代农业的转变;二是促进乡镇企业的二次创业。在新型工业化的实现过程中,要支持、引导乡镇企业推进技术进步、结构调整和体制创新,提高乡镇企业的素质和水平。一方面要选择好工业的主导产业,依据增长潜力、就业功能、带动效应、技术密集度和可持续发展等因素选择新兴主导产业。另一方面要依据利益原则培育中国的战略产业,大力振兴制造业,使制造业成

为国民经济的支柱产业。从充分就业出发,发挥劳动力优势,发展劳动密集型产业。同时大力发展信息化产业和高新技术产业,提升工业技术含量,推动实现新型工业化。

3. 改变我国长期以来在工业化过程中粗放型的增长方式,真正实现我国经济的可持续发展

当前,经济增长方式的转变有很多途径,而信息化是最关键的途径之一,因为信息化提供了多数行业经济增长方式转变的技术基础,使资源的整合和节约成为基本的经济发展内涵。同时,信息化是一种高附加值、高增长、高效率、低能耗、低污染的社会经济发展手段,信息资源也是一种"取之不尽"的经济资源,信息化是我国实现工业可持续发展的必要条件。

由于新型工业化是可持续发展的工业化,一是针对我国环境资源贫乏、利用率低的现状,必须将节约资源放在首位,尽快转变经济增长方式,变粗放型为集约型。二是积极推行清洁生产工艺,从根本上解决生产污染问题。要加强清洁生产技术和科研成果的推广和使用,将它们及时转化为现实的污染治理能力,这是产业结构调整的突破口和载体。三是积极培育和扶持环境保护产业这个新经济增长点,作为调整结构的突破口。

4. 通过信息技术的发展优化工业"增量"结构

将最先进的信息技术运用在工业增量装备上,从而使新增工业走上电子化、网络化之路,提高工业"增量"的科技含量,然后再用增量来带动和改造存量,优化了产业结构,从而把企业做大做强,就能实现我国工业在现代化道路上跨越式发展。

5. 用信息化提高企业管理水平,提高企业效益,增加企业创新和发展的能力,增强核心竞争力

当前信息管理已经成为企业的新课题,信息管理的主要任务是,首先识别使用者对信息的需求,按照要求,对信息以原始存在的数据进行收集、加工、存储和检索,再将数据转化为信息,并将这些信息及时、准确、实用和经济地提供给主管人员以及其他相关人员运用。这是必须完成的一项艰巨、浩繁的任务。信息管理有利于企业提高管理的科学性,也是实现企业与市场甚至与客户紧密联系的手段。将信息技术管理贯穿于企业开发、生产、销售和服务的全过程,通过信息集成和资源优化配置,实现物流、信息流和价值的优化,提高广大企业的应变和竞争能力。只有以信息化带动和促进工业化,才能真正实现并发展我国的工业化,同时也有利于信息化本身的推进,才能走出一条科技含量高、人力资源优势得到充分发挥的新兴工业化路子。

（六）政府在信息化带动工业化中的作用

不论是从发达国家、亚洲新兴工业化国家还是发展中国家的发展经验看,政府的战略决策和政策对国家信息化起着重要作用,决定着信息化的发展方向、趋势和路径。

首先,政府提供必要的制度和法制保证。信息化的关键是制度、法治条件,没有一个可靠、清楚的法律保障,信息化会非常困难。为了应对信息化对市场及非市场制度所带来的巨大冲击和挑战,有必要对包括法律、政策、行政体制和管理制度等诸多方面,做出相应调整,进行重要的非市场制度创新。其次,要提供必要的金融环境,推进金融体制改革,建立一个适合信息化发展的金融环境。三是要提供必要的人文环境和人才基础。推进教育信息化,建立一个促进信息化发展的人文环境和人才基础,在 IT 人力资本积累方面发挥更加积极的作用。四是进一步完善信息基础设施的建设。由于信息基础设施对缩小信息差距极其重要,是实现信息化的基础,政府应促进信息基础设施建设,促进信息资源的开发利用,为全面推进信息化奠定基础。五是要加强协调产业内部、产业与经济其他部门之间的相互关系。

三、湖南技术创新发展现状

根据国家统计局 2006 年中部六省创新指标调查数据显示,湖南省技术创新的综合实力和潜力在中部省区处于第三位,排名于湖北和河南之后,在五项创新宏观指标中,与同处中等的安徽相比,湖南相对较强的有 R&D 人员折合全时数、科学家和工程师数量、专利申请数等三项指标,相对较弱的是 R&D 经费内部支出指标。（见表1）

表1　中部六省创新主要指标(2006 年)

	R&D 人员折合全时人员（人年）	其中:科学家和工程师	R&D 经费内部支出(万元)	专利申请数（件）	科技机构数（个）
山西省	38766.8	26816.6	363388.2	898	598
安徽省	29875.0	23753.2	593365.2	2221	981
江西省	25796.6	20054.1	377619.4	837	679
河南省	59692.1	46604.3	798418.8	3761	1436
湖北省	62099.9	54475.5	944296.7	3768	1356
湖南省	39751.7	33689.4	536173.6	3392	1015

资料来源:国家统计局,"中国统计信息网",2007.11.30。

《2005—2006 年中国区域创新能力报告》将区域创新能力分为五大要素:知识创造、知识获取、企业技术创新、创新环境与管理和创新绩效。湖南省区域创新能力的五个方面,除创新绩效外均处于全国中等水平。知识创造、知识获取、企业技术创新、创新环境与管理和创新绩效五个方面在全国的排名分别是 14、11、13、13 和 31 名。① 虽然在知识创造、知识获取、企业技术创新、环境与管理四个方面处于全国中等水平,但也存在一些问题。如湖南省的专利合作程度低,且企业技术需求多为从国外引进,国有企业在企业创新中仍居主导地位,民营企业发展水平较低等。湖南省的创新绩效较低,这说明创新能力与经济发展水平很不协调。如产业结构综合指标值全国最低,表明传统产业所占比重仍然较大,产业结构必须进一步调整。

2008 年,面对复杂多变的经济运行环境,湖南省上下以科学发展观为统领,湖南新型工业化取得明显的成效,技术创新能力进一步提高。湖南全年共申请专利 14016 件,获得授权 6133 件,其中申请发明专利 5335 件、获得授权 1196 件,发明专利的申请量和授权量居全国第九位、中部六省第一位;湖南大中型工业企业、科研院所、高等院校全年的研发经费支出为 114.67 亿元,占 GDP 的比重为 1.03%;湖南实现规模工业高新技术产品增加值 1098.84 亿元,占规模工业增加值的 29.3%。限额以上信息产业实现增加值 240.05 亿元,占生产总值的 2.2%,其中电子信息设备制造业实现增加值 78.39 亿元,占规模工业增加值比重比上年提高 0.1 个百分点。② (见表 2)

表 2 2005—2008 年湖南技术创新有关统计数据

指标 \ 年份	2005	2006	2007	2008
研究与试验发展经费(亿元)	44.52	53.61	73.54	114.67
研究与试验发展经费占 GDP 的比重(%)	0.68	0.71	0.8	1.03
专利授权(项)	3659	5608	5687	6133
发明专利授权(项)	533	581	735	1196
高新技术产值(亿元)	1521.97	1893.18	2700.59	3529.86
高新技术增加值(亿元)	427.93	597.49	840.77	1098.84
高新技术增加值占 GDP 的比重(%)	6.6	7.5	9.2	9.8

资料来源:《人民日报》,2010 年 1 月 10 日。

---

① 中国科技发展战略研究小组:《2005—2006 年中国区域创新能力报告》,科学出版社 2006 年版。

② 湖南省统计局:《决策咨询 04 期——湖南新型工业化"第一推动力"作用显著》,《湖南统计信息网》2009 年。

为加快实现富民强省,湖南应坚持以技术创新推进工业化进程,并结合湖南省情,走出一条科技含量高、经济效益好、资源消耗低、环境污染少、人力资源优势得到充分发挥的新型工业化道路。当前,湖南技术创新发展存在的主要问题有:

(一) 传统产业的创新不足

湖南作为中部地区的一个农业大省,正处于工业化中期的初始阶段,工业一直是湖南省的薄弱环节,现有工业中传统产业比重大,新兴产业成长慢,工业化水平还有待提升。经过改革开放30年来的发展,湖南传统产业有了长足的进步,为湖南经济发展作出了重大贡献,但整体仍需改造和提升,目前存在的问题主要是:整体实力不强,优强企业少;企业组织规模小而散,社会化、专业化水平低;产品结构不合理,一般产品相对过剩与技术含量高、附加值高的产品短缺并存;主要生产工艺、技术装备落后,资源利用率低;企业普遍机制不活,劳动生产率低,等等。湖南传统产业的严重创新不足,迫切要求提高技术创新能力,用高新技术和先进适用技术改造提升传统产业,大力推进新型工业化进程。

由于创新机制的不完善,多数企业创新能力不足,湖南以企业为主体的技术创新体系尚未形成。当前传统产业的创新不足主要表现在:一是技术支撑能力薄弱,制约着企业产品的市场竞争能力和企业的发展后劲。二是知识创新含量不高,知识产权获取能力较低,新产品开发力度不够,导致企业生产的产品技术含量不高,产品竞争能力不强。三是技术改造步伐迟缓,不利于企业产品升级换代。四是对引进技术的消化吸收能力差,消化吸收投入不足。五是创新合作程度过松,"产学研"结合度低。

(二) 技术创新的科技资源配置存在结构性矛盾

科技资源是科技人力资源、科技财力资源、科技物力资源、科技信息资源以及科技组织资源等要素的总称。科技资源配置就是指对科技资源各要素包括人力、财力、物力、信息、组织机构等按适当的比例在社会、经济各种不同发展方向上的协调分配和设置。湖南科技资源配置存在结构性矛盾:一是区域创新活动与经济发展的要求"错位"。高等院校、科研院所是湖南创新资源的重要聚集地,也是湖南实施技术创新的重要依托力量。但是,一方面,高等院校、科研机构科技活动多以出成果为导向,以争取政府奖励、发表论文、著作为目标,与商业化应用有较大距离;另一方面,企业需求的创新成果则是工程化的成熟技术,以经济效益为目标,高校、科研机构自身的基础条件又难以支持创新成果的商业化应用。二是创新组织机制不健全,区域集成创新能力弱。科技资源单位、部门所有,条块分割,分布在不同单位、部门的优势科技资源难以有效集成。科技活动创新以课题组为单元,规模小,以导师为核心的小范围师生研究团队普遍,跨学科跨机构的协作交流合作少,创新效率低下,难以培育出重大创新成果。同时,创新活动通常以专业为主线,以学科建设为目标,科技资源分散在基础研究、高新技术开发及成果转化各个环节,难以按统一的目标凝聚和集成相关创新活动,区域集成创新能力弱。三是科技资源布局不均衡,科技资源闲置与短缺并存。据统计,长株潭地区集中了湖南科技人员的70%以上,科技经费的60%以上,而在大湘西地区,科技资源堪称匮乏,创新发展问题十分紧迫。四是科技成果产业化缺乏足够的资金支持。企业原始资本积累少,加上对外开放程度不高,外资进入不多,银行对周期长、风险大的科技研发贷款热情不高,金融支持也很缺乏,从而导致区域技术创新投入不足,科技成果产业化的资金支持力度较弱。

(三)消化吸收能力不足

湖南长期以来对引进技术的消化吸收不够,引进技术与自主创新和提高产业竞争力的结合不紧密,引进技术消化和再创新能力有待进一步提升,成为困扰推进工业化的一个难题。甚至有些企业,由于过去对引进技术消化不够重视,以至于每次提高产能时都需要淘汰一批落后的装备技术,而再从国外引进新的装备技术。此外由于消化吸收经费投入不足,导致引进技术的消化吸收能力薄弱,严重影响了高技术产业自主创新能力的提高。

多年来,一些企业未能妥善处理好技术引进与消化吸收创新的关系,缺乏对引进技术进行消化、吸收与再创新的体制和机制,对消化吸收引进技术和创新方面的投入严重不足,以致甚至陷入"引进—落伍—再引进—更落伍"的恶性循环。分析原因,一是因为不少企业对技术创新"有认识,无作为",重引进、轻消化,重加工、轻品牌,满足于简单的工艺模仿和来料加工,这种急于求成、急功近利的"短、平、快"思路,可能使企业获利一时,但对于长远发展却非常不利。

四、湖南技术创新的战略思路

(一)技术创新原则

1. 坚持前瞻性原则

如何走新型工业化道路,加快富民强省与实现科学跨越,要依托于增强技术创新能力,技术创新作为实现新型工业化的重要突破口和动力源泉,必须为湖南经济社会发展提供强有力的支撑。坚持走技术创新之路,加快湖南新型工业化,需要我们认真研究新世纪头 10 至 20 年湖南经济社会发展的宏观环境,面临的机遇和挑战,制订发展的长远目标,战略思路和重大举措,对技术创新的重大战略性问题做出前瞻性研究部署。

发达国家在制定科技政策时,都要进行国家关键技术预测前瞻性研究,以把握未来科技发展方向,确定研究重点,提高决策科学性。湖南以技术创新推动新型工业化,也必须坚持前瞻性原则,尊重科学和技术的发展规律,瞄准世界技术发展方向,实施对湖南未来经济社会发展产生重大影响的技术创新活动,将提升技术创新能力作为建设创新型湖南,加强富民强省的重要推动力,作为有效应对全球金融危机,加快促进经济转型升级的重要途径。

2. 坚持引进技术与自主创新结合原则

胡锦涛同志曾指出:"把引进技术与消化吸收再创新结合起来,着力增强自主开发能力,努力掌握自主知识产权,这是企业实现跨越式发展的一个关键"。

以增强技术创新能力推进新型工业化,要坚持引进技术与自主创新原则相结合。要全面理解自主创新的科学内涵,毫不动摇地把增强自主创新能力作为加快技术进步的立足点。但也要认识到,坚持自主创新并不是要排斥对外开放,否定引进技术。从技术演进规律看自主创新,一般要经历三个阶段,即生产能力阶段、投资能力阶段和创新能力阶段。在生产能力阶段,要实行"拿来主义",为我所用,在引进吸收的基础上再创新;在投资能力阶段,要根据市场和企业技术发展的需要,把相关的技术整合起来,实现技术集成,即集成创新;在创新能力阶段,要根据技术发展的规律,进行原始创新,形成更多拥有自主知识品牌的技术和产品,推动技术向更高层次上发展。因此,我们要正确处理自主创新与开放引进的关系,实现技术跨越发展的新突破,在全力推进自主创新的基础上,扩大科技交流与合作,积极吸收和借鉴国内外先进科技成果,科学合理确定科技发展的重点领域和重大项目,集中力量抓好一批带动性强、关联度大、作用突出的关键共性技术及战略性、储备性技术的研究与开发,与国外最先进的技术嫁接,在发展高新技术,改造和提升传统产业方面取得重大突破。

3. 重视发挥政府作用的原则

国家中长期科技发展规划指出:"国家创新体系是以政府为主导、充分发挥市场配置资源的基础性作用、各类科技创新主体紧密联系和有效互动的社会系统"。并提出"建设以企业为主体、产学研结合的技术创新体系,并将其作为全面推进国家创新体系建设的突破口"。

当前,湖南要充分认识增强自主创新能力、建设创新型湖南的重大战略意义,在以增强技术创新能力推进新型工业化的过程中要重视发挥政府主导作用。着力创新体制机制,强化企业在技术创新中的主体地位。充分发挥高等院校、科研机构在知识创新中的骨干作用。健全科技创新服务体系。深化科技管理体制改革。完善和落实相关政策,大幅度增加财政科技投入。注重发挥税收政策的激励作用。切实加大信贷支持和金融服务,重视和加强知识产权保护。营造科技进步和创新的良好环境。

(二) 技术创新路径的选择

技术创新的路径一般可分为技术导向型和市场导向型两种类型。技术导向型强调技术创新的领先性,而市场导向型则围绕市场需求,把用户需要和改进现有技术不足作为创新源,强调技术创新的适应性和经济性。

从技术创新变化程度来看,面向可持续发展技术创新目标可以分为根本性创新、模仿性创新和介于两者之间的模仿后创新三种类型。

1. 根本性创新的技术变化程度最高,它的优势是十分明显的:由于新技术的解密、消化、模仿需要一定的时间,加上专利制度从法律上对技术垄断和收益的保护,使实施根本性创新的企业在激烈的市场竞争中占据有利的地位,并获得丰厚的垄断利润。但实施此战略目标对企业的科技创新能力有较高的要求。另外,根本性创新虽具有很强的竞争优势,但同时也具有较高的技术风险和市场风险,需要较大的资金投入和能够承担风险的能力。因此,只有极少数具有技术、资金力量的大企业才具备实施这一战略目标的条件。

2. 模仿性创新的技术变化程度最低。这一创新目标对于实力较弱的多数企业比较适合,民营企业一般也具备进行模仿性创新的基本条件。模仿性创新具有一定的后起者优势:模仿者可以冷静观察率先者的可持续性技术创新活动,选择最适宜的技术成果加以引进、消化与吸收,它投资少,风险低,效率高。但它也有明显缺陷,特别是随着产品更新换代速度加快,知识产权保护意识与相关法规、制度的加强和完善,单纯依靠模仿性创新的企业是很难适应和立足的。民营企业要从根本上增强自身的持续竞争力,必须从长计议,不断积累技术创新能力和经验,加大可持续性技术创新的变化程度,积极创造条件实施模仿后创新。

3. 模仿后创新的主要特点有:模仿跟随性。对有价值的新技术进行积极追随和学习;研究开发的改进性;投资的后倾性。模仿后创新的投资主要分布在创新链的中下游环节。企业选择模仿后创新,既可以利用技术模仿所带来的后发优势,降低投资和风险,又可以凭借在一定程度上的技术变化,形成自己的技术特色和优势。

（三）湖南技术创新的主要方向

1. 电子信息产业领域

发展电子信息产业，既是自身产业发展目标的体现，更是提升传统产业的主要手段。根据《湖南省电子信息产业振兴实施规划（2009—2011年）》提出的主要发展思路，湖南电子信息优势产业领域发展将积极培育壮大太阳能光伏产业、软件产业、消费类整机产品和新型显示器件四个辐射力强、集聚效应明显的产业集群，加快推进信息服务业发展，促进信息化和工业化深度融合，不断提升湖南省电子信息产业的市场竞争力和持续发展能力，实现"千亿产业、百亿企业"的发展目标。在发展电子信息产业过程中要围绕传统产业改造和电子商务、电子政务等方面的需求，注重运用信息技术改造传统产业，以信息化带动工业化，这也是湖南实现新型工业化的现实要求。

（1）太阳能光伏产业：以具有自主知识产权的新一代太阳能光伏电池制造装备及多晶硅材料制备技术为核心，推动太阳能光伏电池产业化，构建完备的太阳能光伏产业链，建设长沙光伏产业园、益阳光伏电池产业基地。重点突破多线切割机、丝网印刷机、高温烧结炉三大设备的国产化制备技术和熔硅法制备太阳能级晶体硅材料技术，加强材料提纯/硅片制造设备、电池制造设备、组件制造设备及相关检测仪器的研发和产业化，奠定太阳能电池和多晶硅、单晶硅原材料产业跨越发展的基础。加快薄膜太阳能电池的研发和产业化步伐，推进年产400兆瓦晶体硅太阳能电池片、600台套太阳能电池制造装备以及年产3500吨太阳能电池材料多晶硅及LED等项目建设。通过重点项目建设，引导行业龙头企业带动太阳能电池片、电池组件以及应用领域的配套发展，形成从太阳能光伏装备、工业硅、太阳能级硅材料、拉晶、铸锭、硅片、电池片及组件到太阳能灯具、并网发电系统等应用产品的，具有自主知识产权的完整产业链。整合湖南科技院校与重点企业资源，组建太阳能光伏产业技术创新战略联盟，以市场为导向，对太阳能光伏的整个产业链进行协同攻关，完善和优化湖南光伏产业链，打破太阳能光伏产业"头小，肚大，尾小"的现状，有效推动湖南太阳能光伏产业持续快速健康发展。

（2）软件及创意设计产业：支持工程机械、汽车、交通工具、包装、家具家饰、中小型机电产品等工业设计中心和技术服务平台建设，扶持原创卡通动漫、网络游戏、手机动漫游戏及衍生产品等产品的研发，推进电力自动化、现代物流信息等系统集成软件开发及产业化，扶持面向生产制造的平台工具软件及现代装备和电子产品中嵌入式软件的开发与应用，提高系统集成能力、扩大软件外包服务规模、开拓海外市场，建设好国家（长沙）软件产业基地、湖南国家动漫游戏产业振兴基地、长沙国家服务业外包基地、湖南工业设计创新平台、九华电子信息产业园,构建较为完整的软件及创意设计产业链。

(3)新型显示器件:立足湖南现有显示器件产业方面的基础和优势,加快建设技术先进、规模经济、产业配套完善的新型显示器件产业基地。主要建设内容为:建设 TFT—LCD 面板和配套模组生产线,面板用玻璃基板生产线。支持重点企业建设冷阴极灯光、TFT 化学材料、LED 背光源、匀胶铬版、彩色滤光片等上游关键材料的生产线。支持企业通过技术改造和产业升级,盘活企业存量,引进资金、技术进行产品转型升级。支持 OLED、PLED 和 SED 等新型显示技术产业化。

2. 生物医药产业领域

湖南生物医药产业持续快速发展,2005—2008 年销售收入年均增长 35%。2008 年实现销售收入 253 亿元,同比增长 41%,增幅居全国第 4 位;增加值 79 亿元,同比增长 27%,并打造出了浏阳生物医药园这样产业集聚度高的国家生物产业基地,生物医药产业已经成为湖南在 21 世纪区域经济重要的增长点。目前,湖南在生物医药领域具有产业与技术"双优势"的产业主要是现代中药产业。

现代中药:依托湖南中药材资源和中药提取技术优势,通过现代中药新品种的不断开发与规模提升,推进现代中药向高端化发展。重点支持生殖健康、抗肿瘤、肝炎治疗、戒毒等中成药优势大品种。加快发展 GAP 规范化种植,壮大中药提取物产业、中药标准饮片和中药超微饮片产业。培育调节血压及血脂类、延防衰老类、免疫调节类、改善骨质疏松类、改善胃肠道功能类等改善人们生活质量、调节人体亚健康的中药产品,加强对湖南现有中成药优势品种的二次开发。重点建设长沙国家生物医药产业基地、隆平高科技园、株洲生物产业园、怀化西部中药谷工业园、张家界植物提取工业园等园区。

3. 新材料产业领域

十五以来,湖南新材料产业一直保持高速增长,成为湖南推进新型工业化的标志性产业集群,其技术创新能力和产业集聚能力在我国新材料产业发展中占有十分重要的地位。目前已经初步形成先进储能材料、先进复合材料、先进硬质材料、金属新材料、化工新材料等五个优势新材料产业领域,形成了以长株潭为核心区,以郴州、益阳、岳阳、娄底等为集中区的布局。按照《湖南省电子信息产业振兴实施规划(2009—2011 年)》提出的主要发展思路,新材料产业要"打造产业链、提升价值链、完善供应链",打造抢占未来战略制高点的优势产业。

(1)先进储能材料:大力发展大功率镍氢动力电池、锂离子动力电池及其关键材料,电动汽车用动力电池能量包,太阳能、风能储能系统等 3 大类重点产品,带动形成 3 条产业链。

(2)先进复合材料:大力发展高性能碳/碳复合材料,高性能纤维/聚合物复合材料,高性能热塑性聚合物复合材料等3大类重点产品,主要用于航空航天、轨道交通、汽车及工程机械、风电、船舶、光伏太阳能等领域的构件,带动形成3条产业链。

(3)先进硬质材料:大力发展超细晶、超粗晶硬质合金,功能梯度、涂层数控刀具,新型超硬材料合成与工具,陶瓷耐磨材料和陶瓷工具等4大类重点产品,带动形成3条产业链。

(4)金属新材料:大力发展稀土高纯金属,稀贵金属材料,高性能磁性材料,双金属复合带锯条、飞机及汽车刹车副,铝材精深加工产品,钛材精深加工产品等6大类重点产品,带动形成4条产业链。

(5)化工新材料:大力发展高档炼油催化新材料,锂系聚合物,特种环氧树脂,乙丙酰胺,高档涂料和颜料,有机中间体,聚氯乙烯及工程塑料,过碳酸钠,氟化工新材料等9大类重点产品,带动形成2条产业链。

4.先进制造业领域

湖南制造业近年来呈现快速发展的良好态势,经济总量不断扩大,主体地位突出;产业结构逐步优化,经济效益持续提高。装备制造业已经形成门类较齐全、规模较大、具有一定比较优势的产业体系,总量居湖南工业行业之首。湖南先进制造技术发展要顺应智能化、环保化、模块化和标准化等趋势,突破能够大幅增强综合实力的重点目标和重点发展领域,重点发展壮大具有比较优势的工程机械、轨道交通、输变电设备和仪器仪表等产业。

(1)工程机械产业:针对工程机械机电液光讯一体化与智能化、液压技术闭式环路化、制备技术敏捷化、绿色环保化、功能多样化的装备技术发展趋势,开展以高端工程机械装备的核心零部件和整车产业化的关键技术和基础共性技术的联合攻关,包括先进设计理论与技术、集成制造技术与装备、减振降噪关键技术、节能减排新技术、电液传动技术与系统、智能控制技术、新型工程机械研发、路面高效施工与快速养护技术及装备等的研究。重点支持智能型环保型建筑及路面施工、起重运输、路面养护、非开挖施工、沥青路面养护再生设备,港口工程机械、土方机械以及高原型工程机械、军事工程机械、矿山工程机械等特种产品的研发与产业化,突破工程机械大功率发动机、液压传动、综合控制系统等核心关键技术,开发专用柴油机、高品质传动部件、重型车桥、大型回转支承、柱塞液压马达、液压泵和"四轮带"等关键零部件。

(2)现代轨道交通装备产业:研究并掌握大功率电力机车、城轨车辆的系统集成技术,磁悬浮技术,重载机车车体及A、B型铝合金城轨车辆车体技术,高速重载货运机车转向架技术,城轨车辆新型转向架技术,高速动车组、重载机车、城轨车辆交流传动及网络控制与诊断技术,城轨车辆及重载高速机车的异步牵引电动机技术,重载高速机车的主变压器技术等轨道交通装备产业的核心技术,打破国外跨国公司对我国轨道交通方面的技术壁垒。重点支持地铁车辆、轻轨车辆、车体、转向架、地铁辅助变压器、轨道道岔、无缝线路铺轨机组以及3VF交流传动系统、车辆故障自诊断系统、智能化控制系统和定位系统等设备和关键技术的研发与产业化,着力增强轨道交通工程总承包设计能力,带动轨道交通产业链向高端发展,提升株洲轨道交通装备制造产业基地竞争力,壮大湖南轨道交通产业的规模。

(3)输变电设备产业:重点发展智能化小型化高可靠性特高压超高压交直流输变电装备、柔性交流输电技术(FACTS)装备、高温超导输电技术设备的制造技术,支持750KV—1000KV及以下三相大容量、低能耗、低噪声、组合式变压器和可控电控器、特高压并联电抗器、百万伏级特高压变压器、直流输变电新型换流变压器、750KV及以下电流电压互感器、363KV及以上SF6断路器、126—800KV智能化高可靠性GIS、1000KV及以上隔离开关、220KV及以下特种变压器等产品产业化,建设衡阳输变电装备特色产业基地。

5. 现代农业领域

湖南作为农业大省,在现代农业领域,上游的种苗技术具有明显的比较优势,以隆平高科、亚华种业为龙头的生物农业企业拥有完全自主知识产权的产品主要为两系杂交稻、超级杂交稻、优质高粱、油菜、蔬菜瓜果以及转基因稻谷、棉花等,其数量和规模为亚洲第一。但下游的农产品加工产业相对薄弱,技术优势尚未有效地转化为产业优势。要以市场为导向,以农业产业化重点企业为龙头,以技术创新和政策支持为手段,重点发展农林副产品精深加工等优势产业。

农林副产品精深加工:开发应用农林副产品精深加工高新技术,提高农业科技水平,做强做大高附加值食品、工业或药用中间产品、农林副产品综合利用等精深加工产业。重点支持动植物、微生物生理活性物质产品研发,推广水稻、柑橘、麻丝、茶叶、生猪、油茶仔油等农林产品精深加工技术集成与应用,发展功能性食品、优质食用稻、木本粮油、生物质能源、生物饲料、天然织物加工产业,强化深加工技术与设备、全程质量控制体系及快速检测技术与设备等关键技术的研究与开发,培育一批具有较强创新能力的农、林产品深加工企业和科研队伍,加快区域性农业高新技术产业集群和特色产业基地建设。

6. 积极采用高新技术与先进适用技术改造传统产业

当前湖南应根据推进新型工业化的现实要求,在大力发展高新技术产业的同时,积极采用高新技术和先进适用技术,改造提升湖南装备制造、有色金属、钢铁、卷烟制造、农业、石化、造纸、建材等具有相对优势的传统产业,不断推进产业优化升级。坚持以结构调整为主线,遵循可持续发展原则,以市场为导向,以企业为主体,以培育企业核心能力为目标,实现制度创新与管理创新结合,自主创新与引进技术相结合,研究开发新技术与集成推广成熟技术相结合,坚持"有所为、有所不为",重点选择一批具有比较优势、基础较好的产业进行改造提升,实现湖南传统产业局部领域的突破和跨越式发展。

从省情出发,当前和今后一段时期,湖南应以信息技术推广应用为重点,提高传统产业的信息化水平;以先进制造技术应用为重点,推进制造领域的优质高效生产;以研制重大技术装备和成套设备为重点,提高行业装备制造水平和制造业装备水平;要积极进行有色金属、钢铁行业技术改造与提升,使大型骨干企业工艺技术装备和主要技术经济指标接近或达到世界先进水平。针对国内外市场环境的变化,结合行业结构调整工作,立足创新、仿创结合,重点发展具有自主知识产权的新产品和突破行业共性关键技术;以高技术、高附加值产品研制为重点,提高行业主导产品的研制水平,促进产品的升级换代;以节能降耗和环境保护为重点,大力推进清洁生产,淘汰落后的生产工艺与设备。应在高起点上提升传统产业整体素质,围绕增加品种、改善质量、节能降耗、防治污染、优化产品结构和提高劳动生产率。依靠大力发展循环经济,破解传统资源型经济发展"瓶颈",紧紧抓住技术装备更新、工艺创新、产品创新等关键环节,加快运用高新技术与先进适用技术改造传统产业的步伐。

五、湖南实施信息化带动工业化的战略选择

(一) 湖南省信息化发展的现状

近年来,湖南信息化建设取得了长足的进步,信息基础设施和信息产业对信息化发展的支撑能力进一步增强;国民经济和社会发展重点领域的信息技术推广应用进一步深化,不仅在促进经济结构调整、加快经济增长方式转变和推动和谐社会建设方面显现新的成效,而且已成为适应经济全球化、区域经济一体化的重要投资环境;电子政务重点项目建设积极、稳步推进,政府网站建设取得新进展;信息资源开发利用有了新的成果;信息安全工作得到进一步加强;信息化发展的基础环境不断完善。信息化的持续快速发展,有力地促进了经济发展和社会全面进步,为实施信息化带动工业化发展战略,进一步加快湖南工业化进程,走新型工业化道路提供了良好的发展基础。

湖南信息化建设还存在的问题主要表现在:基础网络设施利用率偏低,公共服务水平不高;电子信息产业总量偏小,竞争能力弱;全社会对推进信息化的重要性、紧迫性的认识不足;企业信息化的发展水平不能适应工业化发展进程;人才短缺,创新体系不健全,创新能力不足;城乡信息化发展水平不均衡;信息资源的开发利用不能满足需求;体制机制改革相对滞后,信息化管理体制尚不完善等方面。[①]

(二)湖南信息化带动工业化的任务

1. 大力发展信息产业,建设信息基础设施

周强省长在 2008 年湖南信息化工作会议上的讲话指出:要进一步加大信息资源整合力度,集中精力抓好影响全局、支撑长远发展的大项目,致力培育、打造电子信息"千亿产业、百亿企业",力争 2015 年湖南电子信息产业销售收入实现突破 1000 亿元的目标。要以推进长株潭城市群"两型社会"建设为契机,高度关注以电子信息为代表的高新技术发展趋势,把握信息产业发展以及信息产业转移的趋势,不断推进技术创新,加快电子信息优势领域的成果转化和产业化。

《湖南省国民经济和社会发展第十一个五年规划纲要》指出,湖南信息基础设施建设方向是坚持统筹规划、统一标准、互联互通、资源共享,推进信息网络综合化、宽带化、智能化发展。重点是加强光缆传输网络建设,加快宽带通信网、数字电视网和下一代互联网等信息基础设施建设,抓好 GSM900 扩容、GSM1800 优化和 3G 移动通信网建设。提高宽带网络通达深度,完善"最后一公里"建设;扩大覆盖范围,加快向农村延伸。推进有线电视数字化改造,推进电信、广电、计算机"三网融合"和有序竞争。建设目标是到 2010 年,电话普及率超过 65%,固定电话用户 1800 万户,移动电话用户 2730 万户。有线电视数字化普及率超过 95%。

为信息化带动工业化创造基础条件,要大力发展信息产业,建设信息基础设施。发展信息产业的重点要放在掌握关键装备和产品的核心技术,促进信息产业的结构调整,加大对软件产业、集成电路、网络与通信设备、信息服务业的政策支持力度。以网络化的农业、制造业、服务业为方向,以电子商务和电子政务为纽带,形成信息时代的经济发展和公共管理新环境。同时要努力完善并促进信息技术应用和信息产业发展、信息基础设施建设的互动机制,使信息化带动工业化的三个关键环节形成良性循环。

2. 大力推进信息技术在传统工业领域的广泛应用

湖南利用信息技术改造和提升传统产业的"十一五"发展目标是,创建 250 家

---

① 湖南省人民政府:《湖南省"十一五"国民经济与社会信息化发展规划》,2007 年。

信息化示范企业;设计和科研部门广泛应用计算机辅助设计(CAD)技术,70%以上的大中型企业应用计算机集成制造执行系统(CIMS)和集散控制系统(DCS),70%的示范企业和80%以上的大型企业实施企业资源计划(ERP);80%以上的中小企业通过互联网开展网上服务和网上营销;培育2—3家覆盖湖南的企业信息化公共服务平台,在完善四个重点行业企业信息化解决方案的基础上逐步向其他行业拓展。

大力推动应用信息技术改造提升传统工业,加快推进企业信息化步伐,是促进工业化与信息化融合的重要途径。要始终坚持以企业为主体,加快推进信息技术与管理技术、制造技术的融合,充分发挥信息化在推进新型工业化中的倍增作用和催化作用,提高资源利用率和投入产出效率,促进工业做大做强。要大力开发和利用智能生产工具,推进研发和设计协同化、生产数字化、生产过程智能化和企业管理信息化,将数字化、网络化、智能化等信息元素渗透、融入工业设计、生产、销售等各个环节,以信息技术改造、带动和提升钢铁、有色、建材、食品、石化、林纸、陶瓷、烟花等传统产业,加快工程机械、轨道交通、汽车等先进制造业的改造重组,整体提升湖南工业企业的产品研制和技术开发能力,实现产品创新、技术创新、营销创新和管理创新,促进发展现代产业体系。

3. 推进社会经济其他各领域的信息化进程

信息化已成为湖南率先建设和谐社会的重要保障,应积极推进社会经济其他各领域的信息化进程,在行政管理、城市建设、经济发展、社会事业、公共服务和文化教育等各个领域,加大信息化应用的推进力度。不断提高信息技术的普及率和应用水平,提高信息资源占有率和使用水平,使信息化真正成为促进经济发展和提高人民生活水平的现实动力。

湖南重视信息化建设对国民经济发展的推动和促进作用,《湖南省国民经济和社会发展第十一个五年规划纲要》中提出信息化建设的重点为:政务信息化,加强电子政务平台建设,实施金保、金盾、金税、金土等"金"字工程,建设"数字湖南"基本框架。推进社会保障、就业服务、医疗卫生、科研教育、国土资源、文化体育、专利技术等领域信息化建设,建立涵盖自然资源、基础地理和宏观经济等全方位的电子政务基础信息库。商务信息化,加快发展电子货币、电子采购、网上支付等电子商务。加快农业与农村信息化进程,大力普及计算机和网络。加强信息安全建设,规范网络行为,维护网络秩序。上述重点措施充分显示了信息化将逐渐融入湖南经济社会生活的重点领域。

4. 主动进行相关外部配套环境的培育与建设

信息化带动工业化是在一定的体制平台和社会氛围中进行的,体制与环境能否适时作出相应的改善,将直接影响着信息化带动战略能否顺利进行甚至成败。同时,信息化只是加快工业化进程、提高工业化质量的必要条件和关键因素之一,但并不是充分条件。因此,在推动区域工业化加速发展、向信息社会迈进过程中,还必须将多个战略融合互动,多种措施配套运作。完善信息化带动战略实施过程中相关体制环境培育及建设应着重把握四个方面:

一是积极探索适应信息生产力发展要求的生产关系和上层建筑的变革。要进一步转变政府职能,强化市场机制;要建立、完善必要的政策法规体系;要逐步实现企业生产组织的社会化。

二是在深入实施信息化带动战略的同时,协同推进科教兴湘、可持续发展战略与人才强省战略。要大力推进科学技术进步和发展教育;要正确处理好人口、资源与环境关系,实施可持续发展战略;要加强人才资源能力建设,迈向人力资源强省。

三是努力实现工业与国民经济各产业的协调与稳定增长。要将新型工业化与农业产业化发展紧密结合起来;要促进工业与服务业的协调发展;要促进工业化与城市化的协调发展。

四是切实做好发展信息化的基础性工作。要建立完善、统一的发展指导规划;要加强信息法规建设;要加强信息资源的开发应用;要强化信息安全保障体系;要努力营造发展电子商务的条件与环境。①

(三) 湖南推进信息化的对策

1. 加快发展信息产业

周强省长在 2008 年湖南信息化工作会议上的讲话指出:要加快发展信息产业,进一步加大信息资源整合力度,集中精力抓好影响全局、支撑长远发展的大项目,致力培育、打造电子信息"千亿产业、百亿企业",力争 2015 年湖南电子信息产业销售收入实现突破 1000 亿元的目标。要以推进长株潭城市群"两型社会"建设为契机,高度关注以电子信息为代表的高新技术发展趋势,把握信息产业发展以及信息产业转移的趋势,不断推进技术创新,加快电子信息优势领域的成果转化和产业化。

2. 广泛应用信息技术,推动国民经济和社会信息化

加快信息基础设施建设。把信息网络作为城市基础设施建设的重要内容,加强农村信息基础设施建设,提高信息基础设施技术水平。大力推进电子政务信息

① 龙小康等:《"以信息化带动工业化"若干理论和实践问题研究》,2004 年。

化,推动政府职能转变;以农业、企业、金融、工商、税务、海关等为重点,努力实现经济领域的信息化;稳步推进社会公共领域的信息化,促进国民经济发展和社会文明进步,提高全民综合素质和生活质量。

3. 加快传统产业信息化改造

用信息技术改造提升传统产业,是推进新型工业化、调整经济结构、加快产业升级、实现又好又快发展的必然选择。湖南已选择装备制造、钢铁有色、石油化工和食品加工作为湖南利用信息技术改造和提升传统产业的重点行业。装备制造重点围绕汽车、轨道交通、工程机械等展开;钢铁有色重点围绕钢铁、有色金属冶炼、金属压延加工、金属制品等展开;石油化工重点围绕石油加工炼焦、化学制品制造、化纤制造、橡胶塑料制造等展开;食品加工重点围绕农副产品加工、食品制造、饮料制造等展开。在四大重点产业率先突破的基础上,要推动利用信息技术改造和提升其他传统产业不断取得新的成效。

4. 抓紧抓好电子政务建设

电子政务可以带动信息化建设的发展,可以转变政府职能,提高政府工作效率。加快电子政务的建设步伐,推进政府信息化。重点应做好三项工作:一是科学制定电子政务建设的总体规划和实施意见。二是实现电子政务的互联互通与资源共享。三是加快制定电子政务所需的统一标准,规范管理体制,避免资源浪费。

5. 大力发展电子商务

电子商务代表着21世纪网络应用的发展方向,作为一种崭新的商务运作方式,将带来一次新的产业革命,这场革命的最终结果是将人类真正带入信息社会。湖南应加快发展电子商务,尤其是企业的电子商务、外经外贸的电子商务。要大力支持电子商务龙头企业做大做强,努力推进移动电子商务试点业务,将商业网络渠道和终端与互联网紧密结合起来,探索信息流、资金流、物流三流合一的全过程自动交易模式,实现技术自主创新、商业模式创新和社会化协作机制创新,打造全国一流、面向民生的移动电子商务系统。

6. 健全和完善信息化法规建设

促进信息化工作有序进行。在网络经济时代,处于经济社会主要地位的是商业零售、金融服务和医疗保健,也就是说,人们生活的主要内容是购物、支付、享受健康。这种社会生活方式的改变,必然要产生新的社会秩序,而这些新的社会秩序,将导致作为社会规范的法律制度的重大改变。这种改变的成因就是信息产业中的国际互联网络和电子商务。因此,湖南应进一步健全和完善信息化法规建设,以促进信息化工作有序进行。

六、完善新技术成长机制

(一) 科技资源的市场配置

科技资源的市场配置是市场经济发展的必然,遵循价值规律、竞争规律和供求规律,建立开放、流动、竞争、协作的研究开发机制,市场经济与技术创新有机结合,富有生机和活力的成果转化机制,从而在整体上推进科技与经济社会的一体化,是实施技术创新以推动新型工业化的重要条件。

首先,企业和经济实体的生存和发展要以创造性实现市场功能为归宿,价值规律必将使企业开发新技术由被动变为主动。在市场经济的推动下,大量的开发型研究院所机构将通过市场行为体现其自身价值,致使研究开发机构在重组生产要素过程中实现资源的市场配置。其次,市场经济的竞争规律,导致企业竞争意识的强化,为科技工作提供了大显身手的良好环境。市场经济的竞争规律,激发了企业依靠技术进步构筑自身竞争力的能动性。再次,市场经济的供求规律,为推动科技与经济社会发展的一体化提供了途径。经济过程的市场化,市场功能的社会化,使市场的主体在竞争规律和价值规律的支配下,成倍地提高了对技术的需求。

科技资源按照市场方式配置时,系统的运行至少要有国家、研发机构、市场主体(企业)三个要素。在市场经济的条件下,要实现资源的优化配置,必须首先优化运行机制。首先,强化宏观调控,建立符合科技规律和经济规律的运行机制是实现科技资源市场配置的基础。在新运行机制中政府是调节主体,研发机构和企业是科技活动的主体,市场则是联系政府、研发机构和企业的纽带。其次,建立完善的研究开发成果评价和反馈机制是实现资源优化配置的重要环节。再次,建立完善的规范研究开发活动的法制体系,培养一支高素质的科技管理人才队伍,是实现资源优化配置的根本措施。

(二) 构建企业为主的创新体系

随着国际竞争的不断加剧,以及我国对自主创新的日益重视,使得提升自主创新能力、培育自主知识产权成为以企业为主体的技术创新体系建设的重要任务。当今企业间的竞争,更多表现为企业技术层面上的竞争;而以经济、科技等为主的综合国力竞争也主要表现在企业的技术竞争力水平上。技术和市场的竞争是从微观上对企业技术创新提出的要求,而以经济科技为主的综合国力竞争是从宏观上对企业技术创新提出的要求。面对新环境、新要求,必须找到建设以企业为主体的技术创新体系的新模式。由此提出的技术创新体系新模型,以企业为主体,结合各方优势资源在企业内部进行整合,旨在培养企业自身的研究能力,同时提高资源共享的效率和信息的传播速率,以期适应当前市场新的环境和要求。

为改变湖南技术创新体系建设落后的现状,必须从体制上进行改革,切实转变政府职能,按照"有所为,有所不为"的方针,使政府职能从直接组织技术创新活动为主,转向宏观调控、创造条件和环境、制定法律法规、提供政策指导和服务、促进产学研三者合作为主,真正使企业成为技术创新的投资主体、利益主体、风险主体、研究开发主体和决策主体。通过有效的政策措施,推动企业在建立现代企业制度的基础上,根据自身的不同规模与特点,建立健全企业技术创新体系和运行机制。同时加强对企业技术中心建设的政策支持和指导,引导企业加大对技术创新和研究开发的投入,使研究开发经费支出占销售总额的比例不断提高。与此同时,营造相应的政策环境,明确把建立健全企业内技术创新体系作为建立现代企业制度的重要内容,从而确立企业的技术创新主体地位。

(三)技术创新的政策环境

技术创新是经济增长的原动力,是湖南走新型工业化道路的必然要求。在当前形势下,湖南应加强政府对技术创新的宏观指导,建立和完善湖南的技术创新政策体系,积极为技术创新创造良好的政策环境,有效提升湖南技术创新整体水平。

一是用财税政策引导技术创新。要进一步完善和落实有利于创新的财税政策,对企业自主创新的税收优惠政策要覆盖企业自主创新产品的"研发"、"中试"和"产业化"全过程。

二是进一步完善科技风险投资机制。积极拓宽技术创新的投融资渠道,鼓励和引导风险资本促进企业技术成果产业化。

三是加大自主知识产权的保护力度。尽快健全湖南知识产权保护体系,加大执法力度,强化政府的市场监督功能,帮助企业建立完善的知识产权管理制度,提高企业知识产权制度的运用能力,鼓励企业进行持续创新。

四是构建科技创新平台,促进产学研紧密结合。湖南大多数企业没有研发机构,科研人才短缺,科技资源匮乏,自主创新能力薄弱,而高校和科研机构经过多年来的积累,已经具备了比较充足的研发技术条件和潜力,同时不断涌现原始创新成果。通过产学研联合,企业以资金、设备为要素,高校和科研机构以人才、智力和技术为要素,通过联营、参股、合作等多种形式,组建高新技术经济实体,不断地为企业提供新技术,通过企业实现科技创新成果的转化和产业化。实现优势互补、风险共担、利益共享。政府应采用行政和市场相结合的办法,加大协调整合力度,将湖南科技资源加以整合,形成产学研于一体的体系以减轻公共财政负担,降低企业技术创新成本。

五是政府要通过对科技创新的投入来引导产业发展方向。除了制定政策和宏观管理外,还要加强对基础研究和应用研究的扶持,对科技创新体系的建设进行投入。在科研经费投入中,应当首先识别对区域经济有重大影响的战略性产业和支柱产业,进而识别这些重点产业核心技术,利用公共财政经费,提高对企业技术创新资助的比重,对开展这些领域研究开发和创新的企业、高等院校、科研院所给予强有力的支持,推动技术创新活动的开展,促进核心技术的开发并应用于产业发展。

六是要大力建设创新文化,弘扬创新精神,打造"创新湖南",发扬湖南人民"敢为人先"的优良传统,培养敢于求新、善于求变的创新精神,提高自主创新、自我创造的能力,要形成鼓励创新、支持创新的环境,对外要构建适宜创新、推动创新的体系,特别是要着重发挥高等院校的科研开发作用、成功企业的实践借鉴作用、高端人才的示范引导作用,通过各级政府推动实施"创新人才奖"和"创新型企业"的评选活动,为建设创新文化营造氛围,把强烈的创新意识转化为务实的创新能力,在全社会建立健全支持创新、促进创新的机制,形成创新创造的活力。

(骆 超 执笔)

主要参考文献:

[1]刘仁平:《农业技术创新问题与对策研究》,载于《农业经济》2006年第6期

[2]湖南省统计局:《长沙技术创新问题分析及战略研究》,载于《湖南统计信息网》2006年10月27日

[3]周强:《大力推进信息化建设 加快湖南富民强省步伐》,载于《信息化建设》2008年第10期

[4]李光红、安强身:《我国新型工业化与技术创新关系研究》,载于《开发研究》2007年第5期

[5]叶敏红:《广东新型工业化与企业技术创新研究》,2007年

[6]何吉戎:《科技资源的市场配置问题》,载于《山西科技》2007年第5期

[7]湖南省统计局:《走新型工业化道路,实现湖南经济跨越式发展》,载于《湖南统计信息网2003决策咨询报告》2003年第1期

[8]《湖南省国民经济和社会发展第十一个五年规划纲要》,2006年

[9]《湖南省高新技术产业五年行动计划》,2009年

[10]《湖南省高新技术产业发展战略研究》,2005 年

[11]《湖南省信息化发展报告 2006》,2006 年

[12]湖南省人民政府:《湖南省电子信息产业振兴实施规划》(2009—2011 年),2009 年

[13]湖南省人民政府:《湖南省新材料产业振兴实施规划》(2009—2011 年),2009 年

[14]欧阳培、欧阳强:《现阶段湖南信息化工作的重点及主要措施》,载于《岳阳职工高等专科学校学报》2002 年第 10 期

[15]叶帆:《我国技术创新的环境制约及其对策》,载于《生产力研究》2003 年第 1 期

[16]吴文斌、刘国民、王玲、陈立、王谦:《信息化带动工业化理论和实践研究》,《中国新型工业化道路的核心——信息化带动工业化理论和实践研究》2008 年

[17]成君、赵嵩正:《技术创新促进区域经济可持续发展》,载于《中国国情国力》2007 年第 8 期

[18]严北战:《民营企业发展中的技术创新战略》,载于《财经论丛》2001 年第 4 期

[19]俞颖:《实施技术创新战略提升企业竞争优势》,载于《甘肃科技》2006 年第 2 期

[20]杨丽彬:《以信息化带动工业化的发展战略》,载于《内蒙古科技与经济》2002 年第 7 期

湖南特色新型工业化的制度创新

.

湖南省第九次党代会提出"一化三基"战略:加速推进新型工业化,加强基础设施、基础产业、基础工作,是符合省情的科学发展路径和举措。而坚持走新型工业化道路,关键是要建立其所依存的制度。比较世界经济史的研究表明,制度创新是一些后进国家和地区成功实现现代化赶超战略,保持经济迅速发展的主要原因。湖南省地处中部地区,要将潜在的后发优势转变为现实的比较优势,必须要有与其相适应的制度基础,这是实现新型工业化的前提条件。当前,国际金融危机给湖南经济社会发展不仅带来了挑战,也带来了机遇,如何进行相关经济制度的改革与创新,关系到湖南在经济波动调整期实现科学跨越、后发赶超式的"弯道超车",也关系到湖南未来较长一段时间内经济社会的平稳较快发展。

一、制度创新与经济发展

有效的制度安排是经济增长的基础,制度决定和制约着微观经济主体的行为方式,并通过资源配置来规定产业结构变动的方向和效率。

(一) 制度的含义及功能

对于"制度"一词,不同经济学家有不同的表述。尽管如此,他们对制度本质的认识是一致的,即制度是人们创造的一系列约束人们最大化行为和社会活动的游戏规则的总和,它们规定人们的选择空间和相互间的关系,制约着人们的行为。

科斯(R. Coase)认为制度是指一系列产权安排和调整的规则或组织形式;诺斯(D. C. North)将制度定义为人类设计的、构造着政治、经济和社会相互关系的一系列约束;汪丁丁认为制度是指人与人之间关系的某种契约形式或关系;博弈论的观点是:制度是在博弈规则下和博弈过程中参与人的均衡策略,是行为人的行为均衡(equilibrium of behavior);从制度安排的多样性和制度变迁的过程理解,则可将制度概括为关于博弈重复进行的一种自我维系系统,它能协调参与人,从而维系共有理念。

马克思和恩格斯的著作中也非常广泛地使用"制度"这一概念。从他们使用这一概念的场合看,制度是指人与人之间结成的社会关系的总和,整体的社会制度包括经济基础及由此决定的上层建筑。在一定历史阶段,人与人结成的社会关系是复杂多样的,与之相应制度也是复杂多样的。根据马克思主义经典作家的观点,由生产力决定的经济制度是具体化的生产关系,其功能在于通过生产、分配、交换和消费方面的制度安排,使生产机制、分配机制、交换机制和消费机制有效运行,以确保经济系统循环的顺利实现。随着经济科学的发展,很多概念已有了认识上的推进。

不管如何定义,基本上都是围绕"规则"而展开的,即限定人类行为的规则是制度的核心,而其它的特征、属性及其附属说明不过是派生物而已。作为制度核心的规则通常是由正式规则、非正式规则和规则的实施机制构成。实施机制是规则发挥其功能的手段、渠道、方式的统一体,包括对人们行为遵守规则的识别、对违反规则程度的度量以及对实施规则的反馈等。

对于制度的分类。依规则的起源而定,可将制度作内在制度(internal institutions)与外在制度(external institutions)之区分;依对制度实施惩罚的方式,制度可作非正式性和正式性制度。世界银行(2003)认为,制度是用以协调人类行为的法规、组织和社会规范,从非正规的一面来说,它们包括的内容从信誉到其他各种形式的社会资本(包括根深蒂固的支配社会行为的规范)到非正规的机制和协调网络。从正规的一面来看,它们包括国家列入法典的规章条例和法律,以及制订、修改、解释和执行规章条例和法律的程序和机构。

对于制度的功能。由于制度是限定人类行为的规则,因此在分析制度功能时,首先应该对人类行为进行假定。作为经济学理论的分析基础,人类行为假设可以归纳为追求自身利益最大化、需求偏好的多样化、有限理性、机会主义倾向等。另外,在进行经济活动时,人类除了相互之间打交道外,还要与人之外的环境发生联系,在分析制度功能时,必须考虑客观存在的环境因素。以人类行为假设和环境特性假设的结合为基础,制度的功能至少存在以下几个方面:

一是信息传递功能。这是制度的基础性功能。例如,新古典经济学认为市场制度能够传递完全信息,可以通过价格信号能够使人们不断调整自己的行为,从而使资源得到最优配置。不过,新制度经济学修正古典经济学的信息完全假设,认为市场制度不能够传递完全信息。计划制度是另一种信息传递制度,它希望通过行政计划决定的各项数量指标来传递信息。

二是资源配置功能。有两个问题影响资源配置效果：第一个问题是，以需求偏好存在多样性为考虑前提，如何使得经济的产出与需求偏好以及需求的变动相适应。如果产出不能够适应需求偏好的变动，由此而形成的偏差由于投入产出的关联性而扩展到整个资源配置活动，最终将会影响资源配置效率。第二个问题是，在既定的需求下，具有多种资源配置方式，即资本、劳动和技术等资源的安排可以进行多种选择，这就会涉及到机会成本、规模经济等问题。制度的配置功能就是对上述两个方面的问题做出的反应，从而使得资源配置达到某种状态。

三是激励、约束功能。激励与约束是两个相对应的概念，约束从另一个角度就是"负激励"，二者都是以追求自身利益最大化的行为假设为前提，促使当事人有效从事经济活动。制度的激励功能是否有效，与制度中的经济活动当事人的努力与报酬的接近程度相关。诺斯等认为，英国、荷兰采取对财产所有权和科技发明权的保护，这种激励制度使得国家走向现代经济增长之路。约束功能是为了抑制机会主义行为倾向，有两种制度可以对机会主义行为进行约束：一种是建立直接的监督和惩罚规则；另一种则采取积极的制度安排抑制机会主义行为。比如，可以在集体行动中引入竞争和通过明晰产权以减少搭便车行为；将专用性强的资产交易以内部一体化代替市场；放松政府管制等等。

（二）制度的变迁与创新

制度变迁是指新制度在原有制度内产生、壮大、并全部或部分代替旧制度的过程。从成本——收益角度分析，任何制度变迁都需要考虑成本收益问题。制度不均衡是制度变迁和创新的动因。只要存在边际成本不相等的情况，制度就不均衡，就有存在制度变迁的可能。制度的供给者的边际收益等于边际成本时，将保持制度的均衡。因为这时制度的供给者增加和减少制度的供给都不会带来更多的收益，所以他们不具有改变制度现状的动力；制度的需求者也不可能通过改变制度的需求使制度的供给者得到更多的利益而增加制度供给。但制度均衡未必是永久的。因为人类的需求无止境的增长，人们对利益最大化也是无限度的追求，这构成了制度持续变迁的根源。诺斯认为，制度变迁的诱致因素在于主体期望获取最大的潜在利润。所谓"潜在利润"就是指外部利润，也就是在既有制度安排结构中主体无法获取的利润，要获取外部利润，就必须进行制度变迁和制度创新，从而使存在现存制度安排结构外的利润内部化。

制度变迁根源于人们的利益需求，而且随着人类需求的拓展向更高层次发展。然而，利益反过来可能成为阻碍制度变迁的因素。如果变迁中受损者得不到补偿（在大多数情况下他们确实得不到补偿），他们将明确反对这一变迁。只有当社会中大多数人的利益取向决定放弃原来的制度并接受新的制度时,制度才产生变迁。

一般而言,制度变迁的主体包括国家(政府)、自愿联合体、个人。按照主体的不同,可以将制度分为三类:一是由个人独自推进然后大家"仿效"的制度;二是大家自愿联合形成的制度;三是政府强制推行的制度。在这三类制度安排中,政府是最重要的,其原因至少包括:第一,制度具有公共产品特性,个人具有"搭便车"行为,容易出现制度供给不足。具有公共产品特性的制度由政府生产比由私人生产更有效率。第二,政府安排制度的组织成本可能是最低的。因为政府安排制度可以采取强制手段,不要求获得一致同意,无论赞成与否,每个人必须服从政府规则;而团体的自愿安排则要求一致同意,但一致同意是非常困难的。需要指出的是,在中国,既有国家(中央政府)作为制度创新主体,地方政府也是制度创新主体。而且在我国的体制转轨时期,地方政府对制度创新的作用非常大。

(三) 制度创新是经济发展的内在动力

经济高速增长和产业结构变动是资本、劳动和技术等各种因素共同作用的结果。现有的研究成果已表明:制度也是其中一个不可忽视的重要因素,且在其中发挥了重要作用。制度作为经济主体的行为规则,以其内在的激励机制决定着经济主体的行为模式和效率。经济体制是各种制度的集合,相互作用、相互联系的多种制度构成了一个有机的体制整体,其效率如何决定着经济增长速度和宏观经济的运行绩效。制度也是一种不可替代的稀缺要素,对于后进国家来说更是如此。从一定意义上说,后进国家之所以落后,主要是因为缺乏有效的经济制度;资本、劳动力和技术等要素只有在有效制度下才能发挥功能、实现最佳组合。因此,发展中国家的政府更应自觉地承担起制度供给的使命。

新古典经济学的经济增长理论是以既定的制度为假设条件,经济增长由资本和劳动等生产要素的投入增长率和由于技术进步产生的全要素生产增长率决定,不涉及制度变迁和结构变化对经济增长的作用,因而不存在制度变迁和结构转换带来的增长效应。虽然结构主义理论考虑到了经济发展过程中的非均衡特性,认识到各种结构的变化规律及其在经济增长中的作用,然而它也未真正涉及制度的作用,即制度仍被作为既定的前提条件,以外生变量的形式发挥作用。

近年来,新制度经济学的迅速发展为经济增长过程中的制度分析提供了新方法和理论基础,形成了一种新的增长观点。以交易成本为核心的制度分析,揭示了不同制度之间的效率差异,使制度比较和制度设计成为可能,为制度改革的目标设定提供了理论基础。这一新的分析视角使外生的制度内生化,制度表现为生产函数中的一个内生变量,影响着经济增长速度和经济发展的状况。一方面,制度安排对经济增长起到重大的影响;另一方面,在经济增长和长期的发展过程中,发展机制的变化对制度形态提出新的要求,制度是在经济发展过程中不断演变的。只有如此,才能充分发挥促进社会经济发展的作用。因此,新制度经济学理论把制度分析与经济增长联系起来,比结构分析更进一步触及到了影响增长的更基础因素,扩大了增长分析的范围和工具。

在经济增长过程中,制度安排与产业结构转换是相互联系、综合发挥作用的,而不是相互分离和互不影响的。原因有两个,一是适宜的制度安排是顺利实现结构升级的前提条件,结构变化是技术进步和组织形式发展的结果。制度作为决定组织形式及其效率的规则,制度安排不合理将导致组织效率的低下和阻碍技术创新能力的提高,由此降低结构变动的速度和影响结构升级;二是结构变化的每一阶段,要求有与之相匹配的组织制度形式。产业结构变动作为经济增长的结果,形成了在新的结构条件下的新经济增长机制和增长方式,进一步的结构变动和经济增长要求做出与此相适应的制度调整。在产业结构发展到某一高级阶段,都要求有与相应生产方式相匹配的更高级的组织制度形式。制度变革如不能根据经济发展和产业结构变动的要求适时做出调整和变革,那么就会对经济增长和结构变动产生负面影响。

以上分析说明,制度、结构与经济增长之间存在着连锁互动的关系。制度安排是经济增长的基础,制度决定和制约着微观经济主体的行为方式,并通过资源配置作用规定了产业结构变动的方向和效率。制度变迁与经济结构优化升级有密切的关系,制度变迁可以通过两个途径来决定和影响经济结构变动:一是通过制度变迁,改变生产资源的配置环境,使生产资源在不同生产部门中的配置产生差异,进而使经济结构得以协调优化;二是通过制度变迁。

增强技术发明和应用激励,加快技术进步,提高生产过程和产品中的技术含量,促进经济结构升级。在现实经济的发展中,这两种途径同时在发挥作用。

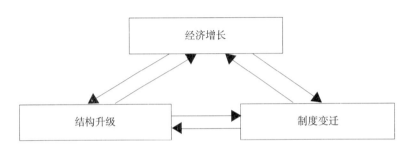

图1　制度、结构和增长三者之间的关系

制度、结构与经济增长之间的关系可以简单的如图 1 所示。但是,制度变迁、结构升级和经济增长间关系并不总是自动地达成一致的。作为经济增长基本要素的制度和结构,如不能根据经济增长的要求进行动态调整,而是陷于停滞状态,制度机能下降和结构升级迟缓,那么必然导致经济陷于停滞。反之,制度变迁、结构升级与经济增长三者之间如能进行良性循环,则三者呈螺旋式上升。

二、产权制度创新

我国涉及产权制度改革的历程,是一个由表及里、由框架到内核的过程,可概括为:建立社会主义市场经济体制→建立现代企业制度→建立现代产权制度。这与党的数届"三中全会"有关:1978 年党的十一届三中全会定下了改革的主基调,1984 年党的十二届三中全会通过了《中共中央关于经济体制改革的决定》,1993 年党的十四届三中全会通过了《中共中央关于建立社会主义市场经济体制若干问题的决定》,2003 年党的十六届三中全会通过了《中共中央关于完善社会主义市场经济体制若干问题的决定》。十四届三中全会首次正式提出并阐述了建立现代企业制度问题,而十六届三中全会则首次正式提出并阐述了建立现代产权制度问题。直至现今,我们仍需在建立与完善现代产权制度的道路上求索。

(一) 产权制度的内涵

产权,简而言之就是对财产所拥有的权利。这既是一个古老的概念,也是一个发展的概念。从私有财产的出现到市场经济的确立这几千年的历史中,产权被视为一个法律上的概念,指的是财产的实物所有权和债权,它侧重于对财产归属的静态确认和对财产实体的静态占有,属于静态化的范畴。而在市场经济高度发达的当前,产权的内涵已经日益深化,其更侧重于从经济学的角度来理解和把握,侧重于对财产实体的动态经营和财产价值的动态实现。现代经济学认为,产权是由一种法律规定和实施的,由使用权、支配权、收益权等权能组成的排他性独占权。党的十六届三中全会的《决定》对产权的定义是:"产权是所有制的核心和主要内容,包括物权、债权、股权和知识产权等各类财产权。"

产权制度,简而言之就是国家为调整与财产有关的经济权利关系所作出的一系列制度性规定。它是制度化的产权关系或对产权的制度化,是划分、确定、界定、保护和行使产权的一系列规则。"制度化"的含义就是使既有的产权关系明确化,依靠规则使人们承认和尊重,并合理行使产权,如果违背或侵犯它,就要受到制约或制裁。从生产关系的角度出发,产权制度可被认为是具有一定法律约束的财产关系,它通过确立一种共同遵循的准则来界定人们对稀缺性资源的配置权利,从而促进人们更有效地运营其资本。

产权制度的重要性是由产权内在的功用而决定的:

首先,产权具有激励功能。所谓激励,就是要使经济活动当事人达到一种状态,在这种状态下,他具有从事某种经济活动的内在推动力。激励功能是以追求自身利益最大化的行为假设为前提的。一个有效的产权制度,应明确界定行为主体获取与其努力相一致的收益的权利。如果私人因为某项发明而投入的成本超过了他可能得到的收益,但发明的成果被交易对象之外的第三者免费地享受了(搭便车),那么个人通常就没有动力去从事这些有益的活动。因此,产权的激励功能依赖于产权明晰,只有明晰的产权才能使当事人的利益得到尊重与保护,从而使行为主体的内在动力得以激励。

其次,产权具有约束功能。约束与激励是相辅相成的。产权关系既是一种利益关系,又是一种责任关系。从利益关系看是一种激励,从责任关系看则是一种约束。产权的约束功能表现为产权的责任约束,即在界定产权时,不仅要明确当事人的利益,也要明确当事人的责任,使他明确可以做什么,不可以做什么。部分制度经济学家将经济行为分为两种,一种是生产性努力,它指人们努力创造财富;另一种是分配性努力,是指人们努力将别人的财富转化为自己的财富。当产权的约束力不足或排他性软弱,就会使得分配性努力比生产性努力成本更低、收入更高,人们就会选择分配性努力,这常常是经济秩序混乱的根源。经验表明,滥用资源、不重积累、分光吃净等短期化行为,即是产权约束功能残缺的表现。

最后,产权具有配置功能。恰当的产权安排,是资源有效使用和合理配置的先决条件。产权的配置功能是指产权的安排或产权的结构能够驱动资源配置状态的形成、变化。如果资源的产权主体明确,并允许产权自由转让,同时与这一转让相应的收益得到有效的保护,则产权主体才有可能最大限度地在产权约束的范围内配置资源以获取最大收益。如果某种资源在现有产权主体手中不能得到有效利用,该资源就会由评价低的地方向评价高的地方流动,由此形成资源产权的市场价格,亚当·斯密的"看不见的手"才能促进资源的合理配置。相反,如果产权是不稳定的和容易受损害的,人们就可能选择对抗而不是交易的方式来解决他们对稀缺资源的需求冲突。事实上,对转让权的不当限制甚至禁止转让,会使产权界定在很大程度上失去意义,它直接引致的后果是:一是资源不可能流向对其评价最高的地方,资源配置效率由此受到损害;二是必然导致竞争的缺乏,由于产权主体相互间的冲突不能通过竞争性的转让方式解决,那么就会陷入无休止的"内耗"或者容忍资源利用不充分的低效率;三是由于以上原因也必然导致行为主体的收益权受限制与侵蚀。

因此,产权是市场竞争的前提,产权制度作为一种基础性的经济制度,它不仅独自对资源配置及其效率有重要影响,而且又构成了市场制度以及其他许多制度安排的基础。

(二) 现代产权制度是市场经济的内在要求

党的十六届三中全会提出的建立"归属清晰、权责明确、保护严格、流转顺畅"的现代产权制度,是总结我国 20 多年改革实践经验的基础上,根据新时期、新阶段深化改革的客观要求,是中国特色社会主义经济理论的又一重大突破。当前经济社会发展中出现的深层次矛盾和问题,都直接或间接地涉及产权问题。推进产权制度创新,建立现代产权制度,是建立完善社会主义市场经济体制的重要内容,是坚持和完善基本经济制度的内在要求,是促进经济、社会和人的全面发展的基本条件,也是实现经济社会科学发展的重要制度保障。

从十四届三中全会要求建立"产权清晰、权责明确、政企分开、管理科学"的现代企业制度,到十六届三中全会强调建立健全"归属清晰、权责明确、保护严格、流转顺畅"的现代产权制度,体现了我国产权改革理论的创新,具有重要的实践意义。

现代产权制度具有以下四个方面的基本内涵和特征:

归属清晰。财产权利包括了归属权、占有权,支配权和使用权。归属权表明财产归谁所有,是财产权利的基础和关键。它决定了财产关系的性质,派生了财产的其他各种权利及其行使、处置或让渡,也决定了其他产权在让渡期已满之后归还物主。归属清晰,对公有经济的改革和国有资产管理体制的完善,具有重大的意义。

权责明确。产权不仅包含产权主体的权能和利益,还包含主体必须承担的责任。所谓权责明确,就是既要明确谁是产权的担当者、领有者,还必须明确在行使权力的同时必须承担什么责任和义务。现代产权的特点不仅在于明确归属关系,而且在于财产权利、利益和责任必须平衡、均称。只有这样,才能发挥产权的激励功能和约束功能,使社会能够通过产权的利用得到更好的效益。

保护严格。就是在清楚界定产权边界的同时,运用各种社会规范,包括法律、成文和非成文规则以及道德准则,严格地加以保证。否则,产权就会遭到侵犯和破坏,不可能真正得到实施,社会经济就会陷入无序的状态。市场发展的历史证明,社会经济关系越发达,产权制度越复杂,涉的主体越广泛,产生的权利摩擦和纠纷就可能越多。所以,有效的现代产权制度必须是受到严格保护的制度。

流转顺畅。随着市场经济的迅速发展,生产社会化的程度不断提高,人们的经济联系日趋紧密、复杂,经济交流的手段和渠道日益繁多。为了使资本等生产要素根据市场要求流向效益高的部门、产业和企业,实现各种生产要素的流动和资本的交融、重组。促进社会资源更加有效地配置,就必须打破各种产权制度之间的壁垒,特别是消除私人资本进入国有企业和国有控股公司的限制,这些都要求现代产权制度必须有利于产权的顺畅流转。

现代产权制度之所以是市场经济的内在要求,在于它具有以下四个方面的积极作用:

第一,它有利于维护公有财产权,巩固公有制经济的主体地位。产权制度是所有制的实现形式,同一所有制可以选择不同的产权形式,而现代产权制度是与现代市场经济相适应的社会化的产权制度,其典型形式就是股份制。公有制只有建立了现代产权制度,才能实现与现代市场经济的有机结合。公有资本以绝对控股、相对控股、参股等形式进入企业,更有利于公有产权的保护和作用的发挥。

第二,有利于保护私有财产权,促进非公有制经济发展。以民营企业为例,建立现代产权制度有利于私营企业实现由个人资本向社会资本的转变,从而更有利于私有财产权的保护,有利于降低个人投资的风险,有利于企业上规模、管理上水平。

第三,有利于各类资本的流动和重组,推动混合所有制经济发展。党的十六大指出,各种所有制经济完全可以在市场竞争中发挥各自优势,相互促进,共同发展。而"流转顺畅"是现代产权制度的重要特征,因此,大力发展国有资本、集体资本和非公有资本等参股的混合所有制经济,则是促进各种所有制经济实现内部有机结合、优势互补的最好载体。

第四,有利于增强企业和公众创业创新的动力,形成良好的信用基础和市场秩序。现代产权制度是社会化市场经济发展的产物,是社会化、市场化的产权制度,因此,建立健全现代产权制度,相当于构建了一个公平有序、创业致富的大平台,从而有利于让一切劳动、知识、技术、管理和资本的活力竞相迸发,让一切创造财富的源泉充分涌流。

因此,建立归属清晰、权责明确、保护严格、流转顺畅的现代产权制度是完善基本经济制度的内在要求,是构建现代企业制度的重要基础,也是大力发展非公有制经济和混合所有制经济的根本前提。

(三) 建立与完善现代产权制度

经过 30 年的改革进程,产权制度改革和创新虽然在一些领域有所突破,但从总体上看还没有取得实质性进展,特别是长期以来公有产权改革滞后,私有产权不能得到有效保护,这种产权制度上的缺陷不仅是造成企业低效率、高浪费的重要根源,而且已成为当前深化体制改革、加快经济发展的瓶颈和制约。建立健全现代产权制度,就是要依法保护各类产权,健全产权交易规则和监管制度,推动产权有序流转,保障所有市场主体的平等法律地位和发展权利,实现产权制度改革和创新的突破。以下从四个方面阐述如何建立完善现代产权制度。

1. 完善产权法律制度,保护各类产权权益

保护产权的法律法规系统完备和实施有力,是现代产权制度的一个重要特征。一是要进一步增强对公有资产、私有财产等各类产权的保护意识,健全保护产权的法律法规,完善产权法律制度,规范和理顺产权关系,提高执法的公正性,依法严厉打击各种侵犯正当产权权益的犯罪活动。二是要抛弃国家所有权高于集体所有权、集体所有权高于个人所有权的"所有权等级论",树立所有权一律保护、法人所有权一律平等的新观念,无论是国家所有权,还是法人所有权,还是个人所有权只要是依法取得的,都应受到法律的充分、及时、有效的保护,确保民营企业和公有制企业处于平等的法律地位,同一起跑线上。三是政府出于公共利益对各种所有制企业和公民财产的征用,必须依法律程序,并事先予以充分、合理补偿;以经济和商业目的的财产征用,必须按照民法自愿、公平、等价、有偿的原则进行。四是要对含义模糊的社会公共利益做出更加严格的界定和解释,避免一些政府部门为追求商业利益和非社会公共利益的目标,而征用公民和法人的财产,从法律的源头阻止政府的侵权行为的产生。

2. 发展规范的产权市场,建立产权流转机制

按照"规范发展、合理引导、完善服务、促进流转"的原则,健全产权交易监管制度,加强规范和引导,促进产权市场健康发展。一要加快企业国有产权交易监管的制度建设。通过加强产权交易监管制度建设,规范产权交易行为,堵塞产权交易中的漏滑,防止国有资产流失。二要加大对企业国有产权交易的监管力度。按照入场交易、公平竞价的原则,抓好行为决策、信息披露以及依法鉴证等各个环节的工作。产权交易机构以及其他社会中介机构等也应通过独立、客观、公正地执业服务,把好产权交易的各道关口,保障市场主体的平等地位与合法权益。三要结合实际努力搞好产权市场建设。各地应当在国家政策允许的范围内,改革产权市场体制,健全产权市场体系,完善产权市场功能,强化产权市场监管。四要努力提高产权交易规范化服务水平。在产权交易中,产权交易机构应该充分利用交易系统的现代化和服务功能的专业化,提高运作效率,降低交易成本,发挥其信息资源集中和信息发布网络化的优势,及时传递、沟通产权交易信息,打破地区、行业限制,吸引各类资本参与到产权交易市场中来。五要采取形式多样的产权流转方式,建立产权流转机制。产权流转要以向社会公开招标形式或内部招标形式公开进行,如果是转让给企业内部职工,经产权持有机构同意也可以采取协议转让的方式进行,但要经有关部门公证,禁止暗箱操作,私下交易。要鼓励企业交叉持股、相互参股、吸引外资入股,进一步推动大企业、大集团的股份制改造;通过转让存量资产、吸收外国资本和民间资本等,重组国有资本。重点突破国有垄断行业、金融领域、投资领域的产权制度改革。同时,要切实做好产权交易人才的培养。

3. 建立现代企业产权制度,保障法人实体应享有的各种权利

合理的公司产权制度是建立有效公司治理结构的决定性基础,有助于解决政府不当干预和内部人控制问题,是完善国有资产管理体制的必要要求。为此,在保持公有制占主导地位的前提下,国有企业必须加快建立合理有效的公司产权制度。一是产权责任明晰化,对出资者所有权、法人财产权、企业经营权要做出明晰的界定。二是产权主体独立化。在产权责任明确的基础上,应有人格化的主体来独立行使产权。国有资产管理机构享有唯一的出资人所有权,不干预企业的生产经营,企业依法享有包括国家在内的出资人投资形成的全部法人财产权,依法自主经营、自负盈亏;依法独立享有民事权利;以全部的法人财产,独立承担民事责任;依法维护所有者权益,实现企业财产不断增值。三是产权结构多元化。从产权形成的利益机制上说,只有具有多元化的产权,才能建立真正规范的现代公司制度。为改变当前国有企业产权单一和股权"一股独大"的局面,可以将国有企业改变为国家、其他非国有企业法人、金融机构、境外投资者及职工、管理者等共同拥有产权的公司,以促进国有资产的有效配置。四是产权运作资本化。国有企业各种金融资本、实物资产和无形资产包括人力资本的产权,都可作为经营性的资本要素来运用。五是产权交易市场化。国有企业改组、联合、并购应主要通过资本市场和其他市场化的产权交易方式来实现。总之,要通过深化国有资产管理体制改革和建立现代企业产权制度,在国有资产管理机构督促和国有企业自身努力互动中,实现国有资产保值增值和企业可持续发展的目的。

4. 增强知识产权保护和管理

知识产权保护是高新技术顺利转化成生产力、实现产业化的首要保证。尽管我国已经加强了对知识产权立法,但贯彻执行效果并不理想,这将极大地阻碍新产品和新技术向商品转化,不利于调动科研人员的研究开发积极性。尤其是加入世界贸易组织后,如果我们不能主动地做好知识产权的保护,那么就有可能因侵权纠纷给经济发展带来负面影响。同时,提高湖南产品的市场竞争力,也必须有一个较为规范和公平的市场竞争环境。只有这样,才能激发科研人员研究开发的积极性和创造性,才能有效地推进产业发展步入国际化轨道。加强知识产权保护和管理,

一是要进一步加大知识产权宣传力度,支持和帮助科研院校、高新技术企业建立、健全知识产权管理制度,增强知识产权保护的自觉性、主动性和紧迫性。二是要支持和帮助科研单位和企业申报知识产权,有关部门要为申报知识产权的单位和个人及时提供各种信息和经费资助,推动企业发展具有自主专利权的产品。三是要对省内以仿制为主的企业,强化教育和引导,避免引发知识产权国际纠纷,鼓励他们采取合法仿制、与专利权人合作开发和许可贸易等方式取得研发技术。四是要帮助研究开发单位和企业实施对专利保护实行回避专利的办法,通过对相关专利的研究,以不同于专利的方法进行产品的开发研究。五是要加强知识产权专业人才的培训工作,提高湖南省在经济发展过程可能出现知识产权国际纠纷的应诉能力。

三、政府制度创新

制度安排是经济增长的基础,制度决定和制约着微观经济主体的行为方式,并通过资源配置作用规定了产业结构变动的方向和效率。而决定制定安排和制度变迁的主导力量则是政府。政府通过制度创新方式提供制度安排,从而作用于微观经济主体并最终决定经济的发展,这已成为经济不发达区域发展的必由之路。

当前,湖南要通过走新型工业化道路来全面推进工业化进程,实现经济社会的跨越式发展,这一重大发展战略的实施,离不开政府制度创新的推动,尤其是目前市场经济体制还不完善,政府对经济发展还具有主导作用的情况下,政府制度创新有着不可替代的决定性作用。

(一) 政府制度创新的内涵

政府制度创新,就是探索政府体制运转的新方法、新模式以适应新环境的变化和新现实的挑战;就是通过探寻和建立较为合理的政府体制运转模式,从而确保社会资源能够得到最优化配置,确保国有资本能够更好地用于改善人民的生活。在社会主义市场经济条件下,政府创新一般包括以下内容:

1. 可持续发展战略的选择

在社会主义市场经济条件下,政府必须迸一步承担起基础设施与社会公益事业的建设职能,对一些投资大、周期长,或是风险大、收益小的产业要由政府出面进行战略投资,包括交通、邮电、能源、通信等基础产业,以及关系到国家的政治安全、经济安全与主权及事关整个国家的经济基础和长远发展的产业。政府应该通过对基础建设领域的选择性投资,加强对地区产业构成的引导作用。同时,由于在现行体制下,地方政府对政绩目标的追求可能是短视的,从而造成每一个地区之间的投资和产业结构的日益趋同,这些问题对经济的可持续发展构成了极大的威胁,这就需要政府对发展战略进行正确选择并不断修正。

2. 宏观调控职能的重构

政府宏观调控职能的重构,就是在社会主义市场经济条件下,与企业制度创新相适应和配套,利用财政政策和货币政策等宏观调控手段,以促进经济总量持续、稳定、优质、高效的发展,并维持社会总需求与总供给的平衡,达到促进国民经济结构优化和不断发展的目标。随着社会主义市场经济体制的建立,宏观调控的主体已发生了改变,调控的方式和手段,也必然要做相应的改变。即在宏观层面上,利用金融、财政手段进行干预;在微观层面上,则不对或少对企业直接下达经济指令,而让市场这只"看不见的手"去发挥作用。

3. 产业经济的规划

世界各国的经济实践表明,在市场经济条件下,政府不应放弃而应加强对产业经济的发展战略的规划。在社会主义市场经济,政府制度创新中也要强调政府对产业经济的规划职能,对产业经济发展做一些超前的、全局的、长期的和有预见性的产业经济规划,以优化产业结构,并在某些产业领域实现跨越发展。

4. 社会公平与保障的完善

建立社会保障制度是国家的基本职能,是弥补市场缺陷的有效手段,是促进社会公平的根本保证,是市场经济体制的重要支柱,也是保持国家经济持续发展、改革顺利推进、社会稳定协调的基本前提。随着改革的深化和社会主义市场经济体制的建立,原来的社会公平与社会保障制度已经不能适应日益发展的改革实践的新趋势,因此,在政府制度创新中还必须创建新的社会公平与保障体系,完善政府的保障职能。

(二) 新型工业化中的政府制度创新

湖南省"一化三基"战略的稳步推进,为落实科学发展观,积极应对危机,促进湖南经济平稳较快发展提供了坚强有力的保证。针对危机的尚未见底和其影响的日益深化,湖南各级政府如何结合省情,创造性地贯彻中央重大决策,并及时采取相关举措,这不仅关系到湖南经济的平稳较快发展,也关系到新型工业化的稳步推进。

1. 战略认识创新

进一步提高对"一化三基"战略和"弯道超车"发展的认识。

全球金融危机仍在发展变化之中,危机对湖南省的负面影响难以在短期内彻底消化,但是全球化深入发展的大趋势没有改变,市场在资源配置中的基础性作用没有改变,美元的国际货币地位没有改变,发达国家综合国力和核心竞争力领先的格局没有改变。无论是现在还是从更长远的角度考虑,都必须在实践中进一步提高对推进"一化三基"战略的认识,在重视基础设施、基础产业和基础工作"三基"的同时,进一步提高新型工业化、新型城市化和农业现代化"三化"对应对危机、促进湖南平稳较快发展、实现"弯道超车"的重要性的认识。具体包括以下四个方面的认识:

(1)提高对"弯道超车"和促进科学跨越发展的认识。

从战略上讲,实现"弯道超车"必须具备三个条件,一是"车"必须结实,二是驾驶员的技术水平要高,三是要有敢于"超车"的勇气和胆识。结合省情,必须要夯实湖南经济社会发展的基础,以良好的基础工作构筑良好的基础设施,打造良好的基础产业,使经济社会与产业之"车"扎实坚固;必须要提高企业家——"正驾驶员"和党政领导干部——"副驾驶员"的驾驶水平;必须要进一步解放思想,在弯道处要敢于拼、敢于争,创新发展思路,找准发展方式,解决发展难题。

(2)提高对资源集聚型产业群是经济增长的重要引擎的认识。

湖南虽然面临着建设资源节约型、环境友好型社会的任务,但从未来发展趋势看,钢铁、工程机械、轨道交通设备和新能源装备等资源储集型产业群仍然是拉动经济增长的重要引擎。所以,应加强政策创新,提高财政资金的使用效率,进一步增强政策工具的综合性和协调性。这主要包括三个方面,一是实施积极进取的资源战略,加大基础设施建设投入,大力发展钢铁、有色、工程机械、轨道交通设备、汽车、卷烟等资源储集产业,为工业化和社会发展进行有效的资源储备;二是对于房地产、环保产业等投资规模大、产业关联度高、拉动作用较强行业,应采取更为灵活的政策措施,稳定市场预期,重振行业活力;三是着力培育新的经济增长点。如积极发展新能源、新材料、生态工程、生产性服务业等,扩大产业发展空间。

(3)明确新一轮土地制度改革将是经济增长的新引擎的认识。

受自身周期性调整、结构性调整和外部全球经济危机冲击的三重叠加影响,我国宏观经济运行自2008年9月份开始急剧下行。事实上,2003—2007年我国高产能扩张问题已经演化为经济运行潜在的最大风险之一。在2003—2007年期间,西方国家主要经济体总体呈现供给不足,从而在很大程度上消化了新兴市场的大量产能。随着全球危机的爆发与深化,在我国内需尚未进入大幅度扩张并基本替代外需的前提下,我国总需求与总供给所存在的结构联动性和结构刚性使中国宏观经济下滑幅度必然超过一般预期。目前,内需提振不快显然不是政策问题,而是我国经济结构存在着明显的缺陷和失衡,特别是城乡、工农发展的失调。基于我国改革开放 30 年的依靠要素解放来实现经济增长的基本经验,我国新一轮农村改革也选择了要素解放来推进的思路。而农村最大的要素就是土地;土地问题依然是我国建设与发展的基本问题。党的十七届三中全会上的战略部署再次从农村发力,吹响农村改革深化的号角,围绕"一条主线、三个机制"来展开。新的土地制度改革不仅意在抗御全球金融风暴侵袭,更意在破解中国自身的经济困局。新一轮土地改革,将进一步释放土地和劳动力潜能,通过要素流动与资源配置效率的提高为经济增长提供内部支撑和长久动力。

(4)明确扩大内需的关键点近期在农村、中长期则在城市的认识。

经济运行的两极就是生产和消费,现在由中国生产,美国消费变成由中国自己消费来替代出口,替代美国消费,这实际是发达国家的消费权部分让渡给发展中国家。世界经济需要重新走向平衡,而中国在全球范围内替代美国消费的过程,实际上就是世界经济再平衡的过程。因此动力引擎由外向内的转换将大大增强中国经济发展的韧性。危机使中国经济增长引擎从外需向内需转换的拐点已现。那么,中国最大的内需在哪里?目前,一种较为流行的观点是"扩大国内消费,潜力最大的在农村"。对于部分千元级耐用消费品而言,扩大国内消费潜力最大的的确是在农村;但从数千或万元级耐用消费品而言,特别是就长期来看,扩大国内消费的根本出路还在于推进城市化。农村消费在国内消费中相对地位的下降,已经成为难以逆转的趋势。1990—2007 年,在全国社会消费品零售总额中,城市社会消费品零售额所占比重由 46.9% 提高到 67.7%,而县和县以下社会商品零售额所占比重,却分别由 16.1% 下降到 11.5% 和由 37.0% 下降到 21.1%。而且,中国正处于工业化、城镇化加快推进的阶段。近年来全国人口总量的增长速度已经放慢,尽管目前我国农村人口仍多于城市,但自 20 世纪 90 年代中期以来,农村人口总量就已经呈现不断减少的趋势,今后这一趋势将更加明显。在此背景下,尽管农民的边际消费倾向高于城市,但由于城市居民的人均收入和消费水平远远高于农村,且今后城乡居民人均收入和消费水平的差距还有不断扩大之势,所以,就总体而言,在可以预见的将来,农村消费的扩张仍将赶不上城市消费的增长。

2. 政策调控创新

政府作为经济发展方向的指引者、经济关系的协调者和公共服务的供给者,其政策的切入点对于其最终的效果十分重要。以下从两个方面阐述湖南新型工业化政策创新可能的切入点:

(1)用好结构性减税政策,推进"调结构、保增长"

为了降低全球金融危机所带来的影响,国家出台了以保增长为着重点、以扩内需为着力点、以调结构为着眼点的结构性减税政策。2008 年以来,国家出台的结构性减税政策共六大类二十多项,涉及增值税、消费税、车购税、企业所得税、个人储蓄存款利息所得税和出口退税。针对湖南而言,这是利用结构性减税促进结构调整的重要契机:

a、借助结构性减税政策,刺激经济增长。可以通过结构性减税来调整政府与纳税人的分配关系,把资源、资金更多地留给市场去配置,增强纳税人的资源配置能力,以市场行为拉动投资和扩大消费,优化经济结构,促进经济增长。据预测,2009年实施的结构性减税政策,可减轻企业和居民负担5000亿元以上,即政府让渡给企业和居民的5000亿元资金可转化为投资和消费;湖南省也将为企业和居民减负100亿元以上,并努力使结构性减税为企业和居民减负的资金发挥最大效应。

b、借助结构性减税政策,创造制度条件。结构性减税最重要的是有力地促进公平税负。2008年起新的企业所得税法统一了内外资企业所得税税率,燃油消费税实行从量定额征收,增值税由生产型转为消费型等政策的实施,可以促进湖南省冶金、机械、有色、造纸、化工等传统产业的高端化、高新化提质改造,加快先进装备制造业和精品钢材产业的发展。

c、借助结构性减税政策,加快结构调整。多年来湖南省经济的高速增长主要是由大规模廉价劳动力和资源投入所驱动,这种粗放的增长方式带来了资源短缺、环境污染等诸多问题。因此,湖南可以借助国家即将扩大的资源税征收税目、提高税率和优化税率结构等方式促使企业节约资源,转变发展方式;另外,国家即将出台的环境税制,不仅会加快我国税制"绿化"的进程,而且将十分有利于湖南省"两型社会"试验区和"3+5"城市群的建设。湖南不仅可以充分利用上述政策大力发展新兴水泥行业,改造资源综合利用产业,加快推进汽车工业发展,尽快形成新的产能,而且可以抓住部分纺织、服装、机电、轻工、电子信息、钢铁、有色金属、石化等商品及其他劳动密集型产品出口退税率提高的新机遇,培育壮大进出口企业主体,扶持、保护、发展一批有强核心竞争力的出口品牌。

d、借助结构性减税政策,提高产品竞争力。充分利用增值税转型的政策,大力推进企业更新改造和自主创新。大力争取国家自主创新能力建设、高新技术产业化和信息化等方面的项目和资金支持,鼓励有实力的企业建立自己的研发机构,在引进技术的同时注重消化吸收,在创新技术中找优势、树品牌,特别是围绕具有知识产权的关键技术、核心技术,突破一批技术瓶颈,加快湖南高新技术产业和先进制造业的发展,突出发展电子信息、生物医药等产业,培植发展动漫创意等具有潜在优势的新兴产业。

（2）全面对接国家部委,提速"两型社会建设"

从建设"两型社会"而言,长株潭既然冠以"综合配套改革试验区"之名,就意味着改革不能仅仅围绕"两型"做工作,更重要的是要体现科学发展、创建和谐社会的要求,因而,改革不仅仅是湖南自己的工作,还肩负着为全国探路的责任。在没有现存样板可以借鉴、学习的情况下,靠湖南一省之力是不够的,需要有全国人民的支持,特别是国家及其部委的支持。因此,加快对接部委,推进省部共建"两型社会"是湖南的理性选择。

a、把握部省对接,发展两型社会

通过对接,促进国家部委把发展两型产业作为支持湖南"两型社会"试验区建设与发展的重要领域给予重点支持。在国家部委的支持下,进一步明确发展"两型产业"的战略思路、基本要求与发展目标。同时希望能在国家部委的帮助与支持下,制订好系统规范的"两型产业"发展的指标体系与评价考核体系,并按产业的"两型性"程度,分类规划与指导,重点推进产业升级、转移和调整。进一步明确试验区支持类产业、限制类产业和禁止类产业的产业发展目录,并以此为基础搞好规划与指导。

通过对接,促成国家部委在湖南高起点地规划建设再制造工业园。建议把湖南工程机械、轨道交通设备、能源装备等制造产业列入国家再制造试验行业,尽快将再制造工程列入国家"两型社会"试验区的重点产业发展规划,以国家的力量来高起点、高水平地在长株潭地区规划建设我国第一个再制造工业园。

通过对接,促进国家部委从促进两岸和平统一的角度出发,把湘潭台湾工业园的发展纳入到国家的视野,给以高强度的支持,以促进快速对接台港澳的产业转移。

通过对接,促成国家部委把整个湘江流域污染综合治理项目上升到国家层面纳入全国重点防治规划,并给予重点解决,包括株洲清水塘地区污染的治理、湘江底泥利用与污染治理、长株潭"绿心"和湘江两岸风光带的建设、菜家坝水利枢纽工程等方面的立项、投资及关键技术突破问题。

通过对接,促进国家对"两型社会"建设试验区在金融创新上给予政策放松,以支持湖南省区域金融体系的建设与发展,促进中小企业的发展。

b、聚集全球智慧,整体推进5个先导区的建设

要充分利用加快推进长株潭"两型社会"建设的有利时机,把长株潭城市群创建成国家循环经济示范区,将长株潭城市群改革试验范围扩大到"3+5"区域,积极争取将长株潭城市群的五个示范区享受国家级高新技术开发区的政策优惠,使更多的长株潭一体化项目进入国家专项。同时,进一步提高"两型社会"建设的国际化水平,聚集全球智慧建设"两型社会",建议把五个先导区采取"一一对应"的方式,面向发达国家进行整体招标,在设置好较高门槛的基础上,由中标的发达国家

整体承包某个先导区的规划、设计、建设、运营和管理。

3. 产业规划创新

政府对产业经济发展做一些超前的、全局的、长期的和有预见性的产业经济规划,以优化产业结构,并在某些产业领域实现跨越发展,这就是政府的产业经济规划职能。2009 年初国家十大产业振兴规划出台后,湖南迅速反应,做出了一系列产业政策调整:

一是加强规划引导。通过组织省直部门、市州以及企业和专家研究编制实施方案,现已形成包括 1 个总体说明和 12 个产业的振兴实施方案,作为结构调整和产业振兴的指导性文件。

二是加强对优势产业项目的扶持。制定出台了《湖南基础产业发展导向》,省直部门共同联合推动培育千亿产业、千亿集群、千亿企业、千亿园区的"四千工程"项目建设。调整充实"双百"工程项目增加到 220 个,总投资扩大到 2500 亿元。对"双百"工程等重点工业项目,加强项目审批、用地审批、银行审贷的调度。优选 80 个省重点建设项目享受相关费用减免优惠政策,并安排新型工业化专项引导资金 1.68 亿予以扶持。安排技改专项资金的 70% 支持中联、三一、众泰、湘电机等产业集群核心企业技改项目建设。今年湖南新开工投资额 3000 万元以上的技改项目将达到 800 个以上。同时根据国家规划和湖南实际,开发一批短期有效果、长远关系大的重大"两型"产业项目,带动"低碳"经济发展。

三是加快发展高新技术产业。优选 20 个重点项目向国家申报新材料、新能源自主创新和高技术产业化专项,可获得国家 1 亿元的补助。着力完善支撑体系,提升服务能力。重点支持基础性、应用性平台建设,支持引导企业、科研院所采取多种形式共建工程技术中心、工程研究中心和企业技术中心,加速推进各类实用型技术的转移扩散。着眼湖南产业发展前瞻性需求和未来方向,根据《湖南省高新技术产业五年行动计划》,在工程机械、风电装备、电动汽车、光伏产品、高性能金属材料等 5 大高新技术产业,加大扶持力度,着手突破和储备了一批产业化前景好的前沿技术和关键瓶颈技术。四是加大节能减排力度。湖南 11 个节能项目列入国家新增千亿投资计划,累计可获得国家财政 6110 万元资金扶持。安排 3000 万奖励企业节能项目。加快推进三年污水行动计划,抓紧启动省内 20 家企业、7 个园区循环经济试点,推进 6 个国家级循环经济试点单位的试点工作。着手启动湘江流域综合治理,争取纳入国家大江大河治理规划。

以上措施,是针对国家出台的 10 个调整振兴产业规划而作出的,其基本逻辑是运用各种政策工具帮助那些出现周期性衰退的产业"复活"。在可以预见的未来,对湖南而言,还应尽快围绕实施产业振兴规划,制定好实施细则,做实对接央企和做好承接产业转移的工作。

（1）对接央企，做大做强优势产业

2005年底以来，省委、省政府作出了大力开展与央企对接合作的重大战略部署。近年来湖南省充分利用央企在新一轮发展战略期不断寻求投资、扩张机会的时机，结合"两型社会"建设，在全国率先与央企实施对接合作。央企来到湖南，对推进新型工业化，促进相关项目落地湖南，资金、人才、技术纷纷向湖南省聚集有着积极意义。应该摒弃"肥水不流外人田"的落后观念，利用国家实施产业振兴规划的契机，深化改革，扩大开放，继续发挥湖南省的资源、市场、科研优势，把能够和央企对接的基础设施和基础产业乃至于一些重大的竞争性产业尽可能地与央企对接，宜早不宜迟，宜快不宜慢，以利用央企的管理、资本等优势，做大做强相关产业。但是，对接央企也必须注意以下两个方面：一是促进央企在对接湖南省属企业的同时，进一步加大与县域企业和私营企业的对接合作力度；二是在采取产权（股权）转让、增资扩股、资产置换、项目合作、战略联盟等方式合作的同时，应加大在人才培养、技术研发、知识产权、专利和标准等领域，特别是在拉长产业链、推进精深加工、提高附加值等层面进行深度合作。

（2）重视新能源振兴规划

目前，湖南水电建设已基本结束，煤电污染严重，不符合"两型社会"建设的要求，应尽快加快与新能源振兴规划的对接步伐，大力发展其他能源。国家新能源振兴规划不同于平常的"十一五"规划，是一个中长期的规划，而不是一个阶段性的规划，将着眼于推动新能源产业的发展。在新能源产业的各子行业中，风电将是未来的发展重点，风能近年来上得特别快；太阳能除了小规模民用项目外，近期发展还比较慢，这是由于太阳能利用受技术制约略有滞后，后续发展依赖于政策支持和成本控制与商业化技术的突破；核电开发利用将加速发展，2020年核电规模至少可以发展到7000万千瓦。目前，水电和风电都依赖于自然资源，以后的开发成本将越来越高，而核电的发展则相反，随着技术的不断成熟，核电的建设成本将越来越低。新能源振兴规划最核心的是要占领技术制高点。不同于节能技术，目前在新能源方面，我国主要省份之间还没有拉开差距。湖南应抓住时机加快发展，特别是在新能源制备技术与产业发展方面，诸如风力发电设备、太阳能光伏产业、核电和生物质能源等方面有重大的突破。

（3）承接国际和沿海产业转移

在开放合作条件下，后发国家和地区都是通过承接发达国家和地区的产业转移来提高本地产业发展水平、促进产业结构升级的。改革开放后我国东部沿海地区迅猛发展，也主要得益于利用区位和政策优势，主动承接发达国家和我国港澳台地区的产业转移。近年来,受土地、劳动力、环境容量等因素制约,加上全球金融危机的影响,我国"外资西进、内资西移"的趋势明显加快,为湖南省承接产业转移提供了重要的历史机遇,其中值得注意的是:

强调实施知识产权战略。知识产权是成功承接新一轮产业转移的前提,对承接产业能否长期实现转移具有关键作用。期望单纯依靠承接产业转移来实现产业升级,是十分幼稚的。先发国家和地区的成功经验以及拉美国家发展中的沉痛教训表明,产业转移并不能天然地推动技术进步与产业结构升级,反而有强化产业分工格局进而拉大产业转出地与承接地之间技术差距的潜在威胁。只有充分利用承接产业转移的机遇,强化而不是弱化研究与开发,积极消化吸收先进技术并不断提高自主创新能力,并形成新的知识产权,才能真正获得产业转移的利益,达到自身产业升级的目的。

针对广东等地出台的"双转移"政策安排,进一步调整和优化湖南的政策。"双转移"是广东省提出的产业转移和劳动力转移的统称。具体是指珠三角劳动密集型产业向东西两翼、粤北山区转移;而东西两翼、粤北山区的劳动力,一方面向当地第二、第三产业转移;另一方面其中的一些较高素质劳动力,向发达的珠三角地区转移。有鉴于此,针对承接产业转移的重点区域如永州、郴州、衡阳等市,应该要调整和优化现有政策:比如为了确保发展加工贸易产业建设用地需要,对加工贸易产业园的建设的用地指标,可以由省专项安排;用地成本,对省以下地方政府收费实行全免;对于符合用地规划的集体土地使用权,在完善有关手续后,折价入股与外来投资者合资或合作兴办企业。对于收费,除国家规定统一征收的税费外,不再对入园企业征收任何地方性收费;对入园项目的各种手续、证照的办理,实行免费代办制,并明确限时办结制;加快承接产业转移的重点地市的海关检验、检疫和通关口岸建设;对承接产业转移的重点地市的劳动力培训指标和资金予以倾斜等。

4. 行政程序创新

政府的另一个重要职能是创造良好经济社会发展环境。在制度上,需要推进政治体制改革,把坚持党的领导、人民当家作主和依法治国有机统一起来;在观念上,需要牢固树立人民主人观、群众"上帝"观、权力服务观;在程序上,需要有章可循、依法行政,充分体现社会的公平公正。

行政程序是社会公平的体现方式之一,2008 年 4 月 18 日,《湖南省行政程序规定》已正式出台,并于 2008 年 10 月 1 日施行。这是一个地方性规章,但它所彰显的意义非同寻常。《湖南省行政程序规定》的出台,是湖南贯彻落实党的十七大和十七届二中全会精神的重大举措,体现了湖南省委省政府进行改革和执政为民的决心,它的施行将大大推进湖南依法行政和法治政府建设的进程,有利于提高湖南各级政府的执行力、公信力和管理水平,促进湖南各级政府职能的转变,保证人民民主权利的有效实施,为湖南的创业投资环境提供法治保障,为湖南新型工业化进程奠定法治行政程序。

法治状况对投资环境有着决定性的影响。一个理性的投资者,他的愿望是让其有限的投资获得最大的回报,他主要考虑的因素就是实现其投资利润的最大化。为此他会考虑各种生产性的"硬成本",包括当地的地价、厂房、设备价格、原材料价格、当地的劳动力价格和素质、进出当地的交通运输费用以及其他一些中间费用。同时,他还会考虑各种非生产性的"软成本"。在一个法治落后的地区,所有的交易过程都带有中间环节,而每一个环节都可能意味着额外的费用。企业能否兴建起来,首先需要行政审批。这意味着投资者需要耗费一定的时间,并可能需要动用一部分资金贿赂负责审批的官员。其次,企业兴建起来后,生产过程能否不受政府的任意干预而顺利进行?负责税务、工商管理、质量检查和环境保护的官员是否能依法办事?这些问题的答案都影响着投资成本。再次,厂房和设备是否享有可靠的产权保护?当地的治安环境如何?政府能否为企业的产权与契约提供"免费"而有效的保护?如果企业发生了偷盗行为,公安部门是否会主动积极破案,帮助工厂返还财产,而不需要额外的"费用"。最后,许多生产过程都是通过承包进行的。如果承包者未能履行合同或借钱不还,当地的法律部门是否能有效保证合同义务获得充分履行,而不需要花费更多的钱去打通各处司法"关节",或不得不雇用法律外的社会势力强行催债?这都关系到投资成本问题。显然,在同等条件下,投资者会选择法治状况和投资环境最佳的地方,因为他的资金和利润可以得到最大限度的保证。这说明:法治是市场经济的一个关键要素,一个国家的法治程度决定一个国家的经济发展水平,一个地区的法治程度决定一个地区的经济发展水平。

湖南作为一个内陆省份,市场经济环境相对沿海地区有待完善,这在一定程度上影响到湖南经济的发展。为打造良好的创业投资环境,加速实现湖南富民强省的战略目标,近年湖南已先后制定了有关行政程序的单项地方性法规和规章,如《湖南省行政执法条例》、《湖南省行政处罚听证程序规定》、《湖南行政许可听证程序规定》、《湖南规范性文件备案审查办法》等。同时,相类似的法规和规章还应不断补充完善。需要注意的是要对各法规做一致性梳理,避免各法规之间互相冲突、互相抵触、互相矛盾,还应对行政行为的公开透明、高效便民、公众参与等做原则规定和具体制度设置,目的是有利于打造湖南良好的创业投资环境,为湖南新型工业化进程保驾护航。

四、组织创新

任何组织机构,经过合理的设计并实施后,都不是一成不变的。它们如同生物的机体一样,必须随着外部环境和内部条件的变化而不断地进行调整和变革,才能顺利地成长、发展,避免老化和死亡。引起组织变革的因素通常是:外部环境的改变、组织自身成长的需要以及组织内部生产、技术、管理条件的变化等等。实行组织变革,就是根据变化了的条件,对整个组织结构进行创新性设计与调整。

新型工业化道路,是当代工业发展的新模式,这在客观上需要创造新的、有效率的组织环境以保证组织目标的实施,必须对传统的生产经营模式进行变革,提高产业组织和企业组织的运行效率和竞争力。当前,随着信息技术和科技快速发展,在较短时间内为产业组织和企业组织结构的规范化创造了条件。但是也必须看到,由于传统工业面貌发生了巨大变化,社会、产业和企业组织结构不合理和管理方式落后等问题十分突出,与国际先进水平相比有很大差距。

(一)组织创新的内涵与意义

组织,可以从静态与动态两个方面来理解。从静态方面看,指组织结构,即:反映人、职位、任务以及它们之间的特定关系的网络。这一网络可以把分工的范围、程度、相互之间的协调配合关系、各自的任务和职责等用部门和层次的方式确定下来,成为组织的框架体系。从动态方面看,指维持与变革组织结构,以完成组织目标的过程。通过组织机构的建立与变革,将生产经营活动的各个要素、各个环节,从时间上、空间上科学地组织起来,使每个成员都能接受领导、协调行动,从而产生新的、大于个人和小集体功能简单加总的整体职能。

组织创新,就是通过调整和变革组织结构及管理方式,使其能够适应外部环境及组织内部条件的变化,从而提高组织活动效益的过程。组织创新具有以下几层含义:一是组织创新活动的主体既包括组织中的管理者,也包括组织中的其他成员,组织创新的成果是组织所有成员集体智慧的结晶;二是组织创新的对象是组织中的各个子系统及其相互作用机制,以及组织系统外部环境的相互作用机制;三是组织创新的诱因既可能是外部环境的变化,也可能是组织自身成长的内在需要;四是组织创新是一种创造性的活动而不是对其他组织的创新成果的简单移植。

组织决定功能,组织创新是打造核心竞争力的基础,是管理平台的支撑结构。在现代化进程中,坚持走新型工业化的道路,以信息化带动工业化,以工业化促进信息化,形成工业化和信息化的良性互动,其实质是各种创新的系统集成,其中组织创新是关键所在。实践证明,高新技术辐射基础产业和改造传统产业,促进结构升级,迫切需要产业和企业的组织创新。尤其是通过组织创新提高劳动者的素质,形成高新技术产业、基础产业及传统产业并举的合理格局,工业化和信息化的良性互动才能得以实现。在新型工业化进程中组织创新具有不可替代的作用:

(1)组织创新是技术创新的基础

组织创新与技术创新具有同等重要的地位,有着密切的关系。从技术创新的角度看,无论是产品创新、工艺创新还是服务创新,都要求有相应的组织系统与其匹配。技术创新可能会对现有的组织系统产生冲击,推动组织创新的出现。一方面,组织创新通过整合组织中的资源,提高资源的利用效率,从而支持技术创新活动;另一方面,组织创新通过调整组织中的部门和组织结构、重整组织流程、改进组织目标而适应技术创新要求和巩固技术创新成果。

(2)组织创新是生态工业发展的动力

生态产业是一个生态经济系统,实质是通过生态技术解决工业污染、破坏资源环境生态系统、耗竭资源等外部性问题,符合新型工业化和可持续发展的方向。其实现方式之一是企业生态化经营,属于企业内部的组织创新,对企业来讲,实施生态技术的结果就是生产和经营"生态产品",为此,必须制定一系列生态化经营目标,建立生态化经营的组织体系。实现方式之二是企业组织的"生态一体化"。通过原企业组织的重组,使进入生态系统的物质实现循环利用,减少物质能量的浪费,消除环境污染。"一体化"主要有企业组织垂直一体化、横向一体化、多角化经营等组织创新形式。

(3)组织创新是现代企业增强竞争力的要求

组织创新是企业一切创新活动的源泉和根本,在构建企业的核心竞争力中组织创新尤为重要。在新经济条件下,现代企业的竞争优势不仅仅来源于内部价值链的协调运作,更取决于企业内外价值链的融合,这就必须依赖组织创新。那些行业新进入的成功者,往往是打破了行业旧的运作模式和竞争规则,大胆推行更符合新环境的组织模式。而短命的公司绝大多数或多或少是由于组织僵化造成的。IBM 和 DEC 涉及了计算机行业的整个产业链,而微软和英特尔却从产业链的某一个环节进行高度专业化生产,这种组织创新,既降低成本,又提高了组织效率。

(二)新型工业化中的组织创新

走新型工业化道路,实现经济社会持续和跨越双重发展目标,在组织创新重点上就必须围绕社会组织、产业组织和企业组织的创新来展开,实现经济社会组织结构的全方位的变革和创新。

1. 社会组织创新

社会组织创新重点在于要加快建立现代科层制。社会的现代化转型,必然要求与之相适应的现代化社会组织管理模式。从现有的社会组织来看,社会管理组织模式具有明显的二元性特征:大部分社会组织都具有某些共同的特点,如专业分工、等级分层、权责限制、规章管理和评估机制等。这些大多由明文规定的制度体系构成了组织的表层结构。然而,这些组织也受一些独特的潜层结构因素的影响,潜层结构是由一套非正式的但却在发生效力的行为准则所构成,它们在组织成员的交往中发挥着巨大的作用。社会组织的表层结构同潜层结构的并存,突出地表明了它的二元性特征。

组织管理模式的改革与组织管理模式的创新目标取向必须是促进社会经济的迅速发展,社会组织创新的重点就是加快建立现代科层制组织。

科层制,又称理性官僚制,是由德国社会学家马克斯·韦伯提出的。一般认为,科层制是一种权力依职能和职位进行分工和分层,以规则为管理主体的组织体系和管理方式,其主要特征是:①内部分工,且每一成员的权力和责任都有明确规定;②职位分等,下级接受上级指挥;③组织成员都具备各专业技术资格而被选中;④管理人员是专职的公职人员,而不是该企业的所有者;⑤组织内部有严格的规定、纪律,并毫无例外地普遍适用;⑥组织内部排除私人感情,成员间关系只是工作关系。

从纯技术的观点来看,它在严密性、合理性、稳定性和适用性等方面都优于其他任何形式。其应用于湖南新型工业化,应该做好以下几个方面的工作:一是现代科层制必须健全法规,实现由"人治"到法治。结合国情,就现阶段而言,官僚制的存在具有相当的合理性,若能实现官僚制的法治,是可加速现代化进程的。二是必须实施科学管理,形成一个既能克服官僚主义,又能提高管理效率的完整控制系统。在民主集中制的基础上,充分发挥各级组织领导的潜力和创新作用,形成优化的团体。三是要运用科技知识的优势,形成尊重知识、尊重人才的氛围。四是要按等级职责规章和办事程序运作,公事与私事要分明界限。五是要倡导学习。倡导个人学习,使学习成为实现自我价值的自觉行动。倡导组织学习,使组织成员从行为上与组织保持一致,增强组织凝聚力。

同时,社会组织创新还要有效发挥非营利组织的社会保障功能。非营利组织,例如慈善机构,是社会保障制度体系中不可或缺的组织创新。非营利组织是社会保障社会化的基础,能扩充社会保障资金的来源,能够整合社会保障服务、满足社会保障需求的变化,并且能为劳动力提供就业岗位。但非营利组织的兴起只有一个短期的过程,发展迟缓、组织分散。关键是要培育和发展非营利组织,建立起以行业性社团和公益性社团为龙头的非营利组织体系、管理政策法规体系、行政管理体系,建立和完善非营利组织的自治、自律机制和政府对非营利组织的监控机制。

2. 产业组织创新

产业组织是指同一产业内企业的组织形态和企业间的关系,产业组织创新是产业内企业的组织形态和企业间关系的创新。产业组织的创新过程实际上是对影响产业组织绩效的要素进行整合优化的过程,是使产业获取竞争优势的过程。为了促进产业组织发展,应立足我国的国情,不断进行产业组织创新,增强产业组织国际竞争力:

(1)改革政府产业组织管制模式,发挥市场竞争机制的作用。一是要通过政府的参与和推动,促进企业优胜劣汰,实现企业的"并"、"转"、破产退出,使社会资源不断向优势企业集中,推动大企业、大集团的形成。二是要进一步完善市场价格机制,消除地区、部门的封锁与割据,破除价格扭曲、行政力量的双层保护,制定产业进入壁垒政策,完善兼并机制,允许并鼓励适度市场垄断的兼并,促进有效竞争。三是要加强政策调控力度,给予兼并、收购的优惠政策,提高产业集中度和规模经济利用水平,并通过制定专业化协作政策,提高专业化分工与协作水平,形成大、中、小结合的合理企业规模结构。四是要鼓励和引导企业加大广告、研究开发投入力度,合理使用经费,提高非价格竞争力。

(2)构建先进的制造业产业组织。制造业产业组织创新总体上要有利于先进制造业的建设与发展。一是通过各种途径促进个私企业与股份合作制企业向公司制转变,引导现有的公司制度的完善,促进家族制企业实行开放式股权结构。二是改变目前多数专业市场传统的依赖行政力量、出租门面、经营管理杂乱的缺陷,抓住信息化、城市化与工业化的机遇,促进专业市场逐步发展成跨区域的湖南全国乃至全世界的市场。三是加强制造业园区的规划建设与产业链配套。要加强规划、加大现有园区的整合,形成梯级的工业园区,促进发达地区的传统工业向落后地区园区的转移。重视产业链的配套,引导大企业及协作企业的集聚。同时推进行业协会的建设,加强立法,保护中小企业利益。

(3)加快现代物流组织的建设和创新。当前世界上物流组织创新呈现出由分散化向内部一体化转变、由职能化向过程化转变、由垂直化向扁平化转变、由固定化向柔性化转变、由实体化向虚拟化发展、由单体化向网络化发展的六大趋势。而湖南省现代物流发展起步晚且倚重于邮政物流,其他物流组织的发展滞后,严重影响了企业物流成本,从而影响了产业竞争力的提高。为此应该做好以下几个方面工作:一是要强调客户服务和供应链一体化,树立现代物流和组织创新的理念。二是要把物流组织创新与企业制度、技术、管理、市场等创新相结合。三是要正确处理好创新与稳定发展的关系,充分考虑创新对企业生产经营活动的影响和创新成本大小。重视聘请有关专家对物流组织创新进行科学论证与系统设计。四是要加快物流管理体制改革,为组织创新提供良好的环境。

3. 企业组织创新

企业组织创新的主要内容就是要全面系统地解决企业组织结构与运行以及企业间组织联系方面所存在的问题,使之适应企业发展的需要。目前,企业管理正向以知识和信息为基础、以知识生产力要素为核心的新型企业管理过渡,企业组织结构呈现出分立化、柔性化和网络化的发展趋势。结合时代特征,应该要注重包括企业组织的职能结构、管理体制、机构设置、横向协调、运行机制和跨企业组织联系六个方面的变革与创新。

(1)职能结构的创新。第一,走专业化的道路,分离由辅助作业、生产与生活服务、附属机构等构成的企业非生产主体,发展专业化社会协作体系,精干企业生产经营体系,集中资源强化企业核心业务与核心能力。第二,加强生产过程之前的市场研究、技术开发、产品开发和生产过程之后的市场营销、用户服务等过去长期薄弱的环节,同时加强对信息、人力资源、资金与资本等重要生产要素的管理。第三,要突出关键职能,关键职能应配置在组织结构的中心位置,其他职能予以配合。

(2)管理体制的创新。管理体制是指以集权和分权为中心、全面处理企业纵向各层次特别是企业与二级单位之间权责利关系的体系。其变革与创新要注意以下问题:第一,在企业的不同层次,正确设置不同的经济责任中心,包括投资责任中心、利润责任中心、成本责任中心等,消除因经济责任中心设置不当而造成的管理过死或管理失控的问题。第二,突出生产经营部门(一线部门)的地位和作用,管理职能部门(二线部门)要面向一线,对一线既管理又服务,根本改变管理部门高高在上,对下管理、指挥监督多而服务少的传统结构。第三,作业层(基层)实行管理中心下移。作业层承担着作业管理的任务。这一层次在较大的企业中,还可分为分厂、车间、工段、班组等若干层次。可以借鉴国外企业的先进经验,调整基层的责权结构,将管理重心下移到工段或班组,推行作业长制,使生产现场发生的问题,由最了解现场的人员在现场迅速解决,从组织上保证管理质量和效率的提高。

(3)机构设置的创新。考虑横向上每个层次应设置哪些部门,部门内部应设置哪些职务和岗位,怎样处理好他们之间的关系,以保证彼此间的配合协作。改革方向是推行机构综合化,在管理方式上实现每个部门对其管理的物流或业务流,能够做到从头到尾、连续一贯的管理,达到物流畅通、管理过程连续。具体做法就是把相关性强的职能部门归并到一起,做到一个基本职能设置一个部门、一个完整流程设置一个部门。其次是推行领导单职制,即企业高层领导尽量少设副职,中层和基层基本不设副职。

(4)横向协调的创新

企业组织的调整与改革,不仅局限于机构设置,还应对机构变化以后如何有效运行,进行系统设计与优化。这时就应该注意以下问题,第一,自我协调、工序服从制度。实行相关工序之间的指挥和服从;第二,主动协作、工作渗透的专业搭接制度。在设计各职能部门的责任制时,对专业管理的接合部和边界处,有意识地安排一些必要的重叠和交叉,有关科室分别享有决定、确认、协助、协商等不同责权,以保证同一业务流程中的各个部门能够彼此衔接和协作;第三,对大量常规性管理业务,在总结先进经验的基础上制定制度标准,大力推行规范化管理制度。这些标准包括管理过程标准、管理成果标准和管理技能标准。

(5)运行机制的创新

组织变革与创新还必须建立同市场经济相适应的、有利于充分发挥各个环节和全体员工积极性的动力机制与约束机制。一是建立企业内部的"价值链",使上下工序之间,服务与被服务的环节之间,用一定的价值形式联结起来,从而相互制约,降低成本,提高企业整体效益。二是引入竞争机制,实行按劳分配和按生产要素分配相结合,激发每一个人的积极性、主动性和创造性。三是实行上道工序与下道工序、上层单位与基层单位双向评价的新体系,从组织运行机制上增强企业市场竞争力。

(6)跨企业组织联系的创新

前面几项组织创新内容,都是属于企业内部组织结构及其运行方面的内容,除此之外,还要考虑企业外部相互之间的组织联系问题。重新调整企业与市场的边界,重新整合企业之间的优势资源,推进企业间组织联系的网络化,这是新世纪企业组织创新的一个重要方向。企业在朝着网络化方向进行组织创新时应注意研究和解决的几个问题是:一是企业要善于根据具体条件,发展虚拟经营和虚拟企业。二是推进大型企业集团的形成,理顺以产权为基础的集团成员企业之间的关系。三是在竞争中实行多种形式的联合,谋求共同发展的双赢局面。

(附)

湖南经济发展的"弯道超车"

改革开放 30 多年来,湖南经济增幅年平均达到 9.3%,但湖南的经济总量,前几年长期在全国第 13 位左右徘徊。这主要是由于在经济平稳运行的时期,也就是在经济发展的"直道"上,湖南难有超车的机会。湖南这名"赛车手"跑得快,别人跑得更快,因此湖南与沿海发达地区的差距难以缩小,更不要说超车了。现在,面对国际金融危机的影响,经济发展处于"弯道",这是湖南实现科学跨越的历史性机遇,也是湖南这名"赛车手"超车的大好机会。

"弯道超车"的理论

从竞技体育层面看,在竞技赛车中,由于赛车马力、速度相差无几,在直道上难分胜负,弯道往往是超车的最好机会。这里说的弯道,不是优美的弧线,而是赛车场上难度最大的驾驶路段。对于赛车手来说,弯道意味着危险,意味着挑战,但同时也意味着超越对手的机遇,意味着通往成功的道路,选择弯道超车的车手大都是智慧型车手、技巧型车手。

从经济发展周期理论层面看,危机期就是经济"弯道"期,这一时期既是生产要素重新组合的关键期、经济分化的突显期,也是实施后发赶超、科学跨越,实现后来居上的重要机遇期。2008 年湖南经济发展就是实证:2008 年湖南以经济总量11156 亿元、增速 12.8%的成绩单,跻身中国 GDP 增速前"十强",排名第九,成为"万亿俱乐部"新科明星。连续五年经济增长保持两位数,对于湖南这样一个中部传统农业大省来说是令人惊叹的。

从危机管理理论层面看,实施"弯道超车"是巧妙应对经济危机,实行跨越发展的一种基本手段,也是较好办法之一。同时,"弯道超车"也符合科学发展观、发展经济学、博弈论、生产力理论等相关理论实质。

"弯道超车"的案例

从历史的角度看,"弯道超车"在国际经济发展史上有许多成功的先例,当今主要经济强国,如美国、日本、韩国等,都有"弯道超车"经历,都是通过后发赶超实现后来居上的。

美国:"弯道超车"奠定霸主。为摆脱 20 世纪 80 年代初期经济衰退的严重局面,美国采取了一系列重大举措,实施积极赶超战略,对经济进行了战后最深刻的调整。1983 年,美国 GDP 增长开始由负转正,特别是进入 90 年代后,经济发展加速,道—琼斯工业指数不断创下新高,经济持续快速增长打破了战后连续 105 个月的最高纪录,并一举成为全球竞争力最强的国家。

日本:"弯道超车"重获新生。作为二战战败国的日本,原本经济、技术并不发达。经过二次世界大战,日本经济更是雪上加霜,恢复与重建的任务十分艰巨。为了实现超常发展,日本走上了"赶超之路"。在 1950—1990 年的 40 年中,日本经济平均保持着 10% 左右的发展速度,不仅使日本的经济获得了新生,也使日本挤进了世界强国行列。此外,韩国、新加坡等相当一些国家也是通过"弯道超车"实现跨越的。

"弯道超车"的挑战和机遇

全球经济发展进入"弯道",湖南发展面临挑战。这种挑战一方面来自国际金融危机的蔓延:一是从国际市场向国内市场蔓延;二是从东部沿海向中西部地区蔓延;三是从虚拟经济向实体经济蔓延;四是从中小企业向大企业蔓延;五是从终端产品向原料市场蔓延。湖南作为一个内陆欠发达省份,既要面临"五个蔓延"带来的经济衰退压力,还要面临"两型社会"建设与发展方式转变的压力。在国际金融危机短期难以见底的情况下,面对双重压力,如果应对不当,经济增长将很可能出现严重下滑和衰退。同时,这种挑战也是湖南经济形态所决定的。湖南的经济形态,是典型的内生型、追赶型经济。因此,在金融危机和内生型、追赶型经济双重因素影响下,湖南如不"弯道超车",不适时"爬坡、换挡、加油",就会不进则退,更谈不上跨越发展、后来居上。当前经济"弯道"期是湖南实施"弯道超车"千载难逢的机遇。

经济危机时期是经济"弯道"期和分化期,带来的不仅仅是危机,也有科学跨越、后发赶超的良机:

一是政策机遇。为应对国际金融危机的严重冲击,从根本上遏制经济下滑的不良势头,2008 年下半年以来,国家出台扩内需、保增长政策,围绕改善民生、稳定金融、启动消费、减轻企业税负等方面,先后出台了系列政策措施。特别是 2008 年 11 月 8 日[中发]18 号文件,提出扩大内需促进经济增长的十项举措,为湖南"弯道超车"创造了重要的机遇和条件。以投资为例,4 万亿元经济刺激计划,明确了保障性住房、农村基础设施、铁路、公路等投资重点,而这些领域在沿海很多地方已经相对饱和,湖南却仍然很薄弱,投资的空间很大。在政策支持下,多年想干而干不了的事都可以干成了,去年第四季度,国家发改委批复的全国 15 条高速公路中,湖南就占了 5 条。

二是调整机遇。经济波动调整期,蕴含着后发赶超的机遇。经济进入"弯道"期,往往就是各种经济要素重新组合、产业重新布局时期,是国家间、地区间既有发展格局的变化调整期。这有利于湖南省加强技术改造与创新,有利于承接产业转移,有利于吸引资金、技术、人才。这样,就容易实现产业结构升级、发展方式转变,就有可能形成新的竞争优势,在新一轮发展中占据主动地位。从国际市场看,发达经济体陷入衰退,一些企业股值缩水、现金匮乏,给湖南有实力的企业走出国门参与并购、抢占市场提供了契机。最近的事例就有:华菱钢铁集团收购澳大利亚第三大矿业公司股权;三一重工在德国投资 1 亿欧元建研发中心及机械制造基地,成为中国在欧盟最大实业投资项目;中联重科收购意大利老牌名企,成为世界最大混凝土工程机械制造供应商。美国、韩国等国经验表明,文化产业具有反经济周期的特点。以"电视湘军"、"出版湘军"、"动漫湘军"为方阵的湖南文化产业,存在逆势而上的重大机遇。

对于"弯道超车",湖南有一定的基础。一是有经济基础。2008 年,尽管遭遇突如其来的低温雨雪冰冻灾害和国际金融危机的严重冲击,湖南经济仍然保持了平稳较快发展的势头,并首次昂首迈入"万亿俱乐部",生产总值和银行存款余额双双过万亿,湖南财政收入突破1300 亿元。同时,在新型工业化的带动下,湖南经济结构不断优化,产业结构不断高端化,粗放型经济增长方式得到转变和改善,高耗能产业增幅下降,为"弯道超车"提供了基础优势。二是有危机影响慢半步,防御准备早半步的"半步先机"。相比发达国家和沿海地区,金融危机对湖南的影响要"晚半步、小半幅";省九次党代会以来,湖南在中部地区率先加快推进新型工业化,加强基础设施、基础产业、基础工作,已在粮食生产、基础设施建设、能源原材料产业发展、金融工作强化等方面取得了积极进展,目前已进入基础设施、基础产业发展的深化与扩张期;2003 年湖南就提出了承接粤港产业转移的发展思路,经过几年的努力,湖南不仅已成为广东、深圳、港澳台工商业、金融业等投资发展的首选之地,而且湖南具有 4 个国家级加工贸易梯度转移重点承接地;湖南是第一个提出与央企对接的省份,通过对接合作,引进了一大批对推进湖南新型工业化有重大影响和带动效应的大企业、大项目,形成了中央、地方两级资源共享、优势互补、互通有无、互为发展的良好局面。

基于此,"弯道超车",既要比速度,又要比效益和质量;既要比商务成本,又要比创业环境和服务效率;既要比发展水平,又要比发展活力和潜力。这就要求在进入"弯道"前,要有地区经济发展的准备,有危机应对的准备,有长期建设的基础;进入"弯道"中,要有"超车"的机会,如市场等,同时还要求"司机"——政府、企业有高超的经济驾驭能力。因此,"弯道超车",必须通盘考虑、整体谋划:1、做好"总规划"。"弯道超车"是化危为机、积极应对危机的管理方法,但由于危机的变幻莫测性,"弯道超车"又与高风险相伴相随,技术再高超的"司机"也可能会在"弯道超车"中出现失败。因此,必须要以理论为指导,科学谋划。2、不搞"一刀切"。在"弯道超车"战略实施过程中,应分行业、地区区别对待,对有条件的行业、地区,果断地"超",条件暂时不具备的,重点打好基础,为未来"超车"做准备。从另一层面而言,打好基础本身也是"超"。3、找准"突破口"。从发展经济学的角度来看,"弯道超车"是特殊经济时期的一种经济发展方式。因此,必须选好找准突破口。就农业而言,应以增强农业后劲、扩大农村消费市场等为主攻方向;就工业而言,应把调整结构、对接央企、产业集群发展、科技创新为主要着力点;就三产业而言,应把发展服务外包、IT 软件服务业、动漫产业等主要抓手。4、提升"驾驭力"。"弯道"能否顺利"超车","司机"的技术尤为重要。因此必须大力提升各级政府、企业的经济驾驭能力。只有这样,才能保证既不"撞车"违规操作,又不"刹车"等待观望,更不"误车"坐失良机,确保速度与质量效益相统一,发展与生态环境相适应,改革与发展稳定相协调,实现在危机中跨越发展。

(刘云　李超　执笔)

主要参考文献:

[1]科斯等:《财产权利与制度变迁——产权学派与新制度学派译文集》,上海人民出版社 2001 年版,第 274 页

[2]道格拉斯·C.诺斯(Notth. Douglass C.):《制度、制度变迁与经济绩效》,刘守英译,上海三联书店 1993 年版

[3]汪丁丁:《制度创新的一般理论》,《经济研究》1992 年第 5 期

[4]North, Douglass C. Institutions, Institutional Change and Economic. Performance. Cambridge: Cambridge University Press,199.

[5]Schultz, Theodore W. Institution and the Rising Economic Value of Man. American Journal of Agricultural Economics. Stokey, Nancy L. Learning by Doing and the Introduction of New Goods. Journal of Political Economy,1988 96:701 – 17.

[6]North, Douglass C. and Robert Paul Thomas, The Rise of the Western World:A New Economic History. Cambridge University Press,1973.

[7]R.科斯,A.阿尔钦,D.C.诺思:《财产权利与制度变迁——产权学派与新制度经济学派译文集》,上海三联书店 1994 年版

[8]金明善等:《赶超经济理论》,人民出版社 2001 年版

[9]陈冬:《新型工业化理论与实证分析》,社会科学文献出版社 2006 年版

[10]朱有志:《国际金融危机与湖南经济"弯道超车"的理论与实践研究》,《湖南哲学社会科学基金项目成果要报》2009 年第 1 期

湖南特色新型工业化的资源创新

资源的高效利用和综合利用是发展循环经济的主要内容和基础,研究湖南特色新型工业化的资源创新问题,其核心就是研究湖南的循环经济发展战略。循环经济是追求更大经济效益、更少资源消耗、更低环境污染和更多劳动就业的先进型经济模式,其理论的产生只有短短几十年时间,目前世界上还没有形成完整一致的体系,人们对循环经济的内涵和目标还存在不同的认识。但从总体上看,由于循环经济诞生伊始便肩负着解决资源和环境问题的使命,其理论体系虽仍在发展之中,但已经对实践产生了较强的指导作用。因此,本章在总结和综述循环经济理论与实践的基础上,考核和评价其发展指标,研究和分析其发展现状,以此规划和部署未来湖南一段时期内循环经济的发展战略。

一、循环经济理论的萌生与发展

从理论渊源上看,最早系统分析生产过程中废弃物循环利用的是马克思。在分析资本循环与利润率变化时,马克思认为,生产废料再转化为同一个产业部门或另一个产业部门的新的生产要素,即所谓生产排泄物再回到生产从而消费(生产消费或个人消费)的循环中,是生产条件节约的一个途径。虽然马克思没有使用"循环经济"一词,但从他的一系列分析中可以得到三点理论启示:一是废弃物的循环利用是资本循环过程中的生产条件节约;二是废弃物的循环利用应该建立在规模经济的基础之上;三是废弃物的循环利用是一种资本逐利的行为。显然,马克思是从节约资源从而节约资本和提高利润率的角度来认识资源和废弃物循环利用的,并没有把循环利用废弃物与环境保护和减少污染联系起来。我们可以把这种以节约为目的的资源与废弃物循环利用定义为古典循环经济。

1966 年,美国经济学家鲍尔丁提出了"用能循环使用各种资源的循环式经济代替过去的单程式经济"的观点,这被认为是循环经济的理论萌芽。这里的单程式经济,是指传统工业化模式下"大量生产—大量消费—大量排放废弃物"的技术经济模式。循环式经济是指把废弃物经过加工处理变为再生资源,再回到生产过程中使用的经济模式。鲍尔丁的循环经济思想仍然没有超出马克思古典循环经济思想的范畴,但他提出变单程式经济为循环式经济,不是基于资本的节约,而是基于地球上不可再生资源的有限性,同时也把循环经济提高到了技术经济范式层次。

随着循环经济理论的发展,其关注点越来越多地汇集到环境治理与保护上。一方面,这是因为 20 世纪 60 年代后人类开始高度关注环境问题;另一方面,从西方经济学观点来看,市场价格机制可以解决短缺问题:资源短缺必然会引起价格上升,迫使生产者通过技术创新节约使用日益昂贵的资源,或者寻找替代资源。相反,由于环境具有明显的公共性,难以确定产权,传统的市场不能解决环境污染问题。为了治理工业化带来的严重环境污染,西方国家曾采取过对排放的废弃物进行无害化处理的末端治理的环境保护模式。但实践证明,这种模式成本巨大,而且环境一旦遭到严重破坏便难以完全恢复。实践要求创新环境治理的模式与思路,这为循环经济的系统发展提供了契机。

20 世纪 80 年代以来,西方发达国家开始采取从源头预防废弃物产生,以达到从源头预防环境污染的目标。由于所有废弃物都是消耗资源产生的,所以减少资源消耗和对产生的废弃物进行循环利用就成为保护环境的最有效途径。因此,发达国家政府通过制度创新,在传统市场经济框架内引入了环境规制和环境交易制度体系,把环境作为经济要素纳入市场经济循环之中。它们通过对循环利用资源和废弃物进行专项立法,进而发展到进行综合立法来促进循环经济发展。由此可见,发达国家政府推进循环经济发展是以解决经济外部性——环境问题——为主要目标的。这便产生了西方现代循环经济。

循环经济观是在全球人口剧增、资源短缺、环境污染的严峻形势下,人类重新认识自然界、尊重自然规律、探索经济规律的产物。通过与传统经济增长方式的对比,我们可以发现它的主要特征。具体对比情况(见表 1)。

表 1　循环经济与传统经济对比表

对比指标	传统经济	循环经济
指导思想	机械规律,自然资源取之不尽	可持续发展,生态学规律
增长方式	数量型增长	质量型增长
资源使用特征	高开采、低利用、高排放	低开采、高利用、低排放
人与自然的关系	人统治自然	人与自然和谐发展
污染治理	末端治理	源头治理

对比指标	传统经济	循环经济
经济发展模式	资源—产品—排放	资源—产品—再生资源
经济发展要素	土地、劳动力、资本	劳动力、资本、环境、资源和科学技术等
发展目标	经济效益最大化、物质财富的快速增长	生态环境的改善基础上的社会物质财富和精神财富的增长
发展原则	企业利润的最大化和国家经济的快速增长	资源利用的减量化、产品生产的再使用和废弃物的再循环
技术的作用	经济增长	经济发展和生态环境的改善
生产者与消费者的关系	商品的交换与买卖关系	服务与享受关系
价值观	金钱至上、竞争	经济、社会、人类、自然和环境的协调发展
企业的责任	利润最大化、污染治理的外部化	清洁生产基础上的利润最大化、污染治理的内部化
企业之间的关系	竞争至上	共生关系

由表1可见,相对于传统经济而言,循环经济是一场革命。循环经济是合理利用资源、保护生态环境的一种现代文明行为。循环经济所倡导的生产过程,要求将资源作为一种循环使用的原材料,重复多次使用。它强调管理好资源的开发过程和资源的生产加工过程,争取做到最大限度地保护资源、减少浪费,提高其利用率;同时还要求生产厂家,在产品生产和产品使用过程中不产生或少产生污染,不向社会投放有污染的产品。总之,其主要特征就是在经济发展过程中要努力做到少投入、多产出,少污染或无污染,实现"资源—产品—再生资源—再生产品"的循环式的经济发展。

二、国外循环经济的理论与实践

按照鲍尔丁的观点,循环经济是指在人、自然资源和科学技术的大系统内,在资源投入、企业生产、产品消费及废弃的全过程中,把传统的依赖资源消耗的线形增长的经济,转变为依靠生态资源循环来发展的经济。在这种思想指导下,国外许多学者和机构提出了发展循环经济的一些理论,根据循环经济具体体现在经济活动上的层面不同,可将循环经济的理论与实践分为以下三种模式加以讨论。

(一) 微观的循环经济理论与实践

微观的循环经济运行模式也称小循环,又称杜邦模式。主要指通过推行清洁生产、资源和能源的综合利用,企业全面建立节能、节水、降耗的现代化新型工艺,并组织各工艺之间的物料循环、延长生产链条,减少生产过程中物料和能源的使用量、尽量减少废弃物和有毒物质的排放,实现副产品和废物在不同工艺或车间的交换和循环利用,最大限度地利用可再生资源,同时提高产品的耐用性等。

1. 主要理论

(1)清洁生产(Cleaner Production)理论

清洁生产理论由联合国环境规划署工业与环境规划活动中心首先提出,他们将清洁生产定义为:"清洁生产是指将综合预防的环境策略持续地应用于生产过程中,以便减少对环境的破坏。对生产过程而言,清洁生产包括节约原材料和能源、淘汰有毒原材料,并在全部排放物和废物离开生产过程以前减少它们的数量和毒性。对产品而言,清洁生产策略旨在减少产品在整个生产周期过程中对人类和环境的影响。"联合国环境规划署工业与环境规划活动中心认为,应建立可持续性发展的环境对策,防止产品和生产过程中所造成的对人和环境的危害,通过采取保护自然资源及能源资源、去除有害原料、减少废物的排放和无害化处理等技术,并通过增强环保意识来实现从产品生产到处理的全过程都能降低或减少环境负荷的可持续性发展战略目标。

(2)零排放(Zero Emissions)理论

零排放理论是在1994年由联合国大学提出的,它把废物看做是没有得到有效利用的原材料,主张将废物作为生产的原材料使用。如A企业的废物通过改良加工,可以作为B企业的原料,而B企业的废物又可作为C企业的原料等,最终使整个生产的废物排放达到无限小。

2. 典型实践

(1)杜邦化学公司

杜邦化学公司是美国化学制造业龙头,成立于1802年,至今已有二百多年历史,是世界上第一家以"将废物和排放物降低为零"作为奋斗目标的大公司,把"安全、健康、环保"的理念纳入整个企业活动之中。20世纪80年代末杜邦公司的研究人员把工厂当做试验新的循环经济原理的实验室,创造性地把3R原则发展成为与化学工业实际相结合的"3R制造法",以达到少排放甚至零排放的环境保护目标。他们通过放弃使用某些环境有害型化学物质、减少某些化学物质的使用量以及发明回收本公司产品的新工艺,到1994年已经使生产造成的塑料废弃物减少了25%,空气污染物排放量减少了70%。同时,他们在废塑料,如废气的牛奶盒和一次性塑料容器中回收化学物质,开发出了耐用的乙烯材料维克等新产品。

(2)英特费斯公司

英特费斯公司是美国佐治亚州亚特兰大一家生产工业地毯的企业,1994年公司首席执行官雷·安德森,大胆改变经营方针,积极支持生态经济,提出了"发展时不破坏地球,生产时不污染环境,不产生废料,不用化石燃料,供应链将不再使用一滴石油"的未来发展计划,并停止销售地毯,转而提供铺地服务,承诺保持地毯在10年内拥有一定的式样和水平,地毯用坏后退回到工厂,经过熔化,织成新的纤维,再用新的地毯铺地,这种做法不需要新原料,没有废弃物需要填埋,形成闭路循环,该公司为达到碳的零排放目标,正在转向使用太阳能电池和风能为工厂提供动力。安德森把他的公司转向环保型以后,销售额提高了77%,利润增加了81%,股价上升了70%。

(二) 中观的循环经济理论与实践

中观的循环经济运行模式也称中循环,又称卡伦堡生态工业园区模式。按照工业生态学的原理,把不同的工厂联接起来形成共享资源和互换副产品的产业共生组合,并使物质、能量和信息在企业间高度集成,使得这家工厂的废气、废热、废水、废物成为另一家工厂的原料和能源,通常以生态链网结构或生态园区的形式出现,这种生态链甚至可以扩大到包括工业、农业和畜牧业在内的不同产业领域。

1. 主要理论

(1)产业共生(1ndustrial Symbiosis)理论

产业共生理论在20世纪60年代后期,由John Ehrenfeld 和 Nicholas Gertler (1997)在丹麦的卡伦堡市提出,他们研究了由于企业间存在众多合作关系而被公认为"产业生态系统"或"产业共生"的丹麦卡伦堡工业园区,他们认为企业间可相互利用废物,以降低环境的负荷和废物的处理费用,建立一个循环型的产业共生系统。在政府的支持下,卡伦堡市采取了利用工厂排出的废热为市区供暖、利用制药厂的有机废物作肥料等措施,建立了生态城市的雏形。

(2)产业生态(Industrial Ecology)理论

产业生态理论于1980年由美国首先发展起来的,之后国外许多学者进行研究。Frosch,Robert(1992)认为,产业生态指一个相互之间消费其他企业废弃物的生态系统和网络。在这个网络中,通过消费废弃物而能够给系统提供可用的能量和有用的材料。Lowe,Emest(2003)认为,产业生态是一个自然的与区域经济系统及当地的生物圈密切联系的服务系统。产业生态理论最核心的观点是以经济、文化和技术的发展为前提,积极促进环境负荷的评估及环境负荷最低化,并强调产业与环境间的相互作用。

2. 典型实践——卡伦堡生态工业园区

丹麦的卡伦堡生态工业园区是目前国际上工业生态系统运行最为典型的代表。该园区以发电厂、炼油厂、制药厂和石膏制板厂4个厂为核心,通过贸易的方式把其他企业的废弃物或副产品作为本企业的生产原料,建立工业横生和代谢生态链关系,最终实现园区的污染"零排放"。其中,燃煤电厂位于这个工业生态系统的中心,对热能进行了多级使用,对副产品和废物进行了综合利用。电厂向炼油厂和制药厂供应发电过程中产生的蒸汽,使炼油厂和制药厂获得了生产所需的热能;通过地下管道向卡伦堡全镇居民供热,由此关闭了镇上3500座燃烧油渣的炉子,减少了大量的烟尘排放;将除尘脱硫的副产品工业石膏,全部供应附近的一家石膏板生产厂做原料。同时,还将粉煤灰出售,供铺路和生产水泥之用。炼油厂和制药厂也进行了综合利用。炼油厂产生的火焰气通过管道供石膏厂用于石膏板生产的干燥,减少了火焰气的排空。其中一座车间进行酸气脱硫生产的稀硫酸供给附近的一家硫酸厂;炼油厂的脱硫气则供给电厂燃烧。卡伦堡生态工业园还进行了水资源的循环利用。炼油厂的废水经过生物净化处理,通过管道向电厂输送,每年输送电厂70万立方米的冷却水。卡伦堡工业合作取得了显著的经济效益和环境效益,年均利润超过1500万美元,总利润为16000万美元,每年可节省地下水190万立方米,湖泊水100万立方米,石油2万吨,天然石膏20万吨。

(三) 宏观的循环经济理论与实践

宏观的循环经济运行模式也称大循环,又称德国双轨系统模式。主要指通过废弃物的再生利用,建立废旧物资的回收和再生利用体系,实现消费过程中和消费过程后物质与能量的循环。

1. 主要理论

(1)生命周期评价(LCA)理论

生命周期评价(LCA)是一种全面的环境管理工具,它通过对产品、产品系统、工艺活动整个生命周期(包括从原材料采集,到产品生产、运输、销售、使用、回用、维护和最终处置)阶段的环境影响及对环境改善的机会评估。LCA 的最初应用可追溯到 1969 年美国可口可乐公司对不同饮料容器的资源消耗和环境释放所作的特征分析。该公司在考虑是否以一次性塑料瓶替代可回收玻璃瓶时,比较了两种方案对环境的影响。在这之后,LCA 不断发展成为一种具有广泛应用的产品环境特征分析和决策支持工具。最初 LCA 主要集中在对能源和资源消耗的关注,这是由于 20 世纪 60 年代末和 70 年代初爆发的全球石油危机引起人们对能源和资源短缺的恐慌。后来,随着这一问题不再像以前那样突出,其他环境问题也就逐渐进入人们视野,LCA 方法因而被进一步扩展到研究废物的产生情况。早期事例之一是美国国家环保局利用 LCA 方法对不同包装方案中所涉及的资源与环境影响所作的研究。20 世纪 90 年代初期以后,由于欧洲和北美环境毒理学和化学学会(SETAC)及欧洲生命周期评价开发促进会(SI;OLD)的大力推动,LCA 方法在全球范围内得到较大规模的应用。如,国际标准化组织制定和发布了关于 LCA 的 ISO14040 系列标准。一些国家,如美国、荷兰、丹麦、法国、日本、韩国、印度等国家和有关国际机构,如联合国环境规划署通过实施研究计划和举办培训班,研究和推广 LCA 的方法学,促进了 LCA 的全面应用。

(2)逆生产(Inverse Manufacturing)理论

逆生产理论是在 1996 年由日本东京大学提出的一种新型的循环经济理论。它针对为解决废物问题所采取的环保型材料的开发、分类、分离和再生技术及生产过程中废物减量等对策的局限性,提出要从根本上解决废物的循环利用问题,所有的产品都以能够在自然环境中得到处理为前提条件下进行产品设计、生产和消费。逆生产理论主张在产品的生产、使用、保修、回收和再利用的全过程中,尽量减少资源和能源的使用量及废物的排放量。

2. **典型实践**

(1)德国的循环经济实践

德国是发展循环经济最早的国家之一,早在 1986 年,在制定的《废物管理法》中,就明确强调要通过节省资源的工艺技术和可循环的包装系统把避免废物的产生作为废物管理的首选目标,德国的双轨制回收系统(DSD)起了很好的示范作用,DSD 是一个专门组织对包装废弃物进行回收利用的非政府组织。它接受企业的委托,组织收运者对他们的包装废弃物进行回收和分类,然后送至相应的资源再利用厂家进行循环利用,能直接回用的包装废弃物则送返制造商。DSD 系统的建立大大地促进了德国包装废弃物的回收利用。例如政府曾规定,玻璃、塑料、纸箱等包装物回收利用率为 72%,1997 年已达到 86%;废弃物作为再生材料利用 1994 年为 52 万吨,1997 年达到了 359 万吨;包装垃圾已从过去每年 1300 万吨下降到 500 万吨。

(2)美国的循环经济实践

在 20 世纪 60 年代,美国海洋生物学家莱切尔·卡尔逊通过对农业生产中大量使用化肥所造成的环境问题的研究,第一次给世人敲响了沉醉于高投入、高污染、低产出的警钟,首先提出了控制化肥使用的 3R 措施。1976 年,美国联邦政府制定了《固定垃圾处理方案》,并要求各州制定相应的法规和计划,加强对废旧物资的回收利用。美国循环经济经过几十年发展,已经涉及到越来越多的行业,如,传统的造纸业、炼铁业、塑料、橡胶业及新兴的家用电器、计算机设备、办公设备、家居用品等产业。目前,美国最大的废弃物回收利用行业是纸制品的回收利用,共雇用近 14 万人,年销售收入达 490 亿美元,其次是钢铁回收业,雇用近 12 万人,年销售收入为 280 亿美元。

(3)日本的循环经济实践

日本是循环经济实践立法最早也是立法最为完善的国家。日本在 1993 年实施《环境基本法》的基础上,又先后颁布了《废物处置法》、《汽车循环法》、《土壤污染对策法》、《资源有效利用法》、《建筑材料利用法》、《绿色消费法》、《容器包装循环法》、《家用电器回收利用法》等。2000 年 6 月,日本又出台了《循环型社会形成推进基本法》,明确提出循环型社会基本规划是日本国家一切规划的基础,并规定了产生废物企业的生产责任和义务及从法律上规定了废物处理的优先顺序。近年日本又提出了"建设 21 世纪'环保之国'战略",制定建设循环型经济社会的基本计划,并着手正在实施"最适量生产、最适量消费、最小量废弃的循环经济战略"。

(4)瑞典的循环经济实践

瑞典是循环经济的积极倡导者之一。1994 年瑞典确立了"生产责任制"的战略目标,就是要建立一个"把今天的废弃物变成某种可利用的新资源"的循环社会。瑞典的法律规定,所有生产、进口及销售及销售包装产品的企业都有对包装进行回收利用的义务,要求生产者应对其产品在被最终消费后继续承担有关环境的责任,且有义务对废弃产品及包装按要求进行分类,把废弃物进行回收处理。并组建了 REPA 公司,企业通过加入 REPA 公司并交纳一定的费用后,REPA 公司就为其履行"生产责任制"所规定的义务。到 2004 年,瑞典废弃物处理范围已从最初的产品包装扩大到废纸、废轮胎、报废汽车、废电子电器产品、办公用纸、农业塑料和废旧电池等。

(四) 国外发展循环经济的基本经验

1. 从国情出发,合理选择切入点和发展目标

发达国家多从本国的具体国情出发选择发展循环经济的切入点和发展目标,并由此形成各自的特色和优势产业。总体来说,发达国家走的是"先污染,后治理"的发展道路,德国、美国等都是在 20 世纪 60 年代开始的环保运动中,从废弃物的治理过程中探索如何发展循环经济的。当时,德、美等国已进入后工业化时代,

工业装备和精密化程度都达到相当高的水平,在资源和能源的高效利用等方面处于世界领先地位,因此,其循环经济的发展自觉不自觉地都以回收利用废弃资源和发展可再生资源为重点。

2. 立法先行,依法推动循环经济的发展

企业的经营行为客观上会对社会或他人造成影响,但企业却没有因此承担相应的义务或获得回报,这种现象被称为企业的外部性。外部性分正外部性和负外部性两种,企业如将未经处理的污水直接排放污染环境,此行为就是企业的负外部性,发展循环经济涉及企业的外部性和社会公平,需要将强制的外部约束力和内在利益的驱动结合起来,因此,通过立法推动循环经济发展成为发达国家的普遍做法,但具体方式却有所不同,比如,德国采取先在个别领域逐步建立一些相关法规,随后才出台整体性循环经济法律,日本则采用自上而下的立法办法,即以《促进循环社会形成基本法》作为基本法,在其指导下建立各领域循环经济的法律法规。

3. 制定经济和产业政策,引导循环经济的发展

企业是发展循环经济的主体,立法解决了因外部性和社会整体利益而必须采取的强制性措施问题,但企业必须赢利才能生存,这就要求循环经济的发展必须尊重经济规律,以使发展循环经济成为企业自觉追求的目标。为此,各国政府还制定了各种经济和产业政策,引导企业发展循环经济,这些政策主要包括税收优惠、政府采购政策、收费政策、征税政策、规定制造商进口商回收利用负责制、构建区域循环经济的有关政策等。

4. 重视宣传教育,发挥社团组织的作用

实施循环经济不仅需要政府的倡导和企业的自律,更需要提高社会公众的参与意识和参与能力。发达国家非常重视运用舆论传媒等各种手段加强对循环经济的社会宣传力度。大体上,发达国家的宣传教育活动呈现出如下特点:一是注意基础性,将循环经济的理念纳入各级学校教育,做到以教育影响学生,以学生影响家长,以家庭影响社会;二是注意针对性,为适应不同阶层的人员,采取多种形式制作不同文字的宣传材料;三是注意趣味性,使宣传品寓教于乐、老少皆宜;四是注意持久性,宣传品的载体形式多样,利用电视、网站、广告衫、日历卡、公交车甚至垃圾箱等,使人们随处看得见也记得住。

三、湖南循环经济的评价指标体系设计

指标是反映系统要素或效益的数量概念和具体数值,是让人了解目前的状况、

未来的走向及距离预期目标还有多远的一种工具。针对某一主题的若干指标,在一定的组织原则下构成指标体系,便能成为突出表现系统特征,进行系统评价的有力工具。因此,在分析和理解循环经济理论与实践的基础上,联系实际,进行湖南循环经济指标体系研究,对发展循环经济、促进可持续发展、建设两型社会具有重要的理论与现实意义。

(一) 构建循环经济评价指标体系的原则

1. 3R 原则

循环经济的侧重点就在于通过资源的循环使用以节约资源、提高资源利用率、提高物质循环利用率、减轻环境负荷,促进人与自然协调发展,作为循环经济内容的基本行为原则,3R 原则是在构建循环经济指标体系时首先需要遵循的原则。

2. 系统性和层序性结合原则

循环经济是个复杂的大系统,构建循环经济指标体系时,要统筹考虑各个方面的系统功能,入选指标本身应构成相应系统,既要避免指标过于庞杂,又要避免因指标过少而遗漏重要方面,即要覆盖全面又不重复;在组织各个指标时,必须依据一定的逻辑规则,使整个指标体系结构层次和顺序清晰明朗,而非杂乱无章。

3. 科学性与可行性相结合的原则

科学性体现在,指标体系能对循环经济系统各层次、各环节的物质和资金投入、产出内容进行高度的抽象和概括,揭示其性质、特点、关系和运动过程的内在规律。可行性表现为,指标体系简繁适中,计算评价方法简便易行;评价指标的选择,尽可能与现行计划口径、统计口径、会计核算口径相一致;各项评价指标及其相应的计算方法都力求标准的规范化,有明确的释义。

4. 静态指标与动态指标相结合的原则

循环经济既是目标亦是过程,构建循环经济指标体系的目的不仅是为了评估循环经济的发展状况,还要能够对循环经济的未来趋势进行预测。因此,指标体系中既要有反映循环经济现有规模和发展水平的静态指标,又要有能综合反映循环经济系统的动态变化特点和发展趋势的动态指标。

(二) 循环经济评价指标体系的建立

1. 循环经济评价指标体系的基本框架

发展循环经济的目的就是要实现经济增长与资源环境相协调,以尽可能少的资源消耗、尽可能小的环境代价,实现最大的经济和社会效益,力求把经济社会活动对自然资源的需求和生态环境的影响降低到最小程度。循环经济评价指标既是国家建立循环经济统计制度的基础,又是政府、园区、企业制定循环经济发展规划和加强管理的依据。因此,循环经济评价指标体系的建立对于发展循环经济具有极为重要的意义。随着循环经济理论研究与实践的深入开展,关于循环经济指标体系的基本框架分析模式也日益丰富。联合国可持续发展委员会(UNCSD)等机构提出的基于环境—经济—社会—制度理论架构的可持续发展指标体系,经济合作发展组织(OECD)于1994年运用PSR(Pressure-Sate-Response)模式确立的环境系统指标架构,同时还有以3R原则作为基本理论架构、基于系统论的系统层次架构、基于归纳法和物质流分析法的基本架构等基本模式纷纷在循环经济指标体系分析时被应用。在分析和理解循环经济理论与实践的基础上,以系统论和3R原则为理论基础,参考学习其他研究成果,综合设置循环经济指标体系构建框架,其总思路是:从循环经济活动和影响的不同层面入手,将其视为一个复合系统,内设企业子系统、产业园区子系统和社会子系统,在每个子系统里按照一定的准则,分别筛选具有表征作用的指标。

2. 循环经济评价指标的选取

根据指标体系构建原则和基本框架,在理论分析与专家咨询相结合的基础上,分三个子系统构建循环经济指标体系。

(1)企业循环经济的评价指标体系

主要包括企业资源能源利用效率指标、环境竞争力指标、循环利用效果指标等三大类10项具体指标(见表2)。

①企业资源能源利用效率指标

——企业原材料利用率(%)=报告期工业生产物料利用量/报告期工业生产物料投入总量(报告期工业生产物料利用量是指报告期工业生产主要物料投入量减去物料流失量);

——万元增加值综合能耗(吨标煤/万元)=报告期能源消耗标准量/报告期工业企业增加值。能源消耗标准量指报告期消耗的各种能量,均需按等价热值折算成相当于一次能源的总热量,等价热值指得到一个单位其他形式的能量或一个单位的某种物质,在工业上实际消耗的一次能源的热量。

②环境竞争力指标

——万元增加值废水排放量=报告期工业废水排放量/报告期工业增加值;

——万元增加值废气排放量=报告期工业废气排放量/报告期工业增加值;

表2　企业循环经济的评价指标体系

一级指标	二级指标	三级指标	编号	单位	参考取值
企业循环经济的评价指标体系	企业资源能源利用效率指标	企业原材料利用率	V_{11}	%	
		万元增加值综合能耗	V_{12}	吨标煤/万元	
	环境竞争力指标	万元增加值废水排放量	V_{21}	吨/万元	
		万元增加值废气排放量	V_{22}	吨/万元	
		万元增加值固体废弃物排放量	V_{23}	吨/万元	
		环境污染综合弹性系数	V_{24}		
	循环利用效果指标	余热回收率	V_{31}	%	
		工业固体废弃物综合利用率	V_{32}	%	
		包装可回收率	V_{33}	%	
		工业用水循环使用率	V_{34}	%	

——万元增加值固体废弃物排放量=报告期工业固体废弃物排放量/报告期工业增加值;

——环境污染综合弹性系数=NX_i/Y,式中,X_i代表第 i 种工业污染物排放量年发展速度,Y 代表报告期工业增加值年发展速度,N 为工业污染物项数(主要包括工业废水、废气、废渣)。环境污染综合弹性系数大于1,表明工业污染物增长速度大于工业增加值增长速度,环境质量状况趋于恶化。

③循环利用效果指标

——余热回收率(%)=回收利用总热量/供入总热量(余热回收率反映企业由于采取余热回收和重复利用所带来的节能效果);

——工业固体废弃物综合利用率(%)=工业固体废弃物利用量/工业固体废弃物产生量,它是反映废弃物资源化程度的指标;

——包装可回收率(%)=报告期包装物可回收量/报告期产品包装物总量,包装物可回收量是指报告期产品包装物可以(能)被重新回收,以其初始的形态被重新用于产品包装或作为某个生产制造环节的资源经处理后被循环利用的数量。它是用来评价产品包装物循环利用程度的指标,数值越大,表明包装物循环利用的程度越高;

——工业用水循环使用率(%)=报告期工业用水重复使用量/报告期工业用水总量。

(2)产业园区循环经济的评价指标体系

园区循环经济评价指标在设计上必须充分反映生态特征,主要考虑以下四种情况:一是废物重新利用的情况,主要反映产业系统中不同行业之间横向共生的特征,包括废弃物的分解、分层利用,实现变污染负效益为资源正效益情况的指标;二是实现物质循环的情况,主要反映园区生产的"食物链"状况,把原料投入、产品产出、废弃物回收利用尽可能在园区形成封闭循环这种状态通过评价指标反映出来;三是防止污染的情况,园区循环经济的生态性特征不仅要体现在园区内循环,更重要的是还要体现在与园区外部的循环,因此在评价指标设计上要体现污染的防止和处理的状况;四是促进物质减量化的情况。因此,可分别由减量化指标、再利用指标、资源产出率和环境优化指标组成。

基本情况指标:主要反映园区规模、经济发展状况等,园区循环经济评价指标体系分别由减量化指标、再利用指标、资源产出率指标、环境优化指标等组成。(见表3)。

表3　产业园区循环经济的评价指标体系

一级指标	二级指标	三级指标	编号	单位	参考取值
产业园区循环经济的评价指标体系	减量化指标	单位产值能耗	V_{41}	千克/万元	
		单位产值水耗	V_{42}	吨/万元	
		单位工业增加值废水排放量	V_{43}	吨	
		单位工业增加值废气排放量	V_{44}	千克	
		单位增加值固废产生量	V_{45}	吨	
		水体 COD	V_{46}	千克	
		空气二氧化硫(SO_2)含量下降率	V_{47}	%	
	再利用指标	工业废气综合利用率	V_{51}	%	
		工业用水重复利用率	V_{52}	%	
		中水回用率	V_{53}	%	
		工业固废综合利用率	V_{54}	%	
		工业余热综合利用率	V_{55}	%	
		生活垃圾资源化率	V_{56}	%	
	资源产出率指标	建设用地工业增加值产出	V_{61}	万元/平方公里	
		能源产出率	V_{62}	%	
		水资源 GDP 产出	V_{63}	吨	
	环境优化指标	污水集中处理率	V_{71}	%	
		园区所在地环境质量指数	V_{72}		
		环保投入占园区 GDP 的比重	V_{73}	%	

①减量化指标:主要是反映园区企业节约能源、减少污染排放、控制污染方面的情况,分别由单位产值能耗、单位产值水耗、单位工业增加值废水排放量、单位工业增加值废气排放量、单位增加值固废产生量,及水体COD、空气二氧化硫(SO_2)含量下降率等指标组成。

②再利用指标:是指对废物的回收和资源化利用情况的指标。分别由工业废气综合利用率、工业用水重复利用率、中水回用率、工业固废综合利用率、工业余热综合利用率、生活垃圾资源化率等指标组成。

③资源产出率指标:由单位建设用地工业增加值产出、能源产出率、水资源GDP产出等。

④环境优化指标:指园区环境质量优化状况,主要由污水集中处理率、园区所在地环境质量指数、环保投入占园区GDP的比重变化等。

(3)社会循环经济的评价指标体系④

社会循环经济评价指标体系是用于对全社会和各地发展循环经济状况进行总体的定量判断,为制定和实施循环经济发展规划提供依据。社会循环经济评价指标主要由资源产出、资源消耗、资源综合利用、废物排放等四大类22项指标组成(见表4)。

表4　社会循环经济的评价指标体系

一级指标	二级指标	三级指标	编号	单位	参考取值
社会循环经济的评价指标体系	资源产出指标	主要矿产资源产出率	V_{81}		
		能源产出率	V_{82}		
	资源消耗指标	单位国内生产总值能耗	V_{91}	吨标煤/万元	
		单位工业增加值能耗	V_{92}	吨标煤/万元	
		重点行业主要产品单位综合能耗	V_{93}	吨标煤/万元	
		单位国内生产总值取水量	V_{94}	吨/万元	
		单位工业增加值用水量	V_{95}	吨/万元	
		重点行业单位产品水耗	V_{96}	%	
		农业灌溉水有效利用系数	V_{97}		

一级指标	二级指标	三级指标	编号	单位	参考取值
社会循环经济的评价指标体系	资源综合利用指标	工业固体废物综合利用率	V_{101}	%	
		工业用水重复利用率	V_{102}	%	
		城市污水再生利用率	V_{103}	%	
		城市生活垃圾无害化处理率	V_{104}	%	
		废钢铁回收利用率	V_{105}	%	
		废有色金属回收利用率	V_{106}	%	
		废纸回收利用率	V_{107}	%	
		废塑料回收利用率	V_{108}	%	
		废橡胶回收利用率	V_{109}	%	
	废物排放指标	工业固体废物处置量	V_{111}		
		工业废水排放量	V_{112}		
		二氧化硫排放量	V_{121}		
		COD 排放量	V_{122}		

——资源产出指标包括:①主要矿产资源产出率;②能源产出率。

——资源消耗指标包括:①单位国内生产总值能耗;②单位工业增加值能耗;③重点行业主要产品单位综合能耗;④单位国内生产总值取水量;⑤单位工业增加值用水量;⑥重点行业单位产品水耗;⑦农业灌溉水有效利用系数。

——资源综合利用指标包括:①工业固体废物综合利用率;②工业用水重复利用率;③城市污水再生利用率;④城市生活垃圾无害化处理率;⑤废钢铁回收利用率;⑥废有色金属回收利用率;⑦废纸回收利用率;⑧废塑料回收利用率;⑨废橡胶回收利用率。

——废物排放指标包括:①工业固体废物处置量;②工业废水排放量;③二氧化硫排放量;④COD 排放量。

3. 评价方法

指标体系的一个重要作用就是对循环经济的发展状况做出评价,在上述指标体系构建完善的基础上,重点表述利用多因素综合评价法对循环经济进行评价。具体步骤如下:

①指标标准化

为统一各指标量纲与缩小指标间的数量级差异,需对原始数据进行标准化处理,可采用极差标准化法,公式如下:

$$正向指标：X' = \frac{X - Xmin}{Xmax - Xmin}(Xmin \leq X \leq Xmax)$$

$$负向指标：X'' = \frac{Xmax - X}{Xmax - Xmin}(Xmin \leq X \leq Xmax)$$

$$适度指标：X''' = \begin{cases} 1(X = Xa) \\ \dfrac{|X - Xa|}{max(Xmax - Xa, Xa - Xmin)}(X \neq Xa) \\ 0(X \leq Xmin \text{ 或 } X \geq Xmax) \end{cases}$$

式中：X 为处理前指标的值；Xa 为标准化后指标的值；适度指标为该指标的最佳值；为处理前同系列指标的最大值，为处理前同系列指标的最小值。

②指标权重的确定

权重确定方法可以分为主观赋权方法与客观赋权方法两大类。主观赋权法就是人为地凭经验确定权重，如专家打分法（Delphi）、层次分析法（AHP）；客观赋权法则依据评价对象各指标数据，按照某个计算准则得出各评价指标权重。客观赋权法可以减小主观影响，得到客观而有说服力的权重结果，主观赋权法却可以根据实际情况做出切合实际的判断，二者结合将有助于得出更加准确的结果。

信息论中信息熵表示系统有序程度，一个系统有序程度越高则信息熵越小，反之亦然。因此，可根据各项指标值差异程度，利用信息熵分别计算出各准则层、指标层权重，为综合评价提供依据，是客观赋权法中较为常用的方法。专家打分法是主观法中常用的一种，其综合利用相关专家的智慧，由多位专家（15 位以上）对相应层次各指标的权重进行打分，最后根据专家的打分情况确定指标权重。另外，层次分析法也是常用的确定权重的方法之一。层次分析法（AHP）是美国运筹学家 T. L. Saaty 于 20 世纪 70 年代提出的多指标综合评价的一种定量系统分析方法，本质上是一种决策思维方式，是一种定性与定量相结合，系统化、层次化的分析方法。在具体的评价过程中，可将两种或多种方法组合应用，计算出的权重将更具有科学性。

③综合评价模型的建立

利用标准化后的各评价指标分值及其相应权重，在单项指标评价的基础上，建立循环经济综合评价模型，公式如下：

$$F_i = \sum_{j=1}^{n} X'juj$$

$$F = \sum_{i=1}^{3} Fiwi$$

式中：Fi 为各分系统分值（当 i = 1 时，Fi 为企业子系统得分，此时 n 为 10；当 i = 2时，Fi 为园区子系统得分，此时 n 为 19；当 i = 3 时，Fi 为社会子系统得分，此时

n 为 22);F 为循环经济复合系统得分;X′j 为指标层各指标的标准化值;Wj 为各指标的权重;Wi 为各子系统的权重。

四、湖南循环经济发展现状分析

(一)资源状况

湖南是一个资源大省,许多资源拥有量居全国前列,为经济社会发展提供了良好的物质基础。但是,经过几十年的开发利用,湖南资源自给能力日益下降,对外依存度越来越高,成为经济社会可持续发展的瓶颈。

1. 土地资源保障能力较强但供需矛盾突出

湖南土地总面积 2118.54 万公顷,2007 年底,农用地面积 1790.72 万公顷,占总面积的 84.53%,比 2005 年下降了 0.1 个百分点;建设用地面积 137.36 万公顷,占总面积的 6.48%,比 2005 年上升了 0.16 个百分点;未利用地 190.45 万公顷,占总面积的 8.99%。近二十年来,湖南土地利用基本上满足了人口持续增长和经济社会发展的需求,但是耕地资源供求矛盾长期存在,并且随着工业化、城镇化的推进,建设用地需求增多,这种现象将逐步加剧。

(1)耕地质量逐年下降。湖南土壤有效有机质和速效钾含量呈下降趋势,尤其是旱土下降幅度大。目前,湖南耕地平均有机质含量只有 3.07%,远低于发达国家 3.5% 至 4% 的水平。按有机质丰缺指标分类,目前,湖南有 19.1% 的耕地土壤有机质缺乏。同时,由于对耕地重用轻养,致使耕地养分层遭到了破坏,进而加剧了水土流失。湖南每年被地表径流带走的表土约 1.7 亿吨,相当于损失了 5.3 万公顷耕地的耕作层,冲走了 192 万吨的氮、磷等无机养料。

(2)耕地承载能力降低。以目前我国粮食平均消费水平(人均粮食 400 千克)来衡量,湖南的耕地资源已接近承载极限。湖南居民以植物型粮食为主,要是以中等发达国家的食物构成和消费水平来计算的话,湖南的耕地资源早已超过了它的承载极限。另一方面,湖南高产田比重下降,中、低产田比重上升,1997 年,高、中、低产田土分别占 34.37%、36.86% 和 28.77%。目前,高产田所占比重已降至 26.67%,中产田增至 44.5%,低产田增至 28.83%。湖南有 26.83% 的耕地因受到不同程度的污染,导致生产出的农产品品质下降。

(3)常用耕地面积持续减少。常用耕地是指耕地资源中条件较好的耕地。近年来,湖南农村一些常用耕地被变为非农用地,宝贵的耕地资源持续减少,不仅影响今后的农业发展,也给现阶段全面小康建设带来一定的困难。2001 年至 2004

年常用耕地面积变动率分别为-0.23%、-0.78%、-2.24%、-0.48%。湖南耕地资源本来匮乏,近年来,由于各种建设不断占用耕地,耕地面积越来越少,2007年湖南耕地总面积为378.93万公顷,占土地总面积的3.11%,人均耕地0.86亩,为全国平均水平的61%[⑧],有9个市州56个县市区人均耕地低于联合国确定0.8亩的警戒线,且耕地后备资源不足。与2000年的392.16万公顷相比,平均每年减少耕地2万公顷,年均以接近2%的速度递减。

2. 水资源总量相对较丰沛但结构性缺水现象严重

2008年湖南水资源总量为1599.6亿立方米,居全国第6位,水资源总量在国内相对较丰沛。按2008年人口水平,湖南人均水资源量为2483立方米,略高于全国平均水平,但仅相当于世界人均水平的三分之一,属缺水地区(人均少于3000立方米)。湖南水资源总量性承载能力较强,但季节性缺水、工程性缺水、水质性缺水现象比较严重,年内降雨60%以上集中在春夏的三四个月之内,而且多以暴雨形式出现,超过现有工程的蓄水能力,多数流入江河,水资源供需矛盾已显突出。此外,湘资沅澧四水上游的水土流失也在日益剥蚀着大地的肌体,水危机正一步步逼近湖南。

随着工农业生产的不断发展,人民生活水平的日益提高,对水资源的需求将进一步增长。而水资源开发利用难度越来越大,开发成本越来越高。特别是湘西山区人口、耕地分散,不利于水资源的集中开发;湘南、湘中丘冈地区,河流短小,水资源缺乏,水资源开发任务相当繁重。水文信息采集基础设施较为薄弱,新技术、新材料、新方法的研究与推广应用也不广泛。

2007年,湖南8528家制造业工业企业取水量为10.88亿立方米,具体取水结构见表5,但在湖南规模工业企业中,87.6%的企业没有循环水利用,这部分工业企业取水量占湖南规模工业取水总量的56.4%。

表5　2007年湖南制造业工业企业取水量结构表

按工业取水量分组	企业数(家)	所点比重(%)	工业取水量(万立方米)	所占比重(%)
制造业合计	8528	100	108770	100
5000万立方米以上	3	0.04	19937	18.3
1000~5000万立方米	12	0.14	21997	20.2
10~1000万立方米	785	9.2	57118	52.5
1~10万立方米	2576	30.2	7995	7.4
1万立方米以下	5152	60.4	1723	1.6

同时,随着人口的增加和工农业的迅速发展,导致水质下降,局部河段污染指数超过四类地表水环境标准。枯水期,工业和城市集中的河段水环境恶化现象尤其严重。据统计,目前湖南年工业废水排放量达 13.12 亿吨,排放达标率只有56.6%,绝大部分工业废水以污水形式进入河道,2007 年,有 873 家企业实现污水减排,同比减少污水排放 1.02 亿立方米,但污水排放企业数仍然有增无减,1528家企业污水排放不减反增,同比共增加污水排放 0.78 亿立方米,有 86 家新建企业没有采取污水处理措施,直接增加污水排放。

3. 矿产资源结构性短缺且替代资源匮乏

湖南是国家重要的矿产资源省之一,尤其是有色金属和非金属矿产资源比较丰富,已发现各类矿产 141 种,其中已探明储量的矿产 101 种,34 种矿种的保有储量居全国前 5 位。湖南矿种虽多,但结构性短缺明显,石油、天然气、钾盐等重要矿产在湖南尚未探明储量;大宗用途的富铁、富锰、铜、铝等矿产资源缺乏;铅、锌资源贫矿多富矿少,本省自给率仅为 20% 和 22.4%,资源保障程度较好的仅为钨、锡、铋等用量少的矿产。多年来粗放、过度开采,许多矿种保有储量大幅度减少。矿产新增探明储量的增长远低于开采耗竭速度,且开采难度越来越大,开采成本逐步增加,有些矿产储量已近枯竭。

(1)人均矿产资源比较少。除钨、铅、锡、锑、萤石、芒硝、石墨、高岭土、长石等优势矿种的人均占有量高于全国人均水平外,其余许多用途广泛、甚至是国民经济建设和人民生活所需的矿产,其人均占有量低于全国人均水平,有的严重短缺。

(2)开发利用程度低。由于技术水平有限,湖南钨、锡、汞、铋等的储量虽位居全国前列,但其利用程度并不高。锡、汞的工业储量利用率仅 50%,钨仅 14%,锡、铋的开发强度系数(年产量与保存储量之比)均在 1% 以下。在已发现的 65 种非金属矿产资源中,储量利用率达 60% 以上的只有硼、岩盐、金刚石、高岭石、石墨、长石、滑石等 16 种,还有 32 种非金属矿目前尚未开发利用。而且,湖南矿产资源总体呈现资源储量负增长,矿产资源的保证程度下降。

(3)矿产资源开发利用粗放。矿产资源利用效率普遍较低,缺乏规模效益,尤其是集体、个体矿山,资金技术力量薄弱、采富弃贫、经营粗放、效益不高,在资源利用效益十分低下的情况下,无序地开采着本来就不多的矿产资源,资源破坏浪费严重,矿产资源开发利用企业的总回收率只有 30%—40%,比工业发达国家低10%—20%。西方发达国家从有色金属矿的选、冶过程中回收有价值的元素 70 余种,美国选冶综合回收率达 80% 以上,日本从铜及多金属矿中回收多种元素,综合利用系数达 85% 以上。

4. 能源结构欠佳且自给严重不足

2005 年,湖南能源消费总量约 9110 万吨标准煤,能源消费中以煤炭为主,约占一次能源消费总量的 68.7%,而且本省能源资源十分缺乏。湖南煤炭资源保有储量约 37.6 亿吨,占全国煤炭总储量的 0.28%,产量则占全国的 3.8%,开发强度大,储量消耗速度过快,从 1998 年开始由调出省变为调入省;湖南水电的开发利用程度已接近 70%,水电开发受多种因素制约潜力有限,开发难度越来越大;油气资源全部依靠省外、国外调入。随着经济社会快速发展,能源自给严重不足对经济社会发展的制约将进一步显现。

5. 森林资源质量不高且总量不足

2007 年底,湖南森林覆盖率达 56.1%。但从整体上看,森林资源质量不高,针叶林多,阔叶林少;幼林多,近成熟林和成熟林少。湖南林分平均蓄积为 45 立方米,为全国平均水平的 53.2%,世界平均水平的 45.9%。同时总量也不足,湖南活立木蓄积量 3.79 亿立方米,人均占有森林蓄积量 5.66 立方米,为全国人均蓄积量的 60%,世界人均蓄积量的 10%。随着经济社会发展,木材供需矛盾将日益突出。

(二) 发展循环经济的基础

1. 节能降耗取得了明显成效

2007 年湖南万元 GDP 能耗 1.29 吨标准煤,居全国第 10 位(以下均按用能效率高低排序);规模以上工业万元工业增加值能耗 2.51 吨标准煤,居全国第 9 位;万元 GDP 电力消费量 1052.1 千瓦时,居全国第 7 位。"十五"以来,湖南主要工业产品单位产品能耗平均下降 3.67%。省直接调度的 300 家重点用能企业万元工业产值综合能耗和万元工业增加值能耗,2005 年比 2001 年分别下降了 13% 和 16.8%,5 年间累计节约和少用能源约 800 多万吨标准煤。2005 年湖南农村可再生能源建设已形成节约标煤 1000 多万吨的能力,相当于封山育林 3000 多万亩。

2. 节地节材取得了较大进展

2009 年,湖南生产新型墙材 160 亿块标砖,占墙材总量的 60%,节约土地 264 万亩,节约能源 99.2 万吨标准煤,综合利用工业废渣 502 万吨,减少工业废气排放 50 万吨。

3. 资源保护力度不断加大

通过严格土地资源管理,加大执法监察力度,乱占耕地、林地的势头得到控制。水资源通过优化配置,合理开发,综合治理,保证了经济社会快速发展和人民生活水平提高对水资源的需求。森林资源管理逐步规范化、法制化,乱砍滥伐得到初步遏制,到 2005 年末湖南已建成自然保护区 92 个,其中国家级 9 个,省级 32 个,保护面积达 108.28 万公顷,占湖南国土面积的 5.11%。通过连续多年的矿业秩序治理整顿,矿业开采的无序状态得到初步扭转。

4. 资源综合利用水平不断提高

目前经认定的资源综合利用企业有 270 家,综合利用产值达 54 亿元,比 2000 年近翻一番。2005 年,湖南固体废弃物综合利用量达到 2385 万吨,5 年间年均增长 20%,综合利用率达到 69.99%,提前达到国家提出的 60% 的"十五"计划目标。

(三) 存在的主要问题

1. 经济结构不合理,高耗能产业占比较大

2007 年,湖南规模以上工业万元工业增加值能耗为 2.51 吨标准煤,比全国平均水平高出 20% 以上。高消耗、重污染的钢铁、有色、化工、建材、造纸、火力发电等传统产业,在湖南工业中一直占主导地位。在湖南工业增加值中,仅钢铁、有色、化工、建材 4 大高耗能行业所占的比重近 40%。湖南万元 GDP 综合能耗为 1.29 吨标准煤,高于全国平均水平,相比美、日等发达国家高出数倍。高技术和清洁能源对经济增长的贡献没有得到充分发挥。在推进工业化进程中,改变高耗能经济结构的任务依然十分艰巨。

2. 处于重化工业阶段,环境污染事件多发

湖南 2007 年重工业增加值占工业增加值的比重为 67.9%。重化工业阶段经济增长主要特征是经济增长主要靠钢铁、汽车、有色金属、水泥、化工、重型机械等来推动,而这些重化工业项目本身就是高污染的项目,如治理力度不够,投入资金不足就容易发生环境污染事件。2007 年湖南废水排放量达 25.56 亿吨,工业粉尘排放量达 65.9 万吨,工业固体废物排放量达 31.8 万吨,表明每生产 1 亿元 GDP 需排放 39 万吨废水,每生产 1 亿元工业增加值需排放 351 吨粉尘、259 吨工业固体废物,污染物排放强度远远超过环境自净能力。水和大气环境受到不同程度污染,不断加大治理环境污染的费用支出。2007 年湖南工业环境污染治理投资总额达 17.33 亿元,比上年增长 29.7%。

3. 资源利用效率不高,经济增长方式粗放

2005 年,湖南万元 GDP 用水量约 500 立方米,超出全国平均水平 1/3 以上;矿山综合开发能力不强,主要矿种综合回收率平均仅为 45%,乡镇集体、个体采矿回收率更低,采富弃贫、采厚弃薄、乱采滥挖现象还未根本消除;土地利用效率差,建设用地容积率低。高耗能建筑普遍存在,约 64% 的建筑仍在使用耗土、耗能的实心粘土砖,建筑能耗较同气候类型发达国家高出 3—4 倍。从主要工业产品综合能

耗来看,湖南与发达国家及国内先进水平也存在明显差距,火电煤耗比国际先进水平高出22.5%,大中型钢铁企业吨钢可比能耗高出21%,水泥综合能耗高出45%。经济增长方式粗放,进一步加剧了经济发展与资源环境之间的矛盾。

4. 政策法规不健全,科技支撑能力不强

目前,湖南鼓励资源节约与综合利用的法规不健全,机制不完善,管理手段不完备;缺乏全面指导资源节约与综合利用的总体规划和推进计划;节能、节水、节材、节地及其综合利用的指标体系、核算体系和激励机制尚未建立健全;资源节约与综合利用的技术开发和推广力度不强,建设节约型社会仍面临许多技术瓶颈。

5. 能源供给和消耗将给经济发展带来持续挑战

湖南是一个能源先天不足的省份,经济发展的两大血液油和气均为零。煤炭人均可采储量只有全国平均水平的28.8%,人均保有量不足全国平均水平的1/6。煤炭长期徘徊在年产4000万吨左右。湖南几种主要优势矿产的可供程度分别为:铅可供开采7.8年,自给率20%;锌可供开采8.5年,自给率22.4%;锑可供开采4.6年,自给率56.9%;锡可供开采17年。株洲冶炼厂是我国三大有色冶炼厂之一,铅锌总产量全国第一,世界第四,其铅锌精矿年需26万吨,湖南可供量只有30%左右。株洲硬质合金厂所需的钨精矿,湖南只可供40%。2005年以后,78%的锌矿石、80%以上的铅矿石需要从省外购进。能够保证供应的只有铀、铬、水泥用灰岩等。冷水江锡矿山曾号称世界锑都,锑储量世界第一,但经历百年采掘,如今已濒临枯竭,湖南锑储量也从世界第一滑到国内第二,次于广西。

五、湖南循环经济发展战略

"十一五"规划实施以来,湖南在加快循环经济发展,推动资源节约、综合利用和清洁生产方面取得了积极的成效,万元生产总值能耗逐年降低,资源综合利用效率不断提高,全社会节约资源能源的氛围逐步形成。但是,由于湖南正处于工业化发展的加速期,要素支撑和环境承载能力的约束依然很大,传统的高投入、高消耗、高排放的增长方式尚未根本转变,进一步推进循环经济发展任重道远,开展循环经济发展的战略研究,是落实科学发展观的本质要求,对于提升湖南产业整体竞争力,促进经济、社会转型升级具有十分重要的意义。

(一)指导思想

贯彻落实科学发展观,深入实施"富民强省"战略,坚持走新型工业化道路,以优化资源利用方式和提高资源利用效率为核心,以科技创新和制度创新为动力,按照减量化、再利用和资源化的总体要求,调整产业结构,转变经济增长方式,提高资源综合利用效率,促进绿色消费,保护和改善生态环境,围绕工程机械、装备制造、冶金、建材、农畜产品加工等主导产业,重点建设若干个循环经济示范园区,强化政策导向,加强法制建设,推动技术进步,努力构建"两型社会",促进湖南经济社会可持续发展。

(二)战略目标

通过20年的努力(2010—2030年),湖南工业资源利用效率大幅提高,废弃物最终处置量明显减少,形成一批资源生产率高、废弃物排放率低的清洁生产企业;区域生态化改造成效明显,创建一批循环经济型工业园区;再生资源回收利用比重增加,基本建成再生资源回收利用体系和危险物处置体系;建立比较完善的工业循环经济产业体系、政策支持体系、技术创新体系和激励约束机制,资源生产率、循环利用率、废弃物的最终处理量等循环经济的主要指标以及生态环境和可持续发展能力达到国内平均水平,建设资源节约型、环境友好型经济取得实质性成果。

指标要求:以2010年为基数[9],到2030年,万元GDP能耗、电耗、用水量比2010年再分别降低20%,规模以上工业万元工业增加值能耗下降32%以上,规模以上工业用水重复利用率提高到85%;工业固体废弃物综合利用率达到95%,矿产资源综合回收率提高到67%;城市污水处理率不低于83%,主要污染物二氧化硫、化学需氧量排放量削减30%以上,农药、化肥利用率提高5—10个百分点,农田灌溉水有效利用系数达到0.8。

(三)重点任务

——实现一个目标,即全面建设小康社会,在保持经济持续快速增长的同时,不断改善人民的生活水平,保持生态环境美好。

——抓住二个关键环节:①生产环境模式的转变;②消费环境模式的转变。

——构建三个核心系统,①循环经济产业体系的建设,涉及三次产业;②城市基础设施体系的建设,重点是水、能源和固体废弃物循环利用系统;③生态保障体系的建设,包括绿色建筑、人居环境和生态保护体系。

——开展四大重点行动:①推进资源消耗减量化,以提高资源利用效率为目标,重点推动节能、节水和节材;②推进资源利用循环化,鼓励发展资源综合利用企业,重点加强对废金属、废纸、废塑料、废玻璃、餐厨废料、生活垃圾等再生资源的回收利用,注重发挥龙头企业在推进再生资源回收利用体系建设中的示范带头作用;③推进企业生产清洁化,大力降低工业生产过程中的资源能源消耗和污染物产生量,引导企业使用清洁的能源和原材料,推行工艺之间的物料能量循环,从源头上减少资源能源投入;④推进区域工业生态化,构建循环经济产业链,形成各具特色、优势互补、互利共赢的生态工业网络,实现资源共享和副产品互换的产业共生耦合。

表6 不同主体推进循环经济工作措施表

工作目标	园区的工作措施	入驻企业的工作措施	政府的工作措施
维护生态价值	①建设符合当地生态特征的景观规划和绿化方案;严格控制园区企业的排放浓度和总量; ②基础设施的建设和运行要尽量减少对环境的负面影响,并保证运行的稳定性和安全性; ③严格限制园区企业对环境的不良影响; ④对园区周边大气环境和水环境的污染状况,应采取与周边单位合作的态度积极予以消除。	维护园区生态价值,积极开展清洁生产、绿色制造,在企业内建立具有经济和生态双重效益的产业共生链,提高中间环节副产品和废弃物的回收再用比率。	制定城市的循环经济发展战略规划;将提高资源综合利用效率、减少资源消耗和排放总量纳入社会经济发展战略目标;建立推进循环经济的动力机制;形成发展循环经济的政府能力。
文化整合和绿色文化导向	①园区发展战略中的文化体系和价值观念要有文化的包容性;尊重入园企业不同的管理价值体系,在此基础上建立绿色文化导向; ②协调成员企业间可能存在的利益冲突,对产业共生链上的结点企业更要加强利益的协调; ③加强成员企业的信息交流和互动; ④坚决杜绝入园企业在经营管理行为中的各种歧视行为。	企业管理应充分尊重园区所在地的文化特征,避免各种文化歧视现象;配合园区的绿色文化导向,实行清洁生产和绿色制造的生产运作方式。并与产业共生链上的其他结点企业建立战略联盟关系。	引进生态理念,倡导绿色消费和环境友好的文化导向;提倡消费益于环保和健康的绿色产品;鼓励选购循环利用程度高的绿色产品和以再生资源为原料的产品;制定相应的政策鼓励资源和环境的节约行为。
推进可持续发展	①完善废弃产品或副产品交易的市场体系建设,有效降低企业间这类产品的交易成本,强化企业间产业共生链的建设; ②通过绿色招商保证入园企业的素质,不断做大做强园区的产业共生链; ③加强基础设施建设,完善公共服务和实行规范化管理,有效降低入园企业的运营成本; ④为中小企业提供孵化和研发功能,降低新产品开发和市场化推进费用; ⑤实行清洁能源供应、中水回用和能源梯次利用,降低能源和水的消耗。	企业应积极支持园区的可持续发展规划;提供相关的副产品交易信息,从中有效降低成本并取得生态和经济效益;采用各种灵活多样的组织形式,建立自身产品和包装物的回收管理机构;提高用能、用水的质和量,推动中水回用和能源的梯次利用。	进一步完善市场体系建设,为副产品交易创造良好的市场环境;充分运用行政、法律、经济、财政等手段,建立完善的绿色保障制度体系,包括绿色的产权、生产、消费、回收、财政、税收、投资等一系列制度,为园区推进循环经济创造良好的制度环境。

工作目标	园区的工作措施	入驻企业的工作措施	政府的工作措施
产业生态化建设	①通过加强信息网络建设,为园区企业提供副产品和废弃物的相关信息,提高交易比率和降低交易成本,完善企业间的产业共生链建设; ②高新技术企业所产生的废弃和排放如果存在对环境潜在的积累性不良影响,园区应提高相应的识别能力和采取积极的防范措施; ③积极推进园区企业实行清洁生产和绿色制造,并通过绿色招商推动产业生态化建设; ④采取有效措施降低园区企业危废物品的排放,并由专业化的组织对此类排放进行安全性的规模化处理。	积极开展清洁生产和绿色制造,不断降低排放和污染;开发节能节水技术和应用副产品为投入品的技术;采取有效措施对自身产品实施回收再用的专业化和规模化的处理。	建立绿色采购制度。按照"污染者付费、利用者补偿、开发者保护、破坏者恢复"原则,把生态消费作为资源纳入政府管理范畴。对企业制定实施清洁生产和绿色制造的法律法规;对社会制定产品回收和绿色消费的相关法规;对生态脆弱和生态功能区域进行生态补偿。
资源共享和使用效率	①共享资源供应紧张时应积极采取措施保障供给; ②对具有较高集成化效益的资源应尽可能共享,从降低企业运营成本和提高企业运作效率两方面,调动企业参与共享资源建设的积极性; ③协调企业间对共享资源的分配,以企业能够接受的方式解决因共享资源分配而产生的冲突; ④采用科学管理手段,提高共享资源使用效率; ⑤为园区企业提供循环经济技术、生态型管理模式及相关政策法规的培训。	企业应从大局出发,积极配合园区的资源共享计划,协助园区公共资源的分配,为提高资源共享积极出谋划策;积极参与高端技术研发的合作,提高技术资源的共享程度,推动有关循环技术的研发和扩散。	政府应推动建立城市的给排水系统和能源的集中供给中心,制定垃圾分类和专业化处理的相关制度规定,建立危废物品处理中心。在交通、通信、能源、电力、水、气等城市基础设施供给方面应强调经济性和环保性的统一;对循环技术和生态型工业技术支撑体系给予政策支持。
基础设施管理	①园区应根据入园企业的产业特征提供相对完善的专业化基础设施,并保证正常运转,避免由于基础设施运行不畅而给入园企业造成重大的经济损失; ②园区基础设施的运行要具有节能、节水和环保生态性功能,并随园区经济的发展而不断完善; ③由于园区责任造成的基础设施故障而给园区企业带来的损失,园区应通过设立赔偿基金的形式提供相应的保障。 ④园区应尽一切可能消除因安全保障措施的不健全或运行不畅所产生的各种安全事故隐患。	企业运营过程不得给园区基础设施带来任何不良影响,并对园区应提供哪些基础设施给予合理建议;企业因重大责任事故对基础设施造成的破坏,应视责任状况和企业实力给予相应的赔付。	城市基础设施的运行应具有节能和环保的特性;由于基础设施运转不畅而给生活和生产造成的损失,政府应承担相应的责任。对园区所承担的应由政府投资的基础设施建设,政府应采取减免税收或转移支付的方式给予补偿。对基础设施的管理应提倡适度采用市场化手段。

续表

工作目标	园区的工作措施	入驻企业的工作措施	政府的工作措施
管理信息系统	①建立完善的网络系统,加强信息共享的同时应注意对企业的商业机密制定良好的保密措施;维护网络的正常运转并及时更新网页,为园区的虚拟运作提供良好的网络条件; ②不断完善网上交易虚拟市场体系的建设,促进交易成本的降低; ③收集和发布与可更新能源、能源效率、资源回收、环境信息、替代交通手段、智能交通系统及其他与环境技术相关的商业可行性等信息; ④任何因园区管理造成的副产品交易损失,责任应由园区承担。	企业应定期向园区上报生产过程中所产生的副产品数量、属性、产生方式和利用建议,并提供自己所需副产品的相关信息。对商业合作和市场信息,应尽可能地提供给园区,以加强信息的共享。	建立环境信息公布制度:加大对环境监测技术和公布检测结果的投资力度;建立环境标识制度来正确引导消费;环保部门应定期公布违反环境资源法规规定的超标排放及高耗能、高耗材、高耗水的"三高"企业名单,并实行黑名单的定期限量整改制度;同时定期公布执行环境制度较好的企业,实行绿名单免检制度。
紧急事故预警和应急处理系统	①建立完善的紧急事故预警系统,提高对重大灾难的应急处理能力,并保证系统正常稳定运行; ②对入驻企业发生紧急事故的概率和可能的灾难性后果进行综合评价,并根据评价结果向企业提出建立预警系统的要求; ③联合生产类型相同的企业建立共同的紧急灾难预警系统和应急处理系统,并实现系统资源的共享。	有实力的大型企业应根据必要性建立自己的重大生产事故预警系统;或要求园区提供预警系统服务和可能的灾难性后果的应急处理系统服务;应积极配合系统的建立和制定合理的服务价格。	政府应建立和完善城市工业系统和生活设施的重大灾害预警系统以及减灾防灾的应急处理系统;积极支持工业区建立专业化的紧急事故预警系统;政府应为可能的事故灾难提供相应的应急处理服务。
物质和能量流动状况	①根据自愿性原则掌握园区产业生态链的动态,实行产品—项目一体化的管理模式,实现园区关于物质和能量流动的整体规划、合理布局和有序建设; ②对园区现有的和潜在的产业共生链进行定期评估,掌握企业综合利用其他企业废弃物和副产品的现状和潜在能力,并将评估结果进行公布; ③采用集成技术开发模式共享高端技术资源,开发综合利用副产品的相关技术、废弃物再资源化技术、节能节水等技术。	企业应定期将不在商业机密范围之内的物流和能流向园区上报,并对潜在的物流和能流优化措施提出建议;积极协助园区对物流和能流的调查。	对所建立的循环经济评价指标体系,政府应建立相应的保障部门收集和统计相关信息,尤其是针对目前数据缺失较严重的物料投入和循环利用的相关数据;同时应确保数据的完整、准确、及时,并通过信息共享提高循环经济的实施水平和推进深度。

工作目标	园区的工作措施	入驻企业的工作措施	政府的工作措施
环境绩效评估	①对园区定期进行生态承载能力的评估,核定废气、废水、废物的排放及趋势;建立并完善生态信息公告制度;对园区的大气环境和水环境尽量做到定期监测和定期公布;②确保园区及利益相关者的物质、能量和信息循环功能向生态型方向改善;③尽量减少园区建设和运行对当地生态特征的不良影响,采取积极措施维护当地植被和物种。	企业有责任减少对环境的不良影响,维护当地的生态特征,并积极配合园区或政府有关部门定期的环境审计工作,列为黑名单的企业应采取各种措施予以整改。	评估园区的环境改善潜力和循环利用废弃物的生态产业链的前景,对具有潜力和前景的园区给予相应的资源性政策鼓励和支持,如在土地使用方面提供可能的优惠,并采用公示制度标示园区的循环经济特征,以提高园区的竞争力。

——抓好五个环节:①资源开发环节,支持共生、伴生和低品位矿产资源的综合开发和利用,提高矿产资源的开采和综合回收率;②资源消耗环节,积极推广运用先进技术和工艺,努力降低单位产品能耗、物耗和废物排放,提高资源产出效益;③废弃物产生环节,强化环境治理的生产全过程的预防和控制,从源头减少废弃物的最终处置量;④资源再生利用环节,引导再生资源回收利用向规模化发展,进一步构建废旧资源综合利用产业链;⑤社会消费环节,大力倡导有利于节约资源和保护环境的消费方式,树立可持续的消费观,积极引导绿色消费,形成有利于工业循环经济发展的社会需求基础。

(四) 大力发展能源战略

"十二五"期间,湖南应实施"节能优先、煤电并举、多元发展、保障供应"的可持续发展能源战略,即:

——能源利用实施节能优先,把节能提效、缓解供需矛盾和减轻环境压力放在战略地位,对能源生产、运输、加工、转换和利用的全过程实施节能科学管理,大力推广应用现有成熟的节能"四新"(新技术、新工艺、新设备和新经验),大力发展节能高新技术和产业,大力推进节能型社会建设。

——能源开发以煤炭和电力为基础,以科技做支撑,实现煤炭稳产增产和可持续利用,充分发挥湖南水力资源优势,大办水电,同步建设火电,加快发展核电、新能源和可再生能源,以期实现能源多元化发展战略和多能互补目标。

——能源供应以经济社会发展需要为前提,科学调控和运作,积极开拓国际国内能源输入市场,确保省外调入所需煤炭、成品油、天然气等的源头稳定可靠以及运输能力的支撑,建立能源安全供应保障体系,把成品油安全储备和电网输送电安全列入重要议程。

为此,湖南可以确定"4 个重点领域、10 个优先主题"对能源产业发展进行规划部署:

1. 节能领域

把节能提效放在优先的战略地位,为建设节能型社会和可持续发展提供技术支撑,大力挖掘节煤、节电、节油潜力,优先主题如下:

(1)煤的高效、清洁利用技术

湖南能源生产结构和能源消费结构仍将是以煤为主,其比重占 2/3 以上。因此,研究和开发煤炭的高效、清洁利用技术,推进节煤工作深入开展,是缓解能源供需矛盾、改善环境质量、转变经济增长方式的有效途径,主要任务包括:

①针对生产、生活中大量使用的燃煤锅炉,开发燃煤效率高、烟尘和二氧化硫等排放少的锅炉燃煤技术和烟气污染控制技术;发展和推广适合省内煤种的中小型循环流化床燃烧、无烟燃烧等高效燃煤技术,提高煤炭利用效率。

②推广热电联产、集中供热技术,发展热能梯级利用技术、热电冷联产技术和热、电、煤气三联供技术,提高热能综合利用率。

③研究和开发洁净煤技术,主要包括大规模煤气化技术,分离和净化技术,煤基合成油、醇、醚、氢等液体燃料技术,多联产工厂设计和集成技术,新一代水煤浆生产与应用技术,二氧化碳近零排放的煤制氢技术和二氧化碳收集埋存技术。

④研究开发陶瓷砖瓦窑、铸锻加热炉等工业燃煤窑炉的高效燃烧技术和高效热利用技术,研究开发高效热交换器、高效加热技术和工艺余热回收技术。

(2)节约用电技术

一方面,湖南用电量和用电负荷增长迅速,湖南各地都出现了不同程度的缺电和拉闸限电现象;另一方面用电效率低下,浪费严重,节约潜力很大,因此,应大力开发和推广节电技术,主要任务包括:

①开发和推广高效绿色照明技术、产品和节能型家用电器。

②研发高电压、大容量变流元件、装置、技术和新型电机驱动系统,为电机节能和电力系统节能提供关键技术和装备,推广交流电机调速节电技术。

③加快低效风机、水泵、电动机、变压器的更新改造,推广变频调速技术和高频可控调压装置,推广用电设备经济运行方式。

④推广应用蓄冷、蓄热技术,推广远红外、微波加热技术,推广热处理、电镀等行业的专业化生产。

(3)重点单位节能降耗技术

城市化进程的加快,建筑业的迅速发展,购车热的涌现等都带动电力、成品油等优质能源消费量的急剧增长。2010年湖南将重点推进中联重科生产线扩建、三一集团平地机及配套园、广汽菲亚特轿车、比亚迪汽车城、北汽现代、华菱汽车板及电工钢、湖南中烟公司技改、岳阳炼化一体化等优势产业项目,因此,节能技术进步要首选这些行业和企业,主要任务包括:

①钢铁行业要大力开发推广干熄焦技术、烧结余热回收技术、高炉炉顶压差发电技术、热风炉烟气余热回收技术、人炉气体预热技术、炼铁喷煤粉技术、连铸连轧技术、炉外精炼技术和转炉煤气回收技术等。

②建材行业要开发或引进吸收窑外分解窑水泥熟料生产技术和装备,推广水泥窑烟气余热回收技术,研发水泥球磨节电技术,开发和推广建材产品综合利用工业废渣技术,开发推广新型墙体材料生产技术,深化墙体材料改革。

③建筑节能技术。开发和推广新型建材和建筑节能综合技术,包括高效节能建筑材料、外墙外保温技术、高效隔热保温门窗和热反射技术、先进冷暖空调系统及设备等,采用地源热泵技术和被动式太阳房技术的生态建筑。

④交通节能技术。推广节油新技术、新产品,发展先进节能内燃机技术(动力的柴油机化、新型燃烧系统和电子控制技术、代用燃料发动机设计制造技术)、混合动力、车身轻量化技术(优化设计、轻质材料)。

⑤重点用能企业节能。深入贯彻落实《中华人民共和国节约能源法》和《重点用能单位节能管理办法》,加强节能信息监测,推广能源需求监测管理、能量平衡测试、能源审计、清洁生产审核、环保认证等节能科学管理办法,研究开发原创性、系列化的节能新理论、新方法和新技术,制定和贯彻节能标准。

2. 煤炭开发领域

湖南煤炭科技发展要紧紧围绕提高生产能力和产品深加工能力,提高资源利用率和经济效益,增强防灾抗灾能力,实施煤炭资源高精度勘探和合理、高效、与环境友好的开发战略。

(1)先进勘探开采技术

湖南煤炭资源少,开采强度大,生产能力逐年萎缩,采掘机械化水平低,安全事故多,任务主要包括:

①开发快速、经济的高精度勘探技术,为持续开发提供可靠的精查储量情报,开展高效、经济的煤田钻探技术和物探与钻探相结合的提高勘探质量、降低勘探成本的研究。

②研究开发急倾斜煤层和贮存条件复杂的煤层采煤技术,研发复杂地质条件下机械化采煤的技术及装备。

③开发和引进吸收具有机电一体化、自动化性能的机械化采煤技术装备、煤矿快速掘进与支护技术装备,具有自动化控制的提升和运输装备。

④深入研究煤与瓦斯突出和涌水冒顶预测预报及防治技术,建立安全投入机制,加强安全技术培训,配备安全设施,建立和完善安全管理体系和监督机制。

(2)与环境友好的可持续发展技术

改变湖南大多数煤矿挖煤卖煤的单一经营模式,研发煤炭加工转换、产品深加工、提高附加值的技术,研发煤矿资源综合利用的关键技术及装备,是煤炭行业持续发展的主题,主要任务有:

①探索煤层开采引起的地表变化规律,研究可控损害的采煤技术和工艺,提高回采率;研发三下(建筑物下,水域下,路基下)采煤技术,解决湖南上亿吨"三下"煤的开采问题。

②开展高硫煤脱硫、固硫技术研究,解决湖南 4.2 亿吨高硫煤的开发利用问题。

③开发矿井水资源化处理利用技术和煤矸石综合利用技术,研究矿井地下剩余资源气化技术和工业性生产技术,研发煤层气开采和瓦斯抽放利用技术。

④研究选煤厂及配煤站合理布局及相关政策,开发难选煤、高硫煤洗选技术和装备,研制大型自动化洗选成套设备及生产过程自动化控制系统,提高煤炭入选率。

⑤研究国有、乡镇、个体 3 种不同经营管理体制下统筹协调、合理有效、安全友好、互助互补、可持续开发有限煤炭资源的办法措施,解决采富弃贫、上采下挖、冒险掘进等浪费资源、破坏环境的乱采乱挖行为。

3. 电力生产、输配送领域

电力具有干净、便于转换和控制、可大规模生产、远距离输送和发、供、用必须同步进行等特点,是现代社会使用最广泛的优质能源。随着经济社会的发展,电力消费的增长将保持相对较高的速度,其战略地位将变得越来越突出。

(1)水力资源开发和火电降耗治污技术

水电是清洁能源和可再生能源,湖南水力资源丰富,但缺少调节库容的地区,季节性电能多,必须有足够的火电备用容量乃至重复备用容量才能保证发供电的可靠性,主要任务是:

①研发水资源和水环境监测技术和库区流域生态系统重建技术,提高天气预报能力,科学调度水库蓄水和泄洪,协调好发电与防洪抗旱关系,充分利用水力资源多发电力,实现人与自然协调共处、和谐发展。

②做好水力资源梯级开发的勘探规划工作,解决复杂水文、地质、地势条件下

的施工建坝技术和生态环境问题;研究梯级水电站群的优化补偿调节技术和经济运行技术,并因地制宜地开发小水电,建设抽水蓄能电站,调节电网负荷。

③研究火电厂的降耗治污技术,对10万千瓦以上的国有发电设备进行节能技术改造,克服原有设备缺陷;开发火电机组先进控制、故障诊断、计算机仿真技术;淘汰10万千瓦及以下的中低压凝汽机组,或把中小型火电机组改造为供热机组,发展热电联产技术,推广中小型循环流化床燃煤技术。

④开发超临界机组发电技术和大型循环流化床锅炉技术;开发高效洁净煤发电技术,包括煤气化联合循环发电(IGCC)和增压流化床联合循环发电(PFBC-CC)技术,控制燃煤污染物排放,提高发电效率。

⑤开发二氧化硫和NOx排污控制技术,包括近期的湿法、干法烟气脱硫和远期的高效烟气脱硫脱氮技术;开发推广粉煤灰分选技术和综合利用技术。

(2)先进可靠的电力输配系统

为满足各种电源电力输出和用户对供应优质低价电力的需要,实现电网互联的目标,主要任务是:

①与全国联网技术。研究开发+600—+800千瓦高压直流输电技术,交直流并列运行技术,多条线路相互影响控制技术,互联网中振荡中心转移与联合安全稳定性控制技术;开发新一代电力电子技术在电力系统中的应用,新型合成材料在输电工程中的应用;研究开发当代和新一代超导输配电技术、超导材料、设备及其工艺技术和配套的低温制冷技术。

②电网安全稳定、经济运行技术。研究开发电网调频调峰、峰谷互补、电源结构互补和水电联调技术,电能质量和电网调压控制技术,输变电设备和线路故障快速检修恢复技术,线路防雷技术,电力系统断电保护技术;研发广域相量测量技术,先进人工智能技术,互联网仿真分析技术,电网控制保护、调度自动化和通信信息系统技术等。

③先进可靠的配电网和供用电系统及技术。研究开发配电网自动化技术与系统,配电网在线监测与控制技术,故障电网的快速恢复技术,具有可控性和智能化的一次系统、二次系统、网络和自动化系统的有效集成系统;配电网供电可靠性和在线评估技术与方法,提高配电系统供电能力和可靠性的技术;先进的电能质量扰动检测系统和电能质量控制技术,提高供电质量的电力电子装置和技术;供应体系整合优化的信息技术,支持用户选择需求的信息技术和系统,综合高效的配电和供用电管理信息技术和系统。

4. 新能源、可再生能源领域

新能源和可再生能源资源丰富,分布广泛,属于低碳或非碳能源,既不存在资源枯竭问题,又不会对环境构成威胁,是实现可持续能源发展战略的重要组成部分,湖南到了应该迅速发展的关键阶段,其开发利用技术是高新技术在能源领域最重要的应用。

(1)核电开发技术

核电是世界公认的近期能大规模替代化石燃料的最现实的能源。我国和湖南铀资源对保证核电发展需要是富裕的。湖南建设核电,不但条件具备,时机成熟,应积极推进益阳桃花江核电站建设,主要任务是:

①以建设先进的核电技术为目标,通过自主研发与引进吸收,实现100万千瓦级第3代核电机组的我国自主设计和设备国产化,建设具有自主知识产权的大型先进压水堆核电站。

②紧密跟踪国际前沿动态,研究开发以提高核电站安全性、经济型和核废料最少化为主要目标的第4代核能技术。

(2)新能源和可再生能源规模化开发利用技术

湖南农业废弃物、森林和林产品剩余物等生物质能源资源丰富,风能、太阳能、地热能、沼气利用等有一定的基础,近期应以降低成本、提高效率、因地制宜、多样化利用为发展思路,推进其规模化发展和形成产业化体系,主要任务是:

①生物质能转换利用技术。重点研究生物质气化及集中供气技术和发电技术,生物质直接或间接液化成燃料技术,生物质制氢技术,生物质压块成型技术和炭化技术,高效生物质燃烧炉灶技术。

②太阳能利用技术。重点研发先进的光——热转换材料、集热器构件和太阳能发电技术;研发太阳能光伏电池材料和组件技术;发展并网和独立屋顶光伏发电系统;发展太阳能与建筑物一体化技术。

③风力发电技术。勘查和开发适合湖南湖区、山区等不同环境的可经济开发的新型风电机组、风电场技术。

④沼气生态农业技术。重点研究开发沼气池、沼气原料发酵新工艺、新材料;突破大中型沼气工程技术和秸秆、草料沼气发酵技术,优化小户型沼气池技术,开展沼气生态农业配套技术的科技攻关,建设沼气生态农业示范乡村。

⑤小水电和地热开发技术。研究和开发小水电、微水电机组新技术和电站自动化系统;开发湖南丰富水力资源与农田水利建设相结合、与防洪抗旱相结合、与优化生态环境相结合,促进山区农村电气化;研究地热开发利用技术,发展地热养殖、种植技术和地热供热技术。

(3)氢能与燃料电池

今后以氢能和燃料电池为基础的能源经济有望成为可持续发展的理想选择,

其主要任务是:

①制氢、储氢技术。研发大规模煤气化制氢技术和生物质等再生能源制氢技术;开展轻质超高压储氢瓶、新型高容量金属氢化物、碳纳米管等储氢技术的基础研究和技术开发;实施城市供氢网系统示范工程。

②燃料电池技术。开展新型电催化剂、电解质膜等重要材料以及电极、双极板等关键部件的基础研究和工程开发;发展燃料电池堆、燃料电池辅助装置、燃料电池发动机等系统集成技术及其产业化体系。

③氢能燃料电池动力系统技术。研究和开发用于交通、电力、通讯、国际等领域的氢能燃料电池系统,建立国家氢能技术标准体系。

(五) 保障措施

1. 切实加强领导,完善工作推进机制

发展循环经济,是一项跨地区、跨部门、跨行业的系统工程,必须切实加强领导,协调行动,由省经委牵头,会同省发改委、省环保厅、省科技厅等有关部门,做好组织协调和推动工作,为发展循环经济提供组织保障,实行定期工作研究制度,及时协调解决循环经济发展中的重大问题,完善循环经济发展目标考核体系,明确各市和省直属有关部门以及重点企业的工作职责,将湖南促进工业循环经济的目标任务落实到基层。

2. 依靠科技进步,突破技术瓶颈制约

加快建立以企业为主体、以市场为导向、产学研结合的技术创新体系,增强企业自主创新能力,为循环经济发展提供技术支撑,在高等院校和科研机构选择一批单位,设立循环经济技术研究基地,发挥循环经济的科技研究开发、技术推广和服务作用。大力开发和推广清洁生产技术、资源节约和替代技术、资源综合利用技术、环境污染治理技术、以及降低再利用成本技术等,支撑循环经济发展。鼓励和引导企业加快循环经济技术改造的步伐,提升企业自主创新能力,进一步加大对循环经济的技术研究开发项目的组织实施力度,集中解决制约湖南循环经济发展的共性、关键技术难题。通过联合攻关,研究开发一批有利于循环经济发展的新产品、新技术、新工艺和重大装备,为发展循环经济提供技术支撑。同时建立循环经济信息系统和技术咨询服务体系,有效发挥中介服务机构、行业协会、社会团体在发展循环经济中的技术指导和服务作用。

3. 强化法制保障,加大政策支持力度

抓紧制定和完善《湖南省实施〈中华人民共和国清洁生产促进法〉办法》、《湖南省实施〈中华人民共和国农产品质量安全法〉办法》、《湖南省实施〈中华人民共和国节约能源法〉办法》、《湖南省资源综合利用条例》、《湖南省发展推广应用新型墙体材料条例》、《湖南省建筑节能管理条例》、《湖南省节约用水条例》、《湖南省湘江流域水污染防治条例》、《湖南省环境影响评价管理办法》等地方性法规规章,形成较完善的促进工业循环经济发展的地方性法规体系,把发展工业循环经济纳入法制化轨道。综合运用各种政策手段,调节和影响企业行为,形成有效促进工业循环经济发展的激励和约束机制,并围绕提高能源效率和资源利用率,结合湖南产业特点,制定重点行业能源、水资源、木材、土地、矿产资源消耗定额和污染物排放地方标准,建立再生资源产品、节能产品认证标准和标识制度,建立完善主要用能设备能效标准、能源计量标准,切实加强标准的宣传贯彻力度,督促企业严格按照标准组织生产。

4. 抓好重点工程,发挥示范试点作用

建设生态产业园区(或生态工业园区)是研发推广循环生产技术、建设循环生产体系的成功模式。要大力建设生态产业园区,充分发挥它的示范作用,积累经验,推广到社会,由点到面地建设循环生产、循环经济。着力抓好湖南现有的 3 个国家循环经济试点单位循环经济规划的组织实施工作,并在重点行业、重点领域、重点产业园区和中心城市确定若干家企业、若干个产业园区、若干个市(县)作为省循环经济试点单位,探索发展循环经济的有效模式,各市州也要明确 1 个循环经济试点县市区,以试点带动区域循环经济发展。

5. 加大财税扶持,引导资源合理配置

财政部门安排专项资金,并整合现有资金,突出重点,采取贷款贴息、无偿资助、资本金投入等方式,加大对资源节约和环境保护重大投资项目的支持力度。财政新增的技术改造支出、中小企业发展专项资金和科技投入等专项资金,要重点支持发展循环经济。逐步建立和完善资源开发与生态补偿机制,政府采购目录优先考虑节能、节水和环保认证产品,逐步扩大节能、节水产品实施政府采购的范围。建立和完善自然资源价格形成机制,利用价格机制引导资源合理配置,推进城市和工业阶梯式水价制度和超计划、超定额用水加价改革,加快农业水价改革,对淘汰、限制类项目和高耗能企业,实施差别价格制度,对超过国家、地方能耗、水耗限额标准的产品实施梯级价格制度。

(俞建华、曾强明　执笔)

主要参考文献:

[1]《循环经济评价指标体系研究》,http://news.fdc.com.cn,2008 年 6 月 24 日

［2］3R 指减量化（Reducing）、再使用（Reusing）和再循环（Recycling）

［3］杨华峰：《基于循环经济的企业竞争力评价指标体系》，《系统工程》2006 年第 11 期

［4］国家发展改革委员会同国家环保总局、国家统计局等有关部门编制的《循环经济评价指标体系》

［5］来源：资源网，作者：吕晓、刘新平，发布时间：2008 年 6 月 24 日

［6］姜仁荣、李满春：《区域土地资源集约利用及其评价指标体系构建研究》，载于《地域研究与开发》

［7］郭显光：《熵值法及其在综合评价中的应用》，载于《财贸研究》

［8］2007 年全国人均耕地面积为 1.38 亩

［9］具体指标数可见：《关于大力发展循环经济建设资源节约型和环境友好型社会的意见》（湘发［2006］14 号）

［10］具体见表 6《不同主体推进循环经济工作措施表》

［11］《上海市工业区循环经济建设指南》（2005 年版）

［12］国家能源、资源与海洋发展科技问题研究专题报告

　　2020 年中国可持续能源情景

　　2003 年中国能源发展报告

　　2002 年中国能源问题研究

　　湖南省中长期科技发展规划及"十一五"计划研究报告汇编

　　中国统计年鉴、湖南统计年鉴

湖南新型工业化的服务业创新

当今工业发展是以现代制造服务业为特征的信息化时期,产品生产经济向服务经济的转变是历史的必然。湖南在推进新型工业化的进程中如何发展现代服务业是需要我们认真对待的问题。

一、新型工业化与现代服务业的关系

(一)新型工业化

新型工业化是相对传统工业化而言的,是建立在信息化带动和现代科技支撑基础上的工业化。新型工业化,"新"在哪里? 首先是从 19 世纪中后期开始的现代经济增长相对于第一次产业革命后主要依靠资本和其他资源投入的早期工业化而言是"新型"的。第二是在信息技术逐渐成为引领经济发展、改变世界面貌的主要角色的今天,恰当地运用现代信息技术加快工业化进程是以往没有发生过的。

1. 新型工业化是信息化和工业化互动的工业化

20 世纪 90 年代以来,信息网络技术发展迅猛,产生了信息及通信设备制造业、软件业、信息服务业等新兴产业,并以极强的渗透力同传统产业结合,大大提高了传统产业的生产效率和服务效率,有效地改进了微观管理和宏观管理,催生了新的生产经营方式和新的业态,为我们加快工业化进程,提供了难得的历史机遇。

与传统的工业化相比,新型工业化特别强调以信息化带动,以科技进步和创新为动力,注重科技进步和劳动者素质的提高,注重以质优价廉的商品争取更大的市场份额。20 世纪 50 年代开始,先进国家逐步进入信息社会,信息化成为技术进步和效率提高的新源泉。信息化在发达国家是后工业化时代的现象,我们作为发展中国家还没有实现工业化,但既然现代信息技术已经作为一种成熟技术广泛运用于经济社会生活的各个方面,我们后发国家当然也完全可以发挥后发优势,运用这些技术来提高效率,用信息化来加快我们的工业化。中共中央办公厅、国务院办公厅印发的《2006—2020 年国家信息化发展战略》强调,到 2020 年,我国将实现综合信息基础设施基本普及,信息产业结构全面优化,新型工业化发展模式初步确立,为迈向信息社会奠定坚实基础。这也就是说,到 2020 年,信息产业结构全面优化和工业化基本是同步实现的。由此可见,信息化是新型工业化发展模式的一个不可或缺的要素,信息化和新型工业化的发展相辅相成、缺一不可。将信息化和工业化的进程重合起来,以信息化带动工业化,以工业化促进信息化,在新的技术起点上实现高层次的工业化。

2. 新型工业化是以科技进步为动力,以提高经济效益和竞争力为中心的工业化

20 世纪末,世界科技经济形势出现了巨大变化,一是以"数字革命"和基因革命为代表的新的科技革命突飞猛进,高新技术特别是信息技术的广泛应用,推动着人类经济形态由工业经济向知识经济转变;二是现代经济增长之前的时期,技术进步主要靠工匠们的经验积累。第二次产业革命,由于有利于科学和技术创新的激励机制的制度化,大大激发高素质人才的创造热情和企业在生产中运用新技术的积极性,新工艺、新材料、新能源、新产品源源不断产生并且得到广泛运用,技术进步加速进行;三是经济全球化潮流势不可挡,货物和生产要素在全球范围内的自由流动程度大大提高,各国经济的相互依存加深;四是全球的市场化进程加快,大部分国家都加快了市场化改革的步伐,从苏联—东欧的旧体制解体,到所有发达国家的放松管制,到许多发展中国家的市场化改革,既使得国际市场上的供给大大增加,竞争日趋激烈,又使得国际需求速度相对放缓慢。这些变化都是各国未曾遇到过的。我国要在新的历史条件下,在激烈的国际竞争中,实现我们的工业化,就必须充分发挥科学技术第一生产力的作用,着重依靠科技进步和提高劳动者素质,不断提高经济效益和竞争力。

3. 新型工业化是同可持续发展战略结合的工业化

新型工业化思想是对"先发展,后治理"传统工业化道路的突破与发展,也是对我国传统的、粗放的线性经济发展道路的变革与扬弃。发达国家实现工业化的过程中,大多实行增长第一的战略,走的是一条以消耗能源、牺牲环境为代价的道路。尽管这些国家充分享受到了工业化的繁荣,但也较早品尝到了增长第一战略下工业化的苦果。在工业发达国家,20 世纪 30、40 年代开始,大量环境公害事件发生。如马斯河谷烟雾事件、洛杉矶光化学烟雾事件、多诺拉烟雾事件、伦敦烟雾事件、日本四日市哮喘病事件、水俣病事件、富山痛痛病事件等,对人类生命和财产安全以及社会经济发展的正常秩序构成了严重威胁。新型工业化特别强调生态建设和环境保护,强调处理好经济发展与人口、资源、环境之间的关系。这与建设环境友好型社会和资源节约型社会是一脉相承的。新型工业化是同可持续发展战略结合的工业化。

4. **新型工业化是充分考虑就业的工业化**

理论上讲工业化与扩大就业存在一定的矛盾,发达国家走过的工业化道路证实了这一点。我们的新型工业化将引导和形成以科技创新支撑与信息化带动的新型基础工业和制造业,同时随着企业产业链的不断延伸,工业集群的出现,现代服务业将得以迅速发展,必将创造巨大的就业空间。十六大报告明确提出,"农村富余劳动力向非农产业和城镇转移是工业化和现代化的必然趋势,要逐步提高城镇化水平,坚持大中小城市和小城镇协调发展,走中国特色的城镇化道路"。新型工业化是将工业化与城市化紧密结合的工业化,是充分考虑就业的工业化。

(二) 现代服务业

服务活动在人类历史上早已有之,而服务业作为一个完整的概念提出并进行系统的研究和作为一个完整的产业异军突起是在 19 世纪和 20 世纪之交。

1. **关于现代服务业概念的讨论**

现代服务业是相对于传统服务业而言的,美国学者丹尼尔·贝尔在《后工业社会来临》一书中关于后工业社会服务业的表述可以看做现代服务业的理论源头。他认为"从产品生产经济转变为服务性经济"是后工业社会的一大特征,在后工业社会,大多数劳动力不再从事农业或制造业,而是从事服务业,如贸易、金融、运输、保健、娱乐、研究、教育和管理等。国外并没有"现代服务业"的概念,我国最早提到"现代服务业"是在 1997 年 9 月党的十五大报告中,但是直到现在关于什么是现代服务业还没有一个权威、公认、统一的认识。

许多专家学者从不同角度对现代服务业的内涵进行了概括。有的学者从现代服务业的形成条件和特征出发,提出"现代服务业是在工业化比较发达的阶段产生的,主要依托信息技术和现代化管理理念发展起来的、信息和知识相对密集的服务业"[①]。有的学者从服务对象和功能角度定义现代服务业,认为"现代服务业是为了满足企业和其他社会组织商务活动(公务活动)功能强化与职能外化的需要而发展起来的,主要为企业和其他社会组织的商务活动(公务活动)降低成本、扩展功能、提升效率而提供服务的相关产业部门"[②]。还有学者认为现代服务业等同

---

① 胡启恒:《诠释我国现代服务业》,《中国信息导报》2004 年第 8 期,第 11—12 页。
② 晁钢令:《服务产业与现代服务业》,上海财经大学出版社 2004 年版。

于"现代生产性服务业",指为生产、商务活动和政府管理而非直接为最终消费提供的服务①。也有学者从现代服务业与传统服务业的比较入手,认为现代服务业是与传统服务业相对的一个概念,凡具有时代特征、适应现代化社会发展的服务业,都属于现代服务业②。

我们认为现代服务业是指用现代化的新技术、新业态和新服务方式改造提升传统服务业,创造需求,引导消费,向社会提供高附加值、高层次、知识型的生产服务和生活服务,具有现代与传统的交融性、要素的智力密集性、产出的高增值、供给的多层次性和服务的强辐射性等特点。现代服务业广泛渗透在服务业各主要行业和领域。

2. 现代服务业的特征

与传统服务业相比,现代服务业具有如下特征:

技术和知识密集度高。现代服务业以先进科技、专业人才为主要生产要素,技术和知识含量较高。软件业、信息传输、数字内容、科学研究等行业的服务过程和服务活动以现代高新技术,特别是信息通讯技术作为重要支撑,注重以技术创新、管理创新等提高服务的科技含量,故技术密集度较高。教育培训业、商务服务业、专业技术服务业等行业则强烈依赖于专门知识和技能,以脑力劳动和智力型服务为基础,以知识的生产、应用和传播为服务过程,知识密集度较高。

从业人员素质高。现代服务业企业对两类人才的需求比较集中,一类是既懂技术又懂管理的高层次管理人才,一类是具有较强专业能力的技术人员和创意人才。所以,现代服务业从业人员大都具有良好的教育背景、专业知识和管理能力,属于所谓"白领"阶层。

附加价值高。现代服务业,比如咨询、创意、研发、设计等,处于产业链中的利润高端,价值含量较高。在信息技术和高素质人力资源的支撑下,现代服务业企业往往能不断推出新产品,极大地满足不同客户的需求,创造出巨大财富;而且能将各种产品推广到更为广泛的客户当中,创造更为广泛的经济效益。

3. 现代服务业的分类

我国现代服务业是主要依托信息技术、现代管理理念、经营方式和组织形式发展起来的知识密集型的生产性服务业和其他体现现代生活方式的新兴服务体系。服务分类有多种,重要的分类应该是核心服务和追加服务。两者的区别在于是否

---

① 来有为:《当前我国需要大力发展现代服务业》,《改革》2004 年第 5 期,第 39—44 页。

② 高素香:《浅谈发展地区现代服务业》,载于《金融经济》(理论版)2006 年第 10 期,第 25—26 页。

向消费者(包括生活和生产消费者)提供直接、独立的服务效用。核心服务是市场需求和市场供给的直接对象,核心价值就是服务。追加服务是市场需求和市场供给的间接对象,是商品效用的派生效用,是附加在商品核心价值上的价值。

根据服务的领域,将现代服务业划分为四大类:基础服务业,包括通讯服务和信息服务;生产和市场服务业,包括金融、物流、研发、电子商务、农业技术服务以及中介和咨询等专业服务;个人现代消费服务业,包括教育、医疗保健、文化传媒等;公共服务业,包括政府的公共管理服务、基础教育、公共卫生、医疗及公益性信息服务等。①

表1　北京市统计局现代服务业行业分类目录

行业门类	行业名称
信息传输、计算机服务和软件业	电信和其他信息传输服务业、计算机服务业、软件业
金融业	银行业、证券业、保险业、其他金融活动
房地产业	房地产业
租赁和商务服务	商务服务业
科学研究、技术服务和地质勘察业	研究与实验发展、专业技术服务、科技交流和推广服务、地质勘察业
水利、环境和公共设施管理	环境管理业
教育	教育
卫生、社会保障和社会福利业	卫生、社会保障业
文化、体育和娱乐业	新闻出版业、广播　电视　电影和音像业、文化艺术业、体育、娱乐业

资料来源:北京市统计局。

根据现代服务业产生的途径,将现代服务业划分为两类:一是传统服务业通过技术改造升级而形成的现代服务业,包括网上银行、电子商务、远程教育、数字内容、第三方物流等;二是随着社会分工深化和信息化及其他科学技术发展而产生的新兴服务业,包括计算机和软件服务、移动通信服务、信息咨询服务、中介咨询、研发设计、会议展览等。②

许多地方统计部门也在根据各地区服务业发展的实际,研究制定现代服务业的分类标准,如北京市统计局2005年推出的《北京市现代制造业、现代服务业统计标准(试行)》(见表1),基本是按照国民经济行业进行的划分,包括9大行业的22

---

① 常修泽:《体制创新:释放中国现代服务业的发展潜能》,《中国经济导刊》2005年第13期,第8页。

② 同上。

个大类,范围相对比较清晰,适于统计分析。

4. 生产性服务业的内涵

一些学者和机构从服务活动的角度对生产性服务业进行诠释和分类。

1966年美国经济学家 H. Greenfield 在研究服务业及其分类时,最早提出了生产性服务业(Producer Services)的概念。

1975年,Browning 和 Singelman 在对服务业进行功能性分类时,也提出了生产性服务业概念,并认为生产性服务业包括金融、保险、法律、工商服务、经纪等具有知识密集和为客户提供专门性服务的行业。

Hubbard 和 Nutter(1982)、Daniels(1985)等人,认为服务业可分为生产性服务业和消费性服务业,认为生产性服务业的专业领域是消费性服务业以外的服务领域,并将货物储存与分配、办公清洁和安全服务也包括在内。

Howells 和 Green(1986)认为生产性服务业包括保险、银行、金融和其他商业服务业,如广告和市场研究,以及职业和科学服务,如会计、法律服务、研究与开发等为其他公司提供的服务。

香港贸易发展局认为生产者服务包括专业服务、信息和中介服务、金融保险服务以及与贸易相关的服务。

还有一些学者和机构从服务功能的角度对生产性服务业进行了定义。

Gruble 和 Walker(1989)、Coffer(2000)认为:那些被其他商品或服务生产者用作中间投入的服务即为生产者服务业。生产性服务业不是直接用来消费,也不是直接可以产生效用的,它是一种中间投入而非最终产出,它扮演着一个中间连接的重要角色,用来生产其他的产品或服务。

Hansen(1990,1994)指出生产性服务业作为货物生产或其他服务的投入而发挥着中间功能,其定义包括上游的活动(如研发)和下游的活动(如市场)。

美国商务部又进一步将这种中间功能的形态分为两类,一类是"联合生产性服务业",总部与外国生产性服务业子公司之间的交易(占生产性服务业总量的10%);另外一类是"独立的生产性服务业",生产性服务业直接与国外厂商、私人企业、国外政府的合作(占生产性服务业总量的90%)。

我国学者钟韵、闫小培(2005)认为生产性服务业是为生产、商务活动和政府管理提供服务,而非直接向消费性服务的个体使用者提供的服务,它不直接参与生产或者物质转化,但又是任何工业生产环节中不可缺少的活动。

国际上一般把中间投入率50%以上的产业确定为生产性服务业,50%以下的产业或事业定为消费性服务业。张国云先生用投入产出表计算中国第三产业内部各行业的中间需求率结果,认定生产性服务业包括仓储业、租赁业、管道运输业、保险业、铁路运输业、道路运输业、水上运输业、金融业、计算机服务和软件业、信息传输服务业、水利管理业、商务服务业、住宿业、地质勘察业、航空运输业。

湖南省将农林牧渔服务业、信息传输、计算机服务和软件业、金融业、租赁和商务服务业、科学研究和综合技术服务业、物流业(交通运输和仓储业)统计为生产性服务业。①

(三) 国外现代服务业发展趋势

自20世纪80年代开始,全球产业结构呈现出"工业经济"向"服务经济"转型的总趋势。现代服务业迅速发展,逐渐占据了世界经济的主导地位。

1. 现代服务业已经成为经济发展的支柱性产业

全球服务业占 GDP 的比重不断上升,根据《2005 年世界发展报告》,2004 年全球服务业总体规模在 28.08 万亿美元左右,是 1990 年的两倍多,占全球 GDP 的 68% ,高出 1990 年 7 个百分点。(见表2)一个国家或地区服务业占 GDP 比重越高,说明经济发展程度越高。2004 年高、中、低收入国家(据世界银行 1999 年划分标准)服务业规模占 GDP 比重分别为 71% 、51% 和 50% 。同时,服务业吸收就业比重也呈不断增长的趋势,西方发达国家服务业就业比重普遍达 70% 左右。

表2　世界服务业规模增长情况　　　(单位:万亿美元,%)

年份	1990	2002	2003	2004
全球服务业增加值	13.26	21.97	24.79	28.8
全球服务业占 GDP 比重	61	68	68	68

资料来源:世界银行 World Development Indicators。

在服务业内部,生产性服务部门发展迅速,成为世界经济中增长幅度最快的行业,并带动了全球服务产业结构的不断升级。(见表3)

表3　美国 1972—1986 年间生产性服务业产值增长的比较

	GDP(1986,亿美元)	1972—1982 年增长速度	1982—1986 年增长速度
生产性服务业	2200	4.9%	7.2%
服务业	24950	2.5%	4.2%
全部经济	37130	2.0%	4.1%

资料来源:John Tschetter(1987)

---

① 《决策咨询报告》[2006]第 32 期。

2. **制造业呈现服务化趋势，新型服务业态层出不穷**

现代服务业与制造业关系日趋紧密,呈互动发展态势,制造业的服务化趋势分化催生并推动现代服务行业的快速发展。随着技术进步、生产专业化程度加深和产业组织复杂化,制造企业内部的设计、研发、测试、会计审计、物流等非制造环节逐渐分离出来,形成独立的专业化服务部门,如商务服务业、信息服务业、物流业等。"微笑曲线"是对制造业企业服务环节分化的一个形象描述(见图1)。服务环节分化出来,既提高了制造业的生产效率,也促进了现代服务业的大规模迅速发展。信息技术的发展,使服务业和制造业的许多行业相互融合,产生了一批新的现代服务业行业。电子制造服务业(Electronic Manufacturing Service,缩写 EMS)即是一个典范。

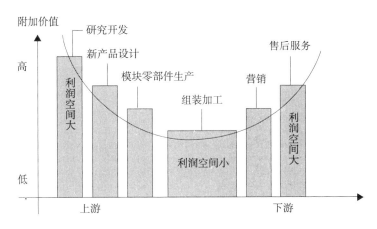

图1 微笑曲线示意图

3. **科技创新的推动作用日益凸显**

现代服务业研发投入不断增大,技术创新对服务业的推动作用日渐明显。美国在应用信息技术等知识、技术和资本密集型服务行业方面的公共投资一直居于各国之首。英国国家统计局的数据显示,2002 年英国服务业的科研投资总额达到25 亿英镑,远远超过 1996 年的 17 亿英镑;其中银行、律师事务所、咨询机构和媒体公司等现代服务业企业的科研投资总额大增了 49% ,达到 36 亿英镑。据经济合作与发展组织(OECD)统计,2005 年冰岛研发投入占 GDP 的 33% ,列世界第三位,其中制造业占 28% ,服务业占 70% 。科研投入力度的增大推动了现代服务业的技术创新,进而推动了现代服务业的发展。在软件业,仅微软一家企业 2005—2006年度就有 4000 件专利获准,尚有 3300 件新专利待批,微软等企业频繁的创新活动,推动了全球软业的发展和壮大。

4. 世界服务贸易结构逐渐转向生产性服务业

有关数据显示,一直占世界服务贸易额 60% 左右的运输、旅游等服务行业正在呈下降趋势,通讯、金融、信息等生产性服务业则增长较快,所占比重不断上升。1988—1999 年全球运输服务贸易年均增长率仅为 2%,而金融、电信服务贸易增长率则高达 7.4%。从世界范围看,外国直接投资(FDI)也开始向金融服务、商务服务、信息服务等生产性服务业领域集中。世界服务贸易结构逐渐向现代服务贸易部门倾斜,现代服务贸易不断扩张,增长速度高于传统的运输和旅游服务贸易。

1990~2005 年,运输服务占世界服务贸易的比重从 28.6% 下降到 23.3%,旅游服务占比从 33.9% 下降到 28.9%,而以通讯、计算机和信息服务、金融、保险、专有权利使用费和特许费为代表的其他服务类型占比则从 37.5% 逐步增长到 47.8%(见图 2)。

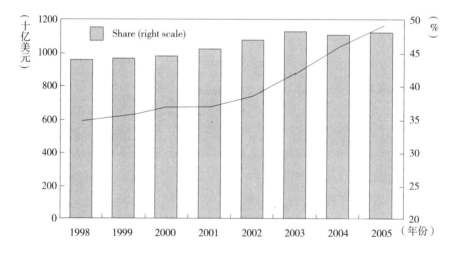

图 2　1998—2005 年世界服务贸易其他项(现代服务贸易)出口额和份额图

资料来源:Internationa Itradestatistics 2006,WTO. www. wto. org.

5. 服务外包逐渐成为现代服务贸易的重要形式

近年来,随着信息技术的迅猛发展,发达国家跨国公司的经营管理日趋专业化,纷纷把后勤办公、顾客服务、商务业务、研究开发、咨询分析等业务外包给发展中国家,服务外包正逐渐成为服务贸易的重要形式。所谓服务外包,是指企业将信息系统构架、应用管理和业务流程优化等业务,发包给本企业以外的服务提供者,以降低成本、优化产业链、提升企业核心竞争力。按照服务内容,服务外包可分为信息技术外包(ITO)和业务流程外包(BPO),其中信息技术外包占全球服务外包市场的 60%。2006 年全球服务外包市场规模达到 8600 亿美元,其中发达国家和地区是主要服务外包输出地。在全球外包支出中,美国占了约 2/3,欧盟和日本占近 1/3,其他国家所占比例较小。发展中国家则是主要的服务外包业务承接地,其中亚洲承接的外包业务最多,约占全球外包业务的 45%。目前,印度是亚洲的外包中心,墨西哥是北美的外包中心,东欧和爱尔兰是欧洲的外包中心,中国、菲律宾、俄罗斯等国家也正在成为承接外包较多的国家。世界服务外包业务仍有很大的发展空间,在世界最大的 1000 家公司中,大约 70% 的企业尚未向低成本国家外包任何商务流程。据联合国贸发会议发布的《2004 年世界投资报告》预计,未来几年全球的外包市场每年将以 30%—40% 的速度增长。软件外包、金融外包发展态势尤其突出。软件外包已经成为发达国家软件公司降低成本的一种重要手段,2006 年全球软件外包市场规模达到 500 亿美元,预计未来几年将以超过 20% 的复合增长率继续发展;印度占有全球软件外包市场的 70%,在最大的美国市场(总额 250 亿美元),印度更是垄断了 90% 以上。金融外包虽然受近来金融危机的影响,但从长远看仍属方兴未艾,金融外包的范围覆盖了银行、保险、证券、投资等各类金融机构,据德勤会计师事务所估计,到 2010 年,金融离岸外包市场产值将达到 4000 亿美元,占整个金融服务业总产值的 20%。

6. 品牌价值成为现代服务业的核心价值之一

品牌为企业带来的利益是内在而持久的,没有品牌,就难以形成持久的企业核心竞争力。美国可口可乐公司董事长伍德鲁福曾说:"如果有一天,公司在大火中化为灰烬,只要'可口可乐'这个品牌在,那么第二天早上,全世界新闻媒体的头条消息就是各大银行争着向可口可乐公司贷款。"品牌的价值由此可见一斑。对服务业企业来说,品牌尤为重要,因为服务具有无形性、异质性、生产与消费同步性等特征,消费者为了减少购买的成本与风险,往往会更倚重质量和信誉的保证——品牌。规模相当的服务业企业提供的服务往往差别不大,品牌就成为一个企业区别于其他企业的标志,代表了一种潜在的竞争力与获利能力。越来越多的现代服务业企业认识到品牌的重要性,纷纷加强品牌建设以提升企业的竞争力,知名度极高的现代服务业品牌如 Google、微软、Ebay、亚马逊、雅虎等。英国《金融时报》与 Millward Brown Optimor 合作推出的"2007 年全球最具价值百强品牌排行榜",服务品牌占据了大部分席位,Google 荣登榜首,品牌价值达到 664.34 亿美元,微软列第三,中国移动列第五,前五个席位被信息传输、计算机服务和软件业占了三个。

7. 服务集群化成为生产性服务业竞争的主要形式

随着经济全球化的发展和世界生产性服务业规模的不断壮大,世界生产性服务业还呈现出服务集群化的发展趋势。生产性服务业的竞争已不再是单个企业的竞争,而更多地表现为集群竞争,整个产业链竞争和产业配套能力的竞争。

(四) 我国现代服务业

1. 我国现代服务业发展态势

我国已经把现代服务业作为推动产业结构升级和经济增长方式转变的重要战略来抓,服务业持续稳定增长,特别是金融、软件、商务服务等现代服务业发展迅速,产业规模不断扩大,在国民经济中的作用逐步显现出来。各省、区现代服务业都呈现出良好的发展态势。

(1)现代服务业规模不断扩大,但整体发展水平有待提高

2001—2006年,我国服务业增加值从44626.7亿元增加到82703亿元,但占GDP的比重不升反降,从2002年的41.7%下降到2006年的39.5%(见图3)。在服务业中,金融、房地产等现代服务业发展较快,2004年我国现代服务业增加值达到30515.5亿元,占第三产业增加值的47.3%。其中,金融业实现增加值5393亿元,占现代服务业的17.7%;房地产实现增加值7174.1亿元,占现代服务业的23.5%。尤其是信息传输、计算机服务和软件业等一批新兴的现代服务业发展迅速。2006年软件产业销售收入达到4800亿元,比2000年增长了7倍多,年均增长率达到40%以上(见图4)。但是,受服务业整体发展水平所限,2004年我国现代服务业增加值占GDP的比重仅为19.1%,与发达国家相比,我国现代服务业发展水平仍然落后,占GDP的比重有待提高。

(2)现代服务业区域发展不平衡,梯度明显

我国东中西部服务业发展水平差异较大(见图5)。2005年我国东部地区人均服务业增加值分别是中部、西部和东北部地区的2.5倍、2.6倍和1.6倍;服务业增加值占本地区生产总值的比重分别比中部、西部和东北部地区高4个、0.6个和3个百分点。即便是北京、上海、广州、天津等一线城市之间,亦呈现明显的层次性。规模上看,2005年北京市现代服务业增加值达到3206.5亿元,是广州市的2.5倍,是天津市的4.9倍;增加值占GDP比重看,2005年北京市现代服务业增加值占GDP的比重为46.56%,上海、广州、天津现代服务业增加值占GDP的比重分别是30.16%、28.3%和17.81%,差别明显(见图6)。

(3)现代服务业成为吸引外资的重点领域

加入WTO以来,我国服务业对外资开放的程度不断提高。现代服务业利用外资规模不断扩大。2004—2006年我国服务业实际使用的外国直接投资从140.5亿美元上升到263.57亿美元,所占比重也从23.2%上升到37.9%。金融、房地产、商务服务等现代服务业利用外资规模上升较快,所占比重不断增大,成为服务业利

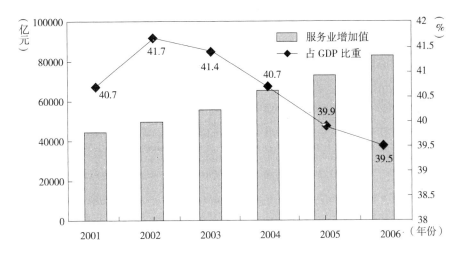

图3　2001—2006年我国服务业增加值及占GDP比重

数据来源:《中国统计年鉴》2006,中华人民共和国2006年国民经济和社会发展统计公报。

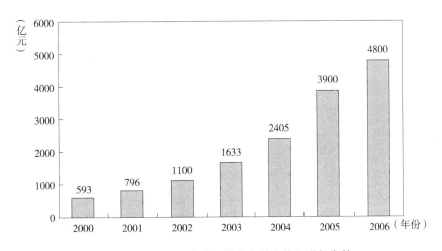

图4　2000—2006年我国软件业销售收入增长态势

用外资的主体。按照北京市发布的现代服务业统计标准,2006年,我国现代服务业(见表4)实际使用外商直接投资金额从2004年110.4亿美元增加到212.5亿美元,翻了一番,占服务业实际使用外资的比重达到78.6%。

我国服务业对外资开放程度不断提高,许多垄断性现代服务业行业也逐渐向外资开放。金融业已成为我国利用外资的重点领域,截至2006年年底,74家境外银行在华设立了312家营业性机构,28家境外战略投资者投资参股了21家中资银

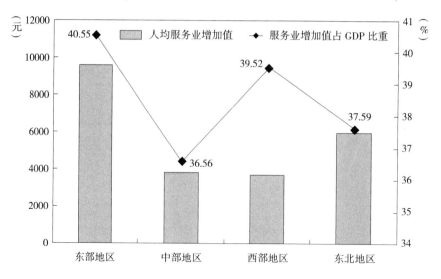

图 5　按区域分服务业增加值及占 GDP 比重

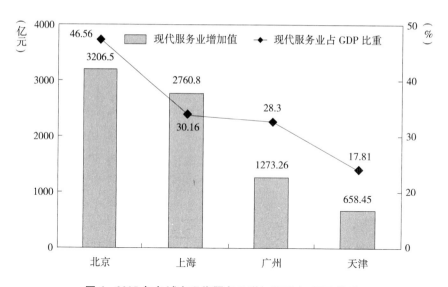

图 6　2005 年各城市现代服务业增加值及占 GDP 比重

资料来源:各城市统计年鉴(2006)。

行,境外金融机构在华设立了 31 家合资证券公司和基金公司,另有 44 家境外保险公司在华设立了 115 个保险营业机构。在电信领域,我国的基础电信业为国家控股,外资更多的是通过投资我国基础电信运营商境外上市公司股票的方式参与其中,以中国电信为例,澳洲联邦持有中国电信 8.23% 的股票,是中国电信第二大股东,投资银行摩根大通持有 7.21%,是中国电信第三大股东。

表4 2004—2006 年外国直接投资服务业情况

行　业	实际使用金额（亿美元）		
	2004	2005	2006
交通运输、仓储和邮政业	12.7	18.1	19.8
信息传输、计算机服务和软件业	9.2	10.1	10.7
批发和零售业	7.4	10.4	7.9
住宿和餐饮业	8.4	5.6	8.3
金融业	2.5	2.2	67.4
房地产业	59.5	54.2	82.3
租赁和商务服务业	28.2	37.5	42.2
科学研究、技术服务和地质勘查业	2.9	3.4	5.0
水利、环境和公共设施管理业	2.3	1.4	2.0
居民服务和其他服务业	1.6	2.6	5.0
教　育	0.4	0.2	0.3
卫生、社会保障和社会福利业	0.9	0.4	0.2
文化、体育和娱乐业	4.5	3.1	2.4
公共管理和社会组织	0	0.04	0.07
服务业合计	140.5	149.24	263.57
其中:现代服务业	110.4	112.5	212.5

资料来源:根据中华人民共和国 2004、2005、2006 年国民经济和社会发展统计公报整理。

（4）现代服务贸易竞争力有待加强

我国服务贸易的规模不断扩大,增长速度在世界各国中名列前茅。根据商务部发布的最新数据,2006 年我国服务贸易进出口总额为 1928.32 亿美元,其中,服务出口 919.99 亿美元,服务进口 1008.33 亿美元。服务贸易逆差缩减到 88.34 亿美元(见表5)。但是,与货物贸易相比,我国服务贸易发展相对滞后,尤其是现代服务贸易出口竞争力不强。世界贸易组织的统计数据显示,1982—2006 年,中国服务贸易出口额占贸易出口总额的比重一直在 10% 以下,仅为全球平均水平的一半,服务贸易长期逆差。而且,我国服务贸易结构不平衡,服务贸易优势部门主要集中在海运、旅游等比较传统的领域。2006 年运输和旅游业出口占服务出口的 59.74%,而通讯服务、金融服务、保险服务、计算机和信息服务、专有权利使用费和特许费、咨询服务、广告宣传、电影音像等八项现代服务项目的出口占服务出口的比重只有 15.23%。而且,除计算机和信息服务、广告宣传、电影音像三项外,其他五项均为逆差,比如专有权利使用费和特许费逆差为 64 亿美元,比 2005 年增长25%。这说明我国现代服务业的国际竞争力还比较低。

表5　2006 年中国服务贸易的结构　　　　（单位:亿美元,%）

项目	出口	比重	进口	比重	进出口差
服务贸易	919.99	100	1008.33	100	-88.34
运输服务	210.15	22.84	343.69	34.09	-133.54
旅游服务	393.49	36.9	243.22	24.12	96.27
通讯服务	7.38	0.8	7.64	0.76	-0.26
建筑服务	27.53	2.99	20.5	2.03	7.03
保险服务	5.48	0.60	88.31	8.76	-82.83
金融服务	1.45	0.16	8.91	0.88	-7.46
计算机和信息服务	29.58	3.22	17.39	1.72	12.19
专有权利使用费和特许费	2.05	0.22	66.34	6.58	-64.3
咨询	78.34	8.52	83.89	8.32	-5.55
广告、宣传	14.45	1.57	9.55	0.95	4.9
电影、音像	1.37	0.15	1.21	0.12	0.16
其他商业服务	196.93	21.41	112.61	11.17	84.32
别处未提及的政府服务	5.79	0.63	5.06	0.50	0.72

资料来源:国家外汇管理局《中国国际收支平衡表——2006 年》。

（5）承接国际服务外包成为发展现代服务业的重要方式

服务外包广泛应用于 IT 服务、人力资源管理、金融、会计、客户服务、研发、产品设计等众多领域,是当前国际现代服务业转移的新趋势。近年来,我国承接国际服务外包取得初步成绩,根据赛迪顾问发布的一份市场研究报告,2006 年我国软件外包服务市场规模高达 14.3 亿美元,同比增长 55.4%。

我国形成了一批在某些特定领域具有较强国际竞争力的服务外包企业,比如东软,2006 年东软外包收入达 1.01 亿美元,其中有 52% 与软件开发和测试有关,15% 与产品开发有关,即东软服务外包业务的 2/3 是高端业务。然而,与印度等国家相比,我国在承接国际服务外包领域还处于相对落后的局面。从规模来看,2005年我国计算机信息服务出口加上流程外包约为 20 亿美元,只有加工贸易盈余的 1%,不到印度的 1/10,也落后于爱尔兰、菲律宾等国;从承接外包内容构成看,主要集中在和制造业相联系的软件和 IT 服务外包方面,在潜力更大的商务流程外包方面只有少数成功案例;从市场结构看,主要从日本接单,在欧美等全球主流服务外包市场尚未打开局面;另外,我国服务外包企业的平均规模较小,相对竞争力较低。随着我国现代服务业发展水平的逐步提高以及国际服务业转移加快,将有越来越多的跨国公司以服务外包的形式转移到中国,这将为我国承接服务外包带来广阔市场前景。而且服务外包作为服务贸易的一种重要形式已经引起国家及各级政府的高度重视,促进服务外包的"千百十工程"已于 2006 年启动并逐步推进,承接国际服务外包将成为我国发展现代服务业、提高利用外资水平的一大突破口和重要途径。

2. 国内主要地区生产性务业发展概况

(1)北京生产性服务业

2007 年,北京服务业规模进一步壮大,服务业增加值占地区生产总值的比重达到了 71.5%,领先全国平均水平 30 个百分点,已经达到世界发达国家平均水平。特别是生产性服务业因其本身强劲的发展势头而成为首都经济中耀眼的亮点。市政府提出要坚持以现代服务业为引领,完善产业导向政策和扶持政策,大力发展生产性服务业。完善金融业扶持政策和服务体系,加快金融后台服务园区建设,积极吸引各类金融机构在京发展。推进空港综合保税港区等重点项目,促进现代物流和商务服务业发展,构筑投融资服务平台。

2005 年,北京金融业增加值占服务业比重就已达到 17.6%,位居第一,成为北京服务业发展的主导产业。2006 年 10 月北京市发布"十一五"时期金融业发展规划,确定金融街、CBD 和中关村为三大金融功能区。两个月后,中国银行业全面对外开放,外资银行本地注册开闸,人民币业务限制取消,银行卡业务放行,政策门槛的降低和北京经济高速发展的吸引力诱惑着外资金融纷至沓来。36 个国家和地区、112 家银行、51 个营业机构、83 个代表机构、7 家外资法人银行等共同构成了北京外资银行群体的强大阵容。目前,外资银行开办的业务品种既包括存贷款、国际结算等传统业务,也包括衍生产品、网上银行等新业务,共 13 大类近 70 个品种。北京的金融街上汇聚了中国金融监管部门机构"一行三会"以及众多银行、证券、保险公司和大集团总部等中国最主要金融机构,并驻扎了大量外资金融机构,也是国内单体一平方公里创造产值最大的区域。

2005 年,北京信息服务业增加值占服务业比重为 12.2%。北京的信息服务业已成为最具全国竞争优势的行业。据统计,2006 年北京信息服务业增加值占全市 GDP 的 8.7%。全市 CN 注册域名数和网站数均占到全国的近 20%。北京信息化发展指数、固定电话普及率和移动电话普及率三项指标均居全国首位。TD - SCDMA、下一代互联网已开始试验网建设、北京数字电视用户突破百万户、手机电视开始试播,北京信息技术基本达到了国际水平。2007 年 1 月至 10 月份,北京软件产业收入首超千亿元,达到 1027 亿元,实现"十五"以来年均 30% 以上的增长。产业收入和出口额均占到全国 1/3 份。在信息服务业中,电子商务也是北京市大力倡导推动的领域。

北京东部的 CBD 中央商务区、西部的中关村科技园区,以及遍布"三环五带"的物流网,推动着商务服务业、科技服务业和现代物流业的发展。中关村科技园区,已发展成一区多园的国家级高新技术产业开发区。高新技术企业共建技术联盟和产业联盟、与跨国公司共建研发机构、与大学和科研院所联合开展研发,成为技术创新的新形式。中关村科技园区经济发展始终保持 30% 的增长速度。高技术服务业发展迅速,占园区经济总量的 45%。

(2)"长三角"现代服务业

2009 年,长三角的现代服务业迸发出勃勃生机,"点亮"了区域经济的基本面。

江苏省统计局副总经济师刘兴远表示:"作为经济发展的新引擎,江苏现代服务业的发展主要体现在增长提速、比重提高、水平提升。"据统计,2009 年 1 月至 5 月,江苏湖南新签离岸外包合同额增长 40.5%,执行金额增长 106%;软件业销售收入、利润同比分别增长 39.4% 和 27.2%;旅游业总收入增长 14.7%。在公布的"2009 年中国国际服务外包十大领军企业"和"百家成长型企业"中,江苏药明康德新药开发有限公司入选领军企业,19 家企业跻身百家成长型企业。

浙江 2009 年 1 月至 5 月,湖南限额以上第三产业投资 1658.0 亿元,增长 21.2%,增幅比一季度提高 4.5 个百分点。如扣除房地产开发投资,则增幅高达 33.8%。在第三产业投资中,增幅超过 30% 的有金融业、信息传输计算机服务和软件业、居民服务和其他服务业、文化体育和娱乐业、租赁和商务服务业等。

浙江省发改委经贸流通处处长张国云介绍,目前浙江的现代服务业在四个方面发展比较迅猛,一是金融服务;二是商贸流通服务;三是现代物流;四是信息服务。此外,还促进工业企业分离发展服务业,为"浙江制造"做好配套性生产服务。

上海根据独特的区位优势和良好的发展基础,提出了着力打造三大产业集聚带、12 个中心城区现代服务业集聚区、7 个郊区现代服务业集聚区的发展思路,形成一个点线面有机结合的发展规划布局。目前上海发展"3+5"生产性服务业的规划业已形成并逐步实施。其中,3 个重点专业性服务业是汽车服务、工程装备配套服务和工业信息服务,5 个公共性服务业为技术服务、现代物流、工业房地产、工业咨询服务和其他工业服务。然而,生产性服务业在发展中也面临着一些突出的矛盾和问题:产业总量仍然不足,占整个服务业比重由 1990 年的 43.5% 降至 2003 年的 37.4%,比美国低 20 多个百分点;传统服务业份额过高,2003 年交通运输、仓储和邮政业占全部服务业增加值的 17.4%,明显高于美国(7.9%)、日本(8.8%)、德国(8.8%)的水平;新兴服务业投资不足,大量投机性资本涌向房地产业,2004 年房地产业占服务业投资比重 41.9%,信息服务、商务服务和技术服务等新兴服务业只有 6.1%;民间资本和外商投资进入仍有种种壁垒和限制,2005 年生产性服务业吸收外资 71.3 亿美元,只占全部外资的 11.8%。老工业区闸北依托"中国上海人才市场",做大人才服务文章。区领导还北上南下当起"猎头"。如今,该区"不夜城"商圈的一幢 4 万多平方米的人才大楼里已经入驻 11 家国内外知名的人才公司。

(3)广东生产性服务业

广东凭借特殊的优惠政策和毗邻港澳的地缘优势,经济发展取得了历史性的飞跃,产业结构也发生了深刻的变化。其三次产业构成由 1999 年的 12.1∶50.4∶37.5 发展为 2005 年的 6.2∶50.7∶43.1。2005 年,广东第三产业实现增加值 9631.37 亿元,比上年增长 15.2%,对湖南 GDP 贡献率高达 42.2%(见表6),第三产业中的生产性服务业发展势头更是强劲,其总量和规模走在了全国的前列,尤其是广州和深圳市,其生产性服务业产值占第三产业的比重均超过了 50%,并且集中了信息咨询、计算机应用以及科研服务等较多的新兴行业。随着广东金融服务功能的不断强化和完善,金融业增加值保持平稳的增长,2005 年实现增加值 673.65 亿元,增长幅度达 11.8%;省内的科研与综合技术服务业开始具备一定的规模,虽然从业人数较少,但是增长速度快,2005 年的增长速度接近 40%;交通运输与仓储邮政业作为广东的支柱产业,其产值和就业的基数原本就较大,但增长速度不如新兴行业迅速。

表6　2005 年广东省生产性服务业产值和就业人数情况

指标	GDP 产值（亿元）	比上年增长(%)	占 GDP 比重(%)	从业人数（万人）	比上年增长(%)	占总从业人数比重(%)
总计	22366.54	18.6	100	5022.97	7.3	100
第一产业	1395.23	14.4	6.2	1609.89	-0.1	32.1
第二产业	11339.93	22.2	50.7	1916.16	10.9	38.1
第三产业	9631.37	15.2	43.1	1496.92	22.5	29.8
交通运输、仓储邮政业	1591.47	12.1	7.1	117.65	3.9	2.3
批发零售与住宿餐饮业	2596.65	11.8	11.6	728.85	14.9	14.5
金融业	673.65	11.8	3.0	29.83	0.6	0.59
房地产业	1456.14	31.9	6.5	44.31	25.3	0.88
教育、文化、艺术、广播、电影、电视业	608.26	11.7	2.7	16.35	6.9	0.33
科研与综合技术服务业	203.71	37.3	0.9	130.21	6.6	2.6
其他	2501.49	12.5	11.3	424.19	9.8	8.6

资料来源:《广东省统计年鉴 2006》

（五）新型工业化与现代服务业的关系

1. 新型工业化发展趋势

（1）制造业呈现服务化。随着技术进步、生产专业化程度加深和产业组织复杂化,制造企业内部的设计、研发、测试、会计、审计、物流等非制造环节逐渐分离出来,形成独立的专业化服务部门,如商务服务业、信息服务业、物流业等。

（2）发展高技术产业。工业结构调整使工业生产朝着高加工度化转移。发展高技术产业是工业结构调整的便捷途径和有力措施。高技术产业已成为工业发达国家经济增长的主要动力,成为竞争力的核心。新型工业化,必须加快高技术产业发展。

（3）培育发展产业集群。国内外的实践和经验表明,产业集群是工业化发展到一定阶段的产物,也是工业化发展到一定程度后进一步深化、加速的必然选择。扩大优势产业规模,延伸产业链条,形成重点产业集群。大力发展中小企业,中小企业与县域经济、新农村建设结合,小商品、大市场的产业布局形成"小企业、大集群"。吸引新的工业投资建设适宜于工业实体进驻的工业园区,形成高新技术企业集群。

（4）企业经营管理日趋专业化。新型工业化的推进,使企业经营管理日趋专业化。原来"大而全"、"小而全"的经营模式将逐渐消亡,企业致力于产品生产流程的核心部分,将信息系统架构、应用管理和业务流程优化等业务发包给本企业以外的服务提供者的情况将越来越普遍。

（5）品牌价值将备受重视。品牌为企业带来的利益是内在而持久的,没有品牌,就难以形成持久的企业核心竞争力。新型工业化的进程中,代表企业质量和信誉保证的品牌将备受重视。

2. 新型工业化对现代服务业的需求分析

（1）对现代服务业的产业需求

信息、决策咨询业。企业战略决策功能对信息传输、信息处理、决策咨询等相关服务业的需求量巨大,要求很高。对信息、决策咨询等相关服务业产生需求。

商务服务。企业的日常运营活动对会计、审计、税务、法律服务、广告策划、管理咨询、技术咨询、人力资源管理等商务服务的需求越来越大。许多企业为了追求效率和控制成本,不再把商务服务内化在企业中,而是从企业外部购买更加专业和优质的商务服务,这将有效地带动商务服务业的发展。

金融服务业。企业经营过程中的流动资金需求、贸易融资需求、资本运营过程中的融资需求等,形成了对资金融通的巨大需求;特别是企业集团的跨地域经营甚至跨国经营,对资金在企业间的流动效率及资金在企业内部的使用效率要求更高,因而对银行结算服务的需求更大;企业集团的发展壮大,也离不开金融理财与金融咨询服务。因此新型工业化的推进需要各类金融业务的发展做支撑。

专业技术、科技交流和推广服务业。在市场需求快速变化、技术迅速更新的趋势之下,加快自主知识产权产品的研发,缩短研发周期,更快、更有效地实现产品更新,不断降低研发成本和产品生命周期成本是企业竞争的生命线。研发、创新、设计能力等高端功能的实现,需要有效集成各类科技资源,依靠本领域专业性技术服务机构的支持。企业对专业技术服务业、科技交流和推广服务业等服务业的需求量将越来越大。

现代物流业。营销活动的顺利进行也离不开现代物流的支持,销售的连续性需要物流配送提供有力支持,物流管理则协助企业把产品和服务以最快的方式、最低的成本交付客户。

市场调查、广告宣传业。市场营销活动需要分析行业发展态势,了解消费者的需求和竞争产品的市场表现,评估、监测市场运营状况,发现市场空缺和市场机会等,这些都要依靠市场调查而进行;为了有效地传递信息、诠释产品、引导消费、促进销售,以及提高企业知名度,为业务联系提供方便和支持,企业一般会通过报刊、电视、广播、招贴等形式进行宣传,其对现代广告服务业的需求应运而生。

教育培训业。新型工业化需要充足的高素质商务人才和研发人才供给,这必将产生对高等教育资源的巨大需求。同时,为了提高员工的整体素质,挖掘和培养人才,员工教育培训,诸如岗位技能培训、专业理论知识培训、管理技能培训、企业文化培训等的需求较为强劲。

(2)对现代服务业的空间需求

企业为占领市场,需要服务业系统覆盖完整、网络健全,通达性好。公司企业要求外界服务灵通便捷,保证质量,对服务者有较大的选择余地。中国总部经济发展报告课题组对190家大、中企业的调查显示,企业对各类服务业的需求,主要由所在区域的服务业企业提供,56.1%的被调研企业表示会在本市范围内寻找服务提供者,主要依靠本省服务业企业提供服务的占28.3%。在需求的驱动之下,产业集群区域的服务业往往能得到更好的发展。

(3)对生产服务业的需求

根据投入产出表计算生产性服务业各行业的中间需求率,可以判断国民经济各产业部门对生产性服务业的需求趋势和依赖程度。第二产业对生产性服务业的中间需求比重最大。湖南为例:第二产业对生产性服务业的中间需求比重为53.19%;其次是第三产业和第一产业,分别为37.61%和8.92%。第二产业中工业对生产性服务业的中间需求比重为43.27%,工业中制造业为39.13%,采掘业2.18%,电力、煤气和水的生产供应业1.96%。

制造业内部对生产性服务业的需求差异较大。从制造业内部看,传统制造业对生产性服务业的中间需求仍占绝大多数。其中食品制造及烟草加工工业、化学工业、非金属矿物制品业、金属冶炼及压延加工业对生产性服务业的中间需求比重较高,分别达到17.6%、16.21%、12.0%和11.19%,表明生产性服务业很大一部分中间需求被这些行业所使用。电气机械及器材制造业、通信设备计算机及其他电子设备制造业、仪器仪表及文化办公用品机械制造业、其他制造业对生产性服务业的中间需求比重较低,分别只有3.11%、3.73%、0.82%和2.76%。

感应度系数表明国民经济发展对生产服务业的拉动作用。(见表11)2002年六大生产服务业的感应度系数都比1997年有所上升,这种上升的趋势反映了湖南经济发展对生产服务业需求增大的特点。信息传输、计算机服务和软件业,金融业的感应度系数上升幅度较大,2002年比1997年分别上升了0.680853、2.161784,表明各产业的发展对信息传输、计算机服务和软件业,金融业的需求增长较快。

信息传输、计算机服务和软件业、金融业、物流业(交通运输和仓储业)的感应度系数大于1,表明其他产业的发展对这些行业的需求超过社会平均水平,也说明这些产业具有较大的潜力和发展空间。

3. 新型工业化和现代服务业的关系

(1)新型工业化为现代服务业提供了巨大的需求空间和市场

新型工业化以科技创新为支撑,由市场配置资源,企业乃至产业的生产链向两端延长。向上连接着由现代经营理念产生的企业管理与产品优化提升和创新研发,向下连接产品仓储、运输和销售,横向形成除企业自身核心产品生产之外的所有业务,包括核心产品的部分外协加工、新产品研发、产品运输、销售以及生产管理中的咨询、审计、法律顾问、保安、办公清洁等都将实现外包。同时,新型工业化的发展趋势必将形成以主导产业或特色产业为中心的区域工业集群。这种发展趋势为生产服务业和生活服务业提供了巨大的需求空间和市场。

(2)现代服务业对现代制造业发展具有不可替代的推进作用

现代服务业特别是生产服务业主要是依托信息技术和现代经营理念而发展起来的,它是知识和技术相对密集的服务业,是产品价值链中价值增值的主要来源。有资料表明,产品价值构成中,有高达75%—85%与生产者服务活动有关,计算机市场上增值部分的60%—70%来自软件和维护服务。现代服务业的发展能够降低制造业资源消耗投入比例,带动并使制造业能级提升,是制造业整体水平和产品品质提升的前提和基础,制造业结构升级的过程就是生产性服务业在制造业领域作用不断增强的过程。发展现代服务业有利于促进经济增长方式由粗放型增长向集约型增长转变,由主要依靠消耗资源向更多地依靠智力支持和科技进步转变,知识密集型的生产性(中间投入服务)服务业,正在成为企业提高劳动生产率和货物商品竞争能力的关键投入,更是企业构成产品差异和决定产品增值的基本要素。

a、加快发展现代服务业是推进新型工业化,实现全面协调可持续发展的重要环节。现代服务业需求收入弹性高、发展潜力巨大,而且资源环境约束小,是经济可持续增长的重要源泉,也是转变经济增长方式、改变靠资源高消耗、环境高污染来换取经济发展模式的必然要求。

b、制造业服务化倾向体现在现代服务业中。从企业发展战略的选择、企业融资到产品的设计、营销等各方面都会有现代中介服务机构为其提供服务。同时专业化的服务不仅可以有效地减少风险发生的几率,而且可以使企业专注于发展生产,集中力量提高企业的核心竞争力。制造业部门的服务化倾向也体现在其产品的服务性以及随产品一同售出的知识和技术服务等,这都属于现代服务业范畴。

c、现代服务业是提高制造业整体水平和劳动效率的动力来源。总成本是由生产成本和交易成本两部分构成的,而且随着分工的深化,交易成本所占比重愈来愈大。而现代服务业的发展降低了交易成本,对经济整体效率的提高起着非常重要的作用。

(3)同步发展,相得益彰

新型工业化和现代服务业是当今经济发展与社会进步过程中的一对孪生兄弟。新型工业化的推进催生了现代服务业,为现代服务业的发展创造了良好的条件和空前的机遇;现代服务业为新型工业化造就了降低成本提高效率的有效途径。新型工业化和现代服务业两者相辅相成,互相依存,同步发展,相得益彰。

二、湖南现代服务业综合能力分析

(一) 湖南现代服务业

随着湖南省以工业化为核心的"三化"进程的加快,现代服务业在湖南的经济发展中扮演的角色越来越重要。第一、二产业竞争力的发挥,特别是工业生产效率的提高越来越依赖于金融服务、信息服务、技术研发、商务服务、物流等生产服务业的支撑。当前湖南省的现代服务业特别是生产服务业发展相对滞后,成为制约新型工业化提速提质的重要因素。

1. 发展现状

(1)服务业总量上扬,增速较快

1978 年,湖南 GDP 只有 146.99 亿元,其中服务业增加值只有 27.34 亿元,占18.6%。到 2007 年,湖南 GDP 达到了 9200 亿元,服务业增加值达到 3657.04 亿元,占

GDP 总量的 39.75%。28 年服务业增加值翻了 5 番多,1997 年到 2007 年 10 年间服务业增加值占 GDP 总量的比重上升了 6.35 个百分点,服务业总体水平提高较快。(见表 7)2006 年湖南服务业增速高于全国平均水平 2.1 个百分点,在中部六省排名居首位。2007 年湖南服务业生产总值 3657.04 亿元,在全国排名第 13 位,增速排第 9 位。

表 7 湖南服务业发展状况

年份	GDP (亿元)	服务业增加值 (亿元)	服务业占 GDP 比重%	湖南从业人员(万人)	服务业从业人员(万人)	从业人员占湖南比重%
1995	2132.1	676.2	31.72	3467.3	639	18.43
1996	2540.1	826.1	32.52	3514.2	709	20.18
1997	2849.3	951.7	33.40	3560.3	760	21.35
1998	3025.5	1074.1	35.50	3603.2	778	21.59
1999	3214.5	1243.3	38.68	3601.4	736	20.44
2000	3551.5	1473.4	41.49	3577.6	616	17.22
2001	3831.9	1593.4	41.58	3607.9	781	21.65
2002	4151.5	1780.8	42.90	3644.5	853	23.41
2003	4659.9	1995.8	42.83	3694.8	942	25.50
2004	5641.9	2294.6	40.67	3747.1	1057	28.21
2005	6511.3	2640.5	40.55	3801.5	1137	29.91
2006	7568.9	3151.7	41.64	3842.1	1222	35.09
2007	9200.0	3657.04	39.75	3883.4	1285	33.09

资料来源:《湖南省统计年鉴》

(2)生产服务业成为吸纳劳动力就业的重要渠道

1995—2007 年间湖南服务业从业人员增加 646 万人,平均每年吸纳就业近 50 万人,是第二产业吸纳就业人数的 2.7 倍。可以看出,服务业不仅吸收了大量新成长劳动力,而且吸收了部分农业和工业转移的劳动力,是从业人员增长最快,吸纳从业人员最多的行业。从生产服务业看,2005 年交通运输仓储及邮政业从业人员 126.74 万人,信息传输、计算机服务和软件业 28.49 万人,金融业 14.73 万人,租赁和商务服务业 72.46 万人,科学研究和综合技术服务业 7.01 万人,这些行业从业人员合计达 249.43 万人,比 1990 年增加约 150 万人,平均每年吸收就业近 10 万人。生产服务业成为吸纳劳动力就业的重要渠道,但仍未成为主要渠道。

(3)生产服务业发展较快

90 年代以来,生产服务业在国民经济中的地位有所提高,2005 年农林牧渔服务业、信息传输和计算机服务及软件业、金融业、租赁和商务服务业、科学研究和综合技术服务业、物流业六大生产服务业的增加值为 795.62 亿元,是 1990 年的 11 倍。信息传输、计算机服务和软件业,租赁和商务服务业增加值增长尤为迅速,分别是 1990 年的 70 倍和 15 倍。生产服务业占 GDP 的比重由 1990 年的 9.6% 提高到 2005 年的 12.2%,提高了 2.6 个百分点,2005 年湖南生产服务业占全部服务业比重为 30.1%。2007 年六大生产服务业的增加值已达到 1174.55 亿元,占 GDP 的比重达 12.8%。(见表8)

表8　湖南生产服务业增加值　　　　　　　(单位:亿元,%)

行业	1990 年		2005 年		2007 年	
	增加值	占 GDP	增加值	占 GDP	增加值	占 GDP
合计	71.54	9.6	795.62	12.2	1174.55	12.77
农林牧渔服务业	i.67	0.2	19.07	12.2	1174.55	12.77
信息传输、计算机服务和软件业	2.58	0.3	178.68	0.3	24.82	0.27
金融业	25.18	3.4	123.31	2.7	300.95	3.27
租赁和商务服务业	5.42	0.7	78.96	1.9	211.74	2.30
科学研究和综合技术服务业	7.36	0.1	40.46	1.2	99.27	1.08
物流业(交通运输和仓储业)	29.33	3.9	355.14	0.6	60.50	0.65

资料来源:《湖南省统计年鉴》。

2. 存在问题

湖南现代服务业有了长足的发展,但与全国经济发达省市相比,有很大的差距,仍然存在总量偏低、水平不高、结构不尽合理等问题。从新型工业化的视角看,特别是生产性服务业,是湖南经济体系中相对短缺且亟待发展的产业群体。当前存在的主要问题是:

(1)生产服务业总体规模小,发展水平落后

湖南生产服务业存在四低,经济总量低、经济比重低、结构水平低、市场化程度低。

与全国经济发达省市相比,湖南生产服务业总体规模小。2007 年湖南服务业增加值为 3657.04 亿元,占本省 GDP 的 39.8%,低于全国平均水平,绝对值仅相当于广东(13449.73)的 27.2%、山东的 42.1%、江苏的 38%、浙江的 47.8%。

2005 年湖南六大生产服务业增加值占本省 GDP 的比重 12.2%,占整个服务业的 30.1%。交通运输、仓储业和邮电通讯业增加值仅相当于广东的 31.5%、山东的 42.9%、江苏的 45.0%、浙江的 50.9%;金融保险业增加值仅相当于广东的 37.2%、山东的 37.2%、江苏的 27.2%、浙江的 35.8%。2005 年生产服务业对服务业的贡献率为 32.7%,完成固定资产投资额 294.73 亿元,仅占整个服务业投资额

的 18.8%。

制造业对生产性服务的需求仍集中在传统产业。湖南制造业对生产性服务业的中间需求主要集中在物流业,其比重高达 66.55%;其次为金融业,为 22.11%。而制造业对信息传输计算机服务业和软件业、租赁和商务服务业、科学研究和综合技术服务业的中间需求较低,比重分别为 4.76%、4.53% 和 1.81%。制造业对传统服务业的中间需求比重大,而对技术密集型、知识密集型的服务业的中间需求比重偏小,反映出湖南制造业对生产性服务业的消耗层次偏低,生产的社会化、信息化程度不高,生产性服务业高端服务不足。

主导服务业世界发展潮流的是附加值高的知识密集型服务业。2005 年湖南的信息传输、计算机服务和软件业、科研与综合技术服务这两大知识型服务部门占当年 GDP 的比例仅为 3.3%,而物流、租赁商务等劳动相对密集的行业所占比例较高,说明湖南生产服务业内部结构水平偏低。

湖南服务业诸如保险、科研、教育、通讯等大多属于各级政府和大专院校的附属机构,属于国家福利型和国家垄断型行业,进入市场的门槛较高,开放程度不高,仍带有福利和公益的性质,缺少竞争机制。

(2)服务业吸纳劳动力就业能力仍需加强

虽然 90 年以来湖南服务业的从业人数增长较快,但比重仍然不高,而生产服务业从业人员占整个服务业的比重又偏低。生产服务业已成为吸纳劳动力就业的重要渠道,但尚未成为主要渠道。

(3)现代服务支撑体系不完善

湖南现代服务业中消费性服务业诸如电视、休闲、旅游业发展较快,而对制造业产前、产后服务的生产性服务业相对不足,整个服务链条连接不紧密甚至脱节,影响了制造业的效率。现代服务业相对于城市化发展和工业产业集群的滞后,限制了湖南生产服务业规模效应和积聚效应的形成。在现代服务业的管理和协作等方面,存在着多头管理和管理真空,尚未形成科学严密有机协调的管理体系,严重影响现代服务业效能的发挥。

(4)生产服务业的发展未形成区域特色

区域比较优势和基于产业链区别定位的区域分工体系是生产性服务业发展的基础。湖南的生产服务业与全国各省区结构雷同,尚未形成区域特色。

(二) 湖南现代服务业综合能力分析

1. 服务业行业水平

湖南服务业发展速度较快,但从服务业内部看属于现代服务业的行业比重不大,而传统服务业产业仍占有较大成分;与全国水平比较,湖南服务业占湖南 GDP 比例 2006 年比全国平均水平高 0.78 个百分点,但是属生产性服务业的产业仅信息传输、计算机服务和软件业高于全国平均水平 0.62 个百分点外,交通运输、仓储和邮政业、金融业、租赁和商务服务业、科学研究、技术服务业均低于全国平均水平。(见表9)。

表9　2006年全国与湖南服务业增加值及其行业构成比较　(单位:亿元,%)

行　业	全国服务业增加值	全国服务业增加值构成	湖南服务业增加值	湖南服务业增加值构成	比重比较(百分点)
第三产业	84721.4	39.98	3084.96	40.76	0.78
交通运输、仓储和邮政业	12481.1	5.89	426.09	5.63	-0.26
信息传输、计算机服务和软件业	5329.2	2.51	237.11	3.13	0.62
批发和零售业	15471.1	7.30	558.88	7.38	0.08
住宿和餐饮业	4792.1	2.26	151.39	2.00	-0.26
金融业	8490.3	4.01	184.7	2.44	-1.57
房地产业	9664.0	4.56	268.52	3.55	-1.01
租赁和商务服务业	3280.0	1.55	86.55	1.14	-0.41
科学研究、技术服务和地质勘查业	2409.3	1.14	52.7	0.70	-0.44
水利、环境和公共设施管理业	944.2	0.45	48.42	0.64	0.19
居民服务和其他服务业	3541.5	1.67	273.18	3.61	1.94
教育	6179.0	2.92	234.7	3.10	0.18
卫生、社会保障和社会福利业	3209.6	1.51	157.85	2.09	0.48
文化、体育和娱乐业	1325.2	0.63	109.3	1.44	0.81
公共管理和社会组织	7604.6	3.59	295.57	3.91	0.32
合计(GDP总量)	211923.5	100.0	7568.89	100	0.00

资料来源:根据《中国统计年鉴》、《湖南省统计年鉴》整理。

2. 生产性服务业能力评价

新型工业化推进需求最大的是生产服务业。据投入产出表计算的湖南生产服务业影响力系数显示,2002 年信息传输、计算机服务和软件业、租赁和商务服务业、科学研究和综合技术服务业、物流业的影响力系数大于 1997 年,表明这些行业对国民经济的影响上升;2002 年农林牧渔服务业、金融业影响力系数比 1997 年小,表明这些行业对国民经济的影响下降。虽然,湖南六大生产服务业的影响力系数大都稳定的增长,但还都是小于 1,反映了湖南生产服务业对国民经济的推动和

影响力偏低。（见表10）

表10　湖南生产服务业感应度系数和影响力系数。

行　业	影响力系数		感应度系数	
	1997 年	2002 年	1997 年	2002 年
农林牧渔服务业	0.926229	0.822552	0.382447	0.595697
信息传输、计算机服务和软件业	0.830346	0.908901	1.257926	1.938779
金融业	0.992634	0.861607	1.517463	3.679247
租赁和商务服务业	0.848645	0.911153	0.448220	0.782685
科学研究和综合技术服务业	0.846041	0.880794	0.477690	0.633600
物流业（交通运输和仓储业）	0.804158	0.914819	1.635072	1.918363

资料来源:1997、2002 年湖南省投入产出表

3. 综合发展能力评价

从区域经济学角度看,我们通过区位商(LQ)来评价一个小区域服务业在大区域范围内的相对集中程度,从而确定该小区域的服务业行业集群优势,并最终反映各小区域的对外经济联系格局。区位商是产业经济学、区域经济学中常用的分析区域产业布局和产业优势的指标,它是指一个地区特定部门的某经济量(产值、产业销售收入、企业数量、企业从业人数等)在该地区总经济量中所占的比重与全国该部门经济量在全国总经济量中所占比重方面的比率。当 LQ>1 表示具有行业优势;当 LQ<1 表示行业处于劣势;当 LQ＝1 表示行业竞争力水平一般。根据周叔莲的标准,可以把判别标准定为 1.4,凡区位商大于 1.4 的产业判断为具有产业集群。

区位商的传统定义,并不能清晰反映区位商这一分析范式的本质内涵,因此,本文给出如下更为一般化的定义,我们定义如下矩阵

$$A=(a_{ij})_{m.n}=\begin{vmatrix} a_{11} & a_{12} & \cdots & a_{1n} \\ a_{21} & a_{22} & \cdots & a_{2n} \\ \cdots & \cdots & \cdots & \cdots \\ a_{m1} & a_{m2} & \cdots & a_{mn} \end{vmatrix}$$

其中,i＝1,…,m;j＝1,…,n.

aij 表示 j 地区 i 产业的某一经济量,因此,矩阵中总共收录了 m 个产业,n 个地区,共 m×n 个数据。进而,我们可以定义区位商 LQ 为:

$$LQ = \frac{a_{ij}/\sum_{i=1}^{m} a_{ij}}{\sum_{j=1}^{n} a_{ij}/\sum_{i=1}^{m}\sum_{j=1}^{n} a_{ij}}$$

（式中，i=1,…,m；j=1,…,n.）

（1）以区位商测定我国部分省市现代服务业集聚程度结果（见表11），湖南交通运输、仓储和邮政业 LQ 为 0.99972，集聚水平勉强与全国相当；金融业 0.574759，房地产业 0.849604，集聚水平低于全国；其他服务业 1.243668，排在北京之后上海之前。湖南现代服务业内部产业水平差异较大，主导产业目前仍是生活服务业（消费性服务业）的旅游业、文化产业。生产性服务业集聚度不高，对周边影响能力还不强。

表 11　我国部分省市服务业区位商比较

地区	交通运输、仓储邮政业	金融业	房地产业	其他服务业
北京	1.04308	3.687223	1.55693	2.061011
天津	1.090495	1.307036	0.820051	0.882987
河北	1.234233	0.634799	0.679904	0.909755
山西	1.491522	0.886567	0.599915	0.935003
辽宁	1.128934	0.806097	0.717367	0.936875
吉林	1.02034	0.701098	0.730379	1.022877
上海	1.129705	2.238305	1.739203	1.16743
江苏	0.718591	0.932466	0.940343	0.880614
浙江	0.677565	1.523996	1.219314	0.955476
安徽	1.184593	0.63725	0.960243	1.184657
福建	1.229993	0.829053	1.153344	0.851322
江西	1.315296	0.520326	0.997687	0.807407
山东	0.928558	0.7664	0.831252	0.690133
河南	1.04932	0.520977	0.663033	0.696031
湖北	0.995621	0.592649	0.78493	1.159513
湖南	0.99972	0.574759	0.849604	1.243668
广东	0.786109	0.914099	1.533037	1.063513
广西	0.980787	0.676363	0.949014	1.048633
海南	1.276676	0.43205	0.884713	1.026265
重庆	1.265875	0.919051	1.103421	1.136535
四川	0.91403	1.079266	0.912655	1.044759
新疆	1.019906	0.936304	0.504466	1.10757

资料来源：《中国统计年鉴 2006》。

用同样方法测定湖南各市、州服务业区位商结果(见表12),张家界市 LQ 最高,娄底市、常德市、岳阳市集聚能力较差,说明湖南服务业发展水平区域分布不均衡。

以上结果需要说明的是现代服务业区位商的概念是以现代服务业各行业的生产率相同为前提的,如果此前提成立,比重高 = 集聚程度高 = 发展水平高,但此前提在现实经济世界中不成立,这是概念的不足之一;其二,区位商没有考虑各地区现代服务业发展的绝对水平,只是以"比重定一方输赢",就会产生一些难以理解的问题。所以在分析一个地区现代服务业发展时,还应考虑绝对值指标,人均值指标等。尽管此概念存在上述不足,但它对于现代服务业集聚的区位分布还是有很强的解释意义。

表12　湖南各市、州服务业区位商　　　　(单位:万元,%)

地区	GDP	三产	三产/GDP	三产 LQ
长沙市	17989572	8847433	0.492	1.206
株洲市	6052653	2179697	0.360	0.882
湘潭市	4220780	1691277	0.401	0.983
衡阳市	6720697	2419061	0.573	1.404
邵阳市	4095117	1687273	0.412	1.010
岳阳市	7334020	2479946	0.338	0.828
常德市	7238368	2433373	0.336	0.824
张家界	1275435	758010	0.594	1.456
益阳市	3362102	1448281	0.431	1.056
郴州市	5462338	1911972	0.350	0.858
永州市	4145477	1800162	0.434	1.064
怀化市	3339081	1497471	0.448	1.098
娄底市	3591162	1235768	0.334	0.819
自治州	1487805	623667	0.419	1.027

资料来源:《湖南统计年鉴2006》。

层次分析法评价长沙市现代服务业综合发展能力。

北京市社科院"城市总部经济发展研究"课题组,对全国 35 个主要城市总部经济综合发展能力进行的测评,其评价指标体系和评价方法适合区域现代服务业综合发展能力评价。现代服务业综合发展能力评价指标体系分为三个层级5个一级指标、16 个二级指标和 54 个三级指标。(见表13)

表13　现代服务业综合发展能力评价指标体系

一级指标	二级指标	三级指标	指标说明
基础条件	经济实力	地区生产总值	区域经济发展综合实力
		人均地区生产总值	区域经济发展水平
		财政收入	政府对区域经济调控能力
		固定资产投资总额	经济发展的资金保障能力
		第三产业占GDP比重	经济发展的结构水平
	基础设施	机场飞机起降架次	区域对外交通条件
		公路密度	区域对外交通条件
		人均铺装道路面积	区域内部交通条件
		人均家庭生活用水量	城市生活设施水平
		居民人均生活用电量	城市生活设施水平
		居民人均生活用气量	城市生活设施水平
	社会基础	每十万人拥有中、小学教师数	城市基础教育服务水平
		每十万人拥有医生数	城市医疗水平
		每百万人拥有影剧院数	城市娱乐设施水平
		每百人公共图书馆藏书	城市文化教育服务水平
		人均住房使用面积	城市住房条件
	人口与就业	非农人口比重	城市化程度
		城镇就业率	城市就业情况
		第三产业从业人员比重	城市就业结构
		城镇家庭人均消费性支出	城市居民消费水平
	环境质量	人均园林绿地面积	城市绿化水平
		生活污水处理率	城市水环境污染治理程度
		生活垃圾无害化处理率	城市固体废弃物治理程度
		空气质量达到及好于二级的天数	城市空气质量
商务设施	商务基本设施	办公楼竣工房屋面积	商务办公楼供给水平
		商业营业用房竣工房屋面积	商业基础设施条件
		三星及以上旅游饭店数量	商务会议等设施条件
		展览馆数量	商务展览等设施条件
	信息基础设施	固定电话用户数	信息化水平
		年末移动电话用户数	信息化水平
		国际互联网用户数	信息化水平

一级指标	二级指标	三级指标	指标说明
研发能力	人才资源	研究与试验发展人员全时当量	研发人才投入强度
		每万人拥有高等学校在校学生数	研发人才的可供给能力
		每万人口拥有专业技术人员	研发人才密度
		研发经费占地区生产总值比重	研发投入强度
	研发投入	科技经费筹集总额	研发投入总量
		专利申请授权数量	创新产出水平
	科技成果	技术合同金额	技术创新活跃程度
		科技论文、成果数量	创新产出水平
专业服务	金融保险	年末金融机构贷款余额	资金投入强度
		年末金融机构存款余额	资金供给能力
		保费	保险服务能力
	专业咨询	商务服务业从业人员	咨询服务能力
		文化传媒业从业人员	文化娱乐服务能力
	政府服务	服务意识	政策信息透明度
		地方法规条例的健全性	政策法规环境
	服务效率	单位财政支出产生的 GDP	政府服务绩效
		投资者满意度	投资者对政府的满意程度
开放程度	区域开放	客运总量	区域间人员联系的活跃程度
		货运总量	区域间货物流通与市场的活跃程度
	国际开放	人均邮电业务收入	区域间信息交流程度
		外贸依存度	国际贸易联系紧密程度
		当年实际利用外资额	区域吸引国际投资能力
		入境旅游收入	城市的国际知名度

评价过程主要采用 IMD 的国际竞争力指数评价方法。

评价结果显示,长沙市综合实力得分 43.34,排名 18,基础条件、商务设施、研发能力、专业服务、政府服务、开放程度排名分别为 19、19、15、20、20、22,与大连等 12 城市属第 3 能级,服务能力一般。长沙市是湖南省会,是湖南首位中心城市,可见湖南现代服务业综合发展能力居全国中下水平。(见表 14)

表14 35个主要城市现代服务业综合发展能力排名

城市	综合能力		分项指标											
			基础条件		商务设施		研发能力		专业服务		政府服务		开放程度	
	得分	排名	得分	排名	得分	排名	得分	排名	得分	排名	得分	排名	得分	排名
北京	88.09	1	81.61	3	99.04	1	91.54	1	99.99	1	70.40	8	90.07	1
上海	85.53	2	82.10	2	85.17	2	84.29	2	95.43	2	85.02	3	82.82	2
广州	76.88	3	84.00	1	75.19	3	65.67	5	73.12	3	77.00	6	79.90	3
深圳	74.63	4	78.75	4	71.77	4	71.25	3	66.35	4	86.39	1	72.57	4
南京	58.74	5	60.61	5	60.88	9	61.80	7	51.18	7	64.02	12	52.83	12
杭州	58.70	6	57.73	6	61.70	7	47.93	13	57.84	6	85.00	3	56.50	12
天津	56.49	7	53.45	8	62.77	6	60.06	8	58.08	5	44.93	21	63.57	5
成都	55.02	8	53.62	9	66.80	5	53.93	9	47.75	10	66.64	11	53.96	11
青岛	51.69	9	51.47	11	42.99	16	48.34	12	40.32	19	83.66	4	62.88	6
武汉	51.24	10	49.82	14	51.52	10	63.79	6	47.96	9	42.77	22	46.62	14
大连	48.53	11	50.38	13	46.37	14	36.51	25	42.99	14	68.10	9	58.79	8
沈阳	47.90	12	52.94	10	50.76	11	49.12	11	44.02	12	49.50	19	41.39	15
宁波	47.88	13	46.68	17	48.18	12	37.25	23	43.74	13	70.50	7	59.26	7
重庆	46.58	14	38.27	25	61.16	8	39.19	21	48.66	8	67.00	10	55.47	10
厦门	46.07	15	54.12	7	30.78	30	32.83	30	33.97	31	78.14	5	47.83	13
济南	44.99	16	46.64	18	35.34	25	44.71	18	45.18	11	57.29	16	35.96	23
西安	43.39	17	36.92	27	44.80	15	66.32	4	42.11	15	28.00	25	41.06	16
长沙	43.34	18	46.20	19	38.95	19	45.91	15	40.09	20	45.00	20	35.97	22
郑州	40.81	19	41.50	23	38.89	20	46.26	14	42.08	16	33.35	24	33.98	27
长春	40.53	20	35.07	30	36.45	24	44.09	19	41.68	17	61.91	13	35.65	25
合肥	40.01	21	41.68	22	37.83	23	51.73	10	35.23	26	27.80	27	33.83	28
福州	40.01	22	39.98	24	40.04	18	33.83	29	38.94	22	53.86	17	40.70	17
哈尔滨	39.39	23	34.45	32	46.50	13	37.81	22	40.48	18	60.00	15	32.32	29
太原	39.10	24	41.94	21	33.83	28	45.34	16	39.26	21	22.62	28	36.67	21
海口	38.09	25	50.86	12	29.65	31	28.95	32	32.28	32	27.90	26	39.75	18
南昌	37.85	26	35.49	29	32.63	29	41.05	20	34.41	30	60.15	14	30.71	31
石家庄	37.82	27	34.89	31	38.15	22	37.20	24	38.54	24	50.00	18	36.84	20
呼和浩特	37.62	28	46.80	15	23.57	35	35.83	27	33.17	29	33.44	23	31.63	30
乌鲁木齐	37.40	29	46.79	16	25.81	34	35.97	26	34.50	29	21.87	24	35.66	24
昆明	37.12	30	43.28	20	38.20	21	32.06	32	38.84	23	20.74	30	34.51	26
兰州	34.85	31	33.90	33	40.28	17	45.16	17	34.58	28	19.61	31	28.38	34
贵州	32.45	32	32.87	34	35.05	27	35.04	28	35.03	27	11.84	35	38.48	19
南宁	32.32	33	35.84	28	35.18	26	27.79	34	36.47	25	17.87	32	30.56	32
银川	30.92	34	37.51	26	26.29	33	28.01	33	31.07	34	16.12	33	29.46	33
西宁	27.61	35	31.51	35	29.35	32	23.19	35	30.93	35	12.32	34	27.79	35

三、湖南现代服务业的创新抉择

（一）现代服务业创新是推进新型工业化进程的必然选择

我们要讨论的是围绕推进新型工业化进程中现代服务业特别是生产性服务业的创新发展，与服务业发展规划重点有些区别。所以湖南现代服务业的优势产业如旅游业、休闲、文化产业等消费性服务业在此暂不参加讨论。

我国资源禀赋的基本情况是"人力资源丰富、自然资源紧缺、资本资源紧俏、生态环境脆弱"，湖南也是如此。在这种情况下，我们要加速推进具有湖南特色的新型工业化进程，就必须坚持走既是低资本和资源投入、又能发挥人力资源丰富优势的发展道路。如前所述，现代服务业与新型工业化存在着密切的互动关系，两者之间出现了"耦合"现象。二者相互提供支撑，也日益交织，使得资源配置更加合理，产业结构日趋高度化。工业的发展是现代服务业的基础和条件，制造业是服务业产出的重要需求部门，代表现代服务业的生产者服务业的活动，其产出的相当比例是用于制造业部门生产的中间需求，没有制造业的发展，它就失去了需求的来源。同时，现代服务业是推进新型工业化，实现全面协调可持续发展的重要环节。现代服务业需求收入弹性高、发展潜力巨大，而且资源环境约束小，是经济可持续增长的重要源泉，也是转变经济增长方式、改变靠资源高消耗、环境高污染来换取经济发展模式的必然要求。现代服务业创新自然成为了推进新型工业化进程的必然选择。

湖南省出台了"发展现代服务业的规划"，对发展现代服务业进行统一规划，是统筹协调经济、社会发展所必须的。加快发展服务业是目前湖南转变经济发展方式、调整产业结构和推动工业转型升级的战略选择。要发挥现代服务业对新型工业化的巨大推动作用，服务业创新的命题严肃地摆在了我们的面前。

现代服务业主要是依托信息技术和现代经营理念而发展起来的，它是知识和技术相对密集的服务。服务业创新主要体现在代表经营管理理念和发展氛围的组织和环境创新与体现服务业核心内容和发展条件的服务产品创新及市场创新。

伴随科学技术的进步和全球经济一体化的发展，服务业与制造业日益融合，更多地表现为第三产业向第二产业的渗透，特别是与生产过程相关的现代服务业直接作用于第二产业的生产流程。在发达国家，多数企业已经把服务业作为企业发展的新增长点加以重点培育。因此，我们要在战略高度上认识服务业，积极发展服务业。

首先,加快发展现代服务业,提高制造业产业竞争力。现代服务业和制造业越来越紧密地相互融合,使得产业经济活动中服务业比重逐步上升,附加价值提高,加工制造环节附加价值比重下降。随着专业化分工的深化和专业服务外置化趋势的发展,产业竞争力越来越依赖于设计策划、技术研发、物流等商务服务业的支撑,单纯靠扩大加工规模降低成本的空间不断缩小,附加价值越来越有限。仅在制造环节下功夫,依赖无限供给的低成本劳动力优势,走为跨国公司"代工"的路子,发展战略上会受到很大局限。因此,在湖南打造国际或全国制造业中心的过程中,一定要注意到制造业与服务业日益融合的大趋势,把大力发展信息服务、现代物流、技术咨询、广告营销、金融中介等相关生产性服务业,加速制造业与服务业的专业化分工合作,作为提高湖南产业竞争力的重要方面。

其次,积极培植生产型现代服务业,加速经济增长。传统服务业要提升,新型服务业则需要培植。工业和服务业的发展是一种互动互补的关系,因此,要发展现代服务业,就必须与工业实现"捆绑式发展"。随着世界逐步进入全球化的知识经济时代,单纯的加工制造业将逐渐失去竞争力,利润空间也不断萎缩,要突破这种局面,就应把发展的重心转移到服务业上来。近年来,制造业的竞争力越来越依赖于设计策划、技术研发等服务业的支撑。所以,应在加强信息化基础建设的同时,重点抓好研发中心、公共数据服务中心、产品设计创意中心等特色产业载体的建设,加快发展软件服务业,发挥信息服务对经济发展具有的倍增效应。

第三,以产业协调发展为前提,实现服务业跨越式发展。与第二产业蓬勃发展的势头相比,第三产业特别是生产性服务业明显滞后,要合理定位布局,加快载体建设,加大内外资引进力度,大力发展与制造业相配套的生产性服务业,同时加快发展与新型城市化相适应的现代服务业,促进服务业实现跨越发展,全面形成与区域经济社会发展相吻合、与现代制造业相配套、与城市化进程相协调、与城乡居民需求相适应,优势明显、特色鲜明、功能完善的服务业体系。

(二)现代服务业发展的组织、环境创新

创新政府服务,为现代服务业发展创造良好环境。从国内外服务经济的发展经验可以看出,创新政府服务理念,提高政府服务水平,为服务经济发展营造良好环境,是留住并提升本土企业,吸引国内外企业入驻,促进服务经济发展的重要因素之一。据一份竞争力报告显示,美国、中国香港、新加坡入围全球最具竞争力的前三名,其中香港和新加坡政府效率最高。以新加坡为例,新加坡政府在现代服务业发展中发挥着重要作用。新加坡专门制定了鼓励金融、商业服务发展的战略;采取了各种有针对性的优惠措施,出台了特准国际贸易计划等支持现代服务业发展

的差别性优惠政策;高效廉洁的新加坡政府也进一步优化了服务经济环境。

湖南发展现代服务业的组织创新首先是创新政府服务理念,提高政府服务效率。一方面积极转变政府职能,不断创新服务理念,实现由"全能政府"向"导航式政府"的转变。树立导航式服务的行政理念,增强政府为企业服务的意识,坚决克服政府行为的越位、错位、缺位等现象。另一方面,要规范政府服务流程,提高政府服务效率。通过制定政府服务标准,规范服务行为,提高政府服务效率,提升服务品质。同时对现代服务业的管理要从统筹协调的角度出发,针对不同服务行业和产业设置高效便捷的管理体制和运行机制,避免政出多门的多头管理和出现不应有的管理真空。二是建立政府与服务企业的沟通机制。建立领导干部联系重点企业制度,由各主管部门领导分别负责若干家重点服务企业的沟通与联系,及时了解并掌握企业需求,帮助企业解决一些实际问题;定期举办政府与企业间的座谈会等各种互动活动,加强政府和企业之间的沟通和交流;政府及有关部门在研究制定有可能对服务企业生产经营活动产生重大影响或涉及企业重大利益的经济政策时,事先广泛征询企业的意见和建议。

支撑现代服务业发展的环境创新包括硬环境和软环境两个方面。

硬环境的建设要完善城市商务配套设施,营造现代服务业良好发展的氛围。逐步完善城市基础设施规划和建设。据调查,有超过80%的公司企业认为最需要改进的城市基础设施是"市内交通设施",其次是"邮电、通讯和网络设施"等。因此要加快城市道路交通、信息网络平台、水电热供应及环境绿化等基础设施建设,为现代服务业的发展提供完备的基础条件。同时,要加强商务配套服务设施建设,加大政府对写字楼、停车场、商务酒店、会议会展等商务配套设施的规范与引导力度,形成功能完备、布局合理、具有较高水平的商务配套设施。通过城市各类商务配套设施的完善,为现代服务业的发展提供全方位、高档次的优越条件,营造良好的商务活动氛围。

软环境建设一是制定鼓励现代服务业发展的相关政策措施,优化现代服务业发展的环境。建议湖南一些具备较好现代服务业发展基础的中心城市,适当结合城市经济发展特点和趋势,制定鼓励现代服务业发展的相关政策,并保证政策的顺利实施和有效落实。二是强化执法监督,优化法律法规环境。围绕现代服务业发展的相关需求,在知识产权保护、市场秩序规范、信用体系建设等方面制定与国际接轨的法律法规,并加大执法力度,强化执法监督,为现代服务业的发展营造良好的法律法规环境。要创造安全稳定的法制环境,通过良好的法制环境建设,努力形成稳定、有序、健康的市场竞争环境,切实保障服务企业权益和生命财产安全。

(三)现代服务业发展的市场创新

依托城市集聚发展现代服务业。产业服务化是中心城市经济转型的必然趋势。全球产业结构正在呈现出"工业型经济"向"服务型经济"转型的总趋势。从发达国家的大都市看,现代服务业对经济的贡献已占主导地位,其 GDP 的 70% 都集中在现代服务业。在经济合作与发展组织(OECD)国家中,产出增长最快的是金融、保险、房地产和商务服务等知识密集型服务部门。世界许多大城市在制造业转移后依然保持持续繁荣的经验表明,由制造业为主转向服务业尤其是围绕制造业发展的各种高端知识型服务为主,实现城市经济的服务化是城市转型与发展的主要思路。大力发展现代服务业是城市经济转型的关键,建设现代服务业中心是未来城市竞争的制高点,今后很长一段时间,我国许多城市都将进入现代服务业加速发展期。

现代服务业是城市发展的新动力和竞争的制高点,日益成为城市经济增长的主导性力量。CBD 是一个城市的灵魂,是城市发展的催化剂。依靠 CBD,纽约市确立了其国际化大都市的地位。大城市的聚集发展,形成了广泛且强大的现代服务业需求。现代服务业随着城市化进展集聚性发展,是国际大都市发展的普遍潮流,也是大都市发展服务业的方向,特别是伴随着经济全球化步伐的加快,城市服务功能的加强,对集聚服务业发展提出了新的要求。

湖南的中心城市的发展必须立足现代服务业的聚集和提升。首先服务业集群发展有利于现代服务业地域品牌价值的形成。在现代服务业集群内,相关服务产品众多,服务业企业间的竞争更为激烈,这不仅能够大大提高各类服务产品的供给,保证了服务质量,也保证了服务企业的信誉,使产业集群内的服务产品更具吸引力。当服务业集群发展到一定程度后,就会形成服务的区域品牌价值,获得更大的市场认同度,进而能够促进现代服务业竞争力的进一步提升。其次通过学习与创新效应促进现代服务业企业发展壮大。各类服务企业彼此接近,激烈竞争的压力,当地高级顾客的需求,迫使服务企业不断进行服务创新和组织管理创新,因此服务业集群发展能够为企业开展创新创意活动创造良好的环境。同时,集群内一家服务企业的知识创新很容易外溢至其他企业,这种创新的外部效应也是产业集群获得竞争优势的一个重要原因。此外,服务业集群也刺激了服务业企业家才能的培育和新企业的不断诞生。第三是紧密的产业关联有助于降低服务成本,增强现代服务业的整体竞争力。在服务业产业集群内部,各类服务业之间具有紧密的产业关联,通过共享资源要素、丰富社会资本、有效竞争机制,能够有效降低服务集群内部不同企业获取相关服务的交易成本,形成强烈的外部集聚优势,实现服务业规模经济与范围经济。同时集群的发展有利于形成服务业共同进化机制,企业通过收购兼并、战略联盟、业务整合等,实现价值链活动的空间分工,使产业不断优化升级,促进现代服务业的可持续发展。

长沙芙蓉区一直是长沙的传统中心城区,商务实力十分强劲,是第三产业的聚集地;金融、商务、区位、交通、商贸、信息、人才等方面的综合优势,使得长株潭 CBD 的选址非它莫属。2003 年,芙蓉区率先提出建设长沙 CBD 的概念。芙蓉 CBD 将以其强大的商务实力和优越地理位置,占据“两型社会”总体方案中五个先导示范区之“芯”。芙蓉区委、区政府提出芙蓉 CBD 要“一芯带五区”,为 5 个先导示范区的综合改革试验提供全面生产性服务,做长株潭经济发展的“起搏器”,进而打造成长株潭甚至国家中部地区的“曼哈顿”。(纽约曼哈顿在聚集企业总部的同时也形成了以金融为主导的较为完善的生产性服务业集群。在面积不足 1 平方公里的华尔街 CBD 金融区内,就集中了 3000 多家银行、保险公司、交易所等金融机构,是世界上著名的金融中心之一;商务服务业、信息服务业、房地产等生产性服务业也获得了迅速发展,美国 6 家最大会计公司中 4 家、10 大咨询公司中 6 家、10 大公共关系中 8 家企业均集中于此。)

打造现代服务业产业集群要依托城市特色。纵观国际上一些著名城市,无一不是产业特色鲜明,城市个性突出,城市活力和发展潜力强劲,具有较强的吸引力和辐射力。不仅城市之间要寻求特色发展,城市内部不同区域之间也应根据其区位和资源条件不同,进行产业和功能的差异化发展。湖南现代服务业的发展要依托城市和城区产业特色进行差异化发展、形成“特色品牌效应”,不但能推动城市经济社会的发展,提升城市综合竞争力,而且能推动城市规模的扩张。城市的魅力不在其大而全,而在于其有特色和强项。在布局层次、现代服务业产业选择、行业发展规模水平设计上要与湖南城镇发展布局一致,依托城镇体系形成网络和结点。引导现代服务业在工业园区、商贸中心集聚,在市场规则约束下形成平等竞争。

四、现代服务业发展的产品创新

(一)打造现代物流湘军

对“物流”的解释,目前被普遍认同的是美国“物流管理协会”(2004 年已更名为“供应链管理协会”)2000 年所下的定义:物流是为满足客户需要,对商品、服务及相关信息在源头与消费点之间的高效(高效率、高效益)正向及反向流动与储存进行的计划、实施与控制的过程。根据发展的历史进程,将物流分为传统物流、综合物流和现代物流:传统物流的主要精力集中在仓储和库存的管理和派送上,而有时又把主要精力放在仓储和运输方面,以弥补在时间和空间上的差异。综合物流不仅提供运输服务,还包括许多协调工作,是对整个供应链的管理,如对陆运、仓储部门等一些分销商的管理,还包括订单处理、采购等内容。由于很多精力放在供应链管理上,责任更大,管理也更复杂,这是与传统物流的区别。现代物流是为了满足消费者需要而进行的从起点到终点的原材料、中间过程库存、最终产品和相关信息有效流动及储存计划、实现和控制管理的过程。它强调了从起点到终点的过程,提高了物流的标准和要求,是各国物流的发展方向。国际上大型物流公司认为现代物流有两个重要功能:能够管理不同货物的流通质量;开发信息和通讯系统,通过网络建立商务联系,直接从客户处获得订单。现代物流管理追求的目标可以概括为"七个适当":将适当数量的适当产品,在适当的时间和适当的地点,以适当的条件适当的质量和适当的成本交付给客户。

1. 湖南物流业基本情况和存在问题

湖南现代物流业发育较早。20 世纪八九十年代,我国从国外引进物流概念,但当时国内物流业发展落后,政府也缺乏产业管理意识,先后有国家经委、经贸委、计委等交叉管理。但随着我国物流市场的对外开放和发展,2002 年 3 月,国家经贸委召开推进流通现代化工作现场会,把发展现代物流业作为"十五"期间三大重点任务之一,并着手研究制定有关物流发展产业政策;国家计委着手制定全国物流业发展总体规划。由此各地经委,或经贸委,开始抓物流业工作。2003 年,湖南省政府率先建立了湖南省推进现代物流业发展领导小组,办公室设在湖南省经委,由副省长直接负责。直到 2005 年 5 月,国家发改委才启动全国现代物流工作部际联席会议制度,要求各地政府建立物流联席办制度,此时的湖南省物流办已经上路。

湖南省物流基础设施已初具规模。交通运输网络不断完善,到 2006 年底,省内铁路营运里程 2806 公里,境内还有地方铁路和专用铁路 1200 余公里,并与国家铁路相连接,在株洲、怀化建有大型货运编组站;现有 4 纵 3 横国道经过省境与 70 多条省道和多条县、乡(镇)公路相连接,公路线路里程达到 171848 公里,公路货运量占湖南货运量的 85.2%;湖南共建成千吨级泊位 52 个,通航里程 11968 公里,岳阳港城陵矶港区 3 个 2000 吨级泊位改扩建工程基本完工;机场数量增加到 5 个;管道线路里程 168 公里。湖南省已形成以铁路、公路为主干,民航、水运为补充的立体交通运输网络,2006 年湖南完成货运量 84998 万吨,货运周转量 1781.11 亿吨公里。各种物流基础设施初具规模。近几年,湖南已着手重点建设以长株潭、怀化、衡阳和岳阳为中心的四大区域物流中心。湖南现代粮食物流园已正式奠基,新一家"华中物流配送中心"已正式启用,中国首家仓储式连锁企业博港工业品超市已投入建设,作为怀化商贸物流规划控制圈中重要组成部分的湖南怀化粮油交易中心建设目前也正紧锣密鼓地进行。

湖南物流业的发展存在着较大的潜力。上世纪九十年代以来,湖南省经济步入了快速发展轨道,宏观经济的稳定增长,人民生活水平的提高,市场交易方式的不断创新,刺激了物流需求的扩大,随着经济继续保持平稳较快地发展,这种需求仍将持续扩大;湖南物流产业还处于由传统物流向现代物流转型的初级阶段,虽然社会物流总费用近几年出现震荡,随着物流业的发展和技术水平的不断提高,通过运输费用的构成结构调整,基础设施的改善和物流社会化程度的提高,湖南社会物流总费用仍有较大的下调空间。

湖南现代物流业发展,存在着物流体系不完善,系统效率低,物流成本高;基础设施建设设置后,配套性、兼容性差,物流技术装备水平低;标准化建设滞后;信息化程度不高等问题,但较为严重的是管理体制和机制方面的障碍。2003 年,国家经贸委的行业规划、产业政策等职能,及国家体改委的职能并入该年新成立的国家发改委。而后,国家经委和国家经贸委先后划归国家发改委。但各地方政府在组建发改委时,依然或保留经委,或保留经贸委,并与新设的发改委并行,成为综合经济管理部门。湖南省政府因为先行建立省物流办,在分别征询了经委和发改委意见后,确定由省经委牵头省物流办工作,该工作模式也延续至今。省发改委对上承接国家发改委的物流业管理工作,省经委则牵头省物流办工作,这样一种关系,造成湖南物流业存在着较为严重的多头管理问题。例如:湖南省物流与采购联合会是本省最大的物流行业组织,拥有 180 家会员物流企业。34 家 A 级物流企业中,4A级物流企业 11 家,3A 级物流企业有 8 家。但是由于归口经委管理,这次国家物流救市的物流业调整和振兴专项投资计划是发改委系统负责,这些企业大部分没有得到这项投资支持。

2. 机遇与挑战

集约化与协同化是现代物流业发展的必然趋势。21 世纪是一个全球化物流的时代,对物流企业来说既是机遇又是挑战,企业之间的竞争将十分激烈。要满足全球化或区域化的物流服务,企业规模必须扩大,形成规模效益。规模的扩大可以是企业合并,也可以是企业间的合作与联盟,因此近年来国外物流业出现了集约化与协同化的发展趋势,物流服务的优质化是现代物流业发展的重要趋势。21 世纪将是一个消费多样化、生产小量化、流通高效化的时代,对物流服务的要求越来越高,客户对物流的个性化要求也越来越多。因此物流服务的优质化是今后发展的重要趋势。

电子物流迅速崛起。当前基于网络的电子商务迅速发展,促使电子物流的兴起。消费者可以直接在网上获取有关产品或服务的信息,实现网上购物。电子物流可以在线追踪发出的货物,在线规划投递路线,在线进行物流调度,在线进行货运检查。电子物流是21世纪物流和物流业发展的大趋势,为湖南现代物流业的发展带来了机遇和挑战。

区域合作为物流业的发展提供了更为广阔的市场。泛珠大潮的涌入和中部崛起战略的实施,极大地推动了湖南与"9+2"地区和中部地区的区域合作。通过区域合作,将为湖南物流业的发展提供了更广泛的平台和更广阔的市场。

物流业是社会需求很大的生产服务业。随着信息技术发展、管理水平提高、设施装备更新及交通网络升级,现代物流业的发展如火如荼。新型工业化的推进促使专业物流、共同配送的需求旺盛,中部物流产业发展是国家物流产业"承东启西、贯通南北"的关键环节,积极融入泛珠三角,为重整商品流通体系提供了空前机遇,打造现代物流湘军,彰显湖南特色的时机已经到来。

3. 打造具有湖南特色的现代物流湘军

湖南发展现代物流业的主导思想应该是:以供应链管理的理念,理顺关系选准方向、整合资源争创品牌、统一规划科学布局,打造具有湖南特色的现代物流湘军。

(1)理顺关系选准方向

所谓理顺关系就是要突出区域现代物流业的整体性,清除管理体制和机制方面的障碍。2008年,国家开启了自上而下的交通运输、工业和信息化等领域的部门改革,改革目前已向各省市(区)推进。现在,上海、浙江、宁夏,安徽、北京等地已把原来的经委,或经贸委与其他部门职能,整合为经济和信息化委员会。针对当前湖南现代物流业存在的较为严重的多头管理问题,必须按照现代物流业复合型的特点理顺管理关系。强化发改委的物流联席制,现行部际联席会议制度,在未来一段时间内比较可行。针对物流业包括行业、部门多,流程复杂,管理难度大,易产生无序竞争的特点,设立专门的物流机构,省政府明确一个综合部门主管湖南物流行业管理。在各行业协会的基础上建立相关部门和机构参加的联席会议制度,及时协调物流业发展的有关重大问题。由政府和相关行业授权联合会统一协调行业间协作、企业间兼并与合作、区域内外合作以及资源整合、标准制定等问题。

打造湖南现代物流湘军的发展取向要根据现代物流的特点和湖南的具体实际。

电子商务物流是信息化、自动化、网络化、智能化、柔性化的结合,是物流、信息流、资金流和人才流的统一;信息网络化与标准化是现代物流技术发展两大关键,信息网络技术是现代物流生命线,而物流标准化则是促进整合、提高物流效率、降低物流成本的桥梁;物流设施、商品包装的标准化,物流的社会化、共同化也都是电子商务下物流发展模式的新特点。第三方物流是在物流渠道中由中间商提供的服务，中间商以合同的形式在一定期限内，提供企业所需的全部或部分物流服务。服务提供者是一个为外部客户管理、控制和提供物流服务作业的公司，他们并不在供应链中占有一席之地，仅是第三方，但通过提供一整套物流活动来服务于供应链。第三方物流市场具有潜力大，渐进性和高增长率的特征。绿色物流(Environmental logistics)是指在物流过程中抑制物流对环境造成危害的同时，实现对物流环境的净化，使物流资源得到最充分合理的利用。现阶段，由于环境问题的日益突出以及与环境的密切关系，在处理社会物流与企业物流时必须考虑环境问题。尤其是在原材料的取得和产品分销中，运输作为主要的物流活动，对环境可能会产生一系列的影响，而且废弃物品如何合理回收，减少对环境的污染或最大可能地再利用也是物流管理所需考虑的内容。注重电子商务物流、第三方物流和绿色物流的快速发展是打造湖南现代物流湘军的发展取向。

(2)整合资源争创品牌

物流企业的集约化与协同化是现存物流资源整合的方向和原则。具体作法主要是认真组织物流企业的兼并与合作。

随着国际贸易的物流向全球化发展，美国和欧洲的大型物流企业跨越国境，展开连横合纵式的并购，大力拓展国际物流市场，以争取更大的市场份额。新组成的物流联合企业、跨国公司将充分发挥互联网的优势，及时准确地掌握全球的物流动态信息，调动自己在世界各地的物流网点，构筑起本公司全球一体化的物流网络，节省时间和费用，将空载率压缩到最低限度，战胜竞争对手，为货主提供优质物流服务。

目前湖南省很多物流企业是在传统体制下的物资流通企业基础上发展而来的，且新增的物流企业大多为个体私营企业，企业规模普遍偏小。一些传统的运输和储运等流通企业和新型的专业化物流企业，网络化的经营组织尚未形成，缺乏必要的竞争实力。要采取积极有效的措施，鼓励一些已经具备一定物流服务专长、组织基础和管理水平的大型企业加速向物流领域转变；强化物流资源的整合，鼓励物流企业的兼并，实现真正意义上的专业化、规模化生产，尽快形成竞争优势；企业物流实体要加强与第三方物流合作，使企业自身物流体系摆脱传统的单一运输业务，扩大与上下游企业及其他物流企业合作，促进现代物流产业链的完整发展。湖南要通过物流企业的兼并与合作，培育一批大型的现代物流企业和企业集团，建立物流企业之间的战略联盟，努力推进物流业的集约化和协同化。

立标兵创品牌。服务业的品牌如同工业产品品牌一样，它是经济活动中通过无形商品的服务满足消费者心理需求的工具，是提高企业综合竞争力的关键之一。

扶持培养综合服务型现代物流中心或企业集团。中心或集团作为第三方物流在提供运输和仓储服务的同时,全面拓展流通加工、物流信息服务、库存管理、物流成本控制、物流方案设计等服务业务,向全程物流服务迈进。通过诚信、质量、标准和企业规模赢得服务对象的信誉,彰显湖南现代物流湘军特色。

(3)统一规划科学布局

发展现代物流业,必须制定统一规划、加大设施建设投入、整合现有资源,统筹建设湖南物流运输、公共信息、存储配送三大平台。逐步建立与湖南经济社会发展相适应的现代物流服务体系。建议制定湖南物流发展大纲。实际上是编制一个不同于计划经济时期规划的,有目标、措施和要求的指导性意见。研究、制定并出台地区性物流产业政策,包括市场准入政策、土地政策、税收政策、融资政策、标准化政策、投资政策、外资合作政策等。

科学设置网络结点,形成适当的产业集群。物流业的特征是对地域点线覆盖,产业集群的表现应该是依托城镇布局,根据网络结点级别形成不同特色不同内容不同规模的园区或其他集群体。

抓好物流园区建设。物流园区一般是多家物流(配送)中心的空间上集中布局的场所,是具有一定规模和综合服务功能的物流集结点。物流园区也称物流团地,是政府从城市整体利益出发,为解决城市功能紊乱,缓解城市交通拥挤,减轻环境压力,顺应物流业发展趋势,实现“货畅其流”,在郊区或城乡边缘带主要交通干道附近专辟用地,通过逐步配套完善各项基础设施、服务设施,提供各种优惠政策吸引大型物流(配送)中心在此聚集。将多个物流企业集中在一起,可以发挥整体优势和规模优势,实现物流企业的专业化和互补性,同时,这些企业还可共享一些基础设施和配套服务设施,降低运营成本和费用支出,获得规模效益。物流园区的建设能满足仓库建设的大型化发展趋势的要求。湖南要依托产业优势,规划建设一批现代物流园区和专业物流中心、配送中心,加快建设长株潭、岳阳、衡阳、常德、怀化、郴州、益阳7大物流枢纽,把长株潭建成国家级区域现代物流中心。培育一批大型的现代物流企业和企业集团,逐步建立与湖南经济社会发展相适应的现代物流服务体系。

(二) 开放资本市场,创新金融服务产品,完善金融服务体系

1. 金融服务创新的涵义

当前对金融创新国内外尚无统一的解释,定义大多从熊彼特经济创新的概念衍生形成,但各个定义的内涵差异较大,对于金融创新的理解大致可分三种。

一种是将金融创新与金融史上的重大历史变革等同起来,认为整个金融业的发展史就是一部不断创新的历史,金融业的每项重大发展都离不开金融创新。这样理解金融创新一是时间跨度很长,将整个货币信用的发展史视为金融创新史,金融发展史上的每一次重大突破都视为金融创新。二是涉及的范围相当广泛,不仅包括金融技术的创新,金融市场的创新;金融服务,产品的创新,金融企业组织和管理方式的创新,金融服务业结构上的创新,而且还包括现代银行业产生以来有关银行业务,银行支付和清算体系,银行的资产负债管理乃至金融机构,金融市场,金融体系,国际货币制度等方面的历次变革。如此长的历史跨度和如此广的研究空间使得金融创新研究可望而不可即。

另一种是指20世纪50年代末,60年代初以后,金融机构特别是银行中介功能的变化,它可以分为技术创新,产品创新以及制度创新。技术创新是指制造新产品时,采用新的生产要素或重新组合要素,生产方法,管理系统的变化过程。产品创新是指产品的供给方生产比传统产品性能更好,质量更优的新产品的过程。制度创新则是指一个系统的形成和功能发生了变化,而使系统效率有所提高的过程。从这个层面上,可将金融创新定义为:是政府或金融当局和金融机构为适应经济环境的变化和在金融过程中的内部矛盾运动,防止或转移经营风险和降低成本,为更好地实现流动性、安全性和盈利性目标而逐步改变金融中介功能,创造和组合一个新的高效率的资金营运方式或营运体系的过程。这种金融创新概念不仅把研究的时间限制在60年代以后,而且研究对象也有明确的内涵,因此,大多数关于金融创新理论的研究均采用此概念。

第三种金融创新定义仅指金融工具的创新。大致可分为四种类型:信用创新型,如用短期信用来实现中期信用以及分散投资者独家承担贷款风险的票据发行便利等;风险转移创新型,它包括能在各经济机构之间相互转移金融工具内在风险的各种新工具,如货币互换、利率互换等;增加流动创新型,它包括能使原有的金融工具提高变现能力和可转换性的新金融工具,如长期贷款的证券化等;股权创造创新型,它包括使债权变为股权的各种新金融工具,如附有股权认购书的债券等。

我国学者对此的定义为:金融创新是指金融内部通过各种要素的重新组合和创造性变革所创造或引进的新事物。并认为金融创新大致可归为三类:金融制度创新、金融业务创新和金融组织创新。

新型工业化的实质是进行资源的优化配置。尽管"霍夫曼定理"已被人们认为存在偏颇,但是在高货币化的当今社会,几乎所有的资源配置都离不开货币媒介,而金融业正是专门经营货币的行业。新型工业化需要银行金融机构的大力支持,但在很大程度上更需要非银行金融机构提供的融资、保险、信托、理财、咨询、资本运作,以及金融衍生品交易等服务。这次美国金融危机之后,大家对于金融创新的有褒有贬,但千万不要认为发展金融业,创新金融服务对于推动新型工业化和经济发展不适合、没作用,其实结论正好相反。拓展融资渠道、多样化的金融工具、便捷的金融服务、大批高层次的金融人才,以及更加开放的金融环境是金融服务业发展创新的内容和方向。

2. 我国的金融创新现状

我国的金融创新经过 20 年的发展,取得了巨大的成绩。

在组织制度创新方面,建立了统一的中央银行体制,形成了四家国有商业银行和十多家股份制银行为主体的存款货币银行体系,现在城市信用社改成城市商业银行。建立了多家非银行金融机构和保险机构,放宽了外资银行分支机构和保险业市场进入条件,初步建立了外汇市场,加快了开放步伐。

在管理制度创新上,中央银行从纯粹的计划金融管制转变为金融宏观调控,调控方式有计划性,行政性手段为主的宏观调控向经济和法律手段转变,逐步启用存款准备金,公开市场业务等货币政策工具。加快了外汇改革,实现了人民币经常项目下的可兑换。对金融机构业务管制有所放松,各专业银行可以开办城乡人民币,外汇等多种业务,公平竞争;企业和银行可以双向选择。对信贷资金的管理措施1994 年改为"总量控制,比例管理,分类指导,市场融通"的管理体制,对国有银行以外的其他金融机构实行全面的资产负债比例管理。

金融市场创新上,建立了同业拆借,商业票据和短期政府债券为主的货币市场;建立了银行与企业间外汇零售市场,银行与银行间外汇批发市场,中央银行与外汇指定银行间公开操作市场相结合的外汇统一市场。在资本市场方面,建立了以承销商为主的一级市场,以深、沪市为核心,以城市证券交易中心为外围,以各地券商营业部为网络的二级市场。

金融业务与工具的创新。负债业务上,出现了三、六、九个月的定期存款、保值储蓄存款、住房储蓄存款、委托存款、信托存款等新品种;资产业务出现了抵押贷款、质押贷款、按揭贷款等品种;中间业务出现了多功能的信用卡。从金融工具上看,主要有国库券、商业票据、短期融资债券、回购协议,大额可转让存单等资本市场工具和长期政府债券、企业债券、金融债券、股票、受益债券、股权证、基金证券等。

随着计算机技术和信息化的进步,金融业在业务运作、企业管理等方面的技术创新取得较显著的成绩。

不难看出,我国的金融创新经过 20 年的发展,取得了巨大的成绩,但同时也存在着吸纳性创新多,原创性创新少;创新层次低,主要表现为数量扩张;负债类业务创新多,资产类业务创新少;区域发展不平衡,特区和沿海城市金融管制相对较松,市场比较活跃,创新比较集中;创新主要由体制转换和改革等外因推动,内部驱动不足;资金滞留在一级市场多,进入实体经济少等问题。

3. 湖南金融服务创新情况

2006年9月人民银行总行在湖南省开始金融服务创新综合试点,央行与湖南紧密合作,按照"着眼长远、统一规划、分步实施、早见成效"的要求,围绕"打造两个平台、完善七大体系、办好十件实事"的总体目标,积极探索服务模式、服务方式、服务手段和服务产品的创新,为促进经济发展做出了积极的贡献。

首先是对财政、税收、统计等政府相关部门的服务创新,通过推进财税库行横向联网,创新税收征缴模式,开发银行卡刷卡缴税系统、财政资金批量拨付系统,定期通过省政府门户网站公布金融统计等信息,提高了政府工作效率。创新推出了优质客户综合信用贷款、质押贷款、助业贷款等,加大对新型工业化、农业产业化等重点投入,促进湖南产业升级和经济增长方式转变。

其次,推出公用事业单位通过小额支付系统收费和农民工银行卡特色服务、网上金融服务、货币发行服务等举措,方便公众生活。

第三,创新征信体系建设、外汇管理服务和支票圈存模式,为方便中小企业融资、企业管理、资金结算营造良好环境。

第四,开发央行会计集中核算电子对账系统,增强银行防范风险能力;简化反洗钱大额和可疑支付交易报告程序、内容,大大提高了反洗钱监测信息质量和效率;积极推广跨行通存通兑业务、支票影像交换系统(CIS)、推广银行本票、商业承兑汇票等,进一步提升了银行自身竞争能力和水平。

当前湖南金融服务创新存在创新成果缺乏长效机制、创新内在动力不足;创新制度保障不完善、风险管理机制尚不健全等问题,如何取得政策法律支持、统一标准、拓展创新成果和领域都需要认真研究和解决。

4. 新型工业化进程中,湖南金融服务创新

国家银监会副主席蔡鄂生在第十二届中国北京国际科技产业博览会"中国金融高峰会"上提出,金融创新的根本出发点是服务实体经济,必须立足于满足市场的真实有效需求。在推进新型工业化进程中,湖南金融服务创新应以科学发展为目标,把握金融服务创新支持新型工业化发展的立足点。从实际出发,从地区发展特色出发,注重经济发展同资源环境相协调;以建设金融服务长效机制为前提,有重点的,有倾向性、有方向的创新,推动全社会金融服务质量、服务效率和服务水平的整体提升,更好地满足多层次、多样化的工业化需求。要符合科学发展观的要求,注重发展潜力,走可持续发展之路。

(1)加强对高科技产业和主导传统产业的信贷支持力度

近几年来,湖南省金融机构的存贷差不断扩大,2007 年存贷差资金占 GDP 的比例达到了 27.5%,接近于当年金融机构新增存款量,资金存在外流。而新型工业化和实现富民强省,需要大量资金,因此金融部门在防范金融风险的同时,要想办法增加资金在省内市场的投放。一是要强化市场竞争意识,提高服务水平。银行要积极主动开拓信贷市场,积极培植优质客户,促进部分潜质优良、高成长型中小企业快速发展。二是要建立科学有效信贷投入机制,将信贷重点放在湖南优势产业、优势项目和优势企业上,加大对湖南高科技产业和主导传统产业的金融支持。侧重对中小企业特别是中小民营科技企业的金融服务,破解融资难的问题。

(2)加大金融业开放力度

金融开放有助于将国外的资金、技术和信息注入新型工业化的进程,从更高层面上提升新型工业化的效率与水平。要抓住金融开放的机遇,在国家宏观金融政策的指导下,清理不利于金融开放或不符合国际惯例的地方性金融法规,创造良好的社会环境和经济条件,以吸引更多的外资金融机构前来设立分支机构。引入国外先进金融技术和新型金融工具,鼓励外资金融机构入股中资金融机构或与中资金融机构建立合作伙伴关系。从广度与深度上加大金融业开放力度,激活金融要素,更加有效地为新型工业化构筑起开放而有效率的金融服务平台。

(3)金融服务产品创新

注重金融服务产品创新,以创新信贷产品为基点,实现金融对新型工业企业的个性化服务。长沙市商业银行开发的"财富通道——产业链金融"业务,针对工业企业供应、生产和销售各个环节进行跟踪服务,促进企业业务流转变成资金流;兴业银行长沙分行、株洲市商业银行等开办的"引资入园"业务,以高新工业园为载体打造融资平台,由工业园管委会提供融资担保或贴息,实现园区企业融资一体化,对园区企业根据不同发展程度提供优惠融资服务,有力地支持了新型工业化园区建设。

(4)引导和拓展直接融资市场

依托资本市场的直接融资成本低、流动性高、融资量大,而且直接融资,特别是股权融资可以强化产权约束和改善企业治理结构。目前企业通过银行的间接融资仍然是占主导地位的融资方式,间接融资与直接融资的比例失调不利于加大对新型工业化的金融支持,而且使企业高度依赖银行信贷,容易诱发金融或经济危机,这是金融服务业发展中需要明确的。要把握现代金融的"脱媒"和多元化趋势,从金融机构的组织结构创新入手,以灵活和优惠的政策支持证券、保险、信托、租赁和基金等非银行金融机构的发展,使它们在分支机构、资产实力、业务规模和服务品种等方面与银行金融机构相协调。

(5)提升金融服务创新的风险防范能力

银行业金融机构应当增强对湖南战略政策的理解和研究,在新型工业化进程中,对于符合经济政策导向的领域要加大金融创新的力度,提升金融支持的质量和水平;对于政策着力压缩和淘汰的产业,应根据风险状态做出审慎调整和战略性退出,减少风险暴露。金融创新与风险管理密不可分,银行业金融机构需要加强对于金融创新风险的关注和研究,建立贯穿始终的创新风险管控机制;加强自我约束,提高风险自我管控能力,将金融创新活动的风险管理纳入全行统一的风险管理体系之中,合理评估创新产品中的内在风险,综合测算潜在成本和收益,平衡短期和长期利益。

(三)发展现代信息服务业,为信息化和工业化的融合提供有力的支撑

1. 信息服务业的概念与标准

现代信息服务业是指利用计算机、通信和网络等现代信息技术手段,对信息进行生成、收集、处理加工、存储、检索和利用,为社会提供信息产品、服务的专门行业的集合体。

信息服务业广泛渗透在现代服务业各主要行业和领域,是现代服务业的重要工具、手段和重要支撑的产业,作为国民经济的新增长点,不仅是现代服务业和信息产业的重要组成部分,更已成为其中最具活力和带动效应的领域。信息服务业的发展水平,已经成为决定国家现代化水平和综合国力的关键因素之一。

现代信息服务业包含的范围和分类标准目前尚未统一。国家统计局普查中心2003 年提出按照《国民经济行业分类与代码》(GB/T4754—94)把信息服务业分为社会调查业、信息处理业、信息提供业、电信服务业、咨询业、经纪业、公共信息服务业和其他信息服务业等 8 个大类,包含 18 个中类。认为虽然广播电视、教育和科学研究是以信息和信息产品为劳动对象并借助信息技术等劳动资料的活动,但它的行为方式和目的与信息服务不同,不能把广电、教育和科学研究归入信息服务业;同时,设备技术服务等也不宜归入信息服务业。

2008 年 2 月 20 日《中国电子报》载《制定产业政策推动信息服务业发展》文提出:按目前的分类,信息服务业包括电信服务、互联网服务、信息软件的外包服务、数据处理服务、信息订制服务,还包括图书、电子、音像、广播、影视等。

2009 年 7 月北京市信息服务业统计分类标准颁布实行,分类标准见表15。他们将广播、电视、电影、音像、出版、软件业均列入信息服务业,但未包括社会调查、咨询业和经纪业(商业经济与代理、证券经济与教育、房地产经济与代理、文化艺

术与代理、技术推广与交流)。

表15 北京市信息服务业统计分类标准

一级分类	二级分类	三级分类	一级分类	二级分类	三级分类
信息传输服务	电信	固定电信服务	信息内容服务	其他信息内容服务	新闻业
		移动电信服务			图书出版
	广播电视传输服务	有线广播电视传输服务			报纸出版
		无线广播电视传输服务			期刊出版
	卫星传输服务	卫星传输服务			音像制品出版
信息技术服务	计算机服务	计算机系统服务			电子出版物出版
		数据处理			其他出版
		计算机维修			广播
		其他计算机服务			电视
	软件业	基础软件服务			电影制作与发行
		应用软件服务			电影放映
		其他软件服务			音像制作
信息内容服务	电信增值服务	电信增值服务			图书馆
		其他电信服务			档案馆
	互联网信息服务	互联网信息服务			

不难看出,当前现代信息服务业包含的范围和分类标准不但尚未统一,甚至相去甚远。由此造成各区域间比较分析的困难。国家抓紧现代信息服务业标准的制定已成当务之急。

2. 信息服务业发展趋势

总体来看,我国信息服务业总体水平的落后已经成为中国信息产业和国民经济发展的新"瓶颈"。主要表现为:发展速度快,但还处于初级阶段,且发展不平衡;基础硬件设施虽逐渐完备,但信息资源开发不够;信息服务体系存在诸多缺陷,服务质量亟待提升,客户意识急需增强;市场机制不够完善,管理制度尚有缺失。湖南的信息服务业,电信和其他信息传输服务业收入平稳增长,互联网信息服务增速快;软件业规模效益同步增长,私营经济占主导地位;计算机服务业规模偏小,地域分布过于集中(主要在长沙市)。

由于信息产业的快速发展,信息服务业的优势和特色也进一步凸显出来,并保持着较强的增长势头。以电子信息系统和网络为基础、计算机应用服务为内容的信息服务业已成为国民经济新的增长点和第三产业重要的新兴行业。新世纪,信息服务业将有巨大的发展,其基本趋势有:(1)网络成为信息服务业重要载体,网上信息资源开发规模将迅速扩大;(2)信息服务趋于集成化、智能化、规范化、多媒体、多层次,产业化空间将有更大的拓展;(3)电子化信息服务是未来发展的趋势;(4)服务内涵逐步延伸,外包活动日趋活跃,商业模式推陈出新,信息服务结构将发生根本性的变化。

3. 信息服务业的发展思路

信息服务业的行业特质有别于其他服务业,一般表现为用户导向的服务原则、中间产品的服务形式、多样化的生产关系、市场化的经营方式、规范化的服务管理等。信息服务业是现代服务业的重要组成部分,其发展情况可以讲又正处于瓶颈状态,加快信息服务业的发展步伐势在必行。我们认为湖南信息服务业的发展目标是:努力提升产业层次和技术水平;增强核心技术研发和提高系统集成能力;培养具有自主知识产权的知名品牌;改善市场环境,发展创业风险投资。发展思路应该是:强化产业集群,健全创新体系;鼓励资本运营,促进关联发展;鼓励多元投资,扩大融资渠道;注重自主创新,加强产权保护;优化发展环境,转变管理机制;均衡地域发展,加强人才培养,为信息化和工业化的融合提供有力的支撑。

4. 发展信息服务业的对策

(1)准确定位。信息服务业是国民经济新兴的重要支柱产业之一,关系到国计民生的重要领域,不仅涉及国家安全、社会稳定,还与广大人民群众的日常生活息息相关。信息服务业代表着信息产业的未来,也是现代服务业的重要组成部分和重要支撑。作为信息服务业自身,注重在数量、规模增加基础上的整体水平的完善与提高,要立足长远、明确目标、充分考虑到复杂的深层次的社会关系,从而做出正确的策略选择。产业型信息服务主要是在提高其他行业的劳动生产率、推进国民经济信息化、增加国内生产总值、加速产业结构调整和经济发展等方面做出贡献。通过不可或缺的贡献赢得在国民经济和社会发展中的合理地位,是信息服务发展的正确选择,不断提高对国民经济和社会发展的贡献率是信息服务业的准确定位。

(2)营造环境。根据信息服务业行业活动各个环节的特点,重点在信息服务机构管理、信息市场管理、信息安全、信息获取和信息公开、信息服务人员管理几个领域分别制定相关的法律、法规。加强信息服务业政策与法规建设,不断增强政府的引导和调控能力,营造有利于信息服务业健康发展的环境。

(3)提升信息服务产业科技创新能力。研究制定有助于提升企业创新能力、培育产业新增长点的政策,促进建立以产业链为纽带的研发和创新联盟,以及以同行业技术前沿为目标的技术创新体系,争取在下一代互联网、基础软件、智能信息处理等关键领域取得创新突破。将高新技术企业的认定范围由生产型企业扩大到重点领域的信息服务企业。进一步完善信息服务业园区和平台,加快数字内容公共技术服务平台、软件和信息服务外包公共服务平台以及数字音视频、动漫、网游、多媒体、网络增值服务等基地建设。政府有关部门应会同相关行业协会,积极推动构建专利权协商机制;鼓励和引导企业加大知识产权投入,申请国内外专利,依法组建知识产权保护联盟。

(4)突出电子信息服务。在现有信息服务业的基础上,积极推进电子商务、电子政务,加快建设电子认证体系和企业信用信息平台,完善人口、法人单位和空间地理三大数据库。积极开发互联网增值服务,拓展多媒体服务领域。推进信息技术与传统产业嫁接,加快实施重点地区、优势产业和龙头企业的信息化改造。大力扶持有自主知识产权的软件应用和品牌扩张,发展壮大湖南嵌入式软件、多媒体数字软件、管理软件三大产业群,形成一批骨干软件企业集团。

(5)侧重制造业信息技术应用领域的服务。新型工业化的一个重要方面是推进信息化和工业的融合。制造业信息技术应用领域有设计、生产制造、管理、装备以及集成技术等。为企业提供网络信息服务是信息服务的发展重点,企业信息化可以分为三个层次:第一层是企业在生产当中广泛运用电子信息技术,实现生产自动化。第二层是企业数据的自动化、信息化。第三层是更高层次的辅助管理、辅助决策系统。制造业企业信息化有四个主要的业务领域,由企业资源规划(ERP)系统,供应链管理(SCM)系统,客户关系管理(CRM)系统和产品生命周期管理(PLM)系统。四种信息系统的有机结合应用,构成了企业信息化的主要组成部分。当前我国制造企业已建设的信息化系统,比例最高的是办公自动化(OA),最低的是供应链管理系统(SCM)。正在建设的业务系统中,所占比例最高的是企业资源计划管理系统(ERP)。信息服务发展的重心应该是从上述方面推进信息化和工业的融合。

(6)注重网络服务业发展。网络服务是新兴的行业,并呈现出与电信服务日益融合的趋势,具有极大的发展潜力。发展网络服务业不仅是积极推进电子商务,要把应用网络服务和基础网络服务同时推进,培植和形成产业。支持和培育网络教育、数字图书馆、网上旅游、网络游戏、电子出版物、网上社区等信息服务业发展,提高信息服务产业的规模化、专业化水平,为公众提供不同类型的个性服务。支持发展以电子商务平台、物流平台等为切入点的网络增值服务业。重点支持有特色的信息安全、企业管理、生物识别、电子商务、数字认证等软件产品开发,培育一批大型软件企业。

(7)加大资金支持力度。加强对软件和集成电路产业发展专项资金的管理和使用,适度增加资金规模并向信息服务业倾斜。设立利用信息技术改造提升传统产业专项资金,重点用于支持高能耗、高物耗和高污染行业的信息技术改造;支持汽车、航空、能源、物流等领域的信息技术应用;支持中小企业信息技术应用和公共服务平台建设。

(8)拓宽投融资渠道。加快建立政府投入为引导、企业投入为主体、其他投入为补充的信息化建设投融资机制。支持金融机构对符合湖南信息服务业发展方向、具有一定国际竞争力的项目予以重点支持,对产业基地、公共平台、产学研项目建设和关键共性技术产业化等加大扶持力度;完善中小企业行业担保机制,为信息服务业中小企业提供融资担保;完善风险投资机制,鼓励、支持国内外风险投资基金投向信息服务业;以专项补贴的方式,大力支持信息服务业企业在海内外上市。

(9)培养建设专业人才队伍。通过实施教育资金补贴、培训成本税前抵扣、人才培养奖励等具体措施,鼓励各高校、社会培训机构以及企业开展人才教育及技能培训工程,培养一批有专长、善经营、懂管理的信息服务业领军人才以及适应产业发展需要的新型实用人才。鼓励社会机构面向企业开展信息化培训。营造鼓励创新、充满活力的适宜创意人才发展的"软环境",以政策支撑、创业环境、生活环境为重点的软环境建设是吸引并留住创意人才。建立信息系统咨询、评估人才认证规范,完善信息技术人才职业能力认证体系。鼓励企业采取股权激励、收益分成等措施,加大对高级人才的激励。鼓励传统企业结合自身特点,建立首席信息官(CIO)制度;将 CIO 制度建设、信息化培训等纳入国有企业领导人员考核范围。

(10)完善信息服务业的标准规范和统计制度。建立符合国际惯例,符合国际发展特点和水平的统计制度和统计指标体系。通过制定与国际标准接轨的信息服务业标准,使信息资源实现跨部门、跨地区、跨国界的互联互通;鼓励支持企业主导和参与信息服务业的相关国家标准的制定;进一步提高信息服务业统计数据的时效性、准确性和权威性。

(四) 发展科技服务业,提高创新能力

科技服务业作为一种新兴的战略性产业,是当今世界上科技与经济相互结合中发展最快、最活跃的领域,其在国民经济中所占的比重已成为衡量一个地区经济发达程度和竞争力的重要指标。各地区的实践表明,科技服务业的快速发展,对于促进科技成果的产业化、科技创新的广度化和深度化以及促进经济社会发展都发挥了重要作用。

1. 科技服务业的概念

科技服务业是为促进科技进步和提升科技管理水平提供各种服务的所有组织或机构及其活动的集合。主要包括各类科学研究与试验发展、咨询与中介服务、科

技信息和专业技术服务、科技交流和推广等机构,涉及知识产权服务、技术市场、科技咨询、质量体系认证、法律、融资、会计等多领域的企事业单位。

科技服务机构可分为四类:一是为科技成果做进一步改进和完善的工程设计方面的服务机构,如工程技术研究中心、生产力促进中心、技术开发中心、技术推广站等。二是为解决技术创新过程中各类问题提供信息和解决办法的咨询服务机构,如科技咨询机构、情报信息中心、科技评估中心、科技招投标机构、工程咨询机构等。三是为技术创新活动提供场所、设备和系列服务的机构,如高新技术园区、科技创业中心、科技成果或企业孵化中心、公共实验室等。四是为技术供求双方提供中介交易服务的机构,如技术市场、交易中介机构等。

科技服务业对经济社会发展做出的贡献是多方面的,在将科研成果应用于生产加工,直接创造社会价值的同时,通过科技咨询、中介与推广等方式推动了社会文明和生产方式的进步。科技服务业的功能主要是依托信息资源优势和市场分析,构造技术持有者向资本拥有者转移的服务平台,为资本人和技术人牵线搭桥,并通过服务实现二者顺利对接,使科技与经济有效结合。同时科技服务业加速推进科技成果转移和商品化,增强科技进步对产业结构优化升级的技术支持及对总体经济发展的贡献,促进产业升级和结构优化。

2. 湖南科技服务业

在湖南的生产服务业中,科技服务业规模小,产值低,增长速度缓慢。

湖南科技服务业增加值 1990 年为 7.36 亿元,占 GDP 比重 0.1%,2007 年增长为 60.5 亿元,占 0.65%。据对湖南六大生产服务业占服务业增加值比重的分析,科技服务业 1990 年在六大生产服务业中排第三,2005 年下降到第五,2006、2007 年仍然是仅高于农林牧渔服务业而居第五位。2005 年生产服务业生产税净额 64.84 亿元,是 1990 年的 4.6 倍,其中农林牧渔服务业、信息传输、计算机服务和软件业、金融业、租赁和商务服务业、科学研究和综合技术服务业、物流业分别为 1.07、8.29、13.33、6.98、2.4 和 32.77 亿元。科技服务业同样是第五位次。

湖南科技服务业的影响力系数和感应度系数都很低(见本文第二章第二节),反映了湖南生产服务业对国民经济的推动和影响力偏低。与部分沿海省份三次产业对生产服务业的直接消耗系数比较,湖南第一、二产业对生产服务业各行业的直接消耗系数均不高,湖南科技服务业的直接消耗系数又更低,显示湖南科技服务业对第一、二产业所提供的生产性服务还太少,从另一个角度也说明了湖南向第一、二产业提供科技服务的行业有较大的发展空间。从产业中间需求率和服务业综合能力分析结果看,湖南制造业对技术密集型、知识密集型的服务业的中间需求比重偏小,科技服务业能力不强。

当然,上述是建立在统计基础上的分析,作为科技创新、科技进步对经济社会的贡献是相当巨大的,而这种对新产品、新工艺、新技术、新材料诞生所提供的科技服务价值并没有真正完全体现出来。尽管如此,湖南科技服务业现状规模小,产值低,增长速度缓慢仍然是可信的。

3. 科技服务业发展对策

(1)充分发挥政府的扶持、引导和市场导向作用,推动科技服务业发展。《中共中央、国务院关于加快发展第三产业的决定》明确指出,"与科技进步相关的新兴行业,主要是咨询业(包括科技、法律、会计、审计等咨询业)、信息业和各类技术服务业等"是发展第三产业的重点之一。随着经济、社会的发展和科学技术的不断进步,以提供智力服务为主要特征的科技服务业蓬勃发展,成为当今世界上科技与经济相结合中发展最快、最活跃的领域之一,在推进新型工业化进程中占有越来越重要的地位。要鼓励、引导企业(尤其是中小企业)和广大农村吸纳新技术、新成果和推广各种技术服务。各级政府的决策,企、事业单位的经营管理都应积极接受各种咨询和信息服务。各级各类重大决策应该严格履行必要的决策程序,包括重大工程建设、技术改造、科技攻关、重要国际经济技术合作等都须进行事前分析论证和咨询,以提高决策的成功率。在加快改革开放的新形势下,各地、各部门要采用各种手段启动对科技服务业的需求,促进科技服务业的形成和发展,逐步确立科技服务业的应有地位。

(2)采用多种方式,增加对科技服务业的投入。要努力争取在财政拨款、银行贷款业务中,为科技服务业开辟正式的资金渠道。鼓励通过个人集资、吸收海外资金等多种方式筹集资金兴办科技服务业,同时大胆尝试通过发行债券股票等改革措施,多方面筹措资金。全社会要认识、尊重科技服务的劳动价值,按质付费,逐步形成科技服务业合理的市场规则。

(3)加快科技服务产业化步伐。要积极扶持、引导,推动科技服务机构按照运行企业化、功能社会化、服务标准化、机制市场化、管理信息化的方向发展,使科技服务业成为区域科技创新体系的重要支撑。重点扶持和培育技术转移和成果转化、技术产权交易及咨询、评估和知识产权等科技中介服务机构,建立区域性技术转移联盟,积极探索技术产权交易市场和创业资本市场。鼓励、引导各类中介机构和社会力量参与和介入各类服务活动,逐步建立以企业为主体、市场为导向、产学研合作、多元化的科技服务业体系,推动科技服务专业化分工和产业链上下游互动。

(4)加强科技服务基础设施建设。立足湖南区域优势和特色产业,以科技资源优化配置为主线,加强国家、省级重点实验室、工程研究中心和企业技术中心等科技服务基础设施建设。根据科技创业和中小企业发展需求,采取合作、共建、联盟等方式有效集成各类技术创新资源和科技创业投融资资源,建设集科技成果汇集发布、科技创业投融资服务、技术交易服务等功能于一体的公共服务平台。优先实施能源、资源、环境、农业、信息等关键领域的重大科技开发专项和优势共性技术集成创新,攻克关键技术。

(5)依托高新技术开发区,集聚发展科技服务业。以高新技术开发区为依托,集聚科技服务企业和机构,在为新型工业化提供专业技术、信息咨询、科技中介、技术评估、产权保护等多种形式的科技服务过程中,加强协作,公平竞争,推动科技服务业的快速发展。

(6)引进培养一批高素质、高层次、专业化科技服务人员,保证科技服务业水平不断提高和保持行业持续发展的后劲。

(五) 协调商务服务产业,提高服务水平

在国民经济分类中,商务服务包括企业管理服务、法律服务、咨询与调查、广告业、知识产权服务、职业中介服务、市场管理、旅行社、其他行业。省规划提及商务服务业的内容包括:专业服务、创意产业、会展业和人才服务。现代服务业的商务服务概念和内容应该包括许多新业态。特别是贸易服务被划分在批发零售的类别下,《服务贸易总协定》签署之后,按国际惯例,服务贸易的服务部门包括:商业服务,通信服务,建筑及有关工程服务,销售服务,教育服务,环境服务,金融服务,健康与社会服务,与旅游有关的服务娱乐、文化与体育服务,运输服务。概念和分类在统计口径上存在差别,需要抓紧制定标准,协调归口部门。

1. 湖南商务服务业创新的思路

湖南商务服务业创新的主要思路应该是:以全面推进流通产业现代化进程为核心,注重加速行业信息化、网络化为重点的高新技术应用,突出"扩大内需、促进消费"的主题,扩大对外开放,完善市场机制,全面推进商务服务业跨越式发展。

2. 加快流通方式和业态创新,提高流通企业竞争能力

流通业是国民经济的先导性产业,是商贸服务业的命脉,在促进生产、引导消费、推动经济结构调整和经济增长方式转变等方面发挥着重要作用,正成为决定经济运行速度、质量和效益的重要因素。改革开放特别是"十五"以来,长沙市商贸流通业发展较快,市场规模日益扩大,业态水平明显提高。但从总体来看,长沙市流通业的发展仍处于滞后状态,存在着思想观念陈旧,企业规模偏小,现代化水平不高,市场体系不够健全等问题。目前,国内分销市场走向全面开放,市场竞争日益激烈,迫切要求加快商贸流通业发展。

培育大型流通企业集团,支持企业通过股权置换、资产收购等方式跨区域兼并重组,引导大型流通企业与外贸出口企业开展对接,完善出口商品内销渠道。加快流通企业信息化建设,推广商业科技应用,提高流通的科技水平。贯彻落实《商务部关于加快我国流通领域现代物流发展的指导意见》,推进流通领域现代物流发展。开展包括物流示范城市、示范园区、示范企业和示范技术在内的不同层次流通领域现代物流示范工程,大力发展第三方物流,培育一批龙头企业;大力发展农村现代物流,完善城乡一体化物流网络;加强冷链物流体系建设,确保生鲜食品消费安全。充分利用国家发展物流产业的机遇,提升仓储运输、装卸搬运、分拣包装,加工配送的装备水平,推进物流业的整合和连锁经营,构建物流网络信息平台,降低物流成本,推进湖南流通领域现代物流整体水平提升。

3. 稳健推进电子商务

电子商务过程是利用现代信息技术的商业活动的电子化过程,毫无疑问是传统商务服务的发展创新。我国电子商务持续快速发展,在繁荣国内市场、扩大居民消费、降低物流成本、提高流通效率等方面发挥着日益重要的作用。我国电子商务发展已经突破了基于 EDI(电子数据交换)以及 VAN(增值网)的初级应用阶段,呈现高速发展的趋势,在安全认证、数据加密、在线支付、信用服务等关键领域取得技术突破,技术的发展也催生了电子商务服务的各种新模式。但是整体应用水平仍然比较低,交易环境有待改善,社会公众对电子商务的认知度和认可度有待提高,电子商务信息披露、资金支付和商品交付等行为还有待规范。

2008 年 2 月份,国务院信息化办公室在长沙宣布正式授予湖南成为首个国家移动电子商务试点示范省。同年长沙市长沙高新技术产业开发区已经获批建立国家级电子商务试验园区。由中国网库、中国行业网联盟、中国电子商务协会企推委共同发起的"第三代网商孵化计划"已经正式在湖南省 10 个主要城市同时启动,该计划旨在普及方兴未艾的行业网营销理念,并加快第三代网商群体的孵化进程。湖南省信息产业厅副厅长张大方表示湖南已制订扶持中小企业信息化的具体举措,主要包括今后五年每年支持 50 家中小企业的信息化建设,五年内要培训 5000 名电子商务人才,以及重点打造移动电子商务平台等。

制约电子商务发展的因素主要是基础设施、人的观念、信用机制、支付技术、法律保障、物流配送、信息安全等问题。为此在商务服务创新的过程中,要稳健推进电子商务。要做好五个规范,即规范电子商务信息传播行为和方式,优化网络交易环境,打击电子商务领域的欺诈行为;规范网络交易各方的信息发布和传递,提高各类商务信息的合法性、安全性、真实性、完整性、时效性和便捷性;规范网络市场,构建公平公正的网上营销、诚实可信的电子签约、良好的售后服务、和谐有序的市场机制;规范电子支付行为,保障资金流动安全;规范商品配送行为,提高商品配送能力。

最重要的是建立和完善适应电子商务需要的物流配送体系,促进物流配送信息系统与电子商务的结合。另外商务部门要加强宣传引导,加强电子商务法律和政策体系建设,建立健全电子商务标准体系,加快电子商务信用体系建设。重视和发挥中介组织作用,加强电子商务人才培养也是推进电子商务不可或缺的对策措施。

4. 积极发展服务外包

服务外包是企业将价值链中原本由自身完成的某些环节的工作,转交给外部专业服务提供商来完成的经济活动,主要包括信息技术基础设施与应用外包、业务流程外包以及设计研发服务外包,其内容仍在发展中。伴随全球经济一体化发展,低成本的海量带宽使信息无处不在,创新已经超越国界,人们对服务外包的认知与接受程度也在日益加深,服务外包已经成为跨国企业全球布局、提升国际竞争力的重要手段。

如何有效开展服务外包,需要我们认真学习与思考。与国际上服务外包企业相比,中国企业在交付能力、行业专业知识、人才储备等方面均存在较大差距。中国的传统经营方式与服务外包理念之间也存在巨大差距。

2008 年以来,湖南省出台支持服务外包发展的政策性文件,设立省级服务外包发展促进资金,大力拓展服务外包的出口市场,提升承接服务外包的业务水平。目前,湖南省服务外包的出口市场已由原先的日本等少数国家,扩大到韩国、美国、英国等国家。今年 1—10 月,湖南省服务外包合同执行金额达到 1.12 亿美元,同比增长 5.4 倍。其中,业务流程外包(BPO)合同执行金额 5121.7 万美元,占湖南服务外包合同执行金额的 45.7%。长沙市被认定为"中国服务外包基地城市"。中软国际有限公司日前与长沙高新技术产业开发区签署建立"中软国际南方生产开发基地"备忘录,将服务外包战略重点投向湖南。湖南首个软件服务外包实训基地也已在大连成功落户。

为了加快发展湖南服务外包产业,湖南省人民政府正式出台了《湖南省人民政府关于加快发展服务外包产业的意见》(湘政发〔2008〕19 号),明确了发展目标和发展重点,从创建服务外包示范园区、加快培育和壮大承接服务外包主体、加快培养和引进服务外包人才、营造服务外包产业发展的良好环境等方面进行了部署,并在资金和税收上给予一定的扶持和优惠。认定了第一批"湖南省服务外包示范基地"和"湖南省服务外包人才培训基地"。湖南青苹果数据、隆志高新、湖南中软国际、全洲医药物流、鹰皇商务等一批报刊数据处理、地理数据处理、医药物流外包等服务外包企业已在国际市场显示出较强的接包能力。

为抓住服务外包产业由国际向国内转移、由沿海向内地转移的重要机遇,积极鼓励企业承接服务外包业务,推动湖南服务外包产业的跨越式发展。进一步研究优化扶持政策,放宽服务外包企业进入门坎,降低企业税赋标准,延长优惠期限,将针对软件公司的税收优惠扩展至整个服务外包企业,确保企业的成本优势。建立适应服务外包产业发展的人才培养机制,设计并制定与国际接轨的培训课程体系。制定湖南服务外包品牌战略,打造具有湖南特色的有国际竞争力的服务外包品牌,通过品牌建设引领产业发展,逐步争取湖南在全国服务外包领域的领先地位。建议各级政府率先推行服务外包,号召大型企业外包非核心业务,通过内需拉动,为离岸外包规模经营奠定基础。使服务外包产业成为推进湖南现代服务业发展、推动新型工业化进程和长株潭城市群"两型社会"试验区开发建设的重要引擎。

(苗　蕾　执笔)

主要参考文献:

[1]刘佳等:《首都经济耀眼亮点:生产性服务业》,载于《北京商报》2008 年 1 月 21 日

[2]王仕军:《走新型工业化道路》,中国论文下载中心,[06—02—1216:28:00]

[3]喻向阳:《湖南新型工业化主抓十大重点》,红网长沙 2008 年 2 月 29 日

[4]胡凯:《江苏省现代服务业外包经营模式探讨》,网络转载

[5]湖南省统计局:《重视物流运动　促进湖南经济》,载于《决策咨询》第 45 期

[6]赵弘:《中国总部经济发展报告》,社会科学文献出版社

[7]张国云:《服务崛起》,中国经济出版社

[8]王晓昀:《财经理论与实践》,第 27 卷,第 144 期,2006 年 11 月

[9]张秋舫:《中国城市化和城镇化发展》,维普资讯,http://www.cqvip.com

[10]王晓东:《现代服务业:新型工业化的推进剂》,论文网 2007—1—24

[11]李江帆:《新型工业化与第三产业的发展》,载于《经济学动态》2004 年第 1 期

[12]天津市南开区:《科技服务业发展规划》,天津现代服务业网

[13]孙畅:《"区位商"分析法在地方优势产业选择中的运用》,载于《经济论坛》2000 年 2 月

[14]朱凯:《服务业集聚与产业结构优化关系探究》,载于《经济研究导刊》2008 年第 8 期,总第 27 期

[15]刘瀛洲:《拓展央行金融服务创新助推新型工业化发展的思考》,载于《武汉金融》2008 年第 8 期

[16]张晴:《湖南省生产服务业发展状况、问题及原因》,载于《决策咨询报告》2006 年第 32 期

[17]《我国信息服务业的现状、问题与对策研究》,国家统计局普查中心,2003—08—15

[18]《信息服务业促进十大产业调整振兴》,江苏信息产业厅网站,2009—06—04

[19]郑惠强:《关于加快推进上海信息服务业发展的七点建议》,上海政协网,2009—06—30

[20]《制定产业政策 推动信息服务业发展》,湖南信息产业厅网站,2008—02—20

[21]《信息产业如何助推湖南"弯道超车"》,www.hyii.gov.cn,新湘评论(2009年第6期)

[22]《关于促进电子商务规范发展的意见》,商改发[2007]490号

[23]余洋:《未来电子商务的发展趋势》,电子商务网

[24]刘桂勇:《湖南电子商务与物流协同发展的对策探索》,电子商务网

[25]刘桂勇:《湖南电子商务的春天即将来临》,电子商务网,2009—2—26

[26]刘桂勇:《长株潭一体化对湖南电子商务的影响》,原载:互联网观察室

[27]《第三方物流信息化是电子商务发展的突破口》,电子商务网,2009—07—23

[28]商务部:《发展电子商务助企业走出国际金融危机困境》,新华网,2008—11—03

[29]《湖南省人民政府关于加快发展服务外包产业的意见》,湘政发[2008]19号

[30]黄存亚:《湖南省出台服务外包扶持政策》,红网,2008—8—13

[31]《湖南省成立服务外包产业领导小组加快服务外包产业发展》,商务部网站,2009—02—20

[32]《湖南服务外包市场愈加广阔》,载于《今日湖南》,2008—12—17

湖南新型工业化的就业创新

自古以来,人们一直把安居乐业当做美好的人生追求。就业是民生之本,扩大就业,促进再就业,关系改革发展稳定的大局,关系国家的长治久安,不仅是重大的经济问题,也是重大的政治问题。湖南作为一个农业大省,在推进新型工业化的进程中劳动力就业问题显得尤为突出,劳动就业形势已经引起社会各界的广泛关注。本研究试图借鉴发达西方国家在工业化进程中的就业政策的经验,对湖南就业现状以及未来30年劳动力供给和需求状况进行全面、深入和系统分析的基础上,为湖南新型工业化的就业创新提供科学思路和决策依据。

一、工业化国家劳动就业政策形势比较

就业问题,不仅是处于经济转型、体制转轨时期的发展中国家当前面临的重大问题,也是发达国家面临的突出矛盾。扩大就业不仅是人类生存的需要,也是经济增长的目的所在。20世纪90年代以后,随着经济全球化的逐步发展,世界各国就业问题出现新的特点,就业格局出现新的发展趋势,各国纷纷采取政策,以便更有效地解决就业问题。

(一) 近期国际就业形势概述

2008年10月,全球失业总数剧增2000万人,失业总人口从1.9亿增加到2.1亿,失业问题正在从华尔街向全球蔓延。以英美发达国家为例,近期失业人数都创下了十几年来的新高。截至2008年11月8日,美国续领失业金人数增至401.2万,为1982年12月以来之最。根据美国劳工部数据,自2008年初以来,美国就业岗位总计减少了120万个,其中超过半数是最近三个月内减少的。美国联邦储备委员会官员对2009年底失业率的预期值为7.1%—7.6%,个别官员的预期高达8%。2008年10月,英国失业人数在一个月猛增14万人,突破180万人,达到11

年来的最高位。2008 年第三季度英国失业率已经达到 5.8%，比上一季度上升了 0.4 个百分点，是 1991 年以来的最大涨幅。英国制造业工作岗位已经降至 1978 年以来的最低点。法国 2009 年第一季度的净就业前景（以计划增聘员工雇工百分比减去计划减少人员雇工百分比计算得出）降至-2%，二十多年来该数据首次出现负值，而亚太地区的降幅最为显著，印度、新加坡、澳大利亚和新西兰就业前景均降至纪录低点，国际就业形势越来越严峻。

（二）发达的工业化国家的劳动就业政策

世界上各个发达国家的就业政策各不相同，在此，我们选择了德国、美国、瑞典、英国等几个国家的就业政策进行分析研究。

1. 德国的就业政策

（1）健全完善的就业制度。1969 年，德国开始实施《促进就业法》，内容包括职业介绍、职业指导、职业培训、失业保险、就业经费、管理机构等方面。几十年来，他们根据本国的情况不断修改完善，对促进就业、完善就业管理、加快劳动力市场的发展、调整劳动力供需结构发挥了积极作用。德国就业制度的安排不仅包括营利性的职业机构，还包括非营利性的职业介绍机构。1994 年，德国出台《就业支持法》，允许在得到政府许可的情况下，开办私营职业介绍所，弥补了国家垄断职业介绍所带来的不足，缓解了劳动力市场结构单一的矛盾。德国职业介绍制度非常严格，对于非法用工、低报酬雇用外国人、就业准入等都有明显规定。德国一方面积极推行亲和服务，拉近就业者的距离；另一方面通过开设电话咨询服务，在互联网发布就业信息，以提高工作效率。同时，积极推行便捷式服务，使失业保险金的发放、就业咨询、职业培训指导在同一场所进行，极大地方便了失业人员寻找工作。

（2）富有活力的创新机制。德国就业大致经历了消极的劳动力市场政策、积极的劳动力市场政策、激活劳动力市场政策三个历史阶段。20 世纪 60 年代，德国经济增长趋缓，他们促进就业的政策，主要包括扩大财政支出拉动需求，对劳动关系调整强调三方协调机制，注意央行集权对金融政策的调整等。尤其是 1969 年《促进就业法》出台以后，将劳动力市场政策从"消极"转向积极，把失业保险作为兜底措施，把失业人员尽快重返劳动力市场视为重点。近期，又提出了激活劳动力市场的新思想，主要包括引导求职者积极寻找工作、参加职业培训、鼓励自主创业。激活劳动力市场政策，重视劳动力市场运行中人的因素，把发挥劳动者的求职热情和创业激情放在更加重要的位置，同时发挥政府扶持的积极作用。政府启动信贷，尤其是抵押贷款等资金支持措施。德国政府还积极借鉴美国的经验，在大学加强研究成果的开发和应用，并由此推广到全社会，强化全社会的创业意识。最近几年,在高中阶段就开设了创业培训课程,让学生学会如何写创业计划、如何创业。他们还开展了"我的小企业"计划,扶持失业人员学做小老板,并给予税收优惠。

2. 美国的就业政策

(1)劳动力供需结构分析。从劳动力供给考察,美国劳动力供给量总体上呈不断增长的态势。1950年,劳动力供给总量为620万人,占人口总数的59.2%,1996年,劳动力供给总量为1320万人,占人口总量的66.6%。美国劳动力供给增长除受人口自然增长因素影响以外,移民是构成美国不同于其他国家影响劳动力供给的重要因素。美国移民政策的核心,是力图吸引各国优秀人才和投资者。

从劳动力需求考察,对劳动力有极大的需求量和极强的吸纳能力。几十年来,美国劳动力需求基本处于持续的上升趋势,如果以1960年就业指数为100,在1995年,美国就业指数为190。1975—2005年,美国新增就业人口累计达6100万人。美国就业总量的增长,同样也伴随着劳动力需求结构的变化。20世纪以来,美国第一产业的就业人数比重处于不断下降过程,第二产业就业人数比重先扬后抑,第三产业的就业比重一直处于上升趋势。产业结构变化,又带来职业技能结构的调整。从总体上看,随着美国经济增长对科技、管理等先进技术、现代手段依赖程度的提高,低技能劳动力的需求正在减少,高素质、高技能劳动力需求趋旺。

(2)劳动力市场框架及其运行。在美国,劳动力市场主要包括以职业介绍和就业服务、媒体广告、人际网络的职位信息传播为主要内容的劳动力市场信息传递机制、以劳动力供求关系决定劳动力价格为主要内容的工资机制、以劳动者对就业机会的集体所有权和自由企业制度为主要内容的工会与集体谈判机制。劳动力市场主体双方有充分的选择权,政府的责任主要是维护劳动力市场的公开、公平和公正。政府就业援助的主要对象是低收入者。

(3)就业政策由消极转为积极。长期以来,美国的就业政策偏重于失业救济以及政府对解雇和裁员的限制等方面。20世纪60年代以后,经济增长导致产业结构调整加速,带来了就业结构的急剧变动。美国开始由消极的就业政策向积极的就业政策转变。首先,美国政府把改善劳动力供给结构作为积极的劳动力市场的重点,围绕增强劳动力的就业能力和适应性,加强职业培训和继续教育。其次,顺应产业结构调整和升级的要求,采取引导人口流动的政策,调整国内劳动力的布局。再次,通过实施伤残人员康复计划,改变过去对伤残人员的单纯救济方式,开展自主自强教育和专门的职业培训,使他们成为自食其力者。

(4)就业对策机制。美国失业率之所以保持在社会经济可以承受的范围,除得益于经济增长以外,也得益于政府干预所制定的一系列"反解雇"和"反裁员"等稳定职业的保障办法。首先,把改善劳动力供给结构作为职业培训的重要内容,使之成为促进就业的根本途径。其次,把发展中小企业作为扩大就业需求的重要手段。

3. 瑞典的就业政策

(1)积极的就业政策与宏观经济政策相互协调。瑞典是一个劳动力资源短缺的国家,尽管如此,就业的结构性矛盾仍然十分突出。20世纪90年代后期,瑞典政府采取了一系列宏观调控措施,如调整产业结构、控制通货膨胀、抑制工资过快增长、促进劳动力结构调整,积极发展各类企业特别是发展小企业、完善劳动力市场服务体系等,促进了经济的复苏和发展。其中,吸取市场经济国家解决就业问题主要依靠劳动力市场政策的教训,采取积极的就业政策与宏观经济政策相互协调、相互配套的办法,提高了政策的整体效果。

(2)运用积极的就业政策,促进就业结构的调整。瑞典是一个老牌工业化国家,产业结构调整迫使就业结构调整。瑞典政府积极研究减少转移计划和就业服务方案,规定凡是企业裁员,必须提前6个月通知当地就业服务机构,并要求就业服务机构要了解企业的发展趋势,及时掌握空岗信息。为解决裁减人员的再就业,他们把失业人员视为一种人力资源的储备,进行开发性投资,使失业人员仍然处于工作、学习状态,提高自己的技能。瑞典政府吸取教训,把单纯靠失业保险解决失业人员的生活问题与促进他们的就业结合起来。财政和失业保险在就业投入总开支中,用于失业保险的费用从60%降低到50%,拿出一半用于培训、实习、创业补贴等。

(3)实施分阶段就业服务的劳动力市场政策,推进就业服务标准化。瑞典政府按照分阶段就业服务的要求,将求职登记的失业人员分为登记求职阶段、自我服务阶段、帮助服务阶段和就业援助阶段。经过前三个阶段的服务,有70%—75%的人能够通过市场找到自己满意的工作。对于300天以后仍找不到工作者,被视为长期失业者,称之为就业特殊困难群体。政府对其中的一部分人延长失业保险期限,对另一部分人实行就业援助。

4. 英国的就业政策

(1)在劳动力供给方面,英国政府认为,要消除劳动者对福利的依赖,鼓励人们工作。首先,明确职业培训的重要性,认为培训的目的是提高劳动者的素质,使劳动力供给不仅在数量上,而且在质量上符合劳动力需求的要求,并把职业培训作为劳动者的终身需要。其次,改革社会福利制度,使失业者转变为就业者,以保证劳动力供给,减少失业。一方面,降低失业救济金标准,严格限制给付条件;另一方面,提高社会保障税率,减轻财政负担,放弃最低工资保障制度,对工作时间不作限制。最后,限制工会的作用。从上世纪80年代初开始,英国政府采取削弱工会的力量,限制工会对工资、失业人员再就业条件等方面的干涉,工会会员数量逐年减少,使工会不得不更多地与政府和雇主合作,从而达到减少罢工、削弱劳动力市场竞争性对劳动力供给影响的目的。

(2)在劳动力需求方面,英国政府一方面大力发展新兴产业和中小企业,扩大劳动力需求,另一方面把发展新兴产业尤其是高新技术作为创造就业岗位的重要渠道,认为高新技术产业具有带动相关性非技术和服务性就业岗位的作用。政府积极推动高新技术产业发展计划,采用信用支持、减免税赋、支持民间投资、鼓励大企业向小企业提供研究开发投资等一系列扶持政策,鼓励中小企业的发展,努力提高中小企业吸纳就业的能力。与此同时,英国政府不断努力降低劳动力成本,使之成为吸引外国投资的一大优势。同时,为吸引外资,极力改善投资环境,提高市场透明度,减免税收,减少雇工限制,以赠款的方式对到开发区投资的投资者视投资的多少和创造就业或保护就业机会的状况予以支持,把吸引外国资本作为拉动国内劳动力需求的重要措施。1980 年以来,外国直接投资为英国提供了 20 多万个就业岗位。外资制造业提供的就业岗位占岗位总数的 14.6%。1990—1995 年,英国吸引外国直接投资 1290 亿美元。

二、我国劳动就业现状

就业与人民生活息息相关,是民生之本,是构建和谐社会的重要基础。党的十一届三中全会以来,中国共产党和政府坚持以经济建设为中心,实行改革开放,合理调整就业结构,建立市场导向的就业机制,努力提高劳动者素质,积极发展就业服务体系,统筹兼顾城乡就业,大力促进下岗职工和失业人员再就业,想方设法增加就业总量,保障妇女就业权力,帮助残疾人等特殊群体就业。

(一)中国劳动就业现状分析

1. 近年劳动就业情况
(1)现状

2008 年末全国就业人员 77480 万人,比上年末增加 490 万人。其中,第一产业就业人员 30654 万人,占全国就业人员的 39.6%;第二产业 21109 万人,占 27.2%;第三产业 25717 万人,占 33.2%。年末城镇就业人员 30210 万人,比上年末净增加 860 万人。其中,城镇单位就业人员 12193 万人,比上年末增加 169 万人。在城镇单位就业人员中,在岗职工 11515 万人,比上年末增加 88 万人。年末全国农民工总量为 22542 万人,其中外出农民工数量为 14041 万人。近年来,就业人员数量递

增,但增速不快,上扬呈平缓趋势。(见图1)

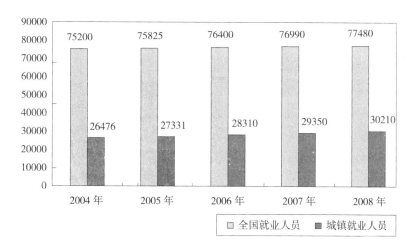

图1　近年全国就业和城镇就业人数　(单位:万人)

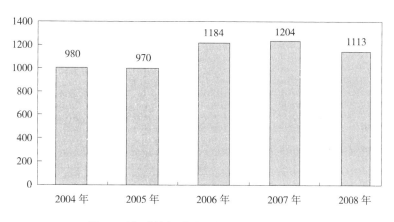

图2　近年城镇新增就业人数　(单位:万人)

2008年全国城镇新增就业人员1113万人,有500万下岗失业人员实现了再就业,就业困难对象再就业143万人。年末城镇登记失业人数为886万人,城镇登记失业率为4.2%。年末全国已有99.65万户零就业家庭实现每户至少一人就业,占零就业家庭总数的99.9%。但从近年城镇新增就业人数规模看,2008年比上年减少91万人(见图2)。城镇登记失业人数及登记失业率2004—2007年呈下降趋势,2008年转为上扬(见图3)。

(2)趋势

2008年,在国内自然灾害频发和国际金融危机的双重影响下,党中央、国务院

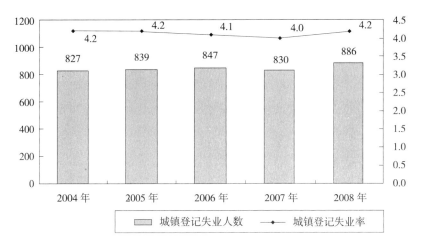

图3 近年城镇登记失业人数及登记失业率 （单位:万人,%）

审时度势,及时出台了一系列政策措施,积极扩大内需,保持了固定资产投资和社会消费的较快增长,经济增长速度平稳回落,通货膨胀趋势逐步减弱,我国就业形势总体上保持基本平稳。2009 年,随着世界经济和中国经济均进入减速通道,我国就业形势将面临更加严峻的挑战。我国经济增速下滑的风险更加严重,就业形势因此也会更加复杂。

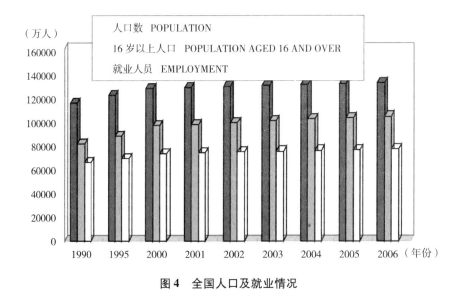

图4 全国人口及就业情况

首先,劳动力资源供求失衡的状况将进一步加剧。劳动力供给方面,新增长劳动力仍持续增加,增速大于人口和劳动人口的增速(见图4)。劳动力供给主要来源是人口的自然增长形成的新增劳动力,农村剩余劳动力向城镇的转移,企业改革导致的失业人口。我国是个拥有13亿人口的国家,在一个相当长的时期内,劳动力供大于求的形势不会改变。据劳动部门测算我国每年新成长的城镇劳动力约为1000万人,农村剩余劳动力跨地区流动将达3000万人,国有企业冗员3000多万,需要我国平均每年至少创造出2500万个就业岗位,才能实现充分就业。在待就业人员大量增加的同时,大批隐性失业转为显性失业,工作岗位流失、用工需求减少、劳动力需求不足及劳动就业机制的不完善和低效使劳动力供给大大超过需求,导致劳动力供求总量矛盾更加尖锐。

其次,劳动力数量上供大于求,而质量上供不应求。在如此巨大的劳动力供给面前,适应社会经济快速发展的高素质的劳动力仍然十分短缺。在城镇1.2亿企业在岗职工中,高技术工人所占比例很小,像上海这样的老工业基地,高技术工人只占职工总数的5.2%,在乡镇企业中技术工人所占比例则更低。与此同时人才需求量将减小。本轮席卷全球的金融危机,大量海外人员回流,从而使高端竞争出现重心下移,加之本次金融危机的影响要在明年才会浮现,这将导致大批实力不够强大的企业倒闭、迁移或收缩,人才需求较之2008年必然大幅萎缩。

第三,劳动力市场不完善、功能不健全使就业、再就业效率不高。作为要素市场之一的我国劳动力市场还处在较低级的发展阶段,表现在劳动力供求信息不畅、机制落后、市场分割、职业介绍中介机构不足和资金匮乏等方面,导致"有岗无人做"和"有人无岗位"的现象同时发生,劳动力流动和市场配置的成本较高,劳动力的配置效率较低。目前各地的再就业服务中心在国有企业下岗职工再就业工作中已经做出了一定贡献,但其在人员、资金、信息、管理等方面的不足之处仍然有待于进一步改善。

另外,从紧的货币政策、外贸出口的下降等已经对就业产生了不利影响,中小企业倒闭,劳动密集型企业出现了减员趋势。企业岗位流失严重,2008年8月份以后,企业岗位增加数首次出现了负增长,即新增加的岗位和流失的岗位相抵出现了负数。受影响企业正从加工贸易型、中小型向其他行业和大中型企业蔓延,岗位流失的行业逐步扩大,已从纺织服装、鞋帽、玩具等制造业向钢铁、电力燃气、石油石化等行业发展。目前,像唐钢、宝钢这样的大型国有企业也有不同程度的减产甚至裁员。

2. 劳动力就业结构的演变

就业结构的概念有多种解释,一般被多数认同的是《财经大辞典》的定义:劳动就业结构是指社会劳动力在国民经济各部门、各行业、各地区、各领域的分布、构成和联系。就业结构包括就业的部门(产业)结构、城乡结构、地区结构、所有制结构、年龄结构、性别结构、知识(教育)结构等。

新中国成立60年来,全国就业人员从1949年的18082万人,增加到2008年的77480万人,就业规模扩大了3.28倍,城镇就业增长更为迅速,2008年末,城镇就业人员达30210万人,比1949年城镇就业人员增长18.71倍,失业规模得到有效控制,多方式就业格局初步形成。

新中国成立以前,中国的第二产业和第三产业十分落后。1952年第二、三产业就业人员只占全部就业人员的7.4%和9.1%。新中国成立后,中国迅速建立了完整的工业体系,促进了二、三产业就业人员的迅速增加。2008年,全部就业人员中从事第二产业的占27.2%,从事第三产业的占33.2%。如(见图5)所示,可知,改革开放以来,至2006年,第一产业就业人员占比从70.5%减少到46.2%;第二产业从17.3%增加到25.2%;第三产业从12.2%增加到32.2%。2006年城镇单位就业人员行业结构显示,第三产业占52.2%,其中教育、公共管理占比较大比率。(如图6)

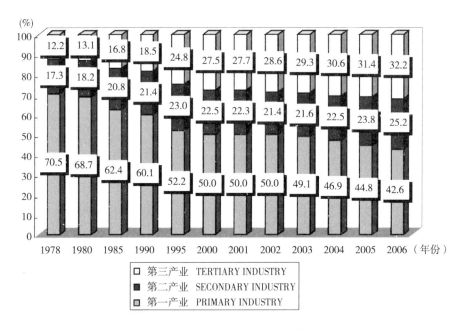

图5 改革开放以来全国就业人员产业结构变化

新中国成立初期,个体劳动者曾占城镇就业人员的50%左右。但由于过分强调公有制,公有制经济,而公有制经济的实现形式为全民所有制企业与集体所有制企业(政府机关、事业单位在劳动就业上列为其他),导致了个体私营经济的全面

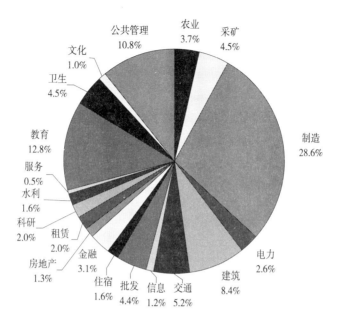

图 6　2006 年城镇单位就业人员行业结构

萎缩。改革开放以后,宏观的经济改革目标已经基本确立,即建立有中国特色的社会主义市场经济体制,国企改革的目标界定为"建立现代企业制度",非公有制经济单位就业人数迅速增长(见图 7)。到 2008 年,私营个体经济从业人员占城镇就业人员的 28.9%。

新中国成立前,劳动者普遍处在文盲半文盲状态,接受过高等教育的人风毛麟角。新中国成立后,中国劳动者的文化素质得到了显著提高。2008 年,就业人员平均受教育年限已达 8.5 年,比 1982 年提高 2.7 年。在全部就业人员中,文盲及半文盲由 28.2% 下降到 5.3%。截止到 2008 年,全国各类职业介绍机构已发展到 3.7 万家。2008 年末,全国共有技工学校 3075 所,全年面向社会开展培训 400 万人次;就业训练中心 3019 所,民办培训机构 2.1 万所,全年共开展各类职业培训 2053 万人次,比上年增长 2.9%。全年共有 600 万下岗失业人员参加了再就业培训,81 万人参加了创业培训,900 万农村劳动者参加了技能培训。

(二) 我国劳动力就业的特征

1. 长期性

由于我国建国初期人口政策不太妥当,致使新增劳动力数量巨大,加之农村剩余人口转移和体制变革,致使冗员"溢出",造成劳动力供给在相当长一段时期大

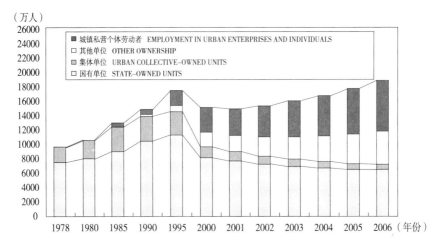

图7 城镇就业人员登记注册类型结构变化

于劳动力需求。人口多、劳动力总量大,是我国的基本国情。这决定了我国就业问题的艰巨性和长期性。

二元结构转换的发展阶段特点导致解决失业、下岗问题的长期性。从经济结构的角度看,发展中国家走向现代化的过程就是一个不断地从二元经济向一元经济转变的过程,在这个过程中,农业的产值比重和就业比重不断下降,非农产业的产值和就业比重不断提高。通常这表现为一个相当长期的农村劳动力向非农产业和城市转移的过程。由于在计划经济时期,我国的劳动力转移过程被阻断,这种二元经济转换的任务格外紧迫,造成我国就业问题的突出性和长期性。

从就业需求来看,近期经济的发展对劳动力就业需求能力减弱,扩大就业的宏观环境十分严峻,经济的发展速度减缓,对劳动力的需求量相对减少。我国是发展中国家,劳动力的需要量与经济的发展速度成正比,经济发展是我国扩大就业的最根本途径,就业问题的解决最终依赖经济发展所提供的就业岗位。

2. 复杂性

(1)失业的原因和类型具有复杂性:除了总量性失业以外,还有一些其他的失业原因和类型,①经济发展引导的结构性失业。即新兴产业的劳动力短缺和一些传统产业的劳动力下岗和失业同时存在;②宏观经济波动;③摩擦性失业。主要有两种情况,一种是由于就业者择业期望值过高而形成劳动力供方不愿意接受雇用的摩擦性失业;另一种是由于市场中介组织不发达、不完善致使劳动力供求双方的信息不能及时沟通,从而造成摩擦性失业。

(2)解决农村剩余人口转移具有复杂性。农村剩余劳动力转移有"离土不离乡"和"离土又离乡"两种基本形式。改革开放以来,乡镇企业异军突起,到2005年底,已吸纳农业剩余劳动力3.1亿,开创了具有中国特色的就地转移农业剩余劳动力的方式,极大缓解了就业压力。然而,分散发展和缺乏规模效益,同时信息不畅,基础设施不完善等诸因素,也在一定程度上制约了乡镇企业进一步扩大就业的需求能力。90年代,"离土又离乡"就成为农村剩余劳动力转移方式的主流。农村过剩人口进入城镇,为农村实现规模经营创造了条件,有助于推进农业现代化和产业化。但"民工潮"所具有的盲目性,无序性,以及由此产生的消极作用,对城市的就业和一系列社会问题又带来了更大的压力。这就使农村剩余劳动力的转移更趋复杂。

(3)建立市场配置劳动力资源的劳动就业机制具有复杂性。健全的劳动力市场包括四个要素:劳动力的需求方和供应方、市场规则和工资机制。但这四个要素的发育很不成熟。①从劳动力的供方来看,劳动力自由流动是劳动力市场建立的前提条件,但现在的户籍制度和劳动人事制度限制了劳动力的自由流动;②作为劳动力需求方重要主体的国有企业的改革目前还不到位,还不能成为自主的劳动力市场需求主体。因此,劳动力市场的完善将要受制于企业的改革;③劳动力市场的规则,以及劳动法律体系还很不完善,劳动执法队伍还有待于进一步充实;④现行工资机制的形成,计划和行政决定成分很大,工资率不能准确反映劳动力的供求状况。由此可见,建立和完善劳动力市场,涉及许多方面,是一个复杂的系统工程,此外,企业为追求利润最大化,可能出现用资本替代劳动,从而减少劳动力的需求量,这与充分就业的宏观政策存在矛盾。处理好就业和企业经济效益的关系同样具有复杂性。

(4)处理好经济增长方式的转变和充分就业的关系具有复杂性。短期内,增长方式的转变会使经济增长对就业的贡献率降低,就业容量相对减少,提高对劳动者素质的要求,产生新的结构性失业和摩擦性失业,使劳动力的供需矛盾更加尖锐。

三、湖南劳动力的现状分析

(一) 湖南劳动力就业现状

湖南作为中部内陆省份,高度重视就业再就业工作。省委、省政府坚持把就业再就业工作放在关系富民强省大局的战略地位来谋划,在落实就业政策、加大援助力度、统筹城乡就业等方面提出了许多新思路,采取了许多新举措,出台了许多新政策,就业再就业工作正步入快车道,在提高人民生活水平、保持社会和谐稳定、推

动经济又好又快发展方面取得了可喜的成绩:湖南就业规模不断扩大,再就业情况
明显好转,农村劳动力转移就业成效显著,劳动力市场建设发展迅速,公共就业服
务水平不断提高。

"十五"开始至2007年,湖南就业规模不断扩大,就业人数由3577.58万人增
加到3883.41万人,净增305.83万人。以2007年二季度为例,湖南城镇单位从业
人员415.90万人,其中在岗职工390.70万人,国有单位从业人员267.24万人,集
体企业30.36万人,其他单位118.30万人。就业人口占湖南总人口的比重由
54.5%上升到56.5%,城镇登记失业率一直控制在4.5%以内,低于国际公认5%
的失业警戒线;再就业情况明显好转,"十五"期间,湖南累计有140多万国有企业
职工进入再就业服务中心,先后使120多万下岗失业人员实现了再就业;农村劳动
力转移就业成效显著,湖南外出务工人员1003万人;劳动力市场建设发展迅速,公
共就业服务水平不断提高,基本形成了全方位、多层次、多功能、多形式的就业服务
机构体系,就业工作有了良好的基础。(见表1)

作为中部农业大省和人口大省,湖南以不太发达的经济支撑起了庞大的就业
人口,其成绩来之不易,弥足珍贵。但更要清醒地认识到,一方面,湖南的就业再就
业工作取得了前所未有的成绩,面临着前所未有的机遇,另一方面,更面临着前所
未有的压力。在就业再就业这个牵一发而动全局的重大问题上,我们必须保持清
醒的头脑,辩证地看待形势,客观地看待成绩,始终保持开拓进取的锐气。

表1 湖南省近年从业人员规模　　　　　(单位:万人)

年份	从业人员人数	职工人数	国有经济	城镇集体经济	其他经济类型	城镇个体私营企业从业人员	农村从业人员
2000	3577.58	580.82	456.28	90.33	34.21	148.54	2832.04
2001	3607.96	534.22	407.55	70.95	55.72	199.76	2856.70
2002	3644.52	525.28	398.42	66.19	60.67	231.87	2870.32
2003	3694.78	500.27	379.72	56.55	64.00	335.94	2836.36
2004	3747.10	471.07	353.36	49.38	68.33	457.18	2792.67
2005	3801.48	451.80	293.79	40.12	117.89	547.83	2776.76
2006	3842.17	450.89	290.67	37.72	122.50	603.29	2762.41
2007	3883.41	460.03	283.72	37.50	138.81	635.94	2762.07
2008	3910.06	460.31	276.11	34.83	149.37	654.57	2761.85

资料来源:《湖南统计年鉴2009》。

湖南是人口大省,湖南总人口 6778 余万,劳动力总量接近 5200 万,但就业人员不到 4000 万。从劳动力的供给看,面临着城镇新增劳动力、企业下岗职工、农村剩余劳动力以及其他需要就业人员的多重压力。当前及今后一段时间,是青壮年人口增长的高峰期,下岗失业人员再就业的攻坚期,农村富余劳动力转移的加速期。

1. 需要转移的农村劳动力。湖南有近 1000 万农村剩余劳动力处在隐性失业或不稳定转移就业状态,迫切需要转移就业和稳定就业,特别是失地少地农民的就业问题变得日趋严重,湖南现在有近 200 万失地农民,处于“上班无岗、种田无地、社保无份”的状况。目前,湖南乡村从业劳动力为 2898.23 万人,从事农林牧渔业 2015.78 万人,从事工业 217.35 万人,建筑业 142.54 万人,交通运输仓储和邮电通讯业 60.22 万人,批发零售和餐饮业 106.59 万人,其他非农行业 355.75 万人。从事非农产业的人数为 882.45 万人。其中,从事农林牧渔业的人员中有大约 1000 万左右的剩余劳动力。

2. 城镇失业人员和企业下岗职工。“十五”以来,随着国有企业改革和经济结构调整的推进,湖南国有企业下岗职工人数增多。就业转失业人员中,来自国有企业、国有联营企业、国有独资企业的占 50% 以上。由于集体经济未能适应经济结构调整和市场经济的要求,产品更新换代慢,设备陈旧,缺乏竞争力,由过去吸纳劳动力到现在排放劳动力,直接增加了失业人员的规模。2006 年底,湖南享受再就业扶持政策的国有企业下岗离岗、登记失业、破产企业职工以及享受城镇低保且登记失业一年以上等四种人员有 120 多万人,目前湖南还有 50 万下岗职工未实现再就业。而随着湖南国有企业改革改制将进入最后攻坚阶段,还将带来 60 多万富余职工,安置下岗职工任务非常艰巨。

3. 大学毕业生群体。如果说“九五”期间城镇的就业压力主要来自城镇新增劳动年龄人口、登记失业人员、进城农民工的话,那么“十五”期间在上述矛盾尚未根本解决的同时,又出现了新的就业矛盾,即大学生就业问题开始显现。扩招是导致大学生不好找工作的重要原因,而且扩招主要集中在一些普通地方院校,市场一时很难完全消化掉这么多大学生,湖南高校毕业生一次性就业率逐年下降,出现了“毕业即失业”的现象。2006 年度,省内普通高校共有毕业研究生、本专科生 215470 人,总就业率为 87.49%,其中已办理《报到证》的 58394 人,占 27.10%;出国留学或工作的 150 人,占 0.07%;自主创业的 125 人,占 0.06%;已签劳动(聘用)合同或就业协议但未办理《报到证》的 115351 人,占 53.53%;继续深造的 13990 人,占 6.49%;从事自由职业的 215 人,占 0.10%;参加国家或地方项目的 281 人,占 0.13%。此外,申请暂缓就业的 93 人,占 0.04%;登记待业的 90 人,占 0.04%;未登记待就业的 26780 人,占 12.43%。

4. 新增城镇劳动适龄人口。由于庞大的人口基数,目前湖南人口正处于低增长率、高增长量的状态,劳动人口仍将处于高增长期,总人口、劳动适龄人口和就业人口将呈现同步增长的趋势。今后几年,城镇每年都有 100 余万新生劳动力需要就业。

另外,4050 人员、复退军人、残疾人等特殊群体的再就业工作也压力重重、步履艰难。

(二) 湖南省劳动力就业存在的问题

湖南当前的就业问题主要表现在就业总量居高不下,就业弱势群体的扩大,农村劳动力就业问题的突出以及就业投入的不足。

1. 就业压力剧增,总量矛盾没有缓解,结构性矛盾和区域性问题突出。就业一直是湖南一个重大的社会经济问题。作为一个工业化、城市化进程中的农业省,农村结存了数以百万计的剩余劳动力,城乡每年还有近 100 万的新成长劳动力进入劳动大军。

在这种背景下,湖南又进入就业结构加剧调整时期,多种调整因素交汇,急剧增加了就业压力。过去几年国有企业减员下来的下岗失业人员正寻求再就业,还有国有企业下岗职工进出再就业服务中心;入世以后,对农业的冲击严重,仅考虑 3% 的粮食进口,也将减少农业就业机会,农村劳动力将向城市转移;国有经济战略调整和深化改革,企业将持续减员。为应对入世后激烈的竞争,优势企业的减员将扩大和加剧,劣势企业也将加快退出,关、破、兼并增加。在全球经济衰退的背景下,更大范围的企业进入结构调整时期,用人需求减少,排放劳动力增加;科学技术加速发展和应用,对就业的短期消极影响,产生对普通劳动力的排斥;基层机关、事业单位改革,也将向劳动力市场释放劳动力。

2. 在就业总量矛盾与结构性矛盾交织状态下,就业弱势群体持续扩大。在经济结构调整和深化企业改革中,出现企业减员增加和用人需求萎缩并行的趋势,劳动力市场竞争越来越激烈,结构性就业矛盾突出。高素质、低年龄劳动力在就业竞争中占据优势。市场用人需求,以低年龄段劳动者为主,35 岁以下的需求一直在 70% 以上。因此,低素质、高年龄以及高就业期望值的劳动者在劳动力市场竞争上越来越没有竞争能力,呈现出就业弱势群体数量急剧增加的趋势。严酷的劳动力市场竞争,使下岗失业人员再就业表现出越来越难的局面。下岗职工的再就业率呈逐年下降趋势,2007 年第三季度,再就业率只有 28.8%。失业人员的失业周期已经持续延长,这种局面还可能呈恶性循环趋势。再就业率越低,积累的就业弱势群体越大,再就业率更低,更多下岗失业人员对再就业失去信心,失去参加培训、求职的积极性,出现弱势群体就业更加困难的局面。

3. 农村劳动力供大于求趋势加剧,就业问题突出。"三农"(农村、农业、农民)问题根本上是就业问题,是农村劳动力的就业出路问题。农村就业面临的问题是多方面的:首先,农业就业空间不断缩小。这是人口增长和水土资源减少挤压的结果。湖南多个县人均耕地面积低于0.8亩。其次,乡镇企业也处于调整中,就业增长缓慢,它已经失去了吸纳农村劳动力主渠道的作用。另外,在城镇化过程中,城镇对农村劳动力的吸纳环境不宽松,吸纳条件不足,影响了吸纳能力提高、规模的持续扩大和农村劳动者向城镇的稳定转移,反过来也制约了城镇化水平的提高。

4. 政策扶持和就业投入严重不足。改革开放三十多年来,我国的就业体制和就业格局已经发生重大变化。面对这种巨大变化,我们只是延续自20世纪80年代的就业政策,由于缺少了与新的就业格局的针对性,或作用减弱,或力度不够,就业投入上严重不足,已经影响到就业规模的扩大和就业工作。面对越来越繁重的扩大就业任务要求以及就业体制和环境的变化,更凸显了就业经费缺乏。当前的情况表明,面对越来越复杂和严峻的就业形势,急切需要根据新的就业格局,调整就业政策,加大就业投入力度,切实帮助下岗失业人员再就业。

四、新型工业化与就业的关系

在当前及今后一个相当长的时期内,我们的就业压力将不断增强,而新型工业化可使劳动生产率提高得更快,使得新型工业化与扩大就业将产生矛盾,如果这一矛盾处理得不好,将使这一矛盾更加加剧,影响新型工业化的进程,为此,必须正确处理好新型工业化与就业的关系。

(一)扩大就业是工业化发展的要求和条件

工业化的过程,实质就是实现从农业国向工业国转变的过程,也是农业人口大量转为工业人口的过程。衡量一国是否是工业国,是否实现了工业化,国际上通常依据三个重要的结构性指标来判断,即农业产值占GDP的比重必须降到15%以下,农业就业人数占全部就业人数的比重降到20%以下,城镇人口上升到60%以上。在这三项指标中,有两项涉及农业就业人数和农村人口的比例。也就是说,不管任何一个国家、地区,只要是由农业转变为工业,其转变过程就不可避免要把大量的农业人口转移到工业,转移到非农产业中去。大量的农业人口转变为工业人口进而实现工业化的过程,将是一个艰难的过程。

扩大就业,不仅是工业化发展的要求,而且是促进工业化发展的重要条件。工业化发展,离不开居民收入水平的提高和消费市场的扩大。随着工业化发展而生产出来的大量消费品,需要广大消费者去消费,消费得越多生产发展就越快,工业化的步伐就越快,尤其是在当前生产供应充足而消费相对不足的情况下更是如此。如何才能使广大消费者更多地消费呢?办法有两个,一个是提高职工工资,另一个是扩大就业。

在目前情况下,大幅提高职工工资不太现实,目前的经济实力还不允许,政府和企业都难以承受,尤其是在当前还有大量失业人口存在的情况下更是行不通。因此,只有通过扩大就业的办法来促进消费。而目前我们众多失业人口,尤其是大量的农村潜在失业人口的存在,意味着居民收入降低,消费品市场萎缩,大量产品卖不出去,生产规模难以进一步扩大。如果我们能够在推进工业化的过程中,不断创造出众多的就业机会,安置大量的城乡劳动力就业,提高居民尤其是农村居民的消费水平,情况就会大不一样。因为我们的农村市场潜力巨大,城市市场相对较小,没有潜力巨大的农村消费品市场的支持,我们的工业就难以进一步扩张。近几年农民收入增长缓慢,收入相对较低,对工业发展的影响就十分明显。据统计,2002年农民人均收入2467元,城市居民人均收入7703元,从数字上看差距是1:3,但实际差距远远大于这个比例。农民的收入中,有40%是非货币收入,而货币收入中又要拿出20%左右用于再生产,购买生产资料,真正能用于购买消费品的货币收入相当有限,只有1500元左右,平均每月120元左右,与城市居民月平均500元的差距将近1:5。广大农民收入过低,购买力低下,广大农村市场容量过小,大量的工业产品向哪里销售?向国外出口也许是一条路子,但放弃广大的农村市场而完全依赖向国际市场销售,我们不仅没有这个能力,也没有这个可能,这条道路行不通。我国工业化的实现,只能主要依靠广大国内市场、尤其是广大农村市场。但是目前的国内市场状况并不理想,在我国目前工业化程度较低的情况下,就有大量的工业产品积压卖不出去!今后的工业化发展还要进一步扩大工业规模,产品又如何销售?出路只能靠提高广大城乡居民的收入水平,提高国内市场的消费能力。13亿居民的收入提高了,其消费能力是可想而知的,可以说,这是我国工业化的一个有利条件。仅拿目前广大农村情况来说,如果城乡收入差距真是1:3而不是1:5的话,目前我国所有积压的工业品不仅统统被吃掉,还可以再扩大1000多亿元的生产能力。可见,扩大就业增加居民收入、尤其是农村居民的收入,是促进工业化发展的重要条件。我们在推进工业化过程中,必须解决好扩大就业增加居民收入的问题,这是我国国情的一个必然要求。

因此,充分发挥我国人力资源优势,妥善处理好工业化提高劳动生产率与扩大就业的矛盾,不仅是扩大内需、保持社会稳定的必要条件,而且是发挥我国独特优势,保持和提高竞争力的重要方面。把这一点提高到新型工业化道路的重要内容来对待,也是非常有必要的。

(二) 新型工业化道路蕴藏着扩大就业的巨大潜力

新型工业化道路除了工业化的内容之外,还有推进国民经济信息化的任务,并把两者有机统一协调起来,实现工业化与信息化的互动发展,是一条资源消耗和环境污染相对较少,能较快推进工业化、现代化,大大缩短与发达国家差距的工业化道路。大力发展以信息技术为先导的高新技术产业,并用高新技术改造传统产业,是新型工业化道路的一个主要内容。有人担心,发展以信息技术为先导的高新技术产业,会导致对劳动力的需求不断减少,失业人数不断增加,新型工业化道路难以做到工业化与扩大就业两者兼顾。我们不可否认,走新型工业化道路,会在某些行业或企业,由于效率大幅提高而导致部分工人下岗失业。但从国民经济发展的整体来看,新型工业化道路本身蕴藏着巨大的扩大就业的潜力,只要我们措施得当,我们完全有可能实现推进工业化与扩大就业协调发展,实现推进工业化——国民经济发展——扩大就业——进一步推进工业化的良性互动。新型工业化道路蕴藏着扩大就业的巨大潜力,主要表现在以下几个方面:

1. 以信息技术为先导的高新技术产业的发展,可以创造出众多的就业机会

高新技术产业是新兴的富有生命力的,并能引起经济结构发生重大变革的朝阳产业。高新技术不仅适用范围广,而且产业关联度大,往往是高新技术的一个突破,会带动一个产业的发展。高新技术产业是新兴的,是新发展起来的行业,会创造出众多新的就业机会,它越发展,新创造的就业机会就越多。高新技术产业又是具有强大竞争力的产业。高新技术产业的迅速发展,就会大大加快国民经济的发展步伐,推动经济进一步繁荣,从而创造出大量新的就业机会。比如,北京市由于近几年来高新技术的迅速发展,使得北京市的经济增长在全国保持着较快的水平,仅一个中关村科技园区,对北京市工业经济增长贡献率就连续三年保持在60%左右,成为北京市经济快速增长的火车头,大大促进了北京经济的繁荣并创造出大量就业岗位。

2. 以信息技术为先导的高新技术改造传统工业,带动工业化的发展,将吸纳大量的劳动力就业

我国是一个正在推进工业化的发展中国家,工业化的任务远未完成。工业化

的任务没有完成,就意味着在国民经济中,还有许多部门和地区并没有完全采用先进的工业生产方式,工业化的发展空间是巨大的。因此,在目前所处的国内外经济环境中,工业要获得快速发展,就必须不断开发出技术含量高、经济效益好、能耗低污染少的新产品。这就必须运用以信息技术为主的高新技术对传统工业进行彻底改造,提升企业的产品开发能力和市场竞争力。这是传统工业的唯一出路。从世界范围看,目前以信息技术为先导的高新技术的迅速发展,为工业的技术改造和结构升级,缩短与发达国家的差距提供了难得的机会。如果我们也能利用尖端高新技术对传统产业进行技术改造,那么我们就可以及时跟上世界发展步伐,缩短与世界先进水平的差距,从而推动工业化迅速发展,迅速加快工业化进程,扩展工业化的总体规模和范围,推动工业化进一步向深度和广度发展。庞大的工业规模和快速的工业化进程,以及由此而来的全国城镇化的发展,必将吸纳数以亿计的城乡劳动力,转移数以千计的农村人口,为最终实现工业化铺平道路。

3. 新型工业化道路并不排斥劳动密集型产业的存在和发展

劳动密集型产业的一个重要特点,就是劳动耗费较大,吸收劳动力较多,产品技术含量相对较低。我国走新型工业化道路并不排斥劳动密集型产业的存在和发展。在一些发达国家,劳动密集型产业之所以被淘汰,主要原因就是劳动力成本太高,生产劳动密集型产品难以获得平均利润,在国际市场上更是难以与一些落后国家的同类产品相竞争。我国的情况与之不同,在整个工业化发展阶段,我国的劳动力供应不仅非常充足,而且价格低廉。这就使得我国劳动密集型产业的生存与发展获得了一个重要的基础。从另一个方面看,走新型工业化道路,并不会也不可能使劳动密集型产业彻底消失。虽然,随着技术的进步,生产自动化程度越来越高,原来一些劳动密集型产业被淘汰了,但随着人民生活水平的提高和消费结构的变化,又会出现新的劳动密集型产业。居民的消费需求是多种多样的,经济结构也是复杂多样的,劳动密集型产业有着广阔的发展空间。同时,我国又是一个经济社会发展很不平衡、地域差异大的大国,不同地区、尤其是发达地区与落后地区差别巨大。这表明,发展劳动密集型产业,对促进落后地区经济发展、缓解劳动力就业压力来说,不仅有可能而且显得十分必要。从我国的国情来看,劳动密集型产业的发展,将为我国走新型工业化道路、缓解巨大的就业压力奠定重要的基础。

五、湖南新型工业化道路的就业创新

我们结合发展经济学中理论的政策建议,有针对性地提出一些对湖南新型工业化过程中解决就业问题的有效的措施和建议。

（一）转变观念，发展、增加非正规就业，实现充分就业

劳动者对于就业形式的选择,主要取决于三个因素:一是社会观念,二是市场需求,三是个人素质和意愿。随着社会主义市场经济的不断发展,社会福利、保险趋于社会化,在新型工业化道路进程中,我们首先要转变就业观念。各种职业只是社会分工不同而已,工作没有高低贵贱之分,不同类型的就业并没有优劣之分。全社会待业失业人员要努力克服依赖心理、自卑心理,不等不靠,自强自立,积极寻找各种就业机会,无论是哪种形式的就业,只要适合自己的实际情况,能充分发挥自己的才能就行。

1. 转变就业观念

就业,是指达到法定劳动年龄、具有劳动能力的劳动者,运用生产资料依法从事某种社会劳动,并获得赖以为生的报酬收入或经营收入的经济活动。根据国际通用标准,凡在规定年龄之上,以下情况者都属就业人员:(1)正在工作的人;(2)有职业但临时因疾病、休假、劳动争议等不工作的人,以及单位因各种原因临时停工的人;(3)雇主和自营人员;(4)已办理离休、退休、退职手续,但又再次从业(有酬和自营等各种方式)的人员。在国民经济运行过程中,"就业"包括两个方面:一是吸纳劳动力,增加就业机会,尽最大可能充分地利用劳动力资源,以创造更丰富的社会财富;二是安置暂时找不到工作岗位的失业人员,使其重新就业,或者保障其基本生活需要。根据上述定义,在不触犯现行法律的前提下,只要有"收入渠道",不论干什么,就是就业;获得了报酬,有了生活来源,就是就业。在这一定义前提下,我们的就业思路、就业渠道都会非常广泛。

2. 充分就业

充分就业这一概念始于凯恩斯的代表作《就业、利息和货币通论》一书。按照凯恩斯的定义,充分就业就是"在某一工资水平下,所有愿意接受这种工资的人都能得到工作"。凯恩斯把失业分为"自愿性失业"和"非自愿性失业"(工人愿意按现行的工资受雇于雇主而得不到就业)两种。按照凯恩斯思想,只要解决了"非自愿失业"人员的就业问题,就算达到了充分就业。迄今为止,理论界对充分就业的解释大致分为两种:1)充分就业就是指劳动力和生产设备都达到充分利用状态。2)充分就业并不是失业率等于零,而是总失业率等于"自然失业率"。从劳动力的相互供求关系来看,所谓充分就业,是指劳动力供给与劳动力需求处于均衡,国民经济发展充分地满足劳动者对就业岗位需求的状态。从总供给与总需求的相互关系来看,充分就业就是指总需求增加时,而总就业量不再增加的状态。充分就业具有三个特征:一是劳动力供求基本平衡,充分就业是指就业总量的"充分"满足,即

劳动力供给总量与需求总量的基本平衡。二是劳动关系相对稳定,充分就业是指就业结构的"充分"合理,即在劳动力供给结构与需求结构的有机协调基础上,进而达到劳动力资源的较优配置。三是劳动者素质得到较充分开发,对其就业产生积极作用,充分就业指就业质量的"充分"提高,即劳动者不仅有就业岗位,而且能在就业岗位上较充分地发挥作用,为经济发展做出贡献,并获得以补偿劳动价值的收入,而不是处于半失业或失业状态。其中就业总量的"充分"满足是第一位的,它是就业结构"充分"合理和就业质量"充分"提高的基础和前提。要实现充分就业,就必须发展、增加非正规就业。

3. 正规就业与非正规就业的界定

国际社会目前普遍承认,除了通常意义上的正规就业之外,还存在非正规就业。所谓正规就业,就是有固定劳动收入、固定劳动时间、固定劳动场所、固定劳动关系的就业。人们日常在机关、学校、工厂、公司等部门按时上班、下班,就属于正规就业。

非正规部门和非正规就业的概念最早由国际劳工组织在 70 年代初提出的。20 世纪 70 年代初,国际劳工组织实施了一项"世界就业计划"。在该计划中,当谈到加纳和肯尼亚的就业问题时,国际劳工组织指出,在这些国家大中城市许多失业者为了生计,从事一些得不到政府主管部门认可和保护的活动。在这之后,国际劳工组织陆续对非正规部门和非正规就业作了进一步的定义。根据国际劳工组织1999 年的定义,所谓非正规部门主要是指规模很小的从事商品生产、流通和服务的单位,他们没有固定收入、没有固定劳动时间、没有固定劳动场所、没有固定的劳动关系。主要包括三个类别:第一类为小型企业或微型企业。这一类在经济上非常活跃,常常通过承包或分承包协议与正规部门联系在一起。第二类为家庭型企业。其活动大多由家庭成员承担。第三类为独立的服务者。包括家庭帮手、街头小贩、清洁工、街头理发师、擦鞋儿童等。这一类型为非正规部门的主体,在非正规部门的技术等级中,该类型职业所需技能水平是最低的。在我国,非正规部门主要是指在依法设立的独立法人单位(企事业单位、政府机构和社会组织)之外的规模很小的经营单位。主要包括:(1)由个人、家庭或合伙自办的微型经营实体,如个体经营户、家庭手工户、雇工在 7 人以下的个人独资企业等;(2)以社区、企业、非政府社团组织为依托,以创造就业和收入为主要经营目标的生产自救性和公益性劳动组织;(3)其他自负盈亏的独立劳动者。我国非正规就业主要指广泛存在于非正规部门和正规部门中的,有别于传统典型的就业形式。包括:(1)非正规部门里的各种就业门类;(2)正规部门里的短期临时性就业、非全日制就业、劳务派遣就业、分包生产或服务项目的外部工人等,即"正规部门里的非正规就业"。考察国内外就业情况,非正规就业发展速度很快,特别是在发展中国家,非正规就业人数甚至超过了正规就业人数。

4. 发展非正规部门,增加非正规就业

90年代国企改革和结构调整进入关键时期和攻坚阶段,加速了劳动力资源的流动和重新配置。面对每年数以百万计的下岗职工,历来作为吸纳就业主渠道的正规部门,安置能力已很有限。下岗职工迫切于谋生的急切需要,必然相继走上自谋职业、自主创业之路,使城镇的非正规部门和非正规就业有了进一步的发展。处于城镇"单位"之外的非正规部门和非正规就业,在缓解失业浪潮冲击中所起的重要作用。

非正规部门和非正规就业发展的必然性来自于社会经济发展的客观需求。1)社会的多样需求,单靠正规部门不能得到及时满足。2)非正规部门是培育民营经济的生长土壤。3)非正规就业适应灵活用工的发展趋势。随着经济全球化的推进,企业面临更为严峻的生存发展压力,它必然要求有更加经济和灵活的用工机制和用工形式。目前,在世界各国都出现了传统模式的正式减少和各种形式的临时就业人员增多的趋势。

因此,我们必须转变就业观念,一方面,要提高全社会的认识,不能认为目前非正规就业领域存在生产规模小、生产效率低、收入低,遵纪守法情况差,对劳动者权益保障差等问题就否认或轻视其存在和发展的重要性。目前,我国城镇已广泛存在的灵活多样的就业形式,对缓解就业压力、保持社会稳定起到了重要作用。另一方面,要树立大就业观念和现代就业观,劳动者无论干什么、以什么方式、在何种经济部门,只要是凭借自身能力,从事合法经济活动,获取报酬即为就业。非正规部门和非正规就业的门槛低、机制活,比较适合下岗人员进入创造就业岗位。由于进入非正规部门的资金投入可多可少,有的甚至不需要任何资本投入,这就比较适合目前下岗职工的实际经济情况;非正规部门的行业庞杂,对从业人员的性别、年龄、文化、技能、体力的要求有高有低,包容性大。这对于当前已不具备就业竞争优势的多数中年下岗职工来说,可供择业的空间和余地就比较大;非正规就业的机制灵活、进退方便,也有利于吸引各种不同择业取向的人们加入。

5. 发展非正规就业的政策思考

目前就业形势严峻,社会保障还不是很完善,如何解决更多人的生计问题,是社会诸多矛盾中最主要的矛盾,所以非正规就业将长期存在。当然非正规就业也存在很多消极作用,对于非正规就业存在的问题,我们应尽量消除其不良影响。

(1)非正规就业的发展要消除户籍制度的限制。城市是吸引非正规就业的主要地方。城市下岗、失业人员与农村剩余劳动力之间在非正规就业岗位上存在相互竞争的关系。城市政府出台一些限制外来务工就业的措施,保护了城镇居民的利益。这些措施对农民工却是一个损害。城市下岗、失业人员本身就有着"地利、人和"的优势,而且还有最低生活费的保障,农民工却什么都没有。再用户籍制度来限制农民工的非正规就业,显然有失公平。所以,政府要逐步拆除城乡户口隔离的限制,明令禁止城市政府歧视外来人就业的政策。

(2)把零散的非正规就业者尽可能组织起来。在促进非正规就业发展的过程中,政府的作用主要是通过政策、法律的建设,提供有利于非正规就业发展的宏观环境,工作的重点放在保护非正规就业者的合法权益上。非正规就业者的组织应该由非营利性组织来做。非营利性组织可以收集企业对劳务、产品等各方面的需求,然后向非正规就业者公布。只要组织得好,是可以避免非正规就业者给城市管理带来的一些问题。

(3)充分发挥微、小型企业扩大就业的作用。微、小型企业使用的原材料大部分是由本国生产,前、后向关联度都较大。微、小型企业可以带动其他部门的发展。除了经济效益外,微、小型企业还具有巨大的社会效益,这种效益可能比经济效益更加明显和重要。微、小型企业主要采用劳动密集型手段生产,可以创造大量就业机会,缓解失业问题。我们应在政策、贷款、税收、人员培训和市场准入等方面对微、小型企业的发展提供支持和鼓励。

(4)实行适当的收费减免政策。非正规部门的产品和服务价格都比较低廉,其原因有两点:一是非正规就业者的保留工资较低,对商品或服务的要价不会太高;二是非正规部门往往通过规避制度,逃漏税费等手段使经营成本下降。如果对非正规就业者实行收费减免政策,则可以减少他们的运作成本。收费减免的对象,应该经劳动和社会保障部门审核。否则,有些正规部门为逃避税费,也把自己打扮为非正规就业者,属于对社会弱势群体的照顾。

(5)逐步提高非正规就业者的社会保障水平。非正规就业者与正规就业者之间社会保障水平相差太大。同工不同酬,对非正规就业者来说已造成损害。在非正规经济发展过程中,让脆弱群体的利益也受到保障是非常有必要的。但是,非正规就业之所以能够存在,就在于它能够提供廉价、可以随时更换的劳动力。提高他们的社会保障水平,就增加劳动成本,这样会减少对非正规就业的需求。本来是为了帮助非正规就业者的政策有却可能伤害了他们。一些地方政府害怕过高的劳动成本会吓走投资者,对违反劳动法规的行为也抓得不是很紧。现阶段,要完全消除非正规就业者和正规就业者在待遇上的差距,恐怕不现实。但是,适当提高非正规就业者的待遇还是可行的。

（二）建立健全体系，促进非正规就业

就业是一项涉及面广、政策性强、关系广大劳动者切身利益和社会稳定的重大社会经济问题。现阶段，我们的劳动力市场正处于发展和完善的过程，就业制度和用工制度需进一步改革，在引导全社会转变就业观念，推行灵活多样的就业形式，鼓励自谋职业和自主创业的同时，更加需要政策的引导和扶持。

1. 建立和完善针对非正规就业者的政策支持

发展就业需要一个良好的社会环境，一个系统、有效社会支持体系最为关键。政府可以在就业上给予税收、融资方面的政策扶持。在税收方面，制定税收优惠政策，尤其对创业阶段应给予力度较大的税收优惠政策；简化小型企业和个体经营开办的各种登记注册手续，降低收费标准，废除不合理收费项目；在经营场所、注册资金、经营范围等方面降低小型企业和个体经营的市场进入标准。对非正规就业个人所得税征收起点采取先征后退的办法，即允许按年度平均计算月收入水平并申报退税，或者就直接给予一定期限的税收减免。在融资方面，政府部门应积极为银行向小型企业、个体经营和个人创业提供小额贷款搭建桥梁，提供贴息和担保服务，并为双方搭建信息平台；通过各级政府建立面向失业群体和毕业大学生的创业基金，直接提供资金支持；特许和资助设立进行小额融资服务的民间组织，并对其资金来源、资金投向、利率加强管理和规范。

2. 建立健全适应非正规就业人员的社会保障制度

改变以正规就业人员为社会保障主要实施对象的观念，以非公有制经济组织从业人员、城镇非正规就业人员和农民工为重点，继续扩大各项社会保险覆盖范围，尽快使城镇基本养老、基本医疗和工伤保险覆盖到各种所有制企业。本着"量入为出，收支平衡"的原则，逐步将全社会非正规就业人员纳入社会保险范围，并针对非正规就业者的收入不稳定，且经济承受能力较低的特点，实行降低费率或缴费基数的"低标准准入、适度保障"的政策，建立起适应非正规就业发展的灵活社会保障体系。

根据非正规就业人员劳动关系不固定、收入不固定、工作时间不固定、岗位不固定等特点，应建立覆盖面广、机制灵活、管理到位的社会保障制度，主要应体现以下几方面：

（1）明确规定适应于非正规就业人员参加社会保险的缴费基数、费率、缴费年限、缴费方式、社会保险待遇及对就业困难人员的相应补助。

（2）完善社会保险的业务管理办法，制定相应的个人申报登记办法、个人缴费办法和资格审核办法，鼓励非正规就业人员通过劳动保障事务代理机构或社区劳

动保障服务机构等实现整体参保。

（3）加强对非正规就业者参加社会保险的管理工作,社会保险经办机构应从优化服务的角度着眼,设立专门的服务窗口或工作岗位,加强机构内部计算和网络建设,完善数据库,做到非正规就业人员随时、随交、随记账、随办转移,切实做到动态、灵活、开放式的精细化管理。要以建立地市一级社会保险关系信息库为基础,逐步实现社会保险关系信息库在地市间、省市间的联网与信息共享,使这一系统能为频繁变动就业单位的非正规就业者建立、接续社会保险关系提供快捷、准确的服务。

3. 切实保障非正规就业者的合法权益

非正规就业的迅速发展迫切需要制定相应的法律法规,以确保相关政策的贯彻执行,保障就业人员的权益,进而保证非正规就业这一用工形式作为劳动就业的一个重要组成部分得到健康发展。要正确处理促进非正规就业与保障非正规就业人员合法权益的关系。在鼓励劳动者选择灵活方式就业的同时,要在劳动合同、就业期限、工资报酬、休息休假、社会保险、职业培训、劳动安全卫生、解雇限制等方面,保护非正规就业者的合法权益,尽可能地使他们实现"体面劳动"。各级劳动保障部门和工会组织要加强对非正规就业人员劳动经济权益保障与实现情况的监督检查,依法查处和纠正侵犯非正规就业人员合法权益的行为。

（1）要研究制定一套适应新形势的培训、就业、劳动关系和社会保障的政策法规,使得合同期限、合同形式、人员流动和社会保险等方面的政策更加灵活,以适应非正规就业发展的需要。

（2）在现行劳动关系调整体系基础上,适应劳动关系发展的趋势,修订相关劳动关系调整法律法规,健全劳动争议调解、仲裁体系和劳动监察体制,增强其及时反映、处理劳动争议案件和加大劳动监察力度的功能,以应对劳动关系的新变化。

（3）劳动保障部门要进一步明确用人单位雇用非正规就业人员可以签订书面合同,雇用期限较短的也可以口头协议的方式确定劳动关系。针对用人单位未依法与非正规就业人员签订劳动合同、拖欠工资等问题,开展劳动保障执法监察,加大对拖欠、克扣工资特别是拖欠进城务工人员工资现象的经济处罚力度,进一步明确用人单位克扣或者无故拖欠非全日制从业人员工资的,除全额支付非全日制从业人员工资外,还应处罚一定的经济赔偿金。依法受理非正规就业人员的投诉举报,严肃查处侵害劳动者权益的违法行为。

（4）进一步完善劳动力市场价格机制。适应非正规就业形式的需要,有条件的城市要探索发布非正规就业人员的小时、日、周工资指导价位,特别是对容纳非正规就业较多的行业,发布小时劳动力市场工资指导价位,这对促进灵活用工的发展,保护非正规就业人员的合法权益有着积极的作用。

4. 加强基础建设，开辟非正规就业新领域

在我国,非正规就业有着巨大的发展潜力,其中以下几个领域特别值得关注。

(1)城市社区服务业,要建立有效的就业管理和组织体系,建立以社区为依托促进非正规就业的新机制,使社区服务的就业潜力转化为现实。要使社区服务的就业潜力转化为现实,关键是建立一套有效的社区就业服务体系。重点是建立有效的就业管理和组织体系,建立以社区为依托的促进非正规就业的新机制,建立包括街道和居委会在内的基层就业服务网络等。

(2)大中型企事业单位的后勤服务。随着改革的深入,国有大中型企业和事业单位的后勤服务将逐步剥离出来,这是一个很大的就业市场,也是一个新的就业增长点。应采取灵活多样的形式,积极组织城镇下岗失业人员承接这些后勤服务项目。

(3)大中型企业的非正规就业。更多地采用适应市场变化和自身特点的灵活用工形式正成为大中型企业的一个趋势,应建立健全"劳务派遣组织",积极组织就业困难群体到大中型企业非正规就业。

(4)加强小型加工服务领域。如手工编织、零部件加工生产等,应建立有效的信息服务,沟通非正规就业与正规就业的联系。企业在打破"大而全"和"小而全"、深化社会化分工过程中分离出来的生产和加工项目,有相当一部分非常适合小型企业、家庭企业、劳动组织乃至个人承包生产。应建立有效的信息服务、咨询服务、投融资服务体系,沟通非正规就业与正规部门的联系,推动下岗职工以各种形式从事大中型企业的零部件加工、包装等生产和服务项目。

(5)提高高科技行业与服务行业的比例。如 SOHO 族、家政服务等,使就业分散化、办公家庭化在劳动法规处理上实现可能,也使劳动关系松散化为特征的非正规就业成为一种趋势。现代科技的发展,创造了许多灵活多样的就业方式,如网络销售产生了大量的物流配送岗位;同时,对就业方式也产生了广泛而深远的影响,出现了就业分散化、办公家庭化,使以劳动关系松散化为特征的劳务型就业和承包就业成为一种趋势。

5. 逐步完善非正规就业的服务体系

建立健全统筹城乡就业的人力资源市场与公共就业服务体系,促进充分就业。目前各地针对非正规就业人员的就业服务,一般仅限于简单的就业信息咨询、职业介绍,但在职业指导和职业培训上做得还远远不够,公共就业服务机构应当建立健全人力资源市场信息服务体系,提高服务的质量和效率。

目前我们的非正规就业服务还处在探索阶段,借鉴发达国家的经验,结合湖南

省情,为非正规就业者提供服务,应考虑以下几个方面:

(1)加强就业指导和创业指导。要为求职者提供有效的就业岗位信息服务,使其能够及时了解各类就业岗位情况,以便根据不同岗位要求做出选择,而且要为求职者提供有针对性的就业咨询服务,引导他们在准入门槛低的非正规就业领域寻找工作岗位。对有开业条件的人员要开展创业培训和开业指导,提供项目咨询、跟踪扶持等服务,加快培养一批创业带头人。

(2)为非正规就业人员开展技能培训。要根据劳动力市场变化和产业结构调整的需要,调整和确定职业培训的内容,提高劳动力在市场中的适应能力和竞争能力。培训机构要主动加强与就业服务机构和用人单位的联系,大力推行"订单式"定向培训,增强培训的实用性、有效性和针对性。针对非正规就业人员的特点,培训的重点应是易于掌握、技能较简单的"短"、"平"、"快"专业,以短期培训为主,提高非正规就业人员的劳动素质。对于一些难以在劳动力市场上竞争到就业岗位,也难以通过灵活性劳动组织的形式组织起来自我解决就业的特困人员,则开创了公益性劳动组织,变消极的救助性补贴为积极的岗位性援助。

(3)建立完善的劳动力市场信息网络。发达国家非常重视劳动力市场信息网络的建设以及空岗信息的收集、处理和传播。我们应尽快建立由企业、求职者、直接机构共同参与的劳动力市场信息网络系统,增强非正规就业信息服务水平。建立和扩展职业介绍服务网络,积极向街道、社区延伸,扩大信息来源;主动和用人单位联系,及时了解它们的用工招工信息,为人们从事非正规就业提供参考依据。

(三) 大力发展教育,提高劳动者就业能力

湖南是一个人口大省、农民大省,科学文化素质水平较低。随着经济增长逐步转向依靠科技进步,劳动者的旧知识结构及低素质已不能适应就业岗位的需要,这种结构性就业矛盾将随着新型工业化的进行变得越来越尖锐。巨大的人口劳动力有可能成为经济发展的巨大包袱,这将制约湖南新型工业化的发展。因此,大力发展教育提高劳动者素质显得尤为重要。今后应当把发展教育、提高劳动者素质放在优先发展的战略地位上,使湖南的人口压力转变成人力资源优势。人力资源可以通过教育、学习和培训转化为人力资本,通过提高人力素质,真正实现从人力资源向人力资本的转化。

1. 人力资本投资对就业具有促进作用

据埃德曼的测算,在 1960—1978 年期间,实行人力资本优先投资的国家和地区,实际人均国民生产总值的增长率为 4.68%,而实行物质资本优先投资的国家和地区,实际人均国民生产总值的增长率则为 3.68%。因此,人力资本投资可以

使我国经济持续增长和发展,经济的增长和发展既可以避免由于经济波动导致的周期性失业,又可以扩大就业容量。

(1)人力资本投资能够提高劳动者就业能力。人力资本投资能够增加劳动力的人力资本存量。随着人力资本投资的增加,人力资本存量越来越多,劳动者的健康水平、知识技能水平均会迅速提高,从而带动了劳动者的就业能力的提高。

(2)人力资本投资能够促进劳动者自主创业。劳动者本身具有的人力资本存量已成为现代社会中劳动力自主就业的十分重要的因素,人力资本的竞争成为劳动力市场竞争中最关键的要素。劳动者通过人力资本投资,提高其自身素质,增强市场就业的竞争能力,从而能够促进其自主创业。

(3)人力资本投资可以延缓部分新增劳动者的就业时间。对整个社会而言,通过正规教育、就业前培训等人力资本投资方式可以在扩大新增劳动者人力资本存量的同时,增加接受正规教育的人数,延长每个劳动者接受教育的时间,推迟其就业年龄和进入劳动力市场,这样就以就学替代和延迟了一批新增劳动力就业,从而缓解新增劳动力对当前就业的压力。据有关部门测算,对全国每年700万不再升学的初、高中毕业生(城镇大约占三分之一)实行2—3年的职业、技术教育,每年可以使200多万刚刚进入劳动年龄的城镇劳动者以就学暂时替代就业,减轻就业压力。另外,通过下岗培训和转岗培训等人力资本投资形式,使部分已下岗人员和即将下岗人员不是进入劳动力市场,而是进入职业学校、技工学校和职业培训机构等,这样不仅可以提高其素质,而且可以缓冲当前的就业压力。

(4)人力资本投资可以扩大就业容量。加大人力资本投资,就需要有大量的学校和职业培训机构,这些学校和机构可以吸收一部分劳动力就业。同时,人力资本投资可以促进物质资本投资,如正规教育、职业培训等人力资本投资需要教材、教具、桌椅、房屋等实物资本的投入,劳动力的健康保护需要健身器材和场所,劳动技能的提高需要操作机器等实物,科学研究也需要设备和仪器等,这些都可以促进一些相关产业和部门的发展,从而吸收更多的劳动者就业。

(5)人力资本投资可以促进劳动者向就业增长弹性高的第三产业转移。配第-克拉克定理表明,随着经济的发展,劳动力将会在第一产业、第二产业和第三产业间进行转移,这是经济发展的必然规律。同时劳动力向第三产业转移对解决我国突出的就业矛盾更具有重要意义。据有关统计数据表明,2000—2005年期间,全国新增就业人数为42300万人,平均每年新增就业人数8460万人,其中第一产业就业增长贡献率为22.7%,第二产业就业增长贡献率为21.4%,第三产业就业增长贡献率为101.3%。2000—2005年第一、二、三产业的就业增长弹性系数分别为0.023、0.023和0.15,这表明第三产业成为吸纳劳动力的主要源泉。

(6)人力资本投资可以促进经济持续增长和发展。舒尔茨、丹尼森等人研究表明,在经济增长的初期阶段,物质资本对经济增长的贡献超过人力资本对经济增长的贡献,如英国1909—1929年,其物质资本对经济增长的贡献是教育对经济增长贡献的2倍,而在经济发展到一定水平后,(1929—1957年)教育对经济增长的贡献超过物质资本的贡献。

2. 在发展教育的过程中应注意的几个问题

在人力资源的开发上,既要重视发展高等教育,也要重视发展职业教育与劳动力的在职培训,特别是技能培训;既要重视培养高科技人才,也要重视培养掌握操作技能的熟练工人,特别要创造使优秀年轻人才脱颖而出的环境。政府在投资上,要大力向中小学教育,特别是农村中小学教育倾斜,延长全民义务教育的年限,使全民的文化素质都得到提高,要开展多种教育形式促进全民终身教育。同时,在发展教育的过程中应注意几个问题:

(1)保证教育在国民经济和社会发展中的优先地位

要保证教育在国民经济和社会发展中的优先地位,把教育放在优先发展的战略地位,就意味着在资源配置上必须保证教育的优先权。但由于缺乏切实的、可操作的实施方案,致使教育经费投入问题迟迟得不到解决。从发展理念上看,是各级政府有的仍然把教育投资当做消费性投资,没有真正认识到教育作为基础性投资、落实科教兴国战略的极端重要性。

(2)合理配置教育资源,促进教育均衡发展

人力资本投入和积累的不均衡,最终会导致经济和社会发展差距的进一步扩大,并成为制约经济和社会转型、实现两型社会目标的瓶颈。从我们的实际情况出发,普及义务教育是实现教育均衡发展的首要任务。调整政府教育投资结构,逐步减少高等教育投入,在确保义务教育投入的前提下,增加中等教育投入。与义务教育优先发展的战略地位相适应,对目前尚未实现"两基"的地区,应明确义务教育财政经费投入额度,这个额度为上年全国年均教育经费乘以该地区义务教育阶段人口数,其中地方投入应不低于本地区财政增长速度,其余部分向中央财政申请补足。其次,制定推进区域内义务教育均衡发展,加强薄弱学校改造的规划、措施。加大薄弱学校办学条件改造力度。多方筹措资金,加快薄弱学校改造,合理配置教育资源,努力缩小城乡间、学校间的差距,逐步实现义务教育阶段中小学校办学条件的均衡。充分发挥优质教育资源学校的辐射、带动作用,采取与薄弱学校整合、重组、对口扶持、教育资源共享、老师流动等方式,加强监督管理,使改造工作有计划、有步骤地顺利进行。

（四）注重传统产业和劳动密集型产业的发展

要不断扩大就业领域,发展传统产业和劳动密集型产业是关键。虽然传统产业没有高科技产业发展的快,也没有高技术产业带来的生产力大,但我们也应看到,传统产业尤其是传统制造业仍有广阔的市场需求,具有庞大的发展空间,仍是蓬勃发展的产业。同时,高科技产业的发展,也离不开传统产业提供能源物资、制造技术等。所以,我们没有理由否定或者低估传统产业在一个相当长时期发展中的地位和作用。重要的是,传统产业要加强技术改造,加快技术进步,实现高加工度化,增加品种,改善质量,提高产品的科技含量和附加值。在实现新型工业化的过程中,必然会引起产业结构的变动,而产业结构的变动又会对我国的劳动力就业产生影响。

1. 产业结构对就业的影响

我们按产业从两种不同角度划分方法来分析产业结构对就业的影响

（1）产业按其自身发展趋势可划分为扩张性产业、成熟性产业和衰退性产业。这三种产业在经济增长和发展中的作用不同,扩张性产业对推动经济的发展和带动经济的增长起着决定性的作用。因为这类产业在市场上属于消费热点和投资热点,不仅自身的产出规模不断扩大,而且还会带动其他相关产业的发展,而成熟性产业不论在产品质量性能上,还是在生产技术水平上都已趋于成熟,其产出和价格变化不大,市场需求比较稳定,对经济增长的影响也不会太大;至于衰退性产业因其市场供给已不适应市场需求,市场需求量渐趋减少,其产出规模也会不断收缩,因此这类产业对经济增长和发展只会起到阻滞作用。这三类产业因为其对经济增长所起作用不同,从而对吸收劳动力就业的作用也不同。扩张性产业产出增长快,从而创造就业机会就多,对劳动力需求就大,成熟性产业对劳动力需求较为稳定,即使增加也不会太多,而衰退性产业因产出不断收缩而对劳动力需求会越来越少,因而对就业的作用也就越小。

（2）按传统的三次产业划分法来分析产业结构对劳动力需求的影响。配第-克拉克定理表明,一个国家在由农业国向工业国转变的过程中,产业结构会按照第一产业比重逐渐下降,二、三产业比重逐步上升的规律变动。在这一过程中,第一产业的劳动力会逐步向二、三产业转移。在工业化的初期阶段,大量劳动力涌入第二产业,工业化发展的中后期,第三产业劳动力规模会迅速扩张,就业人数逐渐超过第二产业。由于第三产业就业弹性系数相对一、二产业较高,同量产出可以吸收更多的劳动力就业,因而第三产业在解决劳动力就业方面有其他产业所不具备的优势。通过计算,我们可以得出,第三产业产值每增长1个百分点,就可解决187

万人就业,比第二产业同幅增长多吸纳 75.9 万人就业。假设单位 GDP 吸纳劳动力的数量不变,按 GDP 年均增长 8% 计算,第三产业增加值在国内生产总值中比重每增加 1 个百分点,可多创造 249 万人就业需求。

2. 产业结构变动应注意的方面

产业结构变动的一般规律是,与需求升级相适应,产业结构向以高效益为特征的高级化方向发展。经济发展水平的提高,伴随着产业结构的高级化;而产业结构的高级化,又会推动经济的进一步发展。一般说来,劳动密集型产业劳动生产率低,属于比较低级的产业层次,资本密集型和技术密集型产业劳动生产率较高,属于比较高级的产业层次。因此,在工业化和现代化的进程中,劳动密集型产业向资本密集型和技术密集型产业的转化、升级,是一种必然趋势。但是,对于这一问题,我们必须全面地进行认识和把握,不能搞片面性和绝对化。这里有以下三点值得注意:

(1)某些劳动密集型产业,在一个相当长时期内是具有比较优势的产业。比较优势原则,是资源配置和产业选择的一个重要原则。一个国家能够进入别国的产品只是具有比较优势的产品,能够角逐世界市场的企业也只能是具有国际竞争优势的企业。我国人口多、劳动力资源丰富,而自然资源人均占有水平低,资本相对不足,科学技术比较落后。

(2)发展劳动密集型产业是吸纳过剩劳动力解决就业难题的重要途径。我国是世界上人口最多的发展中国家,农村人口占 70%,农业劳动力有 3 亿多,约占全部劳动力总数的一半。大量劳动力滞留在有限的土地上,致使农业劳动生产率低下,这是我国二元经济结构的一个重要根源。劳动力从生产率低的农业转移到生产率较高的非农产业,是实现我国工业化和现代化必须解决而又十分艰难的课题。劳动密集型产业单位资本所能吸纳的劳动力较多,对劳动者的素质和技术水平的要求一般相对较低,发展劳动密集型产业是实现农业劳动力转移的有效形式。农业剩余劳动力转移到劳动密集型产业(主要是劳动密集型的第三产业)的重要战略意义是不容忽视的。

(3)劳动密集型产业在技术上并非一定落后。长期以来,流行着这样一种观念:认为劳动密集型产业就一定是技术落后;发展高新技术产业就不能利用低劳动成本的优势。这种观念是片面的,不符合经济发展的客观实际。其实,随着适用的高新技术如微电子技术、信息技术、生物技术、新材料技术在越来越多产业中的广泛和快速地应用,许多劳动密集型产业的技术含量大大提高了;同时,在资金技术密集型产业包括高新技术产业中,也有若干劳动密集型的生产环节。因此,他们有必要也完全可能抓住发达国家在全球化中进行产业结构调整的机会,有选择地将发达国家技术先进的劳动密集型产业转移过来,利用我们劳动力成本相对较低的优势,大力发展技术含量高的劳动密集型产业以及高技术产业中的劳动密集型生产环节。

(五) 转变经济增长方式,增加就业机会

经济增长方式的转变对就业具有深厚的影响。新型工业化道路就是一条包含科技含量高、经济效益好、资源消耗低等特征的工业化道路,它强调的是科技进步的影响和生产与服务的科技含量增加,强调的是经济增长方式的转变,即从粗放型经济增长方式向集约型经济增长方式转变。

1. 转变经济增长方式和增加就业之间的矛盾

转变经济增长方式在一定程度上会阻碍就业人口的增加,而解决就业问题、增加就业人口又会对经济增长方式的转变产生不利影响,从而使就业问题更加严重。

(1)从劳动力供求总量方面来看。经济的增长取决于两个因素:生产要素投入的数量和生产要素的使用效率的提高,粗放型经济增长方式依赖于前者,而集约型经济增长方式则取决于后者。在经济增长率一定的条件下,生产要素的使用效率提高就会相应减少经济增长对要素投入的要求,从而使要素的增长速度相对于经济的增长速度表现出一定的滞后。如果要素使用效率的提高幅度足够大,要素的增长不仅会滞后于经济的增长,甚至还会出现停滞或负增长。在投入要素,资本投入相对劳动力投入更为稳定,一般不会出现较大的负增长,而劳动力相对来说则流动性强,既能较快增长,又能适当减少,从而要素的增长滞后或负增长就主要通过劳动力的变动实现了。经济增长方式的转变如果发生在经济增长速度缓慢甚至经济停滞的时期,由此而造成的后果就必然是就业增加困难或失业现象的普遍发生。

(2)从劳动力供求结构方面来看。在粗放经济增长方式向集约型经济增长方式的转变过程中,企业的技术水平和管理水平会相应得到提高,而技术水平和管理水平的提高要求有较高素质的劳动者。从我国目前的情况看,劳动者素质总体上并不高,高学历的劳动者所占比例很小。经济增长方式的转变使经济增长所要求的劳动者素质越来越高,而从粗放型经济增长方式中分离出来的劳动者本身素质却又比较低。越是转变经济增长方式,两者之间的差距就越大,这就从结构上造成了就业增加的困难。

(3)增加就业人口、解决就业问题又可能不利于经济增长方式的转变。劳动力过剩的局面在我国还将持续下去,而且时间可能相当长。对于追求利润最大化的企业来说,如果劳动力的价格相对资本价格来说比较便宜,那么在一定生产水平

上,通过多用劳动力而少用资本来节约生产成本就是理性的选择。湖南劳动力资源非常丰富而资本相对稀缺,从而工资相对利息是廉价品,这样就会使企业偏好劳动,多使用劳动而少使用资本,以降低生产成本,获取最大利润。而要素生产率的提高在很大程度上是依靠新的设备、新的技术和新的管理实现的,用廉价劳动力代替昂贵的资本品和技术,虽然有利于企业的利润,但对于整个经济来说,就会阻碍经济增长方式的转变。而且,较多冗员的存在使企业的资金被工资所侵蚀,企业难以投资于技术改造和更新设备,这样便会妨碍要素生产率的提高,不利于转变经济增长方式。

2. 转变经济增长方式和增加就业之间的互补性

虽然转变经济增长方式和增加就业之间存在着矛盾,但经济增长方式的转变与增加就业之间也存在一致性。

经济增长方式由粗放型向集约型的转变,可以提高企业的经济效益,增加企业利润,从而提高就业人员的收入水平,收入水平的提高相应会使就业者增加消费支出,这就扩大了社会消费需求,这些消费需求就会变成了从事这些行业的企业的商机,使这些企业的需求扩大,从而生产也相应扩大。它们生产扩大反过来又成了其他企业的需求,又会使其他企业的生产扩大,如此连锁反应,最终导致整个社会的产出增加,这就有利于扩大就业,提高社会就业水平。

经济增长方式从粗放型向集约型的转变可以使单位产出消耗的资源降低,节约社会资源。我们这样一个发展中大国,人均资源拥有量远远低于世界平均水平,而人均社会资本存量又低于世界平均水平,经济发展过程中所受的资源约束还是比较大的。这样,从经济增长方式转变中节约出来的资源就可以用于发展其他事业,而这些新发展的事业又能够吸纳一定量的劳动力,从而有利于提高社会就业水平。

就业压力的存在一方面会阻碍经济增长方式的转变,但也可以在一定程度上促进这种转变。大量劳动力的闲置不仅是社会资源的浪费,也是造成社会不安定的重要隐患,政府对此有清醒的认识,因此会下大力气来解决就业问题。比如开设各种职业培训班,加大教育投入,放开民办教育,扩大高校招生等,这些措施一来可以缓解就业压力,二来可以提高就业者的素质。另一方面,就业问题也会使劳动者自身产生危机感,明白自身素质的重要性,因此对学习的要求会大大增强。就业人口中的高学历劳动者也会改变、调整心态、摆正自己的位置,充实到生产、管理的前线去。这样来看,在长期内,全社会劳动者素质就会有较大的提高,这有利于企业的技术进步和管理水平的提高,从而有利于提高要素生产率,实现增长方式的转变。

(六) 加快城市化发展，拓展就业空间

1. 城市化发展对就业的影响

新型工业化是工业化与城市化协调发展的工业化。一方面,工业化是城市化的主要推动力。在工业化过程中,从事工业生产活动的企业为获得"聚集的经济效益"而在地理上趋于集中,随之引起区域工业化的提高,带动了非农产业就业比重相应提高,非农产业就业人口向城市迁移并引起了城市人口比重的提高。随着工业化的进程,城市数量日益增多,城市人口在总人口的比重越来越大,工业化发展导致的非农业就业比重越来越大,工业化进程逐步诱导城市化进程并促进了城市化的发展。另一方面,城市化发展到一定程度也会促进工业化的发展。根据经济发展史,当工业化率、城市化率同处于 13% 左右的水平以后,人均收入增长使城市居民需求趋向多样化,工业结构的内部调整无法适应需求的扩大,消费、就业、资本及服务创造的需求就开始拉动第三产业发展,城市就业人口持续增加、城市规模逐步扩大,为工业发展提供良好的外部环境,城市化开始加速并吸引工业企业进一步向城市集中,聚集经济得到进一步发展,城市化由工业化驱动后又借助需求拉动促进工业化的发展。因此,城市化与工业化是紧密关联的。

城市化是世界各国经济社会发展的普遍规律,其主要内容是通过城市的扩张,一方面提高非农人口的就业比率,另一方面促使就业结构在三次产业中的比例更趋合理。各国城市化的经验表明,随着工业化程度的提高,就业人口逐步从第一产业转移到第二、三产业,城市化水平会明显地高于工业化水平,钱纳里的"发展模式"清楚地表明了二者之间的关系。

伴随着城市化的加速发展的过程中会有更大的就业空间,城市化过程的就业空间得以扩展是通过聚集效应、联系效应和乘数效应来实现的。

(1)产业与人口的聚集是第三产业发展的前提和基础。城市化过程就是人口与产业等的聚集过程。随着人口聚集到一定规模就会带来第三产业的发展与繁荣,而第三产业中的许多行业具有劳动力和资本比较容易进入的特点。实践证明,如果城市太小,达不到一定的人口规模,就不可能有商业、生活服务、娱乐、通讯、金融、保险、文化教育、医疗卫生等部门的相应发展和繁荣。因为人口规模过小,便不能形成第三产业发展的有效需求规模,这样第三产业作为资本有机构成低、吸收劳动力多的特点就无法显现出来。所以,从我国的实际经济生活中不难发现,与大城市相比,规模过小的城镇都显得冷清,这是因为它人口规模太小,难以获得聚集效应,更谈不上第三产业的繁荣和吸纳更多的劳动力了,而大城市的就业空间要大得多。

（2）城市化导致的人口集中会刺激建筑业和房地产业的繁荣,带来更多的就业机会。建筑业与房地产业都是属于劳动密集型行业,吸收劳动力较多。同时,建筑业与房地产业具有较强的联系效应,它们的发展与繁荣会带动其他许多行业的发展和繁荣。另外,人口聚集不仅使现有基础设施的使用效率提高,而且也会带来更大规模的基础设施建设的扩张,并带来更多的就业机会。

（3）城市化过程中的就业机会是以乘数效应增加的。城市化过程中第二、第三产业的发展与繁荣所带来的就业机会增多,意味着更多的人得到收入或收入增加,人们收入增加又会产生更多的对其他产品和劳务的需求,即引起其他行业的就业机会增加。这种效果是不断加强和扩大的,即就业机会是以乘数（倍数）效应增长的。城市化过程中就业空间扩大的内在机制说明,我们不能孤立和静止地看问题,既不能以城市还存在失业为由而抑制或放慢城市化步伐,尤其是不能阻止农民进城,更不能清理民工。除少数特大城市外,绝大多数城市应该采取一些鼓励措施,吸引农民在城市安家落户,早日成为市民,让城市成为真正开放式的城市。

2. 突出特色功能提升,促进城市产业聚集

城市化水平不仅要有数量指标,还要有质量指标和功能指标。如果只凭城市人口比重来衡量城市化水平,那是不完全的,它违背了城市化的本质含义。城市是经济能量的集聚地,是人流、物流、信息流和资金流的集聚地,是主导产业的集聚地,是就业的岗位的集聚地,是能向周围释放能量的辐射源。因此,在推进城市化进程中,我们既要重视人口的聚集,更要突出功能的提升,特别是要努力提高城市经济能力的聚集度和对周围区域的辐射力。区域性中心城市都有对整个区域发展起带动作用的功能,这种功能的有效发挥是现代化区域中心城市的重要标准之一。如何促进和引导产业向城市聚集,也需要我们认真研究。一是要从改善投资环境入手,在用地、人口迁移、服务设施等方面采取优惠的政策引导乡镇企业和民营企业向县城和中心镇集中。因为作为城市的县城和中心镇,如达不到一定的规模,就聚集不起服务业,聚集不起市场,聚集不起人气,也就难以成为真正意义上的城市,也就实现不了高就业。二是要吸引大企业、大集团到城市安家落户。城市的集聚功能,要有一大批大企业、大集团为支撑,城市功能的发挥,有赖于一批以集团化生产、规模化经营、高新技术产业为特征的企业集团和大公司。因此,在城市化进程中,要有计划地吸引一些大企业、大集团的总部迁入城市或设立分支机构,并以此为载体,聚集人才、资金、技术和企业,促进城市经济的发展。在突出特色功能、引导产业向城镇聚集的同时,还要着重培植和壮大城市的支柱产业和名牌产品,确立支柱产业和知名品牌在城市经济发展中的主导地位,并通过加大培植,加强各城市之间的商品贸易往来和经济技术合作,迅速做大做强,成为城市经济的"龙头"和支柱,从而提高城市经济的整体实力,努力增强城市的吸纳能力。

3. 加大改革力度,加快制度创新,促进人口向城市聚集

一是加快户籍制度改革,降低进入城市的门坎。城市化的主流和核心是乡村人口和资源向城市转移。目前这种转移面临的最大制约就是生产要素市场化程度还非常不够。农民进城或多或少地要受到政治、经济、社会等因素的制约,城市"门坎"过高,实现城市化首先要降低城市门坎,要逐步废除一切阻碍农民进城的政策和制度。要下大力气完善生产要素市场,创造劳动力和生产资料能迅速结合的环境。调整现行政策,逐步改革城乡身份终身不变的户籍管理制度。应当逐步消除对农民职业选择、流动迁徙、社会身份改变的不合理限制,把现行户籍制度改为国际通行的户口登记制度。逐步拆掉城市围墙,打开城市大门,让市场调节进城还是出城;使城市化有更牢固的社会和经济基础,最终实现居住自由,择业自由。二是深化用地制度改革。建立和完善土地收购、储备、出让机制,在城市规划区内政府对土地实行统一规划、统一征用、统一出让、统一管理,实现土地的有效开发和利用。认真贯彻执行土地有偿使用制度,政府高度垄断土地一级市场,放开搞活房地产二级市场,盘活土地资产,大力推进房地产综合开发。同时,积极探索土地使用权流转制度创新,允许进城农民采取出让、出租、转包、入股、抵押等形式,依法进行土地使用权的合理流转,保护进城农民的既得利益。三是加快住房制度、就业制度、社会保障制度和教育体制的改革。住宅、就业、教育、社会保障是推进城市化面临的四大难题,能否加快这方面的改革,直接关系到农村人口进城以后的经济收入来源和安居问题,也关系到城市的承受能力和扩张成本问题,需要在实践中积极摸索,并认真加以解决。

(七) 减少人才外流,实现湖南人才各尽其才

1. 人才外流的原因

湖南存在严重的人才外流现象,以大学生为例,2007 年湖南应届毕业生共有25.6 万人,比 2006 年的 21.58 万人整整多了 4 万人。在毕业生大幅增加的同时,社会就业岗位并没有明显增加,总体来说,大学生就业渠道不畅,就业形势不乐观,从而导致人才外流。究其原因,有以下几点:

(1)高校缺乏就业教育。部分大学生就业带有盲目性,没有明确的就业规划,同时受到各方面宣传影响,片面地认为沿海发达地区更适合发展。

(2)地方政府对大学生就业工作推动不够。人才市场的建设缺乏政府主导,使各种招聘往往流于形式或成为营利手段,建议政府加强对人才市场的建设工作,促进人才市场的专业化、经常化,使之成为人才交流的真正平台。

（3）本地企业对人力资源重视不够。很多企业没有成体系的人才培养模式和梯队建设，使得湖南人才招聘停留在招用技术工阶段，而同时，外省企业通过媒体等途径在湖南挖掘高级人才，部分省市组团来湖南招聘人才。虽然人才流动无可厚非，但无形中是对我们的经济建设不利，毕竟湖南还没有到人才过剩的程度。由此可见，当务之急是提高企业发展的长远眼光，加强企业的人力资源体系建设。

2. 用创业解决人才外流

创业是活力的源泉。经验表明，创业活跃程度越高，经济增长越快。改革开放以来，湖南创业活动与全国的创业活动有很大的相似性，随着经济体制改革的深化和政策的放开，经历了三次高峰：上个世纪80年代初在短缺经济条件下自发形成的以农民为主体的"致富型"创业高峰；80年代后期至90年代中期形成的科研院所办实体、科技人员下海办实业的"科技型"创业高峰；90年代中期之后在国家就业再就业政策推动下形成的"就业型"创业高峰。

目前，随着非公有制经济理论的重大突破和各种政策的交互作用，湖南创业活动也是水涨船高，表现为以下几点。

（1）多元创业格局已初步形成。创业者多元化，科研人员、在职职工、下岗工人、农民、个体劳动者、公务员、转业军人包括在校大学生等，充当了创业的主力军。创业动机多元化，生存型创业虽然占主导地位，但发展机会型创业越来越多。创业领域多元化，不再仅仅集中在传统产业，而向国民经济各领域拓展。在多元创业格局下，湖南涌现出一批优秀的创业者，催生了一批优秀企业，希望在新型工业化进程中有更多的优秀企业、优秀创业者涌现。

（2）创业服务体系初步建立。湖南已建立中小企业信用担保机构112家，担保资本金达22亿元，累计担保金额约75.5亿元，省、市、县三级信用担保体系基本形成。湖南建立了一批培训基地，积极开展创业培训，其中仅永州、湘潭两市去年就分别培训了3000多人。经委和部分市州还成立了中小企业服务中心。

（3）创业基地建设开始起步。湖南已经建成和正在建设的创业基地有15个，共计投入资金7亿多元，建设标准厂房和孵化面积49.9万平方米，累计入驻企业1047户。株洲高新区创业服务中心现有孵化场地4万平方米，在孵企业116个，安排就业3000多人，2005年实现销售收入5.1亿元，税收2100万元。目前，湖南创业基地孵化"毕业"企业166户，其中永州凤凰园创业基地输送的7户"毕业"企业去年实现销售收入4.3亿元，安排就业6366人，上缴税金1342万元。

（4）创业环境有了明显改善。湖南各地纷纷出台一些促进创业的政策，成立非公有制经济工作领导小组，从各方面支持创业。去年，祁阳县出台政策，鼓励干部职工与原单位工作脱钩。至今，全县共有45名干部脱岗创办、领办工业企业36

户,去年实现产值4.5亿元,税收2050万元,安排就业3153人。各地还建立起政务中心,实行"一站式"服务,设立"经济110",实行部门行风评议制度,"四乱"行为大大减少。

(5)产业集聚发展趋势明显。招商引资,项目入园,工业园区的发展对企业的吸引力增大,形成了存量企业逐步进园区、新办企业创办在园区的集聚发展趋势。到去年底,湖南经国家批准的76个园区,入园工业企业4949个,实现工业增加值435亿元,占湖南工业增加值的19.8%,出口创汇15亿美元,占湖南的40%,高新技术产品增加值279亿元,占湖南的59%。加上各地自发建设的园区,园区工业已经占到湖南工业的1/3强。企业的集聚,正促进产业集群的形成。长沙工程机械、株洲轨道交通、浏阳花炮、醴陵陶瓷、湘潭槟榔、蓝山毛织、汨罗再生资源、永兴金银冶炼加工等,成为湖南经济发展的亮点。去年,醴陵市436家陶瓷企业实现销售收入61亿元,税收2.06亿元,占当地财政收入的34%。

3. 充分激活创业潮

湖南创业活动虽有成效,但从总体上看,湖南创业活动仍处于初期发展状态,具体表现在参与创业的人数还不够多,在孵化走向市场过程中成功率不高,创业企业的规模偏小等等,从整体上看,湖南的创业潮还有待充分激活。

(1)制定促进创业的政策措施,鼓励全民创业。消除企业硬制度环境筑起的企业公平生存与发展的外部壁垒,清理、整合约束企业的文本性法律法规、行政规制、方针政策,象征权力的行政执法部门针对企业的自由裁量权等等的红头文件,研究出台鼓励投资、鼓励创业基地建设、鼓励技术创新与成果转化、鼓励创业融资等新的创业政策措施,建立政府支持创业的完整政策体系,增强企业对劳动力,特别是作为高素质人才的大学生的吸纳力。建立省全民创业工作联席会议制度,定期研究推进全民创业的重大问题。整合归并中小企业行政管理职能,设立创业指导处。建立创业工作目标责任制,推动创业活动深入开展。建议增加省中小企业发展专项资金,其中40%专项用于创业基地、创业服务体系建设和创业项目上,扶持初创企业渡过风险期。

(2)建立创业社会化公共服务体系,提高创业成功率。按照"政府扶持中介,中介服务企业"的原则,加快创业服务体系建设。搞好创业项目库建设和创业项目风险评价,为创业者提供创业项目信息和项目咨询服务,减少项目决策失误。加强创业培训和创业辅导。政府引导和扶持创业融资平台建设,建立创业种子基金,鼓励风险投资和民间股权投资,促进创业资本流动。加强公共技术、企业信息化等公共平台和网络建设。建立一批公益性服务机构,引导和扶持社会中介机构为创业企业提供专业化服务。

(3)加大创业基地建设力度,构建创业平台。搞好各类开发区、工业园区的整体规划、产业规划,在地域和功能上实现合理分工,避免重复建设和恶性竞争,引导园区向专业化和集群化方向发展。出台统一的用地、招商政策,减免省收部分用地和建设税费,加快开发区、园区建设速度,避免开发区之间相互拼政策、拼资源。以产业链延伸为纽带,抓住产业转移机遇,大力发展产业集群。以园区和产业集群为依托,湖南各县建设一个创业基地,加强创业项目、融资、培训、辅导、咨询等服务,推动全民创业,不断催生和培育新的经济增长点。

六、结论

经过以上的分析,可以得出如下结论:

1. 正确处理好新型工业化与就业的关系是新型工业化过程中需认真对待的问题

就业是民生之本,关系着人民群众的切身利益,关系着改革、发展和稳定的大局,关系着全面建设小康社会的宏伟目标。新型工业化过程中,劳动生产率会迅速提高,这可能使新型工业化与扩大就业之间产生矛盾,但实际上,根据分析可知,新型工业化过程中蕴藏着许多扩大就业的潜力,使在新型工业化过程中扩大就业成为可能,所以要正确处理好新型工业化与就业的关系。

2. 在新型工业化道路上,我们首先应当转变就业观念,发展非正规就业

各种职业只是社会分工不同而已,工作没有高低贵贱之分,不同类型的就业并没有优劣之分。全社会待业失业人员要努力克服依赖心理、自卑心理,不等不靠,自强自立,积极寻找各种就业机会,要树立大就业观念和现代就业观,劳动者无论干什么、以什么方式、在何种经济部门,只要是凭借自身能力,从事合法经济活动,获取报酬即为就业。无论是哪种形式的就业,只要适合自己的实际情况,能充分发挥自己的才能就行。

3. 把发展高新技术产业与发展传统产业、劳动密集型产业结合起来

新型工业化的一个重要内涵就是以信息化带动工业化的发展,高新技术产业又是以信息技术为先导的产业,它的发展会引起经济结构,从而引起就业结构发生重大变革。随着科技进步,资本有机构成提高,会出现"机器排斥工人"的结构性失业,也会使本身在知识结构和劳动技能欠缺的劳动者失业。但高新技术产业的发展及应用也会带动许多相关产业的发展,从而创造出大量新的就业岗位。同时,大力发展高新技术产业并意味着要放弃传统、劳动密集型产业的发展。新型工业化并不排斥传统、劳动密集型产业的发展。主要是因为湖南的人力资源非常丰富,传统、劳动密集型产业是吸收劳动力最多的产业,目前,传统、劳动密集型产业仍是蓬勃发展的产业,如果经过高新技术的改造还可以吸纳更多的劳动力。所以,要把两者结合起来发展。

4. 加快城市化步伐,带动农村发展,实现城乡统筹就业

新型工业化是工业化与城市化协调发展的工业化,一方面,工业化是城市化的主要推动力;另一方面,城市化发展到一定程度也会促进工业化的发展。伴随着城市化的加速发展,会有更大的就业空间,城市化过程中的就业空间得以扩展是通过聚集效应、联系效应和乘数效应来实现的。城市化的目的就是通过城市的发展带动农村的发展,最终实现整个经济的起飞,这实际上就是一个城乡统筹的过程,在这个过程中,打破城乡劳动力市场分割的局面,建立统一开放、竞争有序、城乡一体的劳动力市场,实现城乡统筹就业也是城乡统筹的一个重要内容。

5. 转变经济增长方式,增加就业

新型工业化道路是一条包含科技含量高、经济效益好、资源消耗低等特征的工业化道路,它强调的是科技进步的影响和生产与服务的科技含量增加,强调的是经济增长方式的转变,即从粗放型经济增长方式向集约型经济增长方式转变。在这个转变过程中,一方面可以提高整个经济的效益,增加收入,从而扩大消费需求,最终导致整个社会的产出增加,这有利于扩大就业;另一方面,经济增长方式的转变可以节约社会资源,节约出来的资源又可以用于发展其他事业,从而可以吸纳更多的劳动力,提高整个社会的就业水平。所以,要尽快使经济增长方式从粗放型向集约型转变,以扩大就业。

6. 大力发展教育,提高人才资本的价值

在新型工业化道路上,旧的知识结构,低素质的巨大的人口劳动力有可能成为经济发展的巨大包袱,这将制约湖南新型工业化的发展。今后应当把发展教育、提高劳动者素质放在优先发展的战略地位上,使湖南的人口压力转变成人力资源优势。人力资源可以通过教育、学习和培训转化为人力资本,通过提高人力素质,真正实现从人力资源向人力资本的转化。在人力资源的开发上,既重视高等教育的发展,也重视发展职业教育与劳动力的在职培训,特别是技能培训;既重视培养高科技人才,也重视培养掌握操作技能的熟练工人,特别要创造使优秀年轻人才脱颖而出的环境。在政府投资上,要大力向中小学教育,特别是农村中小学教育倾斜,延长全民义务教育的年限,使全民的文化素质都得到提高,要开展多种教育形式促进全民终身教育。

7. 激活创业潮,减少人才外流

人才外流也是制约湖南新型工业化进程的一个重要因素,为了减少人才外流的现象,湖南应当充分激活创业潮。因此,必须制定促进创业的政策措施,鼓励全民创业,消除企业硬制度环境筑起的企业公平生存与发展的外部壁垒;建立创业社会化公共服务体系,提高创业成功率。按照"政府扶持中介,中介服务企业"的原则,加快创业服务体系建设;加大创业基地建设力度,构建创业平台。搞好各类开发区、工业园区的整体规划、产业规划,在地域和功能上实现合理分工,避免重复建设和恶性竞争,引导园区向专业化和集群化方向发展。

(谢忠辉 执笔)

主要参考文献:

[1]刘思峰:《灰色系统理论与应用》,北京大学出版社2003年版

[2]张鸿雁:《侵入与接替》,南京大学出版社2000年版

[3]黄晋太:《二元工业化与城市化》,中国经济出版社2005年版

[4]Clark C. Conditions of Economic Progress, London: Macmillan,1940

[5]西蒙·库兹涅茨:《现代经济增长》,经济科学出版社1982年版

[6]吴敬琏:《中国应当走一条什么样的工业化道路?》,载于《管理世界》2006年第8期

[7]希克斯:《经济学展望》,商务印书馆1986年版

[8]霍利斯·钱纳里、莫尔塞斯·塞尔昆:《发展的格局:1950—1970》,中国财政经济出版社1989年版

[9]Gustav Ranis. Technology Choice and the Distribution of Income. Annals of American Political and Social Science,1981:458

[10]胡军、向吉英:《转型中的劳动密集型产业:工业化、结构调整与加入WTO》,载于《中国工业经济》2000年第6期

[11]Ranader Banery, James Riedel. Industrial employment expansion under alternative trade strategies: Case of India and Taiwan:1950—1970. Journal of Development Economics,1980,(7),567–577

[12]胡鞍钢:《就业与发展:中国失业问题与就业战略》,辽宁人民出版社1998年版

[13]胡鞍钢:《中国就业形势分析》[EB/OL]. 国研网,2002—08—29. http://www. drcnet. com./cn/DRCNet. Channel. Web/expert/showdoc. asp? doc_id=125261

[14]尚启君:《我国能否跨越以劳动密集型工业为主导的工业化阶段》,载于《管理世界》1998年第3期

[15]陈耀:《基于就业增长的工业化政策选择》,载于《首都经济》2003年第8期

[16]陈在余、张运华:《就业需求与工业化相互关系的实证研究》,载于《经济与管理研究》2004年第1期

［17］严英龙、陈在余：《就业需求与工业化：一个新的分析框架》，载于《南京农业大学学报》（社会科学版）2004 年第 3 期

［18］谢伏瞻：《当前的就业压力与增加就业的途径》，载于《管理世界》2003 年第 5 期

［19］蔡田：《中国又到了重工业化阶段了吗？》，载于《经济学动态》2005 年第 9 期

［20］陈勇、唐朱昌：《中国工业的技术选择和技术进步：1985—2003》，载于《经济研究》2006 年第 9 期

［21］Hollis B1 Chenery. Comparative Advantage and Development Policy［J］. American Economic Review,1961,511）:18 - 51

［22］Hoffman W1. Growth of Industrial Economics［J］. Manchester University Press,1958

［23］W1Galenson, H1 Leibenstein. Investment Criteria, Productivity, and Growth［J］. Quarterly Journal of Economics,1955,693）:343 - 370

［24］联合国工业发展组织：《世界各国工业化概况和趋势》（中译本），中国对外翻译公司 1980 年版，第 321 页

［25］赵建军：《关于发展不同要素密集型产业的理论争论及其启示》，载于《当代财经》2005 年第 1 期

［26］袁志刚、范剑勇：《1978 年以来中国的工业化进程及其地区差异分析》，载于《管理世界》2003 年第 7 期

［27］武力、温锐：《1949 年以来中国工业化的"轻重"之辩》，载于《经济研究》2006 年第 9 期

［28］王云平：《产业结构调整与升级：解决就业问题的选择》，载于《当代财经》2003 年第 3 期

［29］朱劲松、刘传江：《重新重工业化对我国就业的影响——基于技术中性理论与实证数据的分析》，载于《数量经济技术经济研究》2006 年第 12 期

［30］高德步、吕致文：《新型工业化对我国未来就业的影响》，载于《经济理论与经济管理》2005 年第 2 期

［31］Zhang Yi Zhou, John Li Dillon, Guang Hi Wan. Development of township enterprise and alleviation of the employment problem in rural China［J］. Agricultural Economics,1992, 63）:201 - 215

［32］Raphael Barel. Rural industrialization objectives:The income employment conflict［J］. World Development,1984,122）:129 - 140

［33］LinJustinY1, Yang Yao. Alignment with Comparative Advantages and TVE development in China ps Provinces . Mimeo,1999

［34］王梦奎：《关于统筹城乡发展和统筹区域发展》，载于《管理世界》2004 年第 4 期

［35］任保平：《中国 21 世纪的新型工业化道路》，中国经济出版社 2005 年版

［36］邱启照：《促进就业是新型工业化道路的优先政策选择》，载于《学术交流》2004 年第

3 期

[37]陈佳贵等:《中国地区工业化进程的综合评价和实证分析》,载于《经济研究》2006 年第
6 期

[38]陈佳贵等:《中国工业现代化问题研究》,中国社会科学出版社 2004 年版

[39]杨云彦、徐映梅、向书坚:《就业替代与劳动力流动　一个新的分析框架》,载于《经济研
究》2003 年第 8 期

[40]黄新萍、谭义英:《试论新型工业化道路中的就业问题》,载于《湖南大学学报》(社会科
学版)2005 年第 1 期

[41]简新华、向琳:《新型工业化道路的特点和优越性》,《管理世界》2003 年第 7 期

[42]韩长赋:《扎实推进社会主义新农村建设》,载于《经济日报》2005—12—05

[43][美]曼纽尔·卡斯特著:《网络社会的崛起》,夏铸九(译),社会科学文献出版社 2006
年版

[44]洪银兴:《发展经济学与中国经济发展》,高等教育出版社 2005 年版

[45]毕世杰:《发展经济学》,高等教育出版社 2004 年版

湖南特色新型工业化的载体创新

    一般说来,城市化是人口由农村向城市转移的过程。一个国家或地区的城市化水平,通常是以城市人口占这个国家或地区总人口的比例即城市化率表示。这种城市化可以称之为"人口转移型"的城市化。

    城市化的发展形态有两种模式,或者两种发展道路:一是人口转移型的城市化,强调的是人口由农村向城市的空间转移;二是结构转换型的城市化,强调的是地区经济社会结构由传统社会向现代社会的转型。新型城市化是指人口等生产要素由农村流入城市所引起的经济社会结构转化过程。是社会经济结构发生根本性变革并获得巨大发展的表现,是衡量一个国家发展水平的主要标志,即新型城市化是科学城市化。

    新型城市化就是坚持以人为本,以新型工业化为动力,以统筹兼顾为原则,以和谐社会为方向,以全面、协调、和谐、可持续发展为特征,推动城市现代化、城市集群化、城市生态化、农村城市化,全面提升城市化质量和水平,走科学发展、集约高效、功能完善、环境友好、社会和谐、个性鲜明、城乡一体、大中小城市和镇协调发展的新型城市化路子。新型城市化的"新型"主要体现在以下几个基本内涵上。

    1. 集约高效。把新型城市化与新型工业化结合起来集约高效的城市化道路。集约高效就是充分发挥空间聚集,突出循环经济,提高知识、技术、信息贡献,强化规模效应,节能降耗,转变发展方式,建设宜业城市。

    2. 功能完善。把新型城市化与城市现代化集群化结合起来,走城市功能完善的城市化道路。功能完善就是不断增强城市综合承载能力,不断完善种类城市功能,不断培育城市个性,形成城市特色,建设特色城市。

    3. 社会和谐。把新型城市化与构建社会主义和谐社会结合起来,走社会和谐的城市化道路。社会和谐就是公平公正,结构稳定,利益协调,充满活力,安全有序,建设和谐城市。

    4. 环境友好。把新型城市化与城市生态化结合起来,走环境友好的城市化道路。环境友好就是着力减少污染排放,加大污染治理力度,突出城市生态建设,推动城市与自然、人与城市环境和谐相处,建设生态城市。

5、城乡一体。把新型城市化与社会主义新农村建设结合起来,走城乡统筹的城市化道路。城乡统筹就是统筹城乡经济社会发展,逐步改变城乡二元结构,把城市基础设施向农村延伸,把城市公共服务向农村覆盖,推进农村工业化、农业企业化,提高农村城市化水平,促进大城市、中小城市、镇、村协调发展,建设新农村。

一、新型城市化与新型工业化的关系

工业化与城市化之间存在着相互促进、互为因果的关系。走新型工业化道路,必须校正传统工业化模式下的城市化战略,准确把握工业化与城市化的互动关系,走一条以新型工业化支撑城市化、城市化推进新型工业化的良性发展之路。

(一) 城市是工业化的载体

从城市的定义来看,所谓城市是以非农业产业和非农业人口集聚为主要的居民点,包括按国家行政建制设立的市、镇。一般而言,人口较稠密的地区称为城市,一般包括了住宅区、工业区和商业区并且具备行政管辖功能。在城市里,有密集的人力资源,有便利的交通设施,有集群式的配套产业园区和研究机构,这些因素无一不是工业发展中不可或缺的条件和基础。以工业化来支撑城市的发展,以城市的发展来带动工业化的进程,成为当今新兴城市发展的重要举措,新型工业化与新型城市化并驾齐驱,协调发展,成为了国内外新兴城市发展的战略和道路。所以说城市是工业化的载体,工业化在城市中才能够良性、高效、快速的发展。

(二) 工业化是城市化的基本动力

世界经济发展史表明,近代工业化大生产的必然结果是带来人口、资金、资源的相对集中,从而不断催生具有一定空间和人口规模的城市。一个地方,只要工业经济快速发展,工业化进程加速推进,就会加快人口和要素集聚,进而支撑和推进城市化发展。以工业集中区为载体的工业经济发展到哪里,人流、物流、资金流、信息流等各种生产要素就向哪里聚集,水、电、路、气、通讯、排污等城市基础设施就向哪里延伸,教育、医疗、金融、商贸、餐饮、娱乐等服务设施就向哪里跟进,于是一座座新兴城镇由此崛起。实践证明,只有工业的快速发展和规模的迅速扩大,才能培植出更多稳定的财税税源,为城市基础设施的完善、功能布局的优化提供财力保障;才能有效地促进各类生产要素的集聚,带旺人气、商气,增强城市吸纳辐射能力;才能创造更多的就业岗位,加快农村人口的非农化步伐。所以说工业化是城市化的原动力。

(三) 城市化是工业化的推动力

随着工业化进程的不断推进,以服务业为主的第三产业发展水平也随之提高,服务业对非农产业的就业增长,比工业有更强的带动效应,非农产业的就业增长比工业就业比重、产出增长更直接地作用于城市化进程。因此,到工业化后期,工业化的作用减弱,城市化的作用加强,具体表现为服务业功能的强化。城市化主要表现为内涵提高,即城市的现代化;工业主要布局在远离城市的郊区或乡村地带,城市是企业发展的总部;城市呈城市群的格局发展,空间形态呈"网"状结构。这个时候,工业化发展所需的推动力就不仅仅只是技术上的创新,而且需要新型城市化去带动工业化向更高层次的发展。从而也引申出工业化的转型,它必须由传统工业化向现代工业化转型,才能顺应城市化的发展。城市化对工业化的推动作用具体表现在以下几个方面。

1. 城市化为工业化顺利发展提供了地理空间

城市一般多建在交通发达地段,而运输成本对一个工业企业的选址是至关重要的,这样作为载体的城市为工业化的发展提供了降低运输成本的有利因素。

2. 城市化的发展提供了工业化发展必要的积聚效应

一个企业的发展离不开其相关产业的发展,城镇化的发展会使一个企业发展所需要的其他产业,比如原材料、半加工品、配件器械和企业发展必要劳动力的集中,这些积聚效应对工业化是有利的。

3. 城市成为工业制成品的一股巨大的吸纳力量

我国最强大的消费群体在农村,而农村最强大的消费渠道在城市。城市作为承接大城市和农村的区域,聚集了一批与农村相比更有消费能力的居民,从这个角度讲城市对于工业品的消费能力是巨大的。

4. 城市的创新功能为工业化提供了智力支持

相对于农村而言,城市具有强大的创新功能,即它能聚集大量的科技人才、科研中心、高等院校、中试中心等创新资源。随着世界经济的快速发展,工业化水平的高低、质量的优劣越来越依赖于创新资源的多寡、创新能力的强弱。目前,我们要大力发展工业化、尤其是新型工业化,就需要尽可能的同步加快城市发展,因为城市能够为工业化的推进提供智力支持。

二、发达国家和地区城市化与工业化的主要模式

工业化、城市化是世界各国发展现代化的主要方式,工业化模式、城市化模式就是实现工业化、城市化的主要途径,即采取什么办法增加工业化、城市化所需的生产要素并使之有效地协同发挥作用。各个国家和民族根据自己不同的国情选择了不尽相同的工业化模式和城市化模式。分析这些模式,对推进湖南的新型工业化和新型城市化进程不无裨益。

(一) 世界主要工业化模式

1. 从国家的角度来分类

从国家的角度看工业化发展历程,世界主要工业化模式有以下几种:

(1) 英国模式

英国是世界第一个工业化国家,其工业革命是自发产生和进行的,这种模式一般被称为内生型工业化,这是世界工业化过程中的一种特殊模式,经历了一个相对漫长的过程。英国的工业化是在已经相当发达的市场经济前提下发展起来的。从社会结构、政治组织、合理的个人主义及英国人务实的传统,到英国丰富的煤矿资源,分布全球的贸易机构,经济结构变化的同时伴随的社会和政治变革,都成为工业化的基础。变革也几乎是在没有什么暴力冲突的情况下完成的,可以说英国工业化进程是在量的逐步积累基础上达到质的飞跃。并且在这个过程中,政府奉行自由放任的政策,只是不为工业化发展设置障碍。

(2) 美国模式

美国工业化的动因主要来自内部压力,可以看做是英国工业化模式的延伸。美国有灵活的经济体系和政府强有力的指导政策,对工业快速发展起了很大的作用,而且,美国在英国的基础上进行了工业化内部创新,建立了更先进的生产模式。首先,美国人创立了新的工厂体制。通用制是美国的另一项重要的技术创新,通用制使大规模的生产成为可能,产生"规模生产制"。此外,美国远离欧洲大陆,不易受战乱的影响,且还可在欧洲列强混战时获得若干订货的好处。结果两次世界大战后,美国成为了世界主要的超级大国。

英美两国的发展还有许多共同点,除了它们都属于一种内生型的工业化模式外,在语言、文化政治传统以及宗教信仰方面的类同,都占有十分广阔的市场,有一个适宜工业化发展的政治机构和相应的社会组织,都能获取工业化所需的原材料。所以通常人们把英美两国的工业化模式合称英美模式。

（3）法国模式

英美之后其余的国家再没有内生型工业化模式。法国的工业化就走了一条十分曲折的发展道路，形成了独有的法国模式。在近代初期，法国在各方面与英国相比一直处于上风，甚至在工业化起步阶段法国的条件也并不比英国差。但是主要由于法国一直拥有较为强大的国家政权，法国想通过民主的政治体制来发展经济，为建立这样的一种政治体制付出了沉重的代价。后来才探索如何将政治民主化与经济发展有机结合起来，采取在一国经济起飞之时，其政治变革应追求能暂时适合经济发展的体制而不是一种绝对民主体制。总的来讲，法国模式是一种介于内生型和应激型两种模式之间的类型。

（4）德日模式

德国的工业化进程在法国工业化之后，其经济起飞时间相对较迟，通常被称为工业化的第二集团的追随者，它们吸取了法国摇摆不定的教训，利用有效的社会军事组织形式，创立了一种成功的模式。建立了干预性很强的政府和一个主动积极的官僚体系，德国政府在其工业发展过程中发挥了积极作用，使德国在19世纪末终于成为一个实力强劲的新兴工业化国家。

亚洲东北部的日本，则在明治维新后，通过明治政府的强力引导，在很短的时期内实现了现代经济的转轨，一方面引进西方先进科技、加速本国工业建设，一方面对外扩张、掠夺他国财富，通过一种血淋淋的方式也挤进了列强的行列。

德日两国工业化都快速进行并取得了显著成绩，而且它们的工业化过程有许多共同点。德日两国都是工业化的第二集团中的主要国家，在发展模式上，选择政府主导型的工业化发展模式，其发展势头却超过了几乎所有的第一集团国家。这中间有很多因素，除了政府的作用和对教育的重视外，德日两国的企业卡特尔化也是一个重要因素。德日两国在社会和政治方面的现代化，也是在"二战"以后借助于外力完成的。正是1945年后美国对这两个国家进行的强制性民主改造，其现代化任务才得以彻底完成，而这也是德日两国在战后经济高速发展的关键性因素。

2. 从经济管理体制的角度来分类

从经济管理体制看，世界各国工业化模式可分为：集中的计划工业化模式，分散的市场工业化模式，国家干预的市场工业化模式或混合的工业化模式。

（1）集中的工业化模式

这种模式有两个基本特征：其一是主要工业部门实行生产资料国有化，国家成为主要的、甚至唯一的投资主体，直接行使生产经营管理权；其二是各种生产要素的配置和生产决策完全不受市场价格影响，而由中央直接计划调拨。苏联是实践这种模式的第一个实例。这种工业化模式能有效促进落后的农业国迅速转变为工业国,但是在一段时间后便缺乏后劲。

（2）分散的市场工业化模式

这种模式的主要特征是：生产者和经营者作为经济人,完全在市场价值规律作用下提供各种生产因素,进行生产的组织管理。这种模式的优点是能够充分地调动各经济行为主体的积极性,但决策过于分散,各决策主体受到接收和处理信息的能力的限制,易于产生盲目竞争,造成混乱和浪费,如周期性地发生生产普遍过剩的经济危机。自由资本主义时代实现工业化的英国、美国等工业发达国家,当年大都采取了这种工业化模式。

（3）国家干预的市场工业化模式

这种模式的主要特征是：生产要素的供给和生产力的配置管理以市场价值规模作为基础,同时受到国家的有力干预和指导。战后成功的资本主义工业化国家或地区均采取这种模式,以日本、韩国为其典型。这种工业化模式一方面能够调动经济行为主体的积极性,另一方面又可以在很大程度上减少决策过于分散或集中造成的可能损失,因而是较为成功的。

3. 从其他角度来分类

（1）从生产力行业布局看,可以把工业化模式分为平衡和非平衡发展模式。而平衡发展模式几乎不可能,非平衡发展模式又一般可以分为优先发展重工业的工业化模式和优先发展轻工业的工业化模式。

（2）从工业生产力地域分布看,我们可以把工业化模式分为：分散布局的平衡增长工业化模式、工业生产力集中布局的倾斜发展工业化发展模式。

（3）从国际经济关系看,根据国民经济系统的开放程度,工业化模式可分为：完全开放的工业化模式、完全封闭的工业化模式、基本外向的出口促进工业化模式、基本内向的进口替代工业化模式、进口替代和出口促进相结合的平衡发展模式。

综观历史,国外工业化模式对我们有诸多启示。我们认为,在工业化过程中,必须充分发挥市场机制的作用,选择适合国情省情的工业化模式,依靠政府强有力的干预,不断加快结构转换步伐,增强制造业的国际竞争力,重视科技教育和对外开放对工业化的促进作用。

（二）国外城市化典型模式

1. 西欧城市化模式

英国是西欧国家城市化的典型代表,其城市化发展是典型的工业主导下的同步、集中型城市化模式。英国城市化经历了一个漫长的发展期,城市化率从 1801

年32%到1999年的83%就用了接近200年的时间。英国的城市化的典型特征有:

(1)城市化的启动与圈地运动、工业革命密切相关。圈地运动使大量劳动力流向城市;工业革命使工业和商业迅速发展,吸引大量人口进入城市,实现了工业化和城市化进程的同步协调发展。

(2)城市化的部分启动资金源于殖民掠夺和对外贸易。通过大量的对外贸易、殖民霸权及侵略战争掠夺积累了大量资本,为城市化进程准备了大量的启动资金。

(3)英国的城市化走的是高度集中的城市化。

(4)城市化过程中伴随着产业结构调整优化。城市化初期,以纺织、煤炭等劳动力密集型工业为主导工业;第二次技术革命后,机器制造、汽车和电子等资金技术密集型产业逐渐代替了原产业结构;后期的产业结构则以服务业为主导。

2. 美国蔓延型城市化模式

与欧洲国家所经历的漫长城市化进程相比,美国的城市化进程显得迅速而激进。从1890年起,仅用了30年时间,美国城市化水平就从30%提高到了51.2%。美国的城市化的特征包括:首先,美国的城市化动力主要是内生型的;其次,高质量城市化进程与农业现代化密切相关。城市化进程中实施的农业现代化政策使其城市化过程不断获得农村剩余人口的支持,促进了工业化进程,为城市化进程的良性发展提供了保证;最后,城市化过程经历了由集中到分散的过程。都市蔓延和无序扩张是美国20世纪最重要的城市地理空间变化之一。美国的蔓延式城市化是在经济高速增长和家庭所有权、政府补贴和高速公路建设、郊区基础设施的投资高速增长等因素的驱动下形成的。

都市蔓延形成了分散扩张的城市空间形态,原来城市与乡村各处一方的平衡格局被打破,城市建设用地快速向郊外纵深农业地区渗透,造成了城乡在经济、社会等方面的冲突。城市的过分蔓延加大了城市的基础设施的配套成本,使聚集经济效益下降,并促使中心城市衰退。1990年代中后期以来,城市蔓延及其引发的社会经济影响逐步得到关注,开始反思其城市化模式,为此提出了一系列对策,主要包括交通导向型开发模式、城市增长边界、宗地再开发等等,但目前的收效还不明显。

3. 拉美国家的过度城市化模式

过度城市化是指城市化速度超过工业化速度,城市化水平与经济发展水平严重脱节的城市化模式。这种城市化不是建立在工农业充分发展的基础上,城市人口过度增长,城市却不能为其提供必要的就业机会和生活条件,从而导致一系列严重的"城市病",危害经济和社会的健康发展。拉美国家的过度城市化是在外来资本主导下发展的,以墨西哥城、里约热内卢以及布宜诺斯艾利斯等为代表,其基本特征是:

(1)工业化发展滞后于城市化,工业化对城镇化进程的推动力不足。到2000年,拉美城市人口的比重已占地区总人口的78%,但工业人口的比重却不超过35%。

(2)严重的两极分化。贫困人口占到总人口的40%以上,其中60%以上居住在城市特别是超大城市中。城市中既有先进的科学技术、现代化的产业、高档住宅和相应的现代化设施,同时也存在着原始手工作坊式的生产、缺少最基本公共设施的贫民居住区、被边缘化到城乡结合部的大量贫民窟。

(3)城市资源与环境承载力已达极限,造成严重的社会问题。教育、卫生、文化等资源主要被富人占有,穷人很少能享受这个时代的文明生活。

从以上对城市化模式的分析和比较可以看出,世界上各国的城市化模式的形成都是在特定的经济背景下,由于人口、资源环境、城市化动力、制度和文化等方面的差异,形成了各具特色的城市化模式,其效果差异也很大。我国正处于城市化快速发展阶段,由于时空的差异和国情的独特性,不可能照搬任何一种成熟的城市化模式。目前,人口高增长量已经成为制约中国城市化发展的主要因素,集中体现在社会剩余产品的数量、社会可用于扩大再生产的能力和资源、城市就业岗位供给等方面。在资源与环境胁迫条件下,我国应当充分借鉴世界其他地区城市化过程中的经验和教训,结合国情省情,因地制宜,走资源节约、环境友好、生态文明的新型城市化道路。例如,随着我国城市化的快速发展,在美国城市化过程中出现的郊区化现状在我国个别地区已经显现,我们应当吸取美国城市蔓延的教训,在城市发展中控制城市低密度无序扩张。在强刚性约束条件下,人口、资源、环境条件决定了我国只能走以城镇群为主体形态的集中型城市化模式。

三、湖南省城市化发展的进程、特征及差距

(一)湖南省城市化发展的进程

城市化,是社会经济发展的必然结果,是社会形态向高层次发展的客观表现形式。它不仅表现为人口由乡村向城市转移,以及城市人口的迅速增长,城市区域的扩张,还表现为生产要素向城市的集中趋势、城市自身功能的完善以及社会经济生活由乡村型向城市型的过渡。

建国以来,随着我国社会主义市场经济建设的逐步深入和经济发展水平的不断提高,城市化进程稳中趋快。2008 年,湖南省城镇人口达到 2885.25 万人,占湖南总人口的 42.15%,与 1950 年相比,城镇人口增加了 11.2 倍,城市化率提高了 34.25 个百分点。回顾建国以来的发展历史,湖南城市化进程经历了从低速、波动、停滞走向稳定、快速发展的九个阶段(见图 1、图 2)。

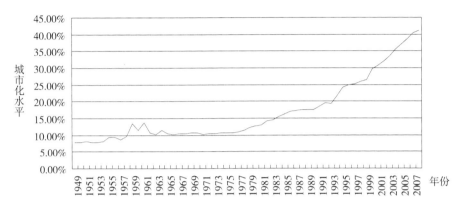

图 1　湖南省 1949 年以来城市化水平变化趋势

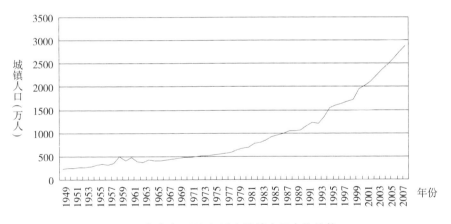

图 2　湖南省 1949 年以来城镇人口变化趋势

1. 工业化起步时期的城市化阶段 (1950—1957 年)

解放初期,国家建设以重工业为主,并在此基础上初步形成了我国工业化、城市化发展道路的框架,以后的城市政策选择,在很大程度是对这一框架的补充和延伸。由于当时特定的历史条件和生产力水平,1957 年湖南省有 1221.27 万人从事农业生产,占全社会劳动者的 90.2%。经济的发展还未触及到农村剩余劳动力的流动问题,户籍只起着登记人口的作用,没有成为区分身份(城市、农村)和限制人口流动的手段。因此,在这段时间内城镇人口迅速增加。到1957年底,湖南共有省辖市2个,地辖市7个,镇205个;城镇人口达到314.67万人,比1949年净增78.72万人,平均每年增加9.84万人,年均递增3.7%;城市化率由1950年的7.9%上升到1957年的8.7%。

2. 工业"大跃进"引起的高速城市化阶段 (1958—1959年)

1958年"大跃进",中央提出全民大办工业,大量的农村劳动力超越时间和空间的制约,流向城镇,使湖南工业化和城市化在脱离农业的基础上超高速发展。1959年湖南共有省辖市2个,地辖市8个,镇110个;城镇人口达到494.52万人,比1957年增加57.2%,年均递增25.4%;职工人数1959年比1957年增加67.4%,达218.08万人,城市化率由1958年的9.6%上升到1959年的13.4%。

3. 国民经济调整时期的城市化阶段 (1960—1965年)

由于前一时期脱离实际的超高速城市化,出现了经济大幅度滑坡的局面。1961年湖南国内生产总值比上年下降35.5%,总人口也比1959年年底下降了5%,处于负增长状态。湖南省的城市化道路出现了第一次大回落。1965年底,湖南共有省辖市2个,地辖市5个,镇175个;城镇人口405.64万人,比1959年减少88.88万人。城市化率由1960年的11.3%下降到1965年的10.4%。

4. 工业化停滞时期的城市化阶段 (1966—1977年)

由于受1958—1965年工业化、城市化的反复阶段的影响,从1965—1976年,正常的工业化和城市化进程几乎处于停滞状态,城市工业无力自身扩张,也就无力吸收城市自身的就业人口,更不可能安置农村剩余劳动力。1977年,湖南共有省辖市3个,地辖市7个,镇163个;城镇人口561.21万人,城市化率为11%,仅比1966年提高了0.7个百分点。

5. 农村体制改革初期的高速城市化阶段 (1978—1983年)

1978年,党的十一届三中全会确立了以经济建设为中心的指导方针,国民经济飞速发展,1978—1983年,湖南湖南的国内生产总值年均递增7.7%,比1952—1978年的平均值高2.3个百分点。随着经济的活跃,人口开始流动、转移,城镇人口增长较快,湖南城市化建设逐步走上健康发展的轨道。1987年,湖南共有省辖市6个,地辖市10个,镇230个,分别比1977年增加省辖市3个、地辖市3个、镇67个;城镇人口达794.46万人,比1977年增长41.6%,年均递增6%。城市化率由1978年的11.5%上升到1983年的14.4%。

6. 城市化稳定成长阶段 (1984—1988年)

1984年,随着以城市为重点的经济体制改革步伐推进,中心城市的作用得到了充分发挥。1988年,湖南共有省辖市8个,地辖市17个,镇596个;城镇人口达1044.12万人,比1983年增加249.66万人,年均递增5.6%,城市化率由1984年的15.4%上升至1988年的17.7%。

7. 工业化、城市化的转型阶段 (1989—1991年)

由于多年积累的固定投资水平过高,通货膨胀压力增大,1989年初开始实施宏观经济的治理整顿政策,这是改革开放以来的第一个经济回落期。受宏观经济紧缩的影响,湖南工业化、城市化的进程放慢并进入转型酝酿期。1991年,湖南共有省辖市8个,地辖市18个,镇639个;城镇人口达1147.86万人,比1987年增长14.4%,年均增长3.4%;城市化率为18.6%,年均只提高0.3个百分点。

8. 城市化全面推进阶段 (1992—1998年)

国民经济从1992年下半年开始高速增长,连续6年湖南国内生产总值增长10.8%以上,以城市基础建设为主体的投资需求成为强劲的经济增长动力,促进了城市的发展和总体质量的提高。城市规模扩大,农业人口的身份也随之发生了变化。1998年,湖南共有省辖市12个,地辖市17个,建制镇1001个;城镇人口达1684万人,比1991年增加536.14万人,年均递增5.6%;城市化率达到25.9%,比1991年提高7.3个百分点,年均提高1个百分点。

9. 城市化加速期发展阶段 (1999—2008年)

进入新世纪的湖南,正处于城市化推动型的经济社会发展新阶段。加快推进城市化,是实现经济发展从量的扩张向质的提高转变的有效途径,是经济社会新一轮发展的突破口。1999年,中共湖南省委、湖南省人民政府下发了《关于进一步加快小城镇发展的意见》,2001年下发了《关于做好城市工作几个问题的通知》,2003年又下发了《中共湖南省委、湖南省人民政府关于印发〈湖南省深化户籍管理制度改革方案〉的通知》,从城市化的指导思想、规划编制、管理体制、土地政策、投融资政策、户口政策等做出了相应的规定,有效地推动了城市化的进程。

到2008年,湖南的市(州、县)域城镇体系规划、集镇编制镇(乡)域总体规划完成100%,14个市(州)已全部编制消防规划,洞庭湖城镇规划、长株潭城市群规划、湘江生态经济带规划已经完成。随着《湖南省城镇发展"十五"计划》的实施,逐步形成了以长沙为中心,以区域中心城市为骨干,以县城小城镇为依托,大中小城市并举,小城镇快速发展的城市化发展道路。2008年,湖南共有省辖市13个(特大城市1个,大城市5个,中等城市7个),地辖市16个,建制镇1101个;城镇人口达2885.25万人,比1998年增加1201.25万人,年均递增5.55%;城市化率达到42.15%,比1998年提高16.25个百分点,10年来年均提高1.63个百分点。

(二) 湖南省城市化发展的特征

工业化和城市化被称为经济现代化的两个车轮,工业化是城市化的基础,城市化是工业化的必然结果。从新型工业化道路到新型城市化道路既是时代发展的普遍趋势,也是经济现代化规律的内在要求。近几年来,湖南省在科学发展观的统领下,积极推进新型工业化,同时兼顾城乡统筹发展,城市化发展步伐加快,城市基础设施不断加强,长、株、潭等中心城市综合实力显著增强,中小城市快速发展,城镇体系趋于合理,初步形成了城乡互动、协调发展的格局。目前,正朝着资源节约,环境友好,经济高效,社会和谐的新型城市化目标迈进。总体看来,湖南省城市化发展呈现出以下特点:

1. 城市化发展由外延扩张为主逐步向内涵提升过渡

改革开放以来,湖南省加速各项改革,实行了县改市、乡改镇的政策,并降低了城镇建制标准,由此带来了城镇数量的迅速增加。而城镇数量的增加,扩展了城市吸收农村剩余劳动力的能力,从而直接推动了城市人口的急剧扩张。1990年到2000年,湖南设市城市由26个增加到29个,建制镇由628个增加到1055个,平均每年增加了43个建制镇。城镇人口也由1093.82万人增加到1915.92万人,年均增加82万人。"十五"以来,城市化的发展在扩容的同时注重发展城市的内涵,既加强了城市基础设施建设,城镇人居环境也大为改善。2008年湖南省设市城市仍然为29个,建制镇1101个,8年来仅增加46个镇。"十五"期末,湖南县城以上城镇比"九五"末新增供水能力195万吨/日,新增污水处理能力2270.5万吨/日,新增生活垃圾处理能力6771吨/日,新改扩道路面积4754万平方米;而29个设市城市建成区面积比"九五"末扩大233.66平方公里,新建道路1239公里,新增供应家庭用液化石油气能力166万立方米/日,新增污水集中处理能力64万立方米/日,新增生活垃圾无害化处理能力1695吨/日。

2. 城市化发展从东向西渐次展开

湖南城镇人口的地域分布,呈现东、中、西三个明显的不同地带,城镇人口分布呈现出以东部城市群为依托,渐次向西部展开的特征,初步形成了"一点一轴二带"的发展格局。"一点"即长株潭城市群。包括了1个特大城市、2个大城市、15个县级市(区)和181个建制镇。2008年,长株潭三市的城镇人口726.62万人,占湖南城镇人口的25.18%,城市化率达到55.04%,高出湖南平均水平12.89个百分点。"一轴"即沿107国道呈南北向的城镇发展轴,北达临湘,南抵郴州,平均相距不足 70 公里;"二带"一是沿 320 国道和湘黔铁路呈东西向的城镇发展带,二是沿长沙经益阳、常德,到张家界、吉首的高速公路。通过"一点一轴二带",串联了湖南 20 个大中小城市,约占了湖南设市城市的 70%。

3. 以中心城市为依托的城镇体系逐步形成

中心城市是指地级市政府所在地的城区(不含其所辖县级市)。2006 年,湖南省中心城市的城市人口为 933.5 万人,占湖南总人口的 13.8%。由于大量迁移流动人口的增加,推动了中心城市的城市人口的快速增长。2001 年到 2006 年,其城市人口年均增速为 3.2%,远远高于总人口年均增速 0.5%的速度。目前,湖南省城市化的发展依托中心城市的辐射作用,发展模式从单个城市建设转向围绕中心城市的城市群发展,城镇空间结构不断优化。1992 年,湖南省提出"放开南北二口,拓宽三条通道,建设五区一廊,加强西线开发"的对外开放战略,明确提出把发展京广铁路沿线六市,包括长沙、株洲、湘潭、衡阳、岳阳和郴州作为湖南经济发展的重点,湘东成为湖南经济优先发展区域带。长株潭城镇建成区已形成了相互影响、相互融合的城市(镇)群密集区域。以长株潭为核心,东部形成了以临湘、岳阳、汨罗、长沙、株洲、湘潭、衡阳、耒阳、郴州等大中城市为主的"一点一线"发展轴;东西向形成了以醴陵、株洲、湘潭、湘乡、娄底、邵阳、冷水江、涟源、怀化等大中小城镇相结合的发展带。2008 年,"京广铁路沿线六市"城镇人口数量 1480.52 万人,占湖南城镇人口的 51.31%。

4. 长株潭作用明显

"十五"期间,省委省政府将长株潭经济一体化作为湖南发展的增长极,2006 年,启动了以长株潭为中心的"3+5"城市群建设规划。2007 年底,经国家批准,长沙、株洲、湘潭三市为全国资源节约型和环境友好型社会建设综合配套改革试验区,在城市建设上给予了先行先试的政策。随着芙蓉路、韶山路向南延伸,三市固定电话并网为代表的电信一体化、户籍制度改革、城乡社保全覆盖等融城政策同步实施,三市一体化进程不断提速,为长株潭城市群发展带来空前的历史机遇。2008 年长株潭地区总人口 1320.28 万人,不到湖南总人口的五分之一,城镇人口 726.62 万人,只占湖南城镇人口的四分之一,实现 GDP 却达 4565.31 亿元,超过湖南 40%,作为湖南的核心增长极作用越来越明显,必将带动"3+5"城市群,进而带动湖南城市化建设不断向前。

5. 城乡一体化建设进程加快

近几年来,湖南省在城市和城镇建设的过程中,按照城乡统筹发展要求,以城市建设为中心,把城市发展与新农村建设结合起来,加快城市基础设施向农村延伸,带动了周边城镇和农村的发展;以提高城市人口、资源和环境等综合承载能力为核心,更好地促进了农村劳动力向城市的有序转移。随着各项政策效应的逐步发挥,城乡差距不断缩小,初步形成了以城带乡、以乡促城、城乡互动的发展格局。

(三) 湖南省城市化发展的差距与成因

1. 湖南省城市化发展的差距和问题

(1)城市化水平偏低

按照全国城市化发展的平均水平和世界先进水平比较,湖南省仍然存在较大的距离,城市化水平偏低。2008 年,湖南的城市化水平只有 42.15%,比全国平均水平 45.70% 低了 3.55 个百分点,在中部六省低于湖北的 45.20%、山西的 45.11%,位居第 3 位。根据雷·诺塞姆用 S 型曲线三阶段理论概括的城市化进程一般规律,湖南城市化进程正处于中期加速阶段(30% <城市化率<70%)。其实,湖南城市化水平长期以来一直低于全国水平,且当全国于 1996 年(30.48%)进入城市化中期加速发展阶段后,这种差距进一步拉大。而当湖南于 2000 年(29.75%)进入城市化中期加速发展阶段后,城市化率年均上升 1.55 个百分点,快于全国 1.19 个百分点的速度,但与全国的差距还有 3.55 个百分点(见图 3)。而目前我国城市化水平最高的北京、上海等地的城市化率达到 80% 以上,开始出现后工业化时代的"逆城市化"现象,全国城市化率超过 50% 的也有 10 多个省份;目前世界高收入国家的城市化水平已达 78%,中等收入国家达到 58%,世界平均水平为 46%。

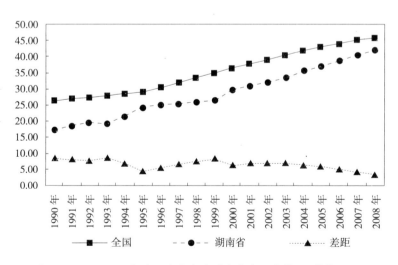

图 3　1990—2008 年全国和湖南省城市化水平比较　(单位:%)

（2）区域间城市化水平差距较大

湖南省各市州由于地理位置、交通状况、经济基础等差异较大,以致城市化发展极不平衡。2008年长株潭城市群的城市化率为55.04%,高于湖南平均水平12.89个百分点;"3+5"城市群城市化率为45.06%,高于湖南平均水平2.91个百分点。而大湘西地区城市化率仅为32.58%,与长株潭城市群差距高达22.46个百分点。14个市州中城市化率超过湖南平均水平的只有长沙(61.25%)、湘潭(49.44%)、株洲(48.83%)、岳阳(45.50%)、衡阳(42.57%),其他九个市州城市化率均不到40%。最低的邵阳市城市化率(29.85%),比湖南平均水平低12.3个百分点,不足长沙市的一半。16个县级市城市化率只有41.26%,低于省平均水平0.89个百分点,其中达到或超过省平均水平的县级市只有7个。城市化率最低的武冈市(22.46%)还不到城市化率最高的冷水江市(74.18%)的1/3。

（3）县域城市化率普遍偏低

2008年湖南72个县的人口总数为4457.90万人,占了湖南总人口的65.12%,但其中城镇人口却只有1356.26万人,只占了湖南城镇人口的48.32%。平均城镇化率只有30.42%,低于湖南平均水平11.73个百分点。72个县中城市化率达到40%以上的只有4个,城市化率不足30%的高达34个。县乡小城镇发展滞后是影响城市化进程的重要因素。

（4）中心城市有待做大做强

中心城市是湖南和各地区经济发展的重心所在,在带动周边地区城镇经济社会发展、吸纳劳动力等方面,都具有不可忽视的重要作用。到2008年,湖南有建制市29个。其中,特大型城市1个,较1990年没有变化,其非农人口年均增长率为3.1%,低于湖南非农人口4.1%的年均增长率;大城市个数由1990年的0个增加到5个,是城市规模体系变动的主要推动力,其非农人口占湖南的比重最大,达32.5%;中等城市个数较1990年增加1个,非农人口所占比重在1990—2000年间迅速下降,2000年后企稳;小城市数量减少2个,但平均人口规模扩大,2000年后其非农人口所占比重下降较快。湖南省13个地级市,城市人口只占湖南城市总量的36.9%,平均人口规模只有95万人,低于中部地区的湖北(157万人)和河南(102万人)。虽然作为首位城市的长沙相对突出,但其余大城市非农人口都没有超过70万。湖南地级市除长株潭外,其他10个市的中心城市人口占总人口比重只有6%—15%,区域性中心城市规模偏小,其对周边城乡的示范带动效应不明显,辐射周边城乡的带动能力受到较大制约。

表1 湖南省城市规模体系变动情况

	1990 年		2000 年		2008 年	
	城市（个）	非农人口（万）	城市（个）	非农人口（万）	城市（个）	非农人口（万）
总计	25	442.83	29	741.08	29	921.38
特大城市（100 万人以上）	1	107.72	1	148.79	1	186.58
大城市（50 万—100 万人）	0	0	4	209.56	5	299.24
中等城市（20—50 万人）	6	208.67	6	171.81	7	213.20
小城市（20 万人以下）	18	127.44	18	210.92	16	222.36

（5）城市基础设施建设有待完善

湖南省城市建设取得了一定的成绩，人均住宅建筑面积、城市用水普及率、城市用气普及率、每万人拥有公共交通车辆、人均公共绿地面积等都超过了临近的湖北省。但是湖南省城市存在规模偏小的问题，使得城市总体实力与其他省份差距较大。从与湖北省城市基础设施建设比较看：2005 年，湖南省城市建成区面积只有湖北的 73%，城市年末实有道路长度只有湖北的 42%，城市排水管道长度只有湖北的 61%，城市园林绿化面积只有湖北的 72%。城市整体实力较弱，吸收外来劳动力的能力有限，从而抑制了湖南省城市规模的扩大。

（6）工业化水平较低，城市化进程更为滞后

2008 年，湖南省非农产业比重达到 82%，落后于全国水平。按照钱纳里的工业化与城市化关系的一般模式，工业化应该处于 6、7 阶段之间，但将湖南现有人均GDP 折算成 1997 年美元币值以及当前的城市化率都只是处在 3、4 阶段之间，滞后于工业化水平。经济学界通常用城市化水平、工业化水平（用工业增加值占 GDP 的比重来表示）两者的比值来衡量彼此的关系，这一比值的合理范围是 1.4—2.5。经过测算，2000—2008 年，湖南城市化率与工业化率之比分别是 0.97、1.00、1.05、1.05、1.10、1.10、1.09、1.10、1.10，尽管表现出逐步提高的趋势，但尚未达到"合理区间"的下限，仍属不合理。这也表明相对于工业化进程，湖南城市化是滞后的。此外，湖南城市化进程也滞后于就业结构的转变。非农从业人员比重一直高于城市化率，其增长速度也明显快于城市化进程。2000—2008 年，城市化与非农业从业人员偏离系数[①]为 -0.19，城市化进程滞后于农业劳动力非农化转变的格局依然比较明显。

表2　钱纳里的工业化与城市化关系的一般变动模式

阶段	人均 GDP（美元）		GDP 结构（%）		就业结构（%）		城市化率（%）
	1964 年	1997 年	制造业	非农产业	制造业	非农产业	
1	70	350	12.5	47.8	7.8	28.8	12.8
2	100	500	14.9	54.8	9.1	34.2	22.0
3	200	1000	21.5	67.3	16.4	44.3	36.2
4	300	1500	25.1	73.4	20.6	51.1	43.9
5	400	2000	27.6	77.2	23.5	56.2	49.0
6	500	2500	29.4	79.8	25.8	60.5	52.7
7	800	4000	33.1	84.4	30.3	70.0	60.1
8	1000	5000	34.7	86.2	32.5	74.8	63.4
9	1500	7500	37.9	87.3	36.8	84.1	65.8

（7）城市就业质量不高，进城务工人员稳定性弱

目前城市就业质量不高，特别是进城务工人员。其表现，一是职业不稳定。据调查进城农民找不到合适工作的占一半以上，每周工作不到 20 小时的占 4%，说明就业者职业不稳定，时常处于就业和失业的交替中。二是工资待遇不高。据湖南省统计局对 11300 家国有、集体和股份制企业的跟踪调查，人均年工资收入在 1 万元以下的占 28%，工资没有增长的占 8%，工资收入下降的占 28%。三是雇员合同签订率低、雇工权益得不到保证。据劳动力调查，城镇企业雇员合同签订率为 51.4%，特别是私营个体企业只有 37.1%，有 62.9% 的没有签订合同。大多数进城务工人员，尤其农民工，进城后就业困难，很少有人参加了城镇养老、医疗、失业保险，生活无保障，居住、就医、小孩入学等都存在问题。

2. **湖南省城市化发展较为滞后的原因**

导致湖南城市化发展滞后的原因是多方面的，整体经济发展水平较低是主要的，除此之外，还有以下几个方面：

（1）经济发展战略的影响

建国以后，受当时国际环境的影响，我国经济建设是在封闭条件下进行的。为了迅速改变工业落后面貌，制定了优先发展重工业的战略决策。湖南重点发展以粮食为主的第一产业和以军工、重工业为主的工业。改革开放以来，随着外资的进入，轻工业得到了一定的发展，但主要集中在沿海地区，湖南重工业特征没有实质性的改变。2007 年，在湖南规模以上工业中，重工业增加值增长比轻工业快 5.9 个百分点，重工业增加值占 67.7%，比上年还提高了 1.8 个百分点。重工业是资金

密集型产业,创造的就业机会远不如轻工业和第三产业多。2007 年,湖南第二产业年末从业人员占全部从业人员的比重为 22%,比第二产业增加值占 GDP 的比重低 20.6 个百分点。重工业优先发展战略,减弱了工业吸纳就业的能力,阻碍了城市化的发展。

(2)户籍管理政策的影响

历史上湖南就是农业人口大省。长期以来,我国一直采取严格的城市居民和农村居民分离管理的制度,农民进城在严格的户籍管理制度下受到最大程度的限制,客观上将广大农民束缚在农村和农业上。改革开放以来,户籍管理改革不断深化,但依附于户籍上的一些福利政策依然存在,并把进城农民排斥在外,长期形成的城乡二元分割的政策体系和管理体制,仍存在于社会生活的多个领域,城乡统一协调、有利于城市化健康发展的法律法规体系和政策体系尚未形成,城市和农村在户籍、就业、教育、医疗、福利、保险等领域,都存在着政策差异,阻碍了城市化的进程。

(3)经济发展措施的影响

改革开放以来,特别是在上世纪 80 年代的短缺经济时期,湖南与全国一样,乡镇企业迅猛发展,吸纳了大量农村剩余劳动力。农村劳动力"离土不离乡",一方面促进了乡镇企业的发展,另一方面阻碍了非农产业向城镇的空间聚集,制约了城市化的发展。并且乡镇企业布局过于分散,交易成本高,丧失了聚集效益、规模效益和发展升级能力,逐渐在市场竞争中被淘汰出局,吸纳就业的能力不断下降。

(4)其他原因

农村土地流转制度不健全影响了农村人口迁移进程的加快。长期以来,把城市作为生产中心而不是服务中心、消费中心来发展,服务业发展不足,也是湖南城市化发展滞后的原因。

四、湖南省新型城市化发展的战略

(一) 指导思想

以邓小平理论和"三个代表"重要思想为指导,以科学发展观统揽城市化全局,坚持以规划为依据、以制度创新为动力、以功能培育为基础、以加强管理为保证,走质量与速度并重、特色型、节约型、以城市群为主体形态的大中小城市和小城镇协调发展的多元化城市化道路。坚持以新型工业化带动城市化,坚持以人为本、可持续发展和"五个统筹",以中部崛起为契机、科学规划为先导、产业发展为支撑,以"提质扩容、乐业安居"为突破口,加快以长株潭为中心,以一个半小时通勤圈为半径,包括岳阳、常德、益阳、娄底、衡阳在内的"3+5"城市群的建设,把城市群作为推进城市化的主体功能区。进一步完善以长株潭为核心、市州中心城市为重点、县城和中心镇为依托的城镇体系,推进湖南城市化健康有序发展,促进经济又好又快发展,为加快富民强省,全面建设小康湖南奠定坚实基础。

(二) 基本原则

1. 坚持以人为本和可持续发展相结合的原则

坚持城镇发展与人口、资源、环境相协调,把提高人民生活质量和社会的和谐发展放在首位,切实保护好生态环境和历史文化环境,走可持续、集约式发展的城市化道路。

2. 坚持城乡协调发展和重点推进相结合的原则

实行工业反哺农业、城市支援农村的策略,全面推进社会主义新农村建设,统筹城乡发展。促进区域设施共建共享,生态环境共同保护,各种资源科学利用,充分发挥区位优势,加快推进优势地区发展。

3. 坚持推进城市化与产业发展相结合的原则

推进"三化"战略,以坚持农业产业化为支撑,新型工业化为动力,城市化为载体。发展各具特色的城乡经济,发展优势产业,通过产业发展带动城市化发展。

4. 坚持优化城镇结构和突出特色相结合的原则

优先发展长株潭城市群,加快中小城市升级步伐,引导大中小城市与小城镇协调发展,逐步构建湖南分工有序、优势互补、功能完善、各具特色的城乡空间结构与城镇形态。

5. 坚持政府引导和市场推进相结合的原则

加强体制创新和政策创新,不断强化政府对城市化的调控和引导作用。坚持市场在资源配置中的基础作用,吸引各类必需的生产要素向城镇集聚,通过政府引导和市场推进相结合,促进城市化各项事业快速发展。

(三) 战略目标

1. 总体目标

到2030年,力争湖南城市化水平达到70%,城镇人口达到5000万人左右;构建1个超特大城②(长沙),4个超大、特大城市(衡阳、株洲、湘潭、岳阳),10个大城市,13个中等城市,16个小城市,55个县城,约1000个小城镇的多层次、开放型,以城乡一体化为特征,现代化协调发展的城镇结构体系,其中,长沙成为国际化城市,株洲成为国家级城市,衡阳成为区域型城市,长株潭城市群成为国家级城市群。实现城镇发展环境良好,城镇基础设施配套,人居环境明显改善,城乡协调发展的目标。

构建以长株潭大都市区为依托,"一核四轴五区"为主体的城镇体系和统筹协调的城乡有序发展空间;建设快速的现代化综合交通运输网络、方便快捷的信息化网络、稳定可靠的电力能源网络、安全完善的水利工程网络;建立健全生态环境保护和资源有效开发机制,推进城镇扩容提质和城镇化进程;优化结构,增强城镇辐射带动能力和创新能力,有效发挥城市在区域中的核心作用,实现城乡社会、经济、环境协调可持续发展。

2. 具体目标

就 2008 年众多专家研究提出、被湖南省政府采纳的湖南省新型城市化目标指标体系中的 22 个指标,预测提出湖南省到 2010 年、2015 年、2020 年和 2030 年四个时点的新型城市化具体发展目标。

表3　湖南省新型城市化目标指标体系

序号	指标名称	计量单位	现状	发展目标			
			2007	2010	2015	2020	2030
1	城市化水平	%	40.45	45	51	58	70
2	人均GDP	万元	1.44	2	3.5	5.0	10.0
3	城镇居民人均可支配收入	元	12294	16362	26352	42356	91443
4	二、三产业增加值占GDP比重	%	82.3	85	90	92	96
5	城市道路网密度	km/km²	2.4	2.6	2.8	3.2	4.0
6	供水普及率	%	89.82	92	94	97	100
7	燃气普及率	%	75.52	78	82	86	95
8	城市万人拥有公交车辆	标台/万人	10.6	11.0	12.5	14.5	20.0
9	互联网普及率	户/百人	3.14	5.4	9.5	12.5	17.0
10	人均住房建筑面积	m²	28.4	30	32	34	38
11	新增建设用地边际产出率	亿元/km²	2.25	2.5	2.8	3.1	3.8
12	万元GDP能耗	吨标准煤/万元	1.29	1.12	0.90	0.78	0.60
13	万元GDP用水量	m³/万元	—	200	150	125	80
14	城镇新建民用建筑节能标准实施率	%	18	80	100	100	100
15	生活垃圾资源化利用率	%	—	20	35	40	53

序号	指标名称	计量单位	现状	发展目标			
			2007	2010	2015	2020	2030
16	工业固体废弃物综合利用率	%	72.27	75	80	90	97
17	城市人均公园绿地面积	㎡	6.86	7.0	8.0	9.5	14
18	城市建成区绿地率	%	27.29	28	29	30	32
19	城市空气质量优良率	%	—	80	85	90	98
20	城市生活污水处理率	%	36.73	68	80	85	95
21	城市生活垃圾无害化处理率	%	31.38	65	85	90	100
22	城镇失业、医疗、养老保险人员综合增长率	%	—	8	10	12	16

上述指标具体解释如下:

(1)城市化水平。该指标是衡量一个地区现代化程度的重要指标。城市化水平=城镇人口/地区总人口。2007年湖南城市化水平为40.45%,预测到2010、2015、2020、2030年分别达到45%、51%、58%、70%。

(2)人均GDP。该指标主要反映一个地区的经济实力。国内外经济社会评价指标体系均将它作为一项核心指标。根据《中国宜居城市科学评价标准》,宜居大城市的人均GDP需超过4万元。2007年湖南人均GDP为1.44万元,预测湖南2010、2015、2020、2030年分别达到2万元、3.5万元、5万元、10万元。

(3)城镇居民人均可支配收入。该指标反映城镇居民生活富裕程度。按照《中国宜居城市科学评价标准》,认为宜居大城市的城镇居民人均可支配收入应达2.5万元以上。2007年湖南城镇居民人均可支配收入为1.23万元,2020年以前按照年均10%的增长速度,2020年到2030年按照年均8%的增长速度,预测到2010、2015、2020、2030年分别达到1.64万元、2.63万元、4.24万元、9.14万元。

(4)二、三产业增加值占GDP比重。该指标是反映经济结构的重要指标。二、三产业增加值占GDP比重=二、三产业增加值/GDP总量。2007年湖南二、三产业增加值占GDP比重为82.3%,预测到2010、2015、2020、2030年分别达到85%、90%、92%、96%。

(5)城市道路网密度。该指标是反映城市基础设施水平的基本指标。城市道路网密度=宽度3.5米以上的城市道路总长度/城市建设用地面积。2007年湖南县城以上城市道路网密度达到2.4km/km²,预测到2010、2015、2020、2030年分别达到2.6km/km²、2.8km/km²、3.2km/km²、4.0km/km²。

（6）供水普及率。该指标是反映城市基础设施水平的基本指标。供水普及率
＝城区内用水人口/城市总人口。2007 年湖南县城以上用水普及率达89.82%，预
测到2010、2015、2020、2030 年分别达到92%、94%、97%、100%。

（7）燃气普及率。该指标是反映城市基础设施水平的基本指标。燃气普及率
＝城区内用气人口/城市总人口。2007 年湖南县城以上燃气普及率达75.52%，预
测到2010、2015、2020、2030 年分别达到78%、82%、86%、95%。

（8）城市每万人拥有公交车辆。该指标是反映城市公共交通状况的基本指
标。城市每万人拥有公交车辆＝城市公交车辆标台数/城市人口。2007 年湖南设
市城市每万人拥有公交车辆达10.6 标台，预测到2010、2015、2020、2030 年分别达
到11.0、12.5、14.5、20.0 标台。

（9）互联网普及率。该指标是反映城市信息化程度的基本指标。互联网普及
率＝年末互联网宽带用户数/人口总数，一般用"户/百人"来表示。2007 年湖南互
联网普及率为3.14 户/百人，预测到2010、2015、2020、2030 年分别达到5.4、9.5、
12.5、17.0 户/百人。

（10）人均住房建筑面积。该指标是反映城市居住水平的基本指标。人均住
房建筑面积＝城市住房建筑总面积/城市总人口。2007 年湖南人均住房建筑面积
达28.4 平方米，预测到2010、2015、2020、2030 年分别达到30、32、34、38 平方米。

（11）新增建设用地边际产出率。该指标是反映新增建设用地对新增 GDP 贡
献程度的基本指标，反映了对建设用地的节约程度。新增建设用地边际产出率＝
新增 GDP/新增建设用地面积。2007 年湖南新增建设用地边际产出率为 2.25 亿
元/km^2。预测湖南 2010、2015、2020、2030 年分别达到 2.5、2.8、3.1、3.8 亿
元/km^2。

（12）万元 GDP 能耗。该指标是体现节能减排的重要指标，也是转变经济发展
方式的标志。万元 GDP 能耗＝地区能源消耗总量/地区 GDP。2006 年全国该项指
标为 1.21 吨标准煤/万元 GDP，北京为 0.76 吨标准煤/万元 GDP，上海为 0.87 吨
标准煤/万元 GDP。2007 年湖南万元 GDP 能耗为 1.29 吨标准煤/万元，预测到
2010、2015、2020、2030 年分别达到 1.12、0.90、0.78、0.60 吨标准煤/万元。

（13）万元 GDP 用水量。该指标是反映水资源集约利用程度的指标。万元
GDP 用水量＝地区水消耗总量/地区 GDP 总量。2006 年长株潭地区万元 GDP 用
水量为273m³/万元。预测到2010、2015、2020、2030 年，湖南分别达到200、150、
125、80m³/万元。

（14）城镇新建民用建筑节能标准实施率。该指标是反映建筑节能的重要指
标。城镇新建民用建筑节能标准实施率＝已经实施节能标准的新建民用建筑竣工

面积/新建民用建筑竣工总面积。2007 年湖南城镇新建民用建筑节能标准实施率为 18%,预测到 2010、2015、2020、2030 年,湖南分别达到 80%、100%、100%、100%。

(15)生活垃圾资源化利用率。该指标是反映城市生态环境及资源循环利用的重要指标,目前生活垃圾的循环利用代表了国际发展的方向。生活垃圾资源化利用率=生活垃圾中已经利用的重量/生活垃圾总重量。武汉提出 2010 年该指标达到 30%,深圳则达到 45%。预测到 2010、2015、2020、2030 年,湖南分别达到 20%、35%、40%、53%。

(16)工业固体废弃物综合利用率。该指标是体现资源循环利用的重要指标,也是转变经济发展方式的标志。工业固体废弃物综合利用率=工业固体废弃物中已经利用的重量/工业固体废弃物的总重量。2007 年湖南工业固体废弃物综合利用率达到了 72.27%。预测湖南 2010、2015、2020、2030 年分别达到 75%、80%、90%、97%。

(17)城市人均公园绿地面积。该指标是反映城镇生态功能的重要指标。人均公园绿地面积=城区公园绿地面积/城市总人口。按照《中国宜居城市科学评价标准》要求,宜居城市人均公园绿地面积需要超过 10 平方米。2007 年湖南县城以上城市人均公园绿地面积达到 6.86 平方米,预测到 2010、2015、2020、2030 年分别达到 7.0、8.0、9.5、14 平方米。

(18)城市建成区绿地率。该指标是反映城镇生态功能的重要指标。城市建成区绿地率=城市建成区绿地面积/城市建成区面积。2007 年湖南县城以上城市建成区绿地率达到 27.29%,预测到 2010、2015、2020、2030 年分别达到 28%、29%、32%、38%。

(19)城市空气质量优良率。该指标主要反映城镇空气污染状况。城市空气质量优良率=城市空气质量达到优良的天数/年总天数。根据全国水平及湖南实际,预测到 2010、2015、2020、2030 年,湖南分别达到 80%、85%、90%、98%。

(20)城市生活污水处理率。该指标是反映城市生态环境处理设施水平的指标。城市生活污水处理率=城市生活污水处理总量/城市生活污水排放总量。2007 年湖南县城以上城市污水处理率达到 36.73%,预测到 2010、2015、2020、2030 年分别达到 68%、80%、85%、95%。

(21)城市生活垃圾无害化处理率。该指标是反映城市生态环境处理设施水平的指标。城市生活垃圾无害化处理率=城市生活垃圾无害化处理的重量/城市生活垃圾产生总重量。2007 年湖南县城以上城市的生活垃圾无害化处理率达到 31.38%,预测到 2010、2015、2020、2030 年分别达到 65%、85%、90%、100%。

（22）城镇失业、医疗、养老保险人员综合增长率。该指标反映城镇社会保障程度的指标。城镇失业、医疗、养老保险人员综合增长率＝各类保险新增人口/各类保险上期末总人口。预测湖南到 2010、2015、2020、2030 年分别达到 8%、10%、12%、16%。

（四）战略任务

1. 优化城镇体系结构

坚持突出重点、梯次推进方针，优化城镇规模结构、职能结构、空间布局和区域基础设施网络，促进大中小城市和小城镇协调发展。

（1）优化城镇空间布局。加快湖南城镇体系建设与发展，进一步优化城镇体系空间结构，重点发展城市群与区域中心城市，协调城镇空间布局、区域资源配置、基础设施共建和生态环境保护，以快速交通网络为依托，形成结构优化、等级分明、功能互补、布局合理、和谐有序的现代城镇体系和"一核四轴五区"的空间结构。"一核"指长株潭都市区，"四轴"分别是：岳阳—郴州、株洲—怀化、怀化—张家界、常德—永州城镇与经济发展聚合轴。"五区"主要是湘东、湘北、湘南、湘中、湘西城镇发展区。

（2）加快长株潭都市区发展。以长沙、株洲、湘潭城区为基础构建长株潭都市核心区，长株潭三市继续加强基础设施一体化、市场一体化、产业一体化、信息一体化、科教一体化、城乡一体化建设，树立"同城"理念，从具有省域（际）影响力的中心城市向具有全国性、乃至国际性影响力的大都市发展，增强其龙头带动作用，以更好地带动发展长株潭"3+5"城市群。

（3）着力发展壮大区域中心城市及地区中心城市。在严格控制湖南建设用地总量和节约利用土地的前提下，充分发挥区域统筹作用，按照做大、做强、做优、做美的要求，合理拓展中心城市发展空间，适度扩大主城区规模，推进大城市实施组团式发展，进一步增强辐射带动能力。将岳阳、衡阳、常德、邵阳、怀化市作为省域次中心城市发展，从市域（际）影响力的城市向具有省域（际）影响力的城市发展。将郴州、永州、娄底、益阳、张家界、吉首市作为地区中心城市集聚发展，从市域（际）影响力向具有跨区域性影响力的城市发展。

（4）加快发展中心镇。选择发展条件较好的小城镇作为中心镇发展，带动乡村城镇化建设。中心镇要立足区位和资源优势，以市场为导向，以产业为依托，大力发展特色经济，提高经济实力。要全力抓好国家重点镇、省示范镇和省重点镇建设，采取优惠政策，促进优先发展。进一步加大对中心镇基础设施和公共服务设施的投资力度，推进小城镇扩容提质建设。

2. 夯实城镇产业基础

以优化升级产业结构为突破口,以主导产业为重点,加快大基地、大园区、大项目建设,努力培育产业集群,通过产业聚集带动农村人口向城镇转移,形成工业化与城市化良性互动的发展机制。

(1)加快推进农业产业化。积极推进农业和农村经济结构调整,促进粮食增产、农业增效、农民增收。一要大力推进农业产业化,构建粮油棉麻、肉奶水产、果蔬茶、竹木林纸和烟草等产业链。二要引导乡镇企业向小城镇集中,积极发展农产品加工等劳动密集型企业。三要积极发展园区经济,推进农民进社区、企业进园区,促进产业和人口集聚,以园区建设带动农业产业化、农村工业化、农村城市化,推动社会主义新农村建设进程。

(2)加快新型工业化步伐。加速推进经济结构调整步伐,加快推进增长方式转变、经济体制转轨、社会结构转型。培育产业集群,完善产业链条,壮大核心企业,走信息化带动新型工业化道路。大力发展循环经济,开发新经济产业。加快高新技术产业发展和利用高新技术改造传统产业,实现传统产业升级换代,推进企业重组,提高产业集中度和规模效益。形成以高新技术产业为先导,基础产业和制造业为支撑的产业格局,使城市化发展具有强大的产业支撑。大中城市发挥资金、技术密集优势,重点发展高科技、高附加值、污染少、耗能低、节水型工业。小城市和小城镇抓好与大中城市的产业配套,大力发展农副产品加工业和其他特色产业,引导中小企业向城镇工业园区集中。产业单一的资源工矿型城市,要积极发展接续产业,逐步形成具有各自特色的多样化产业结构。

(3)加快培育产业基地。积极引导和推动产业向园区集中,园区向城镇集中,人口向城镇有序转移。以规范和加快各类开发区建设为基础,加快重大产业基地和工业园区规划建设,合理引导老工业区的功能置换,支持和培育生物医药、新材料、电子信息、装备制造、现代物流等主导产业做大做强,推动各类产业要素的空间聚集和结构升级。以城镇为依托,初步建立起以十大主导产业为核心的战略支撑产业体系,在湖南重点培育若干产业集群,形成若干核心产业基地。

(4)大力发展服务产业。在扩充、提升传统第三产业的基础上,大力发展为现代生产生活服务的高层次的第三产业,构建以长株潭为中心的科教、文化、物流、信息服务中心。以线路精品化、经营市场化、服务规范化为目标,加快旅游产业的发展,实现旅游资源大省向旅游产业大省的跨越;充分发挥湖湘特色文化产业的带动作用,大幅度提升文化产业发展水平。积极发展金融、咨询、卫生、体育事业,逐步建立健全现代服务体系。

3. 增强城镇集聚能力

按照统筹规划、适度超前、提高水平的要求,构建布局合理、功能齐全的基础设施体系,拓展城市功能,增强各级城镇服务生产和生活、支撑工业和服务业发展以及促进人的全面发展的能力。

（1）加快基础设施建设

坚持交通建设优先,加强过境交通和连接高速公路、铁路、港口、机场等大交通网络的快速通道建设,重视城镇对外交通和内部道路的协调衔接,尽快形成湖南对内大循环,对外大开放的立体交通网络。加快公路干线高速化、网络化建设,长株潭都市区规划建设轨道交通,构建湖南一日生活交通圈,逐步形成现代化城镇交通网络体系。长株潭建设为全国性综合交通枢纽;衡阳、邵阳、怀化建设为区域性综合交通枢纽;岳阳建设为区域性航运枢纽;常德、益阳建设为地区性水陆交通枢纽;娄底、石门建设为地区性铁路交通枢纽;永州建设为地区性铁路、公路交通枢纽;吉首建设为地区性公路交通枢纽。

加强城市防洪、防火、防疫等公共安全设施建设,强化完善公共安全体系和城镇综合防灾系统,提高城市抗灾防灾能力。县级市和县城重点加大供水、污水及垃圾处理工程建设力度。进一步完善城市供水、排水、电力、燃气、信息网络和垃圾处理等公用事业服务体系,推进大型设施区域共建共享。加强城市绿化建设,建设生态绿色廊道,增加绿色开敞空间,构筑绿色生态屏障,改善城市生态环境。保护城市集中饮用水源,加强城市节水和再生水利用设施建设,推进城市水产业发展。坚持以人为本,搞好百姓的身边工程,切实解决行路难、入学难、入厕难等实际问题,让广大人民群众在城市化进程中得到实惠。

（2）加快城镇住宅建设

保持适当住宅建设规模,切实保障住宅供应。进一步规范经济适用住房和集资合作建房管理,适度提高经济适用住房和其他普通商品住宅建设比例,满足中低收入家庭的住房需求。以财政筹集为主,多渠道筹措资金,建立城镇最低收入家庭住房保障制度。在大中小城市和小城镇,采取各具特色的住宅建设组织形式,建设功能配套、环境优美的居住环境。搞好旧城区、城中村改造,扩大物业管理覆盖范围和规范物业管理行为。积极采用新技术、新工艺、新材料、新产品,大力发展节能、节水、节地、节材型住宅和公共建筑,加快既有建筑节能改造,努力建设资源节约型城镇。

（3）完善公共服务设施

按照先进文化建设的要求,在城镇率先形成比较完善的科技和文化创新体系、国民教育体系、全民健身和医疗卫生体系,促进人的全面发展。大中城市建设一批标志性文化体育设施。具备条件的设区市都要建成水平较高、功能齐全的博物馆、图书馆、群艺馆、文化馆、青少年活动中心和综合性艺术中心,其他县(市、区)也要结合当地条件建设有地域特色的文化设施,形成网络健全、运营高效、服务优质的公共文化服务体系。调整优化医疗资源配置和服务结构,大力发展社区卫生服务,加快医疗保障和公共卫生服务体系和设施建设。合理安排中小学和社区服务设施,确保适龄儿童就近入学,完成九年义务教育,及早普及高中阶段教育。

4. 改善城镇发展质量

以增强发展活力、优化运行秩序、提升文化品位、改善生活环境为重点,深化城镇管理体制改革,塑造城市形象,增强城市凝聚力和吸引力。

(1)增强城市活力

健全土地储备制度,依法收回闲置土地,增强调控土地市场和经济发展的能力。加快城市建设投融资体制改革步伐,逐步建立政府引导、市场运作的多元化、多渠道投融资体制,实现基础设施建设的良性循环和滚动发展。广泛采用 BOT、TOT 等多种方式,吸引民营资本和外资投入城市基础设施建设,盘活存量资产,优化增量资产。充分利用国债资金和政策性银行贷款,争取条件成熟的项目发行债券、条件成熟的企业发行股票。继续加大政府对城市基础设施建设的投入,并把投资重点转移到不宜市场化的公共服务领域。

深化市政公用事业改革。按照产业化发展、市场化运作、企业化经营、法制化管理的要求,转变政府直接经营市政公用事业模式,扩大资本市场、经营市场和作业市场的开放领域。加快市政公用事业价格改革,全面建立适应市场化要求的市政公用产品和服务的价格形成机制和政府补贴机制。加快市政公用企业公司制改革,积极吸引外资和民间资本参与改组改造市政公用企业,实现市政公用行业的产权多元化。在城市供水、供气、供热、公交、污水和垃圾处理等自然垄断性行业,大力推行特许经营。强化政府对市政公用事业运营的有效监督,保障城市运行安全。

(2)优化城市秩序

改革城市管理体制,推行相对集中行政处罚权,强化部门协调,规范执法行为,形成城市管理合力,优化城市秩序。深入开展城市容貌环境综合整治活动,规范广告、牌匾设置和灯光照明,完善市容环境卫生体系,着力解决城市容貌和环境脏乱差问题。强化交通组织和管制措施,缓解大城市交通拥堵状况,切实改善交通秩序。加强治安管理,创造安全、稳定、和谐的社会秩序。大力推进物业管理,营造舒适的生产和生活环境。

(3)提升城市品位

以城市总体规划为依据,不断优化城市功能分区。以控制性详细规划为核心,综合运用城市规划、建筑设计、园林设计和人文科学知识,塑造具有浓郁城市特色的空间景观框架体系,展现城市精神。充分挖掘和利用山河湖等景观资源,山区城市要正确处理山体、植被和建筑群关系,形成错落有致、"山""城"一体的城市景观;滨河、滨湖城市要突出做活"水"这篇大文章,打造近水、亲水、宜人的开放空间。各个城市都要搞好重点地区和标志性建筑群的整体设计,树立精品意识,彰显城市个性和文化魅力。保护和弘扬优秀传统文化,加强历史文化和风景名胜资源保护,开展省级历史文化名镇、名村和历史文化街区命名工作,妥善处理好城市建设与历史文化遗产保护的关系,挖掘城市文化内涵,延续城市文化脉络,创建文化名市、名镇。加强风景名胜区保护,防止人工化、商业化。

(4)改善城市环境

建设环境友好型城镇。严格实施环境影响评价制度,实行区域和城市工业污染物排放总量控制,全面改善环境质量。强化环境监管,治理大气污染,严格控制污水、固体废弃物排放和噪声污染。加快发展和完善以集中供热为主的城镇供热采暖系统,结合"西气东输",大力推广天然气,优化能源结构,降低大气污染。完善城镇排水体系,加快污水、垃圾处理设施建设,实现中水再生利用和生活垃圾无害化、减量化、资源化。有计划、有步骤地关停和搬迁布局不合理的污染企业,发展循环经济,鼓励清洁生产和使用清洁能源。

(五) 保障措施

1. 加强组织领导与协调监督,确保新型城市化有序推进

建立健全管理体系。省成立推进新型城市化的组织领导机构,进一步突出新形势下新型城市化的战略地位,加强对湖南新型城市化工作的领导决策、指导、协调与监督,促进各地各部门落实推进新型城市化的各项政策和工作部署。各级政府要依法健全城乡规划管理机构,把城乡规划编制和管理经费纳入公共财政预算,切实予以保证。建立一套新型城市化的考核指标体系,把新型城市化的具体考核纳入到政府的综合考核中去。

2. 加强和改进城乡规划,强化规划的综合调控作用

增强区域观念,重视发挥城镇体系规划和区域规划的宏观调控作用,协调控制好发展的战略性、区域性、综合性问题,妥善处理区域发展和城镇建设的关系,统筹城乡发展,实现设施共建、资源共享、环境共保;以《湖南省城镇体系规划》的实施来统领湖南城镇化和城镇建设全局,实施好《长株潭城市群区域规划》、《湘西地区城镇体系规划》,加快编制《长株潭都市区管制规划》和相关的综合交通、绿地、电力、电信、供水、排水、污水处理、垃圾处理等专项规划,加快编制环洞庭湖、湘中、湘

南等城镇密集地区的城镇体系规划。

积极探索建立跨行政区域的规划建设协调机构,充分发挥省城乡规划委员会指导、协调、监督湖南城乡规划管理工作的职能,建立有效运作机制,协调湖南经济发展和生产力布局、城镇与区域建设、重大基础设施共享、区域环境保护、资源开发利用、区域空间用途管制等重大事项。

完善城乡规划编制体系,继续做好市县域城镇体系规划、城乡一体化规划、城镇总体规划、详细规划及专项规划的编制工作。切实加强城镇道路交通、园林绿化、市容环卫等专项规划编制,更好地指导城镇建设和管理。加快村镇规划编制步伐,指导社会主义新农村建设。

建立权责一致、勤政高效的城乡规划管理体系。在纵向上,明确各级规划行政主管部门的管理权限,逐步理顺省、市、县、镇(乡)在规划管理上的分工和职责;建立规划监督员制度,加大对各地规划工作的指导、监督,强化规划管理的行政监督;健全村镇规划管理职能,将规划管理由城市向村镇全面延伸。在横向上,要建立健全城镇规划建设管理联席会议制度;建立各级城乡规划委员会,建立决策与执行机构相协调的机制;将各类开发区纳入城市统一规划管理。建立由"政府组织、专家领衔、部门合作、公众参与、科学决策"的规划编制工作体系。积极推进城乡规划事业的信息化,为湖南城乡规划的现代化、民主化管理提供全方位的技术支撑。

3. 抓产业支撑,增强推进新型城市化的动力

加快推进新型城市化需要强劲的产业支撑,强劲的产业支撑来源于新型工业化与第三产业的快速发展。省委、省政府已明确提出、有力实施了新型工业化发展战略,并已出台加快服务业发展的鼓励政策。湖南省应继续坚持"一化三基"政策不动摇,通过新型工业化带动新型城市化。具体而言,要抓住国家实施工业振兴计划的机遇,加快基础产业发展。加大技术改造力度,促进信息化与工业化深度融合,推进新兴产业规模化、优势产业高端化和特色产业集群化。坚持发展科技含量高、经济效益好、资源消耗低、环境污染少、人力资源优势得到充分发挥的工业化道路。

除了要落实有关政策措施,还要抓住三个重点:

一是在城市产业布局上,要加快工业园区建设。工业园区作为城市建设和产业集聚互动的连接点,是承载城市工业布局调整,推动产业结构升级、实现产业集聚的重要载体。要有规划有步骤地实施城区企业向工业园区搬迁改造,形成城区以第三产业为主,开发区和工业园区以第二产业为主,城市外围以为城区服务的城郊农业为主的合理布局。

二是在产业选择上,既要大力发展"两型产业",又要加快发展现代制造业,适度发展劳动密集型产业;既重视信息咨询、物流配送等新兴服务业发展,又注重零售、餐饮等传统服务业的发展,扩大就业机会,使湖南的人力资源优势得到充分发挥。

三是在发展方式上,要以推进信息化为依托,用信息技术改造传统产业,并把握信息化发展趋势,推进信息化城市建设。

4. 加强城市基础管理,提高政府执政能力

一是要依法管理。各级政府要认真贯彻落实国家和省的各项法律规章,制定符合当地实际的规章制度,加强城管执法队伍建设,确保严格执法、秉公执法、文明执法。

二是要高效管理。建立统一协调、组织得力的城市管理领导班子,分清职能,明确责任,齐抓共管,推行综合、高效管理。

三是要加强应急管理。健全城市供水、污水处理、燃气、废物处理等各行业的应急预警管理机制,具有快速处理好各种突发性公共事件的能力。

四是要长效管理。建立规划执法监督制度,推行规划执法责任制和考核制,确保管理的长效性和科学性;树立永久经营城市的理念,把城市管理作为城市的无形资产经营好,切实提高管理水平,增加城市无形资产的价值。

5. 加强体制机制创新,完善政策制度环境

要加快湖南新型城市化的进程,就必须坚持改革推进,走制度创新的新型城市化道路,必须在体制机制创新上下大功夫,选准重点领域,实现率先突破。

一是改革城乡分割的二元体制。首先要改革二元户籍制度。要在进一步完善户口迁移条件准入制和户口登记制度的同时,着力健全各项配套政策,逐步剥离城乡二元体制附加给户籍制度的各种职能。要创造公平的就业环境,取消对农民工就业的歧视性政策,建立城乡统一的就业市场体系。改善进城务工农民的居住环境。建立适合进城务工农民工的社会保障体系,尽快实现农民工工伤保险全覆盖,逐步建立健全农民工医疗、失业、生育等保险制度。切实保护进城务工农民工的合法权益,妥善解决农民工子女受教育问题。有条件地实行倾斜性、鼓励性的人口迁移政策,支持有强烈离农愿望的第二代农民工和愿意退出农村耕地的农民优先转变为城镇居民,加快其市民化进程。鼓励农村劳动者,尤其是外出务工农民返乡进城创业。

二是完善土地流转机制。要坚持长期稳定并不断完善以家庭承包经营为基础、统分结合的双层经营体制,依法保障农民对土地承包的各项权利。要加大现行土地制度改革和创新力度,建立市场化的农村土地流转制度,培育农村土地使用权流转市场,使转让土地的农民获得到城市生存发展的资本,让得到土地的人获得更

大的发展空间,扩大规模效益。

三是积极破解城市建设用地制约。统筹城乡发展,优化村庄空间布局,逐步建成适度集中、具有地域特色、基础设施基本完善的农村新社区。建立城镇建设用地增加与农村建设用地减少相挂钩、城镇建设用地增加规模与吸纳农村人口进入城市定居规模相挂钩、新增城市建设用地指标与当地土地开发和整理数量相挂钩的机制。坚持占补平衡原则,集约利用土地,在保证耕地数量和质量的前提下,对用地指标进行跨区域统筹和调整。

四是创新投融资机制。进一步放开资本、经营等市场,尽快形成政府引导、市场运作的经营机制。对经营性、准经营性项目,广泛采用 BOT 等多种方式建设。积极争取国家政策性银行、商业性银行和国际金融组织、外国政府贷款,采取发行市政债券、增资扩股、上市融资等形式筹集建设资金,吸引社会资本全面参与城市基础设施领域。完善特许经营制度和市政公用事业服务标准,强化政府监管。建立健全有利于资源节约、环境保护和推进市政公用事业市场化的价格机制。完善城市建设投资公司法人治理结构。加快市政公用企事业单位改革改制步伐。

五是建立反映科学发展观和新型城市化内涵的城市化质量评价体系。除了把经济建设指标纳入评价体系外,还要把促进城镇就业、统筹城乡发展、节约资源能源和保护环境等列入考核内容,以全面准确客观地反映城镇发展速度和质量,为科学决策和评价城市化发展水平提供依据。

6. 调整行政区划,推进省(区)际间区域协调发展

根据城市化进程和区域经济发展的需要,科学编制和落实行政区划规划,创造条件,力争实现设区城市数量适当增加。促进大城市周边地区撤县设区,解决市县同城、区县同城问题。依照国家设市标准和湖南实际,积极培育小城市。加快乡镇区划调整,扩大重点镇镇域面积,合理增加重点镇发展腹地。设市城市、县人民政府驻地镇和城市建成区范围内的建制镇,要有计划、有组织地撤镇设立街道办事处。

加强与周边省(区)的协作,统筹铁路、公路、电力、输气(油)管道等区域基础设施建设,合理配置和开发利用大江大河水资源,共同保护好区域生态环境。加强省区间城镇的联系与合作,特别是相邻地区城镇的协作,实现共同发展、共同繁荣。

(梁成军 执笔)

主要参考文献:
①城市化与非农从业人员偏离系数计算公式为:$Ue = \triangle Pu / \triangle Pa - 1$,Ue 为城市化与非农从业

人员偏离系数,△Pu 为报告期内城镇人口比重变动额,△Pa 为报告期内非农从业人员比重变动额。若 Ue 小于 0 时,说明城市化进程滞后于劳动力非农化进程;等于 0 时,表明二者同步;大于 0 时,意味着城市化超前于劳动力非农化过程。

②我国城市按城市市辖区总人口可分为:超特大城市人口在 400 万以上;超大城市人口在 200 万—400 万;特大城市人口在 100 万—200 万;大城市人口在 50 万—100 万;中等城市人口在 20 万—50 万;小城市人口在 20 万以下。

[1]贺仁雨、贝兴亚、郭辉东:《加快湖南工业化进程研究》,湖南大学出版社 2002 年版

[2]朱翔、周国华、贺清云等:《推进湖南城市化进程研究》,湖南大学出版社 2002 年版

[3]湖南省科学技术协会:《科技创新与湖南"三化"——2003 年湖南科技论坛》,湖南科学技术出版社 2003 年版

[4]张一民:《论中国的新型工业化与城市化》,东北财经大学出版社 2004 年版

[5]H. 钱纳里等:《工业化和经济增长的比较研究》,上海三联书店 1989 年版

[6]湖南省人民政府办公厅:《湖南省"十一五"城镇化发展规划》,湘政办发[2007]51 号

[7]邓艳:《湖南省新型城市化发展的初步分析》[J/OL],ww. hntj. gov. cn/2008—08—23

[8]湖南省统计局人口社科处:《湖南五十五年城市化进程》[J/OL],www. hntj. gov. cn/2006—9—25

[9]《资源环境对湖南城市化进程的约束效应及对策》[J/OL],info. water. hc360. com/2009—07—06

[10]邓海波:《2007 年湖南省建制镇发展简况》[J/OL],. www. hntj. gov. cn,统计信息 042 期

[11]李跃辉:《对加快推进湖南新型城市化的几点思考》[J/OL],www. hntj. gov. cn/2008—08—25

[12]张春贤:《加快推进湖南特色的新型城市化》[J/OL],www. rednet. cn/2008—08—27

[13]郴州市建设局:《. 郴州市新型城市化目标指标体系》(征求意见稿)[EB/OL],www. czs. gov. cn. /2008—09—28

[14]常德市建设局:《常德市新型城市化目标指标体系一览表》[EB/OL],www. cdppa. gov. cn/2008—10—28

[15]《湖南省及其各地市相关年份国民经济和社会发展统计公报》[EB/OL],www. hntj. gov. cn

[16]李传平:《中国与英、美两国工业化模式之比较》,载于《科学与管理》2007 年第 2 期

[17]姜斌、李雪铭:《世界城市化模式及其对中国的启示》,载于《世界地理研究》2007 年 16(1)

[18]姚世谋、陈振光:《中国城市健康发展策略的综合分析》,载于《城市规划》2006 年 30(s)

[19]仇保兴:《国外城市化的主要教训》,载于《城市规划》2004 年第 4 期

[20]仇保兴:《中国特色的城镇化模式之辨》,载于《城市发展研究》2009,16(1)

［21］陈鸿彬：《提高城市化质量的思路与对策》,载于《经济经纬》2001 年第 6 期

［22］龙奋杰、郭明：《土地供给对中国城市增长的影响研究》,载于《城市发展研究》2009,16
　　（16）

［23］杨学红：《城市基础设施建设如何适应现代化城市的发展要求》,载于《城市》2006 年第
　　5 期

［24］陈永国：《促进新型工业化与新型城市化互动发展》,载于《经济与管理》2006 年第 5 期

湖南新型工业化的金融创新

一、金融与新型工业化的关联性分析

金融是现代经济的核心,是推动区域经济增长的重要力量。作为湖南经济的重要组成部分,金融业在推进新型工业化与富民强省进程中发挥着日益显著的作用。

(一) 金融的职能及对发展新型工业化的作用

在经济发展的不同阶段,金融业的结构随之变化,发挥的功能也不尽相同。从现实角度来看,金融业的发展态势、产业结构与国家的政治、经济、文化、历史背景以及政策导向、技术水平等因素存在着很大的关联,并通过"金融活动影响储蓄和投资,从而影响社会资本构成和生产要素的区域分配"的传导机制实现对经济的推动作用。在市场经济条件下,以金融创新为核心的资本市场通过金融工具实现对各种社会资源的优化配置,作为以科技创新为主要特征的新型工业化更离不开金融创新的支持。

各国学者对金融职能的研究颇多,如美国学者博迪(Bodie)和莫顿(Merton)将金融系统的核心功能划分为六类:1. 在不同的时间、地区和行业之间提供经济资源转移的途径;2. 提供管理风险的方法;3. 提供清算和结算支持的途径以完成交易;4. 为储备资源和在不同的企业中分割所有权提供有关机制;5. 提供价值信息,帮助协调不同经济部门的决策;6. 当交易中一方拥有另一方缺乏的信息,或一方为另一方的代理人时,提供解决激励约束问题的方法。英国学者 Levine(1993)则将金融业的基本职能划分为五个方面:1. 便利风险的交易、规避、分散和聚集;2. 配置资源;3. 监督经理人,促进公司治理;4. 促进储蓄;5. 便利商品与劳务的交换。实际上,每一种功能都可通过促进资本积累或技术创新推进金融业的发展,从而影响经济增长。

国内外许多学者的实证研究都曾得出金融发展对工业化进程具有显著促进作用的结论。Bagehot(1873)认为,金融是促进英国工业革命完成的关键因素之一。John Hicks(1969)认为,是金融革命促进了技术革命。

发达国家工业化发展历程表明,金融业在工业化进程中发挥着至关重要的作用。在英国,金融促进了资本的积累与集中,为英国工业革命的快速发展奠定了基础。在美国,金融业的迅速发展为其工业化吸引、积累和提供了大量资金,特别是证券市场的发展,有力地推动了美国的工业化进程。在德国,银行通过向企业贷款并支持企业的规模扩张,极大地提高了工业生产率,促进了产业结构的合理化和大工业的兴起。我国沿海地区的工业发展经验也表明了金融对推动高新技术产业化、产业集团和新型工业化发展具有显著作用。杨慧芳研究发现,1978年以来较长时间内,中国金融业对GDP的贡献率(金融业增加值与GDP增量之比)保持平稳态势,一直处于3%左右,与其在GDP中所占的份额相当(3%—4%),而近几年来,金融业对经济增长贡献率开始逐年提升,对经济发展的推动作用日益增强,2005年、2006年分别达4.9%和5.7%。2008年底爆发的世界金融危机引发的全球经济衰退,足以证明金融业对经济发展的巨大影响。对新型工业而言,金融业可通过五类机制发挥显著的推进作用。

1. 资本形成机制:筹集融通资金,为新型工业化提供资金保障

相对于传统工业,新型工业化具有资金密集和技术密集的双重特征,特别在新型工业化发展初期或变革期,如果没有足够的资金投入,企业的技术研发、市场开拓以及规模化运营都将难以为继,更谈不上信息化和现代化。而且,在国民生产总值中占较大比重的传统工业由于长期以来存在运营机制不灵活、资本积累能力有限等缺陷,故而难以筹集足额资金进行技术创新或流程再造。而高新技术产业通常是高投入、高风险、高收益的行业,特别在研究开发和产业化阶段存在巨额的资金需求。金融机构凭借其规模经营和专业管理,能汇集大量的社会闲散资金,有效提高边际储蓄总量,形成产业资本的坚实保障。其次,通过金融创新提供流动性强、安全性高、收益稳定的金融工具,能改善社会资本结构、提高居民储蓄倾向;另外,金融部门专业的风险管理能降低流动性资产的社会持有量,增加生产性投资比例,有效减少信息成本、降低交易费用,优化资源配置。因此,金融创新能促进金融产业的持续发展和金融市场的充分发育,并有助于提高金融部门的运作效率,进而为区域经济的发展提供强有力的资金保障。

2. 资金导向机制:引导资金流向,使资金向边际效率更高的项目汇聚

新型工业化涉及复杂的社会经济活动与频繁的资源交易,不仅需要充足的资金投入,更需要高效的资金导向和多样化的现代金融服务。金融创新的目标之一,就是使资金流向预期收益高、发展前景好、增长潜力大的区域、行业和企业,不断提高资本生产率,促进资金在社会体系内实现合理再分配。金融机构通过采取市场化、证券化和私募化等方式,不断创新各种便利的金融工具,不仅能实现金融资源配置的多元化、高效化,还能拓宽金融服务的领域,扩大金融机构的资金来源。如利用结算、汇兑、信用证、保理、证券保险、信托、租赁、理财、咨询、资本运作和金融衍生品交易等多样化的现代金融手段为企业的业务交易、资本运营、资产重组与并购等行为提供支持。高新技术产业具有投资大、收益高、效益好的特点,其本身就是资本边际效率不断提高的过程,金融创新的这种导向机制,能促使资金迅速配置到边际效率更高的项目,形成推进新型工业化的有生力量。

3. 金融合作机制:加强国际经济联系和交流,促进新型工业化的经济全球化

随着资本市场和金融体系对外开放度的提高,境内外金融机构的业务渗透和金融资本的全球化流动将逐渐普遍。一方面,必然形成更多的外资金融机构支持新型工业化的投资行为;另一方面,有利于推进创新型企业走向世界,实现企业与世界资本市场的有效对接,进一步拓宽高新技术企业的融资渠道。因此,金融的开放与合作能加强国际经济的联系与交流,有利于形成具备全球化市场的新型工业化。

4. 金融调控机制:调控社会需求,推进产业结构调整和高新技术产业发展

实证研究表明,产业结构的调整优化对推进新型工业化进程具有显著作用。金融体系的存在和发展,在满足社会基本金融需求的同时,通过资源内部流动和风险分散管理、国家金融政策倾斜和资金集中支持,能影响区域内优势工业、优势企业、重大工程在资本市场的融资能力,促进技术进步和产业结构的优化升级,从而推进新型工业又好又快发展。此外,证券市场对产业结构调整还具有显著的引导功能,通过在新股发行、增资扩股等方面对科技创新型企业、高新技术企业的倾斜,使这些企业能在资本市场上获取更多资金进行技术改造和科技创新,从而促进产业结构的优化升级。

5. 区域融合机制:引导金融资源流动,推进区域经济的一体化

随着信息技术的突飞猛进和经济一体化进程的加快,鼓励资源自由流动的金融开放已成为现代金融的一个重要特征。开放的金融业有助于将国内外商品、劳务和资本连接成一个有机的整体,为招商引资、商品进出口、国际收支、跨国经营、资本流动、信息交流和人员往来等创造极大的便利。另外,金融开放还有利于扩大资源配置的空间和范围,通过金融工具的多样化和金融资源的合理配置,有效促进资本的跨区域转移和集中,推进企业集团化、产业区域化以及

区域协作化的发展，从而影响产业规模和组织形式，促进不同区域之间的资源共享和优势互补，使新型工业化能够获取更多由国际分工与合作带来的便利与机遇。

（二）金融创新促进新型工业化的内在机理分析

纵观世界各国经济史，金融发展的过程就是一个金融不断创新的过程。实践亦证明，新型工业尤其是以高新技术产业为主的新兴产业，通常是一个国家经济振兴的强大动力。而金融支持对新型工业发展也同样至关重要，没有资本的大量积累和金融体系的全面支持，技术创新和由此引发的产业变革和优化升级都将难以实现。因此，在不同的工业发展阶段，必然需要相应的金融业与之相配套。表1对不同工业化发展阶段的金融需求特征作了简要的对比分析。就湖南而言，目前正处于经济发展新的转折时期。省委、省政府明确提出要全面贯彻落实科学发展观，坚持以信息化带动工业化，以工业化促进信息化，突出重点区域，强化人才支撑，转变发展方式，壮大重点产业，培育产业集群，发展高新技术产业，通过新型工业化的强力推进，不断增强湖南综合经济实力和整体竞争力，走出一条具有湖南特色的新型工业化道路。这是湖南省委、省政府在审时度势、科学谋划后制定的紧扣省情的战略举措，是实现湖南经济腾飞与富民强省的必然选择。在经济全球化与区域一体化的大背景下，积极借鉴国外金融业支持高科技产业发展的成功经验，平稳、高效地推进金融创新，对湖南产业结构的调整升级、富民强省与一化三基战略的有效实施具有重大的战略意义。

从经济学视角来看，新型工业化的实质就是以科技进步和资本供给为动力，按照"生产与生态平衡，发展与环境和谐"的原则进行资源的优化配置，并实现经济社会的可持续发展。大量事实表明：国家（或地区）的金融制度越完善，金融创新度越强，金融对经济增长的促进作用就越强，其工业化水平也就越高。本文认为，金融体系可以通过资本形成、资本导向、金融合作、金融调控、区域融合五个方面功能的有效发挥，从"资本支持"和"技术进步"两大路径对新型工业化提供不可替代的支持。

1. 金融创新对资本支持的推动作用

资本是经济增长的一个非常关键的决定性要素。金融体系可通过资本形成、资本导向等机制，为推进新型工业化提供有力的资本支撑。在间接金融体系中，银行等金融机构凭借其良好信誉和政府支持，通过有效的金融工具和制度安排将社会大量闲散资金集中起来，利用组合化投资和一系列风险管理工具，将资金配置到高效率的生产部门，避免了单个储蓄者在投资项目筛选时面临的重复成本耗费、信息不对称、风险管理欠缺、资金规模小等缺陷,大大降低了资金成本和不确定性,吸引更多的社会资源用于扩大再生产,最大限度地促进了经济增长。同时,银行等金融机构通过对企业行使有效的监管,能有效防范企业的道德风险,降低普通投资者的监督成本和投资风险。另外,银行金融机构通过记账、票据清算、电子资金划拨等所提供的具有高度流动性和广泛接受性的金融服务,能实现社会财富跨区域、跨行业和跨时限流转,简化交易流程,使纷繁复杂的商业交易和经济体系得以高效运转。

同样,直接金融体系的发展也有效地促进了资本供给,推动了经济增长。资本市场通过严格的市场监管和透明的信息披露机制,降低了信息不对称程度,提高了市场价格反映资本价值的公允性,从而使得更多的资源能够用于生产投资;此外,二级市场提供的强流动性和交易便利机制,有效地解决了投资者流动性偏好与项目长期投资风险的冲突以及资本的分散性与项目资金需求的集中性之间的矛盾,提高了资金储蓄率和资本形成比率,使高收益、高风险的项目能获得充足的资金支持。直接金融体系还能通过二级市场的价格机制,对项目实行有效监控和资源的优化配置,形成对新型工业化的持续推进作用。

2. 金融创新对技术进步的推动作用

技术进步是新型工业化的关键成功因素,它包括技术创新和技术应用两个阶段,而这都离不开金融的支持和推动。熊彼特(Schumpeter 1912)指出,金融中介所提供的服务对技术创新和经济增长有着重要作用。由于技术创新通常资金投入大、成功概率低,影响了一般投资者从事技术创新投资的积极性。金融系统通过事前评估、事中控制和事后监督并引入有效的合约安排,如风险投资实行有限合伙制、引入对赌协议等,有效降低了资源配置的逆向选择和创新企业的道德风险,提高了技术创新成功的概率。同时,金融系统通过将所聚集的资金分散投资于大量技术创新企业,显著地降低了资金投放的非系统性风险。由此可见,金融系统可以通过提供信息收集和风险分散等服务,引导经济资源流向技术研发领域,促进自主创新和经济增长。而技术应用是技术进步的延续,是技术创新的出发点和归宿。新技术应用的一个重要前提是流动性资本市场的存在(Hicks,1969)。虽然新技术应用阶段的市场回报巨大,且风险小于技术创新,但由于市场前景的不确定性以及投资周期长、流动性低等特点,投资者一般不愿意放弃对资本储蓄权的控制而进行新技术应用的投资。金融系统可通过发挥五项机制的功能,提高技术创新及应用领域投资的流动性并分散风险,从而促进技术进步和新型工业化的发展。

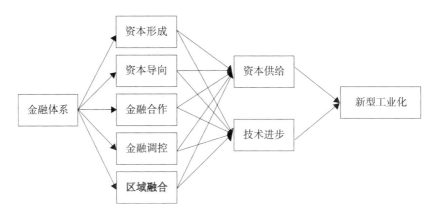

图1　金融发展影响新型工业化的路径分析

表1　不同工业化阶段的金融发展态势比较

	工业化初期	传统工业化阶段	新型工业化阶段
金融工具	内源性金融工具为主	混合型金融工具	外源性金融工具为主
支持方式	借贷等间接融资	直接、间接融资相结合	以直接融资为主的多元化、个性化的金融支持
金融主体	银行等存贷机构	银行、信托、证券、保险	银行、信托、证券、基金、股权投资
金融市场	借贷市场、债券市场	借贷市场、股票市场、债券市场、产权交易市场、票据市场	借贷市场、期货市场、股票市场、票据市场、产权交易市场
主要特征	一对一式、稳定性、与实体经济紧密结合	信息化、电子化、渠道多元化	网络化、虚拟化、信息化、国际化、个性化

二、湖南金融发展历程及趋势分析

(一) 湖南金融发展历程

　　1978 年以前,是我国政府对金融实行严格管制的阶段,湖南的金融体制与高度集中的计划经济体制保持高度一致。80 年代,是湖南金融业创新发展的十年。进入 90 年代,湖南金融业得到了迅速发展,从 1993 年湘中意、湘火炬两只股票开启湖南企业上市之先河,到 2008 年底,湖南共有境内上市公司 54 家,其中境外上市 5 家。银行业从 1994 年的 983 家发展到 2008 年 8809 家,银行总资产增长近 15

倍。保险业保费收入也从 1999 年的 45.34 亿元,发展到了 2008 年 312.49 亿元,增幅近 7 倍。湖南短期融资券、股权质押融资、企业债券、期货、银行票据等金融市场也一直保持高速增长的态势,交易量、资金配置效率不断提升。2008 年,湖南债券融资额同比增长 87.5%,占融资总额的比重环比提高 2.1 个百分点;银行承兑汇票发生额同比增加 59 亿元,贴现发生额同比增加 130 亿元。拟改制上市企业达 120余家,进入重点后备上市企业 66 家;全年实现私募股权融资 27.9 亿元,引导设立了 3 家股权私募投资基金。银行间市场交易也日益频繁,全年银行间债券市场交易额达 2.5 万亿元,同比增长 1.3 倍。此外,金融对新型工业化的直接支持力度也逐步加大,2008 年,湖南新增制造业贷款 255.3 亿元,重点支持了装备制造、钢铁、石化产业的发展。这些数据无不说明,湖南金融业正在呈现快速发展的态势,对新型工业化的推进作用日益显著。表 2 对湖南近十五年来的金融发展的主要指标进行简要分析。

表 2　历年湖南金融业主要指标数值一览　　　　　(单位:亿元)

年份	国内生产总值	全部金融机构存款余额	全部金融机构贷款余额	保险业保费收入	直接融资金额	工业总产值
1994	1694.42	984.53	1174.39			
1995	2195.70	1244.36	1414.20			
1996	2647.16	1595.11	1770.70			
1997	2993.00	1769.91	2123.00			
1998	3118.09	2110.71	2274.41			
1999	3326.75	2539.80	2408.40	45.34	42.6	1205.26
2000	3691.88	2874.75	2810.28	45.15	69.48	1236.10
2001	3983.00	3342.91	2787.92	56.22	13.45	1309.2
2002	4140.94	3923.17	3227.46	85.05	29.71	1440.8
2003	4638.73	4774.80	3900.60	103.9	57.7	1455.27
2004	5612.26	5601.18	4355.08	115.72	83.91	1781.14
2005	6473.61	6589.54	4590.03	127.17	18.10	2199.91
2006	7493.17	7799.5	5233.6	147.82	96.3	2667.8
2007	9145	9155.27	6157.51	201.31	182.58	3360.59
2008	11156.64	10971.70	7115.28	312.49	271.75	4280.16

资料来源:《湖南各年统计年鉴》。

　　从图 2 可以看出,近十五年来,湖南经济社会一直处于稳步发展阶段,银行存

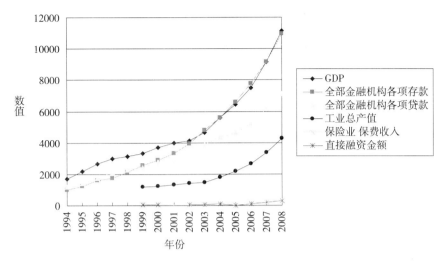

图 2　湖南 1994—2008 年金融业主要指标变化趋势分析

款、贷款余额高速增长,保险业稳步发展,企业直接融资额度也逐年上升,这些都反映出湖南金融市场日益活跃、经济实力稳步攀升。

(二) 湖南金融业发展的主要特点及问题

湖南金融业经过20余年的高速发展,现已成为支持经济社会发展的强大动力,呈现出以下几方面显著特征。

1. 信贷供给总量迅速扩大,与经济增长相关度较高

近几年,湖南省银行存贷款增速加快,结构不断优化,效益明显提高,促进经济发展的能力不断增强。存款余额、贷款余额与 GDP 总量在变化趋势保持基本一致,人均国内生产总值对全国平均水平的比例由 1994 年的 76.3% 提高到 2008 年的 85% 以上,2008 年财政总收入超过 1000 亿大关。关于贷款余额(L)与 GDP 的关系,本文通过采用普通最小二乘法对 L 与 GDP 作线性回归,分析结果如下:1997 年以来湖南省国内生产总值与信贷资金投入的相关系数为 0.9438,工业产值与工业贷款的相关系数是 0.9124,这充分表明,银行信贷支持与湖南经济发展具有高度的相关性,信贷规模直接影响着湖南经济的发展水平与速度。

2. 创业投资等股权资本发展呈现出良好态势

近年来,创投机构、私募股权、产业基金在湖南呈雨后春笋之势,规模不断扩大,投资日益活跃,对新型工业化的影响不断增强。2007 年,湖南创业投资发生额为 7000 万美元,2008 年,因受国际金融危机影响,缩减为 6300 万美元,投资案例

17 个,2009 年又呈现反弹趋势。行业备受关注的是湖南省政府出资 5 亿元成立的湖南高新创业投资有限公司,在成立不到两年的时间里,先后投资了省内 14 个具有新型工业化特征的高新项目,直接投资 2.4 亿元,带动其他创投资本近 6.5 亿元,撬动了社会多元化资本 20 余亿元,成为了湖南多元化资本市场的一支中坚力量。2009 年 7 月,省委、省政府批准设立了总额为 10 亿元的湖南省创业投资引导基金并相继出台了多项鼓励产业投资基金发展的政策措施,标志着湖南创业投资和产业基金开始进入快速发展的新阶段。

3. 债券市场有待进一步发展

在国外,债券市场的交易量一直居各类融资市场榜首。发行企业债券,既可有效分散银行储蓄的系统性风险,又不会因增发股票而摊薄股东权益,因此,容易被企业和股东广泛接受。目前,我国公司债券市场还不够发达,债券融资比例过低,2004 年,全国企业债券规模为 300 亿元,2005 年为 600 亿元,2006 年为 1015 亿元。湖南债券市场也明显存在种类单一,发行规模小,缺乏政策性支持等问题。据有关资料显示,湖南企业债券市场在之前较长一段时间内基本处于停滞状态,2008 年,仅发行 120 亿元,还不到全国企业债券发行总额的 5%,获批拥有债券发行资格的企业也少之又少。

4. 直接融资发展水平较低

湖南企业大规模利用股权融资始于 1992 年,但由于以改制、新设、增扩等私募方式筹集的资金额难以统计,而且在性质上更接近于企业的自有资金。因此,本文仅统计省内企业通过深、沪交易所公开发行股票等方式进行直接融资的情况。截止 2008 年底,湖南共有境内、外上市企业 54 家,上市总资产达 1831 亿元。2008 年,湖南企业证券市场融资 67.59 亿元,其中,企业首发上市融资 12.20 亿元,上市公司再融资 53.66 亿元,从境外证券市场融资 1.73 亿元。这些数据相比于周边省份而言,仍处于较低水平。但通过关联分析不难发现,省内规模以上企业对银行贷款的依存度逐年降低,这说明,湖南规模以上企业的资本积累能力及直接融资能力有所增强。

5. 金融产业结构需进一步调整优化

推进新型工业化进程不仅需要银行金融机构的大力支持,还需要非银行机构提供融资、保险、信托、理财、咨询、资本运作及金融衍生产品等多层次服务。目前,湖南金融产业结构中银行业特别是国有商业银行所占比例过大,而证券业、保险业、信托业、租赁业务、风险投资业等非银行业所占比重偏低。这种产业结构与快速发展的湖南新型工业化进程不相适应,难以满足各类企业的多层次资本需求,有待进一步调整优化。

6. 金融生态环境建设取得新的进展

近年来,湖南社会征信体系建设、支付清算系统建设、国库集中支付试点等工作均处于全国先进水平,为提升金融服务水平奠定了良好的基础。湖南金融监管机构严格按照《湖南省金融生态考核评价体系》对湖南金融生态环境进行监测、评估和不断优化,取得了显著成效。特别是中国人民银行将湖南作为金融服务创新综合试点的唯一省份,按照"统一规划、创新突破"的原则,着力打造公共服务和信息网络两个平台,完善支付结算等七大体系,有效改善了湖南的金融生态环境,为全国金融服务改革探索出许多富有借鉴意义的运作模式与成功经验。目前,湖南在中国人民银行的支持下,基本完成了中小企业信用档案建设,社会信用体系建设正在不断完善之中。为进一步营造开放、稳定的金融生态环境,湖南还应积极把握金融业开放的机遇,在国家宏观金融政策的指导下,尽快清理不利于金融开放和不符合国际惯例的地方性金融法规,进一步激活金融要素,积极为新型工业化构筑起开放、高效的金融服务平台和金融生态环境。

(三) 区域金融发展水平的评价指数

对反映区域金融发展态势的相关指标进行比较分析,一方面,可以客观认识区域金融发展的现实状况,了解区域经济增长过程中金融所起的作用和所处的地位;另一方面,可通过与其他区域的横向对比,认清金融业的优势与不足,以更好地采取措施促进金融业的持续快速发展。目前,衡量和分析区域金融发展水平的指标主要分为三类:

1. 衡量区域经济与金融相关程度的指标

区域经济与金融相关程度主要反映区域金融的深化程度,体现货币政策对区域经济的影响效果。在区域金融深化程度高的地区,货币政策实施的效果较好,货币政策的改变对区域经济的影响也会相对明显。为衡量一个区域内经济与金融的相关程度,戈德史密斯(Goldsimth,1969)提出"金融相关度"指标,即金融资产与国内生产总值(GDP)之比。由于金融资产的范围较广,通常采取用金融机构的存贷款作为金融资产的代表。

2. 衡量区域金融实力的指标

区域金融实力可通过多因素评价指标进行综合分析,如金融机构数量、保险密度和深度、货币资金投放量等指标均可从某一个方面反映区域金融的实力。金融对区域经济的作用是通过金融机构提供的各种中介服务和产品来实现的,金融机构的数量和规模,反映了区域金融为区域经济发展提供服务的能力,而金融机构的类型如国有金融机构比重、外资金融机构或民间金融机构类型等,又能客观反映区域金融为区域经济发展提供服务的综合水平。如,保险密度(人均保费收入数量),保险深度(指保费收入与 GDP 之比)两个指标能有效反映区域保险市场的发达程度。货币资金投放反映的是区域的资金充裕程度以及实体经济受货币政策的影响程度,当某一地区的货币资金投放量为正值时,说明该地区获得了较充足的货币资金支持;反之,则说明该地区的货币资金存在外流迹象,区域经济将会受到负面影响。在分析这些反映区域金融实力的指标时,我们不仅要关注指标的绝对值所反映的情况,还应与相关区域的指标做横向对比,以更全面地把握区域金融的发展水平。

3. 衡量直接融资水平的指标

采用衡量企业直接融资水平的指标,既可反映资本市场对区域经济发展的贡献水平,也是反映区域金融结构合理程度的一个重要指标。区域内企业直接融资数额越大,说明区域对资本市场的利用水平越高,区域经济发展受货币政策的影响也会相对较小。衡量区域直接融资水平的指标有证券化率、股票交易额、上市公司数及与总上市公司数的比值等。如,证券化率指标是指一个地区的上市公司总市值与 GDP 之比,它是衡量区域市场经济成熟程度的重要指标,能有效反映经济增长对资本市场的依赖程度。而股票交易额、区域内上市公司数量所占比重则是从区域直接融资的绝对数和相对比较值来衡量区域直接融资的整体水平。

(四) 湖南金融发展水平的横向对比分析

金融是现代经济的核心,直接关系经济社会的发展全局。本节将湖南金融业发展态势与国内几个具有代表性的省市进行横向对比,以进一步认清湖南金融业的优势与不足,更好地借鉴经验,推进金融创新,加快建立服务于新型工业化的金融体系。

衡量一个国家或地区经济货币化和金融化程度,可采用经济金融化综合指数。如,金融相关度用于评价经济金融化程度,其他一些经济学家也曾提出了若干计算指标。为综合反映金融业发展以及经济金融化程度,本文选取金融机构存款、贷款、金融业增加值占 GDP 比重以及保险密度、证券化率等五个指标进行对比分析。

表3　2006 年湖南金融发展态势的横向对比分析

指标	湖南	江苏	上海	浙江	山东	广东
GDP	7393.2	21263.1	10158	15443.2	21561	25624.2
存款/GDP	1.05	1.20	2.55	1.60	0.90	1.67
贷款/GDP	0.70	0.86	1.79	1.33	0.72	1.00
保险深度	1.97%	2.3%	3.9%	2.3%	1.8%	2.3%
保险密度(元)	218.4	666	2975	729	423	659
证券化率	15.43%	11.93%	47.62%	12.82%	13.76%	38.99%

从表3可以看出,湖南的存款余额在六省市中虽处于偏低水平,但与GDP的比值仍大于1,反映湖南社会资金的集聚程度较高,具有支持新型工业化发展的资金供给潜能;但从贷款/GDP指标来看,湖南实际利用金融资源的能力有所欠缺,说明银行普遍存在惜贷行为及存款外流现象,在一定程度上影响对湖南新型工业化的资金供给。从保险深度与密度指标来看,湖南保险业务尚处于起步阶段,存在巨大的发展空间。从证券化率来看,湖南直接融资市场处于六省市的中间水平,与全国42%的平均值还相差甚远。因此,大力发展直接融资市场仍是湖南推进金融改革和创新的重点。

以上五个指标是从单方面对湖南与其他省市进行横向对比。但对金融发展水平的评价是一项系统工程,是各个指标相互作用的综合表现。因此,本文尝试通过综合指数法计算各地区经济金融化指数,以期更客观地反映各省市的金融发展水平。首先,对各指标进行无量纲指数化处理。公式为 $Y_i = X_i - X_{min}/(Y_{max} - X_{min})$,式中,$X_i$ 是各指标值;X_{max}、X_{min} 是该指标的极值;Y_i 是归一化值。然后,计算各指标的分值。各指标的归一化值乘以权重(W_i)即为该指标的分值,指标权重的构造采用德尔菲法进行确定,得出存款占GDP比重、贷款占GDP比重、金融业增加值占GDP比重以及保险密度的权重分别为10%、30%、35%、25%。最后,对各指标进行加权得出经济金融化综合分值。各省市经济金融化指数如表4所示[15]。由于资料的可获得性,本文采取2006年各省市数据。

表4　2006年六省市经济金融化水平对比分析

指标(归一化处理)	湖南	江苏	上海	浙江	山东	广东
GDP(亿元)	7393.2	21263.1	10158	15443.2	21561	25624.2
存款相关度	0.056	0.047	0.101	0.062	0.035	0.065
贷款相关度	0.114	0.144	0.302	0.223	0.121	0.166
金融业增加值/GDP	0.208	0.148	0.350	0.205	0.119	0.128
保险密度	0.074	0.164	0.250	0.160	0.126	0.152
经济金融化指数	0.452	0.503	1.00	0.650	0.401	0.513

从表4可以看出,在以上六省市中,金融化程度最高的是上海(1.00),第二是浙江,第三是广东,而湖南仅稍强于山东而位居第五。我们还发现,湖南经济金融化整体水平虽然偏低(见图3),但金融业增加值占GDP比重则在六省市中居第二位(见图4),这说明,湖南金融机构、金融市场、金融产品以及金融服务都在不断发展,规模逐步扩大,实力明显增强,初步具备了支持湖南新型工业化发展的能力。

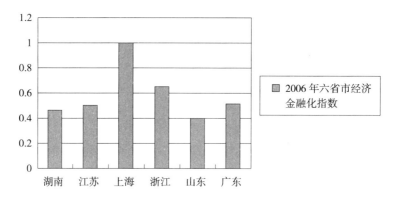

图3　2006年六省市金融化指数对照图

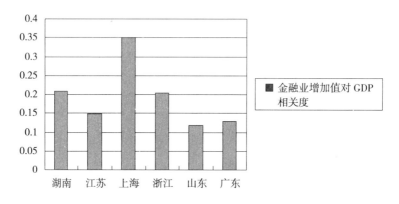

图4　2006年六省市金融业增加值对 GDP 的相关度比较图

三、湖南新型工业化对金融需求的预测分析

（一）湖南新型工业化的特征分析

湖南省第九次党代会把加速推进新型工业化作为富民强省的第一推动力,旨在发挥科技进步对工业的支撑和引领作用,并促进、带动和提升农业、服务业的迅速发展,进而实现湖南经济社会全面、健康、可持续发展。2007、2009 年湖南先后启动"双百工程"、"四千工程",对推进新型工业化起到了积极作用。2008 年,湖南全部工业实现增加值4280.20 亿元,对湖南经济增长贡献率为47.1%,拉动 GDP增长6.0 个百分点,工业增加值、规模工业增加值和工业投资分别达到2005 年的1.9 倍、2.3 倍和2.8 倍,涌现了机械、钢铁、有色、食品、石化5 个过千亿元的产业,

三次产业结构由"三二一"调整为"二三一",工业的主导地位更加突出。其中,新型工业化的主体——高新技术产业全年实现产值 3529.86 亿元,同比增长 30.7%。电子信息、生物医药、先进制造、新材料等四大优势产业共实现产值 2739.55 亿元,同比增长 35.7%。

但从总体看,湖南尚处于工业化的初级阶段,新型工业化发展正面临来自外部环境和内部条件的严峻挑战。资源、环境、政策等约束增强,资金、技术、人才等瓶颈增多,特别在以下三个方面存在突出矛盾和问题。一是产业发展的不确定性因素增多。随着全球经济一体化进程的加快,新型工业企业将面临来自全球范围内的产品竞争和市场波动。汇率、出口关税、原材料价格上涨、贸易保护主义等外界因素带来的考验将更加频繁,尤其是源于美国次贷危机的全球金融风暴将可能给更多实体经济带来持续的、难以预测的冲击。二是结构性矛盾突出,湖南重工业和高耗能行业比重偏高,2008 年重工业增加值占规模工业的 67.9%,钢铁、有色、石油、化工、建材、电力等 6 大高耗能行业占规模工业的近一半,这些行业大多采取粗放的经济增长方式,竞争优势并不显著,亟须进行大规模的技术改造和产业升级。三是科技成果的转化率偏低,产业化程度不高。湖南是科技大省,科技力量雄厚、科技成果众多,"十五"期间平均每年取得重大科技成果 950 多项,国家级科技成果居全国第 5 位,但科技成果商品化、产业化、规模化水平不高,科技成果优势没有很好地转化为产业优势、经济优势。加速推进新型工业化,就要加大科技成果转化力度,突出支持新材料、先进制造、电子信息、生物医药等优势领域的高新技术成果产业化,要通过抓好生产力促进中心、大学科技园、火炬创业中心等孵化基地建设,培育发展一批产业集群。这些问题的有效解决都必须基于充足的资金投入,这不仅需要政府大规模的资金支持,更离不开金融体系的全面推进。因此,可以预测,未来几年,湖南工业的金融需求量将呈现高速增长态势。

此外,湖南面临的产业优势不明显、核心支柱企业缺乏、企业创新能力不足、产业集群化程度不高、配套环境建设滞后等都是制约新型工业化进程的诸多瓶颈。而积极发展金融业并推进金融创新正是被广泛证实的行之有效的重要策略。

(二) 促进湖南新型工业化的金融因素分析

新型工业化是富民强省的第一推动力,是全面落实科学发展观、推动经济社会又好又快发展的必由之路。而大力发展金融业是配置社会各类资源的重要方式,是加速推进新型工业化进程的关键成功因素。因此,本文根据金融相关度指标,针对湖南金融业发展态势和新型工业化的具体特征,从以下三个方面对促进新型工业化的金融指标进行分析。

1. 工业贷款余额相关度

由于我国金融资产主要集中在银行金融机构,因此,通常采用金融机构的存贷款作为金融资产的代表。但在分析金融业对新型工业的支撑影响作用时,我们可以对金融相关度作进一步优化,不妨选取工业贷款总额作为分子,以 GDP 总额为分母,得出工业贷款相关度(Y_1)的公式为 $Y_1 = L/GDP$。在此,构建工业贷款相关度变量 Y_1 对年度 t 的时间序列回归模型,试图通过回归分析得出工业贷款及 GDP 对时间的函数关系。

表 5   湖南近十年新型工业化主要相关指标一览表   (单位:亿元)

年份	工业贷款	企业财产保险	企业直接融资	湖南 GDP	工业贷款相关度	财产保险相关度	直接融资额相关度
1999	354.2108	13.02	42.6	3326.75	0.106473525	0.00391373	0.01280529
2000	377.9079	13.94	69.48	3691.88	0.102361913	0.003775854	0.01881968
2001	424.803	16.36	13.45	3983	0.10665403	0.004107457	0.003376852
2002	464.1481	18.58	29.71	4140.94	0.112087618	0.004486904	0.007174699
2003	525.0778	20.1	57.7	4638.73	0.113194301	0.004333083	0.012438749
2004	583.9637	24.83	83.91	5612.26	0.104051434	0.004424243	0.014951196
2005	509.522	29.54	78.1	6473.61	0.078707553	0.004563142	0.012064366
2006	590.9248	33.50	96.3	7493.17	0.07886179	0.004470738	0.012851704
2007	554.2115	47.82	182.58	9145	0.060602679	0.005229087	0.019965008
2008	581.5423	61.62	271.75	11156.64	0.052125219	0.005523168	0.024357692

说明:工业贷款相关度等于工业贷款除以 GDP,财产保险相关度和直接融资额相关度依此类推。

首先做出 Y_1 和 t 的散点图,如图 5 所示[16]。

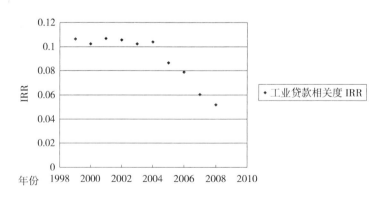

图 5   湖南 1998—2010 年工业贷款余额相关度变化趋势图

从散点图,可以看出 Y_1 和 t 基本服从负相关关系。

将 Y_1 和 t 的原始数据代入 Eviews 软件,回归结果如表6 所示。

表6　回归分析结果

Dependent Variable:Y1				
Method:Least Squares				
Date:06/12/09 Time:20:50				
Sample:1999 2008				
Included observations:10				
C	12. 59449	2. 745419	4. 587457	0. 0018
T	−0. 006241	0. 001370	−4. 554129	0. 0019
R-squared	0. 721643	Mean dependent var		0. 091512
Adjusted R-squared	0. 686849	S. D. dependent var		0. 022242
S. E of regression	0. 012446	Akaike info criterion		−5. 757905
Sum squared resid	0. 001239	Schwarz criterion		−5. 697388
Log likelihood	30. 78952	F-statistic		20. 74009
Durbin-Watson stat	0. 701549	Prob(F-statistic)		0. 001864

由表6,可以看出:拟合优度 $R2 = 0.72$,表明样本回归直线的解释能力为72%,即在工业贷款相关度 Y_1 的总变差中,由解释变量年份 t 解释的部分占72%。模型的拟合优度还比较低,存在明显的自相关问题。因此,通过广义差分法对模型进行进一步优化,并得到如下模型:

$Y_1 = -0.012128t + 24.40638$

$S = (0.006222)　(12.49070)$

$T = (-1.949204)　(1.953964)$

$R2 = 0.919924　DW = 2.607536$

可以看出,2000—2008 年,湖南银行业每年对工业贷款的额度相对于 GDP 的比重有逐年下降的趋势。但通过关联分析,我们发现,湖南企业虽然通过银行信贷方式获取资金的增长速度低于 GDP 增速,但通过其他方式获取资金的能力明显增强。因此,这是一个可喜的现象。说明,湖南企业对银行的信贷依存度开始下降,而通过资本积累及直接融资等外源性融资方式获取资金的能力正在逐步增强,同时也折射出湖南大力推进新型工业化战略的系列举措已初见成效。

2. 企业财保保费收入相关度

保险是现代金融的重要组成部分,是支持和保障工业发展的重要力量。积极探索金融保险关联领域,不仅能为企业提供有效的风险规避工具,还能为国家经济建设提供长期稳定的资金来源。近年来,湖南保险业不断规范行业规则,保障投资合法权益,拓展信用保证保险业务,推进商业信用体系建设,对改善企业资金状况、增强企业盈利能力、规避企业经营风险等方面发挥了不容忽视的积极作用。特别是通过对高新技术企业提供财产保险和为科技创新企业发放贷款的银行提供信用保证,有力推进了企业的自主创新和规模扩张。另外,保险还将逐步被允许进入创投、产业基金等投资领域,必将为企业技术创新和工业发展提供更加畅通的资金融通渠道。本文参照表5数据,绘制湖南企业财保收入相关度变化趋势图(图6),并构建财产保险相关度变量Y2对年度t的时间序列回归模型,以分析企业财保保费收入与GDP比值对时间的函数关系。

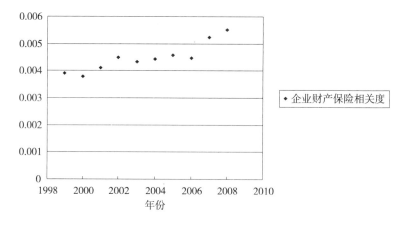

图6　湖南企业财保收入相关度变化趋势图

通过将Y2和t的原始数据代入Eviews软件,得出回归分析结果(表7),并进行必要的拟合优度检验、参数显著性检验、DW检验及估计标准误差评价后,得出如下模型:

Y2 = 0.000162t − 0.320860

S = (2.64E−0.5)　(0.052938)　T = (6.145768)　(−6.061082)

R2 = 0.82　DW = 1.53　(t值即为实际的年份数,如2001、2002等)

表7　回归分析结果

Dependent Variable:Y2				
Method:Least Squares				
Date:06/13/09 Time:10:23				
Sample:1999 2008				
Included observations:10				
Vanable	Coofficiont	Std Error	t-Statistic	Prob
C	−0.320860	0.052938	−6.061082	0.0003
T	0.000162	2.64E-05	6.145768	0.0003
R-squared	0.825215	Mean dependent var		0.004483
Adjusted R-squared	0.803367	S. D. dependent var		0.000541
S. E of regression	0.000240	Akaike info criterion		−13.65505
Sum squared resid	4.61E-07	Schwarz criterion		−13.59454
Log likelihood	70.27526	F-statistic		37.77047
Durbin-Watson stat	1.538590	Prob(F-statistic)		0.000275

可知,近年来,湖南企业财产保险正处于方兴未艾的发展阶段,企业财产保费收入占湖南 GDP 的比例在整体上呈上升趋势。特别从 2003 年以来,上升态势更为明显。这能从侧面说明,支持湖南新型工业发展的保险保障体系正日趋成熟并有望发挥更大的作用。

3. 企业直接融资相关度

加快发展企业直接融资,对优化资源配置、推进产业升级、拉动经济增长具有十分重要的意义。企业直接融资的渠道建设有助于提高金融市场运行效率、疏通货币政策传导机制、完善金融宏观调控体系;有助于降低间接融资比重、分散银行体系高度集中的金融风险、维护金融稳定;有助于推动金融体系为个人、企业和机构投资者提供种类齐全、层次多样的金融产品,促进金融机构之间的良性竞争,改善金融业服务水平。因此,企业直接融资额度被认为是反映一个区域内金融发展真实水平的重要指标。本文引入直接融资相关度指标(企业直接融资额/区域 GDP)来衡量区域内直接融资市场的发达程度。本文参照表5数据,绘制企业历年直接融资相关度对比图(见图7),并试图通过构建直接融资额相关度变量 Y3 对年度 t 的时间序列回归模型,对其变化趋势做简要分析。

通过将 Y3 和 t 的原始数据代入 Eviews 软件,得出的回归结果不能显著反映直接融资额相关度对年份 t 的函数关系。因此,本文采用灰色理论重新进行模型构

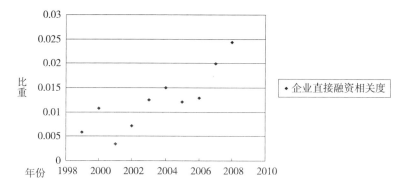

图7　湖南企业1998—2010年直接融资相关度对比图

建,通过绝对误差检验,得出直接融资额相关度对时间的函数关系为:

$$\hat{X}(i+1) = 0.12478155133e^{0.08248658i} - 0.11197626133$$

其中 i 为年度值(1999 年时,i 取 0,2000 年,i 取 1,以此类推)。

(三) 金融需求量的预测模型的构建

上节对湖南金融业推进新型工业化的相对指标的变化趋势进行了数理分析,并对反映金融供给量的相对指数建立了预测模型。但由于区域内未来 GDP 的变化趋势不仅受到区域自身发展能力的影响,还受到国际经济形势、技术创新能力、区域资源禀赋、区间贸易水平及政治等多因素的影响[19]。因此,对未来 GDP 的预测存在较大难度和不确定性。为增强对金融需求量预测的相对科学性,本文对影响金融需求的三个主要指标,即工业贷款、企业财产保险收入、直接融资额分别建立数学模型进行单独预测,然后采取简单求和的方式,以预测湖南未来年份的金融需求量。

首先,我们设工业贷款为变量 X_1,企业财产保险为变量 X_2,企业直接融资额为 X_3;

金融需求量可以看做工业贷款、企业财产保险、企业直接融资额三个自变量的一次函数。三个指标对时间序列的散点图如图8所示:

由图8可大致估计回归方程的形式:

工业贷款额基本服从对数函数分布;企业财产保险基本服从幂函数 $y = x^{\frac{1}{2}}$ 分布;企业直接融资基本服从指数函数关系。

为预测金融需求总量,可先估计工业贷款 X_1,企业财产保险 X_2,企业直接融资额 X_3 的数值。显然,这三个变量与年度值有关。

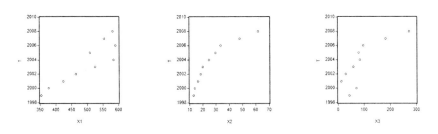

图 8　工业贷款、企业财产保险、企业直接融资额对时间的散点图

在此,先构造 X_1, X_2, X_3 对时间序列的回归方程。

（1）构建工业贷款 X1 的回归方程

将工业贷款数据代入 Eviews 软件,同时做变换 $y = 1g(X)$

回归结果表 8 所示：

表 8　回归分析结果

Dependent Variable：X11				
Method：Least Squares				
Sample：1999 2008				
Included observations：10				
Variable	Coefficient	Std. Error	t-Statistic	Prob.
T1	4.980560	0.834659	5.967182	0.0003
C	−216.7393	37.35972	−5.801418	0.0004
R-squared	0.816544	Mean dependent var		6.192815
Adjusted R-squared	0.793612	S. D. dependent var		0.186410
S. E. of regression	0.084686	Akaike info criterion		−1.922877
Sum squared resid	0.057374	Schwarz criterion		−1.862360
Log likelihood	11.61439	F-statistic		35.60726
Durbin-Watson stat	1.253172	Prob(F-statistic)		0.000335

方程拟合优度 81%,DW = 1.253172,基本不存在自相关情况。参数的 t 检验值显著。

得出,回归方程为 $X_1 = 650 \times 1g[4.5 \times (t-2010)^2 + 6]$

$$S = (0.834659) \quad (37.35972)$$

$$t = (5.967182) \quad (-5.801418)$$
$$R2 = 0.816544 \quad DW = 1.253172$$

（2）构建企业财产保险收入 X2 的回归方程

将企业财产保险数据代入 Eviews，同时做变换 $y = x^{\frac{1}{2}}$

回归结果如表9所示

表9　回归分析结果

Variable	Coefficient	Std. Error	t-Statistic	Prob.
T1	15.08486	1.014548	14.86855	0.0000
C	−672.0038	45.41165	−14.79805	0.0000
R-squared	0.9847932	Mean dependent var		3.201667
Adjusted R-squared	0.960711	S. D. dependent var		0.519328
S. E. of regression	0.102938	Akaike info criterion		−1.532526
Sum squared resid	0.084770	Schwarz criterion		−1.472009
Log likelihood	9.662630	F-statistic		221.0739
Durbin-Watson stat	0.779147	Prob(F-statistic)		0.000000

拟合优度 R2 = 0.847932

DW = 0.779147，存在正的自相关问题

为了消除自相关问题，提高拟合优度，对模型进行广义差分变换，

广义差分结果如表10所示：

表10　回归分析结果

Variable	Coefficient	Std. Error	t-Statistic	Prob.
T1	17.72904	10.79077	1.642982	0.1757
C	−790.4123	483.3333	−1.635336	0.1773
AR(1)	0.633262	0.538489	1.175998	0.3048
AR(2)	−0.102708	0.975701	−0.105266	0.9212
R-squared	0.977318	Mean dependent var		3.351927
Adjusted R-squared	0.960306	S. D. dependent var		0.466270
S. E. of regression	0.092897	Akaike info criterion		−1.607806
Sum squared resid	0.034519	Schwarz criterion		−1.568085
Log likelihood	10.43122	F-statistic		57.44966
Durbin-Watson stat	1.874047	Prob(F-statistic)		0.000957
Inverted AR Roots	.32—05i	.32+.05i		

拟合优度 R2=0.977318,说明方程拟合效果进一步改善;

DW=1.874047,说明自相关问题已经消除;

参数检验,年份 t1 的 t 统计量为 1.642982,查 t 分布表,在自由度为 n-2=10-2=8 下,临界值 t0.05(8)=1.8595>1.642982,表明年度 t 对企业财产保险收入的影响不够显著。

回归方程为:$X_2=592.775t^+-2656.66$

S=(1374.101)　(61522.32)

t=(0.4319)　(-0.431318)

R_2=0.959844　DW=2.176011

(3)构建企业直接融资额 X3 的回归方程

将企业直接融资额数据代入 Eviews,

令 $X_{31}=\ln(X_3)$　$t_1=0.5\ln(t)$

回归方程形式设为:$X_{31}=a_3t_1+c$

回归结果如表 11 所示:

表 11　回归分析结果

Variable	Coefficient	Std. Error	t-Statistic	Prob.
T1	19.83101	5.606404	3.537206	0.0077
C	-883.4244	250.9453	-3.520386	0.0078
R-squared	0.609981	Mean dependent var		4.220589
Adjusted R-squared	0.561229	S. D. dependent var		0.858752
S. E. of regression	0.568836	Akaike info criterion		1.886407
Sum squared resid	2.588593	Schwarz criterion		1.946924
Log likelihood	-7.432033	F-statistic		12.51183
Durbin-Watson stat	1.692879	Prob(F-statistic)		0.007651

拟合优度 R2=0.609981,偏低。DW=1.692879,存在正的自相关问题。因此,为消除自相关问题,提高拟合优度,应对模型进行二阶广义差分变换。广义差分结果如表 12 所示:

表 12   回归分析结果

Variable	Coefficient	Std. Error	t-Statistic	Prob.
T1	27.58770	1.913823	14.41497	0.0001
C	−1230.795	85.68197	−14.36469	0.0001
AR(1)	−0.226097	0.118931	−1.901079	0.1301
AR(2)	−0.323341	0.116724	−2.770130	0.0503
R-squared	0.981929	Mean dependent var		4.276624
Adjusted R-squared	0.968376	S. D. dependent var		0.955574
S. E. of regression	0.169931	Akaike info criterion		−0.399999
Sum squared resid	0.115506	Schwarz criterion		−0.360279
Log likelihood	5.599998	F-statistic		72.45054
Durbin-Watson stat	2.348634	Prob(F-statistic)		0.000609
Inverted AR Roots	−.11+.56i	−.11—.56i		

DW=2.348634,说明自相关问题基本消除。

参数检验,年份 T 的 t 统计量为 14.41497,查 t 分布表,在自由度为 n−2=10−2 =8 下,临界值 t0.05(8)=1.8595<14.41497,表明年度 t 对企业直接融资额有显著影响。

可知,回归方程为 $\hat{X}_3 = e^{56.793 ln(t) - 426.315}$

$S = (1.913823)$ (85.68197)

$t = (14.41497)$ (-14.36469)

$R2 = 0.981929$ $DW = 2.348634$

综上所述,金融需求量的模型如下式所示:

$Z = x_1 + x_2 + x_3$

$= 650 \times 1g[(t-2010)^2 + 6] + 592.775^{\frac{1}{2}} - 2656.66 + e^{56.793 ln(t) - 426.315}$ 以上公式即为预测湖南推进新型工业化进程中金融需求量的计算公式。

在此,本文不妨对湖南实施"十二五"计划、"十三五"计划及往后 10 年共二十年(2011—2030)期间,推进新型工业化所需的金融资本总量进行预测。

将 2011—2020 年份数值分别代入金融需求量计算公式,应用 *excel* 进行计算,可分别得出未来二十年内,湖南推进新型工业化每年所需的金融需求量。

表13　湖南省2011～2030年推进新型工业化金融需求预测量

2011 年	2012 年	2013 年	2014 年	2015 年
1031. 978	1280. 171	1482. 182	1644. 627	1778. 357
2016 年	2017 年	2018 年	2019 年	2020 年
1893. 811	1994. 334	2081. 424	2163. 429	2239. 047
2011 年	2022 年	2023 年	2024 年	2025 年
2309. 514	2375. 749	2438. 45	2499. 206	2556. 745
2026 年	2027 年	2028 年	2029 年	2030 年
2612. 557	2665. 79	2715. 524	2765. 858	2816. 013

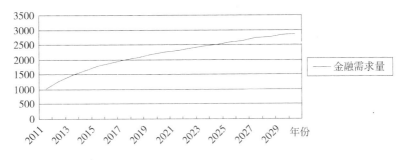

图14　金融需求量变化趋势图

由表13可以看出,湖南在推进新型工业化过程中,每年所需的金融总量逐年上升,但递增速率在逐年降低。本文利用EXCEL软件,绘制出湖南未来20年金融需求量变化趋势图(见图14),不难看出,在未来5—7年,湖南新型工业化对金融资产的需求量呈现高速持续增长态势。但随着时间的推移,湖南工业将逐步完成基础设施建设和产业的调整升级,形成了更强的价值创造能力和更显著的行业竞争优势,逐步具备了支持湖南经济社会发展的强大支撑作用。同时,产业对金融的依赖度将逐渐减弱。

但必须强调的是,该数学模型是在剔除其他自变量影响条件下的简单化处理模型。并且,本文对湖南新型工业化的金融需求量预测是基于对过去15年金融供给量数据的回归分析,显然,金融需求量必将大于有效供给量,如在2007年,湖南工业融资量与投资量之比为1.48：1,因此,湖南实际所需的金融资本量必然将超过上表的罗列值。另外,本数学模型尚未考虑金融资本对新型工业边际效用的递变以及样本年份数的局限性,显然,这都将影响本公式计算结果的可靠性和科学性。

当然,通过上述公式计算得出的数值,我们仍可得出大致结论:湖南在推进新型工业化进程中,金融供给不足仍将是湖南如期实现新型工业发展目标的最大瓶颈之一。而通过金融业的自由发展显然难以满足工业企业发展与产业调整升级的要求。因此,湖南必须迅速调整发展思路、积极采取有效举措,大力推进金融创新,努力构建推进新型工业化的金融创新体系,才能更好、更快地支持湖南一化三基和富民强省战略。

四、湖南新型工业化的金融创新

(一) 金融创新的内涵

熊彼特(Joseph Alois Schumpeter)于1912年在其成名作《经济发展理论》中对创新所下的定义是:创新是指新的生产函数的建立,即,企业家对企业要素实行新的组合。有关金融创新的定义,大多是根据熊彼特的观点衍生而来,即认为金融创新是金融内部通过各种要素的重新组合和创造性变革所产生的新事物,具体来说,是指各种金融工具的运用、新的金融市场及金融服务方式的发展,其实质是以新的金融供给更好地满足金融机构降低成本、减少风险、增加收益的需求。国内一些专家将金融创新划分为狭义与广义两类。狭义的金融创新是指金融工具的创新;广义的金融创新是指为适应经济社会发展需要,创造新的金融市场、金融商品、金融制度、金融机构、金融工具、金融手段以及金融调节方式等,在金融机构获得高收益的同时,促进经济的快速发展。我国自1978年启动改革开放以来,金融业发展迅猛,集中体现为金融资产总量的迅速增长和金融创新的不断深化,金融主体由单一的银行机构向市场化、多元化主体发展。湖南结合具体省情和产业发展的实际需要,大力推进金融创新,经过近20年的快速发展,取得了显著成绩。

(二) 金融创新的途径、方法及举措

金融创新是一个复合型概念,其中,金融组织创新是金融推动工业发展的基础,金融产品创新是金融推动工业发展的关键,金融服务创新是金融推动工业发展的源泉。就推进湖南特色新型工业化而言,面临最关键的基础性问题就是资本要素短缺,融资渠道单一。改革开放以来,特别是近10多年来,湖南与兄弟省份经济发展差距主要体现在工业发展的差距,而导致差距的突出原因之一就是投资不足。1985年,湖南省与广东省投资之比为1:2.2,投资总量相差近100亿元;1990年投

资之比上升到 1：3.1；1995 年为 1：4.4，投资总量相差 1800 多亿元；2001 年为 1：3.5，投资总量相差 2325.78 亿元。"十五"期间，广东投资共 2 万多亿元，是湖南（7300 亿元）的 2.8 倍。2006 年 1 至 10 月，湖南工业投资同比增长 28.6%，增速比"十五"年均增幅低 10.2 个百分点；在中部六省中，工业投资总量居河南、湖北、安徽、山西之后，列第 5 位，增速居河南（49.4%）、安徽（48.5%）、江西（45.8%）之后，位居第 4 位。显然，资本要素短缺已经成为制约湖南新型工业化发展的重要瓶颈。

近年来，湖南被列为全国金融创新试点省份，长株潭被评为"两型社会"综合配套改革试验区。在这些重大的发展机遇面前，湖南应紧扣国家金融业发展规划，以金融市场体系建设为核心，以推进金融创新、优化金融生态为重点，全面促进金融业协调快速发展。在支持湖南新型工业化发展战略方面，要积极改革现行的信贷资金管理模式、创新金融产品、拓宽融资渠道、调整信贷结构、优化金融生态，在继续加速推进对湖南以电子信息、先进制造、生物医药、新材料为主导的四大高科技产业的跨越发展和以机械、食品、石化、有色、钢铁五大产值过千亿产业为主的传统产业的调整升级的同时，集中金融力量，重点支持先进装备制造，新能源、新材料，新生物，信息产业，航天航空等七大战略性新兴产业的发展。

1. **金融体制创新**

科学健全的金融体制是推进金融创新的基本保障和必然要求。目前，湖南已初步建立起较完备的金融体制，但与新型工业化的预期需求相比，还须在以下方面进一步完善和创新。

建立长效的政策性资金支持体系。新型工业化的推进，不仅需要直接的政府资金扶持，还需要构建高效的资本市场，营造良好的配套环境。因此，应在政府直接投资、基础设施建设、资本市场建设三方面建立和完善以政府为主导，社会资金跟进投入的投融资平台，形成支持新型工业化的长效机制。可逐步加大政府对新型工业的直接投资力度，建议用于湖南工业的财政资金（包括国家和地方预算内资金）投向新型工业化的比重达到 80% 以上；信贷资金用于新型工业化投资的比重达到 60% 以上；尤其要增加科技经费的政策性投入。为提升政府资金的使用效率，可整合省内现有的投融资平台或成立新的投资机构，采取企业化管理、市场化运作的方式，主要负责对新型工业化项目的政府直接投资。可组建专门负责重大基础设施建设的经营性机构，通过吸引社会资本进入，对以长株潭为核心的重点区域的交通、能源、通讯、港口等公共设施和社会基础设施建设加大投入力度，进一步完善促进新型工业化的硬件环境，从空间上使产业链条得到有效延伸，产业得到合理布局。可加大对湖南高新投等国有创业投资机构的扶持力度，并以此为契机构建湖南的多层次资本市场。另外,应设立财政专项资金,为中小法人金融机构、信用担保机构建立切实可行的风险处置与信贷补偿机制。

推进金融机构的自身发展。中小法人金融机构要加快推进产权制度改革,完善市场运作机制,强化内部制度建设,着力提升风险防控和产品创新能力。证券机构和保险机构要进一步完善公司治理结构,强化内部管理和规范运作,不断增强经营实力和抵抗风险的能力。相关行业主管部门要积极配合国家做好商业银行风险监管和综合治理工作,大力推动城市商业银行联合重组,推进设立区域性金融机构。另外,金融业是一项智力密集型产业,拥有一支结构合理、技能高超的人才队伍,对产业可持续发展至关重要。针对湖南金融业高层次人才严重缺乏的现状,湖南必须打破常规,采取积极的政策措施,多渠道、多层次地引进既懂现代金融理论、又具备丰富实践经验的现代金融人才。金融机构要建立和完善公平合理的竞争与激励机制,使每一位从业人员都能在合适的岗位上发挥专长与潜能,以实现人力资源的优化配置。

科学定位金融支持对象。相对于湖南经济社会的发展,特别是新型工业化的需求,资金仍是一种重要的稀缺资源。因此,在推进新型工业化进程中,金融资产的配置应遵循"重点突出、集中投放"的原则,锁定一批对实施新型工业化和形成产业核心竞争力具有重大意义的行业、企业及项目。以积极发挥宏观产业政策的引导功能和市场对资产价格的调控功能,鼓励各类金融机构将资金投放重点选择汽车及零配件、工程机械、电工电子、生物医药、有色等对新型工业化有引导作用的重点产业;不断提升石化、钢铁、新能源、新材料等对新型工业化有支撑作用的支柱产业。在同一产业中,要优先支持技术含量高、附加值大、市场前景好和核心竞争力突出的企业或项目。

2. 金融市场创新

多层次资本市场是新型工业化的重要支撑,能为各类企业提供个性化的资金融通及财务咨询等服务。针对湖南新型工业化发展的实际需要,我们应在国家金融法规和政策框架内,努力推动金融市场改革的进一步深化,不断提高市场效率和稳定性,扩大湖南金融业在全国乃至国际金融市场中的份额。

吸引民间资本进入金融市场。据不完全统计,我国民间资本超过 10 万亿元,民间投资占总投资的比重也从 1978 年的 18.1% 上升到 2008 年的 73%,早已超过政府投资成为了固定资产投资的主体。但多年来,国家对利用开发民间资本一直持谨慎态度,特别对民间资本进入金融领域设置了许多门槛,因此,我国民间资本直接参与金融市场建设的程度仍然很低。但从长期发展趋势和国家经济建设的现实需要看,大力吸引和利用民间资本将是一项必然举措。湖南要推进新型工业的科学跨越,也必须大力吸引民间资本进入金融市场,为自主创新和新型工业化提供更全面的金融支持。

一要加快健全促进民间资本参与新型工业化金融支持体系的政策法规。鼓励民间资本通过金融机构、金融业务、金融工具来参与湖南新型工业化金融支持体系的建立与发展,为民间资本的盈利退出和风险规避提供政策保障。特别要利用"长株潭"作为两型社会试验区,在政策制订方式具有的先行先试优势,率先开展金融体系改革的试点工作。

二要推动民间资本与技术创新之间的互动发展。大力发展创业投资,构建以民间资本为主体的风险投资体系,能有效地促进自主创新和科技成果产业化。我国2008年底出台的《关于创业投资引导基金规范设立与运作的指导意见》,为进一步促进以政府资金为引导,民间资本为主体的创投基金的发展提供了指南。目前,湖南总规模10亿元的创业投资引导基金已经获批,有望撬动数倍规模的民间资金进入创业投资领域。但相关的配套支持政策还需尽快建立健全。

三要大力培育民营性金融主体。可在长株潭地区成立一家股份制性质的科技服务银行,吸纳各类社会资金,主要从事科技创新服务和对新型工业化项目提供贷款支持。可加快小额贷款公司在湖南部分先进地市的试点和推广工作,鼓励民间资本按照《湖南省小额贷款公司试点工作实施意见》申请设立小额贷款公司并指导其规范运作,以形成对湖南新型工业化发展全方位的金融支撑。

四要积极引进海外资本。随着金融全球化的演变,海外产业基金及私募PE将成为我国重要的民间资本来源,对活跃资本市场具有不可忽视的重要作用。湖南在引进境外资本方面与沿海发达地区存在很大的差距。要推进新型工业化,湖南应加大政策支持力度、构建资本运作平台,营造更好的金融环境,鼓励和吸引境外资本为湖南新型工业的发展提供有力支撑。

不断完善产权交易体系。针对湖南部分国有控股企业在证券市场表现不佳的情况,应积极推动上市公司的并购重组、定向增发等业务,或鼓励省内其他优质企业通过"买壳、借壳"的方式实现上市融资。要制定企业债券发行、交易和后续跟踪管理等相关办法,支持发展证券期货咨询、证券资信评级等中介组织,推动债券市场和期货市场的产品创新和规范发展。努力推进现代产权制度建设,充分发挥湖南产权交易中心的作用,研究制定《湖南省产权交易市场发展规划》和《湖南省产权交易管理办法》,以此规范产权交易,强化市场监管。

重点发展直接融资市场。湖南在债券市场、证券市场、融资租赁市场等方面应进行积极探索,争取新的突破。不断制定和调整拟上市公司方案,努力开发上市企业后备资源。2007年,湖南成立了企业上市融资工作领导小组,出台了推进企业上市融资的优惠政策,建立了省重点上市企业后备资源库,设立了扶持企业上市的专项引导资金。这些举措极大地提升了企业的上市积极性,有效推进了湖南资本市场的发展。要大力支持具备条件而未上市的新兴企业进入证券公司的代办股份转让系统开展融资。大力发展企业债券市场,引导和鼓励符合条件的新型工业化企业发行企业债券、集合债券、短期融资债券和中期票据或通过产业联盟等方式发行联合债券。要积极支持各高新园区盘活现有资产,争取发行信托产品或园区债券,建立高新园区的投融资平台。另外,要积极支持各类股权投资机构、风险投资机构、资产管理公司、证券公司等在湖南的业务创新与市场开拓,为省内优质企业公开发行债券提供保荐、承销、担保、财务顾问等配套服务。要大力发展票据市场,加大票据融资份额,鼓励和引导一些产销关系稳定、资金结构优良的工业企业,通过签发商业承兑汇票衔接产销关系,加速资金周转,拓宽融资渠道。

稳步发展金融衍生品市场。在国际金融市场上,金融衍生品工具的交易规模早已超过了基础金融工具的交易规模。金融衍生品的发展提高了金融市场效率,丰富了投资者的选择空间。随着中国金融业管制的逐步放松,金融市场将得到进一步的改革创新,开放程度必将越来越高,金融衍生品市场也将得到进一步地拓展。湖南要不失时机地创新和运用金融衍生工具,如指数期货、外汇期货、利率期货、期权远期利率协议(FRA)和货币互换(SWAP)等,并制定相应的金融风险预警和防控机制,通过稳健发展金融衍生品市场,吸引更多的社会资金进入,以更好地满足湖南新型工业又好又快发展的需要。

3. 金融机构创新

金融机构是金融体系的基本要素,是发挥金融对新型工业化支撑作用的主体。健全的金融体系需要不同成分、不同功能的金融机构。湖南金融业目前业态比较单一,规模普遍偏小,难以满足新型工业化对金融业多层次的资本需求。因此,要将推进金融机构创新作为金融体系创新的重要内容。

建设好"一街一园"区域性金融中心。金融中心一般是金融市场体系相对齐全、金融机构和金融人才集聚、具有较强辐射能力的地区,湖南尚未形成能与北京、上海、广州相提并论的金融中心。根据湖南省情,可聚焦长沙,建设一条金融街,逐步打造成服务湖南、面向中部的区域性金融中心。金融中心的建设应积极探索金融业综合经营的有效方式,优化整合地方金融机构,引进和组建新兴金融机构,并努力建设良好的交通、购物、休闲等生活配套,吸引和引导银行、证券、保险、典当等金融机构和金融服务中心向金融中心集聚。可在大河西开发区建设创业投资机构园,鼓励和支持国内外不同资本背景的创业投资机构落户园区或设立分支机构。一方面,能发挥金融的先导作用,构造开放、高效的金融体系;另一方面,可发挥金融中心合理配置金融资源的基础性功能,促进区域经济结构的调整优化。

支持发展一批创业投资机构。创业投资是风靡全球的股权资本,现已成为促进科技成果转化、推动高新技术产业发展的强大引擎。湖南创业投资起步较晚,近年来虽然发展迅速,但普遍存在投资结构不尽合理、投资能力相对薄弱、人力资源严重匮缺、风险管理尚不全面、服务意识有待增强等问题。湖南要结合新型工业化的实际需要,参照《创业投资企业管理暂行办法》和《关于促进创业投资企业发展有关税收政策的通知》的相关规定,继续研究和细化有利于创业投资发展的财税、金融政策和鼓励境外创投资本进入湖南市场的针对性实施办法。如对创业投资从业人员实施个人所得税减免、允许对员工工资支出在税前全额扣除、对创投机构投资行为给予风险补偿、对创投机构的金融性贷款给予部分贴息、对投资湖南重点产业的创投机构给予财政补贴等等。政府还应安排一部分财政性专项资金以独立事业法人的形式发起设立创业投资引导基金,用于引导社会资金进入创业投资,扶植发展处于"种子期"和"成长期"的创业企业,重点支持湖南先进制造、生物医药、新材料、光伏电子等优势或新兴产业。在长株潭地区,可由三市政府联合出资,并引进专业投资基金或创业投资机构,共同设立长株潭创业投资引导基金。长株潭是全国的两型实验区,是湖南的经济增长极,也是湖南的创新源。通过加大对此类基金的投入,可加快三市技术创新与产业发展的对接,将新兴技术发展成为新兴产业,将长株潭打造成为一个投资洼地、高新技术研发地、连接国内、国际两个市场的制造业基地。

扶植发展不同类型的银行金融机构。要把握现代金融的多元化趋势,尽快改变湖南金融业产业结构向银行金融机构过度倾斜的不合理现象。在完善金融组织体系方面,可支持各市(州)根据发展需要,支持组建地方性商业银行或吸引股份制商业银行在当地设立分支机构。按照"先行试点,有序推进;严格监管,规范运行;明确责任,防范风险"的原则,加快村镇银行和小额贷款公司的试点普及。继续推进国有银行改革和政策性银行的商业化转型。积极探索整合"五行一社"(长沙、株洲、湘潭、岳阳、衡阳五城市的商业银行和邵阳市城市信用社)的优质资源,共同成立区域性银行的实施方案。要进一步拓宽民间资金的投资范围,鼓励民营资本以多种形式参与金融活动,如参股设立村镇银行、社区银行等,以此增加金融的服务层次,完善金融市场体系。另外,利用政策性银行的金融支持对商业银行及社会资本具有的引导放大功能,在确保资金安全和政策允许的前提下,鼓励政策性银行创新运营模式,发挥其在推进新型工业化中的积极作用。如进出口政策性银行可设立特别融资账户,对高新技术企业或优质企业的核心技术或关键设备的进出口提供融资支持。

　　大力发展非银行金融机构。我国以信托投资、保险、证券、财务顾问和金融租赁等为代表的非银行金融机构发展相对滞后,据最新统计,其贷款市场占贷款总额一直低于7%,远低于发达国家30%左右的比例。湖南非银行金融业的发展态势更为落后,许多业态才刚刚起步,绝大多数企业仍处于小规模、小范围运营阶段。为大力发展非银行金融机构,搭建支持新型工业化的多层次资本市场,更好地促进经济平稳快速发展。要从金融机构的组织创新入手,以灵活、优惠的政策支持证券、保险、信托、租赁和基金等非银行金融机构的发展,使它们在分支机构、资产实力、业务规模和服务品种等方面与银行金融机构协调发展、兼容互补。首先,应着力完善非银行金融机构发展的制度环境,不断规范金融市场秩序,有效防范行业潜在风险,如信托公司通常出现的风险控制弱化、资本金不足、违规经营及亏损面大等问题;财务公司出现的行政干预过多、贷款集中度过高等问题;保险公司存在的运作不规范、产品缺乏统一规划等现象。其次,应尽快制订推动非银行金融机构发展的财税优惠政策,如通过财政补贴、税收优惠等手段补充非银行金融机构资本金,实现资金来源多元化和稳定化;利用税收政策的杠杆作用,促进非银行金融机构更好地实现资金的高效配置。可考虑以长株潭地区为试点,通过财税补贴或财政直接扶持,鼓励发展小额贷款公司和民间借贷机构,加快构筑服务中小企业的融资平台。再次,应积极引导非银行金融机构的金融服务职能向湖南新型工业化企业倾斜,大力发展财务顾问机构,为金融机构与中小企业的业务往来建立桥梁纽带。鼓励发展各类信用担保机构,并通过财政专项资金建立反担保机制。

　　积极稳妥地推进金融业混业经营模式。金融业的混业经营,是指银行、证券公司、保险公司等机构的业务互相渗透、交叉。它能够有效降低成本、分散业务风险,实现、产业规模效益和协同效应。随着全球金融一体化和自由化浪潮的不断高涨,混业经营已成为国际金融业发展的主导趋向。湖南应积极利用长株潭地区作为"两型社会"试验区具有的先行先试优势,争取成为金融业混业经营的试验区;可鼓励各类金融机构通过兼并重组、股权置换、新设控股子公司等方式进入新的金融业态。针对金融业混业经营存在的潜在风险,要加紧制定相关法律、法规,对其中的关联交易、信息披露、风险隔离和监管协调等作出详细规范和界定;金融监管部门也应在现有的"联席会议稳定化、制度化"框架下,对业务交叉地带实行重点监控,并加大对现有金融监管力量的整合力度。金融机构应在同一实体控制下的银、证、保子公司之间及金融和实业之间设置"防火墙",有效隔离风险,并对其资本充足率进行监测,实行统一的风险监控。

　　加大金融开放力度,吸引外资金融机构入驻湖南。正如全国社保理事会理事长戴相龙所说:金融开放是经济开放的一个重要部分,没有金融开放,就没有经济开放。国家近年下发的系列重要文件,也一直强调要创新金融产品,扩大金融开放。金融开放有助于利用国外的资金、技术和信息,从更高层面提升新型工业化的效率与水平。因此,湖南既要积极支持省内金融机构实施"走出去"战略,跻身于国际金融舞台,以此提升湖南金融业的整体水平,更有效地为新型工业化构建支撑体系;又要进一步激活金融要素与金融市场,促进金融要素在各区域、各部门之间的合理流动,从广度与深度上加大金融业开放力度。2008 年,湖南成功引进首家外资银行——汇丰银行,为湖南企业提供丰富的全球金融资源和完善的国际化金融服务方案,成为了湖南企业实现资本国际化运营的一个窗口。今后,湖南应抓住金融开放的机遇,在国家宏观金融政策的指导下,不断优化社会环境和经济条件,积极吸引和鼓励包括海外资本、民营资本在内的外部资金进入湖南金融业或入股中资金融机构,鼓励本省金融机构实现海外扩张或境外上市,通过金融资本的科学布局和合理流动,形成金融资本与实体经济的良性互动。

4. 金融业务创新

金融业务创新主要围绕银行业务及与金融业务相关的方面开展,包括金融工具创新、金融服务创新、金融技术创新以及金融机构运营模式创新等。湖南金融机构的业务创新要紧扣湖南特色新型工业化发展的需要,积极规避金融管制和市场风险,不断推出新的服务方式与服务手段,以满足新型工业化发展的需要。要善于应用全球化金融创新成果,不断开发信贷产品和审贷模式,积极探索和推进灵活多样的抵押担保形式。

积极拓宽金融服务范畴。要科学制定金融服务工作方案,以更多的金融工具、更先进的金融技术和更好的金融服务为新型工业化提供更有力的支撑。不断加大对信用证、证券、保险、信托、租赁、理财、咨询、项目融资和资本运作等金融工具的开发运用,积极利用债务工具为基础设施项目筹集资金;开展人民币用于国际贸易结算试点;启动商业银行开展并购贷款业务和开办人民币出口买方信贷业务等。省内金融机构要围绕各高新园区、经开区、产业园区的资金需求特征,积极争取贷款权限,简化贷款手续,优化审贷流程,扩大信贷规模。探索银团贷款的方式,努力保证骨干企业和重点项目的资金需求;大胆尝试互保、联保、设备抵押、货款质押、应收款质押、滚动抵押贷款等多种质押担保手段,保证创业企业能以较低成本、较小风险和较高的效率筹集、运用和调度资金,并开展必要的资本运作和资产重组等金融性活动。

推进金融社会化改革进程。湖南应将推进金融社会化改革纳入金融业务创新的重要范畴。金融社会化是发达国家金融业广泛采取的产业经营模式,其实质即为金融服务外包,即,金融企业以长期契约的方式将非核心业务流程和部分核心业务流程委托给专业服务提供商来完成,具体来讲,包括金融信息技术外包(FRO)和金融业务流程外包(BPO)金融信息技术外包。目前在发达国家,金融服务社会化的产业规模,仅排在制造业之后位居第二,涵盖了银行、保险、证券、投资等各类金融机构。一些国际顶尖的金融机构通过金融社会化挖掘市场机会和新的利润增长点,成为社会化服务提供商或受益者。例如,JP 摩根、美林、花旗等国际上著名的银行,都把金融业务社会化作为提升核心竞争力的一个重要手段。就湖南而言,金融社会化程度还非常低,大多外包业务还只停留在劳动密集型的低层次阶段,金融机构通常扮演全能型企业的角色。为切实提升湖南金融机构的竞争力、增强金融业的活力,应按照 2008 年出台的《湖南省人民政府关于加快发展服务外包产业的意见》,将金融社会化建设纳入湖南服务外包产业发展的范畴之中,鼓励本地企业对外拓展金融外包业务并积极引进国外金融服务外包企业,不断优化湖南金融产业的竞争格局,大力推进金融社会化进程。

尽快制定支持金融服务外包产业发展的政策措施。湖南财政可每年安排一定数额的发展资金,用于建立金融服务外包公共信息及技术服务平台等基础设施建设和兑现各项优惠政策。对从事金融社会化的新设企业实施相应的税费优惠政策或给予一次性的资金扶持。可考虑尽快建立金融外包服务企业贷款平台和担保机制,优先为金融外包企业提供贷款和担保支持。争取成立金融服务外包的行业管理机构,制定金融服务外包的行业标准和外包服务商的信用评级机制,以行业协调和互助的方式推动湖南金融服务外包产业健康规范发展。

加快金融业的产业基地建设。目前,北京、上海、深圳等金融发达城市都规划了专门的金融产业基地,集中发展以金融外包为主体的金融服务产业,有效改变了地域分散、个体规模小、经营理念落后、管理水平偏低的外包服务状况。湖南作为中部省份,更需加快金融服务外包基地的建设步伐,努力改善产业基地基础软、硬件环境,针对湖南区域发展特征,可考虑在长株潭三市交汇处建设功能齐全的金融服务外包园区,对入驻基地的金融企业总部、行业研究机构等单位购地建设或租赁办公场所实施配套的优惠政策,将园区打造成湖南乃至中部地区的"金融曼哈顿"。

5. 金融生态优化

金融生态是金融领域利用生态学概念对金融主体及其外部环境的形象描述,是指金融生态主体与金融生态环境之间密切联系、彼此依存、相互作用而共同形成的动态平衡系统。优化区域金融生态环境,是支持湖南新型工业化又好又快发展的客观要求和基本保障,对推动湖南经济社会全面、协调和可持续发展具有重要意义。首先,良好的区域金融生态环境能有效吸引大量外部资金流入,形成资金聚集的"洼地效应",从而推动区域经济发展。其次,优化区域金融生态环境,有利于促进区域间资金的合理流动,确保区域金融稳定和金融业的持续健康发展。近年来,湖南在金融生态环境建设方面取得了显著成效,但仍然存在信用体系不健全、抗风险能力不强、金融监管不规范等问题。需继续以金融生态建设为平台,以信用体系建设为重点,整体推进区域金融生态环境建设,为区域金融稳健运行保驾护航。具体来讲,应在以下六个方面进一步加强。一是继续加强以"三库一网一平台"为核心的信用信息系统建设,扩大信用信息开发与共享的广度和深度。二是加快建立诚信激励和失信惩戒机制,降低金融需求主体的违约风险。三是促进和规范信用中介服务机构的发展,建设良好的行业软环境。四是通过"政府主导,多方联动"的方式,把不同部门和利益主体的行为统一到改善金融生态环境上来,着重解决金融机构在发展中自身无法解决的诸如人才环境、创新环境、信用环境、法制环境等方面存在的问题。五是不断加强湖南信用文化建设和金融法制建设,提高全社会的金融生态意识,建立和完善省、市、县三级联动的金融生态指标动态监测体系与风险评估体系,将金融生态建设纳入区域经济发展的整体规划之中。

(三) 金融创新过程中的风险防范

2008年,一场起源于美国华尔街的金融风暴在全球迅速蔓延,令各国经济遭受重挫。对于这次金融危机,更多人趋向于将其发生的根源归咎为美国金融业的产品过度创新与有效金融监管的缺失。长期以来,华尔街投行精英们热衷于进行抵押资产的证券化运营,通过将次贷产品打包,利用信用违约掉期和利率掉期,设计出品种繁多的金融衍生品,再通过串通作弊等非正当手段提升产品的信用级别,以此增强金融产品的短期赢利能力。当然,这种脱离了实体经济的金融过度发展从一开始便注定将遭遇溃败。这场金融危机也将由此把美国带入了1929年以来最为严重的经济大萧条并给全球经济造成了无法估量的损失。

目前,中国仍处于国际化的初级阶段,金融市场相对保守,更关键的是,我国所提倡的金融发展一直是在严格的金融监管之下,提供资金融通服务并开展适度的金融创新。因此,中国在此轮全球性经济危机中表现出了强大的抵御能力,国民经济率先呈现出企稳回暖、逐步向好的发展态势,但这场尚未结束的金融危机仍给予了我们许多沉重的教训。作为金融创新的尝试者,湖南金融业在探索服务新型工业化的金融创新过程中,必须时刻注重虚拟经济与实体经济的协调统一,金融资产与产业资产的互补互促,采取积极措施,尽可能地规避和降低潜在的金融风险。

1. 加强政府对金融的监管

金融风险防范是一项重大的系统工程,涉及中央和地方的方方面面。为提高金融工作的有效性,可实施省市县多级风险防范处置责任制,从政治上、组织上、制度上加大对金融安全的重视程度。各相关金融管理部门应积极行使职权,针对金融业运行的重大情况和隐患,及时采取相应的风险预警机制。如明确审计厅对湖南地方金融机构的外部独立审计权;建立地方金融风险专项调查制度;通过加强省地方金融办与审计厅的协调合作,不定期组织开展地方金融风险等问题的联合专项调查和审计。

2. 加强横跨银行、证券、保险金融风险防范的综合协调机制

针对湖南目前普遍存在的企业间相互担保融资的现象,要建立健全各部门的合力监管协调机制,及早制定风险防范对策。这种企业"抱团"借贷虽能有效提高企业的融资能力,但容易导致因担保圈内一家企业出现问题而发生连锁反应,从而引发区域性、系统性金融风险。因此,建议建立以政府为主导的金融风险防范协调机制,加大对融资主体的风险预警和监控力度,降低政府、金融机构、企业之间的信息不对称问题,帮助政府、金融机构进行科学决策,降低或及时化解金融风险。

3. 强化金融机构内部控制

地方金融机构要完善法人治理结构,强化内控机制建设,切实增强风险防范能力。针对湖南地方金融机构资本构成单一的现状,可在地方政府适当持股的同时,积极吸引符合条件的战略投资者和优质民营企业入股,成立股份制金融机构,实现多方监管。在公司内部,不仅要建立与业绩挂钩的收入分配制度,更要探索建立经营层收入与风险实现利益捆绑的约束机制。要建立长效的资本补充机制,鼓励金融机构多渠道募集资本,满足资本充足率监管的要求,增强金融风险承受能力。应建立健全金融机构的信息披露机制,强化外部监督。要加强对地方金融机构高管及从业人员的职业道德教育,防范道德风险。

4. 加大对各类金融机构的政策扶持力度

可由省财政建立金融发展专项资金,主要用于鼓励金融机构支持新型工业化的发展。金融主管部门要研究制定有效措施,支持地方金融机构的改革重组,为其提供全方位的风险防范、绩效考核、产品创新、人力资源等方面的专业服务。可鼓励省内城市商业银行之间的资本合作,实现相互持股,以资本合作推进核心业务合作和全面风险管理。各县市还可根据实际需要,加大对金融机构的扶持、培育和引进力度,大力发展机构投资者。可通过吸收社会资本,联合组建基金管理公司或发展各类产业投资基金、创业投资基金及证券投资基金等,进一步拓宽民间资本的投资渠道,搭建多元化的金融支持平台,更好地推进湖南新型工业化进程。

（周上游　执笔）

主要参考文献:

[1][美]兹维·博迪(Zvi Bodie)、[美]罗伯特.C.莫顿(Robert C. Merton)著,欧阳颖等译,《金融学》2000年

[2]Levine, R. Financial Development and Economic Growth: Views and Agenda [J]. Journal of Economic Literature, 1997, 35: 688 – 726

[3]Bagehot, Walter, 1873, Lombard Street: A Description of the Money Market. London: William Clowes and Sons

[4]Hicks(希克斯), John 1977, Economic Perspectives: Further Essay on. Money and Growth《经济学展望——再论货币与增长论文集》Oxford University Press. 中文,余皖奇译,商务印书馆1986年版

[5]杨慧芳、邱力生:《中国区域金融业对经济增长贡献的比较》,载于《统计研究》2008年第9期

[6]陈志福:《浅谈我国区域金融发展差异及对策》,载于《商业时代》2006年第18期

[7]王小翠:《借鉴国外经验对湖南新型工业化发展的启示》,载于《沿海企业与科技》2008年第11期

[8]姜毅:《优化资本市场结构 促进直接融资发展》,载于《经济研究导刊》2008年第11期

[9]数据来源:湖南历年国民经济和社会发展统计公报

[10]中国资金管理网:《我国企业债券市场离市场化还有多远》,2008年第2期

[11]高芳、王海燕:《金融证券业运行创历史最高水平》,载于《湖南经济报》2008年第12期

[12]Goldsmith R. Financial structure and development, New Haven, CT: Yale U1 press, 1969

[13]王景武:《金融发展与经济增长:基于中国区域金融发展的实证分析》,载于《财贸经济》2005年第10期

[14]数据来源:各省市2006年统计年鉴

[15]数据来源:各地2006年统计年鉴

[16]资料来源:数据来自于湖南历年国民经济和社会发展统计公报

[17]资料来源:湖南历年统计年鉴

[18]资料来源:湖南历年统计年鉴

[19]王志强、孙刚:《中国金融发展规模、结构、效率与经济增长关系的经验分析》,载于《管理世界》2003.07

[20]中国民建会省委课题组:《湖南两型社会建设的金融需求与现实差距》,《湖南省科技信息网》2009年5月

[21]周上游:《促进湖南新型工业化产业发展的途径与对策》,中国浦东干部学院中部地区中部崛起专题研究班《落实科学发展观 促进中部地区崛起》论文集,2009年

[22]国家信息中心经济预测部:《促进经济稳定回升亟须扩大社会投资》,载于《中国证券

报》2009 年第 5 期

[23]河南省政府政策研究中心:《领导参阅》2006 年第 9 期(总第 129 期)

[24]叶成徽:《关于经济欠发达地区金融生态环境缺陷及对策》,载于《合作经济与科技》
2009 年第 24 期

湖南部分统计年鉴数据（1949—2008 年）

湖南的一天

指　标	2000	2003	2004	2005	2006	2007	2008
湖南每天创造财富							
地区生产总值（亿元）	9.7	12.8	15.5	17.8	20.7	25.2	30.57
农业总产值（亿元）	3.4	4.0	5.2	5.6	5.8	7.2	9.1
地方财政收入（万元）	4850.4	7360.3	8784.4	10829.2	13094.0	16617.8	19800.3
布（万米）	93.4	93.4	114.5	99.0	137.8	136.6	119.9
机制纸及纸板（吨）	1919.7	3404.9	4599.7	4673.7	5869.6	6099.1	7684
原煤（万吨）	4.1	6.5	8.3	10.0	11.2	13.3	14.0
发电量（万度）	9710.1	14348.8	16580.3	17268.1	19201.9	22304.7	22727.7
原油加工量（吨）	14422.5	13877.5	16722.2	16189.5	15546.8	16700.0	16653.1
钢（吨）	8331.5	16185.5	22029.3	26717.1	32652.1	36487.4	35599.1
成品钢材（吨）	8193.2	15292.6	21975.6	26336.0	31195.6	35701.4	35424.8
水泥（万吨）	6.6	8.4	9.2	9.8	12.0	15.2	16.6
粮食（万吨）	7.9	6.7	7.7	7.8	8.2	8.0	8.1
棉花（吨）	469.3	446.8	559.7	508.5	567.7	667.8	662.5
油料（吨）	3817.8	3443.8	3824.9	3862.5	4093.4	4224.5	3913.7
苎麻（吨）	181.4	340.5	328.5	358.1	376.4	370.6	280.8
烤烟（吨）	426.0	483.8	491.8	558.6	564.1	509.2	511.5
茶叶（吨）	157.0	166.0	182.5	197.3	209.0	239.7	251.7
柑橘（吨）	3449.9	4587.4	4993.7	5630.4	6674.5	7394.8	7925.2
猪牛羊肉（吨）	11959.2	13312.1	14165.3	14957.3	15373.2	15839.2	14917.5
水产品（吨）	3649.6	4290.3	4581.1	4910.1	5186.8	5469.8	4892.9
进出口总额（万美元）	688.5	1023.6	1489.9	1645.2	2014.5	2654.8	3442.7
进口总额（万美元）	235.6	435.6	641.1	618.7	618.9	867.7	1138.6
出口总额（万美元）	452.9	587.9	848.8	1026.5	1395.6	1787.1	2304.1
邮电业务总量（万元）	3860.9	6417.4	7147.7	10198.4	13407.1	17212.3	20802.2
出版图书（万册）	68.1	81.0	83.6	91.1	76.6	85.5	79.7
出版杂志（万册）	28.8	34.5	52.4	32.1	27.3	24.2	24.8
出版报纸（万份）	228.7	311.0	285.4	291.6	283.5	300.8	285.57
邮寄函件（万份）	58.2	138.7	43.2	31.1	25.6	22.7	
湖南每天消费							
城乡居民消费总额（亿元）	4.9	5.5	6.3	7.8	9.5	10.5	11.3
平均每人消费额（元）	7.5	9.0	10.2	12.4	14.1	15.4	16.5
湖南每天人口变动和婚姻							
出生（人）	2054	2152	2176	2195	2199	2223	2371
死亡（人）	1218	1251	1245	1245	1241	1247	1361
结婚（对）	1050	1052	1166	1259	1339	1346	1579
离婚（对）	177	164	222	227	254	290	273

湖南省人口状况

年份	年底总人口（万人）	按性别分		按城乡分		人口出生率(‰)	人口死亡率(‰)	人口自然增长率(‰)
		男	女	城镇	乡村			
1949	2986.83	1558.45	1428.38	235.95	2750.88			
1950	3074.34	1601.97	1472.37	245.79	2828.55	37.00	20.00	17.00
1951	3190.67	1664.24	1526.43	255.57	2935.10	37.00	19.00	18.00
1952	3271.20	1707.79	1563.41	259.08	3012.12	37.00	19.00	18.00
1953	3349.70	1751.22	1598.48	260.55	3089.15	36.00	17.00	19.00
1954	3429.02	1807.89	1621.13	277.21	3151.81	37.85	17.54	20.31
1955	3472.83	1831.58	1641.25	327.94	3144.89	31.10	16.36	14.74
1956	3507.43	1836.26	1671.17	329.02	3178.41	29.59	11.51	18.08
1957	3603.24	1887.55	1715.69	314.67	3288.57	33.47	10.41	23.06
1958	3672.72	1919.61	1753.11	352.78	3319.94	29.96	11.65	18.32
1959	3691.95	1933.47	1758.48	494.52	3197.43	24.00	12.99	11.00
1960	3569.37	1857.07	1712.30	404.63	3164.74	19.49	29.42	-9.93
1961	3507.98	1819.55	1688.43	477.73	3030.25	12.51	17.48	-4.97
1962	3600.26	1870.89	1729.37	384.66	3215.60	41.40	10.23	31.16
1963	3715.20	1926.81	1788.39	375.34	3339.86	47.29	10.26	37.03
1964	3785.13	1965.75	1819.38	429.54	3355.59	42.20	12.88	29.31
1965	3901.47	2022.78	1878.69	405.64	3495.83	42.25	11.19	31.06
1966	4009.65	2079.48	1930.17	411.87	3597.78	37.23	10.15	27.08
1967	4122.56	2138.25	1984.31	429.40	3693.16	35.61	9.89	25.72
1968	4238.65	2198.68	2039.97	446.93	3791.72	33.99	9.63	24.36
1969	4358.01	2260.82	2097.19	464.46	3893.55	32.37	9.37	23.00
1970	4480.76	2324.73	2156.03	481.97	3998.79	30.75	9.11	21.64
1971	4598.27	2384.91	2213.36	470.86	4127.41	29.13	8.86	20.26
1972	4700.56	2438.55	2262.01	489.75	4210.81	29.93	9.01	20.91
1973	4809.79	2497.79	2312.00	506.49	4303.30	29.21	8.05	21.15
1974	4900.86	2545.64	2355.22	522.34	4378.52	27.11	8.67	18.44
1975	4991.36	2594.18	2397.18	531.82	4459.54	25.04	8.34	16.70
1976	5056.81	2629.85	2426.96	544.71	4512.10	20.07	7.70	12.36
1977	5111.83	2657.88	2453.95	561.21	4550.62	18.61	7.79	10.82
1978	5165.91	2684.80	2481.11	593.86	4572.05	17.40	7.01	10.39

年份	年底总人口（万人）	按性别分		按城乡分		人口出生率（‰）	人口死亡率（‰）	人口自然增长率（‰）
		男	女	城镇	乡村			
1979	5223.05	2712.32	2510.73	639.60	4583.45	17.84	7.12	10.72
1980	5280.95	2740.40	2540.55	671.05	4609.90	17.68	6.88	10.80
1981	5360.05	2783.12	2576.93	694.72	4665.33	21.11	7.03	14.08
1982	5452.12	2831.03	2621.09	774.75	4677.37	21.98	6.77	15.21
1983	5509.43	2864.09	2645.34	794.46	4714.97	16.48	6.79	9.69
1984	5561.32	2893.92	2667.40	857.56	4703.76	16.66	7.20	9.46
1985	5622.49	2928.44	2694.05	915.90	4706.59	18.16	6.47	11.69
1986	5695.73	2966.85	2728.88	963.15	4732.58	19.90	6.30	13.60
1987	5782.61	3012.59	2770.02	1003.28	4779.23	23.62	7.07	16.55
1988	5915.68	3079.65	2836.03	1044.12	4871.56	23.32	6.82	16.50
1989	6013.62	3130.76	2882.86	1049.25	4964.37	22.91	7.07	15.84
1990	6110.89	3178.31	2932.58	1072.46	5038.43	23.93	7.23	16.70
1991	6166.33	3208.42	2957.91	1147.86	5018.47	20.50	7.30	13.20
1992	6207.78	3231.73	2976.05	1217.74	4990.04	16.70	7.30	9.40
1993	6245.58	3249.20	2996.38	1205.95	5039.63	14.08	7.13	6.95
1994	6302.58	3279.07	3023.51	1356.56	4946.02	13.88	7.03	6.85
1995	6392.00	3322.27	3069.73	1550.99	4841.01	13.02	7.15	5.87
1996	6428.00	3339.25	3088.75	1606.95	4821.05	12.81	7.20	5.61
1997	6465.00	3356.43	3108.57	1629.00	4836.00	12.59	6.99	5.60
1998	6502.00	3374.33	3127.67	1684.00	4818.00	12.31	7.10	5.21
1999	6532.00	3389.32	3142.68	1724.00	4808.00	11.72	7.12	4.60
2000	6562.05	3422.77	3139.28	1951.21	4609.84	11.45	6.79	4.66
2001	6595.85	3409.72	3186.13	2031.52	4564.33	11.80	6.72	5.08
2002	6628.50	3433.56	3194.94	2121.12	4507.38	11.56	6.70	4.86
2003	6662.80	3453.33	3209.47	2232.04	4430.76	11.82	6.87	4.95
2004	6697.70	3470.75	3226.95	2377.68	4320.02	11.89	6.80	5.09
2005	6732.10	3490.59	3241.51	2490.88	4241.22	11.90	6.75	5.15
2006	6768.10	3513.35	3254.75	2619.93	4148.17	11.92	6.73	5.19
2007	6805.70	3533.87	3271.83	2752.91	4052.79	11.96	6.71	5.25
2008	6845.20	3549.30	3295.90	2885.25	3959.95	12.68	7.28	5.40

国内生产总值 （单位：亿元）

年份	国民生产总值	国内生产总值	第一产业	第二产业	工业	建筑业	第三产业	运输邮电业	商业	人均国内生产总值（元/人）
1949	17.65	17.65	12.65	1.31			3.69			59
1950	21.10	21.10	15.20	1.65			4.25			70
1951	24.42	24.42	17.23	2.30			4.89			78
1952	27.81	27.81	18.72	3.43	2.94	0.49	5.66	1.10	2.50	86
1953	30.29	30.29	18.48	4.28	3.53	0.75	7.53	1.64	3.54	91
1954	30.51	30.51	17.03	5.13	4.22	0.91	8.35	1.77	3.98	90
1955	35.83	35.83	21.23	5.76	4.25	1.51	8.94	2.07	3.83	104
1956	37.93	37.93	20.56	6.57	5.19	1.38	10.80	2.38	4.83	109
1957	45.20	45.20	26.41	7.45	5.94	1.51	11.34	2.71	4.51	127
1958	55.85	55.85	26.65	16.63	12.40	4.23	12.57	3.51	4.58	154
1959	61.95	61.95	23.60	21.57	16.57	5.00	16.78	5.45	6.04	168
1960	64.07	64.07	20.58	25.47	19.22	6.25	18.02	5.42	6.60	176
1961	46.64	46.64	20.78	11.69	10.25	1.44	14.17	3.20	4.95	132
1962	51.19	51.19	27.17	10.59	9.46	1.13	13.43	2.73	4.93	144
1963	48.08	48.08	25.11	11.37	10.31	1.06	11.60	3.25	2.82	131
1964	57.36	57.36	30.41	15.60	13.50	2.10	11.35	2.57	3.45	153
1965	65.32	65.32	34.00	19.17	16.86	2.31	12.15	2.98	3.68	170
1966	72.73	72.73	37.30	22.16	19.67	2.49	13.27	3.14	4.41	184
1967	73.51	73.51	40.07	19.89	17.46	2.43	13.55	3.03	4.54	181
1968	75.67	75.67	44.85	17.31	15.03	2.28	13.51	2.92	4.22	181
1969	81.26	81.26	44.08	21.98	19.39	2.59	15.20	3.37	5.20	189
1970	93.05	93.05	44.62	31.98	28.83	3.15	16.45	3.96	5.67	211
1971	99.10	99.10	46.31	35.33	30.35	4.98	17.46	4.34	5.63	218
1972	107.01	107.01	47.73	39.91	34.31	5.60	19.37	4.89	6.68	230
1973	115.80	115.80	51.91	43.35	37.92	5.43	20.54	5.01	7.23	244
1974	108.17	108.17	53.17	34.87	29.21	5.66	20.13	4.34	6.98	223
1975	118.40	118.40	54.97	41.96	35.58	6.38	21.47	4.92	7.29	239
1976	118.53	118.53	55.07	41.47	34.95	6.52	21.99	4.83	7.17	236
1977	129.17	129.17	55.95	49.59	43.14	6.45	23.63	5.33	8.06	254
1978	146.99	146.99	59.83	59.82	51.94	7.88	27.34	5.915.	9.71	286

续表

年份	国民生产总值	国内生产总值	第一产业	第二产业	工业	建筑业	第三产业	运输邮电业	商业	人均国内生产总值（元/人）
1979	178.01	178.01	79.40	68.42	59.23	9.19	30.19	6.47	10.85	343
1980	191.72	191.72	81.14	76.99	65.31	11.68	33.59	6.77	11.73	365
1981	209.68	209.68	93.29	77.78	67.19	10.59	38.61	6.93	13.42	394
1982	232.52	232.52	107.99	82.51	71.31	11.20	42.02	7.61	12.81	430
1983	257.43	257.43	117.79	93.37	78.84	14.53	46.27	8.16	12.56	470
1984	287.29	287.29	128.28	104.34	90.79	13.55	54.67	9.30	15.40	519
1985	349.95	349.95	147.72	127.08	110.05	17.03	75.15	13.23	22.94	626
1986	397.68	397.68	165.28	143.31	124.30	19.01	89.09	15.00	27.60	703
1987	469.44		187.09	172.45	149.67	22.78	109.90	20.13	34.56	818
1988	584.07		217.03	221.28	190.40	30.88	145.76	24.12	46.61	999
1989	640.80		234.31	238.15	212.21	25.94	168.34	26.81	45.48	1074
1990	744.44		279.09	249.98	220.69	29.29	215.37	32.27	62.94	1228
1991	833.30		301.02	281.95	212.96	38.99	250.33	41.68	73.91	1357
1992	986.98		323.91	337.17	284.66	52.51	325.90	51.29	104.96	1595
1993	1244.71		383.68	470.05	399.58	70.47	390.98	72.71	123.52	1997
1994	1650.02		532.89	589.72	499.97	89.75	527.41	100.30	167.24	2630
1995	2132.13		685.30	770.67	658.67	112.00	676.16	133.71	210.40	3359
1996	2540.13		793.98	920.06	790.19	129.87	826.09	171.14	244.45	3963
1997	2849.27		855.75	1041.79	903.90	137.89	951.73	198.66	268.06	4420
1998	3025.53		828.31	1123.08	960.70	162.38	1074.14	220.86	289.06	4667
1999	3214.54		778.25	1192.99	1010.53	182.46	1243.30	246.08	311.68	4933
2000	3551.49		784.92	1293.18	1094.76	198.42	1473.39	288.16	342.30	5425
2001	3831.90		825.73	1412.82	1180.43	232.39	1593.35	303.88	377.18	6120
2002	4151.54		847.25	1523.50	1265.72	257.78	1780.79	333.51	416.15	6734
2003	4659.99		886.47	1777.74	1484.98	292.76	1995.78	373.27	458.07	7589
2004	5641.94		1156.80	2190.54	1824.11	366.43	2294.60	446.50	518.39	9165
2005	6511.34		1255.08	2596.71	2189.91	406.80	2659.55	519.73	610.83	10426
2006	7568.89		1332.23	3151.70	2694.11	457.59	3084.96	426.09	558.88	11950
2007	9200.00		1626.52	3916.44	3375.87	540.57	3657.04	477.27	650.94	14492
2008	11156.64		2007.40	4933.08	4280.16	652.92	4216.16	523.13	766.44	17521

全社会固定资产投资总额　　　　　　　（单位:亿元）

年份	全社会固定资产投资总额	国有经济	集体经济	个体经济	联营经济	股份制经济	外商经济	港澳台经济	其他经济
1949									
1950	1.03	0.17	0.02	0.84					
1951	1.34	0.34	0.03	0.97					
1952	2.13	0.88	0.13	1.12					
1953	3.52	1.56	0.23	1.73					
1954	3.89	1.55	0.23	2.11					
1955	3.37	1.92	0.29	1.16					
1956	3.89	2.71	0.40	0.78					
1957	3.80	2.67	0.40	0.73					
1958	11.42	7.91	3.50	0.01					
1959	14.19	11.42	2.75	0.02					
1960	15.05	13.66	1.37	0.02					
1961	4.93	3.93	0.43	0.57					
1962	3.28	2.03	0.22	1.03					
1963	4.35	2.66	0.27	1.42					
1964	5.48	4.13	0.42	0.93					
1965	6.90	5.20	0.52	1.18					
1966	8.65	6.32	0.95	1.38					
1967	6.70	4.75	0.71	1.24					
1968	4.37	2.90	0.43	1.04					
1969	8.01	6.15	0.92	0.94					
1970	17.86	14.54	2.18	1.14					
1971	21.38	16.83	3.20	1.35					
1972	16.07	12.26	2.33	1.48					
1973	17.05	12.87	2.45	1.73					
1974	16.15	11.65	2.22	2.28					
1975	18.41	12.87	2.45	3.09					
1976	16.84	10.88	2.50	3.46					
1977	15.46	10.93	2.51	2.02					
1978	20.15	14.71	3.38	2.06					

续表

年份	全社会固定资产投资总额	国有经济	集体经济	个体经济	联营经济	股份制经济	外商经济	港澳台经济	其他经济
1979	25.29	17.56	4.04	3.69					
1980	32.20	20.32	4.33	7.55					
1981	33.45	18.67	5.75	9.03					
1982	40.18	25.34	5.96	8.88					
1983	55.66	25.06	5.79	24.81					
1984	60.54	29.39	6.84	24.31					
1985	83.52	43.86	11.47	28.19					
1986	99.26	50.40	13.35	35.51					
1987	116.39	60.98	17.59	37.82					
1988	140.04	72.97	18.85	48.22					
1989	114.41	62.94	11.71	39.76					
1990	124.17	72.01	12.33	39.83					
1991	157.07	94.85	17.61	44.61					
1992	233.39	149.72	30.11	53.56					
1993	320.24	203.17	44.98	56.61	0.35	5.33	7.17	2.42	0.21
1994	420.89	251.21	53.85	87.38	0.95	11.39	10.37	4.98	0.76
1995	524.01	316.90	39.83	120.34	0.85	14.45	23.47	7.46	0.71
1996	678.33	375.27	79.25	178.58	0.56	11.05	21.38	10.95	1.29
1997	700.73	366.34	84.48	195.17	0.89	19.31	23.33	8.37	2.84
1998	848.59	457.00	95.65	230.15	0.53	36.52	10.70	13.65	4.39
1999	943.34	522.95	95.81	263.42	1.39	32.3	13.00	11.91	2.56
2000	1066.27	574.12	118.80	281.89	1.36	49.8	24.72	13.69	1.91
2001	1210.63	618..54	145.78	291.56	1.42	113.59	17.54	20.18	2.02
2002	1355.87	665.70	166.92	282.53	3.98	177.48	25.98	26.64	6.64
2003	1557.00	701.33	199.59	250.80	7.52	313.35	21.81	51.63	10.96
2004	1981.29	879.95	76.26	392.00	9.76	506.05	41.29	47.30	28.68
2005	2563.96	1000.96	94.89	499.08	13.26	752.22	47.48	66.25	89.82
2006	3242.39	1250.49	100.46	661.00	13.07	921.68	57.27	94.02	189.40
2007	4294.36	1546.59	170.86	892.40	8.34	1236.61	82.49	110.90	246.15
2008	5649.69	1985.68	229.42	1285.04	21.11	1643.41	93.07	98.90	293.06

工业企业数和总产值

年份	工业企业数(个)	国有	集体	个体	其他	工业总产值(当年价)(亿元)	国有	集体	个体	其他
1949	1400	22			1378	3.18	0.11		2.42	0.65
1950	1884	95	13		1776	4.15	0.49	0.02	2.61	1.03
1951	2796	394	44		2358	5.82	1.52	0.03	2.76	1.51
1952	3122	734	145		2243	8.19	3.58	0.08	2.95	1.58
1953	3163	747	152		2264	10.10	4.55	0.11	3.64	1.80
1954	4265	898	1023		2344	11.94	6.29	0.23	3.54	1.88
1955	5985	880	3033		2072	12.11	6.80	0.60	2.60	2.11
1956	7812	948	6315		549	14.65	8.88	2.65	0.93	2.19
1957	8107	1027	6517		563	16.99	10.06	3.08	1.17	2.68
1958	12971	3208	9389		374	32.41	19.99	9.54		2.88
1959	12216	3225	8798		193	42.63	28.85	10.68		3.10
1960	11905	2932	8828		145	48.85	33.86	12.17		2.82
1961	13095	2721	10374			28.56	21.76	6.80		
1962	10449	2056	8393			26.42	19.49	6.93		
1963	9154	1911	7243			28.21	20.76	7.45		
1964	8268	1838	6430			32.38	24.55	7.83		
1965	7939	1884	6055			38.90	30.39	8.51		
1966	8875	1892	6983			47.94	38.46	9.48		
1967	9512	1939	7573			42.98	32.59	10.39		
1968	9401	1894	7507			36.72	26.08	10.64		
1969	9410	2068	7342			47.83	36.78	11.05		
1970	10106	2421	7685			68.94	55.02	13.92		
1971	13227	2842	10385			77.35	61.70	15.65		
1972	14112	3054	11058			87.05	69.54	17.51		
1973	14039	3069	10970			100.63	79.80	20.83		
1974	14903	3052	11851			83.66	62.07	21.59		
1975	16530	3233	13297			105.34	79.26	26.08		
1976	18438	3300	15138			104.52	75.23	29.29		
1977	19164	3446	15718			124.44	89.99	34.45		
1978	19644	3504	16140			142.78	107.07	35.71		

年份	工业企业数（个）					工业总产值（当年价）（亿元）				
		国有	集体	个体	其他		国有	集体	个体	其他
1979	20204	3582	16622			164.12	123.53	39.91		
1980	20440	3677	16759			177.85	134.34	43.37		0.14
1981	20017	3739	16274			187.02	139.24	45.06	2.59	0.13
1982	20103	3844	16255			205.78	152.77	49.06	3.76	0.19
1983	20416	3967	16448			221.15	163.03	53.81	4.31	
1984	22180	3967	18209			255.06	182.76	67.03	5.23	0.04
1985	291621	4351	85247	202013	10	314.68	218.52	90.08	6.03	0.05
1986	332662	4431	77337	250877	17	368.88	249.13	107.99	11.59	0.17
1987	417718	4440	84938	328310	30	456.74	297.72	137.01	21.19	0.82
1988	420176	4469	81361	334311	35	581.85	376.29	172.00	31.55	2.01
1989	405245	4706	73958	326546	32	680.09	442.18	192.87	41.89	3.15
1990	419330	4824	74277	340197	43	712.67	455.87	204.73	48.57	3.50
1991	430083	4846	70534	354660	75	803.71	504.36	235.03	59.71	4.61
1992	453765	4772	67815	381103	529	1006.79	594.30	303.90	94.88	13.71
1993	544080	4896	77665	460990	956	1438.92	724.49	451.91	192.55	69.97
1994	632068	4739	89548	536825	844	1925.35	855.74	632.62	339.52	97.47
1995	535123	5602	77502	440531	1236	2254.11	889.40	708.40	533.25	123.06
1996	664255	5513	87236	570270	1856	3280.58	960.70	1131.51	1045.59	140.77
1997	663297	4672	89353	567416		3817.15	945.82	1273.52	1409.78	188.03
1998	695361					4236.97				
1999										
2000	4808	2052	1364	471	11	1627.94	659.63	241.69	100.27	2.24
2001	4961	1758	1110	875	19	1811.22	705.42	202.73	160.80	3.49
2002	5438	1635	1542	1303	22	2099.40	715.17	225.01	245.15	17.38
2003	5967	1295	905	2034	33	2611.45	762.13	184.64	410.60	7.01
2004	6529	1248	962	2393	32	3506.12	1057.77	321.38	614.39	9.41
2005	8022	771	552	4379	52	4754.86	1168.89	147.31	1259.64	39.14
2006	8999	691	479	5409	47	6131.18	1299.82	149.62	1893.79	17.89
2007	10201	505	529	6319	106	8464.08	1633.71	195.35	2814.56	29.42
2008	10982	514	557	6860	255	11250.53	1968.59	271.63	4077.95	51.17

工业总产值指数

年份	全部工业总产值	以 1952 年为 100				全部工业总产值	以上年为 100			
		国有	集体	个体	其他		国有	集体	个体	其他
1949	41.3	3.6		82.0	41.1					
1950	53.9	15.9	25.0	88.5	65.2	130.5	445.5		107.9	158.5
1951	75.6	49.2	37.5	93.6	95.6	140.2	310.2	150.0	105.7	146.6
1952	100.0	100.0	100.0	100.0	100.0	132.3	203.3	266.7	106.9	104.6
1953	129.1	145.0	137.5	121.4	112.0	129.1	145.0	137.5	121.4	112.0
1954	154.0	201.0	287.5	120.1	119.0	119.3	138.6	209.1	98.8	106.2
1955	163.0	228.2	750.0	92.6	137.3	105.8	113.5	260.9	77.1	115.4
1956	209.9	316.8	3650.0	34.9	155.0	128.8	138.9	486.7	37.7	112.9
1957	236.2	360.8	3850.0	39.3	177.1	112.6	113.9	105.5	112.6	114.3
1958	416.3	740.3	8062.5		192.3	176.2	205.2	209.4		108.6
1959	551.3	1075.6	9080.7		208.8	132.4	145.3	112.6		108.6
1960	619.0	1236.2	10157.4		186.3	112.3	114.9	111.9		89.2
1961	331.3	727.9	518.0			53.5	58.9	51.0		
1962	288.4	613.4	4932.6			87.0	84.3	95.2		
1963	314.8	667.9	5400.0			109.2	108.9	109.5		
1964	373.4	816.5	5875.8			118.6	122.2	108.8		
1965	477.6	1075.9	6869.0			127.9	131.8	116.9		
1966	616.0	1424.7	8012.4			129.0	132.4	116.6		
1967	565.9	1237.0	8997.3			91.9	86.8	112.3		
1968	464.1	950.4	8838.7			82.0	76.8	98.2		
1969	640.9	1421.0	9731.8			138.1	149.5	110.1		
1970	926.6	2132.1	12302.4			144.6	150.0	126.4		
1971	1070.5	2484.9	13721.3			115.5	116.5	111.5		
1972	1227.8	2889.9	14918.7			114.7	116.3	108.7		
1973	1374.8	3211.8	17198.8			112.0	111.1	115.3		
1974	1109.9	2426.1	17305.4			80.7	75.5	100.6		
1975	1456.6	3229.0	21791.6			131.2	133.1	125.9		
1976	1414.6	1109.9	24022.5			97.1	92.8	110.2		
1977	1714.1	1456.6	28672.8			121.2	121.9	119.4		
1978	1981.4	4333.3	30854.4			115.6	118.7	107.6		

续表

年份	全部工业总产值	以1952年为100				全部工业总产值	以上年为100			
		国有	集体	个体	其他		国有	集体	个体	其他
1979	2220.8	4934.2	32995.0			112.1	113.9	106.9		
1980	2398.2	5264.9	36800.6		100.0	108.0	106.7	111.5		
1981	2493.0	5439.3	37962.3	40.6	107.7	104.0	103.3	103.2		107.7
1982	2732.4	5908.7	41260.5	100.7	161.5	109.6	108.6	108.7	248.0	150.0
1983	2946.3	6333.9	44680.6	139.7	2.3	107.8	107.2	108.3	138.7	1.4
1984	3347.1	6953.7	56151.3	172.7	26.9	113.6	109.8	125.7	123.6	1166.7
1985	3894.3	7722.9	71992.6	199.1	37.7	116.4	111.1	128.2	115.3	140.0
1986	4401.3	8412.6	83869.6	382.6	138.5	113.0	108.9	116.5	192.2	367.3
1987	5144.4	9518.5	99922.1	615.7	530.8	116.9	113.1	119.1	160.9	383.3
1988	5931.2	10608.9	117867.4	757.3	1369.3	115.3	111.5	118.0	123.0	258.0
1989	6328.6	10959.0	127296.8	986.8	2100.5	106.7	103.3	108.0	130.3	153.4
1990	6647.7	11289.3	135520.0	1121.0	2539.5	105.0	103.0	106.5	113.6	120.9
1991	7394.8	12170.3	156975.1	1377.7	3289.7	111.2	107.8	115.8	122.9	129.5
1992	8866.4	13472.5	201713.0	2158.9	6957.7	119.9	110.7	128.5	156.7	211.5
1993	10905.7	13903.6	270093.7	3771.6	28964.9	123.0	103.2	133.9	174.7	416.3
1994	13174.1	14654.4	345179.7	5608.3	45648.7	120.8	105.4	127.8	148.7	157.6
1995	15440.0	15357.8	380042.8	9119.1	55741.6	117.2	104.8	110.1	162.6	122.1
1996	19886.7	16033.5	493295.6	15311.0	57525.4	128.8	104.4	129.8	167.9	103.2
1997	23963.5	16466.4	581595.5	21083.2	79557.6	120.5	102.7	117.9	137.7	138.3
1998	27426.2					114.6				
1999										
2000										
2001										
2002										
2003										
2004										
2005										
2006										
2007										
2008										

轻、重工业总产值 （单位:亿元）

年份	轻工业	以农业产品为原料	以非农业产品为原料	重工业	采掘工业	原料工业	加工工艺
1949	2.64	2.12	0.52	0.54	0.23	0.11	0.20
1950	3.25	2.62	0.63	0.90	0.36	0.18	0.36
1951	4.15	3.45	0.70	1.67	0.60	0.37	0.70
1952	5.83	4.92	0.91	2.36	0.78	0.52	1.06
1953	7.26	5.89	1.37	2.68	0.73	0.61	1.34
1954	8.27	6.43	1.84	3.59	0.84	0.82	1.93
1955	7.96	6.39	1.57	4.15	1.03	0.89	2.23
1956	9.12	7.44	1.68	5.53	1.31	1.12	3.10
1957	10.21	8.28	1.93	6.78	1.52	1.48	3.78
1958	16.37	12.79	3.58	16.04	3.29	3.69	9.06
1959	19.59	15.52	4.07	23.04	3.98	6.26	12.80
1960	18.88	14.72	4.16	29.97	5.17	8.12	16.59
1961	14.56	9.85	4.71	14.00	2.60	3.97	7.43
1962	14.65	10.53	4.12	11.77	2.16	3.63	5.98
1963	14.52	10.54	3.98	13.69	2.47	4.58	6.64
1964	16.03	11.68	4.35	16.35	2.46	5.78	8.11
1965	19.11	13.67	5.44	19.79	2.50	7.54	9.75
1966	20.39	12.95	7.44	27.55	3.82	9.83	13.90
1967	20.36	9.48	10.88	22.62	3.16	8.30	11.16
1968	19.32	10.07	9.25	17.40	3.01	6.34	8.05
1969	23.05	10.95	12.10	24.78	3.59	9.33	11.86
1970	26.47	18.06	8.41	42.47	5.68	15.69	21.10
1971	29.90	20.78	9.12	47.45	6.37	17.61	23.47
1972	32.30	22.56	9.74	54.75	7.98	21.32	25.45
1973	37.34	25.73	11.61	63.29	9.15	26.58	27.56
1974	37.18	26.35	10.83	46.48	7.68	18.02	20.78
1975	42.67	30.00	12.67	62.67	8.92	23.55	30.20
1976	44.10	31.19	12.91	60.42	8.90	22.15	29.37
1977	50.81	35.27	15.54	73.63	10.24	26.12	37.27
1978	55.78	38.35	17.43	87.00	10.37	28.20	48.43

年份	轻工业	以农业产品为原料	以非农业产品为原料	重工业	采掘工业	原料工业	加工工艺
1979	64.05	44.93	19.12	100.07	12.06	36.14	51.87
1980	76.67	55.16	21.51	101.18	13.20	40.14	47.84
1981	87.44	66.15	21.29	99.58	13.29	43.72	42.57
1982	95.67	72.70	22.97	110.11	14.07	46.22	49.82
1983	101.77	77.36	24.41	119.38	15.01	47.43	56.94
1984	115.00	86.50	28.50	140.06	15.20	55.11	69.75
1985	139.76	103.77	35.99	174.92	21.04	68.03	85.85
1986	168.36	123.87	44.49	200.52	23.13	80.59	96.80
1987	210.40	152.13	58.27	246.34	30.94	92.04	123.36
1988	263.69	191.84	71.55	318.46	40.86	115.23	162.37
1989	300.07	216.97	83.10	380.02	49.34	140.38	190.30
1990	316.63	223.45	93.18	396.04	51.28	151.01	193.75
1991	354.00	249.14	104.86	449.71	56.51	179.46	213.74
1992	422.17	291.74	130.43	584.62	68.76	235.04	280.82
1993	561.72	379.90	181.82	877.20	108.95	347.74	420.51
1994	801.37	560.00	241.37	1123.98	168.64	424.98	530.36
1995	969.73	711.81	257.94	1284.37	177.46	536.28	570.62
1996	1457.22	961.64	495.58	1823.36	396.20	562.86	864.30
1997	1705.77	1115.03	590.74	2111.38	467.54	634.46	1009.38
1998	1844.48			2392.49			
1999							
2000	565.49	425.80	139.69	1062.45	70.23	594.43	396.78
2001	633.45	484.87	148.57	1177.77	73.65	643.41	460.71
2002	746.52	93.52	698.50	1352.88	93.52	698.50	560.86
2003	834.72			1776.74			
2004	1108.39			428.15			
2005	1429.02			3325.84			
2006	1777.88			4353.30			
2007	2379.92			6084.16			
2008	3205.17			8045.36			

乡及乡以上独立核算工业企业主要指标　　　　　　（单位:亿元）

年份	企业数（个）	工业总产值（现价）	固定资产原价	固定资产净值	产品销售税金及附加	利税总额	工业增加值	工业净产值
1949								
1950								
1951								
1952	290							
1953								
1954								
1955								
1956								
1957	1340		5.65	4.32				
1958								
1959								
1960								
1961								
1962	8915		22.01	18.47				
1963								
1964								
1965	6691		26.00	20.72				
1966								
1967								
1968								
1969								
1970	10106							
1971								
1972								
1973								
1974								
1975	13245		88.95	66.07	7.40	13.73		
1976								
1977	14767	109.38	108.68			17.52		32.75
1978	16419	129.03	123.20	87.38	10.34	24.48		41.94

续表

年份	企业数（个）	工业总产值（现价）	固定资产原价	固定资产净值	产品销售税金及附加	利税总额	工业增加值	工业净产值
1979	17581	148.62	138.38	98.08	11.70	28.99		48.75
1980	18670	163.97	153.75	107.82	12.82	31.97		53.51
1981	18312	171.89	168.77	118.35	15.05	34.33		55.13
1982	18300	188.29	182.07	128.14	16.28	36.18		59.03
1983	18379	200.94	195.84	134.11	17.80	39.66		64.24
1984	20084	227.60	211.25	142.98	20.08	43.45		73.37
1985	18204	276.64	240.16	161.58	27.15	53.38	100.30	89.42
1986	20430	319.88	269.73	181.33	30.58	57.89	109.30	101.43
1987	20539	387.28	309.01	208.35	35.33	65.81	125.93	118.06
1988	20991	489.05	357.97	243.14	44.46	80.48	155.58	147.19
1989	21233	569.10	409.12	278.63	53.05	82.29	174.63	168.92
1990	21060	586.67	455.41	307.78	56.03	65.37	188.56	167.00
1991	20803	654.82	517.29	347.63	65.53	74.98	214.63	189.39
1992	20276	790.54	602.21	375.27	72.12	89.91	231.88	223.67
1993	22083	1064.40	714.55	452.63	85.80	105.71	323.31	
1994	22978	1298.22	944.42	545.79	50.56	130.54	382.08	
1995	23931	1370.84	1282.75	721.49	51.86	124.37	400.52	
1996	24250	1659.04	1419.85	936.84	63.82	135.51	555.66	
1997	22919	1740.59	1657.45	1098.71	70.30	150.24	571.22	
1998	4554	1287.43	1614.36	1083.63	75.26	151.98	436.31	
1999		1414.12				177.04	461.71	
2000		1627.94				205.87	528.06	
2001		1811.22				235.66	606.54	
2002		2099.40				268.10	706.54	
2003		2611.45				345.67	888.56	
2004		3654.07				471.37	1238.29	
2005		4754.86				575.09	1629.79	
2006		6131.18				719.19	2089.06	
2007		8464.08				1118.82	2853.84	
2008		11250.53				1071.74	3570.85	

国有、集体独立核算工业企业主要指标　　　　（单位:亿元）

年份	国有工业企业					集体工业企业				
	企业数（个）	固定资产原价	固定资产净值	产品销售税金及附加	利税总额	企业数（个）	固定资产原价	固定资产净值	产品销售税金及附加	利税总额
1949										
1950										
1951										
1952	150	2.15	1.74	0.30	0.76	140				
1953										
1954										
1955										
1956										
1957	1207	5.53	4.23	0.58	2.13	133				
1958										
1959										
1960										
1961										
1962	1555	21.54	17.56	1.42	1.92	7360				
1963										
1964										
1965	1622	25.13	20.04	1.57	5.36	5069	0.87	0.68		
1966										
1967										
1968										
1969										
1970	2421	38.19	29.63	5.40	11.48	7685				
1971										
1972										
1973										
1974										
1975	2768	83.04	61.58	6.59	11.63	10477	5.91	4.49	0.81	2.10
1976	2817	89.50	64.18		10.10					
1977	2922	98.95	70.76		14.54	11845	9.73		1.22	2.98
1978	2986	110.15	78.21	8.96	19.80	13433	13.05	9.17	1.38	4.68

年份	国有工业企业					集体工业企业				
	企业数（个）	固定资产原价	固定资产净值	产品销售税金及附加	利税总额	企业数（个）	固定资产原价	固定资产净值	产品销售税金及附加	利税总额
1979	3045	122.69	87.06	10.22	24.19	14536	15.69	11.02	1.48	4.80
1980	3074	134.69	93.18	11.09	26.89	15592	19.07	14.59	1.73	5.08
1981	3066	146.63	101.51	12.86	29.23	15242	22.03	16.76	2.18	5.10
1982	3123	157.40	109.94	13.87	30.91	15173	24.58	18.13	2.40	5.27
1983	3129	168.49	114.31	15.28	33.84	15249	23.39	19.80	2.52	5.82
1984	3187	180.34	121.05	17.18	37.05	16895	30.89	21.92	2.91	6.40
1985	3522	203.94	136.12	23.27	44.90	14673	36.18	25.42	3.88	8.48
1986	3463	226.05	150.67	26.00	48.60	16951	43.58	30.57	4.57	9.29
1987	3568	255.41	170.85	35.33	55.82	16944	53.23	37.17	5.19	9.92
1988	3567	294.81	199.14	44.46	67.41	17391	62.62	43.53	6.37	12.76
1989	3602	335.60	228.02	53.05	70.44	17603	72.53	49.77	7.14	11.52
1990	3608	374.01	253.69	56.03	56.39	17424	80.79	52.98	7.63	8.65
1991	3609	426.45	288.76	56.74	63.67	17159	89.26	57.64	8.70	10.75
1992	3550	474.47	293.36	61.21	75.29	16664	98.04	61.20	10.69	15.65
1993	3649	532.95	326.63	66.98	73.32	17978	122.05	83.16	13.64	20.16
1994	3652	719.25	390.39	39.19	91.29	18449	152.02	103.92	9.96	27.51
1995	3859	1001.31	710.65	40.39	90.96	19263	178.33	116.07	6.76	23.33
1996	3770	1117.07	723.84	55.21	100.92	15383	208.17	143.00	7.69	27.86
1997	3036	1276.85	843.32	60.47	102.58	18271	237.28	162.99	7.97	31.68
1998	2422	1258.24	853.56	68.87	113.38	1430	93.82	65.36	2.84	11.86
1999										
2000	2052	1184.56	781.67	69.17	128.67	1364	103.92	69.51	2.82	13.50
2001	1758	1210.30	756.35	105.60	142.86	1110	82.33	52.87	3.46	11.46
2002	1635	1246.80	805.06	74.46	153.48	1109	85.06	53.76	2.80	14.26
2003	1295	1233.32	739.23	82.08	180.50	905	71.26	45.98	3.08	13.68
2004	1248		988.32	71.63	246.93	962		45.14	2.75	18.18
2005	771	1262.17	805.00	119.52	261.97	552	37.40	24.67	2.94	14.02
2006	691	1544.56	941.29	139.80	303.83	479	32.79	21.59	2.10	10.50
2007	505	1791.84	1084.37	172.41	420.09	529	37.08	25.67	2.55	14.66
2008	514			199.25	416.50	557			2.80	18.39

国有、集体独立核算工业企业主要效益指标　　　　　　（单位:元）

年份	国有独立核算企业					集体独立核算企业				
	百元固定资产实现产值	百元固定资产实现利税	百元产值实现利税	百元资金实现利税	百元产值占用流动资金	百元固定资产实现产值	百元固定资产实现利税	百元产值实现利税	百元资金实现利税	百元产值占用流动资金
1949										
1950										
1951										
1952	117.7	30.28	29.69	32.20	24.22					
1953										
1954										
1955										
1956										
1957	172.42	38.52	20.21	36.72	14.99					
1958										
1959										
1960										
1961										
1962	68.95	8.90	14.98	8.35	42.43					
1963										
1964										
1965	105.74	21.33	20.79	20.86	21.57					
1966										
1967										
1968										
1969										
1970	125.98	30.06	22.47	25.55	29.95					
1971										
1972										
1973										
1974										
1975	89.93	14.01	15.57	12.88	38.42	281.56	35.53	12.62		
1976	78.90			10.67	43.30					
1977	88.20			14.30	35.40					
1978	92.79	17.98	19.37	17.67	33.13	209.50	35.86	17.12		
1979	95.90			19.70	30.20					

续表

年份	国有独立核算企业					集体独立核算企业				
	百元固定资产实现产值	百元固定资产实现利税	百元产值实现利税	百元资金实现利税	百元产值占用流动资金	百元固定资产实现产值	百元固定资产实现利税	百元产值实现利税	百元资金实现利税	百元产值占用流动资金
1980	96.49	19.98	20.07	20.64	28.59	178.24	26.64	14.95	21.92	25.27
1981	92.16	19.93	21.63	20.97	28.02	166.23	23.15	13.93	18.79	28.35
1982	94.19	19.64	20.85	20.52	27.18	162.12	21.54	13.22	17.55	29.91
1983	93.80	20.08	21.40	21.39	27.77	156.82	21.29	13.57	17.78	30.19
1984	98.58	20.54	20.84	21.86	27.25	161.21	20.71	12.85	16.90	32.00
1985	104.28	22.02	21.11	23.30	26.61	176.73	23.44	13.26	19.19	29.37
1986	107.10	21.50	20.07	22.21	28.14	178.15	21.32	11.96	17.46	29.15
1987	113.56	21.86	19.25	22.36	27.17	181.15	18.63	10.29	15.32	28.58
1988	124.56	22.86	18.36	23.00	25.57	191.50	20.36	10.64	16.74	27.31
1989	128.12	20.99	16.38	20.35	27.48	187.75	15.89	8.46	12.89	29.09
1990	118.11	15.08	12.77	14.18	32.50	176.70	10.81	6.12	8.74	32.51
1991	114.44	14.93	13.05	14.12	33.20	181.84	12.05	6.63	9.73	32.55
1992	121.31	15.87	13.08	11.81	59.82	205.70	15.96	7.76	9.17	54.27
1993	131.40	13.75	10.47	9.84	59.73	241.56	16.52	6.84	9.23	45.89
1994	114.49	12.69	11.09	10.30	60.18	249.25	18.10	7.26	10.78	39.88
1995	84.27	9.08	10.78	8.33	65.79	227.25	13.08	5.76	7.96	43.72
1996	81.72	9.03	11.05	7.69	64.38	292.49	13.38	4.58	8.36	31.24
1997	69.46	8.03	11.57	6.81	74.68	283.73	13.35	4.71	7.88	35.51
1998	62.33	9.01	14.46	7.55	82.59	342.07	18.15	5.30	7.96	37.38
1999										
2000		10.86	19.55				12.99	6.34		
2001										
2002		12.31	22.02				16.76	6.77		
2003		14.64	20.84				19.2	8.09		
2004			20.09					8.48		
2005		20.76	22.53				37.48	9.67		
2006		19.67	22.89				32.03	6.87		
2007		23.44	24.53				39.54	7.67		
2008			21.53					7.02		

注:从1992年起计算"百元资金实现利税"、"百元产值占用流动资金"量指标中,均由定额改按全部流动资金。

主要工业产品产量

年份	化学纤维(万吨)	纱(万吨)	布(亿米)	机制纸及纸板(万吨)	糖(万吨)	平板玻璃(万重量箱)	合成洗涤剂(万吨)	卷烟(万箱)	原煤(万吨)	发电量(亿千瓦时)
1949		0.20	0.57	0.03				4.98	79.06	0.19
1950		0.27	0.64	0.05				2.66	93.88	0.25
1951		0.49	0.76	0.08				1.98	159.34	0.38
1952		0.92	0.81	0.15	0.05			5.32	175.63	0.77
1953		1.12	0.89	0.31	0.21			4.06	154.00	0.89
1954		1.78	1.25	0.46	0.28			4.34	210.92	1.34
1955		1.55	1.13	0.54	0.35			4.18	233.42	1.54
1956		2.00	1.38	0.78	0.47			4.13	300.83	2.17
1957		1.67	1.13	0.99	0.43			4.66	241.15	2.51
1958		2.28	1.31	1.16	0.47			5.47	835.00	4.27
1959		3.27	1.32	1.90	0.88	3.33		8.61	940.00	7.80
1960		1.88	1.05	2.74	0.56	44.83		6.86	1054.00	13.28
1961		0.96	0.49	1.77	0.13			4.04	680.00	9.88
1962		0.87	0.46	1.75	0.18		0.01	4.13	549.00	9.86
1963		1.30	0.67	2.07	0.24		0.03	3.77	544.19	11.68
1964		1.79	0.86	2.30	0.43		0.05	5.17	525.14	13.51
1965		2.18	1.04	3.04	0.50	12.12	0.08	7.17	529.89	17.71
1966		2.82	1.17	4.05	0.38	86.60	0.12	9.87	674.80	22.85
1967		2.09	1.12	4.51	0.34	19.73	0.11	10.06	646.85	23.80
1968		1.82	0.92	4.23	0.44	31.09	0.10	12.80	546.91	22.00
1969		3.03	1.41	5.67	0.36	81.93	0.08	17.45	778.99	29.92
1970		4.80	2.08	7.71	0.60	86.07	0.11	23.08	1103.81	40.83
1971	…	3.63	1.62	8.65	0.50	113.19	0.16	22.66	1393.17	44.97
1972	0.14	4.17	1.72	9.92	0.84	113.18	0.56	27.02	1599.62	52.04
1973	0.21	4.48	1.91	13.23	1.77	97.31	0.72	30.69	1666.02	68.55
1974	0.22	3.20	1.50	9.17	1.40	73.68	0.54	33.13	1492.48	52.71
1975	0.26	5.33	2.18	11.86	1.54	100.93	0.86	39.72	1842.48	68.24
1976	0.44	4.66	2.01	12.16	0.95	106.43	0.61	42.92	1885.17	68.52
1977	0.42	5.97	2.62	16.22	1.19	113.85	1.14	55.33	2277.13	79.84
1978	0.53	6.56	3.02	19.38	2.06	108.30	1.42	57.46	2671.98	93.54
1979	1.09	7.37	3.40	23.27	3.16	137.02	1.67	66.25	2587.41	106.72

续表

年份	化学纤维（万吨）	纱（万吨）	布（亿米）	机制纸及纸板（万吨）	糖（万吨）	平板玻璃（万重量箱）	合成洗涤剂（万吨）	卷烟（万箱）	原煤（万吨）	发电量（亿千瓦时）
1980	1.47	8.35	3.89	27.53	4.49	142.71	1.36	81.73	2399.09	118.67
1981	1.54	9.09	4.16	30.23	4.64	135.34	1.64	104.33	2409.48	122.36
1982	1.44	9.58	4.47	31.61	5.19	181.74	2.04	132.62	2531.02	131.04
1983	1.31	8.85	4.25	34.21	5.69	215.83	2.26	161.01	2667.96	136.47
1984	0.69	8.76	3.82	37.60	6.27	213.39	2.58	186.09	2848.16	138.47
1985	2.43	10.17	4.28	45.48	7.34	295.39	3.11	198.21	2944.82	147.51
1986	2.52	11.26	4.78	48.64	8.34	385.30	4.24	217.01	3053.18	151.95
1987	0.80	12.69	4.81	53.81	6.29	349.03	4.11	238.60	3360.08	161.40
1988	3.01	13.51	5.11	58.74	5.61	346.59	4.27	248.82	3561.64	173.13
1989	3.35	13.30	4.81	61.48	5.73	325.35	4.76	252.33	3690.43	183.34
1990	3.51	11.73	4.65	64.89	6.94	375.30	4.50	264.85	3371.00	201.40
1991	3.99	14.45	4.29	61.32	8.65	419.88	4.45	260.93	3314.03	221.25
1992	4.10	14.34	4.61	68.25	10.12	448.35	5.82	236.02	3601.02	244.78
1993	4.29	13.88	4.67	78.71	9.82	418.87	6.08	243.64	4213.17	270.23
1994	4.54	15.77	4.80	73.98	6.63	509.64	5.63	254.01	4863.84	292.35
1995	4.80	14.66	4.89	94.02	6.31	861.43	6.05	249.88	5564.51	332.80
1996	4.07	13.42	4.65	103.41	5.85	765.87	6.57	258.62	5989.05	339.09
1997	5.53	13.27	4.40	94.39	7.72	543.49	6.32	233.39	4409.84	345.96
1998	4.65	12.20	3.00	88.26	10.95	385.95	6.48	237.13	4352.07	345.69
1999	6.28	13.95	2.87	53.04	10.13	710.36	6.79	229.39	1432.87	332.51
2000	7.79	16.63	3.41	70.07	4.44	735.34	8.12	230.43	1490.81	354.42
2001	6.97	16.67	3.05	77.61	7.19	857.93	9.27	244.22	1546.10	384.35
2002	9.02	17.89	2.96	88.54	7.08	583.61	8.8	247.51	1845.42	425.54
2003	8.30	21.99	3.41	124.28	3.49	763.85	22.56	251.63	2366.69	523.73
2004	7.51	16.63	4.18	167.89	2.2	887.74	25.29	270.03	3036.15	605.18
2005	8.29	26.06	3.61	170.59	2.10	1009.28	32.06	289.28	3646.51	630.25
2006	6.26	36.02	5.03	213.86	3.92	895.03	38.41	288.70	4097.87	700.87
2007	4.69	44.92	4.99	222.62	3.25	1497.25	40.37	317.44	4852.35	814.12
2008	3.34	51.64	4.38	20.46	1.98	1411.29	37.93	329.60	5119.49	829.56

注:1999年以后产品产量统计口径为全部国有及年产品销售收入500万元以上的非国有工业企业

主要工业产品产量

年份	生铁 （万吨）	钢 （万吨）	成品钢材 （万吨）	铁矿石 成品矿 （万吨）	钨精矿 （万吨）	水泥 （万吨）	化肥 （万吨）	汽车 （辆）	交流发电机 （万千瓦）
1949	0.32			0.64					0.36
1950	0.50			1.00	0.11				1.41
1951	0.79			1.66	0.19				1.29
1952	1.41	0.03		2.83	0.28				5.14
1953	2.56	0.09		4.76	0.27				12.40
1954	4.36	0.13		7.35	0.38				15.86
1955	4.71	0.29		8.33	0.43				9.24
1956	5.22	0.54		9.52	0.55		0.04		17.92
1957	9.19	0.71		21.32	0.61		0.28		21.72
1958	59.17	2.83	0.02	335.47	0.82	15.57	0.27		43.11
1959	50.10	8.70	3.30	239.32	0.99	10.83	0.78		85.43
1960	78.98	20.08	13.67	417.65	0.99	16.03	1.04		102.38
1961	13.70	3.71	3.60	90.39	0.42	8.20	0.50		45.64
1962	4.25	1.78	3.61	7.69	0.40	6.33	0.71		31.93
1963	3.69	1.74	5.99	4.10	0.49	8.76	1.18		30.04
1964	6.25	2.10	6.97	3.92	0.51	18.09	2.42		27.97
1965	7.06	4.07	12.43	3.97	0.58	28.27	5.69		16.76
1966	10.18	7.71	26.25	3.77	0.60	34.95	10.73		32.76
1967	9.45	6.51	11.736	3.48	0.58	31.82	8.30		25.14
1968	4.26	2.48	6.06	1.95	0.38	26.15	6.91		15.58
1969	23.19	5.83	16.78	8.79	0.44	53.60	10.14	20	29.67
1970	41.32	13.75	26.97	34.51	0.63	98.75	15.07	247	46.37
1971	53.09	29.66	33.28	80.53	0.73	144.79	19.19	471	64.01
1972	55.11	39.08	31.42	77.21	0.66	160.59	27.63	431	82.45
1973	60.37	48.06	38.05	73.80	0.73	188.50	36.51	595	94.37
1974	23.43	13.50	13.43	46.08	0.58	141.54	25.57	380	64.02
1975	44.51	31.55	25.51	76.58	0.68	220.93	40.44	986	109.47
1976	30.49	17.44	14.09	78.58	0.54	222.53	38.49	604	82.24
1977	52.51	37.50	28.40	101.67	0.58	285.83	48.41	1331	113.86
1978	86.69	62.44	52.30	110.49	0.68	344.75	54.98	1469	136.22

续表

年份	生铁（万吨）	钢（万吨）	成品钢材（万吨）	铁矿石成品矿（万吨）	钨精矿（万吨）	水泥（万吨）	化肥（万吨）	汽车（辆）	交流发电机（万千瓦）
1979	94.72	73.16	73.08	81.26	0.76	431.00	66.48	2050	164.70
1980	89.26	69.47	88.33	71.75	0.79	502.15	89.37	1897	119.99
1981	84.16	73.09	82.66	60.82	0.80	534.27	89.78	1155	97.44
1982	90.67	84.88	80.87	69.35	0.60	578.68	93.55	849	127.18
1983	92.44	92.03	76.98	71.52	0.52	627.56	97.06	1433	154.13
1984	102.12	97.68	85.70	80.31	0.84	676.70	95.60	3653	158.42
1985	115.08	109.23	95.28	90.94	1.03	761.60	95.28	6061	179.88
1986	133.84	103.27	101.62	85.13	1.25	866.45	102.61	1880	214.25
1987	135.01	112.72	104.56	80.17	1.66	967.05	116.73	2674	231.43
1988	139.14	123.02	110.49	65.84	1.77	1066.07	114.12	6176	244.55
1989	147.98	136.07	116.61	78.15	1.73	986.25	114.45	4238	232.43
1990	153.52	136.01	120.37	85.96	1.94	1001.77	119.91	3459	202.93
1991	161.31	150.95	136.60	103.89	1.97	1199.40	125.71	8996	199.80
1992	177.00	182.11	157.58	100.62	1.85	1503.27	123.95	22065	252.34
1993	199.02	220.79	171.61	92.87	1.93	1733.20	117.84	16558	289.01
1994	209.24	215.03	169.08	118.07	2.78	1996.78	127.69	14663	268.24
1995	200.46	175.60	154.54	101.30	1.34	2196.02	152.78	9895	217.59
1996	213.09	190.04	167.52	79.04	1.97	2300.28	158.86	6634	182.06
1997	264.69	243.73	199.03	100.49	2.11	2209.00	150.81	7569	235.47
1998	286.77	270.59	250.75	100.57	2.10	2338.54	153.73	8088	160.95
1999	324.93	309.02	288.79	19.40		2273.85	157.35	10566	138.11
2000	332.72	304.13	299.05	4.27		2395.72	141.74	17614	137.59
2001	417.26	441.90	389.01	4.31		2496.02	146.11	20514	179.84
2002	499.44	546.65	487.71	6.85		2746.5	164.04	27952	238.32
2003	540.77	590.77	558.18	13.35		3054.34	166.53	43788	367.49
2004	795.06	804.07	802.11	47.23		3358.22	213.77	89154	634.06
2005	961.38	975.17	961.26	417.34		3517.07	257.55	92589	783.66
2006	1101.45	1191.80	1138.64	728.52		4379.41	254.63	100679	1071.22
2007	1246.92	1331.79	1303.10	551.37		5556.72	279.80	134618	1306.17
2008	1211.80	1299.37	1293.01	258.55		6043.88	291.60	145038	1383.98

建筑业企业单位与人员

年份	建筑业企业单位数				建筑业企业人员数			
	合计	国有	城镇建筑队	农村建筑队	合计	国有	城镇集体	农村建筑队
1949								
1950								
1951								
1952	27				1.01			
1953	38				2.34			
1954	44				2.64			
1955	62				3.54			
1956	160				7.14			
1957	187				7.73			
1958	155				16.41			
1959	185				12.96			
1960	168				10.85			
1961	141				5.63			
1962	139				4.03			
1963	146				5.21			
1964	144				6.77			
1965	186				12.48			
1966	145				4.97			
1967	145				4.98			
1968	146				5.06			
1969	148				5.64			
1970	154				7.62			
1971	160				8.95			
1972	167				11.54			
1973	166				11.60			
1974	154				11.41			
1975	156				11.11			
1976	143				11.94			
1977	157				11.75			
1978	143				16.23			

年份	建筑业企业单位数				建筑业企业人员数			
	合计	国有	城镇建筑队	农村建筑队	合计	国有	城镇集体	农村建筑队
1979	139				19.50			
1980	3427	48	137	3242	40.62	13.30	7.41	19.91
1981	2771	48	152	2571	40.23	13.55	7.78	18.90
1982	2610	55	158	2397	44.76	14.13	8.32	22.31
1983	2822	75	261	2486	49.95	14.62	10.27	25.06
1984	3677	78	316	3283	61.51	14.58	11.53	35.40
1985	4248	87	319	3842	72.43	16.30	12.53	43.60
1986	4013	91	325	2597	77.35	17.55	13.50	46.30
1987	4083	89	323	3671	80.53	17.04	14.10	49.39
1988	4015	99	332	3584	80.95	17.93	14.30	48.72
1989	3887	123	364	3400	76.22	18.22	12.90	45.10
1990	3713	122	359	3232	66.71	17.11	11.80	37.80
1991	3718	129	368	3221	74.19	17.77	13.00	43.42
1992	3967	131	354	3482	80.61	18.72	13.62	48.27
1993	4759	183	451	4120	83.11	19.80	13.65	49.64
1994	5262	205	454	4525	100.76	21.85	15.92	62.30
1995	5169	216	1023	4469	104.41	22.29	18.06	63.54
1996	1656	278	1347		75.94	24.32	50.72	
1997	1748	296	1425		81.22	25.08	55.37	
1998	1840	317	1407		82.72	24.93	53.20	
1999	1812	317	1335		77.18	22.98	47.19	
2000	1812	313	1241		76.30	22.66	41.98	
2001	1628	305	829		96.73	25.01	38.86	
2002	1442	262	532		92.72	21.56	28.70	
2003	1593	257	470		111.95	28.67	27.53	
2004	1940	274	414		115.53	25.59	20.90	
2005	1842	229	364		118.61	35.15	18.41	
2006	1861	233	350		125.97	28.90	17.14	
2007	1893	239	329		131.62	29.12	15.90	
2008	1940				137.90			

建筑业企业总产值、增加值与房屋建筑面积

年份	建筑业企业总产值(亿元)				建筑业增加值(亿元)	房屋建筑(万平方米)	
	合计	国有	城镇集体	农村建筑队		施工面积	竣工面积
1949							
1950							
1951							
1952	0.15						3.05
1953	0.38						36.57
1954	0.52						54.06
1955	0.63						64.25
1956	1.20						97.60
1957	1.34						97.69
1958	2.39						159.36
1959	3.44						215.82
1960	3.78						198.83
1961	1.34						71.09
1962	0.82						42.59
1963	1.15						32.53
1964	2.06						114.90
1965	3.45						185.82
1966	1.73						214.70
1967	1.40						173.80
1968	1.30						165.80
1969	1.88						205.75
1970	2.51						258.03
1971	2.06						312.77
1972	3.72	2.51	1.21			551.98	362.96
1973	3.93	2.63	1.30			576.69	332.42
1974	3.56	2.24	1.32			565.39	290.71
1975	4.39						326.52
1976	4.20	2.66	1.54			604.93	290.80
1977	5.13	3.31	1.82			639.30	321.74
1978	7.10	5.12	1.98			732.92	383.21

续表

年份	建筑业企业总产值（亿元）				建筑业增加值（亿元）	房屋建筑（万平方米）	
	合计	国有	城镇集体	农村建筑队		施工面积	竣工面积
1979	7.33	4.65	2.68			823.21	458.95
1980	7.97	4.84	3.13				483.96
1981	7.57	4.12	3.45				483.44
1982	9.44	5.55	3.89				520.50
1983	11.49	6.65	4.84				597.90
1984	13.34	8.19	5.15				615.64
1985	32.65	10.07	6.42	16.16	5.55		640.42
1986	40.68	13.04	7.28	20.36	6.16		625.48
1987	48.19	14.55	8.68	24.96	7.13		637.38
1988	59.79	18.93	11.02	29.83	9.70		611.95
1989	61.60	21.59	10.80	29.21	10.21		608.70
1990	62.78	22.71	10.76	29.31	10.44	1159.10	558.70
1991	76.26	26.21	14.34	35.71	13.10	1282.70	653.19
1992	110.66	35.26	19.78	55.62	17.12	1554.00	711.27
1993	177.97	54.24	27.44	96.20	20.33	1869.50	802.18
1994	255.07	84.58	30.73	139.61	27.41	2081.50	868.25
1995	188.28	106.70	41.41	39.49	43.06	2304.00	898.10
1996	278.38	124.18	151.22		78.38	4662.00	2393.05
1997	296.50	129.72	164.18		87.03	4719.57	2279.89
1998	327.32	140.89	168.97		87.63	5067.56	2382.33
1999						5180.91	2681.81
2000	354.29	158.11			96.72	5087.93	2603.08
2001	489.79	184.99			130.77	6259.27	3204.60
2002	489.79	184.99			153.36	7167.52	3665.71
2003	818.84	287.76			172.61	10051.97	4969.67
2004	1027.89	339.82			196.46	12522.96	6250.66
2005	1219.35	392.13				13774.87	6846.04
2006	1462.88	479.32				15893.25	7451.71
2007	1828.81	620.99				18796.15	8202.43
2008	2115.5					21202.74	8309.21

运输线路里程
(单位:公里)

年份	中央铁路营业里程	电气化里程	地方铁路通车(营业)里程	公路里程	#有路面	内河航道里程	民用航空航线里程	管道里程
1949	950			3142	3142	10913		
1950	950			3420	3240	10913		
1951	950			3631	3420	10913		
1952	950			3790	3790	10913		
1953	928			4231	4218	10913		
1954	933			4352	4298	10913		
1955	933			4469	4433	10952		
1956	933			5430	5430	11295		
1957	919			6437	6437	11299		
1958	919			11282	10408	14202		
1959	1007			15326	13533	16607		
1960	1127		37	17223	15326	17098		
1961	1193		37	17340	16736	17098		
1962	1193		37	17340	16736	17098		
1963	1193		37	18466	18188	15768		
1964	1193		37	19487	19157	16586		
1965	1416		37	20979	20214	16586		
1966	1443		165	22726	21730	16586		
1967	1464		165	23875	22778	16586		
1968	1464		165	25148	23842	16586		
1969	1464		165	27028	25297	16586		
1970	1464		165	29437	27648	16586		
1971	1538		165	32066	29816	12099		
1972	1937		172	32824	30699	10643		
1973	2053		173	35978	33375	10828		
1974	2065		180	38331	36023	11179		
1975	2065		180	46803	46803	11147		
1976	2065		180	49943	49932	11499		
1977	2065		185	55420	55420	11558		
1978	2065		185	59541	59541	10798		

年份	中央铁路营业里程	电气化里程	地方铁路通车（营业）里程	公路里程	#有路面	内河航道里程	民用航空航线里程	管道里程
1979	1681		190	54678	51957	10137		
1980	1653		190	54897	52384	10137		
1981	1653		233	55155	52731	10149		
1982	2236		233	55289	53133	10154		
1983	2236		239	55483	53775	10164		
1984	2299		239	55756	54101	10164		
1985	2299		237	56002	54358	9941	12726	136
1986	2299		237	56636	55339	10005	12726	136
1987	2302		329	56930	55524	10051	12726	136
1988	2302		329	57090	55704	10037	12726	136
1989	2302		329	57209	56044	10092	12726	136
1990	2302		329	57460	56301	10110	12726	136
1991	2302	245	329	57693	56724	10110	12726	136
1992	2302	245	329	58110	57175	10010	12726	136
1993	2273	245	329	58421	57495	10010	12726	136
1994	2273	245	329	58803	57879	10010	12726	136
1995	2273	349	329	59125	58191	10050	12726	136
1996	2273	349	329	59554	58620	10050	12726	136
1997	2273	477	345	59761	58827	10050	32604	138
1998	2275	595	345	60077	59143	10050	36321	164
1999		601	345	60416	59485	10065		164
2000		672	380	60848	59923	10041		164
2001		1211	350	66593		10041		164
2002		1468	276	84808		10041		168
2003		1424		85233		11968		168
2004		1470		87875		11968		168
2005		1245		88200		11968		168
2006		1301		171848		11968		168
2007		1541		175415		11398		168
2008		1541		184568		11398		168

公路里程、桥梁、渡口

年份	公路里程合计(公里)	国道	省道	县道	乡道	专用公路	公路桥梁		渡口(处)
							座	延米	
1949	3142	3131		7		4	1383	16535	31
1950	3420	3387		9		24	1509	19767	31
1951	3631	3564		43		24	1620	21188	31
1952	3790	3631		118		41	1652	21309	31
1953	4231	4023		145		63	1713	21909	32
1954	4352	4077		180		95	1731	22111	32
1955	4469	4163		172		134	1773	22657	32
1956	5430	4810		418		202	1925	24704	37
1957	6437	5629		566	8	234	1895	24981	41
1958	11282	6640		2715	920	1007	2489	33762	41
1959	15326	7359		4318	1887	1762	2670	36267	47
1960	17223	7749		5028	2388	2058	3026	41946	47
1961	17340	7786		5080	2406	2068	3241	44798	48
1962	17340	7786		5080	2406	2068	6578	93169	48
1963	18466	7350		6551	2544	2021	5994	83208	70
1964	19487	7377		7071	2882	2211	6130	85976	72
1965	20979	7728		7464	3309	2478	6335	92221	72
1966	22726	7988		8112	3939	2687	6813	99362	74
1967	23875	8145		8254	4712	2764	7203	103469	72
1968	25148	8181		8524	5338	3105	7407	107403	71
1969	27028	8278		9045	6276	3429	7635	113431	71
1970	29437	8449		9632	7384	3972	8144	123222	67
1971	32066	8959		9315	9449	4343	8512	134449	65
1972	32824	9231		8975	9984	4634	6540	127069	62
1973	35978	9658		9228	12083	5009	6199	126790	80
1974	38331	9756		9236	14314	5025	7415	146205	88
1975	46803	9765		11010	22351	3677	8587	163623	88
1976	49943	10299		11988	23727	3929	8651	172511	94
1977	55420	10363		13930	26935	4192	8682	180903	99
1978	59541	4117	6312	16275	28644	4193	9870	205965	112

年份	公路里程合计（公里）	国道	省道	县道	乡道	专用公路	公路桥梁		渡口（处）
							座	延米	
1979	54678	4117	6302	15715	27233	1311	8043	200622	104
1980	54897	4117	6304	16118	27047	1311	8192	205244	113
1981	55155	4117	6316	16271	27187	1264	8234	207171	114
1982	55289	4117	6318	16279	27311	1264	8332	210457	115
1983	55483	4117	6318	16336	27463	1249	8259	213259	113
1984	55756	4117	6373	16363	27654	1249	8474	215271	113
1985	56002	4117	6029	16931	27743	1182	8525	216525	111
1986	56636	4117	6040	21669	23654	1156	8657	219787	109
1987	56930	4111	6044	21967	23672	1132	8773	223666	110
1988	57090	4083	6060	21320	24494	1133	8805	225547	111
1989	57209	4071	6053	21448	24506	1131	8804	227980	105
1990	57460	4051	5021	21462	24797	1129	8891	231567	108
1991	57693	4042	6013	21573	24936	1129	9009	235756	106
1992	58110	4047	6007	21752	25175	1129	9214	243283	103
1993	58421	4039	6007	21895	25353	1127	9336	248464	100
1994	58803	4041	6014	22187	25434	1127	9400	258120	96
1995	59125	4036	6068	22350	25544	1127	9515	264739	93
1996	59554	4069	6082	22598	25678	1127	9732	274532	92
1997	59761	4065	6024	23156	25389	1127	9750	278705	89
1998	60077	4265	6062	23175	25448	1127	9853	287286	86
1999	60416								
2000	60848								
2001	66593								
2002	84808								
2003	85233								
2004	87875								
2005	88200								
2006	171848								
2007	175415								
2008	184568								

航道里程及民用汽车、船舶拥有量

年份	航道里程总计（公里）	#水深1米以上	民用汽车合计（辆）	载客车	载货车	民用运输船舶总计			省远洋运输船	
						船数（艘）	净载总量（吨位）	载客量（客位）	艘	净载重量（吨）
1949	10913									
1950	10913		1113	191	908	29779	289053	7016		
1951	10913		1551	442	1070	41644	403548	5089		
1952	10913		1645	477	1124	49017	473329	7246		
1953	10913		1663	533	1065	43851	416553	7968		
1954	10913		1734	551	1131	43826	471023	8529		
1955	10952		1877	553	1262	43875	473183	9252		
1956	11295		2150	678	1391	43111	478908	12344		
1957	11299		2365	716	1561	42783	475393	13653		
1958	14202		4078	918	3046	38775	458246	10984		
1959	16607		5717	967	4644	40343	496983	16943		
1960	17098		6440	1215	5042	38504	501956	18553		
1961	17098		6206	1146	4877	34182	469478	23089		
1962	17098		5963	1027	4809	33956	472769	27524		
1963	15768		6611	1123	5285	29201	406601	21482		
1964	16586		7025	1356	5277	27800	390114	21174		
1965	16586		7800	1528	5897	29128	396155	20261		
1966	16586		8350	1636	6313	27020	371146	15542		
1967	16586		9251	1813	6994	26521	369676	16946		
1968	16586		10449	1860	7753	26074	367348	17077		
1969	16586		11648	1922	8643	25434	367961	17594		
1970	16586		16417	2058	12519	33471	451941	30721		
1971	12099		17731	2597	13146	34325	475081	33661		
1972	10643		20951	3182	15614	42186	523128	32875		
1973	10828		25984	4074	19966	39324	495174	43037		
1974	11179	2075	28585	4221	22657	37237	509079	45266		
1975	11147	3082	33397	5105	26321	36225	502969	49344		
1976	11499	3082	38463	5683	30541	31517	465593	47364		
1977	11558	3979	43939	6890	34972	34222	524452	59098		
1978	10798	4330	48949	7926	38373	38215	532288	54622		

年份	航道里程总计（公里）	#水深1米以上	民用汽车合计（辆）	载客车	载货车	民用运输船舶总计			省远洋运输船	
						船数（艘）	净载总量（吨位）	载客量（客位）	艘	净载重量（吨）
1979	10137	2575	56871	9020	44644	33561	513093	62059		
1980	10137	2575	65172	11405	50374	29582	488974	64913		
1981	10149	2674	70896	13273	53776	27587	477757	50811		
1982	10154	2679	78505	14741	59777	26339	503270	53645		
1983	10164	2748	87049	16395	66433	25758	511951	58557		
1984	10164	2748	92438	18791	70639	24411	528649	58430		
1985	9941	3009	108440	24772	80535	25466	552255	70717		
1986	10005	3048	128887	32440	93556	28590	563635	65588		
1987	10051	3162	148780	35714	109529	24125	580655	61105		
1988	10037	3159	169056	42159	122823	24280	593170	62003		
1989	10092	3234	180989	46402	130087	19612	564877	55528		
1990	10110	3252	187524	50402	131929	17806	546657	51774		
1991	10110	3252	203538	57546	140256	16421	553466	51127		
1992	10010	3291	229094	70043	152631	15298	556640	47176		
1993	10010	3291	265534	84947	173403	12754	525760	43305	3	63500
1994	10010	3291	321074	107857	206106	11042	556407	37273	4	67701
1995	10050	3417	352394	125266	220316	10933	539114	41419	3	63500
1996	10050	3417	374846	145473	217847	10295	572930	43386	3	63500
1997	10050	3417	381216	163899	210202	9884	526617	48077	4	93500
1998	10050	3417	415764	189631	214890	9467	444621	63882	3	105564
1999										
2000	10041		427328	220575	234975					
2001			504344	251620	243935	7164	511888	67376		
2002			576655	310935	265720	9191	535836	70126	4	142547
2003			650784	367876	274007	8676	532624	73866	3	112140
2004			717785	412481	295513	8800	649199	76885	3	112140
2005	11968		827635	494630	279701	8772	842445	74802	3	112140
2006	11968		946433	607332	294576	8854	276104	76580	3	112140
2007	11398		1217184	752568	318487	8775	1019734	78640		
2008	11398		1426695	948717	353470	9345	1364616	81377		

旅客运量 （单位:万人）

年份	合计	铁路			公路	水运	引用航空
			国家	地方			
1949							
1950	569	397	397		126	46	
1951	637	384	384		160	93	
1952	710	389	389		169	152	
1953	1062	523	523		301	238	
1954	1076	537	537		324	215	
1955	1012	436	436		360	216	
1956	1513	586	586		646	281	
1957	2089	710	710		801	578	
1958	2464	853	853		1182	429	
1959	3018	1200	1200		1321	497	
1960	3776	1840	1831	9	1240	696	
1961	4293	2314	2287	27	953	1026	
1962	4113	2320	2283	37	972	821	
1963	3329	1473	1431	42	1231	625	
1964	3417	1185	1150	35	1759	573	
1965	3820	1033	1004	29	2248	539	
1966	4272	1094	1054	40	2551	627	
1967	4227	1084	1204	80	2267	676	
1968	4472	1737	1634	103	1915	820	
1969	5266	1793	1697	96	2585	888	
1970	5778	1931	1823	108	2847	1000	
1971	6488	2074	1947	127	3382	1032	
1972	7220	2279	2144	135	3808	1133	
1973	8067	2438	2308	130	4208	1421	
1974	8297	2639	2496	143	4290	1368	
1975	8411	2543	2405	138	4440	1428	
1976	9295	2611	2470	141	5192	1492	
1977	10420	3028	2881	147	5741	1651	
1978	12944	3000	2856	144	8371	1571	2

年份	合计	铁路	国家	地方	公路	水运	引用航空
1979	16692	3087	2946	141	12005	1598	2
1980	32776	3434	3271	163	27590	1750	2
1981	33546	3723	3520	203	27871	1950	2
1982	37286	3898	3677	221	31380	2006	2
1983	40380	4117	3895	222	33955	2306	2
1984	43360	4395	4181	214	36497	2466	2
1985	48666	4686	4445	241	41520	2458	2
1986	50903	4368	4159	209	44464	2066	5
1987	53600	4586	4396	190	47071	1935	8
1988	56236	4937	4739	198	49182	2109	8
1989	54084	4357	4205	152	47865	1855	7
1990	54161	3474	3388	86	49112	1568	7
1991	54710	3514	3435	79	49566	1621	9
1992	52641	3638	3564	74	47366	1615	22
1993	55896	4022	3949	73	50252	1562	60
1994	64757	4176	4105	71	59028	1481	72
1995	71566	4135	4083	52	65971	1375	85
1996	76377	3892	3846	46	71087	1298	100
1997	79250	4488	4444	44	73233	1357	172
1998	79540	4497	4469	28	73681	1260	102
1999	87806	5022	5000	22	81675	1002	107
2000	87462	5233	5216	17	81005	1094	130
2001	92381	5202	5188	14	85971	1063	145
2002	98244	5173	5161	13	91653	1249	169
2003	96182	4850	4850		90353	793	186
2004	106333	5326	5326		99975	772	260
2005	116457	5423	5423		109728	702	304
2006	118621	5550	5550		112135	573	363
2007	123626	5891	5891		116780	525	430
2008	126480	6239	6239		119314	507	420

旅客周转量　　　　　　　　　　　　(单位:亿人公里)

年份	合计	铁路	国家	地方	公路	水运	引用航空
1949							
1950	7.81	6.83	6.83		0.70	0.28	
1951	8.16	6.60	6.60		0.89	0.67	
1952	8.44	6.67	6.67		0.90	0.87	
1953	10.47	7.88	7.88		1.49	1.10	
1954	11.11	8.22	8.22		1.60	1.29	
1955	10.61	7.32	7.32		2.00	1.29	
1956	15.64	10.53	10.53		3.40	1.71	
1957	16.65	11.22	11.22		3.71	1.72	
1958	20.07	12.62	12.62		5.60	1.85	
1959	23.90	15.15	15.15		6.56	2.19	
1960	30.33	20.38	20.35	0.03	6.71	3.24	
1961	34.46	25.49	25.39	0.10	4.94	4.03	
1962	34.82	25.48	25.37	0.11	5.18	4.16	
1963	24.63	16.01	15.91	0.10	5.75	2.87	
1964	25.35	15.58	15.51	0.07	7.31	2.46	
1965	27.38	16.03	15.97	0.06	9.10	2.25	
1966	30.85	16.58	16.48	0.10	11.67	2.60	
1967	33.20	21.14	20.93	0.21	9.37	2.69	
1968	38.61	26.28	26.03	0.25	8.87	3.46	
1969	43.84	29.15	28.91	0.24	11.28	3.41	
1970	44.19	28.26	27.99	0.27	12.16	3.77	
1971	46.57	28.81	28.49	0.32	13.88	3.88	
1972	52.50	33.03	32.71	0.32	15.30	4.17	
1973	56.54	35.52	35.23	0.29	16.47	4.55	
1974	58.45	37.54	37.20	0.34	16.55	4.36	
1975	58.87	37.24	36.93	0.31	17.29	4.34	
1976	65.50	41.41	41.09	0.32	19.61	4.48	
1977	68.12	42.15	41.81	0.34	21.25	4.72	
1978	77.56	45.70	45.37	0.33	27.23	4.57	
1979	93.15	53.92	53.60	0.32	34.46	4.71	0.06

续表

年份	合计	铁路	国家	地方	公路	水运	引用航空
1980	133.68	65.47	65.12	0.35	62.90	5.25	0.06
1981	149.19	73.21	72.80	0.41	70.20	5.71	0.07
1982	159.66	78.05	77.62	0.43	75.62	5.92	0.07
1983	179.81	90.95	90.51	0.44	82.10	6.69	0.07
1984	204.68	104.85	104.42	0.43	93.08	6.68	0.07
1985	254.53	132.78	132.32	0.46	114.95	6.72	0.08
1986	275.38	140.09	139.65	0.44	128.68	6.38	0.23
1987	310.57	161.86	161.45	0.41	142.66	5.74	0.31
1988	354.23	191.21	190.79	0.42	156.57	6.11	0.34
1989	350.34	181.09	180.78	0.31	163.48	5.38	0.39
1990	339.86	162.32	162.17	0.15	172.73	4.25	0.56
1991	378.20	189.29	189.16	0.13	184.27	3.94	0.70
1992	435.19	228.39	228.24	0.15	200.09	4.87	1.84
1993	490.26	270.82	270.68	0.14	209.34	4.58	5.52
1994	539.02	291.44	291.29	0.15	237.00	3.90	6.68
1995	555.13	301.60	301.49	0.11	242.46	3.66	7.41
1996	538.29	262.99	262.89	0.10	263.48	3.45	8.37
1997	592.16	305.06	304.97	0.09	274.68	3.69	8.73
1998	610.53	319.67	319.61	0.06	279.69	3.49	7.68
1999	676.04	353.87	353.83	0.04	310.69	3.76	7.72
2000	724.06	394.00	393.96	0.04	318.37	3.55	8.14
2001	761.62	410.65	410.62	0.03	337.90	3.23	9.84
2002	827.55	428.84	428.81	0.03	384.91	3.20	10.60
2003	831.24	431.00	431.00		384.67	2.43	13.14
2004	972.57	500.38	500.38		449.73	2.35	25.87
2005	1034.50	531.71	531.71		480.57	1.94	32.05
2006	1114.86	562.48	562.48		512.24	1.42	38.72
2007	1224.57	626.14	626.14		548.12	1.19	49.12
2008	1267.77	645.98	645.98		572.97	1.09	47.73

货物运量 　　　　　　　　　　　　　　　　(单位:万吨)

年份	合计	铁路	国家	地方	公路	水运	民用航空
1949							
1950	450	152	152		7	291	
1951	631	238	238		21	372	
1952	799	305	305		58	436	
1953	1493	368	368		516	609	
1954	1964	412	412		791	761	
1955	2029	426	426		664	939	
1956	2464	515	515		903	1046	
1957	2657	551	551		961	1145	
1958	3636	740	740		1341	1555	
1959	5201	935	935		1841	2425	
1960	6601	1186	1178	8	2532	2883	
1961	4225	849	838	11	1596	1780	
1962	3281	736	725	11	1195	1350	
1963	3440	790	778	12	1394	1256	
1964	3804	963	951	12	1405	1436	
1965	4555	1230	1216	14	1741	1584	
1966	5450	1485	1458	27	2309	1656	
1967	4970	1142	1105	37	2174	1591	
1968	4431	1027	992	35	2014	1390	
1969	5362	1389	1336	53	2409	1564	
1970	6460	1876	1781	95	2785	1799	
1971	7487	2224	2101	123	3204	2059	
1972	8520	2645	2501	144	3591	2284	
1973	8141	2862	2702	160	3669	2610	
1974	7364	2029	1921	108	3142	2193	
1975	8411	2819	2660	159	3160	2432	
1976	8681	2734	2587	147	3371	2576	
1977	9758	3192	2999	193	3769	2797	
1978	10235	3764	3556	208	3560	2876	
1979	9844	3890	3701	189	3276	2643	

年份	合计	铁路	国家	地方	公路	水运	民用航空
1980	23650	3778	3594	184	16576	3261	
1981	24633	3573	3408	165	18067	2955	
1982	26951	3783	3616	167	20054	3076	
1983	29098	3876	3710	166	22095	3089	
1984	31800	3977	3826	151	24655	3128	
1985	32902	4218	4092	126	25699	2945	
1986	34902	4346	4213	133	27140	3372	
1987	35747	4485	4319	166	27525	3693	
1988	39020	4522	4360	162	30922	3531	
1989	37842	4731	4567	164	29453	3617	
1990	37708	4771	4597	174	29679	3217	
1991	41219	4777	4616	161	33224	3177	
1992	42548	1906	4736	170	33788	3821	
1993	46074	4982	4832	150	37582	3441	1
1994	48448	4929	4803	126	39912	3536	1
1995	49885	5017	4904	113	41272	3531	1
1996	50454	4893	4830	63	42191	3301	1
1997	48980	4535	4495	40	41340	3034	2
1998	49147	4408	4360	48	41610	2990	1
1999	51183	4456	4424	32	43296	3178	1
2000	51228	4676	4628	48	42868	3406	2
2001	53035	4965	4913	52	44340	3572	2
2002	52156	4942	4905	37	42982	3760	2
2003	59952	5214	5214		51136	3600	2
2004	69680	5400	5400		60291	3986	3
2005	76876	5218	5218		67040	4615	3
2006	84998	5643	5643		72457	6894	3.74
2007	99501	5831	5831		85432	8234	3.77
2008	107823	5552	5552		92148	10119	3.80

货物周转量　　　　　　　　　　　　　　　　　　　　(单位:亿吨公里)

年份	合计	铁路			公路	水运	民用航空	管道
			国家	地方				
1949								
1950	13.53	7.93	7.93		0.10	5.50		
1951	19.82	12.48	12.48		0.19	7.15		
1952	27.89	19.91	19.91		0.20	7.78		
1953	40.31	30.16	30.16		0.43	9.72		
1954	45.70	35.86	35.86		0.62	9.22		
1955	46.91	34.30	34.30		0.82	11.79		
1956	55.41	41.40	41.40		1.13	12.88		
1957	68.02	51.82	51.82		1.40	14.80		
1958	88.75	68.71	68.71		2.39	17.65		
1959	114.91	87.34	87.71		3.85	23.72		
1960	132.14	101.36	101.33	0.03	5.08	25.70		
1961	89.59	70.86	70.82	0.04	2.53	16.20		
1962	77.05	61.33	61.29	0.04	1.85	13.87		
1963	79.39	64.48	64.44	0.04	1.99	12.92		
1964	95.47	78.66	78.62	0.04	2.29	14.52		
1965	118.63	101.93	101.89	0.04	2.92	13.78		
1966	138.32	120.62	120.50	0.12	3.99	13.71		
1967	107.69	91.69	91.50	0.19	4.03	11.97		
1968	98.46	83.08	82.88	0.20	3.64	11.74		
1969	128.08	110.53	110.20	0.33	4.60	12.95		
1970	167.62	147.57	146.92	0.65	5.38	14.67		
1971	189.16	168.48	167.62	0.86	6.29	14.39		
1972	206.63	183.56	182.58	0.98	6.75	16.32		
1973	220.77	194.58	193.48	1.10	6.95	19.24		
1974	188.97	165.80	165.07	0.73	6.15	17.02		
1975	208.30	181.99	180.89	1.10	6.48	19.83		
1976	198.41	171.47	170.49	0.98	7.03	19.91		
1977	340.38	310.53	309.16	1.37	8.28	21.57		
1978	281.27	249.83	248.37	1.46	9.07	22.29		0.08
1979	310.56	280.98	279.56	1.42	8.72	20.78		0.08

续表

年份	合计	铁路			公路	水运	民用航空	管道
			国家	地方				
1980	331.43	272.42	271.02	1.40	33.95	24.98		0.08
1981	340.22	274.11	272.88	1.23	39.57	26.45		0.09
1982	359.71	286.44	285.24	1.20	43.83	29.35		0.09
1983	388.55	302.28	301.10	1.18	50.56	35.61		0.10
1984	435.78	335.83	334.81	1.02	59.70	40.15		0.10
1985	512.03	392.52	391.73	0.79	75.55	43.86		0.10
1986	582.44	438.71	437.82	0.89	91.91	51.72		0.10
1987	637.60	481.87	480.93	0.94	103.97	51.66		0.10
1988	690.60	504.58	503.72	0.86	134.16	51.76		0.10
1989	730.40	544.44	543.57	0.87	129.58	56.29		0.09
1990	774.81	590.33	589.38	0.95	137.02	47.37		0.09
1991	830.64	621.98	621.10	0.88	164.42	44.15		0.09
1992	901.85	656.29	655.48	0.81	191.53	53.95		0.08
1993	951.77	683.10	682.47	0.63	209.85	58.66	0.07	0.09
1994	1003.38	720.46	719.85	0.61	221.78	60.98	0.07	0.09
1995	1043.59	751.84	751.24	0.60	235.52	56.06	0.09	0.08
1996	1029.25	728.91	728.46	0.45	240.13	60.01	0.11	0.09
1997	998.72	690.80	690.47	0.33	244.86	62.78	0.12	0.08
1998	978.89	652.98	652.66	0.32	256.56	68.92	0.09	0.17
1999	967.68	624.14	623.89	0.25	272.71	70.08	0.11	
2000	1074.50	632.12	631.94	0.18	297.79	143.76	0.11	
2001	1132.18	674.39	674.25	0.14	316.03	141.22	0.14	
2002	1223.09	730.86	730.76	0.10	355.96	135.48	0.16	
2003	1361.12	782.60	782.60		455.45	121.74	0.24	
2004	1574.21	896.49	896.49		513.45	162.21	0.32	
2005	1661.97	930.29	930.29		538.57	190.32	0.38	
2006	1781.11	951.66	951.66		592.37	236.66	0.42	
2007	1981.63	1038.39	1038.39		682.69	260.10	0.45	
2008	2019.36	971.47	971.47		773.70	273.71	0.48	

邮电业务总量

年份	邮电业务总量(万元)	邮电局(个数)	邮电长度(公里)	函件(万件)	长途电话(万张)	市内电话(万户)	市话交换机容量(门)	电话机拥有(安装)量	
								市内电话(部)	农村电话(部)
1949	270	1534	36899	1832	49	0.18	2685	1827	
1950	367	3044	39403	1961	82	0.23	3675	2312	
1951	512	3471	49643	2744	86	0.24	4015	2443	2098
1952	546	3678	60751	2845	61	0.27	4332	2681	5587
1953	669	3771	78798	3576	75	0.52	8589	5154	5796
1954	737	3342	80470	3813	95	0.62	10233	6233	7063
1955	858	2959	88400	4347	109	0.89	13275	8883	10705
1956	1070	2991	110757	5372	131	1.22	16477	12161	14650
1957	1121	2956	175135	6269	79	1.26	20250	12554	15783
1958	1425	4930	265682	6515	164	1.53	24400	15285	38611
1959	2022	3536	250740	8904	269	1.85	28585	18530	38600
1960	2603	3797	235733	11204	379	2.19	29851	21915	38518
1961	2279	3175	216375	10311	339	2.34	32013	23424	39410
1962	2648	2178	164551	9219	305	2.21	31460	22102	39441
1963	2472	2183	183556	8656	320	2.30	31755	22962	24355
1964	2469	2269	193943	8689	360	2.40	33195	23984	25176
1965	2592	2440	209401	9490	373	2.41	32805	24109	25881
1966	2717	2426	207678	9540	390	2.49	35375	24921	24805
1967	2583	2439	207080	9496	328	2.55	35870	25542	24331
1968	2499	2354	206440	9202	290	2.40	36300	24024	24116
1969	2604	2323	212182	9518	310	2.47	36170	24661	24114
1970	2991	3513	229097	10556	428	2.70	38060	27015	24399
1971	3309	3504	241521	11270	490	2.84	41400	28375	24801
1972	3482	3526	252311	11110	573	3.02	43190	30165	25476
1973	3711	2484	256829	11602	653	3.23	45495	32315	25896
1974	3760	2546	257630	11430	669	3.41	50260	34094	26156
1975	3974	2590	268191	11690	743	3.59	52672	35886	26465
1976	4349	2703	273529	11399	783	3.81	53584	38085	27441
1977	4434	2903	271587	11465	820	3.97	55516	39743	28003
1978	4598	2767	269871	11547	870	4.19	62440	41889	28658

年份	邮电业务总量(万元)	邮电局(个数)	邮电长度(公里)	函件(万件)	长途电话(万张)	市内电话(万户)	市话交换机容量(门)	电话机拥有(安装)量	
								市内电话(部)	农村电话(部)
1979	4857	2772	269800	12585	983	4.42	66759	44216	29316
1980	7627	2764	272300	13498	980	4.69	69222	46902	30016
1981	7868	2759	266800	13968	984	4.91	78097	49137	30780
1982	8136	2739	269400	13958	983	5.23	84327	52266	29904
1983	8667	2756	274600	14203	1038	5.54	94520	55448	28940
1984	9285	2776	283600	15914	1138	6.10	107435	60985	28569
1985	10412	2767	281900	19266	1270	6.81	108108	65537	26112
1986	11330	2700	288200	19842	1323	7.27	110726	69769	26388
1987	12723	2687	285400	21330	1483	8.03	127456	76808	27696
1988	16263	2642	285200	23523	1875	9.62	133926	90477	29709
1989	20126	2619	268039	22330	2161	11.00	146862	103708	33635
1990	44425	2612	284400	20015	2629	12.38	177502	117418	39257
1991	57066	2585	271246	19197	3504	15.55	267155	151299	48915
1992	77181	2567	272887	22184	5692	26.30	424386	255934	70448
1993	12871	2613	293100	27643	12035	50.73	791685	501930	97803
1994	215397	2775	295600	36004	22782	89.62	1387209	889262	166285
1995	314794	3210	294500	34412	34246	131.71	205610	1322387	308601
1996	427332	11396	290000	29556	41474	163.74	2670499	1864761	484121
1997	522447	14676	307300	21979	42847	199.60	2985936	1989519	663290
1998	759963	15876	315477	20477	48541	225.00	3153675	2465380	914901
1999		9145	316300				3854041	2802859	1320068
2000	1409225	3598	338300	21255	57304	382.01	5044640	4165693	283476
2001	1341636	3081	339000	39470	48921	409.6	5503935	409600	302500
2002	1971040	3028	218508	49505	79874				
2003	2342342	3017	219859	50634	99397				
2004	2608898	2708	212557	15765	114006				
2005	3722400	2654	209864	11339	140844				
2006	4893600	2345	203611	9344	161689				
2007	6282500	2321	202649	8292	177355				
2008	7610000	2253	807236	8275	202097				

利用外贸和外经

（单位:万美元）

年份	实际利用外资额				对外承包工程、劳务合作、设计咨询合同		实际完成营业额	年末在外人数	全年派出人次
		对外借款	外商直接投资	外商其他	个数	金额			
1949									
1950									
1951									
1952									
1953									
1954									
1955									
1956									
1957									
1958									
1959									
1960									
1961									
1962									
1963									
1964									
1965									
1966									
1967									
1968									
1969									
1970									
1971									
1972									
1973									
1974									
1975									
1976									
1977									
1978									
1979									

续表

年份	实际利用外资额				对外承包工程、劳务合作、设计咨询合同		实际完成营业额	年末在外人数	全年派出人次
		对外借款	外商直接投资	外商其他	个数	金额			
1980									
1981									
1982									
1983	622	596	26		1	0.63			
1984	1102	760	342		1	14	6	6	6
1985	4012	1480	1761	771	2	4	5	5	5
1986	1399	337	948	114	9	65	18	18	18
1987	2890	2604	235	51	11	127	29	54	54
1988	1249	11	771	467	71	1010	158	92	92
1989	12238	9910	643	1685	35	3459	566	140	140
1990	24010	22482	1116	412	87	1300	1879	633	623
1991	28129	25586	2276	267	87	6692	2571	760	634
1992	32898	19627	12853	418	133	4695	3726	1055	1216
1993	69716	25970	43267	479	145	6104	1879	1148	1092
1994	59666	26551	32512	603	131	8718	2207	1088	834
1995	87104	37000	48802	1302	86	4092	3451	1102	515
1996	112530	38000	70344	4186	110	13897	7288	1765	1229
1997	135777	40200	91702	3875	332	22646	8333	2584	1630
1998	125966	28053	81816	16097	388	12743	10563	3265	1868
1999	106945	35000	65374	6571	653	12571	12220	3912	2062
2000	110843	33700	68182	8961	1096	18707	13845	4318	2280
2001	118747	34700	81011	3036	1101	27000	26500	6200	3163
2002	137689	34600	103089		889	31200	29616	7167	4166
2003	179041	30134	148907		1148	39109	38593	9018	5027
2004	163696	21890	141806		1500	61442	46236	13011	6503
2005	233300	26100	207235		1780	86516	55913	15200	10338
2006	289400	30100	259335			129800	78278	21591	12902
2007	356400	29300	327051			174100			
2008	430400	29900	400500			247500			

国际旅游

年份	接待来湘旅游(人次)合计	1. 外国人	2. 华侨	3. 港澳台同胞	台胞	旅游外汇收入(万美元)	1. 商品收入	2. 劳务性收入	涉外旅游饭店(个数)
1949									
1950									
1951									
1952									
1953									
1954									
1955									
1956									
1957									
1958									
1959									
1960									
1961									
1962									
1963									
1964									
1965									
1966									
1967									
1968									
1969									
1970									
1971									
1972									
1973									
1974									
1975									
1976									
1977									
1978									

年份	接待来湘旅游（人次）合计	1.外国人	2.华侨	3.港澳台同胞	台胞	旅游外汇收入（万美元）	1.商品收入	2.劳务性收入	涉外旅游饭店（个数）
1979									
1980	9469	8914	43	512		98.17			
1981	12599	10480	47	2072		95.61			
1982	24818	12622	92	12104		243.36			
1983	24974	12486	174	12314		152.54			
1984	27503	14005	158	13340		157.56			
1985	32000	15700	163	16137		140.36			
1986	41214	20784	168	20262		257.04			
1987	57162	21884	176	36102		376.18			
1988	67592	23919	521	43152		701.80			
1989	55712	15752	249	39711	18469	864.08			
1990	85176	16544	292	68340	44237	1002.32	491.95	512.37	
1991	102950	19692	482	82776	42694	1359.89	419.59	940.30	
1992	131080	23821	702	106557	48886	2332.04	1072.22	1259.82	45
1993	150051	34571	1352	114128	61426	3015.88	1163.39	1852.49	60
1994	142217	37360	1629	103228	52342	4500.00	1509.10	2990.90	72
1995	177303	71800	2883	102620	50020	6499.45	1520.87	4978.58	95
1996	228703	101201	4665	122837	53943	10179.64	3165.87	7013.11	144
1997	301600	122000	6100	173500	76000	14003.93	3265.82	10738.11	148
1998	348619	133305	6422	208892	106538	15612.92	4040.57	11572.35	183
1999	385830	134837	4448	24545	142802	18545.75	5899.84	12645.91	
2000	454008	157899		296109	172731	22106.46	6742.47	15363.99	
2001	504554	188485		316069	180004	27100.00			
2002	566229	223812		342417	186884	31100.00			
2003	153931	105368		48563	34762	4500.00			
2004	553365	412344		141021	85118	31300.00			
2005	719829	608847		110982	61007	39000.00			
2006	970841	731113		239728	117801	50300.00			
2007	1205713	875235		330478	147577	64200.00			
2008	1110221	710983		399238	164258	61700.00			

国家银行信贷收支

年份	国家银行各项存款（亿元）	企业存款	国家银行各项贷款（亿元）	工业企业贷款	商业企业贷款	农业贷款	固定资产贷款
1949							
1950							
1951	1.13	0.74	1.13	0.02	0.08	0.009	
1952	0.42	0.57	0.42	−0.01	−0.06	0.004	
1953	0.14	0.37	0.14	0.17	0.78	−0.002	
1954	2.03	0.89	2.03	−0.08	0.38	−0.003	
1955	3.45	0.43	3.45	0.06	1.42	−0.0006	
1956	2.41	−0.92	2.41	0.23	0.39	0.16	
1957	0.70	0.61	0.70	0.15	1.68	0.005	
1958	9.18	4.47	9.18	2.02	6.35	0.26	
1959	13.99	5.22	13.99	4.08	2.50	0.05	
1960	5.16	0.55	5.16	2.95	0.18	0.24	
1961	−1.89	−0.26	−11.89	−3.79	−0.98	−0.12	
1962	−8.16	−2.10	−8.16	−3.10	−3.75	−0.02	
1963	−2.86	−0.59	−2.86	−1.01	−0.39	0.05	
1964	−0.27	−0.08	−0.27	−0.06	−1.57	0.01	
1965	0.18	1.19	0.18	0.55	−0.52	−0.38	
1966	2.90	1.00	2.90	0.47	0.33	0.03	
1967	5.98	1.29	2.09	1.65	0.46	0.21	
1968	2.78	0.51	2.78	1.56	0.60	−0.16	
1969	2.54	0.05	2.54	0.39	1.31	−0.07	
1970	10.94	11.86	10.94	0.51	2.22	0.06	
1971	2.42	2.00	2.42	2.33	5.56	0.17	
1972	1.07	−0.14	1.07	−0.82	1.21	0.11	0.03
1973	4.69	5.90	4.69	0.40	1.19	−0.006	−0.0009
1974	−2.20	−6.48	−2.20	1.52	−0.52	0.14	0.02
1975	1.41	6.47	1.41	−0.79	1.65	0.08	0.06
1976	1.81	−2.79	1.81	1.09	−6.54	0.11	0.12
1977	4.80	4.63	4.80	−0.20	1.54	0.01	0.11
1978	10.46	2.81	10.46	0.78	1.60	−0.01	0.05

年份	国家银行各项存款（亿元）	企业存款	国家银行各项贷款（亿元）	工业企业贷款	商业企业贷款	农业贷款	固定资产贷款
1979	14.94	8.73	14.94	0.64	1.62	-0.10	0.23
1980	53.17	17.15	86.20	23.76	53.27	6.90	2.26
1981	61.30	18.78	97.93	27.44	59.74	6.76	3.94
1982	67.94	20.06	109.55	29.63	66.05	7.35	5.98
1983	79.47	21.62	126.67	33.15	73.03	7.25	6.70
1984	99.62	30.88	143.02	44.67	78.49	9.33	8.87
1985	118.22	42.74	184.33	55.50	87.73	5.47	19.57
1986	154.74	54.46	241.35	80.79	99.64	8.67	25.19
1987	191.02	62.63	291.28	95.58	117.86	11.39	32.52
1988	189.79	59.26	330.26	105.06	133.07	15.02	37.69
1989	238.89	65.29	385.60	134.54	155.48	17.28	42.55
1990	319.50	81.71	462.22	168.85	182.50	20.79	50.75
1991	409.50	113.44	556.43	200.58	213.26	26.13	71.75
1992	504.13	147.85	665.78	225.92	254.03	30.86	96.34
1993	586.22	151.88	787.59	264.15	302.72	38.73	113.32
1994	665.74	225.42	819.40	302.55	199.27	26.70	163.53
1995	831.35	288.21	944.82	345.40	230.60	34.80	198.10
1996	1097.21	373.48	1188.69	402.48	250.41	42.89	220.80
1997	1204.36	446.39	1340.17	437.55	281.58	54.78	280.15
1998	1412.44	488.38	1532.81	446.04	327.92	57.84	382.14
1999							
2000							
2001							
2002							
2003							
2004							
2005							
2006							
2007							
2008							

湖南省就业人员和城镇登记失业人员

年份	就业人员	按城乡分		按三次产业分			城镇登记失业人员	城镇登记失业率（%）
		城镇	乡村	第一产业	第二产业	第三产业		
1949								
1950	1107.76	79.60	1028.16	980.83	54.86	72.07		
1951	1147.20	94.72	1052.48	1001.38	64.12	81.70		
1952	1188.76	115.95	1072.81	989.38	76.72	122.66		
1953	1213.15	126.83	1086.32	1014.03	90.34	108.78		
1954	1223.84	123.60	1100.24	982.69	89.39	151.76		
1955	1250.49	121.71	1128.78	1061.22	74.72	114.55		
1956	1271.31	128.86	1142.45	1055.72	101.21	114.38		
1957	1353.51	132.24	1221.27	1134.13	93.05	126.33		
1958	1461.08	226.98	1234.10	898.17	251.10	311.81		
1959	1466.09	218.08	1248.01	861.58	258.27	346.24		
1960	1508.04	242.89	1265.15	1023.93	199.05	285.06		
1961	1302.48	238.32	1064.16	1053.45	128.89	120.14		
1962	1401.22	207.59	1193.63	1180.33	98.04	122.85		
1963	1443.01	194.30	1248.71	1222.67	111.47	108.87		
1964	1508.43	197.87	1310.56	1274.86	116.73	116.84		
1965	1551.93	210.87	1341.06	1305.83	124.66	121.44		
1966	1607.49	215.14	1392.35	1355.48	129.72	122.29		
1967	1668.06	218.62	1449.44	1405.14	135.05	127.87		
1968	1728.41	219.54	1508.87	1456.39	140.79	131.23		
1969	1795.01	224.28	1570.73	1511.41	151.70	131.90		
1970	1880.85	245.72	1635.13	1564.21	179.69	136.95		
1971	1975.89	273.72	1720.17	1624.30	206.63	144.96		
1972	2056.50	287.23	1769.27	1683.60	227.31	145.59		
1973	2089.11	286.14	1820.14	1718.66	226.17	144.28		
1974	2117.00	292.63	1824.37	1732.28	236.13	148.59		
1975	2152.00	304.49	1847.51	1742.28	257.39	152.33		
1976	2183.24	313.57	1869.67	1759.48	266.42	157.34		
1977	2216.19	321.61	1894.58	1775.31	273.17	167.71		
1978	2280.05	364.13	1915.92	1788.17	305.37	186.51		

年份	就业人员	按城乡分		按三次产业分			城镇登记失业人员	城镇登记失业率（%）
		城镇	乡村	第一产业	第二产业	第三产业		
1979	2318.12	388.48	1939.64	1798.27	325.70	204.15		
1980	2399.95	410.97	1988.98	1846.46	339.06	214.43	19.08	4.40
1981	2449.46	430.31	2019.15	1887.54	339.52	222.40	15.69	3.50
1982	2541.05	446.69	2094.36	1955.49	350.79	234.77	10.48	2.30
1983	2594.37	457.53	2136.84	1966.48	361.77	266.12	8.41	1.80
1984	2672.86	473.89	2198.97	1971.93	414.00	286.93	6.26	1.30
1985	2728.71	491.34	2237.37	1946.85	458.68	323.18	6.01	1.20
1986	2808.87	511.23	2297.64	1969.64	494.51	344.72	7.86	1.50
1987	2904.10	539.94	2364.16	2011.35	531.70	361.05	9.32	1.07
1988	2998.64	560.95	2437.69	2050.72	550.38	397.54	10.50	1.80
1989	3091.37	−567.07	2524.30	2104.60	550.26	436.51	12.31	2.20
1990	3158.42	582.97	2575.45	2176.70	553.83	427.89	15.89	2.70
1991	3222.43	599.59	2622.84	2219.82	570.35	432.26	15.92	2.60
1992	3278.83	619.67	2659.16	2213.42	613.57	451.84	18.81	3.00
1993	3345.61	669.86	2675.75	2140.76	679.22	525.63	23.08	3.50
1994	3400.29	714.75	2685.54	2074.14	731.01	593.14	26.97	3.07
1995	3467.31	749.93	2717.38	2071.61	756.54	539.16	27.40	3.80
1996	3514.16	781.81	2732.35	1994.90	810.38	708.88	29.72	3.90
1997	3560.29	815.96	2744.33	1998.59	802.25	759.45	29.02	3.90
1998	3603.17	830.58	2772.59	2002.51	822.49	778.17	29.77	3.90
1999	3601.39	817.39	2784.00	2026.09	839.09	736.21	30.70	3.90
2000	3577.58	745.54	2832.04	2120.98	840.52	616.08	27.57	3.70
2001	3607.96	751.26	2856.70	2078.36	748.90	780.70	30.34	4.00
2002	3644.52	774.20	2870.32	2034.04	757.26	853.22	30.39	4.00
2003	3694.78	858.42	2836.36	1961.93	790.68	942.17	37.13	4.50
2004	3747.10	954.43	2972.67	1885.06	804.91	1057.13	43.00	4.40
2005	3801.48	1024.72	2776.76	1846.90	818.10	1136.48	41.90	4.30
2006	3842.17	1079.76	2762.41	1790.46	829.92	1221.79	43.30	4.30
2007	3883.41	1121.34	2762.07	1743.65	854.30	1285.40	44.38	4.25
2008	3910.06	1148.21	2761.85	1720.40	875.90	1313.80	47.01	4.20

大中型工业企业科技活动情况

指标	2001 年				2002 年			
	合计	国有	大型	中型	合计	国有	大型	中型
大中型工业企业个数(个)	613	364	233	380	594	334	229	365
#有科技活动的企业个数	348	194	178	170	339	181	175	164
企业科技活动人员(人)	42677	26182	34429	8248	45496	25363	38234	7262
#全时人员	20274	12276	16104	4170	24693	13426	20898	3795
#具有高、中级职称	19908	13364	17016	2892	19321	11147	16791	2530
#研究与实验发展人员	18377	11379	14568	3809	18814	10439	15481	3333
企业办科技机构数(个)	238	121	154	84	265	133	181	84
企业办科研机构科技活动人员(人)	12264	6071	10208	2056	14952	7226	12806	2146
#博士毕业	70	21	48	22	96	28	71	25
#硕士毕业	564	371	502	62	469	165	394	75
当年科技活动经费筹集总额(万元)	207482	112483	179431	28051	218336.8	108835.5	190563.2	27773.6
#企业自筹	164233	86676	143772	20461	176753.9	90068.7	157592.7	19161.2
金融机构贷款	20210	13412	16284	3926	13262.7	6360.4	7555.3	5707.4
来自政府部门资金	16952	9127	14010	2942	14165.6	6916.2	12166.1	1999.5
来自国外的资金								
其他资金	5892	3074	5197	695	13334.6	5356.2	12537.1	797.5
当年科技活动经费支出总额(万元)	186650	103655	161110	25540	206016.9	105755	179363.9	26653
#内部支出	165623	92633	141974	23649	184134	93899.7	160248.5	23885.5
#研究与发展经费	89060	51744	75562	13499	95567.9	49349	84813.6	10754.3
基础研究	611	268	552	60	4521.2	3149.6	3878.1	643.1
应用研究	5708	3125	4388	1320	23463.9	9374.1	21527.3	1936.6
实验发展	82741	48351	70622	12119	67582.8	36825.3	59408.2	8174.6
R&D 科研基建费								
#新产品开发经费	68040	30507	56643	11396	67748.5	29486.3	60309.5	7439
#劳务费	51929	301813	43995	7934	59516.7	32875.1	51447.6	8069.1
#原材料费	47146	28649	39214	7932	54997.4	29826.5	47593	7404.4
新产品产值(万元)	1227301	621373	1151277	76024	1634716.1	683845.3	1506928.3	127787.8
新产品销售收入(万元)	118803	604220	1096944	91094	1660920.8	702844.1	1551660.6	109260.2
#出口	66512	35593	58224	8288	165786.5	69441.8	155356.4	10430.1
科技活动项目个数(项)	2762	1667	2222	540	3062	1590	2575	487
#新产品开发	1115	607	785	330	1061	418	801	260
#研究与实验发展	1515	855	1196	319	1872	1016	1589	283
科技活动项目参加人员(人)	25956	15880	20637	5319	24392	12571	19851	4541
科技活动项目经费支出总额(万元)	136965	77487	117803	19162	134143.7	66135.6	116656.5	17487.2
专利申请数(件)	334	104	268	66	463	109	415	48
拥有发明专利数(件)	230	63	203	27	275	80	225	50

大中型工业企业科技活动情况

指标	2003 年				2004 年			
	合计	国有	大型	中型	合计	国有	大型	中型
大中型工业企业个数(个)	522	219	56	466	576	153	47	529
#有科技活动的企业个数	255	109	51	204	281	74	46	235
企业科技活动人员(人)	42118	21243	21111	21007	43230	15450	20312	22918
#全时人员	23069	10340	12977	10092	21243	6653	9821	11422
#具有高、中级职称	18995	10263	10581	8414	16611	6310	8319	8292
#研究与实验发展人员	15573	7579	7487	8086	15297	4928	7107	8190
企业办科技机构数(个)	203	75	57	146	294	109	66	228
企业办科研机构科技活动人员(人)	14210	6078	7229	6981	13503	3869	5682	7821
#博士毕业	129	30	50	79	121	15	30	91
#硕士毕业	678	160	249	429	481	99	231	250
当年科技活动经费筹集总额(万元)	352102	141932	222072	130029	419317	130235	187748	231569
#企业自筹	285392	118713	177462	107930	377490	123090	168700	208790
金融机构贷款	39698	10127	24436	15262	18495	3100	6573	11922
来自政府部门资金	16951	8212	13830	3121	13512	2987	6857	6655
来自国外的资金					119			119
其他资金	6856	1837	6307	549	9702	1058	5619	4083
当年科技活动经费支出总额(万元)	295566	133894	178915	116651	462313	128917	193227	269086
#内部支出	257630	121503	158094	99536	422299	117596	178188	244111
#研究与发展经费	115931	69660	67618	48313	158357.8	50166.6	81237.5	77120.3
基础研究	3042	2177	2348	694	5484.6	67.5	698.1	4786.6
应用研究	12206	7196	7745	4460	9842.3	3213.3	4550.7	5291.6
实验发展	100684	60287	57524	43159	143030.6	47558.2	76844.1	66186.5
R&D 科研基建费								
#新产品开发经费	92874	41734	58452	34422	140792	38310	57199	83593
#劳务费	83029	41796	49373	33656	99633	34699	51953	47680
#原材料费	75321	34491	43956	31365	103676	37907	50593	53084
新产品产值(万元)	1978076	819274	1160196	817880	4249238	1277046	2546748	1702490
新产品销售收入(万元)	1944218	816641	1185558	758660	4024412	1210132	2493354	1531058
#出口	262114	151745	207631	54484	404727	190809	256840	147887
科技活动项目个数(项)	195966	80411	89253	106713	1249	475	518	731
#新产品开发	1143	543	394	749	768	269	245	523
#研究与实验发展	1688	896	605	1083	629	257	272	357
科技活动项目参加人员(人)	22960	11119	10891	12069	23841	8030	11003	12838
科技活动项目经费支出总额(万元)	187848	83728	112529	75318	209289	59033	100735	108554
专利申请数(件)	1285	789	406	879	747	148	242	505
拥有发明专利数(件)	360	83	149	211	957	110	247	710

大中型工业企业科技活动情况

指标	2005 年				2006 年			
	合计	国有	大型	中型	合计	国有	大型	中型
大中型工业企业个数(个)	618	156	58	560	679	146	54	625
#有科技活动的企业个数	296	71	50	246	310	61	50	260
企业科技活动人员(人)	50040	15184	28991	21049	57859	14623	34011	23848
#全时人员	23481	5958	13865	9616	26596	5240	16267	10329
#具有高、中级职称	20710	6873	13039	7671	24171	6634	16232	7939
#研究与实验发展人员	21441	7009	13797	7644	22532	5568	14553	7979
企业办科技机构数(个)	264	76	52	212	331	80	78	253
企业办科研机构科技活动人员(人)	15790	3797	8806	6984	19885	3820	11717	8168
#博士毕业	239	25	54	185	226	33	72	154
#硕士毕业	979	212	535	444	1460	219	861	599
当年科技活动经费筹集总额(万元)	435884	145576	274190	161694	623204.6	157337.2	411011.3	212193.3
#企业自筹	377911	137897	231866	146044	544617.7	148545.9	369031.1	175586.6
金融机构贷款	21289	2740	14199	7090	34749.1	320	11900	22849.1
来自政府部门资金	25166	2989	21149	4016	35542.9	6987.8	24518.9	11024
来自国外的资金	66			66	185		80	105
其他资金	11452	1950	6975	4477	8109.9	1483.5	5481.3	2628.6
当年科技活动经费支出总额(万元)	487506	164770	283520	203986	669747.1	157486	412271.3	257475.8
#内部支出	453062	149333	260381	192681	615851.9	139834.6	384177.9	231674
#研究与发展经费	193775	71254	142261	51515	251208.9	72521.1	181719.6	69489.3
基础研究	7975	5895	6795	1180	3848.98	2406.37	3789.6	59.38
应用研究	13751	6318	9651	4100	18110.26	3543.4	9913.27	8196.99
实验发展	170541	58481	125190	45351	226495.27	66235.84	166783.65	59711.62
R&D 科研基建费								
#新产品开发经费	177049	53231	118757	58292	248174.2	62162.7	162316.9	85857.3
#劳务费	127643	42520	78143	49499	163642.1	44336.3	110031.1	53611
#原材料费	134226	44590	95112	39114	176515.1	43530.8	122790.1	53725
新产品产值(万元)	4802643	1914301	2997364	1805279	5559056.3	1541405.2	3354027.4	2205028.9
新产品销售收入(万元)	4574776	1880288	2933630	1641146	5446586.9	1532887.8	3324384.2	2122202.7
#出口	507724	292403	378068	129656	741326	333990.1	528285.3	213040.7
科技活动项目个数(项)	3362	1168	1669	1693	4357	1046	1961	2396
#新产品开发	1455	395	575	880	1929	353	701	1228
#研究与实验发展	1331	549	711	620	1814	446	970	844
科技活动项目参加人员(人)	293946	91955	178353	115593	39618	10518	23261	16357
科技活动项目经费支出总额(万元)	157199	55216	111709	45490	437754.9	88237	281003.6	156751.3
专利申请数(件)	821	171	383	438	1184	191	549	635
拥有发明专利数(件)	1012	94	272	740	870	81	278	592

大中型工业企业科技活动情况

指标	2007 年				2008 年			
	合计	国有	大型	中型	合计	国有	大型	中型
大中型工业企业个数(个)	722	283	56	666	904	288	63	841
#有科技活动的企业个数	370	159	48	322	463	161	52	411
企业科技活动人员(人)	61232	41770	33045	28187	68448	42832	40602	27846
#全时人员	24865	18009	14393	10472	27613	18061	17900	9713
#具有高、中级职称	24502	18774	15310	9192	26080	17819	16087	9993
#研究与实验发展人员	30717	20359	17167	13550	36773	24004	21996	14777
企业办科技机构数(个)	341	168	72	269	368	162	84	284
企业办科研机构科技活动人员(人)	22185	13313	11574	10611	25690	12885	15906	9784
#博士毕业	274	128	105	169	391	200	172	219
#硕士毕业	2110	1095	1268	842	3312	1628	2457	855
当年科技活动经费筹集总额(万元)	833886	582892	518289	315598	1107777	718784	682576	425201
#企业自筹	745849	510888	477416	268433	972021	630584	616343	355677
金融机构贷款	34528	25163	7388	27141	54039	21540	17578	36461
来自政府部门资金	27575	25160	12868	14707	61771	54021	36882	24888
来自国外的资金	2102		80	2022	538	422	526	12
其他资金	23832	21682	20537	3296	19409	12218	11247	8163
当年科技活动经费支出总额(万元)	8921272	624476	549986	342186	1158187	731635	693481	464706
#内部支出	801778	541883	477910	323867	1097735	691395	657025	440711
#研究与发展经费	425471	273800	275435	150036	633251	414071	412667	220583
基础研究	6319	4054	3218	3101	2150	1777	803	1347
应用研究	51874	37124	22266	29608	46451	34749	24482	21969
实验发展	363231	229564	247598	115632	580497	374958	386024	194473
R&D 科研基建费	4048	3058	2352	1696	4153	2587	1358	2795
#新产品开发经费	424412	272477	264213	160199	770418	463614	466755	303664
#劳务费	205197	132641	131156	74041	275454	168541	190012	85442
#原材料费	218065	155146	136765	81301	441980	299132	274551	167429
新产品产值(万元)	8175227	5641415	5383901	2791326	11744505	6870702	6662013	5082491
新产品销售收入(万元)	8022426	5592102	5355005	2667381	11461305	6798308	6622688	4838618
#出口	1006033	570865	710400	295634	1561496	920700	1345482	216013
科技活动项目个数(项)	6552	3356	2087	4465	6680	3469	2257	4423
#新产品开发	2170	1379	779	1391	2696	1545	705	1991
#研究与实验发展	2182	1587	1016	1166	2365	1631	917	1448
科技活动项目参加人员(人)	43653	28253	23520	20133	56351	35449	33418	22933
科技活动项目经费支出总额(万元)	522283	345995	322839	199444	904731	580942	544722	360009
专利申请数(件)	1454	655	680	774	1865	920	948	917
拥有发明专利数(件)	1261	494	381	880	1489	710	414	1075

环境综合统计基本状况

指标	1990 年	1995 年	1998 年	1999 年	2000 年	2001 年	2002 年
汇总企业数(个)		1704	3225	3130	2891	2818	2801
水环境							
治理废水					359	161	143
工业废水排放总量(万吨)	217923	145251	131225	126146	112563	107175	111787.65
工业废水排放达标量(万吨)	34937	39719	46304	43625	45647	79870.25	
大气环境							
工业废气排放量(亿标立方米)	2716	3466	3452	3787	3569	3959	4190
治理废气					438	205	190
工业粉尘排放量(万吨)		27.10	87.38	78.38	63.97	62.7	60.83
燃料燃烧过程中废气排放量(亿标立方米)		1893	1705	1870	1718	1848	2048
生产工艺过程中废气排放量(亿标立方米)		1573	1747	1917	1851	2111	2142
固体废物							
治理固体废物					62	24	37
工业固体废物产生量(万吨)	1974	1853	2726	1869	2355	2463	2434
工业固体废物处置量(万吨)		474	232.90	187.57	137.32	221.47	240.35
工业固体废物处置率(%)		25.60	8.50	10.30	5.83	8.99	9.87
工业固体废物贮存量(万吨)	717	661.90	628.21	534.23	697.47	550.24	717.61
工业固体废物贮存率(%)		38.70	24.30	33.61	22.69	28.32	22.61
工业固体废物综合利用量(万吨)		767	917	1049	1106	1531	1577
工业固体废物综合利用率(%)	28.30	41.40	33.60	56.11	46.96	59.58	63.51
工业固体废物排放量(万吨)	156	46	299.50	58.58	138.82	135.81	133.23
声环境							
治理噪声					16	16	18
园林绿化							
绿化覆盖面积(公顷)		41021	41899	49290	35433.72	37760.10	39544.90
建成区		20629	21586	22646	23854.02	25671.30	28827
园林绿地面积(公顷)			26378	26894	44672	30185.38	34254.80
建成区			17773	18337	19450	20592.56	22434.30
公共绿地面积(公顷)			3117.78	3259	3525	4680.93	4970.26
公园个数(个)			109	112	116	109	122
公园面积(公顷)			2534.25	2557.66	2646.41	2547.84	3222.86
人均公共绿地面积(平方米)			4.78	4.87	5.10	4.55	4.72
建成区绿地率(%)			24.92	24.67	24.33	24.30	24.99
建成区绿化覆盖率(%)			28.93	29.04	28.33	28.60	30.05

环境综合统计基本状况

指标	2003 年	2004 年	2005 年	2006 年	2007 年	2008 年
汇总企业数(个)	3102	3139	3016	2736		
水环境						
治理废水	143	166	197	174		
工业废水排放总量(万吨)	124132.35	123125.94	122440.37	100023.70	100112.71	92340.46
工业废水排放达标量(万吨)	99127.32	102990.49	109879.27	91617		
大气环境						
工业废气排放量(亿标准立方米)	4603	5527.10	6013.90	5985.94	8762.20	9248.64
治理废气	116	202	200	188		
工业粉尘排放量(万吨)	69.90	72.63	76.87	73.35	65.86	55.47
燃料燃烧过程中废气排放量(亿标立方米)	1781	2750	2825.75	2916.28	4045.61	4184.48
生产工艺过程中废气排放量(亿标立方米)	1851	2777.10	3188.15	3069.66	4716.59	5064.16
固体废物						
治理固体废物	5569.90	8480.10	9539.10	8286.10		
工业固体废物产生量(万吨)	2754	3268.81	3366.44	3687.68	455.73	4216.22
工业固体废物处置量(万吨)	247.41	309.41	415.10	303.10	421.35	313.47
工业固体废物处置率(%)	8.98	9.47	12.33	8.20	9.20	7.40
工业固体废物贮存量(万吨)	717.61	718.96	530.56	672.90		
工业固体废物贮存率(%)	26.06	21.99	15.80	18.30		
工业固体废物综合利用量(万吨)	1749	2214.92	2384.95	2689.50	3428.27	3392.36
工业固体废物综合利用率(%)	63.04	66.45	69.99	72.30	74.30	78.80
工业固体废物排放量(万吨)	89.50	89.74	56.70	38.70	31.80	26.53
声环境						
治理噪声	14	7	27	27	10	
园林绿化						
绿化覆盖面积(公顷)	39544.90	42224.80	44642.50	42943	47487	49117
建成区	28827	32250.40	34175.50	36025	39560	42825
园林绿地面积(公顷)	34254.80	36107.30	40723.30	35314	39742	41815
建成区	25050.80	26661.70	30506	32620	35685	38615
公共绿地面积(公顷)	5116.29	6605.11	7143.20	7722	8520	9065
公园个数(个)	129	149	150	154	159	160
公园面积(公顷)	3513.39	5038.13	6589.31	5135	5545	5545
人均公共绿地面积(平方米)	5.7	6.53	6.9	7	7.6	8
建成区绿地率(%)	26.11	26.59	29.50	31.50	32.10	32.30
建成区绿化覆盖率(%)	30.05	32.16	33.09	34.70	35.60	35.80

(易芳羽　整理)

责任编辑:邓仁娥
装帧设计:曹　春
版式设计:程凤琴

图书在版编目(CIP)数据

湖南特色新型工业化研究/湖南省咨询业协会. -北京:人民出版社,2011.1
ISBN 978 - 7 - 01 - 009461 - 8

Ⅰ.①湖… Ⅱ.①湖… Ⅲ.①工业化-研究-湖南省 Ⅳ.①F427.64

中国版本图书馆 CIP 数据核字(2010)第 224495 号

湖南特色新型工业化研究

HUNAN TESE XINXING GONGYEHUA YANJIU

湖南省咨询业协会

人民出版社 出版发行
(100706　北京朝阳门内大街 166 号)

北京瑞古冠中印刷厂印刷　新华书店经销

2011 年 1 月第 1 版　2011 年 1 月北京第 1 次印刷
开本:710 毫米×1000 毫米 1/16　印张:31.5
字数:570 千字

ISBN 978 - 7 - 01 - 009461 - 8　定价:65.00 元

邮购地址 100706　北京朝阳门内大街 166 号
人民东方图书销售中心　电话 (010)65250042　65289539